NPO-Management

Herausgegeben von
D. Witt, München, Deutschland
D. Greiling, Linz, Österreich

Das Management von Non-Profit-Organisationen (NPO), insbesondere des Dritten Sektors – neben Staat und Privatwirtschaft – wird zunehmend von der betriebswirtschaftlichen Forschung untersucht. In dieser Schriftenreihe werden wichtige Forschungs- und Diskussionsbeiträge zu diesen gemein- oder bedarfswirtschaftlichen Betrieben präsentiert, die von Verbänden, Vereinen, Stiftungen, öffentlichen Betrieben bis zu Großhaushalten reichen. Die Veröffentlichungen wenden sich gleichermaßen an Theoretiker und Praktiker.

Herausgegeben von

Professor Dr. Dieter Witt
Technische Universität München,
Dienstleistungsökonomik
mit Seminar für Vereins- und
Verbandsforschung (SVV)

Professor Dr. Dorothea Greiling
Johannes Kepler Universität Linz,
Institut für Management Accounting

Weitere Bände in dieser Reihe http://www.springer.com/series/12702

Ludwig Theuvsen · René Andeßner
Markus Gmür · Dorothea Greiling
(Hrsg.)

Nonprofit-Organisationen und Nachhaltigkeit

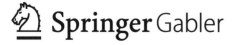

Herausgeber
Ludwig Theuvsen Markus Gmür
Göttingen, Deutschland Freiburg, Schweiz

René Andeßner Dorothea Greiling
Linz, Österreich Linz, Österreich

NPO-Management
ISBN 978-3-658-18705-7 ISBN 978-3-658-18706-4 (eBook)
DOI 10.1007/978-3-658-18706-4

Die Deutsche Nationalbibliothek verzeichnet diese Publikation in der Deutschen Nationalbibliografie; detaillierte bibliografische Daten sind im Internet über http://dnb.d-nb.de abrufbar.

Springer Gabler
© Springer Fachmedien Wiesbaden GmbH 2017
Das Werk einschließlich aller seiner Teile ist urheberrechtlich geschützt. Jede Verwertung, die nicht ausdrücklich vom Urheberrechtsgesetz zugelassen ist, bedarf der vorherigen Zustimmung des Verlags. Das gilt insbesondere für Vervielfältigungen, Bearbeitungen, Übersetzungen, Mikroverfilmungen und die Einspeicherung und Verarbeitung in elektronischen Systemen.
Die Wiedergabe von Gebrauchsnamen, Handelsnamen, Warenbezeichnungen usw. in diesem Werk berechtigt auch ohne besondere Kennzeichnung nicht zu der Annahme, dass solche Namen im Sinne der Warenzeichen- und Markenschutz-Gesetzgebung als frei zu betrachten wären und daher von jedermann benutzt werden dürften.
Der Verlag, die Autoren und die Herausgeber gehen davon aus, dass die Angaben und Informationen in diesem Werk zum Zeitpunkt der Veröffentlichung vollständig und korrekt sind. Weder der Verlag noch die Autoren oder die Herausgeber übernehmen, ausdrücklich oder implizit, Gewähr für den Inhalt des Werkes, etwaige Fehler oder Äußerungen. Der Verlag bleibt im Hinblick auf geografische Zuordnungen und Gebietsbezeichnungen in veröffentlichten Karten und Institutionsadressen neutral.

Gedruckt auf säurefreiem und chlorfrei gebleichtem Papier

Springer Gabler ist Teil von Springer Nature
Die eingetragene Gesellschaft ist Springer Fachmedien Wiesbaden GmbH
Die Anschrift der Gesellschaft ist: Abraham-Lincoln-Str. 46, 65189 Wiesbaden, Germany

Vorwort

Am 21. und 22. April 2016 fand an der Georg-August-Universität Göttingen das 12. Internationale NPO-Forschungscolloquium statt. Es wurde – wie stets in seiner langen Geschichte – in Form einer länderübergreifenden Kooperation organisiert. 2016 waren wiederum beteiligt der Lehrstuhl für Betriebswirtschaftslehre des Agribusiness der Georg-August-Universität Göttingen (Prof. Dr. Ludwig Theuvsen), das Institut für Public und Nonprofit Management (Prof. Dr. René Andeßner) und das Institut für Management Accounting (Prof. Dr. Dorothea Greiling) der Johannes Kepler Universität Linz sowie das Verbandsmanagement Institut (VMI) aus Fribourg/Schweiz (Prof. Dr. Markus Gmür). Im Mittelpunkt des NPO-Forschungscolloquiums stand das Rahmenthema „Nonprofit-Organisationen und Nachhaltigkeit", das in zwei Keynotes und mehr als 46 wissenschaftlichen Vorträgen in seinen verschiedenen Facetten behandelt wurde. Praxisbeispiele des Nachhaltigkeitsmanagements beim Österreichischen Alpenverein, beim Internationalen Schulbauernhof Hardegsen sowie beim Bistum Hildesheim rundeten die Tagung ab.

Nachhaltigkeit hat sich in den vergangenen Jahren zu einem der zentralen gesellschaftlichen Leitbilder entwickelt. Es handelt sich dabei um ein umfassendes gesellschaftliches Transformationskonzept unter Berücksichtigung der drei Säulen der Nachhaltigkeit: Ökonomie, Ökologie und Soziales. Die Hinwendung der Gesellschaft zu Fragen der Nachhaltigkeit strahlt in erheblichem Maße auch auf das Management von Organisationen aus; deutlich wird dies unter anderem am Managementkonzept der Corporate Social Responsibility, das mittlerweile in vielen Unternehmen Anwendung gefunden hat. Fragen der Nachhaltigkeit berühren aber auch Nonprofit-Organisationen, und das unter anderem in folgender Hinsicht:

- Nonprofit-Organisationen fungieren in modernen Gesellschaften als „social change agents", die mittels unterschiedlicher Strategien, etwa Kooperation, Konfrontation, konkurrierender oder ergänzender Leistungserbringung, gesellschaftliche Veränderungen im Sinne einer höheren gesellschaftlichen Nachhaltigkeit herbeiführen.

- Nonprofit-Organisationen dienen als institutionelle Basis einer Nachhaltigkeitstransition, indem sie von weltanschaulich motivierten Entrepreneuren als Vehikel genutzt werden, um die von ihnen verfolgten Nachhaltigkeitsziele realisieren zu können, ohne auf an Gewinnausschüttungen interessierte Anteilseigner Rücksicht nehmen zu müssen.

- Nonprofit-Organisationen stellen eine Verstetigung von Nachhaltigkeitsinitiativen dar, die sich im informellen Sektor entwickelt haben. Die darin aktiven Organisationen sind vielfach der „Graswurzelbewegung" zuzurechnen.

- Die Nachhaltigkeit der Ausstattung von Nonprofit-Organisationen mit finanziellen, personellen und sonstigen Ressourcen ist oftmals in hohem Maße unsicher. Die Mobilisierung von Ressourcen ist daher ein Beitrag zur Verbesserung der Nachhaltigkeit von Nonprofit-Organisationen.
- Soziale Nachhaltigkeit in Nonprofit-Organisationen ist keine Selbstverständlichkeit, wie etwa Untersuchungen zu (geringen) Lohnhöhen in sozialen Berufen oder Diskussionen um Ehrenamtlichkeit zwischen Selbstverwirklichung und Selbstausbeutung zeigen.
- Die Leistungserstellung von Nonprofit-Organisationen erfolgt in Kooperation mit öffentlichen und privaten Partnern. Daraus ergeben sich Herausforderungen für die Kooperation auf der Leistungserstellungsebene, das Miteinander und die nachhaltige Gestaltung der Netzwerk-Governance.

Das 12. Internationale NPO-Forschungscolloquium hat die zahlreichen Fragestellungen rund um den Themenkomplex „Nonprofit-Organisationen und Nachhaltigkeit" in den Blick genommen. Wie schon bei den bisherigen, seit 1994 durchgeführten Colloquien ist es auch 2016 wieder gelungen, die vielfältige, unterschiedlichen wissenschaftlichen Disziplinen entstammende Forschung zusammenzuführen und einen fruchtbaren Austausch zwischen den anwesenden Wissenschaftlern, aber auch zwischen Wissenschaft und NPO-Praxis zu initiieren.

Der Dank der Herausgeber gilt allen Mitwirkenden am 12. NPO-Forschungscolloquium: Den Referentinnen und Referenten für ihren Vortrag und die Abfassung ihrer Beiträge für den Tagungsband, allen Anwesenden für ihre engagierte Diskussion und den intensiven Meinungsaustausch, dem Organisationsteam um Marie Wellner M.Sc. und Martina Reichmann sowie allen, die in sonstiger Weise zum Gelingen des Forschungscolloquiums beigetragen haben.

Göttingen, Linz und Fribourg, im März 2017

Ludwig Theuvsen

René Andeßner

Markus Gmür

Dorothea Greiling

Inhaltsverzeichnis

Vorwort 5

Nonprofit-Organisationen und Nachhaltigkeit – Stand der Forschung
und Perspektiven
Katharina Spraul 11

Ökosoziale Marktwirtschaft in repräsentativen Demokratien:
Eine empirische Analyse der Zahlungsbereitschaft von EU-Bürgern
für Umweltschutz
Friedrich Schneider, Andrea Kollmann und Johannes Reichl 23

Management der Nachhaltigkeit in Nonprofit-Organisationen

Creating Shared Value in Nonprofit-Organisationen
Jeremias Amstutz, Christoph Minnig und Peter Zängl 41

Nachhaltigkeit und Innovation in NPOs – Empirische Befunde zu
den Spezifika des Nonprofit-Kontextes
Josef Baumüller und Christian Morzsa 51

Nachhaltiges Stakeholder-Management in Nonprofit-Organisationen
Maria Laura Bono und Anton Prettenhofer 61

Wirkungsorientiertes Controlling – Verknüpfung von Wirkungen
und Ressourcen bei sozialen Dienstleistungen
Bernd Halfar, Katharina Heider und Wolfgang Meyer 71

Steuerung in Nonprofit-Organisationen – Entwicklungsstand und
Perspektiven
Christian Horak, Josef Baumüller und Martin Bodenstorfer 79

Der Stellenwert von Beziehungen in einer nachhaltigen Freiwilligkeit
Katharina Anna Kaltenbrunner, Marietta Hainzer und Christine Duller 89

Accounting als Komponente der Corporate Governance in christlichen
Organisationen
Karin Niederwimmer 103

Barrieren von Nonprofit-Organisation und Umgangsformen damit
Ruth Simsa und Michael Herndler 115

Nachhaltiger Wandel in den Beziehungen von NPO und öffentlichen
Kontraktpartnern?
Sandra Stötzer, Julia V. Schwarz und Dorothea Greiling 125

Internes Kontrollsystem für staatlich finanzierte Nonprofit-Organisationen
Emilio Sutter, Daniel Zöbeli und Yvonne Dietiker 137

Die Gemeinwohl-Bilanz als Orientierungsrahmen für gesellschaftsgestaltendes Handeln
Oliver Viest 149

Lokale Engagementnetzwerke in ländlichen Gebieten – Ergebnisse und Implikationen einer Netzwerkanalyse in der Region Odenwald
Michael Vilain und Matthias Heuberger 159

Unternehmerische Haltungen und Nachhaltigkeit

Non-Profit or For-Benefit? An Experimental Approach to the Link of Altruism and Sustainability Orientation on Hybrid Ventures
Hüseyin Doluca and Marcus Wagner 169

Das „Social-Entrepreneurship-Hexagon" – ein Beitrag zur Klärung eines schillernden Begriffs
Philipp Erpf 181

Empirische Befunde zur Förderung von Social Intrapreneurship in der Kooperation zwischen Hochschulen und NPO
Richard B. Händel und Andreas Schröer 191

Wertstrebigkeit und Sinnerfahrung in NPO – Neue Aspekte in der Entwicklung von Nachhaltigkeit für den Organisationsraum von Werkstätten für Menschen mit Behinderung
Rüdiger H. Jung und Susanne Brötz 201

Nachhaltiges Nonprofit-Management durch kontinuierliche Wandlungsfähigkeit: Überlegungen zur Übertragung des Dynamic Capability-Ansatzes
Katharina Anna Kaltenbrunner 213

Caring-Profis oder Community-Organizer? Wohlfahrtsverbände und Hilfsorganisationen in Zeiten des „Sharing" am Beispiel einer Fallstudie
Michael Vilain, Matthias Heuberger und Sebastian Wegner 225

Landwirtschaft von unten: Community Supported Agriculture als zivilgesellschaftliche Nachhaltigkeitsinitiative
Marie Wellner und Ludwig Theuvsen 235

Finanzierung der Nachhaltigkeit

Die philanthropische Infrastruktur der Schweiz für eine nachhaltige Entwicklung
Theresa Gehringer und Georg von Schnurbein 245

Nachhaltigkeit durch finanzielle Reservenbildung in spendensammelnden
Organisationen
Markus Gmür und Martina Ziegerer 255

Finanzierung von nachhaltigen und gemeinnützigen Projekten
mit Hilfe der Crowd
Marietta Hainzer 265

Social Impact Bonds – Möglichkeiten und Grenzen des Konzepts
im korporatistischen Wohlfahrtsstaat
Reinhard Millner, Clara Moder und Nina Resch 277

Nachhaltiges Mitglieder- und Freiwilligenmanagement

Ist ein Förder-Assessment-Center für Freiwillige ein nutzenstiftendes
Instrument eines nachhaltigen Personalmanagements in Nonprofit-
Organisationen?
René Andeßner und Marietta Hainzer 287

Wandel der Motive Freiwilliger durch die Gestaltung motivierender
Tätigkeiten? – eine Cross-Lagged-Panel-Studie
Stefan Tomas Güntert 299

Die Relevanz der Nachhaltigkeit für Mitglieder – Eine empirische
Untersuchung beim Schweizerischen Hängegleiter-Verband
Hans Lichtsteiner, Nathaly Schumacher und Vera Liechti 309

Nachhaltige Mitgliedergewinnung in einer Gewerkschaft
Udo Michel und Markus Gmür 317

Beiträge der österreichischen Zivilgesellschaft zur Bewältigung der
Flüchtlingskrise – Leistungen und Lernchancen
Ruth Simsa, Michael Herndler und Marion Totter 327

Nachhaltigkeit durch Beteiligung: Was NPOs von sozialen
Bewegungsorganisationen lernen können – Das Beispiel Spaniens
Ruth Simsa und Marion Totter 337

Zwischen Theorie und Praxis: Ansätze nachhaltigen
Freiwilligenmanagements in Jugendorganisationen
Michael Vilain und Tobias Meyer 347

Nachhaltiges Personalmanagement in Nonprofit-Organisationen

Sektorspezifische Arbeitsplatzqualität in der Schweiz
Remo Aeschbacher 357

Ansätze zu einem nachhaltigen Personalmanagement Ehrenamtlicher
Gerhard V. Krönes 367

Flexible Beschäftigung: Fluch oder Segen für NPO-Führungsfrauen mit familiären Pflichten?
Franziska Paul und Andrea Walter 377

Hochgeschätzte Beschäftigung in Nonprofit-Organisationen: Wie lange noch?
Eckhard Priller und Annette Zimmer 387

Fluktuation von Pflegepersonal in Krankenanstalten
Marion Rauner, Michaela Schaffhauser-Linzatti, Sophie-Marie Kaufmann und Sabine Blaschke 401

Entgeltdiskriminierung auf Führungsebene – Empirische Befunde zum Gender Pay Gap in Nonprofit-Organisationen
Berit Sandberg 411

Genossenschaften und Nachhaltigkeit

Ist die eingetragene Genossenschaft eine geeignete Rechtsform für kleine Initiativen des bürgerschaftlichen Engagements?
Johannes Blome-Drees, Philipp Degens und Clemens Schimmele 419

Nachhaltigkeit und Vernetzung in zukunftsorientierten Schweizer Wohngenossenschaften
Jens Martignoni 429

Sozialgenossenschaften als Akteure des sozialen Wandels und genossenschaftliche Beiträge zu einer nachhaltigen Sozial- und Daseinsvorsorge
Ingrid Schmale und Nicole Göler von Ravensburg 439

Genossenschaftsmanagement und Member Value Optimierung
Peter Suter und Markus Gmür 449

Sozialgenossenschaftliche Unternehmen in Deutschland: Begriff, aktuelle Entwicklungen und Forschungsbedarf
Marleen Thürling 459

Verzeichnis der Autorinnen und Autoren **469**

Dokumentation der bisherigen NPO-Forschungscolloquien **475**

Nonprofit-Organisationen und Nachhaltigkeit – Stand der Forschung und Perspektiven

Katharina Spraul

1 Einleitung

Nachhaltige Entwicklung als gesellschaftliche Veränderung hin zu Nachhaltigkeit gilt seit den 1980er Jahren als „globaler Imperativ" (Clausen 1982). Während der Brundtland-Bericht 1987 die intra- und intergenerative globale Gerechtigkeit ins Zentrum stellte (World Commission on Environment and Development 1987; Greiling et al. 2015b), konkretisierte die Konferenz für Umwelt und Entwicklung der Vereinten Nationen (UN) 1992 nachhaltige Entwicklung als das ausgewogene Zusammenspiel der drei Dimensionen Ökologie, Soziales und Ökonomie (Vereinte Nationen 1992; Greiling et al. 2015b). Auf diesen drei Dimensionen bauen weitere Konzeptionen von Nachhaltigkeit auf volkswirtschaftlicher und einzelwirtschaftlicher Ebene auf, wie das integrierende Nachhaltigkeitsdreieck (Hauff 2014).

Entsprechend relevant und aktuell ist das Management von Nachhaltigkeit in Unternehmen, öffentlichen Verwaltungen und Nonprofit-Organisationen. Auf Unternehmensebene finden die drei Dimensionen ihren Niederschlag beispielsweise in den sechs Kriterien unternehmerischer Nachhaltigkeit: Ökoeffizienz, Sozioeffizienz, Ökoeffektivität, Sozioeffektivität, Suffizienz und ökologische Gerechtigkeit (Dyllick und Hockerts 2002). Nachhaltigkeit nimmt nach vielfacher Einschätzung auf Unternehmensebene ebenfalls die Rolle eines Imperativs ein: „sustainability will touch every function, every business line, every employee" (Lubin und Esty 2010). Für öffentliche Verwaltungen und Unternehmen lässt sich konstatieren, dass die Diskussion um Nachhaltigkeit ihnen eine Rückbesinnung auf ihre grundlegenden Charakteristika der Gemeinwohlorientierung und Sachzieldominanz ermöglicht (Albareda et al. 2008; Greiling et al. 2015a).

Was Nonprofit-Organisationen betrifft, so fanden diese bereits im Brundtland-Bericht als *non-governmental organizations* (NGO) vielfach Erwähnung (72 Mal, während Wirtschaft 134 und Politik 335 Mal erwähnt wurden, vgl. World Commission on Environment and Development 1987). Das heutige Verständnis von NGO bei den UN (United Nations Department of Public Information 2016) entspricht weitgehend der Definition von Nonprofit-Organisationen im Rahmen des Johns Hopkins Comparative Nonprofit Sector Project (kurz CNP, Salamon und Anheier 1992). Ihnen wurde – gemeinsam mit dem Bildungs- und Wissenschaftssektor – folgende Rolle zugewiesen: „They will play a crucial part in putting the world onto sustainable development paths, in laying the groundwork for Our Common Future" (World Commission on Environment and Development 1987). In der Folge wurde die Zusammenarbeit von Nonprofit-Organisationen mit dem Wirtschafts- und Sozialrat der Vereinten Nationen (ECOSOC) evaluiert und 1996 im Hinblick auf deren stärkere Einbindung überarbeitet (Otto 1996). In der Umsetzung der *Millenium Goals* im Rahmen der Lokalen Agenda 21 wurden zahlreiche Nonprofit-Organisationen eingebunden, um „in diskursiven Verfahren ein Konzept für eine zukunftsorientierte ‚nachhaltige' Kommunalentwicklung" zu erarbeiten (Haas 2001). Nachdem die Rio+20-Konferenz die große Bedeutung von Nonprofit-Organisationen für nachhaltige Entwicklung betonte (United Nations 2012), wurden sie in die Erarbeitung der Agenda 2030 stark eingebunden. Nonprofit-Organisationen (in der Resolution in Abgrenzung zu den bei den Vereinten Nationen akkreditierten NGO als „civil society organizations and philanthropic organizations" bezeichnet) sollen auch in der Umsetzung der 2015 veröffentlichten 17 Ziele für nachhaltige Entwicklung (*Sustainable Development Goals*, kurz SDG) eine bedeutende Rolle spielen (Vereinte Nationen 2015).

Dieser großen politischen Relevanz steht gegenüber, dass viele (deutschsprachige) Veröffentlichungen zu Nachhaltigkeit und *Corporate Social Responsibility* (CSR) die „Nachhaltigkeit von und in Strukturen, Prozessen und Aktivitäten von NPO" bislang ausblenden (Daub 2012). Zwar erscheinen Nonprofit-Organisationen durch ihren moralisch-ethischen Anspruch geradezu prädestiniert für die Umsetzung von Nachhaltigkeit auf einzelbetrieblicher Ebene, jedoch nehmen sie kaum an diesem Diskurs teil (Daub et al. 2013). Umgekehrt sehen Unternehmen Nonprofit-Organisationen nicht als Hauptzielgruppe des eigenen unternehmerischen Nachhaltigkeitsmanagements an, wie eine empirische Untersuchung in der deutschen Agrar- und Ernährungswirtschaft verdeutlicht hat (Theuvsen 2012). Auch in englischsprachigen Lehrbüchern zum Nonprofit-Management finden sich nur sehr vereinzelt Bezüge zum Leitbild der nachhaltigen Entwicklung (bspw. Worth 2012).

Dieser Beitrag nimmt die Diskrepanz zwischen der einerseits bedeutsamen Rolle von Nonprofit-Organisationen für Nachhaltigkeit und dem andererseits unklaren Stand der wissenschaftlichen Beschäftigung mit diesem Zusammenhang zum Ausgangspunkt. Zunächst wird der aktuelle Stand der Forschung mittels eines systematischen Literaturüberblicks in der gebotenen Kürze dargelegt. Aus den derzeitigen Forschungsschwerpunkten bzw. -lücken und den in der Praxis zu erwartenden Entwicklungen leite ich dann drei Forschungsperspektiven ab. Der Beitrag schließt mit einem Fazit zur wechselseitigen Befruchtung der Nonprofit- und Nachhaltigkeits-Forschung.

2 Stand der Forschung

2.1 Systematischer Literaturüberblick

Die ursprünglich aus der Medizin stammende Methodik des systematischen Literaturüberblicks wurde auf organisationale Forschung übertragen und angepasst (Denyer und Tranfield 2009). Sie hat zum Ziel, den Stand der (publizierten) Forschung in unverzerrter und umfänglicher Weise darzulegen (Bryman 2012) und durch theoretische Synthese eine Unterteilung in Forschungsfelder vorzunehmen (Tranfield et al. 2003). Die Ergebnisse sollen nicht nur den in diesem Gebiet forschenden WissenschaftlerInnen dienen, sondern auch und gerade den PraktikerInnen ein evidenzbasiertes Management ermöglichen (Briner et al. 2009), wobei für organisationale Forschung die Bezeichnungen „evidence aware" oder „evidence informed" vorzuziehen sind, so Tranfield et al. (2003).

Angesichts der Tatsache, dass in diesem Beitrag zwei Forschungsströmungen integriert werden sollen, folgt die Methodik dem Ansatz der narrativen Synthese. Hierbei werden Beispiele aus dem systematischen Literaturüberblick herangezogen, um, wie im vorliegenden Fall angestrebt, Forschungsperspektiven aufzuzeigen (Denyer und Tranfield 2006). Die Forschungsperspektiven werden durch Beispiele aus der Nonprofit- bzw. Nachhaltigkeitspraxis ergänzt.

2.2 Methodische Vorgehensweise

Der Fokus dieser Untersuchung liegt auf der Managementforschung, die sich zwar primär aus betriebswirtschaftlicher Sicht, aber mit klaren Bezügen zu anderen Disziplinen zum einen mit Nonprofit-Organisationen, zum anderen mit Nachhaltigkeit befasst. Um die weltweit bedeutsamsten Publikationen untersuchen zu können, erfolgt eine Beschränkung auf die in englischer Sprache publizierten, wissenschaftlichen Zeitschriften mit Begutachtungsverfahren. Da das Harzing-Journal-Meta-Ranking (Harzing 2015) weder eine vom öffentlichen Sektor abgegrenzte Nonprofit-Kategorie noch eine Kategorie für Nachhaltigkeitsforschung enthält, bezieht sich die Untersuchung auf das deutschsprachige JOURQUAL-Ranking (Verband der Hochschullehrer für Betriebswirtschaft 2015). Dieses beinhaltet insgesamt 651 Zeitschriften, von denen die überwiegende Anzahl in Teilratings aufgespalten wird, so auch die Gebiete Nachhaltigkeitsmanagement und Öffentliche Betriebswirtschaftslehre (umfasst Public und Nonprofit Management sowie Gesundheitsmanagement). Nach dem Ausschluss von deutschsprachigen Zeitschriften sowie jenen der untersten Ranking-Kategorie D besteht die Grundgesamtheit aus 34 Zeitschriften mit Nachhaltigkeitsbezug und fünf mit explizitem Nonprofit-Bezug (Nonprofit Management and Leadership, VOLUNTAS: International Journal of Voluntary and Nonprofit Organizations, Nonprofit and Voluntary Sector Quarterly (NVSQ), International

Journal of Nonprofit and Voluntary Sector Marketing und International Review on Public and Nonprofit Marketing). Innerhalb der 34 Zeitschriften aus dem Nachhaltigkeitsmanagement wurden die Abstracts und Titel mit dem folgenden Such-String analysiert: nonprofit OR non-profit OR non-governmental OR nongovernmental OR NGO (wie empfohlen bei bspw. Denyer und Tranfield 2009). Obwohl die beiden Konzepte *Corporate Social Responsibility* und unternehmerische Nachhaltigkeit inzwischen synonym verwendet werden (Montiel 2008), wurden beide für die Suche innerhalb der Nonprofit-Zeitschriften herangezogen (Suchstring in Abstracts oder Titel: sustainable OR sustainability OR "corporate social responsibility"). Eine Einschränkung auf bestimmte Jahre wurde nicht vorgenommen, um die gesamte Entwicklung der Forschungsströme betrachten zu können. Aus den 597 resultierenden Treffern wurden andere Publikationsarten wie Buchbesprechungen sowie offensichtlich inhaltlich unpassende Beiträge ausgeschlossen und die verbleibenden 551 Beiträge inhaltsanalytisch für die narrative Synthese ausgewertet (dabei stammen 493 Beiträge aus den Nachhaltigkeitszeitschriften und 58 aus den Nonprofit-Zeitschriften).

2.3 Verständnis von Nachhaltigkeit in der Nonprofit-Forschung

Da sowohl öffentliche Institutionen als auch Nonprofit-Organisationen sachzieldominiert sind, würde man bei beiden erwarten, dass die ökonomische Dimension der Nachhaltigkeit eine untergeordnete Rolle spielt (Greiling et al. 2015b). In den untersuchten Veröffentlichungen in Nonprofit-Zeitschriften lässt sich jedoch feststellen, dass ein recht eingeschränktes Verständnis von Nachhaltigkeit vorherrscht, so überwiegt die ökonomische Dimension im Sinne von finanzieller Tragfähigkeit (bspw. Bingham und Walters 2013; Bowman 2011; Child 2015). Finanzielle Nachhaltigkeit (*financial sustainability*, bspw. Jean-François 2015 und Bell et al. 2010) ist als Indikator mit der finanziellen Leistungsfähigkeit von Nonprofit-Organisationen verwandt, aber abgrenzbar zu finanzieller Lebensfähigkeit oder finanzieller Verwundbarkeit (Ingerfurth 2013).

Jedoch finden sich auch Beiträge neueren Datums, in denen Nachhaltigkeit in allen drei Dimensionen beleuchtet wird:

> „FBOs [Faith-Based Organizations] are active in numerous areas of the sustainability project, from eco-tourism, to tree nurseries, to facilitating agricultural extension, to building dams, to climate change advocacy. This work encompasses both the environmental and the developmental or human aspects of sustainability." (Moyer et al. 2012, S. 987)

3 Perspektiven für die zukünftige Forschung

3.1 Perspektive 1: Accountability für Nachhaltigkeit

Der systematische Literaturüberblick zeigt, dass sich zahlreiche Quellen damit befassen, wie Nonprofit-Organisationen Druck auf Unternehmen ausüben und somit deren Accountability und auch Nachhaltigkeit erhöhen. Hierbei spielt oft eine Rolle, dass sie in der Lage sind, bei globalisierten Lieferketten Regulierungslücken auszugleichen (Boström et al. 2015). Zudem kann umgekehrt das Fehlen von Nonprofit-Organisationen ein geringes Maß an unternehmerischer Nachhaltigkeit bewirken (Graafland und Zhang 2014). Diese Sichtweise entspricht der EU-Strategie für die soziale Verantwortung der Unternehmen, der zufolge Nonprofit-Organisationen folgende Rolle für „soziale, ökologische, ethische, Menschenrechts- und Verbraucherbelange" spielen: „Gewerkschaften und Organisationen der Zivilgesellschaft zeigen Probleme auf, erzeugen Druck, um Verbesserungen zu erreichen, und können gemeinsam mit den Unternehmen auf konstruktive Weise Lösungen erarbeiten" (Europäische Kommission 2011). Gerade in Bezug auf ökologische Nachhaltigkeit zeigt sich in der Forschung auch, dass Nonprofit-Organisationen zunehmend Druck auf den Gesetzgeber ausüben (Martin und Rice 2014; Starik und Heuer 2002). Angesichts dieser Rolle befasst sich die Literatur zunehmend mit der Nachhaltigkeit innerhalb von Nonprofit-Organisationen selbst (Emanuele und Higgins 2000; Kolk und van Tulder 2002). Die Inkonsistenz zwischen ihren Forderungen gegenüber Unternehmen sowie Gesetzgeber und den in Nonprofit-Organisationen vorherrschenden Praktiken (Fassin 2009) führen dazu, dass ihre legitime Rolle in Frage gestellt wird (Baur und Schmitz 2012, Crespy und van Miller 2011; Weidenbaum 2009).

In dieser Perspektive bietet sich für die Forschung an, das Zusammenspiel zwischen Accountability (sowie Berichterstattung, Transparenz, Glaubwürdigkeit) und Nachhaltigkeit von und zwischen Staat, Wirtschaft und Nonprofit-Organisationen zukünftig stärker zu beleuchten.

3.2 Perspektive 2: Nonprofit-Partnerschaften für Nachhaltigkeit

Noch vor wenigen Jahren wurde festgestellt, dass „Fragen zur Kooperation und Interaktion zwischen Nonprofit Organisationen und gewinnorientierten Unternehmen (…) bislang vernachlässigt" (Helmig und Michalski 2008) wären und dass es sich hierbei um ein „ein vermintes Feld" (Ebinger 2007) handele. Mit Blick auf die Praxis ist heute die partnerschaftliche Zusammenarbeit zwischen den Sektoren dahingehend selbstverständlich geworden, dass diese beispielsweise innerhalb der SDG (*Sustainable Development Goals*) eine integrierende Funktion und damit eine zentrale Rolle einnehmen (Ziel 17 „Partnerschaften für die Ziele", Vereinte Nationen 2015) und die Sinnhaftigkeit dieser Partnerschaf-

ten auch von Unternehmen kaum mehr in Frage gestellt wird (Bansal et al. 2016).
Der systematische Literaturüberblick zeigt zunächst eine wachsende Anzahl von Publikationen zum Thema Partnerschaften zwischen Unternehmen und Nonprofit-Organisationen (Kourula und Laasonen 2010). Zudem belegen zahlreiche Studien die positiven Auswirkungen von intersektoralen Partnerschaften unter Beteiligung von Nonprofit-Organisationen auf Nachhaltigkeit und die gemeinsame Schaffung von Werten (Albino et al. 2012; Austin und Seitanidi 2012, Murray et al. 2010; Wadham und Warren 2013). Auch die negativen Auswirkungen, insbesondere auf die Nonprofit-Organisationen und deren Accountability (Simpson et al. 2011), werden beleuchtet.
Für die zukünftige Forschung stellt sich insbesondere die Frage, wann welche Art von Partnerschaft angeraten ist und welche Formen besonders förderlich für die Nachhaltigkeit aller Beteiligten sind.

3.3 Perspektive 3: Gender, Nonprofit-Organisationen und Nachhaltigkeit

Innerhalb der Forschung lassen sich Publikationen identifizieren, die auf die große Bedeutung von Frauen insbesondere in Schwellen- und Entwicklungsländern für ökologische Nachhaltigkeit (bspw. Wasser: Figueiredo und Perkins 2013; Moraes und Rocha 2013) oder ökonomische Nachhaltigkeit durch Mikrofinanzierung (Rugimbana und Spring 2009) hinweisen. Zudem trägt die geschlechtsbezogene Diversität von Unternehmensvorständen dazu bei, dass Unternehmen entweder Nachhaltigkeit einen höheren Stellenwert beimessen (Boulouta 2013) oder Nonprofit-Organisationen mehr Spenden zukommen lassen (Wang und Coffey 1992; Williams 2003). In Nonprofit-Organisationen nehmen weibliche Vorstandsmitglieder ebenfalls empirisch nachweisbar Einfluss auf die Governance-Praktiken (Buse et al. 2016).
In der Nachhaltigkeitspraxis nimmt die Gleichstellung von Frauen zwar seit Jahrzehnten eines der zentralen Ziele ein (Vereinte Nationen 2015: Ziel 5). Dennoch sind die weiblichen Identifikationsfiguren bislang rar gesät (Learned 2013). Erst zögerlich reagieren Forschungsinstitute und postulieren beispielsweise in einem „Gender Manifesto: putting gender equality and equity at the heart of what we do and how we do it" (International Institute for Environment and Development 2016). In der Nonprofit-Praxis spielen Frauen zunächst dahingehend eine zentrale Rolle, dass sie den *deutlich* überwiegenden Anteil der Beschäftigten stellen (Priller und Paul 2015). Ihr Anteil an Führungspositionen ist jedoch erheblich niedriger, was Studien in Großbritannien (Jarboe 2012) und den USA belegen (Di Mento 2014). Die Forschung könnte hier einen wichtigen Beitrag leisten, die Querverbindungen zwischen Nonprofit-Organisationen und Nachhaltigkeit in Bezug auf die Rolle von Frauen zu untersuchen.

4 Fazit

Die Forschung zu Nonprofit-Organisationen erlebt seit den 1990er Jahren sowohl Wachstum als auch Internationalisierung (Helmig und Boenigk 2012; Helmig et al. 2012). Die betriebswirtschaftliche Beschäftigung mit Nonprofit-Organisationen kann in die „Öffentliche Betriebswirtschaftslehre" eingeordnet werden. Eichhorn definiert das Fach als eine Kombination aus Funktionallehre (Fokus auf die öffentlichen Aufgaben und ihre Bereitstellung) und einer Institutionenlehre (Fokus auf die öffentlichen Aufgaben erbringenden öffentlichen, privaten und Nonprofit Institutionen) zu einer sogenannten Sektorenlehre: „Ihr Forschungsbereich ist der öffentliche Sektor und Nonprofit-Sektor, der primär Bedarfsdeckung und Leistungsziele verfolgt im Unterschied zum privaten Sektor mit Erwerbsstreben und Finanzzielen" (Eichhorn 2006). Der Forschungsgegenstand sind öffentliche und Nonprofit-Organisationen und das Ziel der Forschung ist es, Spezifika in diesen Institutionen zu entdecken, wobei unterschiedliche Methoden eingesetzt und andere Disziplinen einbezogen werden (Eichhorn 2006). Die Tatsache, dass die Nonprofit-Forschung grundsätzlich in unterschiedlichen Disziplinen beheimatet ist, lässt sich auch an der Ausrichtung der beiden Zeitschriften NVSQ und Voluntas ablesen, die sich beide als interdisziplinär bezeichnen.

Die insgesamt noch junge Nachhaltigkeitsforschung befasst sich erst seit kurzem wissenschaftlich mit der Frage, inwiefern sie eine eigene Disziplin darstellt und wie sehr sie tatsächlich dem selbst gestellten Postulat der Interdisziplinarität folgt (Schoolman et al. 2012). Viele nachhaltigkeitsbezogene Publikationen stellen heraus, dass Nachhaltigkeitsforschung Transdiziplinarität (Jantsch 1970) anstrebt (Mauser et al. 2013). Durch die Betonung der Zusammenarbeit zwischen Disziplinen überlappt sich die so verstandene Transdiziplinarität stark mit der Interdisziplinarität (Groß und Stauffacher 2014). Schneidewind (2012, S. 69) definiert die transdisziplinäre Betriebswirtschaftslehre als eine Disziplin, die

"betriebswirtschaftliche Konzepte und Methoden zur Lösung zentraler gesellschaftlicher Herausforderungen (…) einbringt und dabei die Verknüpfung mit den Wissensständen von anderen Disziplinen sowie dem Kontextwissen von beteiligten Akteuren sucht."

Wie in Abbildung 1 darstellt, können Nachhaltigkeits- und Nonprofit-Forschung voneinander lernen. Daraus dass sogar innerhalb der Nachhaltigkeitsforschung eine Unterscheidung in eher umweltbezogene und eher gesellschaftsbezogene Wissenschaftler und Zeitschriften zu finden ist, lässt sich die Notwendigkeit ableiten, interdisziplinär sowohl gemeinsam zu bearbeitende theoretische Konstrukte als auch objektive Messinstrumente zu entwickeln (Montiel 2008). Nachhaltigkeitsforschung könnte versuchen, die Bemühungen einer echten interdisziplinären Arbeit, welche von der Nonprofit-Forschung bspw. im Rahmen des CNP unternommen wurden, nachzuahmen, um international standardisierte Definitionen zu verwenden und somit eine Grundlage für vergleichbare Forschungsergebnisse zu legen. Umgekehrt könnte die Nonprofit-Forschung von der Nachhaltigkeitsforschung lernen, sich transdisziplinäre Ansätze anzueignen, um explizit gesellschaftliche Probleme zu lösen. Die Kombination würde erlauben, dass Nachhaltigkeits- und Nonprofit-Forschung gemeinsam einen Beitrag zu einem evidenzbewussten Management in Bezug auf Nachhaltigkeit und Nonprofit-Organisationen leisten (Briner et al. 2009).

Abbildung 1: Wechselseitige Befruchtung von Nachhaltigkeits- und Nonprofit-Forschung

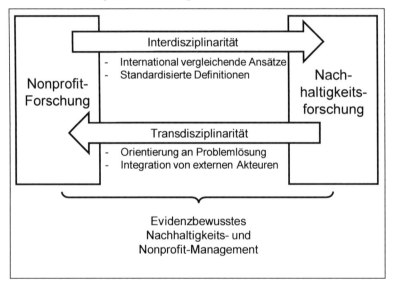

5 Literatur

Hinweis: Die mit * versehenen Artikel sind Bestandteil des systematischen Literaturüberblicks.

Albareda, L., Lozano, J., Tencati, A., Midttun, A. und Perrini, F. (2008): The Changing Role of Governments in Corporate Social Responsibility: Drivers and Responses, in: Business Ethics: A European Review 4, S. 347-363.

*Albino, V., Dangelico, R., und Pontrandolfo, P. (2012): Do Inter-Organizational Collaborations Enhance a Firm's Environmental Performance?: A Study of the Largest U.S. Companies, in: Journal of Cleaner Production 37, S. 304-315.

*Austin, J. und Seitanidi, M. (2012): Collaborative Value Creation: A Review of Partnering Between Nonprofits and Businesses: Part I. Value Creation Spectrum and Collaboration Stages. In: Nonprofit and Voluntary Sector Quarterly 41 (5), S. 726-758.

Bansal, P., Good, J. und Sharma, G. (2016): Business Challenges for Sustainability: Inspiring New Research and Innovating New Solutions: Network for Business Sustainability. URL: http://nbs.net/wp-content/uploads/2016-LC-Design-Challenges.pdf. (08.07.2016).

*Baur, D. und Schmitz, H. (2012): Corporations and NGOs: When Accountability Leads to Cooptation. In: Journal of Business Ethics 106 (1), S. 9-21.

Bell, J., Masaoka, J. und Zimmerman, S. (2010): Nonprofit Sustainability: Making Strategic Decisions for Financial Viability, San Francisco, Calif.

*Bingham, T. und Walters, G. (2013): Financial Sustainability Within UK Charities: Community Sport Trusts and Corporate Social Responsibility Partnerships. In: VOLUNTAS: International Journal of Voluntary and Nonprofit Organizations 24 (3), S. 606-629.

*Boström, M., Jönsson, A., Lockie, S., Mol, A. und Oosterveer, P. (2015): Sustainable and Responsible Supply Chain Governance: Challenges and Opportunities. In: Journal of Cleaner Production 107, S. 1-7.

*Boulouta, I. (2013): Hidden Connections: The Link Between Board Gender Diversity and Corporate Social Performance. In: Journal of Business Ethics 113 (2), S. 185-197.

*Bowman, W. (2011): Financial Capacity and Sustainability of Ordinary Nonprofits. In: Nonprofit Management and Leadership 22 (1), S. 37-51.

Briner, R., Denyer, D. und Rousseau, D. (2009): Evidence-Based Management: Concept Cleanup Time? In: The Academy of Management Perspectives 23 (4), S. 19-32.

Bryman, A. (2012): Social Research Methods, 4th ed., Oxford, New York.

*Buse, K., Bernstein, R. und Bilimoria, D. (2016): The Influence of Board Diversity, Board Diversity Policies and Practices, and Board Inclusion Behaviors on Nonprofit Governance Practices. In: Journal of Business Ethics 133 (1), S. 179-191.

*Child, C. (2015): Tip of the Iceberg: The Nonprofit Underpinnings of For-Profit Social Enterprise. In: Nonprofit and Voluntary Sector Quarterly, online first, S. 1-25.

Clausen, A. (1982): Sustainable Development: The Global Imperative. In: The Environmentalist 2 (1), S. 23-28.

*Crespy, C. und van Miller, V. (2011): Sustainability Reporting: A Comparative Study of NGOs and MNCs. In: Corporate Social Responsibility and Environmental Management 18 (5), S. 275-284.

Daub, C.-H. (2012): Nachhaltigkeit als Leitgedanke des Managements in Kirche und Diakonie. In: Jung, S. und Katzenmayer, T. (Hrsg.): Nachhaltig wirtschaften- Wirtschaftsethische Reflexionen, Göttingen, S. 65-85.

Daub, C.-H., Scherrer, Y.M. und Frecè, J.T. (2013): Nachhaltiges Management von Nonprofit-Organisationen. In: Ökologisches Wirtschaften 4, S. 34-39.

Denyer, D. und Tranfield, D. (2006): Using Qualitative Research Synthesis to Build an Actionable Knowledge Base. In: Management Decision 44 (2), S. 213-227.

Denyer, D. und Tranfield, D. (2009): Producing a Systematic Review. In: Buchanan, D. A. und Bryman, A. (Eds.): The SAGE Handbook of Organizational Research Methods, London, Thousand Oaks, New Delhi, Singapore, S. 671-689.

Di Mento, M. (2014): Lack of Women in Top Roles Hinders Nonprofits, Female Nonprofit Workers Say - 28.04.2014. In: The Chronicle of Philanthropy. URL: https://philanthropy.com/article/-Lack-of-Women-in-Top-Roles/153197.

Dyllick, T. und Hockerts, K. (2002): Beyond the Business Case for Corporate Sustainability. In: Business Strategy and the Environment 11 (2), S. 130-141.

Ebinger, F. (2007): Dialog zwischen Unternehmen und NGOs auf dem Weg zu einer nachhaltigen Zusammenarbeit. In: UmweltWirtschaftsForum 15 (1), S. 1-2.

*Emanuele, R. und Higgins, S. (2000): Corporate Culture in the Nonprofit Sector: A Comparison of Fringe Benefits with the For-profit Sector. In: Journal of Business Ethics 24 (1), S. 87-93.

Europäische Kommission (2011): Eine neue EU-Strategie (2011-14) für die soziale Verantwortung der Unternehmen (CSR) - KOM/2011/0681. URL: http://eur-lex.europa.eu/legal-content/DE/-TXT/PDF/?uri=CELEX:52011DC0681&from=EN, (09.07.2016).

*Fassin, Y. (2009): Inconsistencies in Activists' Behaviours and the Ethics of NGOs. In: Journal of Business Ethics 90 (4), S. 503-521.
*Figueiredo, P. und Perkins, P. (2013): Women and Water Management in Times of Climate Change: Participatory and Inclusive Processes - Special Volume: Water, Women, Waste, Wisdom and Wealth. In: Journal of Cleaner Production 60, S. 188-194.
*Graafland, J. und Zhang, L. (2014): Corporate Social Responsibility in China: Implementation and Callenges. In: Business Ethics: A European Review 23 (1), S. 34-49.
Greiling, D., Schaefer, C. und Theuvsen, L. (2015a): Vorwort. In: Greiling, D., Schaefer, C. und Theuvsen, L. (Hrsg.): Nachhaltigkeitsmanagement und Nachhaltigkeitsberichterstattung öffentlicher Unternehmen, Baden-Baden, S. 1.
Greiling, D., Theuvsen, L. und Müller, H. (2015b): Nachhaltigkeitsmanagement öffentlicher Unternehmen aus empirischer Sicht. In: Greiling, D., Schaefer, C. und Theuvsen, L. (Hrsg.): Nachhaltigkeitsmanagement und Nachhaltigkeitsberichterstattung öffentlicher Unternehmen, Baden-Baden, S. 52-69.
Groß, M. und Stauffacher, M. (2014): Transdisciplinary Environmental Science: Problem-oriented Projects and Strategic Research Programs. In: Interdisciplinary Science Reviews 39 (4), S. 299-306.
Haas, E. (2001): Nachhaltige Regionalentwicklung durch Non-Profit-Management: Lokale Agenda 21 als Lernprozeß. In: Witt, D., Eckstaller, C. und Faller, P. (Hrsg.): Non-Profit-Management im Aufwind? Festschrift für Karl Oettle zum 75. Geburtstag, Gabler Edition Wissenschaft, Wiesbaden, S. 3-16.
Harzing, A.-W. (2015): Journal Quality List: 56th Edition. URL: http://www.harzing.com/download/jql_subject.pdf. (04.12.2015).
Hauff, M. v. (2014): Nachhaltige Entwicklung: Grundlagen und Umsetzung, 2. Aufl., München.
Helmig, B. und Boenigk, S. (2012): Nonprofit Management, München.
Helmig, B. und Michalski, S. (2008): Stellenwert und Schwerpunkte der Nonprofit-Forschung in der allgemeinen Betriebswirtschaftslehre. Ein Vergleich deutscher und US-amerikanischer Forschungsbeiträge. In: Zeitschrift für Betriebswirtschaft 78 (3), Special Issue, S. 23-55.
Helmig, B., Spraul, K. und Tremp, K. (2012): Replication Studies in Nonprofit Research: A Generalization and Extension of Findings Regarding the Media Publicity of Nonprofit Organizations. In: Nonprofit and Voluntary Sector Quarterly 41 (3), S. 360-385.
Ingerfurth, S. (2013): Erfolg und Misserfolg von Nonprofit-Organisationen: Zur Bedeutung und Auswirkung strategischer Managemententscheidungen, Wiesbaden.
International Institute for Environment and Development (2016): Gender Manifesto: G04021. URL: http://pubs.iied.org/pdfs/G04021.pdf?. (08.07.2016).
Jantsch, E. (1970): Inter- and Transdisciplinary University: A Systems Approach to Education and Innovation. In: Policy Sciences 1, S. 403-428.
Jarboe, N. (2012): Women Count: Charity Leaders 2012: Benchmarking the Participation of Women in the UK's Largest Charities. URL: http://women-count.org/Women-Count-Report-2012.pdf. (08.07.2016).
Jean-François, E. (2015): Financial Sustainability for Nonprofit Organizations, New York, NY.
*Kolk, A. und van Tulder, R. (2002): Child Labor and Multinational Conduct: A Comparison of International Business and Stakeholder Codes, in: Journal of Business Ethics 36 (3), S. 291-301.
*Kourula, A. und Laasonen, S. (2010): Nongovernmental Organizations in Business and Society, Management, and International Business Research: Review and Implications From 1998 to 2007. In: Business & Society 49 (1), S. 35-67.
Learned, A. (2013): Where are the Women Leaders in Sustainable Business? - 23.10.2013. In: The Guardian. URL: https://www.theguardian.com/sustainable-business/where-women-sustainable-business-leadership.
Lubin, D.A. und Esty, D.C. (2010): The Sustainability Imperative 88 (5), S. 42-50.
*Martin, N. und Rice, J. (2014): Influencing Clean Energy Laws: an Analysis of Business Stakeholder Engagement. In: Business Strategy and the Environment 23 (7), S. 447-460.

Mauser, W., Klepper, G., Rice, M., Schmalzbauer, B., Hackmann, H., Leemans, R. und Moore, H. (2013): Transdisciplinary Global Change Research: The Co-Creation of Knowledge for Sustainability. In: Current Opinion in Environmental Sustainability 5 (3-4), S. 420-431.

Montiel, I. (2008): Corporate Social Responsibility and Corporate Sustainability: Separate Pasts, Common Futures. In: Organization & Environment 21 (3), S. 245-269.

*Moraes, A. und Rocha, C. (2013): Gendered Waters: The Participation of Women in the 'One Million Cisterns' Rainwater Harvesting Program in the Brazilian Semi-Arid Region - Special Volume: Water, Women, Waste, Wisdom and Wealth. In: Journal of Cleaner Production 60, S. 163-169.

*Moyer, J., Sinclair, A. und Spaling, H. (2012): Working for God and Sustainability: The Activities of Faith-Based Organizations in Kenya. In: VOLUNTAS: International Journal of Voluntary and Nonprofit Organizations 23 (4), S. 959-992.

*Murray, A., Haynes, K. und Hudson, L. (2010): Collaborating to Achieve Corporate Social Responsibility and Sustainability?: Possibilities and Problems. In: Sustainability Accounting, Management and Policy Journal 1 (2), S. 161-177.

Otto, D. (1996): Nongovernmental Organizations in the United Nations System: The Emerging Role of International Civil Society. In: Human Rights Quarterly 18 (1), S. 107-141.

Eichhorn, P. (2006): Öffentliche Betriebswirtschaftslehre in Deutschland. In: Verwaltung & Management: VM 12 (5), S. 228-231.

Priller, E. und Paul, F. (2015): Gute Arbeit in atypischen Beschäftigungsverhältnissen? Eine Analyse der Arbeitsbedingungen von Frauen in gemeinnützigen Organisationen unter Berücksichtigung ihrer Beschäftigungsformen und Lebenslagen. - Abschlussbericht, Berlin.

*Rugimbana, R. und Spring, A. (2009): Marketing Micro-Finance to Women: Integrating Global with Local. In: International Journal of Nonprofit and Voluntary Sector Marketing 14 (2), S. 149-154.

Salamon, L. und Anheier, H. (1992): In Search of the Non-Profit Sector. I: The Question of Definitions. In: VOLUNTAS: International Journal of Voluntary and Nonprofit Organizations 3 (2), S. 125-151.

Schneidewind, U. (2012): Nachhaltiges Ressourcenmanagement als Gegenstand einer transdisziplinären Betriebswirtschaftslehre - Suffizienz als Business Case. In: Corsten, H. und Roth, S. (Hrsg.): Nachhaltigkeit- Unternehmerisches Handeln in globaler Verantwortung, Wiesbaden, S. 67-92.

Schoolman, E., Guest, J., Bush, K. und Bell, A. (2012): How Interdisciplinary is Sustainability Research?: Analyzing the Structure of an Emerging Scientific Field. In: Sustainability Science 7 (1), S. 67-80.

*Simpson, D., Lefroy, K. und Tsarenko, Y. (2011): Together and Apart: Exploring Structure of the Corporate-NPO Relationship. In: Journal of Business Ethics 101 (2), S. 297-311.

*Starik, M. und Heuer, M. (2002): Strategic Inter-Organizational Environmentalism in the U.S.: A Multi-Sectoral Perspective of Alternating Eco-Policy Roles. In: Business Strategy and the Environment 11 (4), S. 221-235.

Theuvsen, L. (2012): Nonprofit-Organisationen als Treiber der Nachhaltigkeitsdebatte. In: Gmür, M., Schauer, R. und Theuvsen, L. (Hrsg.): Performance Management in Nonprofit-Organisationen- Theoretische Grundlagen, empirische Ergebnisse und Anwendungsbeispiele, Bern, S. 403-411.

Tranfield, D., Denyer, D. und Smart, P. (2003): Towards a Methodology for Developing Evidence-Informed Management Knowledge by Means of Systematic Review. In: British Journal of Management 14 (3), S. 207-222.

United Nations (2012): The Future We Want: Outcome Document of the United Nations Conference on Sustainable Development Rio de Janeiro, Brazil, S. 20-22 June 2012. URL: https://sustainabledevelopment.un.org/futurewewant.html. (08.07.2016).

United Nations Department of Public Information (2016): NGO Relations Section. URL: http://outreach.un.org/ngorelations/about-us/. (08.07.2016).

Verband der Hochschullehrer für Betriebswirtschaft e.V. (2015): VHB-JOURQUAL3. URL: http://vhbonline.org/vhb4you/jourqual/vhb-jourqual-3/. (04.07.2016).

Vereinte Nationen (1992): AGENDA 21 - Konferenz der Vereinten Nationen. URL: http://www.un.-org/depts/german/conf/agenda21/agenda_21.pdf. (03.07.2016).

Vereinte Nationen (2015): Transformation unserer Welt: Die Agenda 2030 für nachhaltige Entwicklung. URL: http://www.un.org/depts/german/gv-70/a70-l1.pdf. (08.07.2016).

*Wadham, H. und Warren, R. (2013): Inspiring Action, Building Understanding: How Cross-Sector Partnership Engages Business in Addressing Global Challenges. In: Business Ethics: A European Review 22 (1), S. 47-63.

*Wang, J. und Coffey, B. (1992): Board Composition and Corporate Philanthropy. In: Journal of Business Ethics 11 (10), S. 771-778.

*Weidenbaum, M. (2009): Who Will Guard the Guardians? The Social Responsibility of NGOs. In: Journal of Business Ethics 87 (1), Supplement, S. 147-155.

*Williams, R. (2003): Women on Corporate Boards of Directors and their Influence on Corporate Philanthropy. In: Journal of Business Ethics 42 (1), S. 1-10.

World Commission on Environment and Development (1987): Our Common Future, Oxford, New York.

Worth, M.J. (2012): Nonprofit Management: Principles and Practice, 2nd ed., Thousand Oaks, Calif.

Ökosoziale Marktwirtschaft in repräsentativen Demokratien: Eine empirische Analyse der Zahlungsbereitschaft von EU-Bürgern für Umweltschutz

Friedrich Schneider, Andrea Kollmann und Johannes Reichl

1 Einleitung

Unter den Akteuren (Wähler, Politiker, Produzenten, traditionelle und grüne Interessensgruppen und der Bürokratie) in repräsentativen westlichen Demokratien besteht ein breiter Konsens darüber, dass ein Wandel hin zu einer ökosozialen Marktwirtschaft wesentlich für ein zukünftiges, nachhaltiges Wirtschaftswachstum ist. Aber selbst nach 30 Jahren intensiver Diskussion werden marktbasierte Instrumente noch nicht in einem zufriedenstellendem Ausmaß in der internationalen wie nationalen Umweltpolitik eingesetzt, d.h. die ökosoziale Marktwirtschaft wird immer noch viel zu wenig ernst genommen. Zur Analyse der Frage, wodurch dieser unzureichende Einsatz begründet ist, erfolgt in dieser Arbeit eine empirische Analyse der Zahlungsbereitschaft von EU-Bürgern für Umweltschutz. Bereits seit den frühen 1970er Jahren ist Umweltpolitik nicht mehr vorrangig von Command-and-Control-Instrumenten geprägt, auch marktbasierte Instrumente werden vermehrt eingesetzt. Insgesamt ist der Einsatz marktbasierter Instrumente aus ökonomischer Sicht jedoch noch immer unzureichend und/oder ineffizient. Ziel dieser Arbeit ist daher ein Versuch, diese Situation mit Hilfe einer Public Choice Analyse darzustellen. Frühere Artikel griffen eine ähnliche Thematik auf, z.b. Kirchgässner und Schneider (2003), Schneider und Volkert (1999) und Schneider und Weck-Hannemann (2005). In all diesen Artikeln wird jedoch der Public Choice Ansatz ohne Berücksichtigung der empirischen und theoretischen Entwicklungen seit 2003 dargestellt. Daher konzentrieren wir uns in dieser Arbeit auf einige der aktuellen Entwicklungen, hier insbesondere auf eine empirische Analyse der Zahlungsbereitschaft von EU-Bürgern für den Umweltschutz. Entsprechend der Public Choice Theorie behandeln wir den Staat in unserer Analyse nicht als einheitliches Gebilde, sondern erörtern die umweltpolitischen Charakteristika, Hauptinteressen und Interaktionen der fünf Gruppen ökonomischer Akteure: Wähler, Politiker, Bürokratie, Produzenten und Interessensgruppen. Wir nehmen nutzenmaximierendes und eigennütziges Verhalten für alle fünf Gruppen an, diskutieren aber auch Literatur über altruistisches und pro-soziales bzw. pro-ökologisches Verhalten bei der Beurteilung der Motivationslage der einzelnen Akteure. Hierbei versuchen wir folgende drei konkrete Forschungsfragen zu beantworten:

(1) Zu welchen Erkenntnissen kommt die Literatur über die Einstellung der Wähler zu marktbasierten Instrumenten in der Umweltpolitik?
(2) Welche empirischen Resultate gibt es?
(3) Wer ist dazu bereit, einen monetären Beitrag zum Umweltschutz zu leisten?

In Abbildung 1 ist die Interaktion der wesentlichen Akteure aus Public Choice Perspektive dargestellt. In diesem Beitrag konzentrieren wir uns – wie aus den drei Forschungsfragen ersichtlich – auf das Verhalten der Wähler, die von exogenen Bedingungen und Einflüssen durch die Umwelt und die globale Wirtschaft beeinflusst werden, aber auch von nationalen Interessen (hier Wirtschaft und Umwelt) und ihrerseits einen Einfluss auf das politische System ausüben, als auch Interessensvertreter (grüne wie traditionelle) beeinflussen können. Der wichtigste Einfluss der Wähler ist sicherlich auf die Politik, denn mit ihrer Stimme entscheiden sie über die Mehrheiten im Parlament.

Abbildung 1: Interaktion wichtiger Akteure aus Public Choice Perspektive

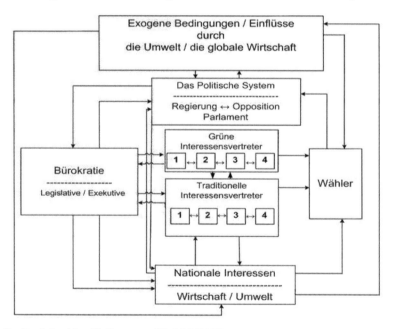

Quelle: Schneider, Kollmann und Reichl (2015)

Unser Beitrag ist wie folgt aufgebaut: Kapitel 3 gibt einen Literaturüberblick zu den drei genannten Forschungsfragen. In Kapitel 4 erfolgt eine empirische Analyse darüber, inwieweit ein Teil des Einkommens von Bürgern zur Verfügung gestellt werden würde, wenn sie sicher wären, dass das Geld dazu verwendet wird, Umweltverschmutzung zu verhindern. In diesem Kapitel werden auch konkrete Hypothesen aufgebaut und ökonometrisch getestet. Im letzten Abschnitt erfolgt dann eine Zusammenfassung und es werden einige Schlussfolgerungen abgeleitet.

2 Literaturüberblick

Die Sensibilität der Bürger/Wähler gegenüber Umweltthemen ist in den letzten Jahrzehnten ständig gestiegen. Ein Indikator dafür ist, dass die Wähler immer größeren Wert auf die Verwendung erneuerbarer Ressourcen legen. Wüstenhagen und Bilharz (2006) zeigen, dass sich in Deutschland zwischen 1984 und 2003 die öffentliche Haltung gegenüber den konventionellen, meist fossilen Energiequellen, aber auch nuklearer Energie hin zu erneuerbaren Energieträgern (Wind, Sonne) verlagert hat. Waren 1984 nur 17% der Befragten der Meinung, Windenergie könnte signifikant zur Energieversorgung Deutschlands beitragen, stieg dieser Anteil bis 2003 auf 42% an. Meinungsumfragen der Europäischen Kommission zeigt im Jahr 2009 zusätzlich an, dass 50% der europäischen Bürger den Klimawandel als ernsthaftes Problem betrachten. Frägt man jedoch nach den wesentlichen Themen im jeweiligen Heimatland, siehe Tabelle 2, dann rangieren die Themen „Arbeitslosigkeit" mit 51% auf Rang 1, die „Wirtschaftslage" mit 40% auf Rang 2, und auf Rang 3 wird das Thema „Kriminalität" genannt (Tabelle 1).

Tabelle 1: Ergebnisse der Eurobarometer Studie, Jan./Feb. 2009

Rang	Welche der folgenden Probleme betrachten Sie als die bedeutendsten Probleme der Welt im Moment?			
	Probleme	2008*	2009*	%-Veränderung
1	Armut, fehlende Nahrungsmittel und Wasser	67%	66%	-1%
2	Weltwirtschaftskrise	24%	52%	117%
3	Klimawandel	62%	50%	-19%
4	Internationaler Terrorismus	53%	42%	-21%
5	Bewaffneter Konflikt	38%	39%	3%

Quelle: Europäische Kommission (2009b), *Mehrfachnennungen möglich

Tabelle 2: Ergebnisse der Eurobarometer Studie, Okt./Nov. 2009

Rang	Thema	Antworten in %*
	Was halten Sie für die beiden wichtigsten Themen in Ihrem Heimatland?	
1	Arbeitslosigkeit	51%
2	Wirtschaftslage	40%
3	Kriminalität	19%
4	Steigende Preise/Inflation	19%
5	Gesundheitssystem	14%
6	Immigration	9%
7	Pensionen	9%
8	Steuersystem	8%
9	Erziehungswesen	7%
10	Wohnen	5%
11	Terrorismus	4%
12	Umwelt	4%
13	Energie	3%
14	Landesverteidigung/Außenpolitik	2%

Quelle: Europäische Kommission (2009b), *Mehrfachnennungen möglich

Betrachtet man aktuelle Eurobarometer-Umfragen (November 2009-2015) und vergleicht hier, was die wichtigsten Themen sind, mit denen sich die EU aus Sicht der Bevölkerung aktuell auseinander setzen sollte, so steht Immigration im November 2015 mit 58% an erster Stelle, gefolgt von Terrorismus mit 25% und der wirtschaftlichen Situation mit 21%. Der Klimawandel liegt abgeschlagen mit 6% und die Umwelt mit 5% ebenfalls weit hinten (siehe Tabelle 3).

Die gezeigten Statistiken legen nahe, dass ein gewisses Bewusstsein der Wähler im Hinblick auf das Thema Umwelt besteht. Hier zeigt beispielsweise auch die Glücksforschung, dass der individuelle Nutzen durch Umweltverschmutzung negativ beeinflusst wird (Welsch 2006, 2009). Willingness-to-pay Analysen zeigen, dass die Zufriedenheit der Bürger mit höherer Umweltqualität steigt (Halla et al. 2008), bestätigen aber auch das oben Gezeigte: Wähler haben konkurrierende Interessen. Tagesaktuelle Themen überholen Umweltthemen sehr rasch. Es ist für den Wähler auch nicht leicht, einen Überblick zu haben, welche ökonomischen Instrumente, und hier insbesondere die marktbasierten Instrumente, zur Lösung der Umweltprobleme geeignet sind. Dies wird in verschiedenen Studien aufgezeigt: siehe hierzu bspw. Deroubaix und Leveque (2004), Clinch und Dunne (2006), Beuermann und Santarius (2006), Klok et al. (2006).

Tabelle 3: Die wichtigsten Themen, mit denen sich die EU aus Sicht der BürgerInnen aktuell auseinandersetzen muss (Resultate der Eurobarometer-Umfrage, Nov. 2009 - Nov. 2015)

	Nov.10	Nov. 11	Nov. 12	Nov. 13	Nov. 14	Nov. 15	Veränderung 2010 bis 2015 [in %-Pkt.]		
	in % (zwei Antworten je Befragtem)						EU	DE	AT
Immigration	14	9	8	8	24	58	+44	+62	+48
Terrorismus	15	7	4	4	11	25	+10	-11	2
Wirtschaftliche Situation	46	59	53	53	33	21	-25	-19	-21
Arbeitslosigkeit	27	26	36	36	29	17	-10	0	-1
Situation der öff. Finanzen	21	31	32	32	25	17	-4	-18	-4
Kriminalität	8	6	6	6	7	8	0	3	-3
Steigende Preise / Inflation	12	17	16	16	10	7	-5	-6	-6
Der Einfluss der EU in der Welt	6	7	7	7	9	6	0	-1	1
Klimawandel	5	3	3	3	7	6	1	-3	4
Die Umwelt	6	3	3	3	6	5	-1	-1	1
Steuern	4	5	6	6	6	3	-1	0	3-
Pensionen	4	3	3	3	4	3	-1	-1	-1
Energieversorgung	4	4	4	4	6	3	-1	-3	-2

Quelle: http://www.ec.europa.eu/public_opinion/, EU-27, ab 2014: EU-28. Keine Daten für CH verfügbar

Insbesondere die Komplexität der Themen z.B. globale Erwärmung, setzen eine höhere Bildung, Interesse und genügend Zeit voraus, d.h. für den Wähler bestehen auch hohe Opportunitätskosten, sich entsprechend zu informieren. Darüber hinaus besteht ein immer stärkeres Misstrauen gegenüber staatlichen und halbstaatlichen Institutionen (vgl. Owens und Driffil 2008; Dresner et.al. 2006).

Häufig versuchen Regierungen zudem, die Umweltpolitik zu nützen und den öffentlichen Sektor zu vergrößern (zusätzliche Steuern und Verordnungen). In der folgenden Abbildung ist das Vertrauen der EuropäerInnen in ihrer Regierung, ihr Parlament und die Europäische Union dargestellt. Hieraus erkennt man eindeutig, dass das geringste Vertrauen bei der nationalen Regierung und beim nationalen Parlament liegt. Für die Europäische Union ist das Vertrauen noch um einiges höher.

Abbildung 2: Vertrauen der EuropäerInnen in Regierung, Parlament und Europäische Union (% - eher vertrauen)

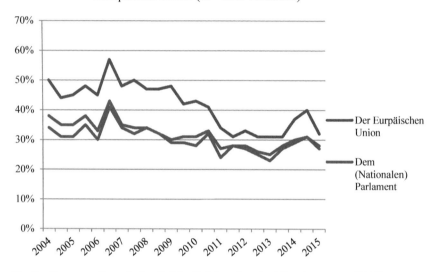

Quelle: European Commission-Public Opinion, Standard Eurobarometer (2015)

In Abbildung 3 ist der Zusammenhang zwischen der Bereitschaft, Umweltsteuern zu zahlen, und dem Vertrauen der Bürger in die Regierung dargestellt. Man erkennt hier eindeutig, dass in funktionierenden Demokratien, wie der Schweiz, in Österreich oder Deutschland, die Bereitschaft zu zahlen hoch ist. Dies trifft auch für Kanada, die Vereinigten Staaten und Finnland zu.

Abbildung 3: Zusammenhang zwischen Bereitschaft Umweltsteuern zu zahlen, und dem Vertrauen der Bürger in ihre Regierung

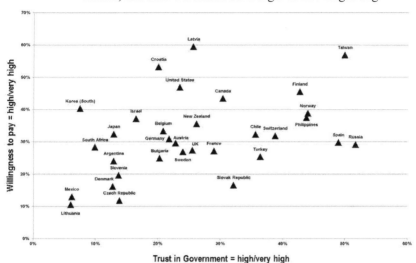

Quelle: International Social Survey Programme, eigene Berechnungen und Illustration

Was zeigen die bisherigen Studien zur Unterstützung der Umweltpolitik durch die Wähler/Steuerzahler? Bornstein und Lanz (2008) sowie Thalmann (2004) analysieren das Wählerverhalten von Schweizer BürgerInnen bei einem Referendum zu neuen Steuern auf fossile Energieträger und zeigen, dass die politische Zugehörigkeit und die Ausbildung der WählerInnen eine große Rolle spielen, jedoch nicht das Einkommen. Anhänger der Grünen und der linken Parteien sowie höher ausgebildete Bürger nahmen eher an der Abstimmung teil und stimmten dafür.

Ein großes Problem, das auch ausführlich in der Literatur diskutiert wird, sind soziale Diskontraten: Wie diskontiere ich zukünftige Nutzen gegenüber jetzt entstehenden, hohen Kosten (zusätzliche Steuern) ab? Van der Bergh (2009) nimmt hier einen Wert zwischen 3 und 6% an, Layton und Levine (2003) 1%. In diesem Themenbereich zeigt eine Willingness-to-pay-Studie, dass Eltern sich signifikant mehr um CO_2-Emissionen sorgen als kinderlose Bürger (vgl. hierzu Halla et al. 2008).

Darüber hinaus bevorzugen Bürger Strategien, mit denen sie vertraut sind. D.h. sehr häufig rufen Bürger nach Vorschriften, also regulativen Maßnahmen, die sie aus dem üblichen Leben kennen, und mit denen sie bereits vertraut sind und umgehen können. Darüber hinaus haben Bürger eine Abneigung gegen das Wort Steuer und lehnen daher Umweltsteuern ab, da sie mit Steuern naturgemäß weniger gute Erfahrungen gemacht haben. In einer Studie aus Irland berichten

Clinch und Dunne (2006), dass die Wähler auf der einen Seite misstrauisch gegenüber der Regierung in Bezug auf die Steuerpolitik sind und sich auf der anderen Seite bereits überbesteuert fühlen. Deroubaix und Leveque (2004) stellen im Zuge einer repräsentativen Meinungsbefragung in Frankreich fest, dass Wähler grundsätzlich daran zweifeln, ob Steuereinnahmen effizient und zweckgebunden eingesetzt werden. Unterstützt wird dieses Ergebnis von einer Befragung, die in Dänemark durchgeführt wurde und in der Befragungsteilnehmer meinten, dass Umweltsteuern nur ein weiterer Weg seien, öffentliche Einnahmen zu steigern und die Umwelteffekte nur vorgeschoben waren (vgl. hierzu Klok et al. 2006). Ein weiterer Aspekt der Vertrauensthematik ist, dass Wähler meinen, sie alleine hätten die Kosten der Umweltpolitik zu tragen. Besonders, wenn die Preiselastizität der Nachfrage niedrig ist, kann die Steuerlast vom Produzenten zum Konsumenten verlagert werden (was in den meisten Fällen das Polluter-Pays-Prinzip verletzen würde). Wenn aber die Preiselastizität hoch ist, wird die Steuerlast sowohl vom Produzenten als auch vom Konsumenten getragen. Ghalwash (2005) berichtet von Eigenpreiselastizitäten der schwedischen Haushalte von -1,80 für eine Stromsteuer und -1,58 für eine Mineralölsteuer. Graham und Glaister (2005) berichten von Preiselastizitäten der Benzinnachfrage im Bereich von -0,6 bis -1,0.

Was die Befolgung einer bestimmten Steuerverordnung betrifft, weisen Feld und Frey (2002) darauf hin, dass ein rationaler Wähler versuchen wird, der Steuerentrichtung auszuweichen, da es unwahrscheinlich ist, gefasst zu werden, und Bußgelder in der Regel klein sind im Vergleich zu dem, was aus der Steuerhinterziehung gewonnen werden kann. Die Tatsache, dass Steuern dennoch bezahlt werden, kann durch die Tradition und durch das Vertrauen erklärt werden.

Ein weiterer Aspekt, der in dieser Diskussion aufgeworfen wurde, ist, dass die Wähler eher eine Maßnahme akzeptieren, die sie bereits kennen. Dies trifft auf Regulierung zu, nicht jedoch auf marktbasierte Instrumente. Dresner et.al. (2006) weisen auf diesen Umstand hin; siehe auch Brännlund und Persson (2010).

3 Empirische Analyse der Zahlungsbereitschaft von EU-Bürgern für den Umweltschutz

3.1 Empirische Ergebnisse

Um die gerade in der Literatur diskutierten Fragen etwas präziser zu untersuchen, erfolgt im Folgenden eine empirische Analyse folgender Fragestellung: *„Ich würde einen Teil meines Einkommens zur Verfügung stellen, wenn ich mir sicher wäre, dass das Geld dazu verwendet wird, Umweltverschmutzung zu verhindern."* Die Analyse erfolgt mit einem ordinalen Regressionsmodell als Schätzverfahren. Die verwendeten Daten sind Querschnittsdaten der *European*

Value Study aus dem Jahr 2008; diese umfassen die EU-27 plus Norwegen und ca. 70.000 Interviewte. Die entscheidende empirische Fragestellung ist nun die folgende: Wie wird die Entscheidung der Wähler durch individuelle Charakteristika und Besonderheiten auf nationaler Ebene beeinflusst? In Abbildung 4 ist die Verteilung der abhängigen Variable dargestellt.

Abbildung 4: Abhängige Variable „*Ich würde einen Teil meines Einkommens zur Verfügung stellen, wenn ich mir sicher wäre, dass das Geld dazu verwendet wird, Umweltverschmutzung zu verhindern.*"

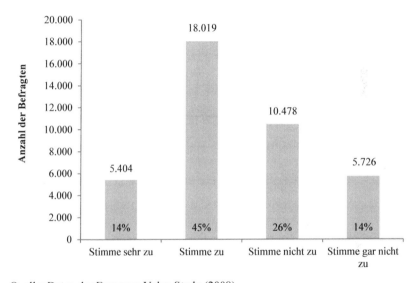

Quelle: Daten der European Value Study (2008)

Aus Abbildung 4 erkennt man, dass ungefähr 59% der Befragten einen Teil ihres Einkommens zur Verfügung stellen würden, wenn sie sicher wären, dass das Geld für Umweltschutzmaßnahmen verwendet werden würde. 41% würden sich eher dagegen aussprechen.

Das Ziel der empirischen Analyse ist es nunmehr die folgenden vier Hypothesen (H) zu untersuchen:

- H1: Individuen mit grüner politischer Orientierung sind eher bereit, monetäre Beiträge für den Umweltschutz bereitzustellen.
- H2: Die individuelle Bereitschaft, monetäre Beiträge bereitzustellen, ist abhängig von individuellen Charakteristiken des Befragten.
- H3: Bildung beeinflusst die Bereitschaft, monetäre Beiträge für Umweltschutz bereitzustellen.

- H4: Individuelle Bereitschaft, monetäre Beträge beizustellen ist abhängig vom Energiepreisniveau des jeweiligen Landes.

Um die Interpretation des ordinalen Regressionsmodells zu erleichtern, wird dieses in Abbildung 5 illustriert.

Abbildung 5: Ordinales Regressionsmodell, Interpretation

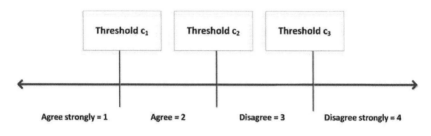

Quelle: Schneider, Kollmann und Reichl (2016)

In der Tabelle 4 werden zunächst die Koeffizienten der Länder-Dummies des ordinalen Regressionsmodells dargestellt. Man erkennt hierbei beträchtliche Unterschiede. Relativ gesehen zu den anderen Ländern besteht in Österreich, aber auch in West- und Ost-Deutschland, eine wesentlich höhere Zahlungsbereitschaft als in der Schweiz, in der diese am höchsten ausgeprägt ist.

Tabelle 4: Ordinales Regressionsmodell 1, Teil 1 (fixed country effects)

	Coefficients (Sig.)			(cont.)		
c1	-1.266	(0.127)	***	Ireland	-0.112	(0.115)
c2	0.193	(0.127)		Italy	-0.505	(0.095) ***
c3	1.088	(0.127)	***	Latvia	-0.263	(0.094) ***
Austria	0.177	(0.093)	*	Lithuania	0.133	(0.096)
Belgium	-0.105	(0.092)		Luxembourg	-0.366	(0.094) ***
Bulgaria	-0.737	(0.096)	***	Malta	-0.500	(0.097) ***
Cyprus	-0.777	(0.098)	***	Netherlands	-0.088	(0.093)
Northern Cyprus	-0.815	(0.105)	***	Norway	-0.255	(0.094) ***
Czech Republic	-0.155	(0.094)	*	Poland	0.032	(0.095)
Denmark	-0.567	(0.094)	***	Portugal	0.077	(0.099)
Estonia	-0.112	(0.093)		Romania	-0.476	(0.096) ***
Finland	0.323	(0.096)	***	Slovak Republic	-0.054	(0.096)
France	-0.009	(0.092)		Slovenia	-0.636	(0.096) ***
West Germany	0.293	(0.095)	***	Spain	-0.226	(0.096) **
East Germany	0.600	(0.096)	***	Sweden	-0.265	(0.096) ***
Greece	-0.801	(0.093)	***	Switzerland	-0.250	(0.095) ***
Hungary	0.010	(0.093)		Great Britain	0	(0.095)

Method: ordered probit model; Numbers in parentheses are standard errors, statistical significance level is shown with *** representing a 1% significance, ** a 5% significance and * a 10% significance level. Significance of model fit tested with chi-test (*** representing a 1% significance).
Interpretation of coefficients: The endogenous variable is categorical with four answer possibilities (1) agree strongly, (2) agree, (3) disagree and (4) disagree strongly. A negative coefficient represents a shift to the left, in this case a shift towards (1) agree strongly. A positive coefficient represents a shift to the right; in this case towards (4) disagree strongly.

Quelle: Schneider, Kollmann und Reichl (2016)

In der Tabelle 5 sind als originales Regressionsmodell die Resultate für politische Orientierung, individuelle soziale Charakteristika und Bildungsniveau dargestellt. Hierbei erkennt man, dass Mitglieder grüner Parteien eher bereit sind, Geld für den Umweltschutz zur Verfügung zu stellen. Das Alter hat auf die

Zahlungsbereitschaft wenig Einfluss. Bei den sozialen Charakteristika zeigt sich, dass Männer bereit sind, mehr für den Umweltschutz zu geben als Frauen und dass – je höher das Haushaltseinkommen ist – auch die Bereitschaft höher ist, etwas für die Umwelt zu tun. Bildungsmäßig zeigt sich, dass mit zunehmender Bildung die Zahlungsbereitschaft für die Umwelt steigt.

Tabelle 5: Ordinales Regressionsmodell 1, Resultate

	Coefficients		
Voter of Green Party	-0.444	(0.033)	***
Belongs to enviromental group	-0.355	(0.028)	***
If things continue we will experience catastrophe: strongly agree	-0.726	(0.042)	***
If things continue we will experience catastrophe: agree	-0.511	(0.041)	***
If things continue we will experience catastrophe: disagree	-0.266	(0.043)	***
Married	-0.036	(0.016)	**
younger than 29 years	-0.006	(0.025)	
between 30 and 39 years	0.04	(0.024)	*
between 40 and 49 years	0.016	(0.023)	
between 50 and 59 years	-0.021	(0.022)	
Having children	0.015	(0.019)	
Male	-0.03	(0.013)	**
Paid Employment	0.01	(0.017)	
Yearly household income in 1.000€	-0.001	(0.004)	**
Pre-primary education or none education	0.486	(0.083)	***
Primary education or first stage of basic education	0.456	(0.074)	***
Lower secondary or second stage of basic education	0.386	(0.072)	***
(Upper) secondary education	0.283	(0.071)	***
Post- secondary non- tertiary education	0.219	(0.076)	***
First stage of tertiary education	0.071	(0.071)	
N	39.628	27.991	
Model fit (-2Log-Likelihood)	1.542.702	58.305.067	

Method: ordered probit model; Numbers in parentheses are standard errors, statistical significance level is shown with *** representing a 1% significance, ** a 5% significance and * a 10% significance level. Significance of model fit tested with chi-test (*** representing a 1% significance). Interpretation of coefficients: The endogenous variable is categorical with four answer possibilities (1) agree strongly, (2) agree, (3) disagree and (4) disagree strongly. A negative coefficient represents a shift to the left, in this case a shift towards (1) agree strongly. A positive coefficient represents a shift to the right; in this case towards (4) disagree strongly.

Quelle: Schneider, Kollmann, Reichl (2016)

In Tabelle 6 wird nun noch der Frage nachgegangen, ob die individuelle Bereitschaft, monetäre Beträge bereitzustellen, abhängig vom Energiepreisniveau des jeweiligen Landes ist. Hierbei zeigt sich, dass je höher der Energiepreis ist, desto geringer ist die Zahlungsbereitschaft, etwas für die Umwelt zu tun. Oder umgekehrt, bei tiefen steuerlichen Belastungen ist diese Bereitschaft besonders stark ausgeprägt.

Tabelle 6: Resultate der ordinalen Regression 2 (without fixed country effects)

	Model 2		
c1	-1.447	(0.094)	***
c2	-0.047	(0.094)	
c3	0.829	(0.094)	***
Yearly household income in 1.000 €	0.001	(0.000)	***
Belongs to enviromental group	-0.426	(0.028)	***
Male	-0.047	(0.014)	***
Not Married	0.066	(0.016)	***
No Voter of Green Party	0.410	(0.034)	***
If things continue we will experience catastrophy: strongly agree	-0.723	(0.043)	***
If things continue we will experience catastrophy: agree	-0.492	(0.042)	***
If things continue we will experience catastrophy: disagree	-0.261	(0.045)	***
No children	-0.032	(0.020)	
Paid Employment	-0.002	(0.017)	
younger than 29 years	-0.042	(0.025)	*
between 30 and 39 years	0.018	(0.024)	
between 40 and 49 years	0.009	(0.023)	
between 50 and 59 years	-0.027	(0.022)	
Pre- primary education or none education	0.261	(0.086)	***
Primary education or first stage of basic education	0.213	(0.078)	***
Lower secondary or second stage of basic education	0.274	(0.077)	***
(Upper) secondary education	0.194	(0.076)	***
Post- secondary non- tertiary education	0.205	(0.080)	**
First stage of tertiary education	-0.001	(0.076)	
Petrol Price between 0 and 1.061 €/litre	-0.435	(0.022)	***
Petrol Price between 1.061 and 1.199 €/litre	-0.457	(0.022)	***
Petrol Price between 1.199 and 1.252 €/litre	-0.179	(0.023)	***
Petrol Price between 1.252 and 1.419 €/litre	-0.250	(0.020)	***
N	26.270		
Model fit (-2Log-Likelihood)	55.739.237***		

Method: ordered probit model; Numbers in parentheses are standard errors, statistical significance level is shown with *** representing a 1% significance, ** a 5% significance and * a 10% significance level. Significance of model fit tested with chi-test (*** representing a 1% significance). Interpretation of coefficients: The endogenous variable is categorical with four answer possibilities (1) agree strongly, (2) agree, (3) disagree and (4) disagree strongly. A negative coefficient represents a shift to the left, in this case a shift towards (1) agree strongly. A positive coefficient represents a shift to the right; in this case towards (4) disagree strongly.

Quelle: Schneider, Kollmann und Reichl (2016)

3.2 Überprüfung der aufgestellten Hypothesen

Betrachten wir die vier aufgestellten Hypothesen, so kann Folgendes festgehalten werden:

Hypothese H1: Individuen mit grüner politischer Orientierung sind eher bereit, Gelder für Umweltschutz bereitzustellen. Die empirische Analyse zeigt, dass Wähler von grünen Parteien eher bereit sind, etwas beizutragen, ceteris paribus. Eine pessimistische Einstellung hinsichtlich der Umweltthematik geht auch mit einer höheren Bereitschaft einher, etwas für die Umwelt beizutragen. Mitglieder von Umweltorganisationen haben eine höhere Bereitschaft, etwas beizutragen, als Nicht-Mitglieder.

Bei der *Hypothese H2* stellen wir fest, dass die individuelle Bereitschaft, Gelder bereitzustellen, abhängig von folgenden Charakteristiken ist: Das jährliche Haushaltseinkommen hat einen signifikant positiven Einfluss auf die Zahlungsbereitschaft. Kinder, die berufliche Situation, der Familienstand haben ebenfalls einen signifikant positiven Einfluss. Männer sind eher bereit, etwas beizutragen, wenn eine feste Anstellung besteht. Das Alter hat keinen signifikanten Zahlungseinfluss.

Hypothese H3: Die Bildung beeinflusst die Bereitschaft, Gelder für den Umweltschutz bereitzustellen, stark, das Bildungsniveau hat einen signifikant positiven Einfluss, d.h. je gebildeter, desto höher die Zahlungsbereitschaft.

Zur letzten *Hypothese H4*: Die individuelle Bereitschaft, Gelder bereitzustellen, ist abhängig von dem Energiepreisniveau des jeweiligen Landes und es zeigt sich, dass Umfrageteilnehmer, die hohe Energiepreise (d.h. hohe Steuern auf diese) zahlen müssen, wesentlich weniger gewillt sind, zusätzlich etwas von ihrem eigenen Einkommen für die Umwelt beizutragen. Auch diese Hypothese wurde eindeutig bestätigt.

In der Abbildung 6 ist nun noch der Einfluss des Bildungssystems auf die Bereitschaft, etwas beizutragen, grafisch dargestellt. Man sieht eindeutig, dass erst im tertiären Bildungssystem ein markanter Anstieg erfolgt. Insgesamt ist der Bildungseffekt weniger stark ausgeprägt, als in vielen anderen Studien zu vermuten ist.

Abbildung 6: Einfluss des Bildungsniveaus auf die Bereitschaft für Umweltschutz zu zahlen

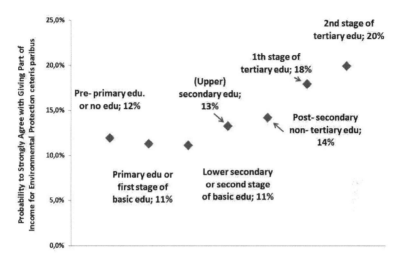

Quelle: Schneider, Kollmann und Reichl (2016)

4 Zusammenfassung und Schlussfolgerungen

Was haben die Ergebnisse der oben genannten Analysen ergeben? Sie zeigen eindeutig, dass die Allgemeinheit (hier WählerInnen/SteuerzahlerInnen) Wert auf die Qualität ihrer Umwelt legt. Ein empirisches Fakt, welches mehrfach durch Studien belegt wurde. Dieses Resultat wird jedoch stark von ökonomischen und sozialen Themen beeinflusst, wobei Faktoren wie Einkommen und Arbeitslosigkeit zumeist dominierende Aspekte sind. Die Literaturrecherche zeigt eine positive Korrelation zwischen individueller Zufriedenheit und Qualität der Umwelt. Dies wird ebenfalls durch die genannte Willingness-to-pay-Studie belegt. Es wird auch im Literaturüberblick gezeigt, dass die umweltmoralische bzw. intrinsische Motivation der Bevölkerung im alltäglichen Leben nicht hoch genug ist, um aktiv für die Umwelt zu stimmen. Es wird mehr Wert auf konkrete, kurzfristige Aspekte (Job, Einkommen, Sicherheit) gelegt. Die Kosten, um den Klimawandel zu bekämpfen, werden unmittelbar den heutigen WählerInnen auferlegt, wobei erst die zukünftige Generation von diesen Bemühungen profitieren. Dieser Umstand erschwert eine stärkere ökosoziale Marktwirtschaft. Die Resultate der empirischen Analyse in Kapitel 4 zeigen eindeutig, dass es länderspezifische Unterschiede innerhalb der EU, Schweiz und Norwegen gibt. Die politische Affinität, die generelle Einstellung gegenüber Umwelt-

fragen, Geschlecht, Ausbildung, jährliches Haushaltseinkommen sind jene Variablen, welche die Bereitschaft, etwas zum Umweltschutz beizutragen, maßgeblich positiv beeinflussen. Pessimisten versus Optimisten – je pessimistischer jemand ist, desto eher ist er bereit für den Umweltschutz zu bezahlen.
Welche Schlussfolgerungen können daraus gezogen werden?

(1) Verstärkte Bildungs- und Informationskampagnen können einen positiven Einfluss auf die Bereitschaft haben, zum Umweltschutz beizutragen.

(2) In manchen Ländern der EU sind solche Kampagnen mehr vonnöten als in anderen.

(3) Die Literaturrecherche deutet auf bestehende Asymmetrien der Daten hin, welche eine große Hürde in der Umweltpolitik darstellen. Laufende Bemühungen, besonders auf europäischem Level, wie z.b. „green labels" für Nahrungsmittel und Non-Food-Produkte, können Wählern helfen, die Auswirkungen ihres Handelns auf die Umwelt zu verstehen und so die Bereitschaft, zum Umweltschutz beizutragen, steigern.

(4) Um die Wichtigkeit und den Einfluss der Wähler/Steuerzahler zu erhöhen, könnte man mehr Rechte für Wähler verlangen – zum Beispiel durch einführen eines Referendums oder das Recht zur Initiative. Wähler können so ihre Präferenzen bezüglich einzelner Thematiken (die Umwelt betreffend) ausdrücken und die Regierung so zwingen, bestimmte ökologische Maßnahmen zu setzen.

(5) Weiter ist es wichtig, dass die Agendasetzung sich weg von der Regierung oder dem Parlament hin zu den Wählern bewegt. Wie in der Schweiz zu beobachten ist, ist das Einführen eines Referendums (und der Initiative) sehr wirkungsvoll.

5 Literatur

Beuermann, C. und Santarius, T. (2006): Ecological tax reform in Germany: handling two hot potatoes at the same time. Energy Policy 34, S. 917-929.

Brännlund, R. und Persson, L. (2010): Tax or no tax? Preferences for climate policy attributes. Working paper, Centre for Environmental and Resource Economics, Umeå University, Sweden.

Clinch, J. und Dunne, L. (2006): Environmental tax reform: an assessment of social responses in Ireland. Energy Policy 34, S. 950-959.

Deroubaix, J.-F. und Leveque, F. (2004): The rise and fall of French Ecological Tax Reform: social acceptability versus political feasibility in the energy tax implementation process. Energy Policy 34, S. 940-949.

Dresner, S., Dunne, L., Clinch, P. und Beuermann, C. (2006): Social and political responses to ecological tax reform in Europe: An introduction to the special issue. Energy Policy 34, S. 895-904.

European Commission (2009b): Europeans' Attitudes towards Climate Change. Report Special Eurobarometer 313, European Commission: Brussels, Belgium.

Feld, L. und Frey, B. (2002): Trust Breeds Trust: How Taxpayers are Treated. Economics of Governance 3, S. 87-99.

Ghalwash, T. (2005): Energy taxes as a signaling device: An empirical analysis of consumer preferences. Energy Policy 35, S. 29-38.
Graham, D.J. und Glaister, S. (2005): Decomposing the determinants of road traffic demand. Applied Economics 37, S. 19-28.
Halla, M., Schneider, F. und Wagner, A. (2008): Satisfaction with Democracy and Collective Action Problems: The Case of the Environment. Working Paper No. 0808, Department of Economics at the Johannes Kepler University: Linz, Austria.
Kirchgässner, G. und Schneider, F. (2003): On the Political Economy of Environmental Policy. Public Choice 115, S. 369-396.
Klok, J., Larsen, A. Dahl, A. und Hansen, K. (2006): Ecological Tax Reform in Denmark: history and social acceptability. Energy Policy 34, S. 905-916.
Kollmann, A. und Reichl, R. (2015): How Trust in Governments influences the Acceptance of Environmental Taxes. In: A. Kollmann, F. Schneider, J. Reichl (Hrsg.), Political Economy and Instruments of Environmental Politics. The MIT Press, S. 53-69.
Kollmann, A., Reichl, J. und Schneider, F. (2012): Who Is Willing to Pay for the Environment in the EU – an Empirical Analysis. EuroEconomica 31 (5).
Kollmann, A. und Schneider, F. (2011): Why Does Environmental Policy in Representative Democracies Tend to Be Inadequate? A Preliminary Public Choice Analysis. Sustainability 2 (12), S. 3710-3734.
Layton, D.F. und Levine. R. (2003): How Much does the Far Future Matter? A Hierarchical Bayesian Analysis of the Public's Willingness to Mitigate Ecological Impacts of Climate Change. Jornal of American Statistical Association 98, S. 533–544.
Owens, S. und Driffill, L. (2008): How to change attitudes and behaviours in the context of energy. Energy Policy 36, S. 4412-4418.
Schneider, F. und Volkert, J. (1999): No chance for incentive oriented environmental policies in representative democracies? A public choice analysis. Ecological Economics 31, S. 123-138.
Schneider, F. und Weck-Hannemann, H. (2005): Why is Economic Theory Ignored in Environmental Policy Practice. Applied Research in Environmental Economics 31, S. 257-275.
Van der Bergh, J. C. (2009): Safe climate policy is affordable - 12 reasons. Climatic Change, DOI 10.1007/s10584-009-9719-7.
Welsch, H. (2006): Environment and happiness: Valuation of air pollution using life satisfaction data. Ecological Economics 58, S. 801-813.
Welsch, H. (2009): Implications of happiness research for environmental economics. Ecological Economics 68, S. 2735-2742.
Wüstenhagen, R. und Bilharz, M. (2006): Green energy market development in Germany: effective public policy and emerging customer demand. Energy Policy 34, S. 1681-1696.

Creating Shared Value in Nonprofit-Organisationen

Jeremias Amstutz, Christoph Minnig und Peter Zängl

1 Einleitung

Creating Shared Value (CSV) ist ein Ansatz des strategischen Managements (Porter und Kramer 2011). Er zielt darauf ab, Zusammenhänge zwischen ökonomischem und sozialem Fortschritt zu nutzen, um neben der Verwirklichung wirtschaftlicher Interessen auch soziale Probleme anzusprechen und im Idealfall zu lösen. Der CSV-Ansatz ist als „kooperativer Strategieansatz" zu verstehen. In einem Strategieentwicklungsprozess sollen zusammen mit anderen Organisationen in vor- und nachgelagerten Geschäftsfeldern nach gemeinsamen Zielen und Werten für Wirtschaft und Gesellschaft gesucht werden. Durch diese kooperative und organisationsübergreifende Betrachtung von Wertschöpfungsketten im Wettbewerbsumfeld können neuartiges Handlungspotenzial erschlossen und nachhaltige Produkte und Dienstleistungen entwickelt werden. Der CSV-Ansatz basiert auf einer interaktiven Herangehensweise und wird deshalb oftmals auch mit der Idee der lokalen Cluster in Verbindung gebracht. Hierbei steht die Zusammenarbeit von regionalen Organisationen im Zentrum der Betrachtung. Sie soll branchenübergreifend ausgerichtet sein und bislang vernachlässigte Interaktionen in die strategischen und anschließend operativen Überlegungen einbeziehen.

Der CSV-Ansatz ist im Forprofit-Bereich mehrfach erfolgreich erprobt worden. Übertragungen des Ansatzes in den Nonprofit-Bereich sind bislang kaum erkennbar – unserer Meinung nach aber sinnvoll und auch notwendig. Wir sind davon überzeugt, dass durch eine verbesserte strategische Zusammenarbeit von Nonprofit-Organisationen sich zusätzliche und bisher nicht adressierte soziale Problem aufgreifen und lösen ließen. Für die Übertragung in den Nonprofit-Bereich spricht insbesondere, dass eine Hauptaufgabe dieser Organisationen darin besteht, soziale und gesellschaftliche Probleme zu lösen/lindern.

Wir wollen den CSV-Ansatz auf Organisationen des Sozialwesens übertragen und so sein Potenzial erstmals für den Nonprofit-Bereich exemplarisch nutzbar machen. Dies ist für Wirtschaft und Gesellschaft vielversprechend, da ein derartiges Vorhaben im Sinne der Nachhaltigkeit unter anderem gezielt auf Trends wie die Auswirkungen des demographischen Wandels, die Veränderungen in der Arbeitswelt und allgemein den Wertewandel in der Gesellschaft reagiert.

2 Das Creating Shared Value-Konzept

Seit Porter und Kramer das CSV-Konzept 2011 erstmals publiziert haben, wird es in Wissenschaft und Wirtschaft kontrovers diskutiert, da die Autoren damit unter anderem proklamieren, die Rolle der Wirtschaft in der Gesellschaft durch die Verknüpfung von ökonomischer und sozialer Wertschöpfung neu zu definieren. Dieser Anspruch ist unseres Erachtens auch aufgrund der primären Perspektive des Ansatzes auf Forprofit-Organisationen und der Konzentration auf nur zwei Subsysteme – Soziales und Wirtschaft – überhöht. Nichtsdestotrotz würde ein konsequent durchgeführter Prozess der Entwicklung gemeinsamer Werte in lokalen Clustern zu einem verbesserten Austausch und Verständnis (Lernprozesse) führen. Gleichzeitig könnten sich Legitimation, Reputation und Wettbewerbsfähigkeit der beteiligten und interagierenden Organisationen verbessern. Porter und Kramer beschreiben ihren Ansatz folgendermaßen:

> The concept of shared value can be defined as policies and operating practices that enhance the competiveness of a company while simultaneously advancing the economic and social conditions in the communities in which it operates. Shared value creation focuses on identifying and expanding the connections between social and economic progresses (Porter und Kramer 2011: 66).

Sie gehen von einem unternehmerischen Eigeninteresse aus, wirtschaftliche Erlöse durch die Schaffung von sozialem Mehrwert zu generieren. Damit grenzen sie sich deutlich von philanthropisch ausgerichteten Konzepten wie z.b. jenen der Corporate Social Responsibility ab (z.b. Schneider und Schmidpeter 2015).

Zentrale Bausteine des CSV-Ansatzes sind (Porter und Kramer 2011):

- Die Wiederherstellung der Legitimität des Wirtschaftens durch „Wieder-Verknüpfung" von Gesellschaft und Business.
- Die Förderung von Wachstum und Innovation u.a. durch Neukonzeption von Produkten, Dienstleistungen und Märkten sowie Neudefinition der Produktivität in den Wertschöpfungsketten.
- Die Verbesserung der Wettbewerbsvorteile und die Legitimierung beteiligter Unternehmen durch das Bearbeiten bzw. Lösen von sozialen Herausforderungen.
- Die Betonung der bedeutsamen Rolle des Staates.

Mit der Konzeption von CSV schließen Porter und Kramer an ihre früheren Arbeiten an. In den 1990er Jahren haben sie sich mit Themen wie der sozialen Wertschöpfung von Stiftungen beschäftigt (1999) und anschließend die Frage aufgegriffen, inwiefern philanthropisches Handeln soziale und ökonomische Resultate erzielen kann (2002). Insofern kann der CSV-Ansatz als eine Weiterführung dieser Diskussion verstanden werden, die sich in eine Vielzahl anderer Beiträge mit ähnlichen Grundideen einreihen lässt. Crane et al. (2014) unterstreichen denn auch, dass der Ansatz von Porter und Kramer nicht grundsätzlich neu sei. Gleichzeitig weisen sie jedoch darauf hin, dass es Porter und Kramer gelungen ist, das Thema erfolgreich von der Theorie in die Praxis zu tragen. Dies liegt sicherlich auch daran, dass sie die Entwicklung des CSV-Ansatzes in enger Zusammenarbeit mit namhaften Führungskräften großer multinationaler Firmen vorangetrieben und vermarktet haben. Der Beitrag von Porter und Kramer hat somit einen wesentlichen Einfluss darauf, dass Ideen in Zusammenhang mit dem CSV-Ansatz in der Forschung, der Beratung und der Lehre große Beachtung erhalten haben.

3 Kritik am CSV-Ansatz

Der CSV-Ansatz geht davon aus, dass Forprofit-Organisationen nicht ausschließlich auf die Erwirtschaftung von Renditen ausgerichtet sind, sondern gleichfalls Beiträge zur Lösung gesellschaftlicher Probleme leisten. Um diesem Anspruch gerecht zu werden, muss die CSV-Idee als strategischer Denkansatz verstanden werden. Unternehmen sehen ihre gesellschaftliche Mitverantwortung als eine strategische Herausforderung und Chance zugleich. Unternehmen mit einer CSV-Strategie sind zum Beispiel: General Electric, Nestlé, Verizon, Cisco, Intel, Petrobras und Shell.

In diesem Zusammenhang muss die normative Akklamation des Ansatzes herausgestrichen werden. Zumal sich Grenzen des CSV-Ansatzes in gewisser Weise auch an den Unternehmen zeigen, die Porter und Kramer selbst als Referenz angeben: Beispielsweise beschreiben sie Nestlé als prominentes Unternehmen, das den wirtschaftlichen und den gesellschaftlichen Fortschritt gleichermaßen vorantreibt. Allerdings mutet die Beschreibung der „Neubewertung der Wertschöpfungsproduktivität" bei Nestlé vor dem Hintergrund des Verkaufs von Wasser aus eigenen Grundwasservorkommen und der damit verbundenen Problematik bei der Versorgung der armen Bevölkerung z.B. in Pakistan fast schon zynisch an. Auch der Bezug zu Volkswagen mit dem Hinweis auf die Entwicklung der „saubersten Dieselmotoren der Welt" ist mit Blick auf die aktuelle Berichterstattung problematisch für die bisherige Umsetzung des Ansatzes.

Karnani (2010) kritisiert generell, dass sich profitables Wirtschaften nicht mit sozialem Handeln vereinbaren lässt. Etwas abgeschwächt beschreiben andere Autorinnen und Autoren, dass der CSV-Ansatz keinerlei Hinweise und schon gar keine Lösungen für den Umgang mit Interessenkonflikten zwischen wirtschaftlichen und sozialen Zielen liefert (von Liel und Lütke 2015; Crane et al. 2014; Aakhus und Bzdak 2012; Faber-Wiener 2011; Weinberger 2011). Sie bemängeln, dass der Fokus bei der Strategieentwicklung nach CSV auf sogenannte „A-Cases" (Win-Win) gelegt werde, also auf Fälle, in denen kaum Interessenkonflikte zwischen den zentralen Sichtweisen zu erkennen sind. So wie es Porter und Kramer in ihrem „CSV Mantra" von der grundsätzlichen Vereinbarkeit von gesellschaftlichen und unternehmerischen Interessen beschreiben. Nun kann den Autoren vorgeworfen werden, dass hier nur die sogenannten „low hanging fruits" geerntet werden. Oder aber man kann ihnen zugutehalten, dass sie versuchen, Entwicklungen zu initiieren, welche nach der „Ernte" der einfachen Herausforderungen nicht stillstehen, sondern auch versuchen, die Früchte zu ernten, welche höher hängen.

Hier lässt sich ein Dilemma erkennen: A-Cases bzw. Win-Win-Situationen sind höchstens als Idealtyp zu verstehen, die in der „Wirklichkeit" kaum vorkommen. Jedes Handeln führt zur Bevorzugung bzw. Benachteiligung von Individuen, Kollektiven, Gesellschaft, Natur, Technik, Ökonomie, etc. So haben auch soziale Projekte immer eine asoziale Seite gegenüber denjenigen, die nicht davon profitieren können. Wer Inklusion will, muss darüber nachdenken, wie mit den Exkludierten umgegangen werden soll. Dieses „Yin und Yang sozialer Maßnahmen" lässt sich beliebig auf andere Lebensbereiche übertragen. Letztlich geht es also nicht um das Finden von A-Cases, sondern um das (gesellschaftliche) Commitment darüber, was als „Kollateralschaden" unseres Handelns und Wirtschaftens akzeptiert wird. Die Zuordnung der verschiedenen Case-Typen ist demnach immer konstruiert oder anders ausgedrückt: gesellschaftlich vereinbart. Hier setzt denn auch die Kritik am CSV-Ansatz im doppelten Sinne an:

- Das CSV Framework enthält kein Konzept zum Umgang mit konfligierenden Normen in einer weitgehend globalisierten Unternehmenswelt.
- Es fehlt an einem Konzept, welche ethischen Standards und Konventionen von multinationalen Unternehmen zu beachten sind (das gilt natürlich auch für kleine und mittlere Unternehmen)[1].

Daraus wird deutlich: In einem CSV-Strategieentwicklungsprozess muss zunächst der „Moral Point of View"[2] (Kozica 2011) beschrieben werden: Was treibt Unternehmen an, sich über die natürlichen Grenzen hinaus (auch) für gesellschaftliche und nicht einzig ökonomische Zielsetzungen einzusetzen? Was sind die moralischen und ethischen Prinzipien, nach denen sich Gesellschaft und Unternehmen ausrichten? Diesbezüglich könnte die These aufgestellt werden, dass die Auswirkungen unternehmensethischer Entscheidungen auf den ökonomischen Erfolg/Misserfolg des Unternehmens aufgrund ihrer Kontingenz kaum nachweisbar sind.

Wenn wir also akzeptieren, dass Moral keinen (nachweisbaren) Effekt auf Gewinn oder Verlust hat, dann muss der Grund für ethisches Unternehmensverhalten ein genuin moralisches Interesse sein und kein ökonomisches. Folglich ist

---

[1] Kritikerwiderung von Porter und Kramer: CSV Unternehmen sind aufgefordert, (1) durch ihre betriebliche Tätigkeit verursachte Schäden zu vermeiden und außerdem (2) Gesetze und weitere ethische Standards zu beachten.

[2] Normativen Ansätzen ist gemeinsam, dass sie auf der Grundlage einer ethischen Theorie Sollensforderungen („oughts and shoulds"; Lockett, Moon und Visser 2006: 118) an die Gestaltung der gesetzlichen Rahmenordnung (Makroebene), die Verhaltensweisen von Unternehmen (Mesoebene) oder das Verhalten einzelner Wirtschaftsakteure wie Führungskräfte und Mitarbeiter (Mikroebene) formulieren. Grundsätzlich kann dabei auf verschiedene ethische Theorien als Grundlage zur Ableitung normativer Sollensforderungen Bezug genommen werden. So finden sich normative Ansätze, die sich auf die Diskursethik (Ulrich 1996; Gilbert und Rasche 2007; Scherer und Palazzo 2007), einen politischen Kontraktualismus (Donaldson und Dunfee 1995) oder tugendethische Konzepte (Moore 2002) berufen. Anhand der jeweiligen ethischen Grundlagen, dem spezifischen „moral point of view", wird dabei entweder ein konzeptioneller wirtschaftsethischer Ansatz bzw. Bezugsrahmen begründet (z.B. Moore 2002) oder es werden praxisbezogene Fragestellungen diskutiert (wie z.B. der Social Accountability Standard SA 8000 bei Gilbert und Rasche 2007).

die Berücksichtigung von ethischen Prinzipien eine bewusste Unternehmensentscheidung, unabhängig vom Unternehmensziel und -erfolg. Wenn nun alles eine Frage der Ethik ist, wo ist dann der „Moral Point of View" von Unternehmen? Oder anders gefragt: Wie kann dem CSV-Ansatz eine ethische Fundierung gegeben werden? Scholz und de los Reyes (2015) schlagen als Lösung die Erweiterung des CSV-Ansatzes um die Integrative Social Contracts Theory (ISCT) nach Donaldson und Dunfee (1994/1995) als eine zusätzliche Dimension des moralischen Verhaltens vor.

Donaldson und Dunfee (1994/1995) grenzen sich mit ihrer ISCT von den tradierten kontraktualistischen Theorien ab, indem sie Normen und Werte (in Ergänzung zum hypothetischen Gesellschaftsvertrag) als Bestandteil unternehmerischen Handelns verstehen. Vier Regeln sind hierbei zu berücksichtigen:

- Lokale Wirtschaftsgemeinschaften wie zum Beispiel Unternehmen, Organisationen oder Institute verfügen über freien Raum, um ethische Regeln für ihre Mitglieder etablieren zu können.

- Das Zustandekommen der ethischen Regeln basiert auf einem Konsens, der mit dem Recht der Mitglieder dieser lokalen Wirtschaftsgemeinschaften verbunden ist, aus der Gemeinschaft austreten zu können.

- Diese ethischen Regeln müssen mit sogenannten Supernormen vereinbar sein. Supernormen sind keine theoretisch abgeleiteten Regeln, sondern faktische, weltweit anerkannte Prinzipien wie sie beispielsweise in der Menschenrechtscharta formuliert sind.

- Im Konfliktfall haben jene ethischen Regeln haben Vorrang, die im Einklang stehen mit etablierten Gesellschaftsverträgen (Naef 2009).

Unternehmen haben mit diesen vier Regeln hinreichend Grundlagen, um ein eigenes ethisches Regelwerk aufzubauen. Mit anderen Worten: „Die kontraktualistische Theorie von Donaldson und Dunfee liefert die Grundlage für die Etablierung eines Normengerüstes, das die kulturellen und religiösen Besonderheiten von Gesellschaften zu berücksichtigen vermag, ohne deswegen die weltweit gültigen ethischen Standards zu vernachlässigen." (Naef 2009).

4 Perspektivenwechsel

Der CSV-Ansatz von Porter und Kramer (2011) geht unseres Erachtens zwar in die richtige Richtung, birgt in der konkreten Umsetzung jedoch auch Gefahren, wie die Beispiele von Nestlé und VW deutlich zeigen. Wir plädieren deshalb dafür, die Perspektive des Ansatzes um die der Nonprofit-Organisationen mit ihren spezifischen Zielsetzungen und Strategien zu erweitern. Insbesondere sollte das Konzept des CSV mit dem Konzept der Nachhaltigkeit verbunden werden. Wir nutzen dabei das Nachhaltigkeitsdreieck (triangle of sustainability) als Folie um die verschiedenen Aspekte der Nachhaltigkeit von Ökologie, Ökonomie und Soziales innerhalb der sog. geteilten Werte zu entwickeln. Im Zentrum des so verstandenen CSV-Ansatzes steht die Verständigung auf eben diese geteilten Werte. Diese dürfen nicht von der Organisation – gleich welcher Branche – selbst definiert werden, sondern müssen zwingend Ergebnis eines Aushandlungsprozesses mit den anderen gesellschaftlichen Subsystemen sein. Die strategischen Herausforderungen von Nonprofit-Organisationen bei der Umsetzung von CSV manifestieren sich in den Fragestellungen: Was legitimiert mich, das zu tun, was ich tue (Legitimation) und wie sichere ich mein Überleben am Markt (Wettbewerbsfähigkeit)? Um hierauf Antworten zu finden, ist es notwendig, Strategien auf der Basis „gemeinsamer/geteilter Werte", die sich an professionsethischen Überlegungen, (sozial)staatlichen Anforderungen der Politik und an den Kategorien der Nachhaltigkeit ausrichten.

Wir betonen insbesondere das prozessuale Element beim „Teilen von Werten" zwischen den verschiedenen Subsystemen der Gesellschaft (Soziales, Wirtschaft, Politik und Legitimation). Dieser Prozess des Aushandelns verläuft im Zusammenspiel der Organisationen im lokalen Cluster. Diese Cluster sind zu verstehen als Interaktions- und Lernräume auf der einen Seiten und aber auch als Basis für eine Verbesserung und Steigerung der Legitimität der darin eingebunden Akteure (Minnig 2013).

Es bedarf eines neuen Verfahrens der Kooperation zur Nachhaltigkeitstransition und Wissensbildung. Dieses Verfahren richtet sich an den Grundsätzen des Social-Impact-Modells aus: Werteorientierung, Wirkungsorientierung, Partizipation und Transdisziplinarität (Uebelhart und Zängl 2013; Minnig et al. 2013). Methodisch orientieren wir uns am innovativen und erfolgreich erprobten Verfahren des „Design Thinking" (Brown 2008). Es sollen gemeinsam neue Geschäftsideen entwickelt werden, die Produkte oder Dienstleistungen für das zuvor gemeinsam definierte Problem anbieten. Hierzu werden Bürgerinnen und Bürger, Interessensgruppen, lokale Gewerbetreibende, kommunale Entscheidungsträger sowie soziale Einrichtungen eingeladen, Problembereiche und Herausforderungen in ihrem Umfeld zu lokalisieren und zu beschreiben. Diese gilt es in einem nächsten Schritte in ihrer Komplexität und ihren Zusammenhängen zu verstehen. Dazu ist aktuelles und transdisziplinären Wissen erforderlich. Auf dieser Basis werden einzelne konkrete Probleme definiert und ihre Ursachen und Auswirkungen beobachtet. Im Schritt der Synthese werden alle bisherigen Erkenntnisse, Hypothesen, Erklärungen, usw. gesammelt und systematisiert, um anschließend Lösungsansätze und Ideen zu generieren. Im Schritt des Prototyping werden gemeinsam ausgewählte Ideen aufgegriffen, konkretisiert und erste Prototypen entwickelt. Diese können unterschiedliche Formen haben: von rudimentären Skizzen und Modellen oder Rollenspielen bis hin zu funktionsfähigen gegenständigen oder konkreten Konzepten. Im letzten Schritt vor der Fertigstellung und dem Prozessabschluss wird der Prototyp immer wieder getestet und auf seine Praxistauglichkeit überprüft. Dabei werden ständig Optimierungen und Präzisierungen vorgenommen.

5 Ausblick

Der CSV-Ansatz muss weiter ausformuliert werden, um ihn insbesondere für Nonprofit-Organisationen nutzen zu können. Wir skizzieren daher im Folgenden den aus unserer Sicht notwendigen Forschungsbedarf in Form von Fragestellungen, die entlang der sieben Wesensmerkmale nach Glasl et al. (2008) strukturiert sind.

Identität:
- Bestandsaufnahme von Organisationen, die ihre Strategie in Richtung Creating Shared Value ausgerichtet haben.
- Wie erfolgt in Organisationen die Implementation des CSV-Ansatzes?
- Welche unternehmerischen und welche sozialen Werte werden formuliert vor und während des CSV-Strategieprozesses?
- Mit welchen Herausforderungen müssen Organisationen rechnen, wenn sie CSV einführen?
- Welche Rolle haben Nonprofit- und Forprofit-Organisationen im lokalen Cluster?

Politik, Strategie, Konzepte:
- Wie verhält sich CSV zu anderen Instrumenten der Strategieentwicklung?
- Welche unternehmensinterne Strategien werden für einen CSV-Prozess benötigt?

Struktur:
- Was sind die Kernmerkmale einer CSV-Organisation?
- Welche Fähigkeiten und Kompetenzen benötigt es für CSV-Manager?
- Welche Strukturen müssen innerhalb der Organisation geschaffen werden, damit ein CSV-Strategieprozess durchgeführt werden kann?

Menschen, Gruppen, Klima:
- Wie beeinflusst CSV Partnerschaften mit anderen Nonprofit- und Forprofit-Organisationen?
- Wie beeinflussen staatliche Programme, Regelungen, Gesetze CSV-Prozesse in der Organisation?
- Welche Rahmenbedingungen benötigt es zwingend?

Einzelfunktionen, Organe:
- An welche Funktionen muss die Umsetzung einer CSV-Strategie geknüpft sein?
- Wie kann das strategische Organ einer Organisation optimal in den Prozess einbezogen werden?

- Welche Organe/Gremien sind für die Implementierung einer CSV-Strategie einzurichten?

Abläufe, Prozesse:
- Wie messen Organisationen das Teilen von Werten?
- Wie kann gemessen werden, dass die Werte tatsächlich „eingehalten" werden?
- Wie können die Messergebnisse in das vorhandene Reporting von Organisationen einfließen?
- Wie werden Messergebnisse gegenüber Investoren, Teilhaber und anderen Stakeholdern kommuniziert und dargestellt?

Mittel, Ausstattung:
- Welche Investitionen sind für die Einführung einer CSV-Strategie erforderlich?
- Wie lässt sich der finanzielle und soziale Mehrwert einer CSV-Strategie für die Organisation messen?

6 Literatur

Aakhus, M. und Bzdak, M. (2012): Revisiting the Role of "Shared Value" in the Business-Society Relationship. In: Business and Professional Ethics Journal, 31 (2), S. 231-246.

Brown, T. (2008): Design Thinking. In: Harvard Business Review, June, S. 84-92.

Crane, A., Palazzo, G., Spence, L.J. und Matten, D. (2014): Contesting the Value of "Creating Shared Value". In: California Management Review, 56 (2), S. 130-153.

Donaldson, T. und Dunfee, T.W. (1994): Toward a Unified Conception of Business Ethics: Integrative Social Contracts Theory. In: The Academy of Management Review, 19 (2), S. 252-284.

Donaldson, T. und Dunfee, T.W. (1995): Integrative Social Contracts Theory. In: Economics and Philosophy, 11 (01), S. 85-112.

Faber-Wiener, G. (2011): Creating Shared Value – Critical Remarks from a European Perspective. Center for Responsible Management. URL: http://www.responsible-management.at/wp-content/uploads/Faber-Wiener-on-Shared-Value-new.pdf (abgerufen am: 29.07.2016).

Gilbert, D.U. und Rasche, A. (2007): Discourse Ethics and Social Accountability: The Ethics of SA 8000. In: Business Ethics Quarterly, 17 (2), S. 187-216.

Glasl, F., Kalcher, T. und Piber, H. (2014): Professionelle Prozessberatung: Das Trigon-Modell der sieben OE-Basisprozesse. 3. Aufl. Bern: Haupt.

Karnani, A. (2010): Doing Well by Doing Good: The Grand Illusion. In: California Management Review, 53 (2), S. 69-86.

Kozica, A. (2011): Ethical HRM und Unternehmensethik – Eine Beziehungsanalyse. URL: https://www.unibw.de/PmO/.../wp-2011-03-ethical-hrm-und-unternehmensethik.pdf (abgerufen am: 29.07.2016).

Lockett, A., Moon, J. und Visser, W. (2006): Corporate Social Responsibility in Management Research: Focus, Nature, Salience and Sources of Influence. In: Journal of Management Studies, 43 (1), S. 115-136.

Minnig, C. (2013): Eine Organisationsdiskussion im Lichte der Social-Impact-Modell-Logik. In: Uebelhart B. und Zängl, P. (Hrsg.): Praxisbuch zum Social-Impact-Modell, Baden-Baden: Nomos, S. 115-140.

Moore, G. (2002): On the Implications of the Practice-institution Distinction: MacIntyre and the Application of Modern Virtue Ethics to Business. In: Business Ethics Quarterly, 12 (1), S. 19-32.

Naef, J. (2009): Eine philosophische Management-Ethik: Ein Problemzentrierter Ansatz auf der Grundlage des Kritischen Rationalismus. Luzern: Schlapfer.
Porter, M.E. und Kramer, M. (1999): Philanthropy's New Agenda: Creating Value. In: Harvard Business Review, 77 (6).
Porter, M.E. und Kramer, M. (2002): The Competitive Advantage of Corporate Philanthropy. In: Harvard Business Review, 80 (12), S. 56-69.
Porter, M.E. und Kramer, M. (2011): Creating Shared Value: How to reinvent capitalism – and how to unleash a wave of innovation and growth. In: Harvard Business Review, January-February, S. 1-17.
Scherer, A.G. und Palazzo, G. (2007): Toward a Political Conception of Corporate Responsibility: Business and Society seen from a Habermasian Perspective. In: Academy of Management Review, 32 (4), S. 1096-1120.
Schneider, A. und Schmidpeter, R. (2015): Corporate Social Responsibility: Verantwortungsvolle Unternehmensführung in Theorie und Praxis, 2. Aufl., Berlin und Heidelberg: Springer Gabler.
Scholz, M. und de los Reyes, G. (2015): Creating Shared Value – Grenzen und Vorschläge für eine Weiterentwicklung. In: Zeitschrift für Wirtschafts- und Unternehmensethik, 16 (2), S. 192-202.
Uebelhart, B. und Zängl, P. (2013): Praxisbuch zum Social-Impact-Modell. Baden-Baden: Nomos.
Ulrich, P. (1996): Business activity and the triple 'e': Towards an ethically-based conception of socio-economic rationality: From social contract theory to discourse ethics as the normative foundation of political economy. In: Gasparski, W.W. und Ryan, L.V. (Hrsg.): Praxiology: The international annual of practical philosophy and methodology. New York, S. 21-49.
von Liel, B. und Lütke, C. (2015): Creating Shared Value und seine Erfolgsfaktoren – ein Vergleich mit CSR. Was macht Creating Shared Value aus und wie kann man es am besten fördern? In: Zeitschrift für Wirtschafts- und Unternehmensethik, 16 (2), S. 182-191.
Weinberger, D. (2011): Shared Value vs. Don't Be Evil. In: Harvard Business Review Blog Network. URL: http://blogs.hbr.org/2011/04/shared-value-vs-dont-be-evil/ (Abgerufen am: 29. Juli 2016).

Nachhaltigkeit und Innovation in NPOs – Empirische Befunde zu den Spezifika des Nonprofit-Kontextes

Josef Baumüller und Christian Morzsa

1 Problemstellung, Zielsetzung und Aufbau des Beitrages

Während die Themen der Nachhaltigkeit (oder: Corporate Social Responsibility, CSR) und Innovation für sich genommen sehr hohe Aufmerksamkeit in der betriebswirtschaftlichen Forschung erhalten, ist ihr Zusammenspiel noch weniger erschlossen. Im Kontext gewinnorientierter Unternehmen weisen vorliegende Studien auf einen positiven Zusammenhang hin – CSR wirkt sich positiv auf den Innovationsgrad des jeweiligen Unternehmens aus, in besonderem Maßen allerdings auch auf Innovationen im Bereich der Nachhaltigkeit (z.B. Clausen und Loew 2009). Dies ist in der Regel mit Wettbewerbsvorteilen verbunden und unterstreicht die Notwendigkeit sowie den damit verbundenen Nutzen eines ganzheitlichen Managementansatzes, der diese Zieldimensionen mit umschließt.

Im Kontext von NPOs wird Innovation zu einem zunehmend betrachteten Forschungsfeld. Der Innovationsprozess in diesen Organisationen ist hierbei durch einige Besonderheiten gekennzeichnet, die ihn von jenem in gewinnorientierten Unternehmen unterscheiden; seine gleichermaßen grundlegende Bedeutung ist in der Literatur jedoch unumstritten (z.B. Vandor et al. 2015). Studien aus dem NPO-Kontext zu den Ausprägungen und Determinanten dieses Prozesses sind jedoch nur in sehr überschaubarer Zahl vorliegende.

Aufgrund der Spezifika des organisationalen Zielsystems von NPOs ist davon auszugehen, dass Nachhaltigkeitsziele hierin potenziell einen hohen Stellenwert einnehmen können bzw. das originäre Zielsystem von NPOs typischerweise im Einklang mit den Anforderungen an nachhaltige Zielsetzungen steht (vgl. grundlegend Horak und Speckbacher 2013). Dies wirft die Frage auf, inwieweit diese den Innovationsprozess in vergleichbarer Art und Weise wie in gewinnorientierten Unternehmen prägen bzw. ob aufgrund des bereits grundlegenden Stellenwertes dieser Ziele ein abweichendes Einflussverhalten festzustellen ist. Implikationen hieraus können gleichermaßen für das Innovations- wie für das Nachhaltigkeitsmanagement von NPOs folgen und damit einen wesentlichen Beitrag zum Organisationserfolg leisten.

Vor diesem Hintergrund bezweckt der folgende Beitrag, erste Antworten auf die folgenden Fragen zu finden: Welcher Zusammenhang besteht zwischen der Verfolgung von Nachhaltigkeits- und Innovationszielen in NPOs? Inwieweit unterscheiden sich diese Organisationen von ihren gewinnorientierten Gegenstücken in dieser Hinsicht? Welche Rolle kommt ggf. weiteren Aspekten des organisationalen Zielsystems in diesem Hinblick zu? Ausgangspunkt sind dabei die Daten einer im Frühjahr 2016 durchgeführten empirischen Untersuchung;

die Befunde sollen als Anhaltspunkte für weiterführende Auseinandersetzungen mit diesem noch jungen Forschungsgegenstand dienen.
Kapitel 2 des Beitrages umreißt den Forschungsstand zum Zusammenspiel zwischen Nachhaltigkeit und Innovation im Kontext gewinnorientierter Unternehmen sowie in NPOs. Im folgenden Kapitel 3 werden die Hintergründe und Vorgehensweise der durchgeführten empirischen Studie erläutert, woraufhin in Kapitel 4 ihre wichtigsten Ergebnisse dargestellt und diskutiert werden. Kapitel 5 schließt den Beitrag mit einem Fazit.

2 Zum Zusammenspiel von Nachhaltigkeit und Innovation in Organisationen

Nachhaltigkeit bzw. CSR steht heute auf der Agenda einer Vielzahl von Organisationen. Dabei geht auch im gewinnorientierten Kontext die Bedeutung des CSR-Begriffes über pure Philanthropie hinaus; vielmehr wird ein gesellschaftlicher Wandel und nicht zuletzt ein Wandel der eigenen Organisationskultur in den Vordergrund gerückt. Die stetig wachsende Bedeutung von CSR liegt zum großen Teil darin begründet, dass Anspruchsgruppen wie Kunden, Lieferanten, Angestellte und politische Institutionen – gerade in Krisenzeiten – diesbezüglich immer höhere Anforderungen an Unternehmen stellen. Die unterschiedliche und teils widersprüchliche Natur dieser Forderung nach CSR erschwert jedoch das Finden einer einheitlichen Definition des CSR-Begriffes (Baumüller 2015). Vilanova et al. (2009) schlagen eine fünfdimensionale Begriffsbestimmung vor: Zum einen das CSR-Konzept innerhalb der Organisation, welches einen ethischen Code, Governance-Mechanismen und Reputation umfasst. Die zweite Dimension betrifft die Beziehungen zur Gemeinschaft, Partnerschaften mit verschiedenen Anspruchsgruppen sowie gemeinschaftliche Aktionsprogramme. Die Arbeitsbedingungen und -bestimmungen sind Teil der dritten Dimension. Die vierte Dimension kann als Kommunikations- und Transparenzperspektive bezeichnet werden. Die fünfte Dimension erstreckt sich auf den Markt, in dem das Unternehmen bzw. die Organisation operiert; sie thematisiert die Verknüpfung von CSR-Maßnahmen mit dem Kerngeschäft in Bereichen wie Forschung und Entwicklung, Preisbestimmung und vor allem auch einen lauteren Wettbewerb. McWilliams et al. (2006) definieren demgegenüber CSR als Maßnahmen, die einen Nutzen für das Gemeinwohl stiften und dabei gleichzeitig über gesetzliche Bestimmungen hinausgehen. Somit fällt bspw. das bloße Einhalten von Arbeitszeitbestimmungen nicht unter die Definition einer CSR-Maßnahme. Der genaue Zusammenhang von CSR-Maßnahmen und der Leistung(sfähigkeit) von Organisationen ist noch wenig untersucht. Studien im Kontext gewinnorientierter Unternehmen zeigen zwei wesentliche Argumentationslinien auf. So zeigen Haigh und Jones (2006) auf, dass die Resonanz auf die Idee vonseiten der Unternehmen selbst sehr positiv ausfällt, was sich in einer verstärkten Ressourcenallokation in diesem Bereich niederschlägt. Dem gegenüber stehen jedoch auch Manager, die einen Zielkonflikt zwischen CSR-Maßnahmen und der Gewinnmaximierung im Sinne ihrer Shareholder sehen. Fortführend argumentieren Porter und Kramer (2006), dass ein beträchtlicher Teil von in der Unternehmenspraxis implementierten CSR-Programmen rein kosmetischer Natur seien, um gesellschaftlichen Ansprüchen mit dem Zweck der Reputationswahrung gerecht zu werden. Diese Ansicht teilen Vilanova et al. (2009) und heben hervor, dass ein Gutteil der Unternehmen eine reaktive und keine proaktive CSR-Strategie verfolgt.

Haigh und Jones (2006) hingegen erachten das Bestreben, einen Wettbewerbsvorteil zu erlangen, als einen der Hauptreiber für die Auseinandersetzung mit CSR innerhalb von Organisationen. So hält beispielsweise die Nachhaltigkeitsforschung fest, dass Umweltauflagen vermehrt nicht mehr als Einschränkung, sondern als Chance und Herausforderung angesehen werden, Inputfaktoren wie Energie und Werkstoffe im Fall von Industrienunternehmen effizienter zu nutzen oder eine ganzheitliche Leistungspolitik anzuregen. Am World Business Council for Sustainable Development teilnehmende Unternehmen (Dormann und Holliday 2002) bestätigen diese Sichtweise und unterstreichen das Potenzial nachhaltiger Denkweisen; sie machen gesellschaftliche und ökologische Anforderungen für Durchbrüche im Bereich Innovation verantwortlich. Ein zusätzlicher strategischer Vorteil ergibt sich daraus, dass durch eine CSR-gerechte Ausrichtung neue Anforderungen und Bedürfnisse an bestehenden oder neuen Märkten vor den Wettbewerbern erkannt werden können und somit ein Wettbewerbsvorteil durch frühzeitige Erschließung des Marktes generiert werden kann. Diese innovativen Durchbrüche erscheinen gerade aufgrund des zunehmenden Drucks von Seiten der Anspruchsgruppen als wichtiger Erfolgsmaßstab für eine Differenzierung explorativer Unternehmen (Clausen und Loew 2009; McWilliams et al. 2006). Ergänzend kommt hinzu, dass der Reputationsvorteil wiederum Innovationen in Bezug auf differenziertes Corporate Branding die Tür öffnet (Fan 2005).

Zusammenfassend spricht eine Vielzahl von Gründen dafür, dass CSR mit konkreten ökonomischen Vorteilen für Unternehmen verbunden ist. Obschon die Fachliteratur die Gründe für die Implementierung einer CSR-Strategie differenziert sieht, scheint ein Zusammenhang zwischen Innovationsfähigkeit, damit im weiteren Sinne auch der Wettbewerbsfähigkeit von Unternehmen, und CSR gesichert (Porter und Kramer 2006): Aus einer strategischen Betrachtungsweise zeigt sich, dass viele Publikationen zwar einen positiven Zusammenhang zwischen Nachhaltigkeit und Organisations- wie Innovationserfolg vermuten und diesen auch empirisch belegen, aber wenige Forscher (Vilanova et al. 2009) direkt den Zusammenhang von CSR-Strategien und Organisationsstrategien untersuchen, was teilweise auf die Herausforderungen bei der Definition des CSR-Begriffes zurückzuführen ist (Clausen und Loew 2009). Autoren wie Clausen und Loew (2009) unterstützen allerdings die Hinweise auf eine positive Wechselwirkung von gesellschaftsverantwortlichem Handeln, der Innovationskraft sowie dem Erfolg einer Organisation. Freilich sind es dabei in vielen Fällen soziale Innovationen, die realisiert werden.

McWilliams und Siegel (2001) argumentieren allerdings, dass im Gleichgewichtszustand kein Unterschied in der Profitabilität zwischen Organisationen mit und ohne CSR-Ausrichtung feststellbar ist. Für gewinnorientierte Unternehmen impliziert finanzieller Erfolg nicht zwangsläufig einen nachhaltigen Wettbewerbsvorteil. Dem Rechnung tragend stellen Vilanova et al. (2009) CSR und einen daraus resultierenden kompetitiven Vorteil über einen Lernprozess in Beziehung: Die Auseinandersetzung mit CSR im Kerngeschäft ist ein wesentlicher Treiber organisationalen Lernens und führt damit zu innovativen Entwicklungen, welche letztlich einen Wettbewerbsvorteil schaffen.

Es kann somit festgehalten werden, dass die Bedeutung von CSR-Initiativen über die von Porter und Kramer (2006) kritisierte „kosmetische Natur" hinausgeht. Gerade auch im Unternehmenskontext scheint sich gesellschaftsverantwortliches und transparentes Handeln – nicht zuletzt bedingt durch die Folgen von Krisen wie jener der sog. „Finanzkrise" 2007/2008 – zu einer wichtigen Ressource und in Folge Legitimierungs- sowie Differenzierungsmöglichkeit entwickelt zu haben. Ebenso können die wachsenden Anforderungen der Anspruchsgruppen als mittelbarer Innovationstreiber begriffen werden und sind mitunter ein Grund, warum Durchbrüche im Bereich Innovation ein sehr wichtiges Kriterium bei der Eigenevaluierung explorativer Organisationen darstellen. Hier ist es insbesondere die Betrachtung von CSR als Lernprozess nach Vilanova et al. (2009), die sich als geeigneter Erklärungsansatz erweist. Diese Chancensicht auf CSR ist ein wertvolles Gut – durch eine proaktive CSR-Strategie haben Organisationen die Möglichkeit, Änderungen und wechselnde Anforderungen in ihrem Umfeld frühzeitig zu erkennen und darauf mit Innovationskraft zu reagieren.

Auch für NPOs scheinen diese – zumeist für den Kontext gewinnorientierter Unternehmen getroffenen – Aussagen in vollem Umfange zutreffend; schließlich ist Innovationen eine stark praktische Komponente inhärent, die vor allem durch Wechselwirkungen mit ihrem Umfeld, d.h. mit den Anspruchsgruppen der Organisationen, geprägt wird. Dieser Zusammenhang gilt grundlegend unabhängig vom Ziel- und Wertesystem einer Organisation, wenngleich aufgrund ihrer Unterschiede verschiedene praktische Implikationen zu erwarten sind. Eine solche mögliche Ausprägung ist die besondere Rolle von NPOs als Träger sozialer Innovationen (Vandor et al. 2015). An die Stelle der Steigerung der Wettbewerbsfähigkeit als tragendes Motiv gewinnorientierter Unternehmen können hier häufig die Erhöhung der Wirksamkeit des organisationalen Handelns und damit letztlich wieder die Überlebensfähigkeit treten.

3 Methodik der empirischen Untersuchung

Im Rahmen der im Folgenden dargestellten Untersuchung sollten empirische Befunde zum Zusammenspiel zwischen CSR und Innovation in NPOs generiert werden. Dies in zweifacher Hinsicht: einerseits im Hinblick auf die Spezifika

dieser Organisationen für sich genommen, andererseits auch in Abgrenzung zu den Spezifika gewinnorientierten Unternehmen.
Die ausgewerteten Datensätze stammen aus zwei Studien. Beide wurden mittels strukturierter (Online-)Fragebögen durchgeführt. Die erste Studie wurde von der WU Wien, Institut für Unternehmensführung, in Kooperation mit A.T. Kearney durchgeführt. Der Erhebungszeitraum war Mitte/Ende 2013. Als Zielgruppe wurden Geschäftsführer der 500 größten österreichischen Unternehmen (gemessen am Umsatz) kontaktiert; in Summe wurden 116 Fragebögen beantwortet und ausgewertet. Träger der zweiten Studie waren das Österr. Controller-Institut und Contrast EY Management Consulting. Die Datenerhebung fand Anfang 2016 statt. Als Zielgruppe wurden kaufmännische Leiter bzw. Controlling-Leiter von rundd 740 primär österreichischen NPOs aus der Datenbank des Österreichischen Controller-Instituts kontaktiert; es erfolgte keine weitere Selektion bzw. Reihung. In Summe konnten 65 beantwortete Fragebögen ausgewertet werden (siehe zu weiteren Details dieser Studie, vor allem zu den Charakteristika des NPO-Samples und den damit verbundenen Limitationen, den Beitrag von Horak et al. In diesem Band).
In beiden Fragen war dasselbe Fragenpaar enthalten, welches im Zuge der Analysen im Zentrum stand; dieses wurde im Vorfeld der ersten Studie aus dem Jahr 2013 einem umfassenden Pre-Testing unterzogen. Zunächst wurden die maßgeblichen Erfolgsmaßstäbe innerhalb der Organisationen erfragt: „Welche Dimensionen bestimmen Ihrer Meinung nach Ihre Performance? Wann würden Sie sich als erfolgreich einschätzen?" Ein innovationsorientiertes Zielsystem wurde mit der Antwortmöglichkeit „Durchbrüche im Bereich Innovation" abgebildet, ein CSR-orientiertes Zielsystem mit „Corporate Social Responsibility Performance, ethisches Verhalten". Es wurde dabei unterstellt, dass die Verankerung solcher Erfolgsmaßstäbe auch ein hinreichend konkreter Indikator für tatsächlich unternommene Bemühungen seitens der Organisationen ist. Um die Mehrdimensionalität dieser Begrifflichkeiten nicht in zu enge Schranken zu weisen, erfolgten keine näheren Begriffsbestimmungen; dies soll auch der Vielzahl an in der Praxis vorzufindenden Zugängen Rechnung tragen. Die damit zugleich aber verbundene begriffliche Ambiguität ist als eine mögliche Limitation dieser Studie zu sehen.
Beide Zieldimensionen wurden weiterhin mit der generellen strategischen Ausrichtung der befragten Organisationen gegenübergestellt. Hierfür wurde der gängigen Unterscheidung in explorative und exploitative Strategien gefolgt: „Wie lässt sich die strategische Ausrichtung Ihres Unternehmens während der letzten 3 Jahre am besten charakterisieren? Ihre Organisation strebt nach ..."; als Antwortmöglichkeiten standen mehrere Optionen offen, die einer der beiden grundlegenden Strategieausprägungen zugeordnet wurden. In der Literatur werden explorative strategische Ausrichtungen vor allem mit Flexibilität, Offenheit und Innovationskraft assoziiert; exploitative strategische Ausrichtungen fokussieren demgegenüber auf das Streben nach Effizienz und Verfeinerung. CSR als Themenfeld wird mit Exploration in Verbindung gesetzt (March 1991).

Beide Fragen konnten mit einer siebenfach abgestuften Skala von „trifft klar nicht zu" (7 Punkte) über „trifft teilweise zu" (4 Punkte) bis „trifft klar zu" (1 Punkt) beantwortet werden. Die Auswertungen erfolgten mittels SPSS und MS Excel. Dabei wurden vor allem univariate und multivariate Analysen durchgeführt. Für die Interpretation wurde der zweiseitigen Hypothesentestung ein Signifikanzniveau-Wert von $p = 0,10$ zugrunde gelegt.

4 Empirische Befunde zum Zusammenspiel von CSR und Innovation in NPOs

4.1 Erfolgsmaßstäbe und strategische Ausrichtung

Eingangs erfolgte eine deskriptive Analyse der Rückmeldungen zu den verfolgten Erfolgsmaßstäben sowie zur zugrunde liegenden strategischen Ausrichtung der untersuchten NPOs. Dies sollte dazu dienen, den generellen Stellenwert der betrachteten Fragestellungen in den untersuchten NPOs darzustellen.

Im Hinblick auf den erstgenannten Punkt finden sich an oberster Stelle marktbezogene Ziele wie vor allem die Zufriedenheit der Kunden einer NPO. Dem folgen gleich an zweiter Stelle CSR-bezogene Erfolgsmaßstäbe. Diese Priorisierung steht auch im Einklang mit den idealtypischerweise für eine NPO erwarteten Präferenzen. Innovationsorientierte Erfolgsmaßstäbe finden sich demgegenüber abgeschlagen am Ende des Spektrums der Prioritäten. Dies kann darauf schließen lassen, dass das Thema in der Führung von vielen NPOs noch als von untergeordneter Bedeutung wahrgenommen wird. Es ist aber auch möglich, dass dieses Ergebnis darin begründet liegt, dass hinreichend nutzbare Umsetzungskonzepte und vor allem Indikatoren zur Steuerung des Innovationserfolges in noch nicht ausreichendem Ausmaße vorhanden sind, um eine Verankerung in Form von Erfolgsmaßstäben im System der Organisationsführung zu ermöglichen.

Im Hinblick auf die strategische Ausrichtung zeigte sich eine klare, wenngleich überraschende Priorisierung der Einzelzieldimensionen, die einer exploitativen Ausprägung zuzurechnen sind, gegenüber explorativen Zieldimensionen. Die höchsten Zustimmungen erhielten dabei: „laufende Adjustierung des Angebots, um die bestehenden Kunden zufrieden zu stellen", „kontinuierlicher Verbesserung der Beschaffenheit von Produkten und Services" sowie „Qualitätssicherung und Kostensenkungen". Innovationen, vor allem als Selbstzweck, spielen als Zieldimension demgegenüber eine nur untergeordnete Rolle – wie schon im Hinblick auf die Erfolgsmaßstäbe festgestellt; die Antwortmöglichkeit, welche die geringste Zustimmungsquote verzeichnete, lautete entsprechend „radikale Innovationen durch unkonventionelle Ideen". Dies steht z.T. in Widerspruch zu den Befunden zu den Erfolgsmaßstäben, da hier schon der hohe Stellenwert der CSR auf eine stärker explorative Zieldimensionierung hätte schließen lassen.

Abbildung 1: Erfolgsmaßstäbe in NPOs

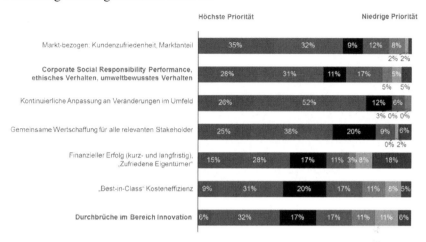

4.2 Determinanten der untersuchten Erfolgsmaßstäbe und NPO-Spezifika

Um in weiterer Folge Determinanten der unterschiedlichen Ausprägungen von CSR- und innovationsorientierten Erfolgsmaßstäben zu identifizieren, wurden mehrere Regressionsanalysen durchgeführt: Abbildung 2 zeigt die Ergebnisse der Regressionsanalyse für das NPO-Sample. Als abhängige Variable wurde der Stellenwert innovationsorientierter Erfolgsmaßstäbe definiert. Unabhängige Variablen umfassen neben dem Stellenwert CSR-orientierter Erfolgsmaßstäbe die Bedeutung explorativer Zieldimensionen für die untersuchten NPOs (gebildet als Mittelwert über die o.a. Einzeldimensionen). Weiterhin in das Modell aufgenommen wurden die Größe der untersuchten NPOs (Vollbeschäftigungsäquivalente; FTE) sowie die Branche als Dummy-Variable. Hinsichtlich R^2- und Signifikanzwert scheint das Modell aussagekräftig.

CSR-Orientierung: Je höher der Stellenwert CSR-orientierter Erfolgsmaßstäbe, desto höher ist der Stellenwert innovationsorientierter Erfolgsmaßstäbe. Dies stützt die – vor allem für den Kontext gewinnorientierter Unternehmen getroffenen – Befunde zu einem solchen (hier: wechselseitigen) Zusammenhang.

Explorative strategische Ausrichtung: Je höher diese Ausrichtung ist, desto höher ist der Stellenwert innovationsorientierter Erfolgsmaßstäbe. Dies steht im Einklang mit den zuvor zusammengefassten theoretischen Überlegungen.

Vollbeschäftigungsäquivalente: Je größer die Organisation, desto höher ist der Stellenwert innovationsorientierter Erfolgsmaßstäbe. Dies kann darin begründet liegen, dass mehr an Ressourcen zur Verfügung steht, um sie innovativen Themenstellungen zu widmen – auch im Hinblick auf das damit verbundene Risikopotenzial. Allerdings ist zu berücksichtigen, dass kleinere (häufig wohl jüngere) Organisationen oftmals nicht weniger innovative Zwecke verfolgen müssen, dies jedoch nicht unbedingt unter dem Titel einer „Innovation" tun, da sie sich bspw. keine formalisierten Innovationsstrukturen leisten können (Vandor et al. 2015) und vieles „nebenbei" geschieht.

Abbildung 2: CSR und Innovation im NPO-Sample

Regression Statistics	
Multiple R	0,7158001
R Square	0,51236978
Adjusted R Square	0,39983973
Standard Error	1,32156123
Observations	65

ANOVA

	df	SS	MS	F	Significance F
Regression	12	95,4269017	7,95224181	4,55318189	5,6061E-05
Residual	52	90,8192521	1,74652408		
Total	64	186,246154			

	Coefficients	Standard Error	t Stat	P-value	Lower 95%	Upper 95%	Lower 95,0%	Upper 95,0%
Intercept	1,83859122	0,72841658	2,52409304	0,01469215	0,37691642	3,30026601	0,37691642	3,30026601
CSR-Perfomance	0,20721427	0,10332638	2,00543438	0,05013355	-0,00012528	0,41455382	-0,00012528	0,41455382
Explorativ - Mean	0,45391464	0,13761369	3,29847013	0,00175838	0,17777257	0,7300567	0,17777257	0,7300567
FTEs	-0,29037003	0,10194923	-2,84818273	0,00628371	-0,49494613	-0,08579394	-0,49494613	-0,08579394
Soziale Dienstleistunger	0,05300208	0,4536217	0,11684204	0,90743534	-0,85725645	0,96326061	-0,85725645	0,96326061
Gesundheitswesen	0,33904951	0,48024324	0,70599538	0,48334217	-0,62462905	1,30272806	-0,62462905	1,30272806
Bildungswesen	1,01028183	0,67780851	1,49051217	0,14213098	-0,34984045	2,3704041	-0,34984045	2,3704041
Kirche	1,83628371	0,85657549	2,14375001	0,03674978	0,11743924	3,55512818	0,11743924	3,55512818
Kunst und Kultur	-0,13576995	0,59048957	-0,22992777	0,81904999	-1,32067395	1,04913406	-1,32067395	1,04913406
Forschung	1,89943391	1,48921709	1,27545804	0,20781589	-1,0888988	4,88776662	-1,0888988	4,88776662
Umwelt	0,337509	1,01494619	0,33253881	0,74081933	-1,69912954	2,37414753	-1,69912954	2,37414753
Sport	-1,43341167	1,5102425	-0,94912683	0,34694654	-4,46393497	1,59711162	-4,46393497	1,59711162
Andere	0,56115119	0,55272734	1,01524053	0,31469183	-0,54797735	1,67027973	-0,54797735	1,67027973

Branche „Kirche": NPOs, die unter diese Kategorie fallen, räumen innovationsorientierten Erfolgsmaßstäben tendenziell einen geringeren Stellenwert ein. Hierbei ist aber zu berücksichtigen, dass aufgrund der geringen Größe des NPO-Samples nur wenige NPOs als Kirchen klassifiziert wurden.

Weitere getestete Variablen wie z.B. die Finanzierungsstruktur zeigten keinen signifikanten Einfluss auf eine Innovations- und/oder CSR-Orientierung. Unter Ergänzung der Aussagen weiterer Modelle, die zur Analyse der Ergebnisse der Untersuchung gerechnet wurden, zeichnen sich folgende Ergebnisse ab:

- Das Setzen innovationsorientierter Erfolgsmaßstäbe spiegelt sich in einer stärker explorativen strategischen Ausrichtung wider.

- Es besteht ein Zusammenhang zwischen CSR-Orientierung und Innovationsorientierung. Dieser Zusammenhang ist in NPOs stärker ausgeprägt (R^2 und p) als im Sample der gewinnorientierten Unternehmen.

- CSR-orientierten Erfolgsmaßstäben kommt in NPOs signifikant höherer Stellenwert als in gewinnorientierten Unternehmen zu. Allerdings zeigt sich weder zwischen explorativer, noch zwischen exploitativer Ausrichtung und diesen Erfolgsmaßstäben ein nachweislicher Zusammenhang.

5 Fazit

Die Befunde der vorliegenden Studie geben Hinweise auf einen grundlegenden Zusammenhang zwischen CSR und Innovation auch für den NPO-Kontext – wie bereits für gewinnorientierte Unternehmen festgestellt. Sie bedürfen jedoch noch vertiefender Betrachtungen, um die zahlreichen Facetten der Themenstellung gebührend zu beleuchten.

Die Akzentuierung der CSR findet in der Strategieformulierung nur wenig Niederschlag; darauf weist der geringe Stellenwert explorativer Zieldimensionen hin – im Widerspruch zum grundsätzlichen Stellenwert CSR-orientierter Erfolgsmaßstäbe. Dies kann einerseits einem hohen Ressourcendruck auf diese Organisationen geschuldet sein; andererseits mag dem aber auch ein mangelndes Problembewusstsein und eine damit verbundene unausgewogene Berücksichtigung im organisationalen Zielsystem zugrunde liegen und entsprechenden Handlungsbedarf signalisieren.

Die Ergebnisse legen auch einen Schluss auf die Gefahr nahe, dass das Innovationspotenzial kleinerer Organisationen derzeit nicht ausgeschöpft wird, da sich eine stärkere Innovationsausrichtung erst ab einer kritischen Organisationsgröße zeigt. Ressourcenseitige Fördermechanismen könnten diesfalls für einen Ausgleich sorgen. Zusätzlich sollten Innovationsstrategien in ihrer Formulierung besondere Rücksicht auf die für sie relevante Branche nehmen, um den sich unterscheidenden Rahmenbedingungen gerecht zu werden.

6 Literatur

Baumüller, J. (2015): Corporate Social Responsibility (CSR). In: Steuer- und Wirtschaftskartei, 90 (20/21), S. 983-984.

Clausen, J. und Loew, T. (2009): CSR und Innovation: Literaturstudie und Befragung. URL: http://-www.4sustainability.de/fileadmin/redakteur/bilder/Publikationen/Clausen-Loew_CSR-und-Innovation-LiteraturstudieundBefragung.pdf. Abgefragt am: 07.07.2016.

Dormann, J. und Holliday, C. (2002): Innovation, technology, sustainability and society. URL: http://www.wbcsd.org/pages/edocument/edocumentdetails.aspx?id=88&nosearchcontextkey=-true. Abgefragt am: 07.07.2016.

Fan, Y. (2005): Ethical branding and corporate reputation. In: Corporate Communications, 10 (4), S. 341-350.

Haigh, M. und Jones, M.T. (2006): The drivers of corporate social responsibility: A critical review. URL: https://www.ashridge.org.uk/Media-Library/Ashridge/PDFs/Publications/TheDriversOfCorporateSocialResponsibility.pdf. Abgefragt am: 07.07.2016.

Horak, C. und Speckbacher, G. (2013): Ziele und Strategien. In: Simsa, R., Meyer, M. und Badelt, C. (Hrsg.): Handbuch der Nonprofit-Organisation, 5. Aufl., Stuttgart: Schäffer-Poeschel, S. 159-182.

March, J.G. (1991): Exploration and Exploitation in Organizational Learning. In: Organization Science, 2 (1), S. 71-87.

McWilliams, A. und Siegel, D. (2001): Corporate social responsibility: A theory of the firm perspective. In: Academy of Management Review, 26 (1), S. 117-127.

McWilliams, A., Siegel, D.S. und Wright, P.M. (2006): Corporate social responsibility: Strategic implications. In: Journal of Management Studies, 43 (1), S. 1-18.

Porter, M.E. und Kramer, M.R. (2006): The link between competitive advantage and corporate social responsibility. In: Harvard Business Review, 84 (12), S. 78-92.

Vandor, P., Traxler, N. und Millner, R. (2015): Innovationsmanagement. In: Eschenbach, R., Horak, C., Meyer, M. und Schober, C. (Hrsg.): Management der Nonprofit-Organisation, 3. Aufl., Stuttgart: Schäffer-Poeschel S. 282-307.

Vilanova, M., Lozano, J.M. und Arenas, D. (2009): Exploring the nature of the relationship between CSR and competitiveness. In: Journal of Business Ethics, 87 (1), S. 57-69.

Nachhaltiges Stakeholder-Management in Nonprofit-Organisationen

Maria Laura Bono und Anton Prettenhofer

1 Die Ausgangssituation

In der Regel bedienen Nonprofit-Organisationen die Interessen sehr unterschiedlicher Stakeholder, wofür sich im Fachdiskurs der Begriff „hybride Organisationen" verbreitet hat. Darunter ist das gleichzeitige Bestehen unterschiedlicher Logiken zu verstehen. Mit den Worten von Pache und Santos (2013) auf den Punkt gebracht: „hybrids are by nature arenas of contradictions". Beispiele finden sich u.a. in den Bereichen Gesundheit und Soziales, in denen durchaus konkurrierende Perspektiven aufeinanderprallen und sich wirtschaftliche, medizinische, gesellschaftliche sowie ethische Ziele nur begrenzt vereinbaren lassen. Dieser inhärente Widerspruch setzt Organisationen unter einen erheblichen institutionellen Druck und erfordert von ihnen ein permanentes Austarieren von Interessen. In einem solchen Kontext ist das Stakeholder-Management besonders gefordert: Es geht nämlich nicht nur um das Verständnis der jeweiligen Anspruchsgruppe, sondern vor allem darum, unterschiedliche, teils auch sich widersprechende Perspektiven zusammenzuführen und nachhaltige Entwicklungen wirksam in Gang zu bringen. Ein typisches Beispiel hybrider Organisationen sind Einrichtungen der Altenpflege, worauf wir im folgenden Beitrag den Fokus richten werden.

Stakeholder-Management in der Praxis hat oft einen eingeschränkten Blick, der die Nachhaltigkeit der eingesetzten Mittel wesentlich reduziert:

- Einschränkung auf Verstehen: Die gesamte Aufmerksamkeit der Organisation ist auf die Analyse gerichtet. Mittel und Energie werden gleich zu Beginn verbraucht, so dass zwar viele neue Erkenntnisse gewonnen werden, diese jedoch fruchtlos versickern.
- Einschränkung auf Verändern: Typisch dafür ist die unreflektierte Einführung von Neuem, z.B. auf der Ziel- oder Interventionsebene. Innovation verselbständigt sich und wird zu einem Selbstzweck, ohne die Ausgangssituation ausreichend verstanden zu haben.
- Einschränkung auf Verbessern: Wie auch schon bei der ausschließlichen Fokussierung auf Veränderung, so kommt auch in diesem Fall die Analyse der Vergangenheit zu kurz. Die eigenen Vorstellungen stehen im Vordergrund – die bisherigen Erfahrungen der Organisation und die entsprechenden Hintergründe werden gerne übersehen.

In allen oben beschriebenen Situationen gehen im Grunde genommen Ressourcen verloren: Es wird gehandelt, aber nicht nachhaltig. Das hier präsentierte

Interventionsmodell für ein nachhaltiges Stakeholder-Management baut auf vielseitigem Wissen und zahlreichen Projekterfahrungen auf: Zum einen gilt das theoretische Fundament der HRM-Forschung, ergänzt durch methodische Kompetenzen in der qualitativen und quantitativen Analyse. Zum anderen fließt in das Modell der Erfahrungsschatz aus vielen Veränderungsprozessen in Nonprofit-Organisationen ein, mit dem Fokus auf eine verbesserte (im Sinne von wirksamere) Gestaltung der Beziehung zu zentralen Stakeholdern.

2 Nachhaltiges Stakeholder-Management: das Modell V3

Nachhaltiges Managen von Stakeholdern beruht auf der Grundhaltung der Integration aller Managementphasen sowie der Einbindung relevanter Anspruchsgruppen. Das hier skizzierte Modell V3 baut auf drei Grundprinzipien auf: dem Verfolgen einer ganzheitlichen und prozesshaften Sicht, dem Verbinden qualitativer und quantitativer Ansätze und dem Dialog.

2.1 Grundprinzipien des Modells

Die *ganzheitliche und prozesshafte Sicht* ist das erste Grundprinzip des Modells. Sie unterstützt NPOs – so unsere Erfahrung – den Fokus auf die wesentlichen (und wirksamen) Hebel von Veränderungen zu legen und damit Komplexität zu reduzieren. Ganzheitlich zu denken heißt hier, auf alle Schritte des Verstehens, des Veränderns sowie des Verbesserns Rücksicht zu nehmen. Dazu finden wir es hilfreich, Stakeholder-Management auch aus der Perspektive eines Veränderungsprozesses in Anlehnung an Beckhard, und Harris (1987) zu betrachten. Zu Beginn steht immer die Analyse der IST-Situation und daraus folgend die Entwicklung eines SOLL-Zustandes. Bei Bedarf ist ein vertiefendes Verständnis der Ausgangssituation angebracht, bevor die eigentlichen Aktivitäten eingeleitet werden, um die gewünschte Veränderung herbeizuführen. Auf das Stakeholder-Management übertragen verdeutlicht die Darstellung (Abbildung 1) die Notwendigkeit, vor bzw. nach der eigentlichen Analyse sich mit SOLL-Bild und Veränderungsprozess auseinanderzusetzen. Dieses ganzheitliche Denken haben wir in unserem Modell übernommen.

Die methodische *Verbindung von qualitativen und quantitativen Ansätzen* stellt das zweite Grundprinzip des Modells V3 dar: Die Kombination von MAXDA-unterstützter Auswertung von Texten mit einer professionellen Anwendung quantitativer Methoden sichert eine deutlich höhere Ergebnisqualität. Durch den gezielten Einsatz multivariater Methoden werden einerseits die Hebel und Treiber von Stakeholder-Einstellung und -Verhalten erkannt; andererseits ist in der Aufbereitung der Ergebnisse durch maximale Vereinfachung eine flächendeckende Diffusion und Reflexion auf allen Organisationsebenen möglich. Von dieser methodischen Triangulation profitiert der gesamte Prozess – auch die Phasen des Veränderns und Verbesserns, weil die eingesetzten Mittel eine größere Nachhaltigkeit bewirken.

Abbildung 1: Bausteine eines Veränderungsprozesses

Quelle (adaptiert): Beckhard und Harris (1987)

Als drittes Grundprinzip des Modells sei die *dialogartige Einbeziehung der Stakeholder* hervorgehoben. Diese Haltung konsequent umgesetzt schafft die Voraussetzung für eine nachhaltige Weiterentwicklung von Organisationen, die – so unsere Erfahrung – auf der Fähigkeit beruht, unterschiedliche Perspektiven zu erkennen, wertzuschätzen und zusammenzuführen. Lösungen sind per se selten richtig oder falsch. Vielmehr gilt es, Interessen auszutarieren und Entscheidungen gezielt auszuverhandeln. Durch Beteiligung kann die Akzeptanz von Veränderungen entscheidend gesteigert werden, wenn Stakeholder gut informiert werden und ihre Sichtweisen einbringen können. Kritik und Einwände können rechtzeitig berücksichtigt werden und zu einer Weiterentwicklung des Stakeholder-Managements beitragen Das gemeinsame Suchen nach Optimierungsmöglichkeiten führt oft zu unerwarteten Möglichkeiten und Chancen und setzt positive Energie frei. Damit verbunden ist meist eine reibungslose Umsetzung von Veränderungen und somit eine hohe Wirtschaftlichkeit.

In unserem Modell gehen wir von drei grundlegenden Bedingungen für nachhaltiges Stakeholder-Management aus: Verstehen, Verändern, Verbessern (Abbildung 2). Diese Aspekte bauen aufeinander auf und sichern die maximale Wirksamkeit der eingesetzten Ressourcen, was in der Praxis angesichts der realen Einschränkungen von immer größerer Bedeutung ist.

Abbildung 2: V³-Modell des nachhaltigen Stakeholder-Managements

2.2 Die Modellphasen: Verstehen, verändern, verbessern

2.2.1 Fokus auf Verstehen

Mit Verstehen meinen wir nicht nur Gegebenheiten darstellen, sondern insbesondere Zusammenhänge erkennen und Neues entdecken, was möglicherweise in der Subjektivität der Stakeholder liegt und aufs Erste nicht erkennbar ist. Die Basis in dieser Phase legt ein strategischer Rahmen, in dem relevante Stakeholder und deren Einfluss auf die Organisation definiert werden. Verstehen benötigt Analyse. Wir plädieren hier für einen kombinierten Einsatz qualitativer und quantitativer Methoden, um sowohl Hypothesen zu generieren bzw. zu schärfen als auch diese zu überprüfen. Die konstruktive Reflexion der Analyseergebnisse durch die Organisation ist dabei ein wesentlicher Bestandteil des Prozesses. Konkret bedeutet das, dass nach Vorliegen der Ergebnisse einer Stakeholder-Analyse (z.B. Angehörigen- oder MitarbeiterInnenbefragung) diese im Rahmen eines eigens konzipierten, partizipativen Prozesses in die Organisation diffundiert und aktiv reflektiert werden, um eine nachhaltige Wirksamkeit zu erzielen. Stakeholder-Analysen werden oft im Sinne von Messen von Zufriedenheit, Stärken und Schwächen auf ihre rein diagnostische Funktion reduziert. Kritische Ergebnisse werden auch häufig ignoriert, oder sogar exzessiv analysiert, das Problem also auf exakteste Weise vermessen. Wirksame Befragungen berück-

sichtigen im Gegensatz dazu stärker ihren Interventions-Charakter und nutzen diesen als Reflexionsinstrument und Basis für Organisationsentwicklung bzw. Change.
Am Beispiel von Angehörigenbefragungen in der Altenpflege, kann das Verständnis der Ergebnisse durch multivariate Analysen geschärft werden, indem Treiber der Zufriedenheit durch z.B. Regressionsanalysen identifiziert werden. Welche Hebelwirkungen haben die einzelnen Leistungen einer Altenpflegeeinrichtung (z.B. Pflege, Speisen und Getränke, Verwaltung, Zimmer) auf die Zufriedenheit der Angehörigen (Abbildung 3)?

Abbildung 3: Beispiel der Ergebnisse einer Treiberanalyse bei Angehörigenbefragungen

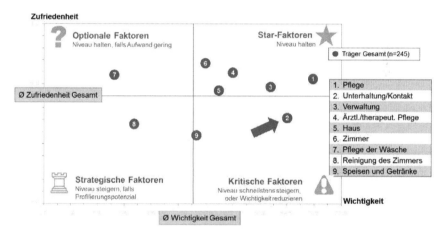

Quelle: pluswert, Österreich

Um eine Diffusion der Analyseergebnisse in die gesamte Organisation zu gewährleisten, müssen diese auch klar und verständlich aufbereitet werden. Das klingt zwar völlig logisch und damit nicht erwähnenswert, in der Praxis jedoch wird dieses Prinzip stark vernachlässigt. Selbsterklärende, auf das Wesentliche reduzierte Ergebnisberichte, die Unterschiede z.B. zwischen einem (internen oder externen) Benchmark bzw. zwischen einzelnen Einrichtungen auf einen Blick darstellen, sind die Grundvoraussetzungen eines gemeinsamen Verständnisses und damit folgender Veränderungsprozesse.
Nach Vorliegen von Analysen und dem (verständlichen) Output wird im sogenannten Follow up-Prozess ein Workshop-Design entwickelt, das den Führungskräften und MitarbeiterInnen ermöglicht, Ursachen und Hintergründe der Ergebnisse zu verstehen, um daraus Maßnahmen zu entwickeln. Die konkrete Ausformulierung des Workshop-Designs hängt wiederum stark von den zentralen strategischen Zielen, der Organisationskultur und den vorhandenen Ressourcen ab. Workshops, in denen die einzelnen Organisationseinheiten (z.B. Einrich-

tungen) auf Basis ihrer individuellen Ergebnisse Maßnahmen entwickeln, setzen den Fokus auf das individuelle, lokale Erleben. Im Gegensatz dazu, stehen Workshop-Designs mit einer Mischung aus Groß- und Kleingruppen, die die Perspektive der gesamten Organisation mitberücksichtigen.

Insbesondere bei MitarbeiterInnenbefragungen ist auf jeden Fall vorab zu entscheiden, ob die jeweiligen Führungskräfte mit ihren MitarbeiterInnen in einem gemeinsamen Workshop-Setting die Ergebnisse analysieren und bearbeiten sollen. Durch die Präsenz von Führungskräften könnten Themen, für die z.b. Führungskräfte selbst die Verantwortung tragen, von der Diskussion ausgespart werden. Andererseits bietet die Integration der Führungskraft in diesen Maßnahmen-Workshops für alle TeilnehmerInnen eine ganzheitliche Sichtweise.

Dieser Follow up-Prozess stellt das Bindeglied zur nächsten Phase der Veränderung dar.

2.2.2 Fokus auf Verändern

In der Phase der Veränderung wird das generierte und partizipativ erarbeitete Wissen erst wirklich genutzt, um in der Beziehung zu den Stakeholdern positive Entwicklungen zu erreichen (Abbildung 4). Besonders wichtig ist es, davor die Richtung der Veränderung zu klären, also Wirkungs-Ziele zu definieren und Indikatoren dazu zu finden. In der Umsetzung der Veränderung ist wiederum Beteiligung unseres Erachtens ein „must", damit Organisationen tatsächlich lernen und sich entwickeln können. Die in dieser Phase üblicherweise vorhandene hohe Unsicherheit und Komplexität, mit denen Organisationen konfrontiert sind, sollte durch klare Zielgebung und Fokus auf wesentliche Veränderungshebel reduziert werden.

Eine Voraussetzung für Veränderungsprozesse ist es gemäß John Kotter (2011), das Bewusstsein von Dringlichkeit zu erzeugen und den Status Quo einer Organisation in Frage zu stellen. Dieses Gefühl „Es muss etwas geschehen" kann bereits in der Vorphase organisationsübergreifend durch als kritisch interpretierte Ergebnisse von Stakeholder-Befragungen ausgelöst werden.

Einzelne Fragen oder Indizes dieser Stakeholder-Befragungen dienen im zu erarbeitenden Wirkungsmodell als Indikatoren (KPI), an denen in weiterer Folge die Wirksamkeit von Maßnahmen zu messen bzw. zu evaluieren ist.

Abbildung 4: Übergänge zwischen Vorher und Nachher schaffen

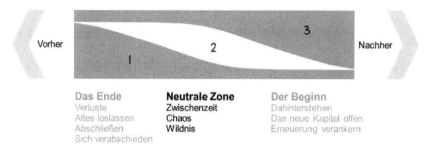

Quelle: Bridges (2009), S. 5

2.2.3 Fokus auf Verbessern

Schließlich sehen wir die Phase der Verbesserung vor aus der Erkenntnis, dass Veränderung per se nicht immer wirksam ist, zumindest nicht im Sinne der geplanten Veränderungen. Eine Evaluierung der Ergebnisse der Veränderungsmaßnahmen kann die Wirksamkeit dieser Interventionen durch die vorher definierten Indikatoren messen. Aber auch hier wird kollektives Lernen erst ermöglicht, wenn die Ergebnisse der Evaluierung partizipativ reflektiert werden und der Veränderungsprozess durch multiple Interventionen unterstützt wird.

Entscheidend ist die Erkenntnis, dass Widerstand gegen Veränderung normal und zu erwarten ist und neues Lernen nur dann geschieht, wenn man dem Lernenden psychologische Sicherheit gibt ... Die Untersuchung aller Bedingungen, die für die Schaffung psychologischer Sicherheit nötig sind, macht deutlich, warum Transformationen schwierig und zeitaufwändig sind" (Schein 2003, S. 135).

Laut Schein (2003) sind aus der Perspektive der Organisationsentwicklung folgende acht Handlungsfelder relevant, um das Gelingen eines Transformationsprozesses zu sichern:

- Eine positive Vision
- Formelles Training
- Beteiligung der Lernenden
- Informelles Training für relevante Subgruppen und Teams
- Übung, Coaching und Feedback
- Positive Rollenmodelle
- Unterstützungsgruppen
- Adäquate Systeme und Strukturen

Verstehen alleine kann einen zentralen Input für die Veränderung bzw. Verbesserung der Schnittstelle zu Stakeholdern liefern, sichert jedoch für sich genommen noch nicht das gewünschte Ergebnis. Erst durch die vielseitige Einbindung der Stakeholder gewinnen die eingeleiteten Veränderungen an Nachhaltigkeit (Abbildung 5).

Abbildung 5: Nachhaltige Verbesserung erfordert Beteiligung

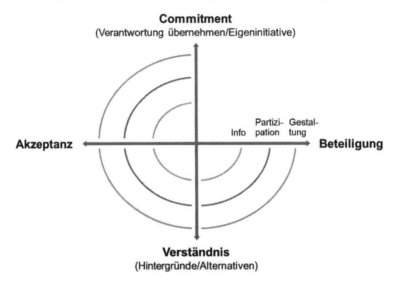

Quelle: ICG Integrated Consulting Group

Wie in obiger Grafik dargestellt, ist zwischen Information und Partizipation bzw. gemeinsamer Gestaltung ein entscheidender Unterschied in der Bereitschaft der angesprochenen Stakeholder, Veränderungen mitzutragen. Erst durch eine starke Beteiligung sichern wir das Verständnis, die Akzeptanz und in weiterer Folge das Commitment der Menschen.

3 Praktische Relevanz und Ausblick

Mit dem Modell V3 verbinden wir spezifische, wissenschaftliche Erkenntnisse mit Erfahrungen aus der Praxis des Stakeholder- und des Change-Managements. Daraus entsteht ein neuer Zugang in der Gestaltung von Stakeholder-Beziehungen mit einem klaren Fokus auf die Nachhaltigkeit der eingesetzten Mittel.

Einzelne Teilschritte des vorgestellten Modells, wie z.B. Stakeholder-Befragungen, Veränderungsprojekte oder Verbesserungsmaßnahmen sind in den meisten Organisationen üblich. Werden aber diese singulären Aktivitäten in einem Gesamtprozess integriert und miteinander vernetzt, können die Wirkungen der einzelnen Interventionen wesentlich verstärkt werden und ein nachhaltiger Effekt kann erzielt werden. Hier sehen wir das größte Potential für die Praxis. Angesichts knapper finanzieller Mittel plädieren wir für eine bewusste Verflechtung von Analyse, Veränderung und Verbesserung, um aus dem Gesamtprozess den größten Nutzen im Einklang mit den spezifischen Zielen des Stakeholder-Managements sicherzustellen.

4 Literatur

Beckhard, R. und Harris, R.T. (1987): Organizational Transitions: Managing Complex Change. Addison-Wesley, Reading, MA.

Bridges, W. (2009): Managing Transitions: Making the Most of Change. Perseus Books Group, Philadelphia.

Kotter, J.P. (2011): Leading Change. Vahlen, München.

Pache, A.C. und Santos, F. (2013): Inside the hybrid organization: Selective coupling as a response to competing institutional logics. Academy of Management Journal, 56 (4), S. 972-1001.

Schein, E.H. (2003): Organisationskultur. Edition Humanistische Psychologie – Ehp, Bergisch Gladbach.

Wirkungsorientiertes Controlling – Verknüpfung von Wirkungen und Ressourcen bei sozialen Dienstleistungen

Bernd Halfar, Katharina Heider und Wolfgang Meyer

1 Wirkungen messen und nachhaltig steuern

Das Drei-Säulen-Modell einer nachhaltigen Entwicklung der Enquete-Kommission des Bundestags beschreibt die Verbindung von ökologischen, sozialen und ökonomischen Zielen. Nach diesem Modell ist es zu wenig, Nachhaltigkeit nur auf die Umwelt zu beziehen. Die drei Dimensionen Ökologie, Ökonomie und Soziales sollen ihre Ziele und Bedarfe in einer nachhaltigen Gesellschaftspolitik austarieren, weil zwischen diesen Dimensionen Verbindungen und teilweise sogar Abhängigkeiten bestehen und sie somit nicht getrennt voneinander zu betrachten sind (Wissenschaftliche Dienste des Bundestages 2004). Der vorliegende Beitrag widmet sich der Schnittstelle zwischen der ökonomischen und sozialen Dimension der Nachhaltigkeit bei Nonprofit-Organisationen im Sozialwesen, genauer gesagt, in der Eingliederungshilfe.

In der Eingliederungshilfe werden die „Wirkungsmessung" sowie der wirtschaftliche und wirksame Einsatz der Mittel aufgrund der durch das Bundesteilhabegesetz neu formatierten Leistungsansprüche eine zunehmend wichtigere Rolle spielen. Im Referentenentwurf des Bundesteilhabegesetzes werden die Steuerungsmöglichkeiten der Leistungsträger, also der Geldgeber für soziale Dienstleistungen, gegenüber den Leistungserbringern, häufig Nonprofit-Organisationen, gestärkt. Der Leistungsträger könnte durch Veränderungen im Bundesteilhabegesetz nicht nur die Rechtmäßig- und Bedarfsgerechtigkeit des Mitteleinsatzes prüfen, sondern sich auch für die sozialen Wirkungen der eingesetzten Mittel interessieren.

Diese neue Perspektive stellt sozialen Dienstleistungsunternehmen vor die Herausforderung, die bisherige Dominanz qualitätsrelevanter Potenzialfaktoren (Personal, Räume, Angebote, Plätze/Betten etc.) im Reporting durch die Dimension der sozialen Wirkungen zu ergänzen. Um dieser Herausforderung gewachsen zu sein, haben das Sozialwerk St. Georg e. V. und die xit GmbH ein wirkungsorientiertes Controlling entwickelt. Da das Projekt noch nicht abgeschlossen ist, berichtet der vorliegende Beitrag über den aktuellen Stand.

2 Das Konzept des wirkungsorientierten Controllings

Controlling ist die ständige Überwachung von Differenzen zwischen Zielen einer Organisation und dem tatsächlichen Zielerreichungsgrad. Controlling verbessert durch systematische Information die Entscheidungsrationalität eines Unternehmens und hilft somit, dem Unternehmen eine Richtung zu geben

(Barth und Barth 2008). Eine besondere Problematik des Controllings in NPOs besteht nun darin, dass viele NPOs keine definierten Ziele haben, dass sie „bestenfalls" relativ vage formulierte Aufgabenstellungen vorzeigen können, aber eben keine controllingtauglichen, überprüfbaren, operationalisierten Zieldefinitionen. In der Praxis von sozialen Dienstleistungsunternehmen finden fachliche Aspekte, wie die Wirkung des Angebots, kaum Eingang in das Controlling. Als resignierte Antwort zieht sich das Controlling dann häufig auf das klassische Finanzcontrolling zurück und verzichtet darauf, die Gesamtproduktivität der NPOs zu analysieren.

Deshalb hat das wirkungsorientierten Controlling das Ziel, das klassische Controlling mit der fachlichen Wirkung zu verknüpfen. Für das wirkungsorientierte Controlling stehen die nicht-monetären Wirkungen im Sinne von Lebensqualität, Teilhabe oder Handlungsspielräumen, die die soziale Dimension der Nachhaltigkeit widerspiegeln, im Mittelpunkt. Durch die Verknüpfung der Wirkung mit dem Finanzcontrolling kann zum einen die Nachhaltigkeit, aber auch die Produktivität einer sozialen Einrichtung analysiert werden. Produktivität bei sozialen Dienstleistungen bedeutet aber nicht nur ein mengenmäßiges Verhältnis von Leistungsmenge zu Leistungsentgelt, sondern bei sozialen Dienstleistungen ist Produktivität auch als Verhältnis von Wirkung und Leistungsentgelt zu verstehen (Abbildung 1).

Abbildung 1: Produktivität bei sozialen Dienstleistungen

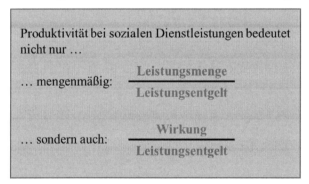

Eine Beobachtung von Kennzahlen ist zwar interessant, ein effektives Controlling, das zur nachhaltigen Steuerung genutzt werden soll, benötigt aber auch den Vergleich zwischen Ist-Wert und Soll- bzw. Plan-Werten, um die Werte interpretieren und Abweichungen analysieren zu können (Domschke und Scholl 2005). Im vorliegenden Fall stellt sich also die Frage: Welches Maß an Lebensqualität und Teilhabechancen ist zu erwarten? Aber gerade im Hinblick auf fachliche Wirkungen fehlen häufig qualifizierte Erwartungs- oder Prognosewerte, weil Prognosen über subjektiv erlebte Lebensqualität oder Handlungsspielräume zu unsicher bzw. riskant erscheinen. Ohne diese Prognosefähigkeit bleibt wirkungsorientiertes Controlling allerdings ohne Aussage. Die allgemeine Formel des wirkungsorientierten Controllings lautet:

Abbildung 2: Formel des wirkungsorientierten Controllings

$$\frac{(\text{Wirkung „Ist"} - \text{Wirkung „Erwartungswert"})}{\text{Summe Leistungsentgelt}}$$

Diese Kennzahl gibt an, ob ein sozialer Dienstleister die erwartbaren Wirkungswerte über- oder unterschreitet. Das wirkungsorientierte Controlling liefert somit einen Hinweis darauf, bei welchen Einrichtungen überprüft werden sollte, warum die Lebensqualität der Klientinnen und Klienten geringer ist als erwartet. Das wirkungsorientierte Controlling wird so zu einem echten Managementinformationssystem, mit dessen Hilfe Leitungsverantwortliche, ohne direkt in die alltägliche Förderung und Betreuung der Klientinnen und Klienten zu blicken, einen fundierten Überblick darüber erhalten, wo die Dienstleistungskonfiguration den Bedürfnissen der Klientinnen und Klienten entspricht und wo nicht. Zudem gibt das wirkungsorientierte Controlling Hinweise auf die Produktivität und Nachhaltigkeit einzelner Organisationseinheiten. Damit können Leitungsverantwortliche zielorientiert in den Diskurs treten und Veränderungsmöglichkeiten erarbeiten, die wiederum in der nächsten Runde des wirkungsorientierten Controllings auf ihre Wirksamkeit überprüft werden können. Die sozialen Dienstleistungen sollen mit Hilfe des wirkungsorientierten Controllings eine gute Balance zwischen der sozialen und ökonomischen Säule der Nachhaltigkeit erreichen.

3 Datengrundlage und Methoden

Damit ein wirkungsorientiertes Controlling funktionieren kann, benötigt man zwei Voraussetzungen: zum einen valide und reliable Messinstrumente, mit denen die Wirkungen sozialer Dienstleistungen erfasst werden; zum zweiten ein Modell, mit dem man berechnen kann, welcher Anteil an Lebensqualität und Teilhabe durch die Einrichtung beeinflussbar ist. Im Folgenden werden das Messinstrument Personal Outcomes Scale vorgestellt sowie das methodische Design und die zugrundeliegenden Daten.

3.1 Personal Outcomes Scale

Um die Wirkung von Wohneinrichtungen für Menschen mit Behinderung sichtbar zu machen, setzen wir die sog. „Personal Outcomes Scale" (POS) als Messinstrument ein (van Loon et al. 2012). Die POS ist eines der tragenden Elemente, das die Quality of Life-Bewegung zurzeit zur Verfügung stellt. Sie ist Teil eines Gesamtkonzepts, das dazu dient, die individuellen Anforderungen von

Menschen mit den Möglichkeiten und Rahmenbedingungen einer Organisation in Einklang zu bringen – die Teilhabebegleitung.
Mit der POS wird die individuelle Qualität des Lebens einer Person als Ergebnis einer Entwicklung beschrieben und sie wird für die individuelle Förder- und Hilfeplanung genutzt. Die Beschreibung der Qualität des Lebens erfolgt mit einem Instrument, welches zu jeweils sechs Sachverhalten in acht definierten Lebensbereichen (Domänen) Fragen stellt (van Loon et al. 2012)

1. Persönliche Entwicklung
2. Selbstbestimmung
3. Soziale Beziehungen
4. Soziale Inklusion
5. Rechte
6. Emotionales Wohlbefinden
7. Physisches Wohlbefinden
8. Materielles Wohlbefinden

Es ist Aufgabe des (geschulten) Interviewers, jede der 48 Fragen methodisch so zu kommunizieren, dass der Befragte den Sinn versteht und seine Antwort inhaltlich sicher einer der zur Verfügung stehenden Antwortmöglichkeiten zugeordnet werden kann. Zu jedem der 48 Indikatoren gibt es jeweils drei Antwortmöglichkeiten. Jede Antwort wird mit einem Punktwert von 1, 2 oder 3 auf einer Skala hinterlegt – daher Personal Outcomes Scale. Die Punktwerte werden über alle Fragen aufsummiert (Wertebereich 48-144 Punkte) und ergeben den POS-Wert, der die individuelle Qualität des Lebens der befragten Person auf der Personal Outcomes Scale angibt (van Loon et al. 2012).
Die POS setzt das Sozialwerk St. Georg e. V. seit 2011 ein. Einmal jährlich werden alle Klientinnen und Klienten mit dem POS-Instrument befragt. Die Ergebnisse der Abfrage spiegeln eine subjektive Bewertung der erlebten Teilhabe und Lebensqualität der Klientinnen und Klienten des Sozialwerk St. Georg wider.

3.2 Methodisches Design und Datengrundlage

Die POS-Daten werden als quasi-metrische Daten interpretiert. Auch wenn die für große Stichproben sehr sensiblen Tests auf Normalverteilung (Shapiro-Wilk-Test, Shapiro-Franca-Test) der Residuen sich für eine Ablehnung der Normalverteilungshypothese aussprechen, so zeigt die optische Analyse, dass die Verteilung der Residuen einer Normalverteilung gleicht. Deshalb wurde zur Analyse des Einfluss der soziodemographischen und strukturellen Merkmale auf die Lebensqualität ein lineares Regressionsmodell gewählt.
Im Regressionsmodell werden folgende soziodemographischen und strukturellen unabhängigen Merkmale berücksichtigt: Alter, Geschlecht, Familienstand (ledig, verheiratet, geschieden, verwitwet, getrennt lebend), Unterbringungsdauer, Wohnform (klassisches Wohnheim, Außenwohnbereich), Klientengruppe (geistige Behinderung, seelische Behinderung, Suchterkrankung, Autismus), Geschäftsbereich (Ruhrgebiet, Westfalen-Nord, Westfalen-Süd).

Auf Basis der Regressionsergebnissen können auch Werte für die abhängige Variable – hier der POS-Wert – für jede Klientin und jeden Klienten geschätzt werden, für den noch kein POS-Wert vorliegt. Dabei werden die Merkmale Alter, Geschlecht etc. und deren ermittelter Einfluss (Koeffizient) zur Prognose des POS-Erwartungswerts genutzt.

In das Projekt sind die POS-Daten von 1.339 Klientinnen und Klienten in stationären Wohnsettings (Kerneinrichtung und Außenwohnbereich, Jahr: 2013) eingeflossen.

4 Ergebnisse

Auf Grundlage der POS-Werte der 1.339 berücksichtigten Klientinnen und Klienten des Sozialwerks St. Georg wurde (mittels linearer Regression) zunächst geprüft, ob soziodemographische und strukturelle Merkmale einen signifikanten Einfluss auf die Höhe des POS-Wertes haben. Die lineare Regression zeigt, dass viele der unabhängigen Merkmale einen eigenständigen, signifikanten Einfluss auf die subjektive Lebensqualität haben (die übrigen Merkmale werden konstant gehalten; Tabelle 1):

- Mit dem Lebensalter sinkt die Lebensqualität signifikant: Erhöht sich das Alter um ein Jahr, so verringert sich der POS-Wert um 0,123 Punkte.
- Frauen haben (ohne, dass sie sich in den anderen Merkmalen von Männern unterscheiden) einen um 1,16 Punkte geringeren POS-Wert als Männer. Dieser Effekt ist leicht signifikant.
- Getrennt lebende Personen haben einen signifikant höheren POS-Wert als ledige Personen bei sonst gleichen Merkmalen.
- Je länger eine Person in Einrichtungen des Sozialwerks St. Georg lebt, desto geringer die Lebensqualität.
- Vergleicht man Personen, die sich lediglich hinsichtlich ihrer Wohnform – Außenwohngruppe oder klassisches stationäres Wohnen – unterscheiden, so wird deutlich, dass Personen in Außenwohnbereichen eine signifikant höhere Lebensqualität haben (+ 6,1 Punkte).
- Menschen mit einer seelischen Behinderung haben im Schnitt einen um 3,2 Punkte geringeren POS-Wert als Menschen mit geistiger Behinderung, wenn ansonsten alle betrachteten Merkmale gleich sind.

Diese soziodemographischen und strukturellen Merkmale können, bezogen auf alle Klientinnen und Klienten, etwa 20% der Varianz der POS-Werte erklären. Umgekehrt bedeutet dies aber auch: Das Sozialwerk St. Georg kann durch seine Arbeit im Durchschnitt bis zu 80% der Ausprägungen des POS-Wertes beeinflussen. „Bis zu" bringt hier zum Ausdruck, dass es auch weitere Faktoren gibt, die das Sozialwerk St. Georg nicht beeinflussen kann (z.B. die Situation in der Familie).

Tabelle 1: Regressionsergebnisse, POS-Wert

Lineares Regressionsmodell (Abhängige Var. POS-Wert)	Modell Koeffizienten
Alter	-0,123***
Geschlecht (Ref. Männer)	-1,160*
Familienstand (Ref. ledig)	
geschieden	-0,248
verheiratet	2,151
verwitwet	1,523
getrennt lebend	4,512**
Unterbringungsdauer	-0,118***
Wohnform (Ref. stationäres Wohnen)	6,138***
Klientengruppe (Ref. geistige Behinderung)	
Seelische Behinderung	-3,195***
Suchterkrankung	0,469
Autismus	-4,318
Geschäftsbereich (Ref. Ruhrgebiet)	
Westfalen-Nord	4,840***
Westfalen-Süd	-0,818
Konstante	115,6***
N	1339
R^2	0,222

$^* p < 0.05$, $^{**} p < 0.01$, $^{***} p < 0.001$, Ref.=Referenzkatgorie.

Wie gut können die POS-Werte mit diesem Regressionsmodell vorhergesagt werden? Um diese Frage zu beantworten, wurden 500 Personen zufällig von der Regression ausgeschlossen, um zu simulieren, dass für sie noch keine Befragungsergebnisse vorliegen. Für diese Stichprobe wurden die erwarteten POS-Werte prognostiziert und mit den tatsächlichen POS-Werten verglichen.

Die POS-Werte können auf individueller Ebene für knapp 25% der Klientinnen und Klienten sehr gut (akzeptierte Abweichung +/-3 Punkte) bzw. für 38% gut (akzeptierte Abweichung +/-5 Punkte) vorhergesagt werden. Allerdings gibt es auch Personen, bei denen der tatsächliche POS-Wert auf Basis von soziodemographischen und strukturellen Merkmalen nicht treffend vorhergesagt werden kann. Bei diesen (wenigen) Fällen ergeben sich deutlich höhere Differenzen (-33 bis +25 Punkte).

Für das wirkungsorientierte Controlling bilden nicht die Individuen an sich, sondern die Wohngruppen und Einrichtungen die zentralen Steuerungseinheiten. Hierfür wird der durchschnittliche POS-Wert über alle Klientinnen und Klienten der Wohngruppe hinweg berechnet. Auf der Ebene von Einrichtungen und Wohngruppen liegt die Differenz zwischen erwartetem und tatsächlichem POS-Wert bei mehr als der Hälfte der zufällig ausgewählten Organisationseinheiten bei plus/minus zwei Lebensqualitätspunkten. Abbildung 3 zeigt, dass die Abweichungen auf Einrichtungsebene relativ gering sind. Bei einigen Einrichtungen liegen geschätzter und tatsächlicher durchschnittlicher POS-Wert (fast) übereinander. Nur bei fünf von 25 Einrichtungen weicht der tatsächliche POS-Wert vom geschätzten um fünf Punkte ab. Für diese Einrichtungen kann bereits jetzt eine Detailanalyse gestartet werden, um die Ursachen zu analysieren.

Abbildung 3: Durchschnittliche tatsächliche und erwartete POS-Werte für eine Stichprobe von 25 Einrichtungen

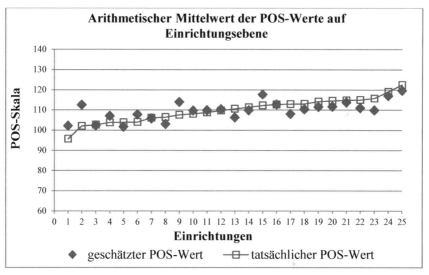

Für das wirkungsorientierte Controlling kann im nächsten Schritt die Differenz zwischen erwartetem und tatsächlichem POS-Wert mit den Leistungsentgelten in Beziehung gesetzt und die Produktivität der Einrichtung beschrieben werden. Leitungskräfte können nun bei Einrichtungen mit großen negativen Abweichungen gezielt nach Gründen suchen und Maßnahmen durchführen, um die Lebensqualität der Klientinnen und Klienten zu erhöhen.

5 Ausblick

Vor dem Hintergrund der eingangs geschilderten sozialrechtlichen und sozialpolitischen Entwicklungen in der Eingliederungshilfe können soziale Organisationen mit Hilfe des wirkungsorientierten Controllings einen wirksamen und sparsamen Einsatz öffentlicher Mittel belegen und gleichzeitig die eigene Dienstleistungskonfiguration optimieren.

Im Rahmen des Projekts werden nun weitere Merkmale der Klientinnen und Klienten (z.B. Beschäftigungsstatus, Pflegestufe) aufgenommen sowie Merkmale zur Ressourcenausstattung der Einrichtungen (z.B. Fachkraftquote, Leitungsspanne). Mit Hilfe dieser Merkmale soll die Schätzung der erwarteten POS-Werte verbessert werden. Zum anderen wird versucht die Frage, wie viel Einfluss die Ressourcenausstattung der Einrichtungen auf die Lebensqualität der Bewohnerinnen und Bewohner hat, zu beantworten.

6 Literatur

Barth, T. und Barth, D. (2008): Controlling – Managementwissen für Studium und Praxis. Oldenburg Verlag.

Domschke, W. und Scholl, A. (2005): Grundlagen der Betriebswirtschaftslehre – Eine Einführung aus entscheidungsorientierter Sicht. Springer-Verlag.

van Loon, J., Bernshausen, G., Löbler, F. und Buchenau, M. (2012): POS – Personal Outcomes Scale. Individuelle Qualität des Lebens. Sozialwerk St. Georg e. V, Gelsenkirchen.

Wissenschaftliche Dienste des Deutschen Bundestages (2004): Nachhaltigkeit – Der aktuelle Brief. Nr. 06/2004. Online abrufbar unter: http://webarchiv.bundestag.de/archive/2008/0506/wissen/-analysen/2004/2004_04_06.pdf; Letzte Prüfung: 27.06.2016.

Steuerung in Nonprofit-Organisationen – Entwicklungsstand und Perspektiven

Christian Horak, Josef Baumüller und Martin Bodenstorfer

1 Problemstellung, Zielsetzung und Aufbau des Beitrages

Der Einsatz eines weitentwickelten betriebswirtschaftlichen Instrumentariums für Zwecke der Organisationssteuerung ist heute vor allem in größeren und großen NPOs eine Selbstverständlichkeit; an dieses Faktum knüpfen häufig Diskussionen, welche die Vorteile wie das damit verbundene Gefahrenpotential gleichermaßen thematisieren (vgl. statt vieler Meyer und Simsa 2013a). In besonderem Maße trifft dies auf die Instrumente des Controlling zu, die über alle Ebenen der Führung hinweg gleichermaßen von Relevanz sein können. Controlling in NPOs unterscheidet sich dabei in zahlreichen Punkten vom Kontext gewinnorientierter Unternehmen, wo der Controlling-Gedanke seinen Ursprung genommen hat; in seinem Zentrum stehen die Wirkungsziele der Organisation, die in strategische und operative Maßnahmen zu übersetzen sind. Reine Finanzziele nehmen demgegenüber eine Bedeutung im Sinne einer Mittel-Zweck-Beziehung ein (Horak und Baumüller 2013; Baumüller et al. 2015).

Der Ausbaustand des Controlling in NPOs und die damit verbundenen Spezifika sind seit Jahren Gegenstand empirischer Untersuchungen. Für den deutschsprachigen Raum zeigt sich dabei ein zunehmender Professionalisierungsgrad. Allerdings ist typischerweise die operative Ebene des Controlling besonders ausgeprägt, während sich auf der strategischen Ebene Defizite zeigen. Dem hohen konzeptionellen Stellenwert der normativen Ebene für NPOs im Hinblick auf ein wirkungsorientiertes Controlling kann die Praxis schließlich noch nicht entsprechen – hier scheinen die Organisationen erst am Anfang ihrer Entwicklung zu stehen (Weber und Hamprecht 1995; Horak und Baumüller 2008; Horak und Baumüller 2009; Moos et al. 2011; König et al. 2012). Die anspruchsvollen Rahmenbedingungen, mit denen sie sich heute konfrontiert sehen, legen jedoch den Schluss nahe, dass sich der Druck auf NPOs hinsichtlich einer weiteren, auch nachweisbaren Steigerung von Effektivität und Effizienz des Handelns weiter erhöhen wird (Meyer und Simsa 2013b). Gerade in solchen Situationen kann Controlling besonders wertvolle Beiträge leisten.

Der vorliegende Beitrag fasst die wichtigsten Ergebnisse einer Studie zusammen, die sich Anfang 2016 mit dem aktuellen Ausbaustand des Controlling in NPOs befasste. Sie knüpfte dafür an zwei vorhergehende Studien der Autoren an (Horak und Baumüller 2008; 2009) mit dem Zweck, diese zu aktualisieren. Ein Schwerpunkt lag dabei auf dem Entwicklungsfeld der Wirkungsorientierung, wofür auch Bezug auf eine frühere Studie von Phineo (2013) genommen wurde. Neben den gegenwärtigen Schwerpunkten des Controlling in NPOs

sollten dabei vor allem mögliche Handlungsfelder und wesentliche Herausforderungen in der praktischen Umsetzung identifiziert werden (vgl. ausführlich zu den Ergebnissen der Studie Horak et al. 2016).
Kapitel 2 des vorliegenden Beitrages erläutert die Hintergründe und Vorgehensweise der aktuellen Studie. Im Kapitel 3 werden die Befunde im Hinblick auf das operative und strategische Controlling dargestellt, worauf in Kapitel 4 der Entwicklungsstand des wirkungsorientierten Controlling behandelt wird. Kapitel 5 schließt den Beitrag mit einem Ausblick auf die im Rahmen der Studie zurückgemeldeten wichtigsten Zukunftsthemen und einem Fazit.

2 Methodik der empirischen Untersuchung und Untersuchungssample

Die in Folge behandelte Studie wurde vom Österreichischen Controller-Institut (ÖCI) in Kooperation mit Contrast Ernst & Young Management Consulting im Frühjahr 2016 durchgeführt. Basierend auf den in der Datenbank des ÖCI vorhandenen Kontaktdaten wurden rund 750 Führungskräfte von NPOs in Österreich und Deutschland kontaktiert. Somit liegt keine Repräsentativerhebung vor. Vertreter von 65 Organisationen nahmen an der Studie teil und beantworteten alle Frage, sodass eine Rücklaufquote von rund 8,7% erzielt werden konnte.
Die Befragung wurde in den Monaten März und April mittels Online-Fragebogen durchgeführt (Bearbeitungsdauer: ca. 40-50 Minuten). Dessen Aufbau und Inhalt folgte weitgehend den eingangs angeführten Vorgängerstudien, die aktualisiert werden sollten. Zielgruppen in den kontaktierten NPOs waren insbesondere deren (hauptamtliche) Geschäftsführer bzw. die Leiter der Controllingabteilungen. Nach dem Versand des Fragebogens erfolgte eine gesonderte telefonische Kontaktaufnahme zur Sicherung des Rücklaufs und zur Beantwortung allfälliger Fragen zur Studie.
Die Auswertung erfolgte deskriptiv in MS Excel. Im Fokus stand dabei die Ermittlung von Häufigkeitsverteilungen, Mittelwerten und Medianen. Nach Auswertung der Rückmeldungen zu allen Einzelfragen wurde jede NPO einem von vier mustertypischen Ausbauständen zugeordnet; hierfür wurde die stärkste Ausprägung einer jeden Antwortmöglichkeit mit 4 bewertet, die schwächste Ausprägung demgegenüber mit 1; auf die dazwischenliegenden Stufen wurden die korrespondierenden Punktezahlen linear verteilt. Der jeweilige Ausbaustand ergab sich als das arithmetische Mittel der so von einer NPO erzielten Punkte über alle Fragen hinweg (vgl. hierzu bereits Horak und Baumüller 2009).
Die teilnehmenden Organisationen waren überwiegend als GmbH (36%) organisiert, gefolgt von der Rechtsform des Vereins (34%) und der Körperschaft öffentlichen Rechts (16%; Mehrfachantworten waren möglich). Schwerpunkte in den Tätigkeitsbereichen lagen auf sozialen Dienstleistungen (36%), gefolgt vom Bildungswesen (18%) bzw. der Forschung (10%; Mehrfachantworten waren möglich).

Knapp die Hälfte dieser NPOs beschäftigte über 500 Mitarbeitende im letzten Geschäftsjahr, der Stellenwert ehrenamtlicher Mitarbeiter war demgegenüber ein zu vernachlässigender (rund Zweidrittel gaben hier Werte unter 50 ehrenamtlich Mitarbeitende an). Der Finanzierungsmix wurde insbesondere von Leistungsentgelten durch die öffentliche Hand (Mittelwert 44%, Median 50%) bzw. durch die (privaten) Leistungsempfänger (Mittelwert 16,2%, Median 5%) bestimmt; Subventionen, Mitgliedsbeiträge oder Spenden spielten eine vergleichsweise geringe Rolle für diese Organisationen. In Übereinstimmung mit diesen Rahmenbedingungen sahen die befragten Organisationen die Dienstleistungserbringung als ihre wichtigste Funktion an (mit deutlichem Abstand vor jenen der Interessenvertretung bzw. Gemeinschaftsbildung).

Im Hinblick auf die Spezifika der untersuchten Organisationen zeigt sich somit, dass insbesondere größere und wirtschaftlich ausgerichtete (Drittleistungs-) NPOs das Studiensample dominieren. Dieser Umstand ist bei der Interpretation der in Folge dargestellten Ergebnisse zu berücksichtigen und schränkt die Ableitung von Erkenntnissen für NPOs anderen Typusses entsprechend ein.

3 Entwicklungsstand der operativen und strategischen Steuerung

3.1 Entwicklungsstand der operativen Steuerung

Der Ausbaustand des operativen Controlling – das sich mit dem kurzfristigen Erfolg befasst (zumeist im Sinne von Output-Daten und finanziellen Maßstäben wie der Kostendeckung oder dem Liquiditätsstatus) – nimmt bisherigen Studienbefunden zufolge den höchsten Reifegrad an; in manchen Teilbereichen wird zum Teil vom „Steckenpferd vieles NPOs" (Thommen und Giroud 2008) gesprochen. Damit stehen auch die Ergebnisse der vorliegenden Studie im Einklang; Abbildung 1 illustriert die mustertypische Klassifizierung dieses Ausbaustandes über alle untersuchten NPOs hinweg:

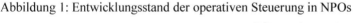

Abbildung 1: Entwicklungsstand der operativen Steuerung in NPOs

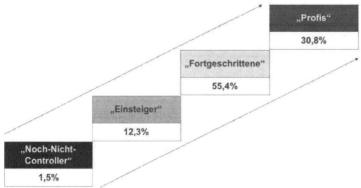

Ein erster Betrachtungsgegenstand im Rahmen des operativen Controlling betraf das Berichtswesen. Dieses zeigte sich über alle Organisationen hinweg auf einem (unterschiedlich) hohen Entwicklungsstand; das größte Entwicklungspotential offenbarte sich hier in der Integration von Elementen der Wirkungsorientierung, die sich selbst bei „Profis" nur vereinzelt finden. Im Einklang damit stehen Defizite hinsichtlich der Aufnahme qualitativer Größen zur Ergebnis-, Prozess- und Strukturqualität der Leistungen. Aber auch die Durchführung von externen Vergleichen („Benchmarking") der Leistungen von verschiedenen Standorten, Teams und Organisationseinheiten innerhalb einer NPO ist nur wenig verbreitet.

Hinsichtlich der Kostenrechnung lässt sich ein ähnliches, zunächst sehr positives Fazit ziehen. Augenscheinlich sind allerdings auch hier zwei Bereiche, in denen größere Defizite bestehen: Einerseits stellt die Implementierung einer Kostenträgerrechnung viele NPOs jeden Entwicklungsstandes vor große Herausforderungen; andererseits beruht die Systematik der Kostenrechnung auf einer Vollkostenrechnung, während die – im Schrifttum zumindest für gewinnorientierte Unternehmen favorisierte – Teilkostenrechnung nur in seltenen Fällen Anwendung findet. Unbeschadet der grundlegenden Frage, inwieweit diese beiden Aspekte von NPOs in unterschiedlichen Ausgangslagen von Bedeutung sind (vgl. dazu ausführlich Baumüller et al. 2015), legen die Spezifika der untersuchten Organisationen doch den Schluss nahe, dass für viele dieser eine dahingehende Weiterentwicklung sinnvoll sein kann.

Im Bereich der operativen Planung bzw. Budgetierung sind insbesondere jährliche Budgets in den untersuchten NPOs Standard. Problembereiche betreffen demgegenüber die Sicherstellung der (rechnerischen wie inhaltlichen) Integriertheit der Planungsrechnungen, den Umgang mit unterjährigen Schwankungen im Planungszeitraum sowie die Integration des Jahresbudgets in eine Mittelfristplanung. Noch in den Kinderschuhen steckt schließlich die systematische Anwendung von quantitativen Verfahren für die Beurteilung der Vorteilhaftigkeit von Investitionen (im Sinne „klassischer" Investitionsrechnungsverfahren).

3.2 Entwicklungsstand der strategischen Steuerung

Das strategische Controlling hinkt hinsichtlich seines Ausbaustandes dem operativen Controlling typischerweise hinterher. Gründe hierfür können einerseits darin liegen, dass ein spezifisches Instrumentarium für NPOs fehlt – was sich jedoch in Anbetracht der hier zum Tragen kommenden Besonderheiten des Zielsystems gravierender als bei gewinnorientierten Unternehmen auswirkt. Folglich wird in der Literatur in der Regel die Übernahme der für gewinnorientierte Unternehmen entwickelten Analyse- und Umsetzungsinstrumente vorgeschlagen (vgl. z.B. Horak und Baumüller 2013). Aber auch für gewinnorientierte Unternehmen sind diese nur in (vergleichsweise) überschaubarer Zahl vorhanden. Andererseits können die Rahmenbedingungen des eigenen Handelns von vielen NPOs als besonders herausfordernd und vor allem volatil empfunden werden, was eine klare strategische Zielsetzung oftmals nur schwer umsetzbar erscheinen lässt. Im Vergleich zu früheren Studien (Horak und Baumüller 2008 und 2009) konnte nunmehr ein deutlich höherer (relativer) Ausbaustand unter den untersuchten Organisationen festgestellt werden. Unterschiede im Sample der untersuchten Organisationen lassen jedoch auch den Schluss zu, dass dieses Ergebnis zum Teil durch diesbezügliche Unterschiede erklärbar sein kann. Jedenfalls ist zu berücksichtigen, dass die Aussage weiterhin Bestand hat, dass das operative Controlling deutlich besser ausgebaut ist, als es für das strategische Controlling der Fall ist.

Abbildung 2: Entwicklungsstand der strategischen Steuerung in NPOs

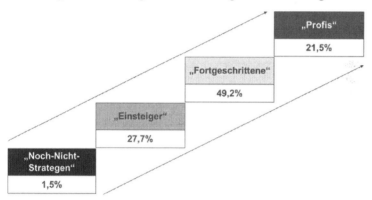

Zunächst wurde der Einsatz von Analyseinstrumenten bei der Strategieentwicklung untersucht. Es zeigte sich, dass „Profis" ein breites Spektrum an verschiedenen Instrumenten zum Einsatz bringen (z.B. Branchen-, Stakeholder-, Portfolio- und SWOT-Analysen), während in den NPOs mit anderen Reifegraden nur in seltenen Fällen hierauf zurückgegriffen wird. Wertkettenanalysen werden nur in einer einzigen der untersuchten NPOs angewandt.

Hinsichtlich des Einsatzes strategischer Steuerungsinstrumente zeigte sich ein hoher Stellenwert von Mission Statement, Leitbild und Zukunftsbild. Ein instrumentell ausgebautes Qualitäts- bzw. Personalmanagement findet sich ebenso in zahlreichen NPOs, in deutlich geringerem Maße trifft dies für das Prozessmanagement zu. Die Balanced Scorecard (BSC) erwies sich in den untersuchten Organisationen als weitgehend bedeutungslos; nur in Einzelfällen wird eine solche angewandt. Dem steht der Befund aus der Literatur entgegen, dass sich gerade für NPOs der Einsatz einer BSC eignen würde – da hiermit die Besonderheiten des Zielsystems dieser Organisationen besonders gut abgebildet werden können (Horak und Baumüller 2013); dieses Argument scheint jedoch einer praxisorientierten Kosten-Nutzen-Betrachtung nicht Stand zu halten. In den letzten Jahren lag der Fokus auf anderen der hier behandelten Instrumente, sodass diese BSCs umgekehrt schon sehr lange im Einsatz sind; sie scheint somit inzwischen „aus der Mode gekommen" zu sein. Im Hinblick auf die Umsetzung der Strategie besteht bei vielen NPOs noch Einigkeit darüber, dass die Konkretisierung der Organisationsstrategie Umsetzungsmaßnahmen beinhalten muss. Die Implementierung eines laufenden Maßnahmencontrolling im Rahmen des Management-Prozesses sowie eine entsprechende Anpassung der Aufbauorganisationen zeigen demgegenüber noch weitergehendes Entwicklungspotential. Die größten Probleme treten jedoch scheinbar bei der Frage auf, wie sich die persönlichen Ziele von Führungskräften und weiteren Mitarbeitenden mit der Erreichung strategischer Ziele in Verbindung setzen lassen (vgl. dazu auch Horak et al. 2014).

Die Überprüfung der Strategieumsetzung erfolgt schließlich zumeist im Rahmen von Sitzungen, in denen das Thema behandelt wird. Weit entwickelte NPOs greifen darüber hinaus auf Soll-Ist-Vergleiche (im Sinne eines strategischen Reporting) zurück oder arbeiten für diese Zwecke mit Instrumenten des Projektcontrolling (Meilensteine, Termine etc.). Auch die Überprüfung der Zielerreichung mittels konkreter Kennzahlen gelingt diesen Organisationen am besten, während der Großteil der anderen in diesem Punkt wesentliche Defizite aufweist.

4 Entwicklungsstand der wirkungsorientierten Steuerung

Letztlich wurde besonderes Augenmerk auf den Status quo des wirkungsorientierten Controlling in NPOs gelegt. Dieses Themenfeld stand in den letzten Jahren im besonderen Interesse von Forschung und Praxis; nach vorherrschender Einschätzung dieser Organisationen „wirkt sich eine stärkere Wirkungsorientierung positiv auf die Qualität ihrer Arbeit aus […] und besitzt einen praktischen Mehrwert" (Phineo 2013, 6).

In Übereinstimmung mit diesem Befund steht das Ergebnis, dass der weit überwiegende Teil der untersuchten Organisationen über klar definierte Wirkungsziele für die gesamte Organisation (38%) bzw. zumindest in Teilbereichen (42%) verfügt. Als Ansätze für die Wirkungserfassung herrscht in diesen die Abbildung über Kennzahlen bzw. Indikatoren vor (52%); daneben sind vor allem Evaluierungen (48%) oder Informationen aus den eingesetzten QM-Systemen (31%) maßgeblich. Wirkungsorientierung ist dabei ein Thema für die obersten Ebenen der Organisationsleitung; in den meisten Organisationen liegt die Verantwortlichkeit für die Messung und Steuerung der Wirkungen bei der Geschäftsführung, gefolgt von den jeweiligen Fachbereichsleitungen. Das Controlling ist demgegenüber nur bei rund einem Drittel der befragten NPOs hierin eingebunden.

Die mit Abstand größten Herausforderungen werden aber in Folge bei der Entwicklung aussagekräftiger Kennzahlen gesehen. Dies kann auch mit der Schwierigkeiten bei der generellen Messbarkeit der durch die Organisation erzielten Wirkungen verbunden sein. Viele NPOs erachten es darüber hinaus als nicht unproblematisch, konkrete Schlüsse aus den Ergebnissen der Wirkungsmessung für das operative Geschäft zu ziehen. Dies mag einerseits in einem hohen Abstraktionsgrad hinter dieser Messung begründet liegen, andererseits aber z.B. durch gesetzliche oder sonstige Rahmenbedingungen, die hier den Handlungsspielraum einschränken. Als besonderes Problem ist schließlich die Motivation und Fokussierung der Mitarbeitenden in der Organisation in Bezug auf diese Wirkungsziele zu nennen; insbesondere dieser Punkt scheint noch zahlreiche Nutzenpotentiale zu bergen, die allerdings noch wenig Beachtung finden (vgl. dazu bereits ausführlicher Baumüller und Bodenstorfer 2014).

In Anlehnung an die Studie von Phineo (2013) wurden zwei weitere Fragen in die Untersuchung aufgenommen: betreffend die Bedeutung der Messung und Analyse von Wirkungen für die Organisationen wie hinsichtlich der Eingesetzten Verfahren hierfür. Zu erstgenanntem Punkt fand sich der grundsätzlich hohe Stellenwert bestätigt, welcher einer quantitativen und qualitativen Erhebung und Überprüfung der tatsächlich erreichten Erfolge beigemessen wird. Dies beschränkt sich jedoch im großen Teil der Organisationen nur auf einzelne Projekte oder Programme; eine Erfassung über alle Projekte oder Programme hinweg bzw. systematisch für die gesamte Organisation ist demgegenüber selten. Gleichzeitig räumt ein weiterer großer Teil der befragten NPOs ein, dass nicht bzw. nicht immer ein klares Konzept zugrunde gelegt wird, welche Wirkungen auf welche Art und Weise erfasst werden. Zu den eingesetzten Verfahren zeigten die Rückmeldungen, dass als Ansätze vor allem die Analyse der Beschwerden von Zielgruppen bzw. Leistungsempfängern und die Selbstevaluation mittels Befragungsverfahren dominieren. Hierbei ist anzumerken, dass es sich um sehr einfache Verfahren bzw. Orientierungsgrößen handelt, die nur bedingt im Einklang mit dem heute üblichen Wirkungsverständnis stehen. Zu kritisieren ist bereits ihre (reaktive) Kurzfristigkeit sowie die Vernachlässigung von Outcome bzw. Impact. Dieses Defizit prägt die Organisationssteuerung einer Vielzahl an NPOs allerdings schon seit langer Zeit und scheint sich auch zwischenzeitlich nicht gebessert zu haben (vgl. für einen Studienüberblick und eine vertiefende Diskussion dazu z.B. Greiling 2009) Externe Evaluationen oder komplexere Kosten-Wirksamkeits-Analysen nehmen demgegenüber nur einen geringen Stellenwert ein.

Insbesondere die letzten Befunde legen damit ein kritisches Fazit nahe; hierzu wurde bereits von Phineo (2013) resümiert, „dass Wirkungsanalysen häufig als isolierte Maßnahmen genutzt, jedoch weniger systematisch in eine integrierte Organisationssteuerung einbezogen werden." Diese Kritik besitzt unverändert ihre Gültigkeit; aus Controlling-Perspektive impliziert dies, dass das Fundament einer in sich geschlossenen Systematik der Organisationssteuerung noch zu den wesentlichen Entwicklungsfeldern in der Führung von NPOs zählt – und umgekehrt oftmals vergleichsweise zu viele Ressourcen im (zumeist gut entwickelten) operativen Controlling gebunden sind, das ohne klaren, ergänzenden Wirkungsbezug seine eigene Wirksamkeit nicht oder nur eingeschränkt entfalten kann.

5 Ausblick und Fazit

Abschließend wurden die befragten NPOs gebeten, ihre Einschätzungen zu den wichtigsten Herausforderungen für die Steuerung ihrer Organisationen in den nächsten drei Jahren zu teilen. Dabei lag der Fokus auf zwei Themengebieten: Einerseits genießt vor allem die Adaptierung bzw. Aktualisierung des Leistungsangebots Priorität; damit einher geht die verstärkte Orientierung an den damit erzielten Wirkungen durch diese Organisationen. Andererseits gewinnen klassische Controlling-Themen wieder an Bedeutung; Rückmeldungen hierzu umfassen die Überarbeitung bzw. Verschlankung der vorhandenen Systeme und Instrumente in der Organisation. Gleichzeitig sollen aber auch die operativen und (mit geringem Abstand) die strategischen Controlling-Instrumente auf- und ausgebaut werden. Dieser letzte, etwas widersprüchlich wirkende Befund deutet darauf hin, dass die Wirksamkeit des Controlling-Instrumentariums gleichsam als ein großes Thema gesehen wird – die knappen Ressourcen der Organisation in wenige, dafür aber die richtigen Systeme und Instrumente zu investieren, wird viele NPOs in den nächsten Jahren beschäftigen.

Überraschend gering fiel der geringe Stellenwert aus, der dem Thema Big Data zukommt. Diesem gegenwärtig stark „gehypten" Handlungsfeld wird scheinbar noch eine geringe Dringlichkeit zugebilligt bzw. ist das Nutzenpotential vielleicht noch ein unklares. Die gegenwärtig im Kontext gewinnorientierter Unternehmen zu beobachtenden Entwicklungen im Sinne einer zunehmenden Digitalisierung von Geschäftsprozessen und -modellen und die Vielzahl an Einsatzmöglichkeiten auch für NPOs lassen jedoch einen Bedeutungsgewinn für die nahe Zukunft erwarten (z.B. Desouza und Smith 2014). Damit bleibt allerdings die Sorge, dass viele NPOs dem Thema Big Data noch zu wenig Aufmerksamkeit widmen.

Aus diesem Ausblick leitet sich schließlich das Fazit der vorliegenden Studie ab. Ihre Ergebnisse unterstreichen, dass in vielen NPOs bereits ein professionelles Controlling-Instrumentarium im Einsatz ist – und dass dieses auch zunehmend weiterentwickelt werden soll. In den meisten Fällen wird dies wohl die Notwendigkeit widerspiegeln, auf den zunehmenden Druck nach Effektivität und Effizienz zu reagieren und den damit verbundenen Forderungen gerecht zu werden. Doch ist dieser Ausbaustand über die verschiedenen Ebenen der Führung sehr unterschiedlich ausgeprägt; gerade beim Fundament, der Wirkungsorientierung, zeigen sich noch die größten Defizite. Hier kommen gewiss die NPO-Spezifika am stärksten zu tragen und es ist von diesen Organisationen daher noch einiges an konzeptioneller Entwicklungsarbeit zu leisten. Diesen Weg zu gehen scheint jedoch lohnend, um der notwendigen, vielzitierten Balance zwischen Wirtschaften (operatives Controlling im Sinne dieser Studie) und Werten (Wirkungsorientierung) Rechnung zu tragen (Meyer und Simsa 2013a). Dies wird wohl auch in den nächsten Jahren ein bestimmendes Thema in NPOs (und insbesondere hinsichtlich ihrer Steuerung) sein.

6 Literatur

Baumüller, J. und Bodenstorfer, M. (2014): Anreizsysteme für Leitungsorgane in Non-Profit-Organisationen. In: CFOaktuell, 8 (6), S. 235-238.

Baumüller, J., Djukić, B. und Siller, H. (2015): Controlling und Rechnungswesen. In: Eschenbach, R., Horak, C., Meyer, M. und Schober, C. (Hrsg.): Management der Nonprofit-Organisation. 3. Aufl., Stuttgart: Schäffer-Poeschel, S. 104-140.

Desouza, K.C. und Smith, K.L. (2014): Big Data for Social Innovation. In: Standford Social Innovation Review. Abgefragt am: 07.07.2016. URL: http://ssir.org/articles/entry/big_data_for_social_-innovation.

Greiling, D. (2009): Erfolgsmaßstäbe für Nonprofit-Organisationen. In: Betriebswirtschaftliche Forschung und Praxis, 61 (1), S. 56-78.

Horak, C. und Baumüller, J. (2008): Die Professionalisierung der Steuerung in NPOs – Aktuelle Befunde aus der Praxis. In: Schauer, R., Helmig, B., Purtschert, R. und Witt, D. (Hrsg.): Steuerung und Kontrolle in Nonprofit-Organisationen. Linz: Trauner, S. 503-527.

Horak, C. und Baumüller, J. (2009): Steuerung in NPOs und der öffentlichen Verwaltung: Entwicklungsstand und Perspektiven. Wien: Contrast/Österr. Controller-Institut.

Horak, C. und Baumüller, J. (2013): Controlling und Rechnungswesen in NPOs. In: Simsa, R., Meyer, M. und Badelt, C. (Hrsg.): Handbuch der Nonprofit-Organisation. 5. Aufl., Stuttgart: Schäffer-Poeschel, S. 313-334.

Horak, C., Baumüller, J. und Bodenstorfer, M. (2014): Anreizsysteme für Leitungsorgane in Nonprofit Organisationen. Einsatz, Ausgestaltung und Perspektiven, 2014. Abgefragt am: 06.07.2016. URL: http://www.controller-institut.at/uploads/content/tx_downloads/file/NPO-Studie_2014.pdf.

Horak, C., Baumüller, J. und Bodenstorfer, M. (2016): Steuerung in NPOs und der öffentlichen Verwaltung: Entwicklungsstand und Perspektiven. Wien: Contrast/Österr. Controller-Institut.

König, M., Clausen, H. und Schank, C. (2012): Controlling in der Sozialwirtschaft – ein Vergleich zum Controlling in gewerblichen Unternehmen. In: Zeitschrift für Controlling & Management, 56 (2), S. 126-132.

Meyer, M. und Simsa, R. (2013a): Besonderheiten des Management von NPOs. In: Simsa, R., Meyer, M. und Badelt, C. (Hrsg.): Handbuch der Nonprofit-Organisation, 5. Aufl., Stuttgart: Schäffer-Poeschel, S. 145-157.

Meyer, M. und Simsa, R. (2013b): Entwicklungsperspektiven des Nonprofit-Sektors. In: Simsa, R., Meyer, M. und Badelt, C. (Hrsg.): Handbuch der Nonprofit-Organisation, 5. Aufl., Stuttgart: Schäffer-Poeschel, S. 509-524.

Moos, G., Konrad, M. und Reichenbach, R. (2011): Controlling in der Sozialwirtschaft: Ausbaustand und Perspektiven. Bochum: Contec.

Phineo (2013): Wirkungsorientierte Steuerung in Non-Profit-Organisationen. Berlin: Phineo.

Thommen, S. und Giroud, P. (2008): Verbände zwischen Management-Anspruch und -Realität. In: Verbands-Management, 34 (3), S. 36-41.

Weber, J. und Hamprecht, M. (1995): Controlling in Non-Profit-Organisationen. In: Controlling, 7 (3), S. 124-131.

Der Stellenwert von Beziehungen in einer nachhaltigen Freiwilligkeit

Katharina Anna Kaltenbrunner, Marietta Hainzer und Christine Duller

1 Einführung

Philanthropische Handlungen stellen private freiwillige Handlungen für einen gemeinnützigen Zweck dar, i.a. in Form von Sachspenden, finanziellen Spenden und zeitlichem freiwilligem Engagement (Sulek 2010). Wenngleich der Nutzen für Dritte bzw. die Steigerung des Wohlergehens im Vergleich zum Eigennutz meist überwiegt, so ist eine philanthropische Handlung grundsätzlich nicht gänzlich „erwartungsfrei". Es kann davon ausgegangen werden, dass Geben sowohl auf Eigennutz als auch auf Altruismus ausgerichtete Elemente umfasst (z.B. Simsa und More-Hollerweger 2015; Dwyer et al. 2013). Der Grad der Erwartungshaltung, die mit einer Gabe bzw. einem Gefallen einhergeht, lässt sich mit Hilfe der *Reziprozität* der Handlung beschreiben. Infolgedessen stellen Menschen ihr eigenes Wohlergehen in den Hintergrund, wenn andere sich ihnen gegenüber gutherzig verhalten (Adloff 2005). Die sogenannte „generalized reciprocity" stellt hierbei eine mögliche Ausprägungsform der Reziprozität dar. Generalized reciprocity stellt allerdings nicht auf den gegenseitigen „Gefallensaustausch" zwischen zwei Individuen ab, sondern beschreibt, wie ein „Gefallen" durch den Gefallen eines Dritten belohnt wird (von Schnurbein und Bethmann 2010). Exemplarisch kann hier die Zeitspende für eine fremdleistungsorientierte Nonprofit-Organisation (NPO) genannt werden. Reziprozität zieht somit eine *Beziehungsdimension* in die Spende mit ein. Leistet ein Individuum eine Zeitspende, so erwartet diese Person i.d.R. eine Wertschätzung dieser Leistung. Die mit der philanthropischen Handlung verbundenen Motive bzw. Bedürfnisse sollen seitens der Organisation indirekt „entlohnt" werden (von Schnurbein und Bethmann 2010). Diese Aussage wird u.a. durch Omoto und Snyder (2002) bekräftigt, die auf die Bedeutung von relationsbasierten Erfahrungen von Freiwilligen hinweisen, die sie z.B. im Rahmen von Unterstützungsleistungen seitens der Organisation, Mitarbeitern oder anderen Freiwilligen oder auch durch die organisationale Integration per se erfahren können. Ähnlich argumentiert Penner (2002), dass das freiwillige Engagement vielfach davon beeinflusst wird, wie sich Freiwillige durch die NPO behandelt fühlen. Darüber hinaus besteht empirische Evidenz, dass auf Reziprozität beruhende Beziehungen zu besseren Arbeitsbeziehungen führen und das Engagement und Vertrauen der freiwilligen Mitarbeiter in die Organisation stärken (Molm 2003).
Beziehungen werden vorliegend als mehrdimensionales Konstrukt verstanden. Die einzelnen *Beziehungsdimensionen* werden in der fachspezifischen Literatur allerdings unterschiedlich diskutiert bzw. operationalisiert. Eine umfassende Abbildung des Beziehungskonstrukts bieten beispielsweise Hon und Grunig

(1999) mit den Dimensionen *Vertrauen, Commitment, Zufriedenheit* und *Macht-* bzw. *Kräftegleichgewicht*. Die Auswahl bzw. Akzentuierung der Dimensionen wird wesentlich von der Ausprägungsform der Philanthropie beeinflusst, die es zu erforschen gilt. In anderen Worten, ob es sich bei der zu untersuchenden Philanthropie um eine Geld-, Sach- oder Zeitspende handelt.

Im Rahmen der vorliegenden Studie findet eine Fokussierung auf die *Zeitspende* in Form von freiwilligem Engagement statt. Analysiert man die diesbezügliche Fachliteratur im Hinblick auf die Abbildung bzw. Messung von Beziehungen, thematisieren zahlreiche empirische Untersuchungen einzelne Dimensionen, wie Zufriedenheit, Vertrauen oder Commitment (z.B. Dwyer et al. 2013; Finkenstein 2008; Tonkiss und Passey 1999). Allerdings gibt es bislang lediglich *vereinzelt* Forschungsarbeiten, welche *Beziehungen* als *Konstrukt* umfassend abbilden (Hyde et al. 2016; Studer und von Schnurbein 2013). Strebt man allerdings an, *Nachhaltigkeit in der Freiwilligkeit* – definiert als prosoziales Handeln, welches über einen bestimmten Zeitraum hinweg besteht (Penner 2002) – abzubilden, ist eine mehrdimensionale Erfassung von Beziehung erforderlich. Dies lässt sich folgendermaßen begründen: Beziehungsdimensionen, welche zur Entscheidung führen, freiwillig tätig zu werden, müssen nämlich nicht notwendigerweise die gleichen sein, die dazu führen, über einem bestimmten Zeitraum hinweg – nachhaltig – weiterhin aktiv freiwillig zu bleiben (Chacón et al. 2007; Omoto und Snyder 1995; Penner 2002). Diese Argumentation wird u.a. von Hyde et al. (2016) unterstützt, welche empirische Evidenz erbringen, dass insbesondere Zufriedenheit (und Motivation) als Indikatoren zur Fortsetzung eines philanthropischen Engagements kurzfristiger Natur zu betrachten sind (Vecina et al. 2013). Für ein dauerhaftes Engagement spielt Commitment eine essentielle Rolle (Chacón et al. 2007; Vecina et al. 2013; Hyde et al. 2016).

In der wissenschaftlichen Literatur finden sich nicht nur einige wenige empirische (und konzeptionelle) Studien, welche Beziehungen umfassend abbilden, sondern auch nur rudimentär Untersuchungen hinsichtlich der Interdependenzen zwischen den Beziehungsdimensionen und einem nachhaltigen freiwilligen Engagement im Speziellen (u.a. Penner 2002; Davis et al. 2003; Omoto und Snyder 2002; Chacón et al. 2007; Hidalgo und Moreno 2009; Vecina et al. 2013; Hyde et al. 2016). Diese Studien basieren ebenso auf einer wenig umfassenden Abbildung des Beziehungskonstrukts. Überwiegend werden eine oder zwei, maximal drei Variablen zur Abbildung herangezogen. Zudem bietet die bisherige Forschung widersprüchliche Ergebnisse bezüglich der Effekte dieser Beziehungsdimensionen.

Insgesamt ist somit zu konstatieren, dass Beziehungen als mehrdimensionales Konstrukt kaum abgebildet werden; die Zusammenhänge zwischen Beziehung und nachhaltigem freiwilligem Engagement sind unterbeleuchtet (*Forschungslücke 1*). Überdies liefern vorhandene Studien zu den Zusammenhängen zwischen Beziehung und nachhaltiger Freiwilligkeit widersprüchliche Ergebnisse (*Forschungslücke 2*), was gänzlich die Bedeutung einer umfassenden Auseinandersetzung zum Themenfeld „Beziehung und nachhaltiges freiwilliges Engagement" seitens der Forschung unterstreicht. Ebenso hat die Thematik nachhaltige Freiwilligkeit (synonym Philanthropie) einen zentralen Stellenwert in der Praxis. Nachhaltige Freiwillige präsentieren für NPOs eine wertvolle Ressource, da eine sinkende Verbleibdauer von Freiwilligen eines der häufigsten Probleme darstellt, welches diese Organisationen bewältigen müssen (Hidalgo und Moreno 2009). Zudem stellt die Gegebenheit von nachhaltigen Freiwilligen einen wichtigen „Erfolgsindikator" für NPOs dar: Erstens zeigt dieses auf, dass die Freiwilligen mit der Bedeutsamkeit ihrer Tätigkeit im Allgemeinen zufrieden sind; zweitens, dass die Organisation ein adäquates Freiwilligenmanagement hat (und daher die Ressourcen für dieses Management angemessen einsetzt), und drittens, dass die Freiwilligen die Vorteile des Freiwilligenmanagements schätzen und die soziale Kontakte genießen (Omoto und Snyder 2002).

Ziel der vorliegenden Forschungsarbeit ist es nun, den Stellenwert bzw. die Rolle von Beziehungen in der nachhaltigen Philanthropie abzubilden. Hierfür werden nun auf Basis der Literatur nachhaltige Freiwilligkeit charakterisiert und in Frage kommende Beziehungsdimensionen abgebildet. Im Anschluss daran werden das Forschungsdesign erläutert und schließlich die Ergebnisse dargestellt.

2 Die nachhaltige freiwillige Tätigkeit und Beziehung – eine Literatursichtung

2.1 Konzeptionierung von nachhaltiger freiwilliger Tätigkeit

Wie einleitend erwähnt, wird vorliegend die Nachhaltigkeit einer freiwilligen Tätigkeit mit einer gewissen Dauerhaftigkeit der freiwilligen Tätigkeit gleichgesetzt (Chacón et al. 2007). Penner (2002) definiert nachhaltige freiwillige Tätigkeit als prosoziale Gewohnheiten, die über einen längeren Zeitraum bestehen. Die Literatur konzeptualisiert nachhaltige freiwillige Tätigkeit einerseits als Prozess (Penner 2002; Chacón et al. 2007; Omoto und Snyder 1995), andererseits wird freiwilliges Engagement im Hinblick auf die tatsächliche Tätigkeitsdauer diskutiert (Hyde et al. 2016; Vecina et al. 2011). Auch variieren die empirischen Untersuchungen in der Konzeption von nachhaltiger freiwilliger Tätigkeit als „Outcome-Variable". Es wird entweder nur die bisherige Engagementdauer verwendet oder die bisherige Engagementdauer und die Intention, in der Organisation zu verbleiben.

2.2 Die ausgewählten Beziehungsdimensionen

Für die Darstellung der einzelnen Beziehungsdimensionen erfolgt eine Anlehnung an das Beziehungskonstrukt nach Hon und Gruning (1999) bzw. Bortree und Waters (2008). Ihr Konstrukt – bestehend aus Commitment, Vertrauen, Zufriedenheit und Macht- bzw. Kräftegleichgewicht – kann als umfassend charakterisiert werden und stellt überdies auf die Nachhaltigkeit (Langfristigkeit) des Verhältnisses zwischen Organisation und Beziehungssubjekt ab. Aufgrund der Tatsache allerdings, dass in dieser Studie die allgemeine Öffentlichkeit die Bezugsgröße repräsentiert, ist es erforderlich, das Beziehungskonstrukt für die Bezugsgröße „Freiwillige" leicht zu modifizieren. Anstelle des gegenseitigen Macht- bzw. Kräftegleichgewichts wird die Dimension *Kooperation* als Indikator für die Stabilität und Balance der Macht zwischen den unterschiedlichen organisationalen Mitgliedern bzw. zwischen den freiwilligen Mitarbeitern und der Organisation eingesetzt. Im Anschluss werden nun die angeführten Beziehungsdimensionen und deren Relevanz im Überblick dargestellt.

Organisationales Commitment (affective and normative commitment)
Organisationales Commitment beschreibt, wie Individuen – vorliegend Freiwillige – in die Organisation integriert sind bzw. sich mit der Organisation und deren Zielen identifizieren. Laut Allen und Meyer (1990) besteht Commitment aus drei Komponenten: affektives, normatives und kalkulatorisches Commitment, wobei letztgenannte Ausprägung in dieser Untersuchung keine Rolle spielt. Normatives Commitment beschreibt die wertbezogene Pflicht des Individuums gegenüber der Organisation. Affektives Commitment stellt die emotionalen Verbindungen einer Person mit der Organisation dar. Da sich Commitment mit verschiedenen Arten von psychologischen Verbindungen befasst, scheint diese Beziehungsdimension für die Eruierung von nachhaltiger freiwilliger Tätigkeit prädestiniert zu sein.

Zufriedenheit (satisfaction with leadership)
Zufriedenheit beschreibt die psychologischen, nicht-finanziellen Belohnungen für eine Arbeit (De Gieter et al. 2010). Unter psychologischen Arbeitsbelohnungen versteht man unterstützende und positiv beurteilte Ergebnisse der Beziehung, die ein Mitarbeiter mit seinen Vorgesetzten, Kollegen und/oder Kunden entwickelt (z.B. Komplimente, Anerkennung). Durch den i.d.R. unentgeltlichen Einsatz der Freiwilligen stellen die psychologischen Belohnungen einen zentralen Indikator für die Reziprozität bzw. Beziehungsaufbau dar. Zufriedenheit mit diesen Belohnungen soll die Einstellungen der Personen beeinflussen, insbesondere durch eine positive Auswirkung sowohl auf ihr Vorhaben, eine Beziehung aufrechtzuerhalten (Dwyer et al. 1987), z.B. in der Organisation zu bleiben, als auch auf ihr Commitment. Bortree und Waters (2008) fügen in diesem Kontext hinzu, dass NPOs Zufriedenheit „herstellen" können, indem sie Interesse an ihren Freiwilligen zeigen.

Vertrauen in Kollegen bzw. Führungskräfte (trust in peers/leaders)
Vertrauen ist insbesondere in jenen Situationen von enormer Bedeutung, in denen Wechselbeziehungen ausschließlich auf sozialem Austausch und nicht auf vertraglichen Verpflichtungen basieren (wie z.B. im Kontext freiwilliger Tätigkeit). Zentral ist hierbei ist das Vertrauen in Form eines psychologischen Abkommens (*psychological contract*) zwischen Freiwilligen und der Organisation (Taylor et al. 2006). Vertrauen soll die Wahrscheinlichkeit, dass Freiwillige

weiterhin tätig oder bei der Organisation bleiben, erhöhen (Bortree und Waters 2008). Bass (1999) behauptet, dass *Vertrauen in die Führung* der Organisation die Bereitschaft einer Person, sich mit der Organisation zu identifizieren und ihre Werte zu verinnerlichen, besonders stärkt. Das bietet wiederum eine profunde Basis für die Fortführung des freiwilligen Engagements und somit zur Nachhaltigkeit. Zudem spielt das *Vertrauen in Kollegen bzw. Teammitglieder* eine enorme Rolle. Das Vertrauen in Kollegen bedeutet generell, Wort halten und sich gegenseitig helfen. Das Vertrauen in Kollegen und das Vertrauen in der Führung beeinflussen sich gegenseitig. Letztens besteht in der Literatur weitreichend Konsens, dass Vertrauen in Zusammenhang mit *organisationalem Commitment* steht (u.a. Moorman et al. 1992).

Kooperation (cooperation)
Kooperation meint den persönlichen bzw. informellen Kontakt innerhalb der Gruppe der Freiwilligen – unter Kollegen – wobei die Gruppenzugehörigkeit einen stark bestimmenden Faktor für die freiwillige Tätigkeit darstellt (Corrigall-Brown 2012). Lammers (1991) konstatiert in diesem Konnex, dass gute interpersonelle Beziehungen und die Fortführung der freiwilligen Tätigkeit in einer Relation zueinanderstehen. Pearce (1993) weist darauf hin, dass Teamintegration essentiell für die Erzielung von Commitment ist und in weiterer Folge dazu dient, die Freiwilligen an die Organisation zu binden. Ergänzend sei angemerkt, dass es allerdings fälschlich wäre, zur Erfassung von Kooperation nur auf die Güte von interpersonellen Beziehungen abzustellen. Kooperation meint auch eine entsprechende Gestaltung von Regeln, Anweisungen und Strukturen, die es demzufolge auch zu analysieren gilt.

Nachfolgend werden nun empirisch festgestellte Effekte bzw. Wirkungen von Beziehungen auf die nachhaltige freiwillige Tätigkeit beleuchtet, wobei hierbei zunächst Studienergebnisse dargestellt werden, die die Verbleibsintention als nachhaltige freiwillige Tätigkeit definieren, und daran anschließend jene, die die bisherige Engagementdauer als Indikator für nachhaltiges Engagement betrachten.

Verbleibsintention als Indikator für nachhaltige freiwillige Tätigkeit und Beziehungsdimensionen
So wird in den Studien von Chacón et al. (2007), Hildago und Moreno (2009) und Vecina et al. (2011) beispielsweise Evidenz erbracht, dass die Zufriedenheit (Zufriedenheit mit Führungskräften, Arbeitszufriedenheit, Selbstwirksamkeitszufriedenheit) großen Einfluss auf die Verbleibsintention der Freiwilligen hat. Davis et al. (2003) hingegen stellen keinen Effekt fest. Ebenso lassen sich im Hinblick auf organisationales *Commitment* teils widersprüchliche Aussagen feststellen: Vecina et al. (2013) beobachten einen positiven Effekt, während Chacón et al. (2007) auf einen äußerst geringen Effekt hinweisen. Konsens besteht allerdings, dass das Erlebnis *sozialer Unterstützung* von Kollegen im Sinne einer guten Kooperation die Verbleibsintention von Freiwilligen positiv beeinflusst (Barron et al. 2005).

Bisherige Engagementdauer als Indikator für nachhaltige freiwillige Tätigkeit und Beziehungsdimensionen

In der Literatur wird mehrheitlich davon ausgegangen, dass die Beziehungen der Freiwilligen in toto nachhaltige freiwillige Tätigkeit beeinflussen. Dieser Einfluss ist aber viel geringer als der Effekt anderer Variablen, wie z.b. Identität der sozialen Rolle (so z.b. Penner 2002).

Vecina et al. (2011) unterscheiden im Hinblick auf Commitment zwei Gruppen von Freiwilligen: jene, die innerhalb eines Jahres ihre Freiwilligkeit wieder beenden, und jene, die selbst nach sieben Jahren noch aktiv sind, wobei letztgenannte Personen ein höheres Commitment aufweisen. Lammers (1991) hingegen betrachtet Commitment als wenig aussagekräftig in Bezug auf die Dauer der Freiwilligentätigkeit. Diese hängt vielmehr von Weiterbildungen, positiven Freiwilligenerfahrungen inkl. Zufriedenheit mit den Aufgaben und den Beziehungen zu anderen Freiwilligen ab. Im Gegensatz dazu betrachten Yiu et al. (2001) die Arbeitszufriedenheit als dominierende Variable, um eine Engagementdauer von 6 Monaten bis zu 10 Jahre zu prognostizieren (Omoto und Snyder 1995).

Wie die Literaturanalyse belegt, wird Vertrauen bei den meisten Studien von nachhaltiger freiwilliger Tätigkeit als Beziehungsdimension *nicht* miteinbezogen (siehe Vorschlag Hon und Grunig (1999) bzw. Bortree und Waters (2008)). Es gibt dennoch vereinzelt Studien, die unterschiedliche Interdependenzen zwischen dem Vertrauen der Gesellschaft und der Freiwilligenorganisation (Jung und Kwon 2011; Tonkiss und Passey 1999) oder Vertrauen als Indikator für Gebundenheit oder Führungstätigkeit der Freiwilligen thematisieren (Starnes et al. 2007).

Zusammenfassend kann festgehalten werden, dass nachhaltige freiwillige Tätigkeit in empirischen Studien unterschiedlich konzeptioniert wird, als auch die Effekte zwischen den Beziehungsdimensionen und der nachhaltigen freiwilligen Tätigkeit zum Teil widersprüchlich sind.

3 Forschungsfragen und methodische Vorgehensweise

Zur Zielerfüllung der vorliegenden Forschungsarbeit, der Abbildung des Stellenwerts bzw. der Rolle von Beziehungen in der nachhaltigen freiwilligen Tätigkeit, wird auf das Beziehungskonstrukt von Hon und Grunig (1999) bzw. Bortree und Waters (2008) rekurriert und die Freiwilligen-Organisation-Beziehung in einer leicht adaptierten Form mittels vier Beziehungsdimensionen gemessen. Diese sind: Zufriedenheit mit Führungskräften, Vertrauen in Kollegen und Führungskräfte, Kooperation und affektives sowie normatives Commitment. Im Gegensatz zum Originalkonstrukt wird somit Beziehung nicht nur auf organisatorischer Ebene (Commitment, Teilbereich Kooperation), sondern auch auf Gruppenebene (mittels Zufriedenheit, Vertrauen, Teilbereich Kooperation) abgebildet. Dies ist insofern bedeutend, als die Gruppenebene als ein präziserer

„Indikator" für potenzielle Entscheidungen hinsichtlich des Organisationsverbleibs betrachtet werden kann als die Organisationsebene (Yiu et al. 2001). Vor dem Hintergrund der identifizierten Forschungslücke (1) lautet die Forschungsfrage (1): *Welche Beziehungsdimensionen stehen in Zusammenhang mit einem nachhaltigen freiwilligen Engagement?*

Die Beantwortung geht mit folgenden Hypothesen einher:

H1a Das Vertrauen in Teammitglieder ist positiv mit der unbefristeten Verbleibsintention in der Organisation verbunden.

H1b Das Vertrauen in die Führungskraft ist positiv mit der unbefristeten Verbleibsintention in der Organisation verbunden.

H1c Die wahrgenommene Kooperation ist positiv mit der unbefristeten Verbleibsintention in der Organisation verbunden.

H1d Die wahrgenommene Zufriedenheit mit Führungsaktivitäten ist positiv mit der unbefristeten Verbleibsintention in der Organisation verbunden.

H1e Normatives Commitment korreliert positiv mit der unbefristeten Verbleibsintention in der Organisation.

H1f Affektives Commitment korreliert positiv mit der unbefristeten Verbleibsintention in der Organisation.

Zur Schließung der Forschungslücke (2) – der widersprüchlichen Erkenntnisse hinsichtlich der Wirkungen einzelner Beziehungsdimensionen auf das nachhaltige freiwillige Engagement – betrachten es die Autorinnen für erforderlich, das nachhaltige freiwillige Engagement zeitlich differenzierter zu betrachten. Hierfür wurde zusätzlich zur Frage nach der Verbleibsintention auch auf die bisherige Engagementdauer abgestellt. Dahinter steht die Überlegung, dass in Hinsicht auf Freiwillige, die erst kürzlich ihr freiwilliges Engagement aufgenommen haben, auch wenn diese angeben, sich unbefristet engagieren zu wollen, zum status quo nicht von einem nachhaltigen Engagement gesprochen werden kann. Zur Differenzierung wurde die bisherige Engagementdauer zeitlich in vier Kategorien untergliedert: *„novices"* sind Personen, die 1 bis 3 Jahre tätig sind; *„habituated volunteers"* sind die 4 bis 7 Jahre Tätigen; die von 8 bis 12 Jahre Engagierten werden als *„seniors"* und die über 12 Jahre Tätigen als *„veteran volunteers"* bezeichnet. Mit der Ausnahme von Novizen werden die anderen Kategorien an Freiwilligen als *nachhaltig tätige Freiwillige* bezeichnet.

Unter Berücksichtigung dieser vier Gruppen resultiert nachstehende Forschungsfrage (2): *Inwiefern ändern sich die einzelnen Beziehungsdimensionen in einer differenzierten Nachhaltigkeitsbetrachtung von unterschiedlichen Gruppen von Freiwilligen?* Zur Beantwortung dieser Forschungsfrage wurden folgende Hypothesen literaturgestützt abgeleitet:

H2a Der Zusammenhang zwischen *Vertrauen* (in Teammitglieder und Führungskraft) und nachhaltiger Freiwilligkeit steigt mit zunehmender Verbleibdauer.

H2b Kooperation und Zufriedenheit mit der Führungskraft korreliert relativ konstant mit nachhaltigem freiwilligem Engagement.

H2c Der Zusammenhang zwischen Commitment und nachhaltiger Freiwilligkeit steigt mit zunehmender Verbleibdauer.

4 Empirische Untersuchung

4.1 Untersuchungsdesign und Teilnehmer

Als Untersuchungsorganisation wird eine kirchliche Bildungseinrichtung, das Katholische Bildungswerk Salzburg (KBWS), herangezogen, welches vor allem in der Erwachsenenbildung – mit einem Fokus auf Glaube, Politik, Umwelt, Gesundheit, Familie und Partnerschaft – tätig ist und insbesondere Schwerpunkte im Bereich Erziehung und Frauenbildung setzt. In Salzburg gibt es ca. 330 örtliche Einrichtungen (Frauentreffs, Eltern-Kind-Einrichtungen, Bildungswerke), die von ungefähr 1.300 freiwilligen Mitarbeitern betrieben werden. Zur Beantwortung der Forschungsfragen wurde ein quantitatives Forschungsdesign gewählt, da es sich um eine Vollerhebung der spezifischen Dachorganisation handelt. Nach Durchführung von Pretests wurde ein standardisierter Fragebogen an alle freiwilligen Mitarbeiter postalisch versandt. 441 Personen haben die Fragebögen zurückgeschickt. Das entspricht einer Rücklaufquote von in etwa 30%. Zur Analyse der vorhandenen Daten wurden die Korrelationsmaße Spearman's Rho und Somers' D angewendet (Somers 1962; Duller 2008).

4.2 Messinstrumente

Für die empirische Erhebung wurden i.V.m. nachhaltigem freiwilligem Engagement und den verschiedenen Gruppen folgende Messinstrumente verwendet:

Tabelle 1: Messinstrumente

Nachhaltiges freiwilliges Engagement	Nachhaltige freiwillige Tätigkeit wird durch die *Verbleibsintention* der Freiwilligen abgebildet. Diese Variabel wurde durch die Frage an die Freiwilligen, ob sie intendieren, sich unbefristet freiwillig zu engagieren, erhoben.
Beziehungen	Beziehungsvariable # 1: *Zufriedenheit mit der Führung* von De Gieter et al. (2010). Diese Skala enthält vier Items, welche nicht modifiziert wurden. Beziehungsvariable # 2: *Vertrauen in Führungskräfte* und *Kollegen*. Die Skala von Cook/Wall (1980) umfasst jeweils sechs Items für das Vertrauen in Führungskräfte bzw. für das Vertrauen in Kollegen; geringfügige Adaptierungen vorgenommen. Beziehungsvariable # 3: *Kooperation*. Hierfür wurde auf die Kooperationsskala von Hulpia et al. (2011) zurückgegriffen, welche diese Skala bereits im Nonprofit-Kontext verwendet haben. Die Skala umfasst zehn Items. Beziehungsvariable # 4: *Commitment* nach der Skala von Allen/Meyer (1990) bzw. der deutschen Version von Schmidt (1998). Der Fokus liegt hier auf dem affektiven und normativen Commitment, welche jeweils durch sechs Items repräsentiert werden. Geringfügige Änderungen in der Formulierung wurden vorgenommen.

5 Ergebnisse

5.1 Nachhaltigkeit der Freiwilligen bei KBWS

Generell sind die bei KBWS tätigen Freiwilligen überwiegend weiblich (85%). Das Durchschnittsalter liegt bei 50 Jahren und über 80% sind verheiratet bzw. leben in einer Beziehung. Der größte Anteil der Freiwilligen hat einen Schulabschluss (aber keine Matura). Zwischen den vier Gruppen von Freiwilligen sind lediglich geringfügige Unterschiede feststellbar.

5.2 Anwendung von Beziehungsvariablen zur Erfassung nachhaltiger Freiwilligkeit

Tabelle 2 zeigt die Ergebnisse hinsichtlich Forschungsfrage (1). Es konnten zwei (zwar schwache) Zusammenhänge festgestellt werden, nämlich zwischen *Kooperation* und *affektivem Commitment*. Demzufolge werden die Hypothesen 1c und 1f bestätigt. Das deutet darauf hin, dass Freiwillige, die sich mit der Organisation emotional verbunden fühlen, nachhaltig freiwillig tätig sind. Darüber hinaus zeigen die Ergebnisse, dass diejenigen Freiwilligen, die mit der Kooperation sowohl hinsichtlich sozioemotionaler als auch organisatorischer Aspekte zufrieden sind, zu nachhaltiger Freiwilligentätigkeit tendieren. Zufriedenheit mit der Führungskraft, Vertrauen in die Führungskraft und die Teammitglieder sowie normatives Commitment assoziieren nicht signifikant mit der Verbleibsintention. Besonders überraschend war die Tatsache, dass ein Zusammenhang zwischen *normativen Commitment* und nachhaltiger freiwilliger Tätigkeit fehlt, angesichts der Tatsache, dass das KBWS eine glaubensbasierte Organisation ist. Somit werden die Hypothesen 1a, 1b, 1d und 1e abgelehnt.
Insgesamt lässt sich sagen, dass die *Beziehungsdimensionen* – Zufriedenheit mit Führungskräften, Commitment, Vertrauen und Kooperation – nur begrenzt mit nachhaltiger freiwilliger Tätigkeit in Zusammenhang stehen.

Tabelle 2: Korrelationen: Beziehungsdimensionen und nachhaltige Freiwilligkeit

Relationship Variables	Intention to remain [a]	Intention to remain [b]
Trust in leaders	.030	.022
Trust in peers	.021	.016
Cooperation	**.173****	**.129****
Satisfaction with leaders	.076	.056
Normative Commitment	.038	.023
Affective commitment	.104*	.061*

[a] Spearman's Rho [b] Somers's D, $*p < 0.05$; $** p < 0.01$; $*** p < 0.001$

5.3 Die Bedeutung der Beziehungsdimensionen und den verschiedenen Gruppen der nachhaltigen freiwilligen Tätigkeit

In einem zweiten Schritt erfolgt eine differenzierte Nachhaltigkeitsbetrachtung der vier Gruppen. Zu diesem Zweck wurden die Beziehungsvariablen (Mittelwerte) von Freiwilligen unterschiedlicher Tätigkeitsdauer – *novices* (1-3 Jahre), *habituated* (4-7 Jahre), *seniors* (8-12 Jahre) und *veterans* (> 12 Jahre) verglichen. Die Ergebnisse weisen darauf hin, dass lediglich zwei bedeutende Zusammenhänge existieren. Die empfundene Kooperation der *seniors* assoziiert signifikant mit der Verbleibsintention (Somers D .262, ** $p < .0.01$). Das bedeutet, dass Freiwillige mit einer Organisationszugehörigkeit von 8 bis 12 Jahren, die die Kooperation innerhalb der KBW schätzen, auf unbegrenzte Zeit bei der Organisation bleiben. Bei der Gruppe *veterans* (>12 Jahre) ist ein Zusammenhang zwischen der Zufriedenheit mit der Führungskraft und der Verbleibdauer erkennbar, wenn auch nur mäßig (Somers D .414; **$p < .0.01$). Somit können keine spezifischen Muster identifiziert werden, ob bzw. wie sich die einzelnen Beziehungsdimensionen im Zeitverlauf verändern. Daher können die Hypothesen 2a, 2b und 2c nicht bestätigt werden.

Wenn auch zwischen den Beziehungsdimensionen als Skalen und der Verbleibsintention der verschiedenen Gruppen von Freiwilligen nur wenige signifikante Zusammenhänge feststellbar waren, so bestehen sehr wohl Korrelationen zwischen den einzelnen Beziehungsitems (Mittelwerte) und der Verbleibsintention der unterschiedlichen Gruppen. Basierend auf einen explorativen und offen interpretierbaren Ansatz können folgende *Beziehungsbilder* der einzelnen nachhaltigen Freiwilligengruppen gezeichnet werden:

Tabelle 3: Beziehungsbilder

Habituated volunteers und Bedeutung einer zukunftsweisenden, beziehungsorientierten und durch gutes Teamwork charakterisierten Beziehung	Wenn die Beziehung auf der Möglichkeit basiert, sich längerfristig engagieren zu können, private Kontakte miteinschließt, das Team gut funktioniert und umsetzungsstark ist, dann gedenken diese Freiwilligen, sich nachhaltig zu engagieren.
Seniors und Bedeutung von zukunftsweisender, durch Teamerfolg und Zufriedenheit sowie von kollegialem Vertrauen und Zufriedenheit gekennzeichneter Beziehung	Wenn die Möglichkeit besteht, sich längerfristig engagieren zu können, überdies Vertrauen in die Fähigkeiten und auch die Verlässlichkeit der Kollegen besteht, die Freiwilligen sich von einem gut funktionierenden, engagierten Team umgeben fühlen sowie die Teamarbeit gut strukturiert ist, dann gedenkt diese Freiwilligengruppe sich nachhaltig zu engagieren.
Veteran volunteers und Bedeutung einer gesellschaftlich tradierten, durch funktionale Teamarbeit und Anerkennung charakterisierten Beziehung	Wenn die Beziehung auf einer freiwilligen Tätigkeit basiert, welche generell als gesellschaftliche Pflicht eines jeden einzelnen angesehen wird, und die Möglichkeit bietet, sich zeitlebens zu engagieren, das Team gut funktioniert, eine klare Aufgabenverteilung besteht und überdies auch entsprechende Anerkennung durch die Führungskraft erfolgt, dann gedenkt diese Freiwilligengruppe, sich nachhaltig zu engagieren.

6 Resümee

Dieser Beitrag stellte darauf ab, die Nachhaltigkeit der Freiwilligkeit aus einer beziehungsorientieren Perspektive zu betrachten. Dieser Schwerpunkt basierte auf Reflexionen über allgemeine Reziprozität, die feststellt, dass Beziehungen eine zentrale Rolle in der freiwilligen Tätigkeit spielen. Die Frage, die sich stellte, war, ob nun Beziehungen „lediglich" eine Rolle für die Aufnahme eines freiwilligen Engagements spielen bzw. zu dessen Beginn relevant sind oder auch einen bedeutenden Stellenwert hinsichtlich eines längerfristigen, nachhaltigen Engagements einnehmen. In der Fachliteratur wird diesbezüglich die Meinung vertreten, dass dies nicht unbedingt der Fall ist (Chacón et al. 2007; Omoto und Snyder 1995; Penner 2002). Eine Sichtung der entsprechenden Fachliteratur zeigte auf, dass die Zusammenhänge zwischen Beziehung und nachhaltigem freiwilligem Engagement generell wenig erforscht sind (*Forschungslücke 1*) und überdies vorhandene Studien zu den Zusammenhängen zwischen Beziehung und nachhaltiger Freiwilligkeit widersprüchliche Ergebnisse liefern (*Forschungslücke 2*).

Folgende Ergebnisse können festgehalten werden: Zur Schließung der Forschungslücke (1) und zur besseren Abbildung eines multidimensionalen Beziehungskonstrukts empfiehlt sich, die Güte der *Kooperation* als Beziehungsvariable zusätzlich zu den Variablen Commitment, Zufriedenheit etc. aufzunehmen. Einschränkend sei allerdings hingewiesen, dass die identifizierten Zusammenhänge eher schwach waren. Insgesamt kann somit der Beziehung nur eine mäßige Nachhaltigkeitswirkung zugeschrieben werden. Um eine Aussage hinsichtlich der Nachhaltigkeit zu treffen, bedarf es – wie es u.a. Penner (2002) konstatiert – auch der Betrachtung von Variablen wie der Aufgabencharakteristika bzw. Rollenidentität.

Hinsichtlich Forschungsfrage (2), welche auf eine zeitliche differenzierte Betrachtung von Nachhaltigkeit abzielte, um potenziell Widersprüchlichkeiten in den empirisch festgestellten Effekten von Beziehungsvariablen auf die Nachhaltigkeit zu lösen, kann nur von einem sehr begrenzten Erkenntniszuwachs berichtet werden. In der Betrachtung von Commitment und Zufriedenheit als aggregierte Konstrukte konnten kaum statistisch signifikante Zusammenhänge identifiziert werden. Einzelne Beziehungsitems haben sich aber sehr wohl im zeitlichen Verlauf des Engagements verändert und so zu differenzierten Beziehungsbildern geführt. Die bisherige Engagementdauer als „Indikator" für eine differenzierte Betrachtung der Nachhaltigkeit heranzuziehen, sollte deshalb nicht gänzlich verworfen werden. Es obliegt daher zukünftigen Forschungsarbeiten, diese als auch weitere Variablen zu definieren bzw. adaptieren sowie deren Anwendbarkeit im Detail zu untersuchen.

Abschließend ist festzuhalten, dass die Ergebnisse aufgrund des Charakters einer Einzelfallstudie lediglich eine eingeschränkte Generalisierbarkeit aufweisen. Zudem bieten die ausgewählten Beziehungsdimensionen nur eine beschränkte Aussagekraft i.V.m. mit nachhaltiger freiwilliger Tätigkeit.

7 Literatur

Adloff, F. (2010): Theorie des Gebens – Nutzenmaximierung, Altruismus und Reziprozität. In: Hopt, K .J., von Hippel, T. und Walz, W. R. (Hrsg.): Nonprofit-Organisationen in Recht, Wirtschaft und Gesellschaft. Tübingen, S. 139-158.

Allen, N., Meyer, J.P. (1990): The measurement and antecedents of affective, continuance and normative commitment to the organization. In: Journal of Occupational Psychology 63, S. 1-18.

Barron, A., Davila, M.C., Vecina, M.L. und Arias, A. (2005): Apoyo social en voluntarios asistenciales y ambientales [Social support in social and environmental volunteers]. Working paper. 2. Congreso Hispano-Portugues de Psicologia.

Bass, B.M. (1999): Two decades of research and development in transformational leadership. In: European Journal of Work und Organizational Psychology 5, S. 9-32.

Bortree, D. S. und Waters, R. D. (2008): Admiring the organization: A study of the relational quality outcomes of the nonprofit organization–volunteer relationship. In: Public Relations Journal 2 (3), S. 1-17.

Chacón, F., Vecina, M.L. und Dávila, M.C. (2007): The three-stage model of volunteers' duration of service. In: Social Behavior and Personality 35, S. 627-642.

Corrigall-Brown, C. (2012): From the balconies to the barricades, and back? Trajectories of participation in contentious politics. In: Journal of Civil Society 8, S. 17-38.

Davis, M.H., Hall, J.A. und Meyer, M. (2003): The First Year: Influences on the Satisfaction, Involvement, and Persistence of New Community Volunteers. In: Personality and Social Psychology Bulletin 29, S. 248-260.

De Gieter, S., De Cooman, R., Pepermans, R. und Jegers, M. (2010): The Psychological Reward Satisfaction Scale: developing and psychometric testing two refined subscales for nurses. In: Journal of Advanced Nursing 66, S. 911-922.

Duller, C. (2008): Einführung in die nichtparametrische Statistik mit SAS und R. Ein anwendungsorientiertes Lehr- und Arbeitsbuch. Heidelberg.

Dwyer, F.R., Schurr, P.H. und Oh, S. (1997): Developing buyer-seller relationships. In: Journal of Marketing 51, S. 11-27.

Dwyer, P.C., Bono, J.E., Snyder, M., Nov, O. und Berson, Y. (2013): Sources of Volunteer Motivation: Transformational Leadership and Personal Motives Influence Volunteer Outcomes. In: Nonprofit Management & Leadership 24, S. 181-205.

Finkenstein, M. (2009): Volunteer satisfaction and volunteer action: a functional approach. In: Social Behavior and Personality 36, S. 9-18.

Hidalgo, M.C. und Moreno, P. (2009): Organizational socialization of volunteers: the effect on their intention to remain. In: Journal of Community Psychology 37, S. 594-601.

Hon, L.C. und Grunig, J.E. (1999): Guidelines for Measuring Relationships in Public Relations. Published by the Institute of Public Relations.

Hyde, M.K., Dunn, J., Bax, C. und Chambers, S.K. (2016): Episodic Volunteering and Retention. An Integrated Theoretical Approach. In: Nonprofit and Voluntary Sector Quarterly 45 (1), S. 45-63.

Jung, J. und Kwon, E. (2011): Trust Development in Volunteering: An Exploratory Study of Social Trust and Volunteer Activities in Korea. In: International Review of Public Administration 16, S. 157-179.

Hulpia, H., Devos, G. und van Keer, H. (2011): The relation between school leaderships from a distributed perspective and teachers' organizational commitment: Examining the source of leadership function. In: Educational Administration Quarterly 47, S. 728-771.

Lammers, J. (1991): Attitudes, Motives, and Demographic Predictors of Volunteer Commitment and Service Duration. In: Journal of Social Service Research 14, S. 125-140.

Molm, L.D. (1992): Theoretical comparisons of forms of exchange. In: Sociological Theory 21, S. 1-17.

Moorman, C., Zaltman, G. und Deshpade, R. (1992): Relationships between providers and users of market research: The dynamics of trust within and between organizations. In: Journal of Marketing Research 29, S. 314-328.

Omoto, A.M. und Snyder, M. (1995): Sustained helping without obligation: Motivation, longevity of service, and perceived attitude change among AIDS volunteers. In: Journal of Personality and Social Psychology 68, S. 671-686.

Omoto, A.M. und Snyder, M. (2002): Considerations of community. In: American Behavioral Scientist 45, S. 846-867.

Penner, L.A. (2002): Dispositional and organizational influences on sustained volunteerism: An interactionist perspective. In: Journal of Social Issues 58, S. 447-467.

Simsa, R. und More-Hollerweger, E. (2015): Theoretisch ganz einfach? Freiwilligenmanagement als Mittel der Mobilisierung. In: Andeßner, R., Greiling, D., Gmür, M. und Theuvsen, L. (Hrsg.): Ressourcenmobilisierung durch Nonprofit-Organisationen. Linz, S. 108-116.

Somers, H.R. (1962): A New Asymmetric Measure of Association for Ordinal Variables. In: American Sociological Review 27, S. 799-811.

Starnes, B.J. (2007): Trust, job satisfaction, organizational commitment, and the volunteer's psychological contract. In: International Journal of Volunteer Administration 24, S. 26-30.

Studer, S. und von Schnurbein, G. (2013): Organizational factors affecting volunteers: a literature review on volunteer coordination. In: Voluntas 24, S. 403-440.

Sulek, M. (2010): On the Modern Meaning of Philanthropy. In: Nonprofit and Voluntary Sector Quarterly 39, S. 193-212.

Taylor, T., Darcy, S., Hoye, R. und Cuskelly, G. (2006): Using psychological contract theory to explore issues in effective volunteer management. In: European Sport Management Quarterly 6, S. 123-147.

Tonkiss, F. und Passey, A. (1999): Trust, confidence and voluntary organisations: between values and institutions. In: Sociology 33, S. 257-274.

Vecina, M.L., Chacón, F., Marzana, D. und Marta, E. (2013): Volunteer engagement and organizational commitment in nonprofit organizations: what makes volunteers remain within organizations and feel happy? In: Journal of Community Psychology 41, S. 291-302.

Vecina, M.L., Chacón, F., Sueiro, M. und Barrón, A. (2011): Volunteer engagement: Does engagement predict the degree of satisfaction among new volunteers and the commitment of those who have been active longer? In: Applied Psychology 61, S. 130-148.

Von Schnurbein, G. und Bethmann, S. (2010): Philanthropie in der Schweiz. In: CEPS Forschung und Praxis – Band 01. Centre for Philanthropy Studies. Basel.

Yiu, C., Au, W.T. und Tang, C.S.K. (2001): Burnout and duration of service among Chinese voluntary workers. In: Asian Journal of Social Psychology 4, S. 103-111.

Accounting als Komponente der Corporate Governance in christlichen Organisationen

Karin Niederwimmer

1 Einführung

Seit den 1970er Jahren erhält der Einsatz von Accounting in Non-Profit-Unternehmen zunehmend wissenschaftliche Aufmerksamkeit in der internationalen Literatur. Dem Accounting in religiösen Non-Profit-Organisationen (NPOs) wurde aber noch relativ wenig Aufmerksamkeit gewidmet (Booth 1993; Abbdul-Rahman und Goddard 1998; Quattrone 2004), obwohl die Beziehung zwischen Religion und modernen Managementsystemen bereits stärker in den Fokus wissenschaftlicher Untersuchungen gerückt ist (Lungu und Lungu 2014). Im Vordergrund steht dabei der Nutzen spiritueller Werte und Normen für nichtreligiöse Organisationen, um Leistungssteigerungen, Reduktion der Abwesenheitszeiten, gesteigerte Arbeitsmoral sowie letztlich die Erhöhung des finanziellen Erfolgs zu erzielen. In diesem Zusammenhang wird auch von einer „spirituellen Renaissance" gesprochen (Booth 1993; Lungu und Lungu 2014; Molloy und Heath 2014; Styre 2014). Die umgekehrte Form der Beeinflussung, also die Anwendung von Managementsystemen, insbesondere des Accounting, in religiösen Organisationen, wurde bislang vernachlässigt. Es fehlen Erkenntnisse zur tatsächlichen Anwendung des Accounting und wie dieses mit den religiösen Glaubenssystemen interagiert (Booth 1993; Styre 2014). Nennenswert ist in diesem Zusammenhang Laughlins Studie über das Accounting in der „Church of England", die eine Diskussion um eine etwaige Trennung in sakrale und säkulare Bereiche und deren Interaktion zueinander ausgelöst hat (Laughlin 1988; Joannides und Berland 2013). Als Teilbereich der Corporate Governance erfüllt das Accounting Forderungen nach Transparenz und Offenlegung, die seitens der Stakeholder der Glaubensgemeinschaften stark zunahmen (Imhoff 2003; Pfang 2015). Corporate Governance ist als Oberbegriff der internen und externen Leitungs- und Kontrollmechanismen einer Organisation zu verstehen (Steiger 2001). Die Anwendbarkeit von Corporate Governance-Prinzipien auf z.B. katholische Organisationen kann auch aus dem kanonischen Recht abgeleitet werden (Pfang 2015). So verlangt u.a. Kanon 1284 - §1, dass alle Verwalter gehalten sind, „ihr Amt mit der Sorgfalt eines guten Hausvaters" zu erfüllen, § 7 „die Einnahmen- und Ausgabenbücher wohlgeordnet..." zu führen sind und § 8 „am Ende jeden Jahres über die Verwaltung Rechenschaft" abzulegen ist (Der Kodex des kanonischen Rechts 1996).

Vorgaben zur Vermögensverwaltung im Sinne eines auf Transparenz, Überwachung und Effizienz ausgerichteten Accounting enthalten auch die 2014 veröffentlichten Verlautbarungen des apostolischen Stuhls. Diese verlangen zudem eine nachhaltige Vermögensverwaltung, sowohl in spiritueller und wirtschaftlicher Hinsicht als auch in den Beziehungen der Organisation (Kongregation für die Institute des geweihten Lebens und die Gesellschaften apostolischen Lebens 2014). NPOs generell sind allein aufgrund des steigenden Wettbewerbsdrucks gezwungen, sich vermehrt mit der Verfolgung von Nachhaltigkeitszielen in strategischer und operativer Hinsicht auseinanderzusetzen (Weerawardena et al. 2010). In einem weiteren Schritt ist eine Ergänzung des Accounting-Systems im Sinne eines Nachhaltigkeits-Accounting empfehlenswert, da die überwiegend finanzwirtschaftliche Ausrichtung des traditionellen Accounting für die Bedarfe des Nachhaltigkeitsmanagements zu eng gestaltet ist (Schneider 2015). So fehlen zum Beispiel Informationen über soziale und ökologische Aktivitäten, beziehungsweise sind deren Kosten in Gemeinkostenpositionen versteckt oder gar nicht erfasst (Narayan 2014).

Ziel des vorliegenden Beitrags ist es, die bestehende Literatur zum Einsatz und zur Bedeutung des Accounting als Komponente der Corporate Governance sowie des Nachhaltigkeits-Accounting in christlichen NPOs zu untersuchen. Dabei sollen auch die Entwicklung und der aktuelle Stand der Literatur zur sakral-säkularen Trennung und deren Auswirkung für den Einsatz von Accounting in christlichen Organisationen analysiert werden. Die Eingrenzung auf christliche Glaubensgemeinschaften resultiert aus deren weltweiter Bedeutung (2,1 Mrd. Mitglieder, davon rund 1,2 Mrd. röm.-kath. Christen; Vatikan – Statistiken der katholischen Kirche 2014) sowie aus aktuellen Entwicklungen wie dem Verlust von Einnahmequellen oder Forderungen externer Stakeholder (und Geldgeber) nach mehr Transparenz und Offenlegung in diesen Organisationen (Said et al. 2013; Styre 2014). In diesem Zusammenhang ergeben sich folgende Forschungsfragen:

- Wie gestaltet sich der Stand der Literatur zum Einsatz von Accounting als Komponente der Corporate Governance in christlichen Organisationen (CO) und inwieweit findet hier ein Nachhaltigkeits-Accounting Anwendung?
- In welcher Beziehung stehen sakrale und säkulare Bereiche in christlichen Organisationen zueinander und welche Auswirkung hat dies für den Einsatz von Accounting?

2 Methodik

Wie bereits aus der Zielsetzung sowie den daraus abgeleiteten Forschungsfragen hervorgeht, bedarf es in einem ersten Schritt einer grundlegenden Strukturierung dieses heterogen ausgestalteten Forschungsbereichs, weshalb eine systematische Literaturanalyse nach Tranfield et al. (2003) induziert ist. Dabei wurden mittels Keyword-Analyse und anschließender Clusterung Hauptdiskussionspunkte sowie die wesentlichsten theoretischen Bezugsrahmen dieses Forschungsbereiches identifiziert. Im Rahmen dieses systematischen Literaturanalyseprozesses wurde zunächst die relevante Literatur analysiert. Dazu wurden Keyword-basierte

Abfragen mit booleschen (e.g. AND, OR) Operatoren in elektronischen Journaldatenbanken wie Ebsco, Emerald, Scopus, Science Direct oder Web of Science durchgeführt. In einem zweiten Schritt galt es, die Passung der Beiträge mit dem Thema festzustellen, weshalb im Vorfeld Exklusionskriterien definiert wurden. Ökonomisch-gesamtwirtschaftliche Betrachtungen, wirtschaftliche Erfolgsvergleiche zwischen den Religionen, Missbrauchsvorwürfe im Zusammenhang mit Religion sowie der Einfluss einer Religion auf das wirtschaftliche Verhalten in einer Region wurden als Ausschlusskriterien festgehalten. Darüber hinaus wurden ausschließlich englisch- und deutschsprachige Publikationen zur Analyse herangezogen. Bezüglich des Publikationszeitraumes gab es keine Einschränkungen. Um diesen – von subjektiv behafteten Meinungen gekennzeichneten – Entscheidungsprozess möglichst objektiv zu gestalten, wurden auf Empfehlung von Tranfield et al. (2003) mehrere Personen in den Review-Prozess miteinbezogen, um unterschiedliche Ansichten gemeinsam zu diskutieren. Infolgedessen, dass Journalbeiträge in mehreren Journaldatenbanken indexiert sind, müssen Mehrfachnennungen in einem nächsten Schritt eliminiert werden. Die daraus resultierende Restmenge (Tabelle 1) ist redundanzfrei und beinhaltet nur noch ein einziges Exemplar pro identifizierter Journalpublikation. Darauf aufbauend wurden die wesentlichen bibliometrischen Informationen der identifizierten Journalpublikationen mittels Microsoft Excel modelliert und gespeichert. Schlussendlich erfolgten die Gruppierung dieser Informationen mithilfe einer Clusteranalyse und eine inhaltliche Interpretation der jeweiligen Cluster.

Tabelle 1: Datenbankabfrage und Reviewprozess

Journaldatenbank	Schritt 1: Datenbankabfrage	Schritt 2: Reviewprozess
Ebsco	300	36
Emerald	319	9
Science Direct	452	2
Scopus	92	7
Web of Science	79	4
Zitationen	8	8
Eigener Bestand	6	6
Summe der Beiträge	**1.250**	**72**

3 Bibliographische Charakteristika der Artikel

In den folgenden Tabellen werden zu den ausgewählten 72 Artikeln bibliographische Informationen zur Verfügung gestellt. Abbildung 1 zeigt eine seit der Jahrtausendwende gestiegene Anzahl der jährlichen Beiträge.

Abbildung 1: Zeitliche Entwicklung der Beitragszahl

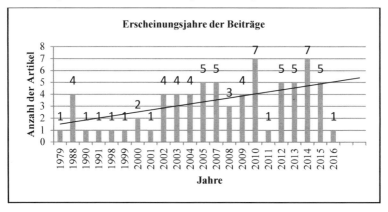

Die Artikel wurden vorwiegend in Accounting- und Managementjournalen sowie soziologisch orientierten wissenschaftlichen Zeitschriften veröffentlicht. 72% der Beiträge (Anzahl 52) stammen aus dem anglophonen Raum, der Rest setzt sich primär aus Artikeln aus europäischen Ländern zusammen. Dies erklärt auch den in Abbildung 2 ersichtlichen hohen Anteil evangelischer Kirchen (29 bzw. 40%), die selbst wieder eine hohe Heterogenität aufweisen. Weitere 19 (26%) lassen sich der römisch-katholischen Kirche zuordnen und nur ein Beitrag befasst sich mit einer Organisation der östlich-orthodoxen Kirche. Allerdings lassen 23 Artikel (32%) keinen Hinweis auf die konkrete christlich-kirchliche Zugehörigkeit erkennen.

Abbildung 2: Verteilung der Artikel nach christlichen Kirchen

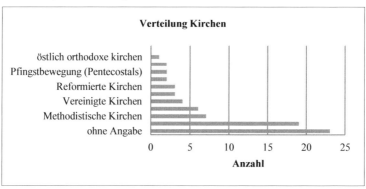

In 31 Beiträgen (43%) war nur von religiösen Organisationen die Rede (davon wurden 11 konkret als NPO bezeichnet). Weitere 24 Beiträge (33%) basierten auf Untersuchungen von Kirchen(gemeinden), während die restlichen 17 Artikel (24%) Fallstudien in Klöstern darstellten (Abbildung 3).

Abbildung 3: Verteilung der Artikel nach Organisationen

Verteilung Artikel nach Organisationen

- Klöster: 24; 33%
- religiöse NPO's: 17; 24%
- religiöse Institutionen (ohne NPO-Verweis): 20; 28%
- Kirchen: 11; 15%

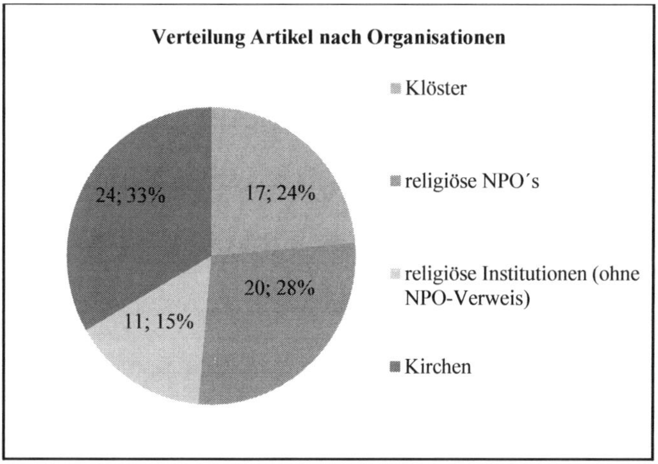

4 Clusterbildung und Analyse

Im Rahmen der Artikelanalyse haben sich zwei wesentliche Cluster herausgestellt (Tabelle 2). Der erste Cluster „Corporate Governance (CG)" umfasst Publikationen zur CG in christlichen Organisationen, CSR und Nachhaltigkeit, zu internen Kontrollsystemen sowie zum Einsatz und Nutzen von Accounting in christlichen Organisationen (Tabelle 3). Der zweite Cluster „Sakral-säkulare Dichotomie" enthält Artikel, die Überlegungen zur sakral-säkularen Dichotomie befürworten, und solche, die massiv Kritik daran üben. Ebenso werden die aus dem Zusammenspiel sakraler und säkularer Aufgabenstellungen entstehenden Rollenkonflikte weltlicher und geistlicher Mitarbeiter untersucht und diskutiert (Tabelle 4).

Tabelle 2: Clusterbildung

Cluster	Inhalte
Corporate Governance in christlichen Organisationen	• Corporate Governance in christlichen Organisationen (CO) • CSR und Nachhaltigkeit • Interne Kontrollsysteme • Einsatz und Nutzen von Accounting
Sakral-säkulare Dichotomie	• Bedeutung der sakral-säkularen Dichotomie für das Accounting • Rollenkonflikte weltlicher Mitarbeiter und Geistlicher

Tabelle 3: Cluster Corporate Governance

Erkenntnisse	Anzahl	Beiträge
Regula Benedicti und Kirchenrecht als Basisbeispiel für eine CG in CO	5	Kleymann/Malloch (2010), Rost/Inauen/Osterloh/Frey (2010), Inauen/Rost/Homburg/Osterloh (2010), Apostolischer Stuhl (2014), Pfang (2015)
Anwendung der Regula Benedicti für weltliche Organisationen (pro/contra)	6	Miller (2002), Tredget (2002), Feldbauer-Durstmüller/Sandberger/Neulinger (2012), Feldbauer-Durstmüller/Keplinger (2013), Rost/Grätzer (2014), Keplinger/Feldbauer-Durstmüller/ Sandberger/Neulinger (2016)
Christliche Ethik und Nachhaltigkeit	5	Fischer van Utt (2007), Hessel (2009), Hui (2008), Payer-Langthaler/Hiebl (2013), Szabo (2014)
Erfolgreicher Einsatz einer CSR in CO	4	Clary (2007), Louche/Arenas/Van Cranenburgh (2012), Pereira/Angel/Angel (2007), Mian (2008)
Interne Kontrollsysteme in CO zur Vermeidung von betrügerischem Verhalten	6	Duncan/Flesher/Stocks (1988), Jordan/Thompson/Malley (1991), Wooten/Cooker/Elmore (2003), Bowrin (2004), Tracey (2012), Dobie (2015)
Einsatz von Accounting (und Managementpraktiken) in CO	19	Flesher/Flesher (1979), Irvine (1988), Laughlin (1990), Forsythe (1999), Parker (2002), Llopis/Fidalgo/Mendez (2002), Jacobs/Walker (2004), Quattrone (2004) Elson/O'Callaghan/Walker (2007), Pearce/Fritz/Davis (2009), Yancey/ Rogers/Singletary/Sherr (2009), Mc Murray/Islam/Sarros/Pirola-Merlo (2010), Fritz/Ibrahim (2010a, 2010b), Paisey/Paisey (2011), Hong (2012), Hardy/Ballis (2013), Lungu/Lungu (2015), Dobie (2015)
Nutzen des Accounting (Bewältigung finanzieller Engpässe, Rechenschaftslegung als vertrauensbildende Maßnahme für Stakeholder)	10	Parker (2003), Quattrone (2004), Berry (2005), Thornborrow (2007), Budde (2008), Scheitle (2009), Roca (2010), Said/Mohamed/Sanusi/Syed (2013), Hardy/Ballis (2013), Styre (2014)
Accounting/CG in christlichen Organisationen – historisch	6	Flesher/Flesher (1979), Llopis/Fidalgo/Mendez (2002), Roca (2010), Paisey/Paisey (2011), Dobie (2015), Sanchez/Matamoros/Funnell (2015)

Tabelle 4: Cluster sakral-säkulare Dichotomie

Erkenntnisse	Anzahl	Beiträge
Dokumentation der Historie zur Diskussion um die sakral-säkulare Dichotomie	1	Joannides/Berland (2013)
Accounting-Systeme sind nicht Teil der sakralen Agenda, sondern legitime Hilfsmittel (Supportsysteme, um Ressourcenprobleme zu lösen)	2	Laughlin (1988); Booth (1993), Jacobs (2005)
Geistliche erleben Rollenkonflikte bei der Übernahme säkularer Aufgaben (Accounting, Management)	6	Brown (2012), Budde (2008), Hiebl/Feldbauer/Durstmüller (2014), Styre (2014), Guerrier/Bond (2014), Harris (1998)
Weltliche Accountants leiden unter einem negativen Rollenbild (trotz geringen Einflusses auf Entscheidungen)	3	Jacobs (2005), Hardy/Ballis (2005); Lightbody (2003)
Finanzmanager in CO in der Rolle des „Guardians" versus „Advocate"	3	Lightbody (2000), Lightbody (2003), Jacobs (2005)
Die Anwendung säkularer Praktiken führt nicht (automatisch) zur Vernachlässigung sakraler Werte und Glaubenstraditionen – Harmonie ist möglich	6	Vanderwoerd (2004), Jacobs/Walker (2004), Kreander/McPhail/Molyneaux (2004), Molloy/Heath (2014), Dobie (2015), Sanchez/Matamoros/Funnell (2015)
Die „sakral-säkulare Dichotomie" birgt die Gefahr einer zu starken Vereinfachung	7	Booth (1993), Abdul-Rahman/Goodard (1998), Jacobs (2005), Irvine (2005), Hardy/Ballis (2005), McPhail/Gorringe/Gray (2005), Robbins/Lapsley (2015)
Die sakral-säkulare Trennung ist nicht (mehr) das Hauptthema des Accounting in CI. Vielmehr wird der Fokus auf die Umsetzung des Accounting in einer Organisation mit einer starken spirituellen Agenda gesetzt.	2	Irvine (1988), Joannides/Berland (2013)

5 Zusammenfassung der Ergebnisse

Der Stand der noch immer in geringem Maße vorhandenen Literatur zum Einsatz von Accounting in christlichen Organisationen gestaltet sich sehr heterogen. Das betrifft sowohl die Ausrichtung der wissenschaftlichen Journale als auch den Inhalt der Beiträge. Die Heterogenität zeigt sich insbesondere hinsichtlich Organisationen, kirchlicher Zugehörigkeit, betrachtetem Zeitrahmen und Fragestellung. Damit ist eine Vergleichbarkeit nur eingeschränkt möglich. Einzig die Diskussion der sakral-säkularen Dichotomie lässt einen konsistenten Diskurs erkennen. Dieser begann mit Laughlins Trennung zwischen spirituellen Themen („sacred") und den dazugehörigen Supportsystemen („secular") in religiösen Organisationen (Booth 1993). Sein Ansatz wurde in den folgenden Jahren stark kritisiert, da er komplexe Beziehungen zu sehr vereinfachen würde und es keine eindeutigen Widersprüche bzw. Differenzen zwischen spirituellen Praktiken einerseits und der Rechnungslegung andererseits gäbe.

In den frühen 1990er Jahren führten unzureichende interne Kontrollmechanismen in Verbindung mit hohen Spendeneinnahmen zu Veruntreuungen in christlichen Organisationen (Jordan et al. 1991). Dies veranlasste einige Autoren, Studien zum Status interner Kontrollsysteme für diesen Bereich durchzuführen (Jordan et al. 1991; Ducan et al. 1999; Wooten et al. 2003; Bowrin 2004; Dobie 2014). Ebenso rückte die Corporate Governance, als Oberbegriff der internen und externen Leitungs- und Kontrollmechanismen einer Organisation (Steiger 2001), in christlichen Organisationen in den Fokus wissenschaftlichen Interesses. Schließlich gibt es bereits Regelungen im Rahmen des kanonischen Rechts (Der Kodex des kanonischen Rechts 1996), und speziell bei den Benediktinern finden die Regula Benedicti als Rahmenwerk und die Satzungen als detaillierte Ausgestaltung zur Unterstützung der CG Anwendung. Letztere gilt als erfolgreiche Corporate-Governance-Richtlinie zur Sicherung des langjährigen Bestehens benediktinischer Klöster und wurde von den Autoren Tredget (2002), Rost et al. (2010), Inauen et al. (2010) sowie Rost und Grätzer (2014) hinsichtlich ihrer Anwendungstauglichkeit für weltliche Organisationen untersucht und bestätigt. Feldbauer-Durstmüller und Keplinger (2013) sowie Feldbauer-Durstmüller et al. (2012) warnen jedoch vor einem direkten Transfer von klösterlichen auf weltliche Führungsebenen, da es an der Basis fundamentale Differenzen gibt (funktional-ökonomische Ziele versus nicht-ökonomische Ziele).

Ein Teil der Accounting-Beiträge konzentriert sich auf die Gestaltung und den Nutzen des Accounting aus historischer Sicht. In anderen Beiträgen werden aktuell eingerichtete Accounting-Systeme dokumentiert (Tabelle 3) sowie Rollenkonflikte (Tabelle 4) resultierend aus sakralen und säkularen Aufgabenstellungen (Accounting und Management) aufgezeigt. Forschungslücken sind zur Implementierung und zum Umgang mit Konflikten aus dem Einsatz von Accounting in christlichen Organisationen erkennbar. Unterschiede zwischen und innerhalb der christlichen Kirchen sollten ebenso noch eingehender untersucht werden.

Bislang noch nicht thematisiert ist der Einsatz des Accounting im Sinne eines Nachhaltigkeits-Accounting (Weerawardena et al. 2010; Colsman 2013), obwohl das Konzept der Nachhaltigkeit an sich mit den Traditionen vieler Weltreligionen übereinstimmt (Hessel 2009) und in Zeiten zunehmenden Wettbewerbs gerade im Non-Profit-Sektor einer langfristigen Existenzsicherung dienen kann

(Weerawardena et al. 2010). Die Aktualität dieser Thematik für christliche Organisationen zeigt sich auch in der 2015 erschienenen Enzyklika „Laudato si", in der Papst Franziskus eine intensivere Auseinandersetzung mit Nachhaltigkeit in ökologischer, ökonomischer und sozialer Hinsicht fordert (Enzyklika „Laudato si" von Papst Franziskus über die Sorge für das gemeinsame Haus 2015).

6 Literatur

Abdul-Rahman, A.R. und Goodard, A. (1998): An Interpretive Inquiry of Accounting Practices in Religious Organisations. In: Financial Accountability & Management 14 (3), S. 183-202.
Barney, J. (1991): Firm resources and sustained competitive advantage. In: Journal of Management 17 (1), S. 99-120.
Berry, A. (2005): Accountability and control in a cat's cradle. In: Accounting, Auditing & Accountability Journal 18 (2), S. 255-297.
Booth, P. (1988): Accounting in Churches: A Research Framework and Agenda. In: Accounting, Auditing & Accountability Journal 6 (4), S. 37-69.
Bowrin, A. (2004): Internal control in Trinidad and Tobago religious organizations. In: Accounting, Auditing & Accountability Journal 17 (1), S. 121-152.
Brown, M. (2012): Restoring priests as entrepreneurs: A reflective essay on entrepreneurial leadership in the Scottish Episcopal Church. In: Tamara - Journal for Critical Organization Inquiry 10 (1), S. 55-68.
Budde, M. (2008): The rational shepherd: Corporate practices and the church. In: Studies in Christian Ethics 21 (1), S. 96-116.
Clary, B.J. (2007): Broadening the concept of rational economic behavior: A case study of cheese making at the Abbey of Tamié. In: Review of Social Economy 65 (2), S. 165-186.
Diefenbach, H. (2009): Die Theorie der Rationalen Wahl oder „Rational Choice"-Theorie (RCT). In: Brock, D., Junge, M., Diefenbach, H., Keller, R. und Villanyi, D. (Hrsg.): Soziologische Paradigmen nach Talcott Parsons, Wiesbaden, S. 239-290.
Dobie, A. (2015): The role of the general and provincial chapters in improving and enforcing accounting, financial and management controls in Benedictine monasteries in England 1215-1444. In: The British Accounting Review 47, S. 142-158.
Duncan, J., Flesher, D.L. und Stocks, M.H. (1988): Internal control systems in US churches: An examination of the effects of church size and denomination on systems of internal control. In: Accounting, Auditing & Accountability Journal 12 (2), S. 142-163.
Eisenhardt, M.K. (1989): Agency Theory: An Assessment and Review. In: The Academy of Management Review 14 (1), S. 57-74.
Elson, R.J., O'Callaghan, S. und Walker, J. (2007): Corporate Governance in Religious Organizations: A Study of Current Practices in the Local Church. In: Academy of Accounting & Financial Studies Journal 11 (1), S. 121-130.
Feldbauer-Durstmüller, B. und Keplinger, K. (2013): Monastic Approach to Governance and Leadership: A Literature Review. Talk: Academy of Management Annual Meeting 2013, Florida.
Feldbauer-Durstmüller, B., Sandberger, S. und Neulinger, M. (2012): Sustainability for Centuries – Monastic Governance of Austrian Benedictine Abbeys. In: European Journal of Management 12 (3), S. 83-92.
Fisher, G. und Utt, G. (2007): Science, Religious Naturalism, and Biblical Theology: Ground for the Emergence of Sustainable Living. In: Zygon 42 (4), S. 929-943.
Flesher, D. und Flesher, T. (1979): Managerial accounting in an early 19th century German-American religious commune. In: Accounting, Organizations and Society 4 (4), S. 297-304.
Forsythe, R., Bunch, J. und Burton, E. (1999): Implementing ABC and the Balanced Scorecard at a Publishing House. In: Management Accounting Quarterly 1, S. 1-9.
Fritz, D.A. und Ibrahim, N.A. (2010a): The Impact of Leadership Longevity on Innovation in a Religious Organization. In: Journal of Business Ethics 96, S. 223-231.

Fritz, D.A. und Ibrahim, N.A. (2010b): The Impact of Leader Tenure on Proactiveness in Religious Organizations. In: Review of Business 31 (1), S. 45-53.
Guerrier, Y. und Bond, C. (2014): Reluctant managers: Methodist ministers and management. In: Journal of Management Development 33 (7), S. 680-693.
Hardy, L. und Ballis, H. (2005): Does one size fit all? The sacred and secular divide revisited with insights from Niebuhr's typology of social action. In: Accounting, Auditing & Accountability Journal 18 (2), S. 238-254.
Hardy, L. und Ballis, H. (2013): Accountability and giving accounts. In: Accounting, Auditing & Accountability Journal 26 (4), S. 539-566.
Harris, M. (1998): A special case of voluntary associations? Towards a theory of congregational organization. In: British Institute of Sociology 49 (4), S. 602-618.
Hessel, D. (2009): Religion and Ethics focused on Sustainability. In: Environmental Law Reporter 39 (4), S. 1-6.
Hiebl M.R.W. und Feldbauer-Durstmüller, B. (2014): What can the corporate world learn from the cellarer? Examining the role of a Benedictine abbey's CFO. In: Society and Business Review 9 (1), S. 51-73.
Hong, Y.J. (2012): Best Practices in Managing Faith-Based Organizations through Charitable Choice and Faith-Based Initiatives. In: Journal of Social Service Research 38, S. 130-143.
Hui, L.T. (2008): Combining faith and CSR: a paradigm of corporate sustainability. In: International Journal of Social Economics 35 (6), S. 449-465.
Inauen, E., Rost, K., Frey, B.S., Homberg, F. und Osterloh, M. (2010): Monastic governance: Forgotten prospects for public organisations. In: The American Review of Public Administration 40 (6), S. 631-653.
Irvine, H. (2005): Balancing money and mission in a local church budget. In: Accounting, Auditing & Accountability Journal 18 (2), S. 211-237.
Irvine, H. (2011): From go to woe: How a not-for-profit managed the change to accrual accounting. In: Accounting, Auditing & Accountability Journal 24 (7), S. 824-847.
Jacobs, K. (2005): The sacred and the secular: examining the role of accounting in the religious context. In: Accounting, Auditing & Accountability Journal 18 (2), S. 189-210.
Jacobs, K. und Walker, P. (2004): Accounting and Accountability in the Iona Community. In: Accounting, Auditing & Accountability Journal 17 (3), S. 361-381.
Joannides, V. und Berland, N. (2013): Constructing a research network: accounting knowledge in production. In: Accounting, Auditing & Accountability Journal 26 (4), S. 512-538.
Jordan, R.E., Thompson, J.H. und Malley, J.C. (1991): Church Stewardship Evaluation Information Requirements: A Pilot Study. In: Public Budgeting and Finance 11 (3), S. 56-67.
Keplinger, K., Feldbauer-Durstmüller, B., Sandberger, S. und Neulinger, M. (2016): Entrepreneurial activities of Benedictine monasteries – a special form of family business? In: International Journal of Entrepreneurial Venturing 8 (4), S. 317-333.
Kleymann, B. und Malloch, H. (2010): The rule of Saint Benedict and corporate management: employing the whole person. In: Journal of Global Responsibility 1 (2), S. 207-224.
Kongregation für die Institute des geweihten Lebens und die Gesellschaften apostolischen Lebens (2014): Richtlinien für die Verwaltung der kirchlichen Güter der Institute des geweihten Lebens und der Gesellschaften apostolischen Lebens. In: Verlautbarungen des apostolischen Stuhls, Nr. 198, Bonn.
Kreander, N., McPhail, K. und Molyneaux, D. (2004): God's fund managers. In: Accounting, Auditing & Accountability Journal 17 (3), S. 408-441.
Laughlin, R. (1988): Accounting in its Social Context: An Analysis of the Accounting Systems of the Church of England. In: Accounting, Auditing & Accountability Journal 1 (2), S. 19-42.
Laughlin, R. (1990): A model of financial accountability and the Church of England. In: Financial Accountability and Management 6 (2), S. 93-114.
Lightbody, M. (2000): Storing and shielding: financial management behavior in a church organization. In: Accounting, Auditing & Accountability Journal 13 (2), S. 156-174.
Lightbody, M. (2003): On being a Financial Manager in a Church Organisation: Understanding the Experience. In: Financial Accountability and Management 19 (2), S. 117-138.

Llopis, E., Fidalgo, E. und Mendez, T. (2002): The 'Hojas de Ganado' of the Monastery of Guadalupe, 1597-1784: an accounting instrument for fundamental economic decisions. In: Accounting, Business & Financial History 12(2), S. 203-229.

Louche, C., Arenas, D. und van Cranenburgh, K. (2012): From preaching to investing: Attitudes of religious organisations towards responsible investment. In: Journal of Business Ethics 110 (3), S. 301-320.

Lungu, R. und Lungu, F. (2015): Principles of modern management in the current governance and organization of the local Christian churches a Romanian Christian orthodox perspective. In: European Journal of Science and Theology 11 (1), S. 131-142.

McMurray, A.J., Islam, M.M., Sarros, J.C. und Pirola-Merlo, A. (2010): Leadership, climate, psychological capital, commitment, and wellbeing in a non-profit organization. In: Leadership & Organization Development Journal 31 (5), S. 436-457.

McPhail, K. und Gorringe, R.G. (2005): Crossing the great divide: critiquing the sacred secular dichotomy in accounting research. In: Accounting, Auditing & Accountability Journal 17, S. 185-188.

Mian, N.A. (2008): "Prophets for profits": Redevelopment and the altering urban religious landscape. In: Urban Studies 45 (10), S. 2143-2161.

Miller, K.D. (2002): Competitive Strategies of Religious Organizations. In: Strategic Management Journal 23 (5), S. 435-456.

Molloy, K. und Heath, R.G. (2014): Bridge Discourses and Organizational Ideologies: Managing Spiritual and Secular Communication in a Faith-Based Nonprofit Organization. In: Journal of Business Communication 51 (4), S. 386-408.

Narayan, A. (2014): Accounting and accountability challenges. Implementing sustainability in tertiary organisations. In: Pacific Accounting Review 26 (1/2), S. 94-111.

Paisey, C. und Paisey, N. (2011): Visibility, Governance and Social Context. Financial Management in the Pre-Reformation Scottish Church. In: Accounting, Auditing & Accountability Journal 24 (5), S. 587-621.

Parker, L. (2001): Reactive Planning in a Christian Bureaucracy. In: Management Accounting Research 12 (3), S. 321-356.

Parker, L. (2002): Budgetary incrementalism in in Christian bureaucracy. In: Management Accounting Research 13, S. 71-100.

Parker, L. (2003): Financial Management Strategy in a Community Welfare Organization: A Boardroom Perspective. In: Accountability & Management 19 (4), S. 341-374.

Payer-Langthaler, S. und Hiebl, R.W. (2013): Towards a definition of performance for religious organizations and beyond: A case of Benedictine abbeys. In: Qualitative Research in Accounting & Management 10 (3/4), S. 213-233.

Pearce, J., David, P. und Fritz, D. (2010): Entrepreneurial Orientation and the Performance of Religious Congregations as Predicted by Rational Choice Theory. In: Entrepreneurship, Theory and Practice 34 (1), S. 219-248.

Penrose, E.T. (1959): The Theory of the Growth of the Firm. Oxford.

Pereira, J., Angel, R.J. und Angel, J. (2007): A case study of the elder care functions of a Chilean non-governmental organization. In: Social Science & Medicine 64, S. 2096-2106.

Pfang, R. (2015): Management in the Catholic Church: Corporate Governance. In: Journal of Management, Spirituality and Religion 12 (1), S. 38-58.

Quattrone, P. (2004): Accounting for God: accounting and accountability practices in the Society of Jesus (Italy, XVI–XVII centuries). In: Accounting, Organizations and Society 29, S. 647-683.

Robbins, G. und Lapsley, I. (2015): From secrecy to transparency: Accounting and the transition from religious charity to publicly-owned hospital. In: British Accounting Review 47, S. 19-32.

Roca, F.J. (2010): Monks and Businessmen in Catalonia: The Benedictines of Montserrat (1900-1936). In: Enterprise & Society 11 (2), S. 242-275.

Rost, K. und Graetzer, G. (2014): Multinational organizations as rule-following bureaucracies - the example of catholic orders. In: Journal of International Management 20, S. 290-311.

Rost, K., Inauen, E., Osterloh, M. und Frey, B. (2010): The corporate governance of Benedictine abbeys. What can stock corporations learn from monastries. In: Journal of Management History 16 (1), S. 90-115.

Said, J., Mohamed, A., Sanusi, Z. und Syed Yusuf, S.N. (2013): Financial Management Practices in Religious Organizations: An Empirical Evidence of Mosque in Malaysia. In: International Business Research 6 (7), S. 111-142.

Sanchez-Matamoros, J.B. und Funnell, W. (2015): War or the business of God. In: Accounting, Auditing & Accountability Journal 28 (3), S. 434-459.

Schaefer, S. und Lange, C. (2004): Informationsorientierte Controllingkonzeptionen – Ein Überblick und Ansatzpunkte der Weiterentwicklung. In: Scherm, E., Pietsch G. (Hrsg.): Controlling – Theorien und Konzeptionen. München.

Scheitle, C. (2009): Identity and Government Funding in Christian Nonprofits. In: Social Science Quarterly 90 (4), S. 816-833.

Schneider, A. (2015): Reflexivity in Sustainability Accounting and Management: Transcendending the Economic Focus of Corporate Sustainability. In: Journal of Business Ethics 125 (3), S. 525-536.

Scott, W.R. (2004): Organisational theory. In: Ritzer, G. (Hrsg.): Encyclopedia of Social Theory. Thousand Oaks, CA, S. 408-414.

Styhre, A. (2014): In the service of God and the parish: Professional ideologies and managerial control in the Church of Sweden. In: Culture & Organization 20 (4), S. 307-329.

Szabo, A. (2014): Doing Business in Christian Way. In: World Review of Entrepreneurship, Management and Sustainable Development 10 (1), S. 16-27.

Thornborrow, P. (2007): Non-conformist records management in Great Britain: a review. In: Records Management Journal 17 (3), S. 169-178.

Tracey, P. (2012): Religion and Organization: A Critical Review of Current Trends and Future Directions. In: Academy of Management Annals 6 (1), S. 87-134.

Tredget, D. (2002): The Rule of Benedict and its relevance to the world of work. In: Journal of Managerial Psychology 17 (3), S. 219-229.

Vanderwoerd, J.R. (2004): How faith-based social service organizations manage secular pressures associated with government funding. In: Nonprofit Management & Leadership 14 (3), S. 239-262.

Wooten, T.C., Coker, J.W. und Elmore, R.C. (2003): Financial Control in Religious Organizations: A Status Report. In: Nonprofit Management & Leadership 13 (4), S. 343-365.

Yancey, G., Rogers, R., Singletary, J. und Sherr, M. (2009): A National Study of Administrative Practices in Religious Organizations. In: Social Work and Christianity 36 (2), S. 127-142.

Internetquellen:

Der Kodex des kanonischen Rechts (1996): http://www.codex-iuris-canonici.de/. (Abfrage: 25.11.2015).

Enzyklika „Laudato si" von Papst Franziskus über die Sorge für das gemeinsame Haus (2015): URL: http://w2.vatican.va/content/francesco/de/encyclicals/documents/papa-francesco_2015-0524_enciclica-laudato-si.html. Abfrage 26.11.2015.

Vatikan – Statistiken der katholischen Kirche 2014. URL: http://www.fides.org/de/stats/35005-VATIKAN_STATISTIKEN_DER_KATHOLISCHEN_KIRCHE_2014 (Abfrage: 26.11.2015).

Barrieren von Nonprofit-Organisation und Umgangsformen damit

Ruth Simsa und Michael Herndler

1 Einleitung

In dem Paper geht es um die Frage, mit welchen Barrieren und Schwierigkeiten Nonprofit-Organisationen (NPOs) in Österreich zu kämpfen haben, inwiefern diese ihre Wirkung sowie ihre Nachhaltigkeit einschränken und wie die Organisationen damit umgehen. Basis sind eine quantitative und eine qualitative Erhebung im Rahmen des Europäischen FP7-Projekts „The Contribution of the Third Sector to Europe's Socio-economic Development" unter der Leitung von Bernard Enjolras.

Österreich weist ein sozialdemokratisches Wohlfahrtsregime und relativ gute Rahmenbedingungen für den Dritten Sektor auf. Der Sektor umfasst alle NPOs im Sinne der Definition des Johns Hopkins Projekt (Salamon und Anheier 1992, WP2: Field Guide No. 1A Northern Europe, WP3: Field Guide No. 1 Austria). Trotz der vergleichsweise guten Situation steht der Dritte Sektor signifikanten Schwierigkeiten gegenüber, er hat aber auch Strategien im Umgang damit entwickelt.

Empirisch greifen wir auf folgende Erhebungen zurück:

- Quantitative Erhebung im August 2014: 199 österreichische NPOs – befragt wurden zumeist ManagerInnen – zur Frage, wieweit sie Ökonomisierungsdruck wahrnehmen, wie sich die Finanzierung durch die öffentliche Hand entwickelt und welche Bewältigungsstrategien die NPOs anwenden. In Anlehnung an eine deutsche Untersuchung (Droß 2013) wurden drei Variablen zu einem Ökonomisierungsdruckindex zusammengefasst, nämlich finanzielle Planungsunsicherheit, Betroffenheit von marktförmigeren Strukturen und Effizienz- und Konkurrenzdruck sowie erhöhter bürokratischer Aufwand.
- Quantitative Erhebung im Mai 2015: 102 ausgewertete Fragebögen – befragt wurden zumeist ManagerInnen und Vorstände – zur Frage von Barrieren in diversen Bereichen, die die Wirkung einschränken könnten.
- 27 qualitative Interviews mit ManagerInnen österreichischer NPOs sowie AktivistInnen zivilgesellschaftlicher Initiativen.
- Fünf Case Studies in den Feldern Sport, Soziales, Kunst und Kultur sowie Recht, Interessensvertretung und Politik.

In Kapitel 2 folgt ein kurzer Überblick über den Dritten Sektor in Österreich. In Kapitel 3 stellen wir die wichtigsten Ergebnisse zu Barrieren, Trends und Strategien dar. Im abschließenden Kapitel 4 diskutieren wir eine mögliche Verdrängung der Mission durch die Marktlogik.

2 Dritter Sektor in Österreich im Überblick

Der historische Entstehungskontext prägt die Spezifika des österreichischen NPO-Sektors. So hat der öffentliche Sektor großen Einfluss auf die organisationalen, finanziellen und personellen Strukturen. Föderalistische Strukturen sind prägend, da NPOs oft landesspezifischen Gesetzen und Möglichkeiten gegenüberstehen. Bundesweite Organisationen haben eher geringe Bedeutung.

NPOs sind zudem aufgrund ihrer Wurzeln häufig mit den traditionsreichsten Parteien Österreichs (Sozialdemokratische Partei, SPÖ, und Österreichische Volkspartei, ÖVP) verbunden, sodass in vielen Bereichen Paare von Organisationen existieren. Teilweise löst sich diese Dichotomie gegenwärtig auf, da NPOs zunehmend politisch unabhängig sein wollen. Aus dem Näheverhältnis zur Politik ergeben sich für diese NPOs zwei Besonderheiten, nämlich die Möglichkeit, politische Entscheidungen durch den relativ direkten Zugang zu Entscheidungsträgern direkt zu beeinflussen, und die Finanzierung durch die öffentliche Hand. Darüber hinaus haben kirchennahe NPOs (z.B. Caritas, Diakonie) hohe Bedeutung als Anbieter sozialer Dienste.

Der insgesamt geleistete Produktionswert des NPO-Sektors lag im Jahr 2005 bei knapp 7 Mrd. € (etwa 1,9% des BIP) und die Wertschöpfung bei 4,7 Mrd. Euro. Soziales war der wichtigste Bereich mit 64% aller bezahlten Angestellten. Im Ländervergleich wird Österreich als „social service dominant" bezeichnet (Haider et al. 2008; Salamon et al. 1999; Salamon und Anheier 1998). Die Dominanz der sozialen Dienste im österreichischen Dritten Sektor spiegelt sich auch 2010 in den Daten zu den Beschäftigten wider; die geschätzte Anzahl der Vertragsverhältnisse betrug 212.000 (5,2% aller Erwerbstätigen über 15 Jahre). Die drei wichtigsten Bereiche waren demnach das Sozialwesen (36%), „Interessensvertretungen sowie kirchliche und sonstige religiöse Vereinigungen" (20%) und das Unterrichtswesen.

Das freiwillige Engagement ist ein wichtiger Bestandteil des Sektors. Im Jahr 2006 waren rund 28% der ÖsterreicherInnen im Rahmen von NPOs freiwillig tätig und leisteten knapp 8 Mio. Stunden pro Woche. Die größten Bereiche der Freiwilligenarbeit sind Kultur, Katastrophenhilfe und Sport (Simsa und Schober 2012; More-Hollerweger und Hora 2014; Pennerstorfer et al. 2013). Etwa 40% der NPOs beruhen ausschließlich auf Freiwilligenarbeit (More-Hollerweger und Hora 2014).

3 Ergebnisse zu Barrieren

3.1 Quantitative Ergebnisse

Im Mai 2015 wurden 1.298 GeschäftsführerInnen und MitarbeiterInnen auf unterschiedlichen Ebenen mittels Onlinefragebogen zu Barrieren, die den potentiellen Impact ihrer Organisation hemmen, befragt. Mit 102 vollständig beantworteten Fragebögen lag der Rücklauf bei 7,9%. 51% der TeilnehmerInnen arbeiten im Feld Soziales, die restlichen verteilen sich relativ gleichmäßig über die Bereiche Recht, Interessensvertretung und Politik (19,6%), Sport (12,7%) und Kunst und Kultur (14,7%). 56,5% der Befragten waren männlich und 43,5 weiblich, 51,6% über 50 Jahre, 42,9% zwischen 30 und 50 Jahre alt und nur 5,5% jünger als 30 Jahre.

Es konnten zentrale Barrieren in den drei Bereichen Finanzen, Human Resources und Bürokratisierung identifiziert werden.

Die finanzielle Barriere bezieht sich vor allem auf fehlende öffentliche Gelder, von denen die meisten NPOs stark abhängig sind. 83,7% der Befragten schätzen dies ernst ein. Rund zwei Drittel leiden unter einem Mangel an privaten Spenden oder stehen sinkenden Überschüssen gegenüber (Abbildung 1). NPOs müssen daher die Umsätze aus ihren Aktivitäten erhöhen bzw. setzen auf alternatives Spendenmarketing, z.b. „Crowdfunding" oder Social Investment Bonds, um die finanzielle Lücke zu schließen. 44,6% der Befragten sehen ihre Mission durch den zunehmenden ökonomischen Druck gefährdet.

Abbildung 1: Barrieren Finanzen

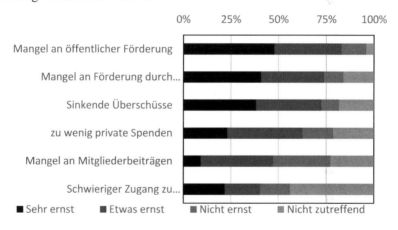

Die zweite Barriere liegt im Bereich Human Resources, vor allem im Zusammenhang mit der Verfügbarkeit von Freiwilligen (Abbildung 2). Obwohl 70,7% der Befragten ihre Organisation als attraktiven Arbeitgeber mit hoch motivierten und kompetenten Mitarbeitern wahrnehmen, nennen 60,4% der Organisationen im Feld Soziales und 50% jener im Bereich Sport hier eine „sehr ernste" oder „etwas ernste" Barriere. Die Konkurrenz mit gewinnorientierten Unternehmen im Recruiting ist nur für 16% eine ernst zu nehmende Barriere. Immerhin 68,8% haben Probleme, Freiwillige für operative Aufgaben zu finden, für 60% der Organisationen gibt es einen Mangel an Freiwilligen für Vorstandtätigkeiten. Die Zusammenarbeit zwischen Freiwilligen und Hauptamtlichen stellt für die Mehrheit keine ernst zu nehmende Barriere dar.

Abbildung 2: Barrieren Human Resources

Die Aufwendungen für professionelles Controlling und begleitende Evaluation steigen für 81,5% der Organisationen. Ein Teil dieser Kosten wird durch staatliche Kontrollen verursacht, die immerhin in 52,1% der Organisationen regelmäßig durchgeführt werden. 90,2% der Befragten gaben an, dass ein privatwirtschaftlicher Hintergrund für Führungskräfte notwendig ist. Zumindest 39,8% nutzen heute mehr externe BeraterInnen oder Agenturen als vor zehn Jahren. Diese Antworten weisen auf einen anhaltenden Prozess der Professionalisierung hin.

Generell ist der Großteil der Organisationen in politische Entscheidungen mit eingebunden. Allerdings haben 64,1% Mühe, die verschiedenen Interessen der Akteure auszugleichen. 63% erwarten sich von der Zukunft keine Verbesserung ihrer Situation. Die Potentiale der Professionalisierung scheinen weitgehend ausgeschöpft zu sein. NPOs müssen daher künftig neue Strategien im Umgang mit den bestehenden Barrieren entwickelt und anwenden.

3.2 Qualitative Ergebnisse

3.2.1 Soziales und Gesundheit

VertreterInnen von NPOs aus dem Feld Soziales und Gesundheit nennen als zwei zentrale Barrieren die Finanzen und die Mobilisierung von Freiwilligen. Der Großteil der finanziellen Ressourcen (ca. 50%) stammt aus Leistungsverträgen mit dem Staat. Der Anteil von privaten Spenden ist relativ gering. NPOs betreiben z.T. kein professionelles Spendenmarketing, obwohl damit mehr Geld für die Leistungserstellung gesammelt werden könnte. Sie befürchten schlechte Bewertungen bei Evaluationen, da diese den Anteil der Spenden, der beim Menschen ankommt, bewerten. Ausgaben für ein professionelles Spendenmarketing reduzieren den relativen Anteil.

Die hohe Abhängigkeit von öffentlicher Finanzierung führt dazu, dass die öffentliche Hand die Qualität der Leistung maßgeblich mitbestimmen kann. Da es verschiedene öffentliche Fördermittelstellen gibt, müssen NPOs den Vorstellungen verschiedener Stakeholder gerecht werden. Deren Ausschreibungen unterscheiden sich oft stark in gefragtem Leistungsumfang sowie -qualität und werden als nicht transparent wahrgenommen.

Da Leistungsverträge oft keine entsprechende Valorisierung beinhalten und NPOs sich in einer schlechten Verhandlungsposition wiederfinden, geraten viele unter finanziellen Druck. Die Möglichkeit für NPOs, ihre Interessen zu vertreten oder hohe Leistungsqualität aufrecht zu erhalten, ist beschränkt, da Leistungsverträge eine genaue Rechenschaftspflicht verlangen und häufig Billigbieter statt Bestbieter bevorzugen. NPOs, die vollständig durch Leistungsverträge finanziert sind, haben zudem nur geringe Möglichkeiten zu Innovationen.

Hohe bürokratische Anforderungen und Unsicherheit halten vor allem kleinere NPOs von der Teilnahme an öffentlichen Ausschreibungsprozessen ab, da diese von der Möglichkeit der Vorfinanzierung von Projekten abhängt. Einige NPOs sehen allerdings eine Verbesserung ihrer finanziellen Lage, die auf eine Zunahme von Verkaufserlösen zurückgeführt wird.

Im Bereich des Freiwilligenengagements wird ein grundsätzlicher Mangel an Freiwilligen genannt. Das Engagement wird kurzfristiger und projektförmiger, wodurch die Anforderungen an das Freiwilligenmanagement steigen. Es wird ebenfalls genannt, dass zu viele Freiwillige die formalen Strukturen der Organisation belasten würden. Aus Sicht der NPOs fehlt es an Anreizen für Freiwillige, sich für das Gemeinwohl zu engagieren, und sie wünschen sich Versicherungen für Freiwillige sowie die Anerkennung ihrer Leistung auf staatlicher Ebene (Zertifikate, Anrechnung von Pensionsjahren, etc.).

3.2.2 Sport

Im Sport wurden ebenfalls Barrieren in Finanzierung und Freiwilligenengagement identifiziert. Während und seit der Finanzkrise war die öffentliche Finanzierung zwar stabil und insgesamt stehen dem Bereich ausreichend finanzielle Mittel zur Verfügung, allerdings wird deren Konzentration auf Trend- und Spitzensport und die Vernachlässigung von Rand- und Breitensport beklagt.
Die ungleiche Verteilung der finanziellen Mittel basiert unter anderem auf einer ungleichen Anzahl von Fach- und Dachverbänden. Kann ein Verein in mehreren Verbänden eine Mitgliedschaft aufzeigen, stehen ihm entsprechend mehr Fördergelder zur Verfügung. In der Regel gibt es für einen bestimmten Sportverein einen in Frage kommenden Verband. Staatliche Fördergelder stehen für Projekte zur Verfügung und sind tendenziell zweckgebunden, wodurch die Flexibilität der Sportvereine eingeschränkt wird. Insbesondere nicht im Spitzensport aktive Vereine können selten um staatliche Förderungen ansuchen, da diese zum Teil an Teilnahmen an Europa- oder Weltmeisterschaften gebunden sind. Die VertreterInnen des Feldes kritisieren zudem hohe bürokratische Anforderungen, die durch eine Gesetzesnovelle im Jahr 2014 verschärft wurden.
Im Bereich der Freiwilligen zeigen sich ähnliche Barrieren wie in anderen Feldern. NPOs stehen einem Mangel an Freiwilligen gegenüber und betreiben große Anstrengung, diese langfristig an ihre Organisationen zu binden. Der Hauptgrund fehlender Ehrenamtlicher für Vorstandstätigkeiten liegt bei der persönlichen Haftbarkeit bei grober Fahrlässigkeit sowie bei fehlenden Anreizen. In urbanen Gebieten gibt es zudem Schwierigkeiten der Mobilisierung junger Mitglieder.
Vereine mit geringen finanziellen Ressourcen können seltener professionelle TrainerInnen finanzieren. Die Höhe der Entlohnung unterliegt keinem Kollektivvertrag und hängt somit stark von den finanziellen Möglichkeiten des Sportvereines ab. TrainerInnen im Bereich der Rand- oder Breitensportarten haben unabhängig von ihrer Qualifikation tendenziell geringere Verdienstmöglichkeiten.

3.2.3 Kunst und Kultur

Seit dem Zweiten Weltkrieg fehlt es hier an großen privaten FörderInnen und die Abhängigkeit von staatlichen Geldern nahm zu. Die Finanzierung in diesem Feld weist zwei Besonderheiten auf: Erstens ist keine steuerliche Absetzbarkeit für Spenden gegeben. Private Spenden können daher nur in geringem Ausmaß lukriert werden. Zweitens werden kaum öffentliche Leistungsverträge ausgeschrieben, die Organisationen sind daher stark von Subventionen und Förderungen abhängig. Der Anteil an Leistungsverträgen nimmt allerdings zu. Andere Formen der Finanzierung, z.B. private SponsorInnen, werden in Zukunft an Bedeutung gewinnen, obwohl damit (neue) Abhängigkeitsverhältnisse entstehen.

Der Bewerbungsprozess um öffentliche Gelder ist sehr aufwändig und bindet wichtige zeitliche Ressourcen der NPOs. Insbesondere EU-Gelder werden von kleineren NPOs aufgrund der bürokratischen Hürden seltener angefragt. Der Vergabeprozess erscheint oft nicht nur intransparent, sondern zeigt auch inhaltliche Schwächen auf, da Umfang und Inhalt der Fördermodalitäten manchmal unklar formuliert werden. Informationen zur Anzahl der insgesamt abgelehnten Anträge werden nicht weitergegeben. Förderverträge unterliegen üblicherweise einer Laufzeit von ein bis drei Jahren, langfristige Interessensvertretung und Engagement in kulturpolitischen Themen sind schwer umsetzbar.

Aufgrund der kurzen Laufzeit und einer fehlenden Indexanpassung müssen finanzielle Rücklagen gebildet werden und die Qualität der Programme leidet. Da nicht alle Kosten, z.b. allgemeine Unkosten, durch Förderungen abgedeckt werden, entstehen prekäre Arbeitsverhältnisse. Außerdem kommt es zu verspäteten Zahlungen der zugesprochenen Gelder, wodurch ein Teil der entstandenen Kosten durch Rücklagen gedeckt werden muss. Oft werden nicht verbrauchte Gelder einer Periode in der nächsten gekürzt. Die Evaluationsmethoden variieren und begünstigen InterviewpartnerInnen zufolge die staatlichen Fördergeber, da sie auf Quoten und Standards orientiert sind und qualitative Aspekte weniger berücksichtigen. Aufgrund der steigenden Anzahl der Inspektionen und bürokratischen Ansprüche entstehen weitere Kosten. Einige NPOs berichten, dass diese Aufwendungen jene für konkrete Projekte und Aktivitäten teilweise übersteigen.

3.2.4 Recht, Interessensvertretung und Politik

Das Engagement im Feld der Interessensvertretung bedarf oft finanzieller Unabhängigkeit, wodurch NPOs primär private Spenden benötigen. Diese zu gewinnen ist bei bestimmten Themen, wie Flüchtlingsarbeit und Integration, tendenziell schwerer. Die NPOs berichten von steigendem Wettbewerb um Spenden, nur wenige können dabei ein Alleinstellungsmerkmal vorweisen. Aufwendungen für Personal und Administration stellen einen der größten Kostenfaktoren dar, aber Fundraising ohne konkretes Projekt kann nur schwer legitimiert werden. Die Anerkennung des Spendengütesiegels könnte die Attraktivität für SpenderInnen erhöhen, ist aber aufwändig. Insgesamt fehlen Ressourcen, um eine angemessene Anzahl von MitarbeiterInnen zu beschäftigen.

Um gesellschaftlichen Wandel zu befördern, müssen NPOs mit staatlichen Akteuren kooperieren, da reiner Protest nicht ausreicht. Daher müssen junge zivilgesellschaftliche Gruppen formale Organisationen formen, um die Zusammenarbeit mit der Politik unter anderem durch klare AnsprechpartnerInnen zu ermöglichen, was zu höherem bürokratischen Aufwand führt.

Die größte Barriere besteht im Bereich des Freiwilligenengagements, obwohl hier die Probleme anders gelagert sind als in den anderen Feldern. Es gibt grundsätzlich keinen Mangel an freiwilligem Engagement, allerdings müssen die Freiwilligen entsprechend koordiniert und möglichst schnell integriert werden, da auch hier das Engagement kurzfristiger und projektbezogener wird.

Für AktivistInnen fehlt ein klarer rechtlicher Rahmen für die Teilnahme an Protestaktionen und freiwilliges Engagement wird den NPOs zufolge von öffentlicher Seite nicht angemessen anerkannt. Es ist zudem deutlich leichter, Freiwillige zu mobilisieren, die sich gegen politische Entscheidungen oder gesellschaftliche Veränderungen aussprechen. Freiwillige, die ein Thema unterstützen und sich langfristig für neue Projekte einsetzen, sind schwerer zu gewinnen. Die Partizipation nimmt häufig rapide ab, wenn Proteste oder andere Aktivitäten aufgelöst werden bzw. keinen raschen Erfolg aufweisen.

3.3. Zusammenfassung: Entwicklungstrends und Bewältigungsstrategien des Dritten Sektors

Der NPO-Sektor ist vor allem von zwei Entwicklungstrends betroffen, nämlich Ökonomisierung und sich ändernde Relationen zur öffentlichen Hand, d.h. der Trend zur Privatisierung sozialer Aufgaben (Zimmer und Simsa 2014). Die öffentliche Finanzierung wird tendenziell unsicherer, im Verhältnis zu geforderten Leistungen geringer und aufwändiger. Direkte Kürzungen gab es vor allem in den Bereichen Kultur, Betreuung von Flüchtlingen und AsylwerberInnen (die Erhebung war vor der Flüchtlingskrise) sowie Entwicklungszusammenarbeit. Angespannte öffentliche Kassen verursachen signifikante Einschränkungen für NPOs (Biwald et al. 2010). Insgesamt gewinnen marktwirtschaftliche Strukturen und Konkurrenz an Bedeutung (Liebig 2005). NPOs müssen sich vermehrt legitimieren und beweisen, wirtschaftlich zu handeln (Greiling 2014; Zimmer 2014).
Viele NPOs sind von indirekten oder „schleichenden" Kürzungen, d.h. von laufender Wertminderung der Leistungsverträge, betroffen. Es erfolgt kaum Anpassung an die Inflation, gibt hohe Planungsunsicherheit und einen deutlich gewachsenen bürokratischen Aufwand. Auch gestiegene Personalkosten oder sonstige steigende Kosten werden nicht immer abgegolten. Da Vertragsverhandlungen oft sehr lange dauern, müssen viele Leistungen von NPOs oft mit Unsicherheit vorfinanziert werden, ob dies durch zukünftige Verträge gedeckt wird. Leistungsverträge haben zusätzliche Rechenschaftsverpflichtungen geschaffen, die zu mehr Effizienz führen sollen, aber den bürokratischen Aufwand erhöhen. Dies stellt vor allem kleinere NPOs vor große Herausforderungen. Durch EU-Richtlinien in der öffentlichen Vergabe kommt es oft zu einem Konflikt zwischen Qualitätsansprüchen und niedrigen Preisen. Für viele Bereiche ist zudem nicht nur eine öffentliche Stelle zuständig, sondern mehrere Ministerien und lokale Behörden, was den bürokratischen Aufwand durch unterschiedliche Anforderungen an Rechenschaftslegung erhöht.
Als Strategie gegen finanzielle Barrieren betreiben viele NPOs unabhängig von Größe und Tätigkeitsfeld verstärkt Fundraising und versuchen, neue Spendergruppen zu erschließen. Private Spenden haben im Vergleich zu anderen Einnahmequellen wie etwa „Venture Philantropie", „Crowdfunding" oder „Crowdinvestment" weiterhin eine übergeordnete Rolle. Das Einwerben zusätzlicher

öffentlicher (EU-)Gelder wird von vielen – vor allem kleineren – NPOs wegen hoher bürokratischer Anforderungen nicht als Alternative gesehen.

Auf ökonomischen Druck reagieren NPOs mit Strategien der „Reduktion und Verdichtung", d.h. mit Reduktion der Anzahl der MitarbeiterInnen, Reduktion der Leistungen und Verdichtung von Arbeit. Viele orientieren sich stärker an einer Marktlogik. Es entstehen häufig in Kooperation mit einer etablierten NPO neue Organisationsformen, wie z.b. das „social business", das soziale Probleme unter Marktbedingungen adressiert.

Der ökonomische Druck bringt verstärkten Wettbewerb zwischen NPOs mit sich. Ein signifikant hoher Teil der vom Ökonomisierungsdruck betroffenen NPOs führen als Strategie aber auch verstärkte Kooperation im Sektor an. Der Austausch von Erfahrungen und Praktiken führt zum Aufbau von organisationalem Wissen. Durch Kooperation entstehen tragfähige Netzwerke, die zur Verwirklichung größerer, gemeinsamer Projekte genutzt werden können.

Teilweise führen NPOs flache Hierarchien und partizipative Entscheidungsstrukturen ein, um die Organisation unabhängiger von einzelnen Personen zu machen. Dies kann nicht nur das häufige Problem der Nachfolge entschärfen, sondern mittels Partizipation werden auch die Qualität von Entscheidungen und das Commitment der MitarbeiterInnen erhöht.

4 Resümee

Als Reaktion auf den finanziellen Druck sind Organisationen gezwungen, professioneller zu agieren und sich zunehmend der Handlungslogik des Marktes anzunähern, was wiederum potentiell das öffentliche Vertrauen in die soziale und gemeinnützige Mission der NPOs untergraben könnte. Es lässt sich zwar noch keine Verdrängung der Mission durch wirtschaftliche Zielvorgaben nachweisen, doch stehen die NPOs unter hohem Druck und vor zahlreichen Herausforderungen, um ihr Fortbestehen zu sichern.

Generell wird die NPOs inhärente Spannung zwischen Mission und Markt eher einseitig aufgelöst. NPOs „müssen" also mehr business-like werden (Greiling 2014; Maier et al. 2014; Zimmer 2014; Zimmer und Simsa 2014).

5 Literatur

Biwald, P., Hochholdinger, N., Köfel, M. und Maimer, A. (2010): Finanzierung der Städte nach der Krise. Wien: KDZ Zentrum für Verwaltungsforschung.

Droß, P. (2013): Ökonomisierungstrends im Dritten Sektor. Verbreitung und Auswirkungen von Wettbewerb und finanzieller Planungsunsicherheit in gemeinnützigen Organisationen. WZB: Berlin.

Greiling, D. (2014): Qualität und Transparenz von NPOs: Pflichtübung oder Chance? In: Zimmer, A. und Simsa, R. (Hrsg.): Zivilgesellschaft, NPO-Management und bürgerschaftliches Engagement. Forschung quo vadis? Münster: Springer, S. 231-244.

Haider, A., Schneider, U., Leisch, R. und Stöger, K. (2008): Neue Datengrundlagen für den Nonprofit Bereich. In: Statistische Nachrichten 63 (8), S. 754-761.

Liebig, R. (2005): Wohlfahrtsverbände im Ökonomisierungsdilemma. Analysen zu Strukturveränderungen am Beispiel des Produktionsfaktors Arbeit im Licht der Korporatismus- und der Dritte-Sektor-Theorie. Freiburg im Breisgau: Lambertus.

Maier, F., Schober, C., Simsa, R. und Millner, R. (2014): SROI as a Method for Evaluation Research: Understanding Merits and Limitations. Voluntas 26 (5), S. 1805-1830.

More-Hollerweger, E. und Hora, K. (2014): Rahmenbedingungen für freiwilliges Engagement in Österreich. Ergebnisse einer Organisationsbefragung. Wien: NPO&SE-Kompetenzzentrum.

Pennerstorfer, A., Schneider U. und Badelt, C. (2013): Der Nonprofit Sektor in Österreich. In: Simsa, R., Meyer, M. und Badelt, C. (Hrsg.): Handbuch der Nonprofit-Organisation, 5. Aufl., Stuttgart: Schäffer-Poeschel, S. 55-75.

Salamon, L.M. und Anheier, H.K. (1992): In Search of the Nonprofit Sector I. The Question of Definitions. Voluntas 3 (2), S. 267-309.

Salamon, L.M. und Anheier, H.K. (1998): The Emerging Sector Revisited. A Summary. Revised Estimates. Baltimore, MD: Johns Hopkins Center for Civil Society Studies.

Salamon, L.M., Anheier, H.K., List, R., Toepler, S., Sokolowski, S.W. and Associates (1999): Global Civil Society. Dimensions of the Nonprofit Sector. Baltimore, MD: Johns Hopkins Center for Civil Society Studies.

Simsa, R. und Schober, D. (2012): Nonprofit Organisationen in Österreich. Wien: NPO&SE-Kompetenzzentrum.

Zimmer, A. (2014): Money makes the world go round! Ökonomisierung und die Folgen für NPOs. In: Zimmer, A. und Simsa, R. (Hrsg.): Zivilgesellschaft, NPO-Management und bürgerschaftliches Engagement. Forschung quo vadis? Münster: Springer, S. 163-180.

Zimmer, A. und Simsa, R. (Hrsg.) (2014): Zivilgesellschaft, NPO-Management und bürgerschaftliches Engagement. Forschung quo vadis? Münster: Springer.

Nachhaltiger Wandel in den Beziehungen von NPO und öffentlichen Kontraktpartnern?

Sandra Stötzer, Julia V. Schwarz und Dorothea Greiling

1 Einführung

Nonprofit-Organisationen (NPO) sind mit erhöhtem Rechtfertigungsdruck konfrontiert und vermehrt gefordert, ihre organisationale Leistungsfähigkeit im Sinne von Effizienz sowie Effektivität und ein Handeln im Einklang mit diversen gesellschaftlichen Erwartungen zu dokumentieren. Dadurch sollen Vertrauenswürdigkeit signalisiert, ihr Handeln legitimiert und Ressourcenzuflüsse (möglichst nachhaltig bzw. langfristig) gesichert werden. Somit gilt es für viele NPO, ihre Rechenschaftslegung stakeholder-plural auszurichten und durch die Implementierung von Performance Measurement (PM)-Systemen multidimensional auszuweiten (Greiling 2009; LeRoux und Wright 2010; Stötzer 2009).

Da öffentliche Mittel eine wichtige Einnahmequelle vieler NPO darstellen, steigt im Sinne der Outcome-Orientierung des New Public Managements (NPM) die Relevanz von qualitäts- und wirkungsorientierten Rechenschaftspflichten (Andeßner 2004; Greiling 2009; Hood 1991). Öffentliche Ressourcen sind häufig durch Kontrakte bzw. Leistungsvereinbarungen geregelt, die neben Leistungs- und Qualitätsspezifikationen meist auch Rechenschafts- und PM-Pflichten vorsehen (Greiling 2009; Rechberger 2013; Zauner et al. 2006).

Um die Auswirkungen der PM-Anforderungen auf NPO zu ergründen, führten Greiling und Stötzer 2013 eine qualitative Studie durch (Greiling und Stötzer 2015a, 2015b, 2016). Diese zeigte u.a., dass primär öffentlich finanzierte NPO mit umfangreichen Dokumentations- und Berichtspflichten konfrontiert sind, anders als spenden- oder mitgliedsbeitragsfinanzierte NPO. Ferner scheinen nur große NPO die Möglichkeit zu haben, Umfang und Inhalte der Rechenschaftslegung zu beeinflussen. Vor allem kleine NPO stellt der mit Kontrakten bzw. öffentlichen Mitteln verbundene administrative Aufwand vor große Herausforderungen, welche sie an die Grenzen ihrer administrativen, personellen und finanziellen Leistungsfähigkeiten bringen können.

Aufbauend auf dieser ersten Untersuchung ist es ein Ziel der 2015 gestarteten Folgestudie, die noch wenig erforschte Sicht der öffentlichen Auftrag- bzw. Geldgeber zu beleuchten. Durch die von den im Jahr 2013 interviewten NPO-Führungskräften vielfach geäußerte, heftige Kritik entstand der Eindruck, dass die geschilderten Entwicklungen die Beziehungen zwischen öffentlichen Kontraktpartnern und NPO-Leistungserstellern tendenziell negativ beeinflussen. Konkret geht dieser Beitrag folgenden Fragen nach:

- Welche Ziele wurden von öffentlichen Akteuren mit der Einführung von Leistungsverträgen verfolgt? Waren Nonprofit-Leistungsersteller an deren

Entwicklungsprozess beteiligt?
- Hat sich durch den Einsatz von Leistungsverträgen die Beziehung(squalität) zu NPO aus Sicht öffentlicher Mittelgeber verändert? Wie wirkt sich dies auf die Nachhaltigkeit der Beziehungen und die Zusammenarbeit aus?

Im Fokus stehen somit die Beziehungen von öffentlichen Auftraggebern und NPO und deren Wandel, speziell durch den Einsatz von Kontrakten und zugehörige Rechenschaftspflichten. Die „Nachhaltigkeit" solcher Kooperationsbeziehungen wird dabei im Sinne ihrer subjektiv wahrgenommenen Qualität bzw. der Tragfähigkeit des Miteinanders bei der Leistungserbringung interpretiert.

In Kapitel 2 werden Grundlagen zu Kontrakten und steigenden Rechenschaftspflichten von NPO sowie ausgewählte Ergebnisse bislang vorliegender Studien dargestellt. Kapitel 3 skizziert Methodik und Ergebnisse der empirischen Untersuchung, welche in Kapitel 4 diskutiert und durch Schlussfolgerungen und einen Ausblick auf weiterführende Untersuchungen abgerundet werden.

2 Steigende Performance-Anforderungen aus NPO-Sicht

2.1 Leistungsverträge als Koordinations- und Steuerungsform

Als Leistungsvereinbarungen werden „Aufträge, Kontrakte und Vereinbarungen bezeichnet, die Aufgaben, Kompetenzen und Verantwortung zwischen Politik, Verwaltungsführung, Verwaltungseinheiten und Dritten regeln" (Schedler und Proeller 2011, S. 167), und Ziele, zu erbringende Leistungen sowie Mittel konkretisieren. Im Verhältnis zu Dritten (wie NPO) stellen diese sog. Kontrakte meist Verträge dar (Schedler und Proeller 2011). Im Folgenden werden die Begriffe Leistungsvereinbarung, -vertrag und Kontrakt synonym verwendet.

Die Gewährleistungsverantwortung (Reichard 1994) für verwaltungsextern erstellte Produkte liegt beim politisch-administrativen System, das dafür Sorge zu tragen hat, die Bürger mit zielgerecht erbrachten Leistungen zu versorgen, auch wenn dies nicht durch eigene Institutionen erfolgt. Folglich ist es nachvollziehbar und legitim, dass die öffentliche Hand die vereinbarungsgemäße Leistungserbringung von Kontraktpartnern prüft. Dazu dienen Überwachungs- bzw. Monitoring-Instrumente (vgl. etwa Lechner et al. 2013, Eichhorn 2005), zu denen auch PM-Systeme gezählt werden können, und zugehörige Reporting-Systeme. Diese stellen oft hohe Anforderungen an private (bedarfs- sowie erwerbswirtschaftliche) Leistungserbringer (Rechberger 2013; Schedler und Proeller 2011). Während dieses Thema im angloamerikanischen Raum bereits in den 1980er und 1990er Jahren wissenschaftlich diskutiert wurde (vgl. z.B. Salamon 1981; Kamerman und Kahn 1989; Smith und Lipsky 1993), erfolgte dies in Europa erst später. Im deutschsprachigen Raum sind als wesentliche Untersuchungen zu sektorübergreifenden Kontraktbeziehungen zwischen Staat und Drittem Sektor bzw. zum Einsatz der „neuen" Kontrakt-Steuerungslogik und ihren Konsequenzen jene von Zimmer (1997), Ruflin (2006), Zauner et al. (2006), Buchinger et al. (2008), Grohs (2010), Rechberger (2013) und Simsa (2015) zu erwähnen.

Diese Arbeiten behandeln das Themenfeld aus diversen theoretischen, institutionellen und nationalen Blickwinkeln. Insgesamt zeigt eine Literaturanalyse, dass empirische Untersuchungen bisher überwiegend die Sicht von NPO beleuchten. Im Folgenden werden ausgewählte Erkenntnisse von Forschungsarbeiten, welche im nationalen Kontext von Österreich stehen, skizziert. Dabei wird der Fokus auf jene Ergebnisse gelegt, welche Auswirkungen von Leistungsverträgen und Rechenschaftspflichten auf die Beziehungen bzw. die Zusammenarbeit von NPO und öffentlichen Financiers thematisieren.

2.2 Ausgewählte Ergebnisse und Kritikpunkte aus NPO-Sicht

Zauner et al. (2006) analysieren Veränderungen der Finanzierungs- und Koordinationsformen sowie der Beziehungsmuster zwischen (primär öffentlich finanzierten) NPO und ihren Geldgebern, welche sie unter der Tendenz „Von der Subvention zum Leistungsvertrag" (S. 1) zusammenfassen. Subvention und Leistungsvertrag seien nicht nur rechtliche Konstruktionen, sondern ihnen würden unterschiedliche Steuerungslogiken (Geld hinter Kontrakten, Macht und Vertrauen hinter Subventionen) zugrunde liegen (Zauner et al. 2006). Die traditionellen Steuerungsmedien Macht und Vertrauen würden meist nicht abgelöst, vielmehr trete Geld als „neues" Medium hinzu. Dies verenge den Spielraum für NPO. Die Auswirkungen der Steuerungsmedien hingen von deren Selbstverständnis ab („Mission" bzw. „Wert" versus „Dienstleistung" bzw. „Markt"), welches von ihren Beziehungen zu wichtigen Stakeholdern, der NPO-Geschichte und der Stärke wechselseitiger Abhängigkeiten bzw. Koppelungen geprägt sei (Zauner et al. 2006).

Die Beziehungen von NPO und ihren Financiers würden emotional aufgeladener, was eine intensivere Kommunikation nötig mache. Bei dienstleistungsorientierten NPO führe die vermehrte Marktorientierung zur Angleichung von Bewusstsein und Sprache an den Profit-Bereich, während die öffentliche Hand oft in ihrer „paternalistischen Verwaltungslogik" bliebe. Die administrative Logik fördere die Fokussierung auf Nachweise eines effizienten Mitteleinsatzes und die Messbarkeit der Zielerreichung (Zauner et al. 2006).

Laut Zauner et al. (2006: 17) verändere sich durch den Wandel zum Kontraktmanagement auch die Stellung der beteiligten Akteure zueinander: „Weg von einem hoheitlichen (Subventions-)Verhältnis, das von der Über- und Unterordnung beherrscht wird, hin zu einem privatrechtlichen (leistungsvertraglichen) Verhältnis mit Gleichberechtigung der Beteiligten". Der Ersatz hierarchischer Weisungen durch Kontrakte bedeute eine neue Ausrichtung, da nun partnerschaftliche Willensbildung (statt obrigkeitlicher Anordnungen) bestimmend sei (Schedler und Proeller 2011). Veränderungen hin zu einer gleichberechtigten Stellung zeigten sich auch in einer Befragung von NPO-Praktikern (Schneider und Trukeschitz 2003 zitiert nach Zauner et al. 2006). Auch Buchinger et al. (2008), welche die Gestaltungsformen und praktische Bedeutung von leistungsbezogenen Finanzierungen zwischen NPO und der öffentlichen Hand analysieren, vermerken in Anlehnung an Zauner et al. (2006), dass Leistungsverträge „zwischen zwei gleichberechtigten Vertragsparteien" (S. 5) ausgehandelt würden. Sie relativieren jedoch, dass es von der jeweiligen Markt- und Verhandlungsposition der Akteure abhinge, ob Kontrakte faktisch „auf gleicher Augenhöhe" getroffen würden (Buchinger et al. 2008).

Rechberger (2013) behandelt Kontraktbeziehungen aus dem Blickwinkel von Wirkungszielen als noch oft vernachlässigter Meta-Ebene. Auf Basis eines mehrdimensionalen Wirkungskonzeptes analysiert sie den Einfluss der Wirkungsorientierung auf die Beziehung zwischen dem politisch-administrativen System und NPO. Die Wirkung gilt ihr als (potentiell) zentrales (speziell diskursives) Verbindungsstück zwischen den von verschiedenen Rationalitäten geleiteten Akteurssystemen, die sie auch empirisch beleuchtet. Rechberger (2013) betont, dass die Prämissen und Instrumente des NPM im konservativ-korporatistischen Wohlfahrtsstaat Österreich auf eine spezifische Leistungserstellungslogik treffen, welche oft durch eine enge Kooperation von (sozialen) NPO mit den politisch-administrativen Systemen und durch etablierte Netzwerkstrukturen gekennzeichnet ist. Diese Verflechtungen auf den zielsetzenden und realisierenden Ebenen sollten als wichtiger institutioneller Kontextfaktor mehr berücksichtigt werden. Sie verweist ferner auf zunehmend detaillierte finanzielle und ergebnisorientierte Regelungen in Kontrakten, begründet durch Kostendruck und steigende Wettbewerbsorientierung. Die betriebliche Dispositionsfreiheit von NPO werde dadurch stark beschränkt. Dem politisch-administrativen System komme aufgrund seiner häufigen Nachfragemonopolstellung und der Gewährleistungsverantwortung eine zentrale Koordinationsrolle zu.

Simsa (2015) nimmt in ihrer Untersuchung zur öffentlichen Finanzierung von NPO und deren Reaktionen auf einen wahrgenommenen Ökonomisierungsdruck Bezug auf Kontrakte, welche häufig von indirekten Kürzungen bzw. Wertminderungen (u.a. durch fehlende Kosten-Indexierung) betroffen seien. Sie verweist auf zunehmende Planungsunsicherheiten und Rechenschaftsverpflichtungen bzw. erhöhte Bürokratie durch Leistungsverträge. Dabei steht aber die Beziehung der Kontraktpartner nicht im Fokus, es wird lediglich konstatiert, dass „die Unzufriedenheit mit der Umstellung von den Subventionen zum Leistungsvertrag" überwiege (Simsa 2015, S. 141).

Steigende Dokumentations- und Rechenschaftspflichten werden ausführlich von Greiling und Stötzer (2015a, 2015b, 2016) behandelt, die österreichische NPO-Geschäftsführungsmitglieder u.a. zu PM-Anforderungen von öffentlichen Geldgebern interviewten. Demnach habe die Steuerung über Kontrakte zu einer Ausdehnung von Rechenschaftspflichten geführt, wobei der Umfang und die Heterogenität der PM- und Reporting-Anforderungen für fast alle befragten NPO eine Herausforderung darstelle, insbesondere für kleine Organisationen, deren Ressourcensituation oft angespannt ist. NPO seien größenunabhängig mit umfangreichen Dokumentations- und Berichtspflichten konfrontiert, wenn sie sich (ergänzend oder überwiegend) aus öffentlichen Mitteln finanzieren. Die Financiers würden also keine Rücksicht auf die Größe und betriebliche Möglichkeiten nehmen. Die (Mit-)Gestaltungsspielräume bei der Entwicklung von Leistungs-, Erfolgsmessungs- und Berichtssystemen seien unterschiedlich, generell aber für große höher als für kleine Leistungserbringer (Greiling und Stötzer 2015a, 2015b, 2016).

Große Wohlfahrtsorganisationen können in Österreich vielfach Einfluss ausüben, u.a. aufgrund von gegenseitigen Abhängigkeitsverhältnissen zwischen NPO-Trägern und öffentlichen Geldgebern. NPO verfügen oft über Expertenmacht und eine teils dominante Marktstellung inklusive umfangreicher Infrastrukturen und privilegierter Zugänge zu Leistungsempfängern und anderen Ressourcengebern. De facto findet sich in (Ober-)Österreich im Sozialbereich ein historisch gewachsenes Oligopol bestehend aus den großen Anbietern von Wohlfahrtsleistungen. Der zunehmende Einsatz von Kontrakten scheint die ohnehin mächtige Position der großen Träger weiter zu stärken bzw. zu befestigen; erstens weil für die Kontraktausarbeitung ihr Expertenwissen oft gebraucht wird, und zweitens scheinen es viele öffentliche Akteure zu präferieren, sich nur mit einigen wenigen „wichtigen Playern" abzustimmen anstatt mit vielen (potentiellen) Leistungsanbietern. Wenngleich dies aus Transaktionskostenüberlegungen nachvollziehbar sei, impliziere dies eine limitierte Repräsentation von Interessenlagen (Greiling und Stötzer 2015b).

Sowohl Manager kleiner als auch großer, einflussreicher Leistungsersteller äußerten teils starke Kritik an ihren öffentlichen Kontraktpartnern hinsichtlich steigender und (aus ihrer Sicht zu) detaillierter Berichtspflichten. Diese extern auferlegten Anforderungen würden aus NPO-Sicht vielfach keinen oder nur geringen internen Nutzen generieren, vielmehr lenke der zunehmende bürokratische Aufwand wichtige Ressourcen von der Missionserfüllung weg. Ferner bestünde die Gefahr einer Demotivation von NPO-Mitarbeitern, da diese den Dienst am Klienten und nicht Dokumentationspflichten präferieren würden. Beide Kritikpunkte könnten negative Auswirkungen auf die Leistungsqualität nach sich ziehen (Greiling und Stötzer 2015a, 2015b).

Da es im Rahmen von Leistungsverträgen zweier Partner bedarf und bislang primär die Sichtweisen von NPO untersucht wurden, soll nun die Perspektive ausgewählter öffentlicher Auftrag- und Mittelgeber im Fokus stehen.

3 Empirische Untersuchung

3.1 Untersuchungsdesign und Methodik

Im Rahmen eines qualitativen Forschungsdesigns wurden von März bis Mai 2015 zehn leitfadengestützte Interviews geführt. Neun Gespräche wurden face-to-face abgehalten; ferner wurde ein schriftlich beantworteter Leitfaden einbezogen. Die persönlich geführten Interviews dauerten zwischen 45 und 100 Minuten, wurden aufgezeichnet und transkribiert. Für die Auswertung wurde die qualitative Inhaltsanalyse nach Mayring (2010) herangezogen.

Als Interviewpartner wurden Vertreter öffentlicher Akteure ausgewählt, die als Geldgeber der 2013 befragten NPO-Manager fungier(t)en. Da diese das Land

Oberösterreich als wichtigsten bzw. häufigsten Geldgeber genannt und stark kritisiert hatten, liegt das Hauptaugenmerk auf diesem Financier, konkret auf der Direktion für Soziales und Gesundheit (fünf Interviews mit sechs Experten). Für die kommunale Ebene wurde das Amt für Soziales, Jugend und Familie des Magistrates Linz einbezogen (ein Interview mit zwei Expertinnen). Zwei Interviews wurden im Arbeitsmarktservice (AMS) Oberösterreich geführt, da dieses primär über Bundesmittel verfügt. Neben der Sicht der Verwaltung sollte auch jene der Politik beleuchtet werden. Die Büroleitung einer Landesrätin stand für ein Interview zur Verfügung, bei dem auch eine Verwaltungsmitarbeiterin anwesend war. Das Büro einer weiteren Landesrätin übermittelte die erwähnte schriftliche Stellungnahme. Um die Anonymität der Gesprächspartner zu wahren, werden die gewonnenen Erkenntnisse in aggregierter Form präsentiert und wörtliche Zitate nicht namentlich zitiert (Experte/in 1 bis 13).

3.2 Ergebnisse

3.2.1 Ziele und Entwicklung von Leistungsverträgen

Die Befragten beschrieben das Verhältnis zwischen ihnen als Auftrag- bzw. Geldgeber und den Leistungserbringern verschiedenartig. Neben Leistungsverträgen kommen noch Fördervereinbarungen, Werkverträge, Pauschalförderungen und vereinzelt Förderungen zum laufenden Aufwand zum Einsatz. Sie formulierten zahlreiche Ziele, welche mit der Einführung bzw. dem Einsatz von Leistungsvereinbarungen verfolgt würden; Tabelle 1 zeigt diese im Überblick.
Auch der Entwicklungs- und Implementierungsstand von Kontrakten zeigt ein differenziertes Bild. Während in manchen Aufgabenfeldern Leistungsverträge flächendeckend im Einsatz sind, ist deren Entwicklung und Einführung in anderen Bereichen ein noch andauernder Prozess. Vielfach wurden Initiativen hierzu Anfang der 2000er Jahre angestoßen, oft im Rahmen von Umstrukturierungen oder übergeordneten Reformvorhaben (z.B. „Wirkungsorientierte Verwaltungsführung" (WOV) der oberösterreichischen Landesverwaltung).
Hinsichtlich einer kooperativen Entwicklung von Kontrakten zeigt sich ebenfalls ein gemischtes Bild: Auf Bundesebene sei bis Mitte der 1990er Jahre eine gemeinsame Ausgestaltung üblich gewesen. Durch den EU-Beitritt und die Einführung des Bundesvergabegesetzes bzw. die damit verbundenen wettbewerbsrechtlichen Vorgaben kam es aber zu Änderungen der Vergabeprozesse. Ein Einbezug von NPO sei nur noch bei kleinen Pilot-Projekten (welche die Schwellenwerte nicht überschreiten) möglich (Experte/in 1).
Seitens des Landes verwies man einerseits auf die Förderrichtlinien des Landes Oberösterreich, welche eine gleichberechtigte Behandlung aller Förderwerber gewährleisten sollen (Experte/in 4). Andererseits seien NPO vielfach in (teils mehrjährige) Umstrukturierungs-, Standardisierungs- und Entwicklungsprozesse einbezogen worden. Man habe das „Grundgerüst" von Leistungsverträgen gemeinsam erarbeitet (Experte/in 5, 6, 7, 8 und 9).

Auf kommunaler Ebene gibt die öffentliche Hand zwar die Art und Quantität der Leistungen vor, bezüglich der konkreten Ausgestaltung und Umsetzung ziehe man jedoch NPO-Vertreter hinzu, um deren Expertise und praktische Erfahrungen miteinzubeziehen (Experte/in 12).

Tabelle 1: Ziele des Einsatzes von Leistungsvereinbarungen

Ziele von Leistungsvereinbarungen aus Sicht der befragten öffentlichen Kontraktpartner	
klare und transparente Vereinbarungen zwischen Auftraggeber und Auftragnehmer über:	Ziele; Art, Umfang und Kosten der Leistungen; Einhaltung von Qualitätsstandards => gemeinsames Bild der gewünschten Leistungen zwischen Fachabteilung, Leistungserbringern und Leistungsempfängern
Steuerung von Output und Outcome:	verbesserte Planung, Steuerung und Abstimmung der Leistungen
Überblick schaffen über:	Mittelverwendung und gewachsene Strukturen (ggf. Parallelstrukturen beseitigen)
Sicherstellen der Leistungserbringung:	aufgrund vertraglicher Bindung und auf einheitlicher Basis; gute Planbarkeit (laut Befragten für die Leistungserbringer)
Abgeltung gleicher Leistungen mit gleichen Preisen	Experte/in 6: „Manche (…) haben gesagt: Das ist ja wie am Basar, der kriegt dieses, der kriegt das.' Und da (…) haben [wir] gesagt, wir wollen normieren und (…) eine Transparenz in der Kosten- und Leistungsstruktur."
Anpassung der Verwaltung im Sinne von NPM bzw. WOV	vereinzelt Kritik an Übernahme privatwirtschaftlicher Ansätze ohne Adaption für den öffentlichen Bereich

3.2.2 Beschreibung der Kontraktbeziehungen

Auf die Frage, wie sie die Beziehung zu NPO, mit denen Kontrakte bestehen, beschreiben würden, fielen durchwegs positiv konnotierte Antworten wie „partnerschaftlich", „tragfähig", „lösungsorientiert", „professionell" und „kooperativ". Man betonte die Bedeutung regelmäßiger Kontakte, von offener Kommunikation und von Kompromissen und begründete dies z.B. wie folgt: „Wir wollen ja die Beziehung verbessern (…) dann reden wir darüber und schauen, was man besser machen kann (…) es ist ja nicht so, dass man es sich so aussuchen kann (…) wir sind da auf eine gute Zusammenarbeit auch angewiesen" (Experte/in 2).
Einige Interviewpartner thematisierten auch (Interessen-)Konflikte, Spannungen, Abhängigkeiten, die Relevanz einer (beiderseitigen) Einhaltung von Regeln und Ambivalenzen, was durch folgende Zitate veranschaulicht wird: „(…)

grundsätzlich gut (...) in Zeiten knapperer Budgets gibt es immer wieder natürlich auch Spannungen." (Experte/in 7)
„Generell einmal für alle, ob groß oder klein, partnerschaftlich (...) bei klarer Einhaltung der Regeln (...) aber das ist ja wechselseitig (...) da haben wir dann auch eine Pönale zu zahlen (...) wie der Bildungsanbieter, wenn er was nicht gemäß der Fördervereinbarung liefert." (Experte/in 1)
„(...) und damit sind sie für uns Kooperationspartner, mit denen wir auf Augenhöhe kommunizieren wollen. Natürlich ist es auch so (...) dort, wo das Geld herkommt, dort ist auch mehr Macht. Das heißt wir bestimmen schon mit den Aufträgen, die wir geben oder auch wem wir es geben, da kommt jetzt dann noch die politische Ebene natürlich ins Spiel." (Experte/in 12)
„Ja, wie in einer Ehe: da gibt es manchmal bessere und manchmal schlechtere Zeiten. (...) mittlerweile (...) relativ gute, tragfähige Beziehung (...) am Anfang (...) einerseits haben sich das gewünscht, dass es transparenter wird, auf der anderen Seite haben sie dann festgestellt, auf einmal gibt es da eine steuernde Hand, das hat es vorher nicht gegeben. Wir wollen autonom bleiben, wir wissen, wie das am besten geht. Und da hat es schon Trägerorganisationen gegeben, wo ich 10 Jahre gebraucht habe, bis wir diese Steuerungsfunktion de facto übernehmen konnten." (Experte/in 6)

Um die Einschätzung der Beziehung zwischen öffentlichen Kontraktpartnern und NPO zu konkretisieren, wurden die Experten ersucht, die Beziehungen zu ihren Vertragspartnern in folgende drei Kategorien einzuordnen:

- Partner auf gleicher Höhe
- übergeordnete Instanz
- untergeordnete Instanz

Eine solche Einordnung erscheint sinnvoll, da – wie erwähnt – Kontrakte oft mit einer veränderten Stellung der Beteiligten verknüpft werden (siehe 2.2). Erwartungsgemäß schätzte kein Befragter seine Institution als untergeordnet ein. Eine Person sprach von gleichberechtigten Beziehungen. In fünf von zehn Interviews wurde geäußert, dass man sich als Partner auf gleicher Höhe begegne, man aber als Mittelgeber und Aufsichtsorgan zugleich eine übergeordnete Instanz sei. In vier Gesprächen kategorisierte man sich ad hoc als übergeordnet, betonte aber, dass man im Kontakt mit den NPO einen partnerschaftlichen Umgang pflege. Begründungen für die überwiegende Klassifikation der eigenen Stellung als „übergeordnet" verweisen häufig auf die (Fach-)Aufsichtsrolle, welche durch gesetzliche Rahmenbedingungen geregelt und somit nicht verhandelbar ist. Folgendes Statement soll diese Argumentation stellvertretend veranschaulichen: „Aufgrund der Aufgabenstellungen der jeweiligen Akteure kann hier von keiner Partnerschaft auf gleicher Augenhöhe gesprochen werden. Das Land Oberösterreich oder die SHVs [Anmerkung: Sozialhilfeverbände] und Statutarstädte beauftragen die Trägerorganisationen zur Erbringung von Leistungen, das Land OÖ übt die Aufsicht und Kontrolle über diese Leistungserbringung aus. Also

verstehen wir uns als übergeordnete Instanz. Dennoch pflegen wir einen partnerschaftlichen Umgang." (Experte/in 5)
Viele verwiesen auch auf die Ressourcenmacht als Auftraggeber und Zahler und ihre diesbezüglichen Entscheidungskompetenzen. Einige strichen hervor, dass es eine politische Entscheidung sei, ob (speziell im Ermessensbereich) eine Leistung gefördert werde oder nicht, zumal man die Vielzahl an Anträgen nicht alle budgetär bedecken könne und Auswahlentscheidungen nötig seien. Diese seien aber „sehr, sehr stark objektiviert und versachlicht" (Experte/in 3).

3.2.3 Einschätzungen zu Veränderungen und Problemfeldern

Als Veränderungen durch die Umstellung von Subventionen zu Kontrakten konnten drei Aspekte aus den Interviews herausdestilliert werden:

- Zunehmendes Dienstleistungsselbstverständnis: Im Sinne von Zauner et al. (2006) verschiebe sich das Selbstverständnis vieler NPO hin zu einer passiv(er)en Rolle als Dienstleister, während aktivere „Voice"-Rollenzugänge bzw. gesellschaftspolitische Veränderungsabsichten reduziert würden: „Jetzt sehen sich die Träger eher als Dienstleistungsanbieter, und manchmal täte ich mir aber wünschen, dass sie auch ein bisschen mehr innovativ werden und (…) auch ein bisschen behindertenpolitisch trotzdem wieder aktiv würden, das ist ziemlich untergegangen, das ist zurückgegangen. Sie sehen sich viel nur mehr als Dienstleister, was ich schade finde (…)." (Experte/in 6).

- Strategische Schwerpunktsetzung: Im Sinne einer strategischen Planung würden die Leistungen nun (besser) abgestimmt und so ein gewisser „Wildwuchs" reduziert. Eine Aussage verdeutlicht diese Steuerungsintention: „Es ist schon so, dass die NGOs recht kreativ sind (…) das ist super so, aber halt bei gegebenen Ressourcen, man kann nicht alles irgendwie machen (...) was davon wollen wir umsetzen, was davon hat (…) Priorität, und da gibt es ein Sozialprogramm dazu (…) sozusagen eine langfristige strategische Planung (…) Und solche Schwerpunkte, die entwickeln sich in einer nicht gesteuerten Landschaft zufällig, und wenn es gesteuert ist, dann nimmt man den Gesamtkontext (…) wahr, auch natürlich übergreifend, was ist in anderen Fachbereichen los." (Experte/in 12).

- Verschiebung von (wissensbasierten) Machtverhältnissen: Das politisch-administrative System habe gezielt fachliche Expertise aufgebaut, um die eigene Stellung in Relation zur einflussreichen Position einiger (großer) NPO zu stärken. Dadurch steuere nun vermehrt die öffentliche Hand: „Frage (…) wer welche Rolle und Aufgaben hat. (…) früher war das so: (…) in Wirklichkeit haben die Träger mit der Politik ausgeschnapst, was passiert (…) die großen fünf [Träger], die wesentlich bestimmt haben, was passiert. Also die haben Politik gemacht (…) er [Anmerkung: ein früherer Landespolitiker] will eine Abteilung, die das Know-how hat, und ich will mir nicht über die Träger sagen lassen, was ich zu tun habe. Weil der war natürlich auf die Info angewiesen von denen, damit er weiß, was er will (…) Und da hat er gesagt, ich brauche jetzt eine Fachabteilung, die (...) da eine Expertise entwickelt und zu steuern beginnt." (Experte/in 6).

In Bezug auf die Probleme, welche NPO-Führungskräfte 2013 hervorgehoben hatten (Mitarbeiter-Demotivation, abnehmende Qualität, hoher bürokratischer Aufwand ohne Rücksicht auf die NPO-Größe; siehe 2.2), boten die Stellungnahmen der öffentlichen Kontraktpartner ein gemischtes Bild. Insgesamt wurde die Kritik aber mehrheitlich zurückgewiesen (was u.a. durch ein sozial erwünschtes Antwortverhalten bedingt sein könnte). Jedoch wurde der Aspekt, dass keine Rücksicht auf die NPO-Größe genommen werde, klar bestätigt; man behandle bewusst alle Förderwerber bzw. Leistungserbringer gleich.

4 Diskussion und Schlussfolgerungen

Die öffentlichen Akteure verfolg(t)en zahlreiche Ziele mit der Einführung von Kontrakten, insbesondere um eine gezieltere Gesamtsteuerung des Leistungsangebotes zu realisieren. Der mehrfache Verweis auf objektivierte Auswahl- bzw. Förderentscheidungen und eine Gleichbehandlung aller deuten darauf hin, dass man bewusst jeden Eindruck etwaiger Willkür oder „Vetternwirtschaft" vermeiden möchte. Damit bestätigt sich der Befund von Greiling und Stötzer (2015a, 2015b), dass die Anforderungen öffentlicher Geldgeber keine Rücksicht auf die meist geringeren Möglichkeiten kleiner NPO nehmen. Ferner deutet das Ergebnis, dass beim Entwicklungsprozess von Rahmenkontrakten nicht alle, sondern nur ausgewählte (primär große) Leistungsersteller beteiligt waren, darauf hin, dass manche Träger ihre Interessen besser einbringen können als andere. Dies dürfte auf deren Expertenmacht und den von Rechberger (2013) betonten Kontextfaktor etablierter Netzwerkstrukturen zurückzuführen sein. Die Ergebnisse sprechen dafür, dass diese Strukturen in Österreich „nachhaltig wirken", d.h. eine hohe Stabilität aufweisen und wenig Wandel zulassen.

Bezüglich der subjektiv wahrgenommenen Beziehungsqualität zeichneten die Interviewten ein positives Gesamtbild von tragfähigen, professionellen und teils vertrauten (Nahe-)Verhältnissen. Dass sie vielfach Konflikte thematisierten, dürfte tendenziell für eine offene, relativ realitätsnahe bzw. wenig „beschönigende" Darstellung ihrer Einschätzungen zu den Herausforderungen von Kooperationen mit externen Leistungsanbietern sprechen. Dies scheint auch auf die Kategorisierung der Stellung der Beteiligten zuzutreffen: Entgegen der in der Literatur skizzierten „Gleichberechtigung" und trotz der in den Interviews oft augenscheinlichen „Partnerschafts-Rhetorik" kommunizierte man doch klar und begründet (Ressourcenmacht, Aufsichtsfunktion) die eigene übergeordnete Stellung als öffentlicher Auftrag- bzw. Geldgeber. Die traditionelle (prae-NPM) Hierarchielogik erweist sich damit als nachhaltig fortwirkend.

Zugleich erwähnten einige Experten wechselseitige Abhängigkeiten, speziell von Leistungserstellern mit dominanter Marktstellung und hoher Expertenmacht. Die identifizierten Veränderungen deuten darauf hin, dass sich deren Einfluss – zu Gunsten der öffentlichen Kontraktpartner – etwas abzuschwächen scheint. Angesichts der in Österreich bisweilen beobachtbaren Zurückhaltung gegenüber Neuem schien der internationale Trend hin zu NPM-geprägten Steuerungslogiken auch eine „willkommene Gelegenheit" geboten zu haben, um die historisch gewachsenen (wissens- und marktbasierten) Machtverhältnisse ein Stück weit „aufzubrechen" und zu verschieben. Das politisch-administrative System hat in den letzten zehn bis 20 Jahren gezielt eigene Expertise aufgebaut und versucht, mittels Kontraktmanagement vermehrt strategische Schwerpunkte und ihre dezidiert kommunizierte Steuerungsintention zu realisieren.

Insgesamt scheinen viele der beobachtbaren Entwicklungen also im Sinne eines wechselseitigen „Austarierens von Macht" intendiert zu sein. Die Erweiterung der Steuerungslogiken (Vertrauen und Macht plus Geld) gemäß Zauner et al. (2006) verengt tendenziell den Spielraum von (primär kleinen) NPO. In diesem Kontext ist die kritische Wahrnehmung mancher Befragter interessant, dass viele NPO vermehrt ein (passiveres) Dienstleistungs-Selbstverständnis zeigen würden. Offenbar bringt die Kontraktsteuerung also auch teils unbeabsichtigte Auswirkungen mit sich (wie das Zurückdrängen von aktiven und innovativen Rollenzugängen). Es scheint geboten, dass sowohl die öffentlichen Auftraggeber als auch NPO solche Befunde vermehrt diskutieren und reflektieren, um negativen Folgen entgegenzusteuern, die ihre Zusammenarbeit und somit auch ein nachhaltiges, d.h. langfristig gesichertes, bedarfsgerechtes, qualitativ hochwertiges sowie innovatives Leistungsangebot beeinträchtigen könnten.

Als Limitationen dieser Untersuchung sind die geringe Zahl an Interviews und der Fokus auf (Ober-)Österreich hervorzuheben. Als mögliche nächste Schritte wäre folglich eine Ausweitung denkbar. So könnte man etwa den Kreis der einbezogenen öffentlichen Ressourcengeber erweitern oder in örtlicher Hinsicht einen Vergleich mit anderen Bundesländern Österreichs sowie den Gegebenheiten in anderen (europäischen) Ländern anstellen. Interessant erscheint es ferner, die Sichtweisen der Leistungsempfänger empirisch näher zu ergründen.

5 Literatur

Andeßner, R.C. (2004): Integriertes Potenzialmanagement in NPO. Linz.
Buchinger, C., Trukeschitz, B. und Schneider, U. (2008): Leistungsbezogene öffentliche Finanzierung von Nonprofit Organisationen im österreichischen Sozialwesen, Forschungsbericht 01/ 2008, Institut für Sozialpolitik an der Wirtschaftsuniversität Wien, URL: http://www.wu.ac.at/ sozialpolitik /pub/fb12008 (13.11.2014).
Eichhorn, P. (2005): Das Prinzip Wirtschaftlichkeit. 3. Aufl., Wiesbaden.
Greiling, D. (2009): Performance Measurement in NPO. Wiesbaden.
Greiling, D. und Stötzer, S. (2015a): Strategische Reaktionen von Nonprofit-Organisationen auf steigende Performance Measurement Anforderungen. In: Andeßner, R., Greiling, D., Gmür, M., Theuvsen, L. (Hrsg.): Ressourcenmobilisierung durch Nonprofit-Organisationen. Linz, S. 406-417.
Greiling, D. und Stötzer, S. (2015b): Performance Accountability as a Driver for Changes in Nonprofit-Government Relationships: An Empirical Insight from Austria. In: Voluntas 26, S. 1690-1717.
Greiling, D. und Stötzer, S. (2016): Accountability Reporting in Austrian Non-profit Organizations – More than a Compliance Instrument? In: Public Administration Quarterly 40 (1), S. 48-78.

Grohs, S.(2010): Lokale Wohlfahrtsarrangements zwischen Beharrung und Wandel. In: der moderne staat 2, S. 413-432.

Hood, C. (1991): A Public management for all Seasons? In: Public Administration 69, S. 3-19.

Kamerman, S.B. und Kahn, A.J. (1989): Privatization and the Welfare State. Princeton, NJ.

Lechner, K., Egger, A. und Schauer, R. (2013): Einführung in die Allgemeine Betriebswirtschaftslehre. 26. Aufl., Wien.

LeRoux, K. und Wright, N.S. (2010): Does Performance Measurement Improve Strategic Decision Making? In: Nonprofit and Voluntary Sector Quarterly 39, S. 571-587.

Mayring, P. (2010): Qualitative Inhaltsanalyse. 11. Aufl., Weinheim u.a.

Rechberger, M. (2013): Wirkungsorientiertes Kontraktmanagement. Wiesbaden.

Reichard, C. (1994): Umdenken im Rathaus. 3. Aufl., Berlin.

Ruflin, R. (2006): Wohlfahrtsstaatliches Kontraktmanagement. Bern, Stuttgart, Wien.

Salamon, L.M. (1981): Rethinking Public Management: Third party government and the changing forms of government action. In: Public Policy 29 (1), S. 255-275.

Schedler, K. und Proeller, I. (2011): New Public Management. 5. Aufl., Bern, Stuttgart, Wien.

Simsa, R. (2015): Ökonomisierung und die Entwicklung öffentlicher Finanzierung im NPO-Sektor. In: WISO: Wirtschafts- und sozialpolitische Zeitschrift 38 (4), S. 131-146.

Smith, S.R. und Lipsky, M. (1993): Nonprofits for Hire: The Welfare State in the Age of Contracting. Cambridge, MA.

Stötzer, S. (2009): Stakeholder Performance Reporting von NPO. Wiesbaden.

Zauner, A., Heimerl, P., Mayrhofer, W., Meyer, M., Nachbagauer, A. und Praschak, S. (2006): Von der Subvention zum Leistungsvertrag. Bern.

Zimmer, A. (1997): Public-Private Partnerships: Staat und Dritter Sektor in Deutschland. In: Anheier, H.K., Priller, E., Seibel, W., Zimmer, A. (Hrsg.): Der Dritte Sektor in Deutschland. Berlin, S. 75-98.

Internes Kontrollsystem für staatlich finanzierte Nonprofit-Organisationen

Emilio Sutter, Daniel Zöbeli und Yvonne Dietiker

1 Einleitung

Was gehört zu einem funktionstüchtigen internen Kontrollsystem (IKS) für staatlich finanzierte Nonprofit-Organisationen (NPO)? Diese Frage stellte sich auch in der Schweiz erstmals mit Nachdruck im Jahr 2008. Zu diesem Zeitpunkt trat die Neugestaltung der Finanzen und Aufgaben (NFA) in Kraft, wobei die Finanzierung sozialer Einrichtungen grösstenteils vom Bund an die Kantone delegiert worden ist. Zeitgleich wurde von den 26 kantonalen Finanzdirektoren der Schweiz Empfehlungen zum Harmonisierten Rechnungslegungsmodell 2 (HRM2) inklusive IKS für die Kantone und Gemeinden herausgegeben. Ebenso trat die Revision des Obligationenrechts (OR) und Zivilgesetzbuches (ZGB) in Kraft. Infolge dieser OR-/ZGB-Anpassung müssen mittelgrosse und grosse Unternehmen und somit auch NPO unabhängig von ihrer Rechtsform im Rahmen der jährlichen Revision gemäß Art. 727 OR ein IKS nachweisen. Bei den öffentlichen Verwaltungen der Schweiz wurden somit Anpassungen der IKS-relevanten Rechtsgrundlagen und des Leistungsvereinbarungs- sowie Beteiligungs-Controllings mit den NPO vorgenommen. Im Jahr 2009 wurde von vier Fachstellen der Bereiche Sonderschulen sowie Jugend-, Behinderten- und Suchthilfe – namentlich aus den Kantonen Aargau, Baselland, Tessin und Wallis – sowie als Kontrollgruppe eine Fachstelle des Kantons Zug aus dem Tourismusbereich der Bedarf geäussert, Erkenntnisse zu gewinnen, wie mit der IKS-Thematik bei staatlich finanzierten NPO umzugehen ist (Sutter et al. 2011). Aus diesem Bedarf leitete sich die Zielsetzung für das Methodenprojekt „IKS für NPO (2009-2011)" inklusive der damit verbundenen aktuellen IKS-Leitfadenbuchvorhaben ab: Die Aufgabe war, mittels qualitativer Forschungsmethoden und unter Einbezug der Institutionen und der oben erwähnten fünf Kantone wissenschaftlich fundierte sowie anwendungsorientierte Grundlagen für die Planung, Implementierung sowie den Betrieb und die Überwachung eines IKS für staatlich finanzierte NPO zu erarbeiten. Neben dem im 2011 erschienenen IKS-Leitfadenbuch und Online-Tool wurden auch spezifische IKS-Seminare für NPO entwickelt. All diese Erkenntnisse wurden laufend reflektiert und in einem praxisorientierten IKS-Leitfadenbuch publiziert, welches mittlerweile in zweiter Auflage erschienen ist (Sutter, Hunziker und Grab 2014).
In Bezug auf das oben erwähnte Forschungsprojekt wird nicht detaillierter auf das methodische Vorgehen eingegangen. Vielmehr liegt der Fokus auf den wichtigsten Erkenntnissen aus diesem Forschungsprojekt.

Die Definition von IKS für NPO ist sehr anspruchsvoll. Aus diesem Grund werden in Abschnitt 2 zuerst wichtige IKS-Grundlagen erarbeitet. Im dritten Abschnitt werden die Spezifika zu NPO und Kontrollbeziehungen dargelegt. Die IKS-Umsetzung inklusive IKS-Definition in Abschnitt 4 ist als Synthese aus den Abschnitten 2 und 3 zu verstehen. Abschnitt 5 beinhaltet die wichtigsten Empfehlungen und das Fazit.

2 IKS-Grundlagen

Die Verantwortlichen der obersten Führungs- und Aufsichtsorgane (Vereinsvorstand, Stiftungsrat, Revisionsstelle), die Geschäftsleitungen sowie die übrigen Kader in NPO benötigen ein System zur effizienten und wirksamen Kontrolle ihrer Führungsbereiche. Damit das System so aufgebaut und weiterentwickelt werden kann, dass es der wirksamen Kontrolle dient, müssen verschiedene Aspekte berücksichtigt werden. Als übergeordnetes Konzept werden hierzu der Fraud-Triangel und zur IKS-Handlungsbedarfsermittlung der COSO-Würfel (COSO = Committee of Sponsoring Organizations) verwendet. Diese beiden Konzepte werden nachfolgend erläutert.

2.1 Fraud-Triangel

Der Fraud-Triangel setzt sich mit „List, Betrug, Täuschung, deliktischen Handlungen, Wirtschaftskriminalität sowie Schwindel" auseinander (Sutter, Hunziker und Grab 2014). Entwickelt wurde der in Abbildung 1 gezeigte Fraud-Triangel ursprünglich von Donald R. Cressey (1950). Nach Cressey müssen neben der Gelegenheit auf der Organisations- und somit IKS-Ebene auch die beiden Faktoren „Anreiz" und „Rechtfertigung" auf der personellen Ebene kumulativ zutreffen, damit Fraud begangen wird.

Abbildung 1: Fraud-Triangel

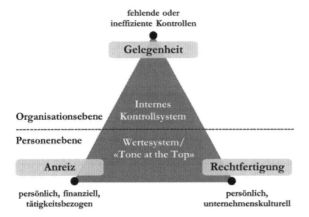

Quelle: Sutter, Hunziker und Grab (2014), S. 35, basierend auf Cressey (1950)

2.2 COSO-Würfel

„Ein relativ breit akzeptiertes IKS-Verständnis stammt aus dem 1992 in den USA publizierten COSO-Rahmenwerk, welches seit 2013 in einer aktualisierten Version vorliegt. Das vom COSO geschaffene Rahmenwerk dient Unternehmen als Unterstützung bei der Bewertung und Verbesserung der internen Kontrollen." (Sutter, Hunziker und Grab 2014, S. 16). Eine Orientierungshilfe stellt der aus diesem Rahmenkonzept abgeleitete COSO-Würfel in Abbildung 2 dar:

Abbildung 2: COSO-Würfel

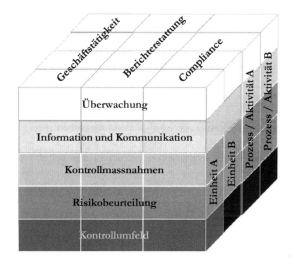

Quelle: Sutter, Hunziker und Grab (2014), S. 23, in Anlehnung an COSO (2013)

Die drei Zielkategorien Geschäftstätigkeit, finanzielle Berichterstattung und Compliance auf dem Deckel des Würfels sind sehr allgemein gehalten. Insbesondere die Geschäftstätigkeit und Compliance sind in einem solchen Mass umfangreich, dass die Schweizerische Treuhand-Kammer in Prüfstandard (PS) 890 den Fokus für die IKS-Prüfung wie folgt gelegt hat: „Der Begriff Internes Kontrollsystem wird (...) nicht in der üblichen Form verwendet, sondern inhaltlich eingegrenzt. Das IKS (...) umfasst nur jene Vorgänge und Massnahmen in einer Unternehmung, welche eine ordnungsmässige Buchführung und finanzielle Berichterstattung sicherstellen." (Schweizerische Treuhand-Kammer 2007). Auf der rechten Seite des Würfels von Abbildung 2 wird Bezug genommen auf die möglichen organisatorischen Einheiten einer Unternehmung. Die Revision prüft, ob mindestens für die ganze Rechtseinheit ein IKS besteht. Hierbei konzentriert sie sich auf die Würfelscheibe „Berichterstattung" mit den fünf Kontrollkomponenten auf der Frontseite des Würfels, die wie folgt erläutert werden: Das Fundament des Würfels wird gebildet durch das Kontrollumfeld. Es soll das Kontrollbewusstsein der Kader und Mitarbeitenden positiv beeinflussen (Sutter,

Hunziker und Grab 2014). Verstärkt wird das Fundament des Würfels zweitens durch die Risikobeurteilung. Bevor die Risikobeurteilung insbesondere in Form eines Risikokatalogs vorgenommen werden kann, muss klar definiert sein, welche Ziele für die Kategorien Geschäftstätigkeit, Berichterstattung und Compliance verfolgt werden sollen. Für die Erstellung eines Risikokatalogs ist zu unterscheiden zwischen strategischen Risikobereichen (wirtschaftliches, politisch-rechtliches, soziokulturelles, technologisches und ökologisches Umfeld) und operativen Risikobereichen wie Finanzen, IT, Personal, Prozesse und Immobilien (Hunziker, Dietiker, Schiltz und Gwerder 2015). Drittens geht es bei den Kontrollmassnahmen darum, Vorschriften und Verfahren so festzulegen, dass die wirksame Umsetzung der Risikoreaktionen und Handlungsanweisungen sichergestellt werden können. Viertens wird unter Information und Kommunikation empfohlen: „Das gesamte Personal erhält eine klare Anweisung der Geschäfsleitung, dass sowohl das gesamte IKS als auch die individuelle Kontrollverantwortung der einzelnen Mitarbeiterin oder des einzelnen Mitarbeiters ernst zu nehmen" sind (Sutter, Hunziker und Grab 2014). Ebenso muss die Kommunikation in Bezug auf IKS zwischen Aufsichtsorgan und Geschäftsleitung definiert und sichergestellt werden. Auch für die fünfte Kontrollkomponente „Überwachung" des IKS gibt der COSO-Würfel eine ideale Struktur vor. Bei der Handlungsbedarfsermittlung im Forschungsprojekt „IKS für NPO (2009-2011)" wurde von den oben genannten fünf Kontrollkomponenten ausgegangen.

3 NPO und Kontrollbeziehungen

In der Schweiz ist es Tradition, dass gemeinnützige Institutionen im Auftrag des Staates öffentliche Aufgaben übernehmen (Schmitz und Zöbeli 2016a, 2016b). Diese sorgen idealerweise mit einer unternehmerischen Ausrichtung für einen effizienten und gleichzeitig bedarfsgerechten Service. Der weitaus grösste Teil der Finanzierung stammt von der öffentlichen Hand (Bund, Kantone und Gemeinden), welche mit den einzelnen Institutionen die Leistungsverträge aushandelt und für die nötigen reglementarischen Grundlagen zuständig ist. Nachfolgend werden die NPO am Beispiel der Schweiz spezifiziert, damit die Kontrollbeziehungen in den NPO besser verstanden werden können.

3.1 NPO-Spezifizierung am Beispiel der Schweiz

Der Begriff ‚NPO' bezieht sich auf Organisationen des dritten volkswirtschaftlichen Sektors (Schneider, Minnig und Freiburghaus 2007). Im Unterschied zu gewinnorientierten Unternehmen sind NPO in der Schweiz in der Regel von den (direkten) Kapital- und Ertragssteuern befreit. In den meisten Fällen weisen sie die Rechtsform eines Vereins oder der Stiftung auf, selten die Rechtsform der Aktiengesellschaft. Im Forschungsprojekt „IKS für NPO (2009-2011)" lag der Fokus auf gemeinnützigen NPO (Helmig, Bärlocher und von Schnurbein 2010 mit Bezug auf Meier-Hayoz und Forstmoser 2007), welche im Auftrag des Staates soziale Dienstleistungen erbringen und nicht oder nur zu einem kleinen Teil aus Spenden finanziert sind (Sutter, Hunziker und Grab 2014). Aufgrund der überwiegenden öffentlichen Finanzierung kommt dem adäquaten finanziellen und betrieblichen Rechnungswesen sozialer Institutionen eine grosse Bedeutung zu (Sutter, Hunziker und Grab 2014). Im Unterschied zu gewinnorientierten Unternehmen ist im Zusammenhang mit IKS die Leistungskomponente sehr wichtig. Dies kann wie folgt verdeutlicht werden: Vor 2008 wurden z.b. soziale Einrichtungen für Behinderte in erster Linie vom Bund finanziert. Bedingung für diese Finanzierung war der Nachweis einer gültigen Qualitätszertifizierung. Mit Einführung der Neugestaltung der Aufgaben und Finanzen (NFA) im 2008 ging die Finanzierungs- sowie Leistungshoheit inklusive allfälliger Qualitätsanforderungen größtenteils an die Kantone über. Der Bereich der Arbeitsintegration läuft nach wie vor über den Bund bzw. die Invaliditätsversicherung (IV). Andere Aspekte haben die 26 kantonalen Sozialdirektoren in eigenen Vereinbarungen festgehalten (z.b. die Interkantonale Vereinbarung für Soziale Einrichtungen [IVSE]) oder regeln dies kantonsspezifisch direkt mit ihren NPO. Üblicherweise müssen die NPO den Kantonen neben einem Finanzjeweils auch ein Leistungsreporting einreichen.

Analog zu den gewinnorientierten Unternehmen müssen alle mittelgrossen und grossen NPO ordentlich revidiert werden. Die öffentliche Hand kann aber auch für kleine und Kleinst-NPO eine ordentliche Revision als Bedingung für die Leistungsvereinbarung vorschreiben (vgl. Ziffer 1). Die Pflicht zur ordentlichen Revision hat zur Folge, dass ein IKS nachgewiesen werden muss (Art. 727 OR). Eine ordentliche ist gegenüber einer eingeschränkten oder gar Laienrevision in der Regel mit höheren Revisionskosten verbunden (Laienrevision oder gar keine Revision „opting-out" ist in der Schweiz nur möglich, wenn die Organisation 10 und weniger Vollzeitstellen aufweist und das Aufsichtsorgan geschlossen hinter diesem Entscheid steht).

3.2 Kontrollbeziehungen in NPO

NPO sehen sich im Vergleich zu öffentlichen Verwaltungen und gewinnorientierten Organisationen mehr Kontrollinstanzen gegenüber. Diese Kontrollbeziehungen sind in Abbildung 3 dargestellt. Neben der externen Revision können NPO auch von kantonalen Finanzkontrollen, Rechnungs-, Geschäftsprüfungs-, Finanzkommissionen, aber auch Controlling- und Audit-Organen der kantonalen Fachstellen usw. geprüft werden (Sutter, Hunziker und Grab 2014).

Abbildung 3: Inneres und äußeres Kontrolldreieck

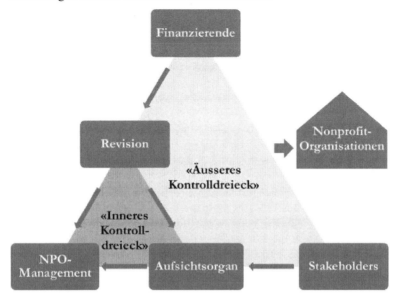

Quelle: Sutter, Hunziker und Grab (2014) S. 77, basierend auf Jäger (2007).

4 IKS-Umsetzung in NPO

Basierend auf den bisherigen Erkenntnissen wird das IKS für NPO definiert. Anschliessend wird aufgezeigt, wie das so definierte IKS bei NPO umgesetzt werden kann.

4.1 IKS-Definition

Die Definition basiert auf den Erkenntnissen des Fraud-Triangels und des COSO-Würfels (vgl. Ziffer 2.1). Beim COSO-Würfel werden Prüfstandard 890 von Expert Suisse (bis 2014 als „Treuhand-Kammer" bezeichnet), die Empfehlungen des Swiss NPO-Codes sowie die NPO-spezifischen Kontrollbeziehungen in der Schweiz zu Grunde gelegt. In Tabelle 1 kann die Definition wie folgt zusammengefasst werden:

Tabelle 1: IKS-Definition

Ziele	Massnahmen	COSO-Würfel
Kein Fraud	Fraud durch die Schaffung und die Pflege eines angemessenen Kontrollumfelds verhindern – mindestens aber vermindern	Kontrollumfeld
Vermögen ist geschützt	Wesentliche operative Risiken eliminieren – mindestens aber minimieren, damit das Organisationsvermögen geschützt ist.	Risikobeurteilung
Finanzielle Lage wahrheitsgetreu	Finanzielle Lage durch ein optimales Reporting wahrheitsgetreu und adressatengerecht abbilden (Finanzbuchhaltung sowie Kosten- und Leistungsrechnung als adäquates Controlling- und Managementsystem)	Berichterstattung
Erlasse und Vorschriften sind eingehalten	Einhaltung der wesentlichen Erlasse und Vorschriften in Bezug auf die Leistungsvereinbarung und Rechnungslegungsvorschriften	Compliance

Quelle: Sutter, Hunziker und Grab (2014) S. 82

4.2 IKS-Arbeitsprozess

Zur Einführung, Weiterentwicklung oder Überprüfung des IKS dient der folgende „IKS-Arbeitsprozess", wobei sich dieser durch die *drei typischen Phasen* Planung, Implementierung und Betrieb/Überwachung charakterisieren lässt. Beim IKS-Arbeitsprozess in Abbildung 4 kommt der Risiko-Kontroll-Matrix eine besondere Bedeutung zu. Sie wird im nächsten Abschnitt näher erläutert.

Abbildung 4: IKS-Arbeitsprozess

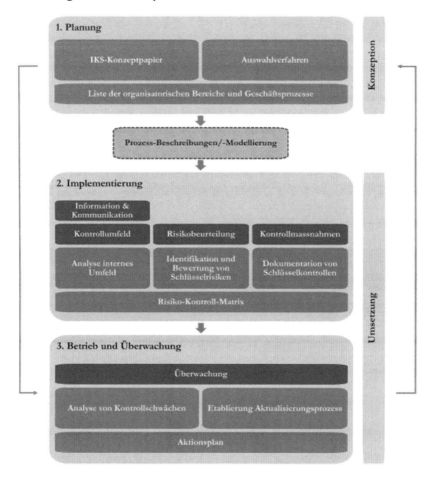

Quelle: Sutter, Hunziker und Grab (2014) S. 84

5 Empfehlungen zur IKS-Umsetzung in NPO und Fazit

Bei der Frage des optimalen IKS-Reifegrads lässt die sog. „Risiko-Kontroll-Matrix" wertvolle Rückschlüsse bei der Implementierung zu.

5.1 Risiko-Kontroll-Matrix mit Schlüsselprozessen

Im Rahmen des oben erwähnten Forschungsprojekts wurden die folgenden 17 Schlüsselprozesse für große Organisationen eruiert (Sutter, Hunziker und Grab 2014):

P1 Zahlungsverkehr/Flüssige Mittel
P2 Fakturierung/Debitoren
P3 Leistungsbezug/Kreditoren
P4 Lagerverwaltung/Vorräte
P5 Projektabwicklung/Angefangene Arbeiten
P6 Löhne/Personaladministration
P7 Kreditverwaltung/Finanzverbindlichkeiten
P8 Vermögensverwaltung/Finanzanlagen
P9 Infrastrukturverwaltung/Sachanlagen
P10 Berichtswesen/Rechnungslegung
P11 Budgetierung
P12 Kosten- und Leistungsrechnung
P13 Fondsverwaltung
P14 Informationstechnologie (IT)
P15 Verrechnung aus Verkauf
P16 Verrechnung aus Leistungserbringung
P17 Konsolidierung

Für Kleinstorganisationen gelten als „TOP-FIVE"-Schlüsselprozesse:

Abbildung 5: Gliederung der Risiko-Kontroll-Matrix

Schlüsselprozesse zu	Schlüsselrisiken (mit Nr.-Beispiel)	Schlüsselkontrollen (mit Nr.-Beispiel)
P1 Zahlungsverkehr / Flüssige Mittel	R 1.1	K 1.1
P2 Fakturierung / Debitoren	R 2.1	K 2.1
P3 Leistungsbezug / Kreditoren	R 3.1	K 3.1
P4 Löhne / Personaladministration	R 4.1	K 4.1
P5 Berichtswesen / Rechnungslegung	R 5.1	K 5.1

Quelle: In Anlehnung an Sutter, Hunziker und Grab (2014) S. 116

5.2 IKS-Reifegrad

Die Verantwortlichen der NPO (Aufsichtsorgan und Geschäftsleitung) müssen entscheiden, wie detailliert sie das IKS unter den situativen Bedingungen auszugestalten haben (Abbildung 6). Überschlagsmäßig lässt sich der Umsetzungsgrad des IKS bei NPO auf einer Skala von 1 (nur informell) bis 5 (optimiert) erfassen.

Abbildung 6: IKS-Reifegrad

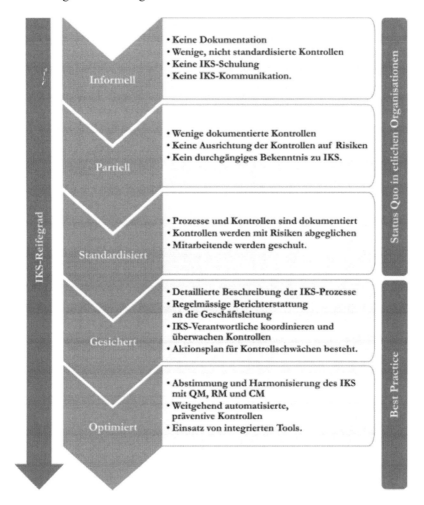

Quelle: Sutter, Hunziker und Grab (2014) S. 48

5.3 Fazit

Für die Stärkung des Nachhaltigkeitsbeitrags von NPO sollen die IKS-Erkenntnisse den NPO-Führungsverantwortlichen mehr Sicherheit bieten. Dieser Sicherheitsgewinn lässt sich auch mit den folgenden Worten ausdrücken: „Wer das Ziel kennt, kann entscheiden, wer entscheidet, findet Ruhe, wer Ruhe findet, ist sicher, wer sicher ist, kann überlegen, wer überlegt, kann verbessern" (Zitat, welches auf Konfuzius zurückgehen soll) und somit zur Nachhaltigkeit von NPO beitragen.

6 Literatur

Committee of Sponsoring Organizations of the Treadway Commission (1992): Internal Control – Integrated Framework. Jersey City, NJ: AICPA.

Committee of Sponsoring Organizations of the Treadway Commission (2006): COSO for Smaller and Medium Enterprises (SME): Guidance for Smaller Public Companies Reporting on Internal Control over Financial Reporting. Jersey City, NJ: AICPA.

Cressey, D.R. (1950): The Criminal Violation of Financial Trust. In: American Sociological Review 15 (6), S. 738-743.

CURAVIVA Schweiz (2016): Jahresbericht 2014. URL: http://www.curaviva.ch/files/87RK8UO/-jahresbericht_2014_von_curaviva_schweiz.pdf. Abgerufen am: 17.04.2016.

Dingwerth, K. und Lehmkuhl, D. (2016): Fifa und Menschenrechte. Eine Verpflichtung, aber auch eine Chance. In: Neue Zürcher Zeitung (NZZ) vom 15.04.2016, S. 12.

Helmig, B., Bärlocher, C. und von Schnurbein, G. (2010): Grundlagen und Abgrenzungen. In: Helmig, B. Lichtsteiner, H. und Gmür, M. (Hrsg.): Der Dritte Sektor der Schweiz. Bern: Haupt, S. 15-40.

Hunziker, S., Dietiker, Y., Schiltz, K. und Gwerder, L. (2015): Ganzheitliche Risikosteuerung in 10 Schritten – Risikomanagement und IKS für Schweizer Gemeinden. Bern: Haupt.

Jäger, S. (2007): Managerkontrolle und Unternehmenswert. Zürich: Verlag Neue Zürcher Zeitung.

Meier-Hayoz, A. und Forstmoser, P. (2007): Schweizerisches Gesellschaftsrecht. Bern: Stämpfli.

Schmitz, D. und Zöbeli, D. (2016a): Finanzierung der sozialen Institutionen im Umbruch. In: Sozialpolitik. Soziale Sicherheit/CHSS 01, S. 41-45).

Schmitz, D. und Zöbeli, D. (2016b): Soziale Institutionen: Finanzierung im Umbruch. In: Journal 21 vom 22.01.2016.

Schneider, J., Minnig, C. und Freiburghaus, M. (2007): Strategische Führung von Nonprofit-Organisationen. Bern: Haupt.

Treuhand-Kammer (2007): Schweizer Prüfungsstandard: Prüfung der Existenz des internen Kontrollsystems (PS 890). URL: http://www.treuhandsuisse.ch/documents/PS_890.pdf. Abgerufen am: 24.02.2011.

Sutter, E. et al. (2011): Schlussbericht zum KTI-Forschungsprojekt. Internes Kontrollsystem für staatlich subventionierte NPOs. Basel: Fachhochschule Nordwestschweiz FHNW.

Sutter, E., Hunziker, S. und Grab, H. (2014): IKS-Leitfaden - Internes Kontrollsystem für Nonprofit-Organisationen. 2. Aufl., Bern: Haupt.

Die Gemeinwohl-Bilanz als Orientierungsrahmen für gesellschaftsgestaltendes Handeln

Oliver Viest

1 Wirksamkeit als neue Definitionsgrundlage von Gemeinnützigkeit

Die Definition für Gemeinnützigkeit wird in Deutschland in der Abgabenordnung getroffen: „Eine Förderung der Allgemeinheit ist dann anzunehmen, wenn die Tätigkeit darauf gerichtet ist, die Allgemeinheit auf materiellem, geistigem oder sittlichem Gebiet selbstlos zu fördern." (§ 52 AO). Das heißt, die Definition legt Ziel und Aufgabe einer Organisation zugrunde, nämlich einen von 25 definierten Bereichen der Allgemeinheit zu fördern.

Ausschlaggebend für die Erteilung des Status der Gemeinnützigkeit ist neben dem Ziel, mindestens einen dieser Bereiche zu fördern, die Verwendung der Einnahmen bzw. des Gewinns. Wenn diese den Vorgaben der Behörden entspricht, wird in der Regel der Status der Gemeinnützigkeit (wieder) erteilt.

Gänzlich unberücksichtigt bleiben bei dieser Bewertung die Wirksamkeit der statutarisch festgelegten Kernleistungen (Organisationsauftrag) sowie die gesamte Auswirkung der Organisationsaktivitäten auf die Gesellschaft. Während für erstere Fragestellung inzwischen Bewertungsversuche wie der Social Return on Investment (SROI) (Then 2011) und Berichtsrahmen wie der Social Reporting Standard, der auf Projektebene Transparenz herstellen möchte (SRS 2014), existieren, wird die Gesamtwirkung der Organisation bislang nicht systematisch bewertet. Die behördlich vorgenommene Bewertung ist aufgrund ihrer monetären und statutarischen Betrachtung ebenfalls nicht ausreichend, um eine zukunftsweisende Gemeinnützigkeitsdefinition vorzunehmen und das Handeln der Organisation als Ganzes zu bewerten.

Im Weiteren werden Betrachtungsdimensionen und ein Analyserahmen vorgeschlagen, der nach weiterer Ausdifferenzierung die bisherige Gemeinnützigkeitsdefinition ersetzen und somit auch zu einem sektorübergreifenden Verständnis von Wirtschaften führen kann. Bislang als gemeinnützig anerkannte Organisationen würden sich dann in einem „Wettbewerb des Guten" mit erwerbswirtschaftlichen Unternehmensformen (z.B. GmbHs) befinden. Die Summe aller Wirkungen würde den Ausschlag für steuerliche Vorteile geben. (Felber 2012).

2 Berührungsgruppen-Betrachtung als Voraussetzung ganzheitlichen Gemeinnützigkeitsverständnisses

Um eine umfassende Betrachtung der Tätigkeiten einer Organisation zu ermöglichen, müssen sämtliche Berührungsgruppen identifiziert werden. Ausgangspunkt hierzu ist eine Stakeholder-Betrachtung unter Berücksichtigung der Spezifika gemeinnütziger Organisationen. Während erwerbswirtschaftliche Betriebe von einem dualen Austauschverhältnis zwischen Unternehmen (liefert Leistung) und Kunden (bezahlt) gekennzeichnet sind, liegt bei gemeinnützigen Organisationen ein Dreiecksverhältnis vor: Meist liefern die Kunden (Klienten) keine bzw. keine volle monetäre Gegenleistung zu den Leistungen der Organisation. Eine Finanzierung wird vielmehr durch Dritte ermöglicht, bspw. durch Kostenträger, Spender, Mitglieder oder Sponsoren (Urselmann 2009). Damit lassen sich folgende Berührungsgruppen für eine gemeinnützig agierende Organisation definieren:

- Klienten – Die Empfänger der Leistungen einer Organisation, meist auch in der Satzung definiert.

- Kunden – Zielgruppen des wirtschaftlichen Zweckbetriebs einer Organisation, bspw. Eltern in Kitas, Museumsbesucher, Altenheimbewohner.

- Spender und Sponsoren – Private wie institutionelle Zuwender ohne vertragliche Gegenleistung sowie Sponsoren (meist Unternehmen) im Vertragsverhältnis. Stiftungen können als weitere Teilgruppe betrachtet werden.

- Krankenkassen, Kommunen, Staat – Die öffentliche Hand auf allen Ebenen als Finanzier erbrachter Leistungen mit z.T. politisch formulierten Interessen.

- Mitglieder – Vom ideellen Mitglied über Fördermitglieder bis hin zu teilhabenden Mitgliedern.

- Banken und Gesellschafter – Private und institutionelle Darlehensgeber.

- Lieferanten – Sämtliche privaten und juristischen Personen, die Teil der Lieferkette der Organisation sind, vom Firmen-PC-Lieferanten über Schließdienstfirmen bis hin zum Papierlieferanten.

- Mitarbeitende – Alle festangestellt, freiberuflich und ehrenamtlich Mitarbeitenden.

- Marktbegleiter – Organisationen, die im gleichen Leistungs- oder Finanzierungsmarkt aktiv sind und auf diese Weise mit den Aktivitäten der Organisation in Berührung kommen.

- Gesellschaft – weiter gefasste Berührungsgruppen, die lokal (z.B. als direkte Nachbarn des Organisationssitzes), regional, national oder international von der Tätigkeit der Organisation tangiert werden.

- Umwelt – Ressourcen wie Bodenfläche, Wasser und Sauerstoff. Beeinflussung bspw. durch Emissionen und das Töten von Tieren.

Wie aus der oben erstellten Übersicht der Berührungsgruppen deutlich wird, existieren weitaus mehr durch die Aktivitäten einer Organisation tangierte Gruppen als nur die Klienten oder Kunden. Das Verständnis und die Bewertungsgrundlage von Gemeinnützigkeit muss konsequenterweise unter Einbezug dieser Gruppen auf ein globales Nachhaltigkeitsverständnis mit sozialer, ökologischer und ökonomischer Dimension ausgedehnt werden (Abbildung 1).

Abbildung 1: Dimensionen unternehmerischer Verantwortung

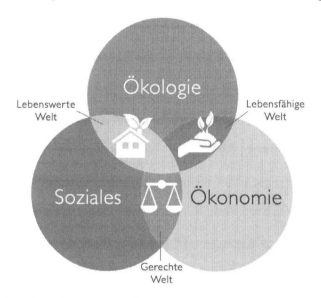

Eine Organisation wäre demnach dann gemeinnützig, wenn sie die Interessen dieser Berührungsgruppen in einem definierten Umfang (oder summarisch) berücksichtigt und sie diese im Sinne einer Gemeinwohl-Erwartung in allen Dimensionen unternehmerischer Verantwortung bedient – sie also in definiertem Umfang zu einer lebensfähigen, gerechten und lebenswerten Welt beiträgt.

3 Die Gemeinwohl-Bilanz als Orientierungsrahmen für Social-Profit Organisationen

3.1 Grundlagen

Idealerweise würden die Interessen jeder einzelnen der oben skizzierten Anspruchsgruppen erhoben und mit dem Handeln der Organisation abgeglichen. Um das Vorgehen hierbei kurzfristig operabel zu machen, schlägt das Gemeinwohl-Ökonomie Modell (Felber 2012) eine Orientierung an den verfassungsmäßigen, humanistischen Werten demokratischer Gesellschaften vor. Reflektiert werden soll demnach der Umgang mit allen Berührungsgruppen anhand der Werte

- Menschenwürde
- Solidarität
- Ökologische Nachhaltigkeit
- Soziale Gerechtigkeit
- Demokratische Mitbestimmung und Transparenz

Aus diesen Werten, verbunden mit wissenschaftlichen Erkenntnissen über die Wirkung bestimmter Verhaltensweisen und Maßnahmen aus den unterschiedlichsten Disziplinen wie der Managementlehre, der Klimaforschung, den Ernährungswissenschaften, der Glücksforschung, der Volkswirtschaft und der Organisationstheorie, lassen sich erste Erwartungen an die idealtypische Qualität der den Berührungsgruppen zu erbringenden Leistungen und Verhaltensweisen ableiten. Hierzu wurden durch die Akteure der Gemeinwohl-Ökonomie (GWÖ)-Bewegung rund 60 Indikatoren definiert, mit deren Hilfe Unternehmen substantielle Antworten auf zentrale Fragen eines wertebasierten Wirtschaftens geben (Abbildung 2). Beispielsweise:

- Wird der Arbeitsplatz den Bedürfnissen aller im Unternehmen Arbeitenden gerecht?
- Werden Einkommen und Arbeit fair verteilt?
- Wie stark können Mitarbeiter am Unternehmen und seinen Entscheidungen Teil haben?
- Nach welchen ethischen Grundsätzen wird verkauft und vertrieben?
- Mit welchem ökologischen und sozialen Anspruch werden die Produkte oder Dienstleistungen erstellt?
- Wie werden Gewinne verwendet?
- Nach welchen Kriterien werden Kreditgeber ausgesucht?

Orientiert an einem jeweiligen Best-Case aus der Praxis ist eine systematische Einordnung der Aktivitäten der eigenen Organisation entlang einer Punkte-Skala möglich. Auf diese Weise entsteht ein umfassendes Bild über die Berücksichtigung der Interessen aller Beziehungsgruppen und gleichzeitig eine Gesamtpunktzahl zur summarischen Einordnung der Organisation.

Die Vision der seit 2010 zivilgesellschaftlich getriebenen GWÖ-Bewegung ist, dass in Zukunft sowohl die Werte als auch ihre Gewichtung innerhalb des Bewertungsrahmens (der sog. Matrix) durch demokratische Wirtschaftskonvente definiert werden. Damit würde die Gesellschaft ihren Anspruch an das Wirken von erwerbswirtschaftlichen wie gemeinnützigen Unternehmen gleichermaßen bestimmen. Aktueller Bewertungsmaßstab und Orientierungsrahmen sind Unternehmen, die transparent, fair und demokratisch wirtschaften. Diese idealtypischen Unternehmen bzw. Organisationen

- bieten hervorragende Arbeitsbedingungen,
- verteilen die Einkommen fair,
- treffen Entscheidungen transparent und gemeinsam,
- achten auf die ökologische und gesellschaftliche Auswirkung ihres Handelns.

Abbildung 2: Kompakte Darstellung der Werte- und Berührungsgruppen-Dimension, GWÖ-Matrix 4.1; Stand: 15.07.2016

WERT / BERÜHRUNGSGRUPPE	Menschenwürde	Solidarität	Ökologische Nachhaltigkeit	Soziale Gerechtigkeit	Demokratische Mitbestimmung & Transparenz
A) Lieferanten	A1: Ethisches Beschaffungsmanagement				
B) Geldgeber	B1: Ethisches Finanzmanagement				
C) Mitarbeiter & Eigentümer	C1: Arbeitsplatzqualität und Gleichstellung	C2: Gerechte Verteilung der Erwerbsarbeit	C3: Förderung ökologischen Verhaltens	C4: Gerechte Verteilung des Einkommens	C5: Innerbetriebliche Demokratie und Transparenz
D) Kunden, Produkte, Dienstleistungen, Mitunternehmer	D1: Ethische Kundenbeziehungen	D2: Solidarität mit Mitunternehmern	D3: Ökologische Gestaltung der Produkte und Dienstleistungen	D4: Soziale Gestaltung der Produkte und Dienstleistungen	D5: Erhöhung der sozialen und ökologischen Branchenstandards
E) Gesellschaftliches Umfeld	E1: Sinn und gesellschaftliche Wirkung der Produkte / DL	E2: Beitrag zum Gemeinwesen	E3: Reduktion ökologischer Auswirkungen	E4: Gemeinwohlorientierte Gewinnverteilung	E5: Gesellschaftliche Transparenz und Mitbestimmung

Gemeinnützige Organisationen, die ja den Sinn und die gesellschaftliche Wirkung ihrer Kernleistung statutarisch festgelegt haben, können sich, trotz des hohen Anspruchs der Bewertungsmatrix, an vielen Stellen im Vergleich zu erwerbswirtschaftlichen Unternehmen klar positionieren. Sie werden allein schon aufgrund ihres Gesellschaftsauftrags bei vielen Indikatoren positiv bewertet. Insbesondere bei „Sinn und gesellschaftliche Wirkung der Leistungen" (E1), dem „Beitrag zum Gemeinwesen" (E2), der „sozialen Gestaltung" ihre Leistungen (D4) sowie der „gemeinwohlorientierten Gewinnverteilung" (E4). Ihr Gemeinwohl-Output ist hier, im Vergleich zu erwerbswirtschaftlichen Unternehmen, mutmaßlich überdurchschnittlich. In anderen Bereichen wie der ethischen Kundenbeziehung, dem ethischen Beschaffungsmanagement oder der ökologischen Nachhaltigkeit hinken gemeinnützige Organisationen möglicherweise den Branchenstandards aus dem erwerbswirtschaftlichen Bereich hinterher.

3.2 Praxiserfahrungen einer diakonischen Einrichtung

Die diakonische Einrichtung Herzogsägmühle in Oberbayern gehört mit ihren 1.400 Mitarbeitenden zu den ersten gemeinnützigen Einrichtungen, die Erfahrungen mit dem Bilanzierungsrahmen und dem damit verbundenen Prozess gemacht haben. In einer internen Befragung gaben im Vorfeld nur fünf Prozent der Mitarbeitenden an, aufgrund christlicher Motive bei der Einrichtung tätig zu sein. Aufgrund dieses Ergebnisses initiierte die Geschäftsführung einen organisationsweiten Werteprozess, in dem Mitarbeitende die Wirkung des eigenen Handelns und die größeren sozialen und ökologischen Auswirkungen ihres Arbeitgebers beleuchteten. 86 Mitarbeitende unterstützen aktiv den Erhebungs- und Verbesserungsprozess. Entlang der Fragen des Handbuches der Gemeinwohl-Bilanz mit ihren differenzierten Indikatoren stellten sie zahlreiche Widersprüche fest: Während einerseits Klienten gepflegt und gefördert würden, werde auf der anderen Seite rein preisorientiert eingekauft. Während einerseits für ein naturnahes Ambiente gesorgt würde, würden auf der anderen Seite große CO_2-Mengen für Arbeitsfahrten emittiert. Die Ergebnisse wurden in einem Zwischenbericht dokumentiert, der die Stärken und Schwächen bei der Umsetzung der unterschiedlichen Werte gegenüber den Berührungsgruppen darstellt (Abbildung 3).

Abbildung 3: Spinnennetz-Darstellung zum Erreichungsgrad einzelner Werte in der Herzogsägmühle im Erstbericht 2015

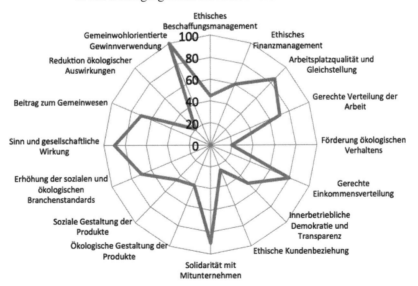

Bereits zum Zeitpunkt der Berichterstellung entstanden Ideen, die zum Teil inzwischen in der Umsetzung befindlich sind. So soll aufgrund der hohen festgestellten CO_2-Emissionen durch Fahrten von Mitarbeitenden zum Arbeitsplatz ein Carsharing eingeführt werden. Auch sollen beim Einkauf verstärkt regionale und ökologische Anbieter berücksichtigt werden. Dieses Engagement wird als selbstverständlicher, mit dem Wesen der Organisation verbundener Bestandteil gesehen – und entspringt dem Wunsch der Mitarbeitenden nach einem möglichst geringen negativen ökologischen und sozialen Fußabdruck.

Im Rahmen des laufenden Erhebungs- und Verbesserungsprozesses werden zudem neue Fragen nach Beteiligung und Transparenz werden gestellt. Die Organisation öffnet sich. Die Gemeinwohl-Bilanz Matrix dient in diesem Prozess mit ihren klar definierten Wertvorstellungen als Leitfaden. Wilfried Knorr, Direktor der Einrichtung und Initiator des Prozesses, fasst seine Beobachtungen mit Blick auf die Mitarbeitenden so zusammen: „Mitarbeitende engagieren sich (...) mit Liebe und Elan, wenn sie das Unternehmen als glaubwürdig erleben. Und dafür muss das Unternehmen etwas tun, was über den unmittelbaren Dienst an den Menschen (...) hinausreicht." (Viest und Müller 2016). Die Evaluation des eigenen Handelns mit Hilfe des Maßstabes „Gemeinwohl-Matrix" wird dabei nicht als formale Maßnahme im Sinne einer „Zertifizierung" betrachtet. Vielmehr wird sie als Inspirationsquelle und Begleiterin einer Organisation auf dem Weg zu einem, glaubwürdigen und ethischen Sozialunternehmen verstanden.

Bilanzierte „Gemeinwohl-Unternehmen" waren bereits Betrachtungsgegenstand einer Reihe von Bachelor- und Masterthesen. Auch hier stellten die Expertinnen und Experten aus den Unternehmen (z.B. Sparda-Bank München, Sonnentor Druck) übereinstimmend spürbare Auswirkungen auf ihr Personalmanagement fest (Nowakowski 2014). Der Prozess zum Gemeinwohl-Bericht habe die Auseinandersetzung um Werte im Unternehmen und damit die Identifikation und Motivation der Mitarbeiter spürbar gefördert. Die sich daran anschließenden Auswirkungen für bilanzierende Organisationen reichen von der Entwicklung einer partizipativen Organisationskultur über die gesteigerte Attraktivität gegenüber Bewerbern bis hin zur besseren Vermarktung des eigenen Angebotes. Der Bilanzierungsprozess rege einen Wertewandel bzw. ein Wertebewusstsein an und ermögliche es darüber hinaus, dies nach außen zu tragen und lebendig werden zu lassen.

3.3 Erfolgsfaktoren bei der Umsetzung

Die Gemeinwohl-Matrix und der aus der umfassenden Statusbetrachtung entstehende Gemeinwohl-Bericht können bei Unternehmen und Organisationen zu einer Reaktivierung bzw. Neuentwicklung gemeinsamer Werte und damit zu einer lebendigen und tragenden Organisationskultur beitragen. Insbesondere bei älteren Organisationen bedeutet eine solche Reaktivierung oft auch ein Wiederaufleben des Gründungsimpulses. Aufgrund der Praxisbeobachtungen im erwerbswirtschaftlichen Bereich kann für einen solchen nach innen wie außen als erfolgreich wahrnehmbaren Prozess ein zentraler Erfolgsfaktor ausgemacht werden: Allen bislang untersuchten Unternehmenstypen, die ihren Prozess selbst als erfolgreich und für das Unternehmen förderlich bezeichneten, stehen den Prozess treibende Führungskräfte vor, deren Werte und Lebensziele mit dem in der Gemeinwohl-Matrix formulierten Werterahmen übereinstimmen. Diese Führungskräfte sind sich der Auswirkung des eigenen Handelns – auch im globalen Kontext – bewusst, sie sind diskurs- und kommunikationsfreudig und besitzen den Mut zu einem offenen Prozess auf Augenhöhe. Zudem verbindet sie eine Haltung zur Welt, die sie selbst als Teil eines Ganzen wahrnehmen lässt. Ist der Prozess hingegen ausschließlich extrinsisch motiviert, beispielsweise über das Versprechen eines Wettbewerbsvorteils durch einen entsprechenden Bericht, ist eine hohe Abbruchrate bzw. ein Nicht-Fortführen des Weges zu beobachten.

4 Gemeinnützige Organisationen vom Subsidiär zum Gestalter gesellschaftlicher Veränderungen

Das hier vorgestellte Instrument Gemeinwohl-Bilanzierung ist mehr als nur Prüf- und Handlungsrahmen für ein nachhaltiges Organisationsverhalten. Es stellt die für gemeinnützige Organisationen existentielle Frage nach der summarischen Gemeinwohlorientierung. Und sie fordert sie heraus, sich vom Subsidiär zum Treiber gesellschaftlicher Veränderungen zu entwickeln, von der Fokussierung auf die Kernzielgruppe zu lösen und ihr Wirken im Ganzen zu betrachten. Damit befinden sich viele etablierte gemeinnützige Organisation in subsidiärer Rolle in einen Widerspruch: Sie wirtschaften zum Teil in Nischen, die durch ungerechte Verteilung und Intransparenz sowie durch politische Rahmenbedingungen entstanden sind. Durch eine konsequente Orientierung an verfassungsmäßigen Werten im Rahmen der GWÖ wäre es ihre Aufgabe, diese Lücken zu schließen, anstatt in ihnen dauerhaft zu arbeiten. Dieses Spannungsverhältnis wird durch den universell humanistischen und demokratischen Anspruch der Gemeinwohl-Bilanz lebendig.

Durch ein vorbildliches, wirkungsbewusstes und ganzheitliches Agieren zahlen Organisationen indes in doppelter Hinsicht auf ihren statutarisch festgelegten Zweck ein: Zum einen aus der Perspektive ihrer direkten Klienten, zum anderen im umfassenden Sinne als Mitgestalter einer sozial und ökologisch nachhaltig agierenden Welt. In Zukunft entsteht auf diese Weise womöglich ein neuartiges Bewertungsraster gesellschaftlicher Nachhaltigkeit – und möglicherweise eine neue Kategorie der Definition von Gemeinnützigkeit. Im Sinne einer umfassenden Gemeinwohl-Orientierung könnte sie aufgrund des Erreichens einer bestimmten Gemeinwohl-Punktzahl erfolgen – unabhängig von Rechtsform und Gewinnerzielungsabsicht. Eine solche positiv beurteilte „Social-Profit-Organisation" oder ein solches „Gemeinwohl-Unternehmen" zeigt soziale und ökologische Verantwortung in sämtlichen ihrer bzw. seiner Aktivitäten.

5 Weitergehende Forschungsbedarfe

Die durchgehende Anwendung der humanistischen Prinzipien der GWÖ bei gemeinnützigen Organisationen ist ein derzeit noch unerforschtes Feld. Erst seit wenigen Jahren befindet sich das System in der Praxisphase. Wie die Betrachtung des ersten Fallbeispiels einer Organisation zeigt, ist davon auszugehen, dass die GWÖ-Prinzipien in einer Reihe von Indikatoren (vgl. 3.) die Rolle gemeinnütziger Organisationen in der Gesellschaft stärken. Hier agieren sie im Gemeinwohl-Sinne bereits vorbildlich, sie werden mit einer hohen Punktzahl belohnt. Gleichzeitig gibt es möglicherweise bei anderen Indikatoren einen im Vergleich zu erwerbswirtschaftlichen Unternehmen verstärkten Nachholbedarf (Abbildung 4).

Abbildung 4: Forschungsthese gemeinnützige Organisationen: Bei Feldern C4, D4, E1, E2 und E4 sind sie im Vorteil, in den anderen Feldern gibt es Handlungsbedarf.

WERT / BERÜHRUNGSGRUPPE	Menschenwürde	Solidarität	Ökologische Nachhaltigkeit	Soziale Gerechtigkeit	Demokratische Mitbestimmung & Transparenz
A) Lieferanten	A1: Ethisches Beschaffungsmanagement				
B) Geldgeber	B1: Ethisches Finanzmanagement				
C) Mitarbeiter & Eigentümer	C1: Arbeitsplatzqualität und Gleichstellung	C2: Gerechte Verteilung der Erwerbsarbeit	C3: Förderung ökologischen Verhaltens	C4: Gerechte Verteilung des Einkommens	C5: Innerbetriebliche Demokratie und Transparenz
D) Kunden, Produkte, Dienstleistungen, Mitunternehmer	D1: Ethische Kundenbeziehungen	D2: Solidarität mit Mitunternehmern	D3: Ökologische Gestaltung der Produkte und Dienstleistungen	D4: Soziale Gestaltung der Produkte und Dienstleistungen	D5: Erhöhung der sozialen und ökologischen Branchenstandards
E) Gesellschaftliches Umfeld	E1: Sinn und gesellschaftliche Wirkung der Produkte / DL	E2: Beitrag zum Gemeinwesen	E3: Reduktion ökologischer Auswirkungen	E4: Gemeinwohlorientierte Gewinnverteilung	E5: Gesellschaftliche Transparenz und Mitbestimmung

Es muss Gegenstand weiterer Forschungsarbeiten sein, der Frage nach der Bedeutung eines Unternehmens für das Gemeinwohl nachzugehen, unabhängig von der Rechtsform und der behördlichen und steuerrechtlichen Einordnung. Sind weiter differenzierbare Indikatoren ausschließlich für gemeinnützige Organisationen denkbar, um eine Näherung an die Antwort zu ermöglichen? Wie können Ethik und Ökologie zusammen mit den in ihnen befindlichen komplexen Wirkungsketten angemessen bewertet werden? Zahlreiche weitere Fragen schließen sich an:

- Gibt es typische Sektoren innerhalb der gemeinnützigen Organisationen mit ähnlichen Leistungsmustern im Hinblick auf Nachhaltigkeit und Gemeinwohlorientierung?
- Welche geänderten Indikatoren ergeben sich aus der besonderen Finanzierungs- und Austauschsituation von Organisationen (Geber – Organisation – Klient)?
- Ist eine Adaption der Matrix/des Bewertungsrahmens auf die Eigenarten gemeinnütziger Organisationen notwendig und möglich?
- Wie können Spender und Ehrenamtliche als explizit definierte Berührungsgruppen beschrieben und berücksichtigt werden?
- Wie unterscheidet sich der Gemeinwohl-Output von gemeinnützig anerkannten Organisationen von dem erwerbswirtschaftlicher Unternehmen?
- Wie lassen sich Wirkungsbewertungen auf Projekt-/Klienten-Ebene in das Bewertungssystem aufnehmen?
- Welche Erfolgsfaktoren liegen erfolgreichen Gemeinwohl-Prozessen zugrunde?

6 Literatur

Felber, C. (2012): Gemeinwohl-Ökonomie. Wien. E-Book Kapitel 10.4. rechtliche Vorteile.
Nowakowski, K. (2014): Mythos CSR: Unternehmen zwischen Moral und Profit. Bremen.
o.V. (2014): SRS Leitfaden zur wirkungsorientierten Berichterstattung. Mühlheim. URL: http://www.social-reporting-standard.de. (Abgerufen am 15.07.2016).
Then, V. (2011): Erfolge messen und belegen, Transparenz schaffen mit der 'Social Return on Investment'-Methode. In: CSI kompakt, Heidelberg. S. 1-4. URL: https://sroi.files.wordpress.com/ 2008/07/csi_kompakt_02_social_return_on_investment_methode.pdf. (Abgerufen am 15.07.2016).
Urselmann, M. (2014): Fundraising: Professionelle Mittelbeschaffung für Nonprofit-Organisationen. Wiesbaden.
Viest, O. und Müller, R. (2016): Das begeistert Kolleginnen und Kollegen. In: Publik-Forum 12, S. 20-21.
Wikipedia: Drei-Säulen-Modell (Nachhaltigkeit). URL: https://de.wikipedia.org/wiki/Drei-S%C3%A4ulen-Modell_(Nachhaltigkeit). (Abgerufen am 15.07.2016).

Lokale Engagementnetzwerke in ländlichen Gebieten – Ergebnisse und Implikationen einer Netzwerkanalyse in der Region Odenwald

Michael Vilain und Matthias Heuberger

1 Einleitung

Vor dem Hintergrund demographischer Entwicklungen in strukturschwachen ländlichen Gebieten spielen lokale Peer-to-Peer-Netzwerke eine immer wichtigere Rolle für den Erhalt von Selbstständigkeit und Lebensqualität im Alter. Die Funktionalität dieser Netzwerke hängt häufig von einigen wenigen Netzwerkknoten, den „Social-Hubs", ab. Die Identifikation im Rahmen einer Netzwerkanalyse ermöglicht ihre gezielte Einbindung im Rahmen regionaler Entwicklungsprojekte. Vor diesem Hintergrund wurde im Projekt FESTIVAL eine lokale Netzwerkanalyse mit dem Ziel durchgeführt, Personen zu identifizieren, die bei der Sicherung der Grundversorgung von älteren Menschen und dem dörflichen Leben eine zentrale Stellung einnehmen. Im Ergebnis zeigten sich zwei unterschiedliche Netzwerkstrukturen in den beiden ausgewählten Modellgemeinden des Odenwaldkreises. Die hier vorgestellte dreistufige Netzwerkanalyse stellt ein geeignetes Tool dar, um wichtige örtliche Akteure zu identifizieren und ihre Vernetzung darzustellen, und bildet so die Grundlage für regionale Forschungsprojekte und Interventionen.

2 Hintergrund und Problemstellung

Aufgrund der demographischen Entwicklungen steigt der Anteil älterer Menschen in der Bundesrepublik Deutschland kontinuierlich an (Statistisches Bundesamt 2015). Besonders ländliche Gebiete sind von den Auswirkungen dieser Entwicklungen betroffen, da der Anteil älterer Menschen dort überdurchschnittlich hoch und die strukturellen Voraussetzungen zu deren Unterstützung und Versorgung besonders schlecht sind (OECD 2007). Ausgangspunkte sind die Überalterung der Bevölkerung und Abwanderung junger Menschen in urbane Zentren, die vergleichsweise niedrigen Renten und das geringe Durchschnittseinkommen. Die „Ausdünnung" der Bevölkerung steht in enger Wechselwirkung mit einem kombinierten Markt- und Staatsversagen, das vielfach mit einem Verfall der Infrastruktur einhergeht. So werden öffentliche Leistungen (z.B. ÖPNV, Schwimmbäder) rückgebaut und marktliche Angebote (z.B. Einzelhandel, Banken, Post) fehlen vielfach ganz. Damit einhergehend sinken die Wirtschafts- und Kaufkraft ebenso weiter wie die Steuereinnahmen der Kommunen. Das wirkt sich wiederum negativ auf den Ausbau (u.a. Straßenbau, Ausbau von leistungsfähigem Internet) und die Instandhaltung öffentlicher Infrastruktur (u.a. Gebäude, Wasser- und Stromnetze) aus. Die wohnortnahe Versorgung ist in vielen ländlichen Gebieten nicht mehr flächendeckend gewährleistet, was zu weitreichenden Einschränkungen im täglichen Leben führt (Dehne und Neubauer 2014; Fachinger und Künemund 2015; Walter und Schwarz 2000; Menning et al. 2010). Insbesondere für alte und hochaltrige Menschen wird das Leben in gewohnter Umgebung zusehends zur Herausforderung und geht häufig mit einem Verlust von Autonomie und Lebensqualität einher. Die unzureichende gesundheitliche Versorgung erhöht Mortalität und Morbidität, verkürzt die Lebenserwartung und verringert die Lebensqualität der Menschen (Walter und Schwarz 2000).

Traditionell werden derartige Versorgungslücken in ländlichen Regionen durch zwischenmenschliche Netzwerke in Form von Nachbarschafts- und Selbsthilfe sowie von freiwilligem Engagement in Vereinen kompensiert. Dieses für rurale Gebiete typische Engagement setzt allerdings funktionierende Netzwerke voraus, die über individuelle familiäre Hilfen hinausgehende gesellschaftliche Aufgaben übernehmen und so strukturelle Defizite auch für Menschen mit geringer familiärer Bindung kompensieren (Keating et al. 2013; Vilain und Heuberger 2014).

Erfahrungen aus dem vom BMBF geförderten Projekt FESTIVAL zeigen, dass für die Kompensation mangelnder öffentlicher und marktlicher Strukturen durch ehrenamtliches Engagement die Funktionalität der lokalen Peer-to-Peer Netzwerke eine entscheidende Rolle spielt. Ihre Funktionalität wiederum hängt von wenigen Netzwerkknoten, den sogenannten „Social-Hubs", ab (Albrecht 2010). Gemeint sind damit Personen (Netzwerkknoten), die Funktionen für andere Menschen übernehmen und zugleich über besonders viele und intensive Verbindungen zu ihrer sozialen Umgebung verfügen. Fallen solche Knoten weg, zerfällt das Netzwerk in viele kleine Netzwerke, fallen wesentliche Knoten weg, reduziert sich seine Funktionalität. Wird eine kritische Mindestgröße unterschritten, bricht das Netz sogar vollständig zusammen (Bengel und Lyssenko 2012). In der Konsequenz verringert sich nicht nur die Problemlösungskompetenz des Einzelnen, sondern auch die der örtlichen Gemeinschaft insgesamt. Die Identifikation solcher Netzwerke spielt demnach gerade für den ländlichen Raum eine bedeutende Rolle. Zahl und Eigenschaften der „Social-Hubs" (z.B. Alter, Mobilität und Motive) geben wichtige Hinweise auf die Entwicklung der örtlichen Engagementszene, die vielerorts bis heute ein wesentlicher Baustein der Daseinsvorsorge bildet (Vilain und Heuberger 2014; Keating et al. 2013).

3 Methode

Zur Identifikation örtlicher Engagementnetzwerke wurde in zwei ausgesuchten Gemeinden eine Netzwerkanalyse mit dem Ziel durchgeführt, Personen zu identifizieren, die bei der Sicherung der Grundversorgung von älteren Menschen und im gesellschaftlichen Leben auf kommunaler Ebene eine zentrale Stellung einnehmen. Diese Personen können sowohl in formalen (z.B. Vereine) als auch informalen (z. B. Familie, Nachbarschaft) Strukturen eingebunden sein. Vor Beginn der Netzwerkanalyse wurden zwei idealtypische Modellgemeinden des hessischen Odenwaldkreises kriteriengeleitet ausgewählt.

Untersuchungsgebiete
Die Infrastruktur in Gemeinde A (460 Einwohner) ist in geringem Maße touristisch (u.a. Hotel, Spezialitätenladen) geprägt und weist gleichzeitig einen hohen Leerstand an Wohnraum, eine geringe Dichte an Betreuungsangeboten für Senioren und Kinder und eine Abnahme ehrenamtlichen Potenzials auf. Auch Gemeinde B (2.410 Einwohner) ist gekennzeichnet durch einen hohen Leerstand an Wohnraum, verfügt aber über grundlegende Versorgungsangebote (u.a. Dorfladen, Pflegeheim) und ist gekennzeichnet durch ein ausgeprägtes Vereinsleben mit einer lebendigen Jugendarbeit, engen verwandtschaftlichen Beziehungen und umfassenden familiären Netzwerken. In beiden Orten ist derzeit noch die grundlegende hausärztliche Versorgung gewährleistet (Vilain und Heuberger 2014). Die räumliche und topographische Situation unterscheidet sich deutlich, ist jedoch in jedem Fall durch eine für die Region typische Entfernung zum nächsten Mittelzentrum geprägt.

Untersuchungsansatz
Zur Erfassung der beiden örtlichen Engagementnetzwerke wurden Ansätze der klassischen Netzwerkanalyse projektspezifisch modifiziert. Die Untersuchung erfolgte in drei aufeinander aufbauenden Phasen, beginnend mit einer Haushaltsbefragung zur Gewinnung eines Überblicks und zur Klärung der Rahmenbedingungen, einer Telefonbefragung zur Bestimmung der Netzwerkakteure sowie einer Expertenbefragung zur Beschreibung der Netzwerkstrukturen und -eigenschaften (zu Instrumenten der Netzwerkerfassung vgl. auch Hennig 2010):

Phase I: Grundlagen – Haushaltsbefragung
Der erste Schritt der Netzwerkanalyse bestand aus einer Haushaltsbefragung mittels standardisierter Fragebögen. Ziel war dabei die kriteriengestützte Beschreibung der Ausgangslage in den Modellgemeinden. Darüber hinaus sollten bereits engagierte Dorfbewohner für die nächste Erhebungsphase identifiziert werden. Die Haushaltsbefragung erfolgte nach vorheriger Ankündigung in den örtlichen Zeitungen und im Internet zu zwei unterschiedlichen Zeitpunkten: samstags vormittags und wochentags abends. Da wenig über die örtliche Struktur bekannt war, sollte eine willkürliche Stichprobenbildung vermieden werden. Angestrebt wurde daher eine Vollerhebung aller Haushalte in beiden Modellgemeinden (vgl. dazu auch Holzer 2009). Entsprechend dieser Zielsetzung suchten Mitarbeiter des Projektpartners, der Philipps-Universität Marburg, alle Haushalte innerhalb der Modellgemeinden zu den angekündigten Zeiten persönlich auf. Bei Anwesenheit und Interesse wurde die Befragung unmittelbar durchgeführt, andernfalls wurde ein Exemplar des Fragebogens übergeben oder mit der Bitte, dieses in einem vorbereiteten Umschlag im Dorfladen bzw. dem Gemeindezentrum abzugeben, in den Briefkasten geworfen.

Von den 135 ausgeteilten Fragebögen in Gemeinde A wurden insgesamt 39 Exemplare zurückgegeben. Dies entspricht einer Rücklaufquote von 28,9%. In Gemeinde B wurden insgesamt 311 Fragebögen mit einem Rücklauf von 72 Exemplaren ausgeteilt, was einer Rücklaufquote von 23,2% entspricht. Abgefragt wurden unter anderem Einschätzungen zu Wohnsituation, Verfügbarkeit und Nutzung von Internet, Integrationsbereitschaft von Neubürgern, medizinischer und pflegerischer Versorgung, Kinderbetreuung und Zufriedenheit mit dem Dienstleistungsangebot sowie zu ÖPNV, Lebensmittelangebot, Arbeitsmarkt und zum kulturellen und sozialen Leben. Das Engagement wurde im Rahmen einer Selbsteinschätzung unter anderem hinsichtlich der Breite und Vielfalt (z.b. Unterstützung öffentlicher Aktivitäten, Familienhilfe, Nachbarschaftshilfe, Vereinsaktivität) sowie der Dauer, Häufigkeit und Frequenz erhoben. Dabei wurde auch die individuelle Vernetzung erfragt (z.b. Kenntnis über weitere Engagierte, Anzahl und Intensität der sozialen Kontakte im Ort). Ergänzt wurden die Daten durch allgemeine Fragen zur Haushaltssituation, Pflegebedürftigkeit, Mobilität, Erwerbstätigkeit und Verbundenheit mit dem Ort sowie zu Geschlecht, Alter, Familienstand und Freizeitverhalten. Im Ergebnis konnten auf der Basis der Selbsteinschätzung erste „Engagement-Verdichtungen" erkannt werden. Teile der sozialen Struktur des Ortes wurden sichtbar.

Verbunden war diese allgemeine Befragung mit dem Ziel, geeignete Interviewpartner für die nächste Phase der Netzwerkanalyse zu gewinnen. Diese sollten idealerweise potenzielle „Social-Hubs" mit der Bereitschaft zu weiteren Auskünften sein.

Phase II: „Social-Hubs" – Telefoninterviews

Die so ausgewählten Zielpersonen wurden im zweiten Schritt telefonisch zum eigenen Engagement sowie zu den wichtigen sozialen Akteuren im Ort befragt. Durchgeführt wurden insgesamt 32 Telefoninterviews, davon 12 in Modellgemeinde A und 20 in der einwohnerreicheren Modellgemeinde B. Grundlage war ein strukturierter, semi-standardisierter Gesprächsleitfaden (Diekmann 2006). Neben den allgemeinen sozio-demographischen Daten und Fragen zur eigenen Einbindung im Ort wurde vor allem nach maßgeblichen Personen für das öffentliche und soziale Leben im Ort gefragt. Diese sollten mit Namen und Funktionen sowie mit einer Begründung für die Nennung benannt werden. Es bestand auch die Möglichkeit der Selbstnennung. Darüber hinaus wurde die Beziehungsstruktur zwischen den genannten Personen abgefragt. Weitere Fragen betrafen die Eigenschaften des Netzwerkes. Dabei sollte beispielsweise ermittelt werden, ob die lokale Engagementstruktur eher durch einige wenige stark engagierte Akteure oder durch zahlreiche regelmäßig engagierte Personen geprägt ist, wie der Zusammenhalt im Ort ist und ob Kontakte außerhalb des Ortes für das Engagement relevant sind.

Die anschließende Auswertung der Beziehungsmuster erfolgte über Kriterien wie „Umfang des Engagements" und „Häufigkeit der Nennungen". Im Gegensatz zur ersten Phase war dabei die Zahl der Fremdnennungen ausschlaggebend.

Wenngleich die Antworten der einzelnen Befragten eine gewisse Variabilität und Arbitrarität erkennen ließ, entstand – nicht zuletzt aufgrund der hohen Redundanz der Abfragen – ein relativ stabiles und widerspruchfreies Gesamtbild. So konnte die Struktur der Netzwerke mit ihren relevanten „Social-Hubs" gut identifiziert werden (Pfeffer 2010).

Phase III: Engagementstrukturen – Experteninterviews
In der dritten Phase der Netzwerkanalyse wurden die identifizierten „Social-Hubs" persönlich kontaktiert und mittels leitfadengestützter Experteninterviews befragt. Die Befragungen umfassten neben Aussagen zum eigenen Engagement vor allen Dingen Aspekte der innerörtlichen Zusammenarbeit, des sozialen Lebens und der Integration in die Gemeinschaft sowie der Anbindung an formelle Strukturen wie Vereine, Gemeindeverwaltung oder Kirche. Insgesamt wurden in Gemeinde A vier und in Gemeinde B fünf Experteninterviews durchgeführt. Diese ermöglichte die Überprüfung der gewonnenen Erkenntnisse aus den ersten beiden Erhebungsphasen und die Verdichtung des Bildes. Zusätzlich zu den „Social-Hubs" wurden in beiden Modellgemeinden – im Sinne einer finalen Kontrollschleife – jeweils der örtliche Pfarrer sowie der Bürgermeister mit dem Ziel befragt, die in der zweiten und dritten Phase identifizierten „Social-Hubs" in ihrer Bedeutung für das soziale Leben der Gemeinde sowie die jeweiligen Netzwerke zu kommentieren.

4 Ergebnisse

Die Analyse in den beiden Modellgemeinden ergab zwei unterschiedliche Netzwerktypen. Während in Gemeinde A ein stark zentriertes Netzwerk mit wenigen Hubs zu finden war, zeichnete sich Gemeinde B durch ein mäßig zentriertes Netzwerk mit insgesamt fünf Netzwerkknoten aus.

Netzwerk Gemeinde A
In Gemeinde A wurden zwei Personen als „Social-Hubs" identifiziert. Beide Personen waren männlich, Mitte 50 und durch jahrzehntelanges Engagement miteinander verbunden. Beide waren sowohl lokalpolitisch aktiv als auch in mehreren Vereinen eingebunden (dunkle Kreise in Abbildung 1). Das Engagement für die Gemeinschaft drückt sich dabei hauptsächlich durch ihre politischen Ämter aus. Darüber hinaus scheint die Verbundenheit der Ehefrauen (helle Kreise) zum Ort sowie deren Engagement in der Kirchengemeinde eine wichtige Stütze des Netzwerks zu sein. Neben den beiden „Social-Hubs" werden der örtliche Pfarrer sowie der Bürgermeister als wichtige Personen für das soziale Leben benannt. Im Kern stellen somit sechs Personen die Verbindung zwischen öffentlichem und informellem sozialem Leben dar und verbinden zugleich Politik, Kirche und Vereine. Alles in allem handelt es sich in Gemeinde A tendenziell um ein stark zentriertes und durch wenige Akteure geprägtes (Kern-)Netzwerk. Abbildung 1 stellt schematisch das Netzwerk in Modellort A vor.

Abbildung 1: Schema Engagementnetzwerk in Gemeinde A

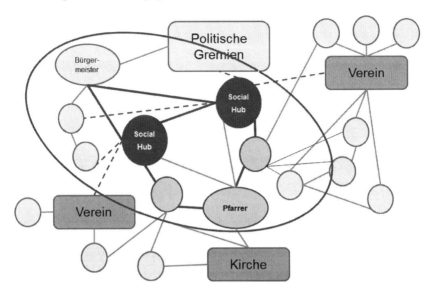

Netzwerk Gemeinde B
In Gemeinde B wurden im Rahmen der Netzwerkanalyse insgesamt fünf „Social-Hubs" identifiziert. Drei dieser Personen sind männlich und zwei weiblich. Alle männlichen „Social-Hubs" haben gemein, dass sie sich mehrheitlich über offizielle Ämter als Vereinsvorstände oder politische Gremien legitimieren und stark mit dem eigenen Ort verbunden sind. Von den weiblichen „Social-Hubs" ist eine in einem offiziellen Amt als stellvertretende Vereinsvorsitzende tätig. Der andere weibliche „Social-Hub" definiert sich hingegen über ein umfassendes kirchliches und zivilgesellschaftliches Engagement (Sport- und Musikverein). Die „Social-Hubs" in dieser Modellgemeinde sind alle über verwandtschaftliche oder langjährige freundschaftliche Beziehungen miteinander verbunden. Darüber hinaus verfügt der gesamte Ort über ein ausgeprägtes punktuell wirksam werdendes ehrenamtliches Engagement, was sich über die Möglichkeit einer kurzfristigen Einbindung großer Teile der Bevölkerung in gemeinschaftliche Aktivitäten zeigt:
„Nein, wenn dann sind es die Vorstände der Vereine für mich. (...). Es sei denn es werden zum Beispiel Feierlichkeiten gemacht. Unsere (...) Feuerwehr hat glaube ich 100jähriges oder 125jähriges Jubiläum gehabt, da hilft der ganze Ort zusammen. Also dann kriegt man nicht nur die (Aktiven), sondern man fragt rum (...) dann ist es so bei uns in [Modellgemeinde B], man kann eigentlich jeden fragen und er lässt sich zu irgendeinem Dienst einteilen." Zitat Befragter
Auffällig sind auch die vielfältigen Bezüge zu kirchlichen Aktivitäten in Gemeinde B. Wie schon zuvor werden auch hier der örtliche Pfarrer sowie der

Bürgermeister als weitere „Social-Hubs" benannt. Die Beziehungsstrukturen sind insgesamt deutlich komplexer und lassen sich nicht analog zu Modellort A in Form einer einfachen Grafik darstellen. Das identifizierte Netzwerk wirkt aufgrund der Anzahl von Akteuren und der Bereitschaft zahlreicher Bürger zu phasenweisem und kurzzeitigem Engagement weniger zentralistisch. Gleichwohl wird der Zusammenhalt auch hier im Rahmen freundschaftlicher und verwandtschaftlicher Beziehungen einer kleinen Gruppe gefestigt und weist Eigenschaften einer lokalen Elite auf.

5 Schlussfolgerung

Die Befunde bestätigen Erkenntnisse der frühen Engagementforschung, nach denen Frauen traditionellerweise vor allem in informellen Netzwerken (v.a. Familie, Nachbarschaft) sowie im sozialen und kirchlichen Feld engagiert sind, Männer hingegen in formalen Netzwerken wie Lokalpolitik und als Funktionäre in Vereinen (Zimmer 1996). Wie zu erwarten, agieren die identifizierten „Social-Hubs" beider Modellregionen in unterschiedlichen formellen und informellen Netzwerken. In gleicher Weise bestätigen sich Befunde, dass mitgliederstarke örtliche Vereine (z.B. Feuerwehren) wichtige Kristallisations- und Kanalisationspunkte örtlicher Interessen sind und damit strukturgebend für das örtliche Engagement wirken.

Damit scheinen die beobachteten Engagementnetzwerke weniger auf der Grundlage eines Austauschs auf Augenhöhe in peer-to-peer-Konstellationen zu funktionieren, sondern eher im Rahmen einer Tendenz zur Orchestrierung durch kleine Gruppen. Diese bilden örtliche Machtzentren, die nicht nur das Potenzial zur Gestaltung, sondern auch zur Ausgrenzung anderer Interessen und Verhinderung sinnvoller Entwicklungen haben. Persönliche Differenzen innerhalb dieser Gruppe und zwischen dieser Gruppe und anderen Akteuren bergen ferner ein hohes Konfliktpotenzial. Solche Gefahren lassen sich von Außenstehenden ohne gezielte Analyse oftmals kaum aufdecken.

Neben den „Social-Hubs" kam nach Ansicht der Befragten immer auch weiteren Personen in der Rolle eines „Facilitator" bzw. „Ermöglichers" Bedeutung für das örtliche Engagementgeschehen zu (z.B. Generierung von Ressourcen, zuverlässiges punktuelles Engagement). „Ermöglicher" agieren dabei anscheinend eher im Hintergrund und sehen sich selbst mitunter gar nicht als Engagierte. Ihre Bedeutung für örtliche Engagementstrukturen lässt sich aufgrund der vorliegenden Daten nur grob erfassen und bedarf weiterer Untersuchungen. Anders hingegen die Wahrnehmung von offiziellen politischen Vertretern (z.B. Bürgermeistern, Stadtverordneten), deren Rolle in den Engagementnetzwerken von den Befragten – entgegen manch eigener Einschätzung – zwar als wichtig, nicht jedoch als entscheidend wahrgenommen wird. Sie nehmen indes eine bedeutende Rolle in der Verbindung zum offiziellen politischen System war. Darüber hinaus können sie dem Engagement einen „offiziellen Rahmen" verleihen, indem Maßnahmen beispielsweise an die Gemeindeverwaltung angegliedert werden oder ein öffentlicher Raum für Anliegen der Bürger geschaffen wird. Darüber hinaus verfügen sie über ein beträchtliches Engagementverhinderungspotenzial.

6 Fazit

Ein Ziel regionaler Interventionen im Zusammenhang mit den Folgen demographischer Entwicklungen besteht darin, die Funktionalität sozialer Netze und damit die evolutorische Kollaboration in örtlichen Gemeinschaften zu erhalten und zu stärken. Hierzu ist es erforderlich, die örtlichen Akteure sowie den Aufbau und die Struktur ihrer Netzwerke erkennen und ihre weitere Entwicklung einschätzen zu können. Die vorgestellte dreistufige Netzwerkanalyse kann dabei einen Beitrag leisten. Örtliche Multiplikatoren können frühzeitig eingebunden werden, was unter Umständen den Widerstand bei Veränderungsprozessen reduziert. Nebenher liefert die Netzwerkanalyse der Engagementforschung weitergehende Informationen über Formen, Strukturen und Funktionsweisen freiwilligen Engagements in kleineren Gemeinschaften.

7 Literatur

Albrecht, S. (2010): Knoten im Netzwerk. In: Stegbauer, C. und Häußling, R. (Hrsg.): Handbuch Netzwerkforschung. VS Verlag für Sozialwissenschaften, Wiesbaden, S. 125-134.
Bengel, J. und Lyssenko, L. (2012): Resilienz und psychologische Schutzfaktoren im Erwachsenenalter. Stand der Forschung zu psychologischen Schutzfaktoren im Erwachsenenalter. Bundeszentrale für gesundheitliche Aufklärung, Köln.
Dehne, P. und Neubauer, A. (2014): Ländliches Wohnen im Alter, aber wie? Facetten sorgender Gemeinschaften in Mecklenburg-Vorpommern und anderswo. In: Deutsches Zentrum für Altersfragen (Hrsg.): Informationsdienst Altersfragen 41 (6), S. 3-12.
Diekmann, A. (2006): Empirische Sozialforschung. Grundlagen, Methoden, Anwendungen. 15. Aufl., Rowohlt Taschenbuch Verlag, Reinbek bei Hamburg.
Fachinger, U. und Künemund, H. (2015): Gerontologie und ländlicher Raum. Lebensbedingungen, Veränderungsprozesse und Gestaltungsmöglichkeiten. Springer Fachmedien, Wiesbaden.
Hennig, M. (2010): Mit welchem Ziel werden bestehende Netzwerke generiert? In: Stegbauer, C. und Häußling, R. (Hrsg.): Netzwerkanalyse und Netzwerktheorie. Ein neues Paradigma in der Sozialwissenschaft. VS Verlag, Springer Fachmedien, Wiesbaden. S. 295-308.
Holzer, B. (2009): Netzwerkanalyse. In: Kühl, S., Strodtholz, P. und Taffertshofer, A. (Hrsg.): Handbuch Methoden der Organisationsforschung – Quantitative und Qualitative Methoden. VS Verlag für Sozialwissenschaften, Wiesbaden. S. 668-695.
Keating, N., Eales, J. und Phillips, J. (2013): Age-Friendly Rural Communities: Conceptualizing "Best-Fit". In: Canadian Journal on Aging / La Revue Canadienne du Vieillissement 32 (4), S. 319-332.
Menning, S., Nowossadeck, E. und Maretzke, S. (2010): Regionale Aspekte der demografischen Alterung. In: Deutsches Zentrum für Altersfragen (Hrsg.): Report Altersdaten 1-2/2010.
Organisation for Economic Co-Operation and Development (2007): OECD Rural Policy Reviews: Germany. OECD Publications, Paris.
Pfeffer, J. (2010): Visualisierung sozialer Netzwerke. In: Stegbauer, C. und Häußling, R. (Hrsg.): Netzwerkanalyse und Netzwerktheorie. Ein neues Paradigma in der Sozialwissenschaft. VS Verlag für Sozialwissenschaften, Wiesbaden, S. 227-238.
Statistisches Bundesamt (2015): Bevölkerung Deutschland bis 2060. 13. koordinierte Bevölkerungsvorausberechnung. Statistisches Bundesamt, Wiesbaden.
Stegbauer, C. und Häußling, R. (Hrsg.) (2010): Netzwerkanalyse und Netzwerktheorie. Ein neues Paradigma in der Sozialwissenschaft. VS Verlag für Sozialwissenschaften, Wiesbaden.

Vilain, M. und Heuberger, M. (2014): Freiwilligenengagement zur Stärkung innovativer ambienter Lebensstrukturen im Alter. Sachbericht zum BMBF-Forschungsprojekt. Evangelische Hochschule Darmstadt – Institut für Zukunftsfragen der Gesundheits- und Sozialwirtschaft (IZGS), Darmstadt.

Walter, U, und Schwartz, F.W. (2000): Gesundheit und gesundheitliche Versorgung der älteren Bevölkerung im ländlichen Raum. In: Walter, U. und Altgeld, T. (Hrsg.): Altern im ländlichen Raum – Ansätze für eine vorausschauende Alten – und Gesundheitspolitik. Campus Verlag, Frankfurt a. Main, S. 77-96.

Zimmer, A.E. (1996): Vereine – Basiselement der Demokratie. Eine Analyse aus der Dritte-Sektor-Perspektive. Leske und Budrich, Opladen.

Non-Profit or For-Benefit? An Experimental Approach to the Link of Altruism and Sustainability Orientation on Hybrid Ventures

Hüseyin Doluca and Marcus Wagner

1 Introduction

Entrepreneurship for sustainable development can be defined following Katsikis and Kyrgidou (2008) as the "teleological process aiming at the achievement of sustainable development, by discovering, evaluating and exploiting opportunities and creating value that produces economic prosperity, social cohesion and environmental protection." Child (2015) describes for-profit social enterprises similarly. Following him and the logic of social innovation (Nicholls and Murdock 2012) pursuing profit-related motives as well as socially and environmentally related motives constitutes a hybrid venture.

Based on this definition, entrepreneurship for sustainable development should ultimately lead to corresponding hybrid ventures being created. The literature suggests that high levels of social and environmental concerns or more generally the hybrid responsibility of an individual are conducive for pursuing sustainable ventures (Kuckertz and Wagner 2010; Pacheco et al. 2010). Such ventures can generally be characterized by public good elements (i.e. the entrepreneur creates benefits that she cannot privately appropriate), which implies that they are in principle not solely driven by monetary benefits. Instead, they are by definition characterized by the creation of significant social benefits, e.g. through the reduction of environmental externalities or market failures (McMullen and Shepherd 2006).

The relationship between entrepreneurial intentions and the level of social and environmental concerns as well as attitudes such as sustainability orientation and altruism of an individual has been analyzed empirically with regard to pure entrepreneurial intent (Kuckertz and Wagner 2010; Urbig et al. 2012). Yet, so far with the exception of Wagner (2012) – who however did not address altruism – no empirical study has factored the intention for pursuing ventures for sustainable development directly into the analysis.

This work thus addresses several gaps in the literature by analyzing directly the role of social and environmental concerns as well as attitudes such as altruism more generally for the disposition of individuals to pursue sustainable development ventures. Given the manifold sustainability challenges such as climate change, population growth or intergenerational equity, the question what drives entrepreneurship for sustainable development is also of high practical relevance, and thus also from this perspective deserves more detailed investigation.

In the remainder, this chapter is organized as follows: In the next section we provide an overview of the literature and by deriving hypotheses and incorporating those into the existing theory of planned behavior we specify our final model. The third section introduces our experimental as well as questionnaire designs. After reporting the empirical results, in the last section we conclude with implications and a discussion.

2 Literature Review and Hypothesis Development

2.1 Sustainable Entrepreneurship

Three different streams of literature can be identified in the field of entrepreneurship for sustainable development. The first stream is about institutional entrepreneurship and deals with the required institutional change to achieve sustainable development (Beckmann and Zeyen 2014; Pacheco et al. 2010), the second one refers to entrepreneurship for sustainable development as entrepreneurship pursuing opportunities related to market failures (Cohen et al. 2008), and the third one deals with the adaptation of experimental methods to analyze individual behavior with respect to entrepreneurship (e.g., Urbig et al. 2012; Weitzel et al. 2010).

The first two streams suggest that empirical research in the field of entrepreneurship for sustainable development should identify determinants for the pursuance of for-benefit or public good-related sustainability-fostering opportunities. Finally, the third stream of literature is building on experimental research and suggests that talent of individuals could have a differential effect on productive versus destructive entrepreneurial opportunities (Baumol 1990). In this sense, pursuance of "objective" opportunities may be affected next to the need to incorporate further cognitive appraisals by their subjective perception and the latter can be influenced by emotions, affects or other subjective factors, among others partly caused by the former, such as altruism (Weitzel et al. 2010; Urbig et al. 2012). This suggests that these factors or their antecedents could have similar explanatory power as socio-demographic characteristics. Thus, such subjective factors (frequently determined through experiments) should be taken into the account in any analysis on determinants of entrepreneurship for sustainable development.

Related to these new factors different ways of measuring social or environmental concerns have emerged. At an aggregate level one can in this respect distinguish scales measuring stated preferences and experiments gauging revealed preferences. As an example of the former, Kuckertz and Wagner (2010) use a scale (explained in more detail later) to measure an individual's sustainability orientation. As concerns experimental measures resulting in revealed preferences, Urbig et al. (2012) and Weitzel et al. (2010) have used a defined sequence of economic experiments that is also adopted in this research to achieve good comparability. These experiments helped us determining attitudes such as altruism.

2.2 Altruism

Endogenizing besides monetary, also social and environmental goals into one's utility function requires an intrinsically motivated willingness to help others. While aiming to define social entrepreneurship, Tan et al. (2005: 358) postulate the social entrepreneur to be altruistic, because a social entrepreneur is required "to make profits for society" at either personal loss or forgone personal profits, in other words at own cost. The above stated definition of entrepreneurship for sustainable development by Katsikis and Kyrgidou (2008) implies analogously also altruistic behavior regarding social cohesion and environmental protection. Altruism is, next to sustainable orientation, another subjective factor, which is triggered by emotions such as empathy. Human psychology literature on empathy-altruism theory discusses this type of motivation (Batson 2011). Empathy, being the identification with the situational feelings of another person may result in empathic arousals. These arousals will (in case of acting altruistically) result in empathy-specific rewards (Smith et al. 1989) such as "warm glow", and in case of not acting altruistically it will result in empathy-specific punishments (Batson 1991) such as a guilty conscience.

In psychology, social human behavior is distinguished to be either cooperative, selfish, spiteful or altruistic. As illustrated in Table 1, Stuart et al. (2006) explain different social human behaviors.

Table 1: Types of social human behavior

		Effect on receiver	
		positive	*negative*
Effect on sender	*positive*	cooperation	selfishness
	negative	altruism	spitefulness

While cooperation and spitefulness are respectively win-win and lose-lose situations for both, the sender as well as the receiver, selfishness and altruism differ to cooperation in the loss of the receiver and sender, respectively.

2.3 Hypothesis Development

In the following we will derive hypotheses operationalizing our research question which as the starting point is: "What is the relationship between sustainability orientation and altruism and related emotions more generally with regard to pursuing hybrid ventures for sustainable development"? The literature review suggests that empirical research on this question should be combining and triangulating different measurement approaches of the core concepts sustainability orientation or altruism, to enable good interpretability of any results in the context of the mainstream entrepreneurship literature.

With this in mind, in the remainder of this subsection we derive specific hypotheses building in a logical sequence on the theory of planned behavior which is often used as a framework for modelling patterns of entrepreneurial behavior (Lüthje and Franke 2003). It proposes intentions as a predictor for subsequent behavior and attitudes as the core determinant of intentions (Ajzen 1991). We extend the theory of planned behavior in this sense to incorporate different operationalizations of intention in terms of:

1) a binary notion of entrepreneurial intent distinguishing whether or not an intended activity with more or less strong focus on contributing to sustainable development is a preferred choice for a future new venture formation (Wagner 2012), and

2) a novel and more encompassing integrated measure to gauge the strength of the intent for pursuing an entrepreneurial activity aimed at sustainable development (which can be understood as a quality-adjusted variant of an ordinal entrepreneurial intent measure).

Based on this framework, we initially hypothesize on the relationship of attitudes with intent and of course here would expect that our analysis would replicate well established relationships found in earlier empirical studies using the conventional notion of entrepreneurial intent. The strongest link identified here is the one between entrepreneurial attitudes and entrepreneurial intent (Lüthje and Franke 2003) and we thus hypothesize:

H1: There exists a positive association between entrepreneurial attitudes and sustainable entrepreneurial intent.

Testing our first hypothesis assures better connection of any further results to the mainstream entrepreneurship literature. As concerns the pursuance of ventures for sustainable development, attitudes other than those related to entrepreneurship could be relevant and have been validated in the literature review. The literature review also reveals various measurement approaches to gauge specific realizations of attitudes. In the empirical application we use two of these, namely an individual's sustainability orientation (Kuckertz and Wagner 2010) and an experimental measure of altruism that is well established in the field of behavioral economics (Urbig et al. 2012; Weitzel et al. 2010). Reflecting on the intention measures introduced above, one would expect, that sustainability orientation and altruism carry more weight when intent is related to sustainability-fostering opportunities and that such attitudes matter less for conventional ventures. For example, the social entrepreneurship literature emphasizes altruistic motives and the desire to help others as drivers of opportunity recognition (Hockerts 2006; Mair and Noboa 2006). Mair and Noboa (2006) study the intention formation process regarding the foundation of social enterprises. They extend Ajzen (1991)'s widely applied theory of planned behavior for the explanation of the creation of intentions which is also often used in the entrepreneurship literature. The extension is done using the entrepreneurial event formation model of Shapero and Sokol (1982) such that empathy is expected to correlate positively with the desire to become a social entrepreneur. According to the authors empathy has been studied extensively in the context of "helping behavior", a concept that is related to the core of sustainable entrepreneurship. Hockerts (2006) argues that other than profit-oriented entrepreneurs, philanthropic-oriented ones benefit from altruism-related gains. Given our different measures we thus hypothesize:

H2 and H3: There exists a positive association between sustainable entrepreneurial intent and sustainability orientation (H2) and altruism (H3).

Extant literature indicates that the relationships being hypothesized in H1 to H3 may be changing depending on the intensity of the other explanatory variables. Altruism is implying positive effects on other individuals and thus it results in inter and intra-generational solidarity, which in itself is a precondition for sustainable development (Corral-Verdugo et al. 2009). Arribas et al. (2012) have shown that there exists a relationship between social attitudes and entrepreneurial attitudes. They show experimentally that individuals with strong entrepreneurial attitude have lower social attitudes. They argue that entrepreneurial attitudes more or less explain the potential entrepreneur's financial motive. As entrepreneurial attitudes next to financial ones also subsume non-financial considerations we believe that the intrinsic motivation stemming from attitudes such as altruism and sustainability orientation may positively influence entrepreneurial attitudes, especially in the case of entrepreneurship for sustainable development. Hence, we believe that such attitudes not only influence the impact of entrepreneurial attitudes but also influence each other's impact on individual's sustainable entrepreneurial intent. Hence, the following hypotheses evolve:

H4: The positive relationship between an individual's sustainability orientation and sustainable entrepreneurial intent is stronger for individuals with higher levels of altruism.

H5 and H6: The positive relationship between individual's entrepreneurial attitude and sustainable entrepreneurial intent is stronger for individuals with higher levels of altruism (H5) and sustainability orientation (H6).

3 Data and Measures

A sample of 183 students from a medium-sized German university provided data for this study. Students were studying natural sciences (83) and business and economics (100). The students were asked to participate in an experimental session and to complete an online questionnaire. In the following we initially describe the experimental design and then the survey measures derived from the questionnaire.

3.1 Experimental Design

Altruistic behavior. In economics and management literature altruism is commonly measured using the anonymous dictator game (DG). In the DG the sender is given an endowment of 10 €, which she may or may not share with a passive player. The passive player herself cannot reject any money being given by the sender.

Using the definition of altruism being represented in Table 1, we next discuss the suitability of our empirical measure for gauging an individual's altruistic behavior. In the classical DG every payoff of less than 10 € bears cost for the sender (negative effect) while it has a welfare enhancing effect on the passive player (positive effect). The altruistic behavior is thus continuously decreasing in the sender's payoff, while at a payoff of 10 € neither an altruistic nor a selfish behavior can be attributed to the active player. Since the passive player cannot lose money, the active player cannot act spiteful. We thus argue that this treatment is a proxy for altruism only.

Various considerations and conducted tests ensure the validity of our results: these are for example the assurance of anonymity, randomization of treatment as well as question orderings, participation of students only be grown up in Germany, and the testing for group differences. Motives based on empathic altruism best describe our experimental setting since our participants may share the money only because they are conscious about the receiver. Hence, we measure a type of altruistic behavior (besides genetically driven pure altruism) that is mainly based on empathic emotions.

3.2 Survey Measures

In the questionnaire, besides control variables adapted from extant literature, such as gender, age, the subject of study, the binary variables indicating the self-employment of the student's parents, whether the student finished a vocational training program prior to studying, and whether the student stayed abroad either for a practical placement, for a language course or for his studies, we also asked for items to determine contextual factors such as the student's perception of barriers and support factors for entrepreneurial activities, factors regarding entrepreneurship like personal attitudes towards entrepreneurial activities, and the student's originality and innovativeness.

Sustainable entrepreneurial intention. The dependent variable of sustainable entrepreneurial intention is measured according to Wagner (2012) by combining the startup content and the likelihood to become self-employed in the foreseeable future after graduation as orthogonal dimensions based on Euclidean additivity. The latter variable's responses are indicated on a seven-point Likert scale ranging from 1 ("strongly disagree") to 7 ("strongly agree"). The startup content is measured based on Grohs et al. (2015) by asking the students to indicate the preferred content of potential self-employment: (*i*) founding a service company to foster renewable energy supply, (*ii*) founding a company which sets up private child care centers, (*iii*) founding a company which commercializes a new base technology that enables industry to heat up materials quick, efficient and without requiring much energy, (*iv*) founding a web 2.0 startup, and (*v*) founding a company which develops software for the design of microchips. As we have allowed for multiple answers, after identifying all combinations of the elementary alternatives we used lexicographical ordering to determine the sustainability-relatedness of the potential startup on a 7-point Likert scale.

Sustainability orientation. The sustainability orientation items stem from Kuckertz and Wagner (2010) and are, e.g., "German firms should take an internationally leading role in the field of environmental protection" and "I think that environmental problems are one of the biggest challenges for our society". We use a 7-point Likert-scale. Our Cronbach's alpha-value of 0.7 indicates an acceptable internal reliability (Peter 1979).

Entrepreneurial attitude. Entrepreneurial attitudes have been measured following Lüthje and Franke (2003) using the three items (*i*) I'd rather be my own boss than have a secure job, (*ii*) you can only make big money if you are self-employed, and (*iii*) I'd rather found a new company than be the manager of an existing one. These are measured on a 7-point-scale ranging from 1 ("strongly agree") to 7 ("strongly disagree") with unidimensionality being supported by a Cronbach's alpha of 0.69.

4 Analysis and Results

The two student groups are similar and do not differ at the 10% level with respect to the age and the number of semesters studied; on average, participants studying natural science are 22.9 years old and have been enrolled 4.9 semesters, while business students age 23.1 and they have studied 4.7 semesters on average. The correlation coefficients between the independent variables are all lower than 0.5, indicating that there exists no multicollinearity (Table 2).

Next, we will present our research findings in terms of different estimations. For robustness reasons we used three different econometric estimation methods (Table 3). In columns 1 and 2 we provide ordinary least squares and ordered probit estimates using sustainable entrepreneurial intention as dependent variable whereas in column 3 we present the estimates of a multivariate probit estimation using the different binary startup alternatives (startup web 2.0, software venture, base technology, energy service, and child care) as dependent variables.

Table 2: Descriptive statistics and variable intercorrelations

Variables	Mean	Std. dev.	Min.	Max.	(1)	(2)	(3)	(4)	(5)	(6)	(7)	(8)	(9)	(10)	(11)	(12)	(13)
Gender (2 = male; 1 = female)	1.54	0.50	1	2	1.00												
Age	23.18	3.11	19	36	0.00	1.00											
Propensity to innovate	3.56	0.62	2.2	5	-0.02	-0.06	1.00										
Vocational training	0.11	0.32	0	1	-0.08	0.44	0.01	1.00									
Studies abroad	0.13	0.33	0	1	-0.08	0.13	-0.01	0.07	1.00								
Placement abroad	0.07	0.25	0	1	-0.07	-0.02	0.10	-0.10	-0.10	1.00							
Perceived barriers	4.30	0.85	1.33	6.67	0.10	-0.00	-0.10	0.02	0.04	-0.03	1.00						
Perceived support	4.05	0.65	1.67	6.3	0.12	-0.11	0.10	-0.10	-0.04	0.02	0.04	1.00					
Parents self-empl. (1 = yes, 0 = no)	0.39	0.49	0	1	-0.01	-0.02	-0.03	0.14	0.07	0.11	-0.02	0.10	1.00				
Business student (1 = yes, 0 = no)	0.55	0.50	0	1	-0.00	0.11	0.07	-0.02	0.25	0.11	0.13	0.07	0.12	1.00			
Religiosity (1 = yes, 0 = no)	0.68	0.47	0	1	-0.03	0.06	-0.08	0.03	-0.02	0.09	-0.09	-0.06	0.07	-0.04	1.00		
Entrepreneurial attitude	0	1	-2.11	2.32	0.20	-0.00	0.31	0.02	0.13	0.00	0.12	0.17	0.10	0.12	-0.10	1.00	
Altruism	0	1	-3.46	1.58	-0.01	0.05	-0.10	-0.03	0.04	0.04	-0.03	0.02	-0.03	-0.06	0.05	1.00	
Sustainability orientation	0	1	-3.16	2.63	-0.17	0.05	0.04	0.07	0.16	0.11	-0.03	0.06	0.01	0.04	0.03	-0.09	-0.12

Notes: N=183; correlations with an absolute value greater than 0.12 are significant at p<0.1; std. dev.: standard deviation; min.: minimum in-sample value; max.: maximum in-sample value

Table 3: Coefficient estimates

	Variables	(1) Sustainable entrepreneurial intent, OLS	(2) Sustainable entrepreneurial intent, ordered probit	(3) Multivariate probit				
				(a) Web	(b) Software	(c) Base Technology	(d) Child Care	(e) Clean Energy
(1)	Gender (2 = male, 1 = female)	-0.697 (2.85)***	-0.457 (2.75)***	0.487 (2.19)**	0.762 (2.69)***	0.886 (4.23)***	-0.708 (2.97)***	-0.105 (0.50)
(2)	Age	-0.064 (1.51)	-0.054 (1.82)*	-0.038 (1.12)	0.011 (0.23)	0.008 (0.21)	-0.024 (0.64)	-0.042 (1.25)
(3)	Propensity to innovate	-0.010 (0.05)	-0.018 (0.13)	-0.391 (2.00)**	0.025 (0.11)	0.332 (1.95)*	-0.148 (0.78)	0.085 (0.49)
(4)	Vocational training	0.013 (0.03)	0.071 (0.26)	0.349 (0.94)	-0.157 (0.33)	-0.140 (0.40)	0.327 (0.96)	-0.253 (0.66)
(5)	Studies abroad	0.067 (0.17)	0.097 (0.36)	-0.291 (0.83)	-0.336 (0.59)	0.522 (1.53)	-0.501 (1.55)	0.550 (1.63)
(6)	Placement abroad	0.152 (0.32)	0.127 (0.39)	1.041 (2.58)***	0.541 (1.08)	-0.367 (0.80)	0.007 (0.01)	-0.186 (0.51)
(7)	Perceived barriers	-0.111 (0.78)	-0.079 (0.82)	0.055 (0.43)	0.248 (1.38)	0.076 (0.64)	0.004 (0.03)	-0.248 (1.94)*
(8)	Perceived support	-0.268 (1.44)	-0.203 (1.63)	0.085 (0.56)	-0.013 (0.07)	-0.113 (0.73)	-0.349 (2.04)**	0.020 (0.12)
(9)	Parents self employed (1 = yes, 0 = no)	0.217 (0.88)	0.145 (0.87)	-0.280 (1.27)	-0.038 (0.17)	-0.053 (0.25)	0.750 (3.23)***	0.356 (1.63)
(10)	Business student (1 = yes, 0 = no)	-0.347 (1.41)	-0.241 (1.45)	0.731 (3.16)***	-0.660 (2.57)**	-0.786 (3.62)***	0.261 (1.07)	-0.301 (1.42)
(11)	Religiosity	-0.275 (1.13)	-0.144 (0.88)	0.422 (1.90)*	0.328 (1.39)	0.056 (0.26)	-0.257 (1.14)	-0.079 (0.38)
(12)	Entrepreneurial attitude	-0.365 (3.01)***	-0.252 (3.05)***	0.142 (1.31)	-0.100 (1.76)*	-0.059 (0.96)	0.061 (0.54)	0.044 (0.41)
(13)	Altruism	-0.013 (0.22)	-0.006 (0.15)	-0.034 (0.57)	0.169 (2.64)***	0.138 (1.13)	-0.000 (0.00)	-0.030 (0.56)
(14)	Sustainability orientation	0.482 (3.04)***	0.356 (3.30)***	-0.112 (0.73)	-0.117 (0.77)	0.138 (1.02)	0.528 (3.50)***	0.244 (1.93)*
(15)	Entrep. attitude x Sustainability orientation	-0.470 (3.38)***	-0.353 (3.66)***	-0.119 (1.05)	0.077 (0.64)	0.110 (0.95)	-0.092 (0.74)	-0.157 (1.37)
(16)	Entrep. attitude x altruism	-0.053 (0.93)	-0.030 (0.80)	-0.027 (0.52)	0.090 (1.65)*	0.074 (1.65)*	0.069 (1.27)	-0.024 (0.49)
(17)	Altruism x Sustainability orientation	0.156 (2.23)**	0.112 (2.37)**	-0.050 (0.84)	0.050 (0.73)	-0.122 (2.09)**	0.136 (2.29)**	-0.024 (0.49)
(18)	Constant	7.179 (4.30)***	-	-0.277 (0.20)	-3.533 (1.76)*	-2.203 (1.57)	2.639 (1.63)	2.123 (1.52)

Notes: N=183; significance levels: * significant at 10%; ** significant at 5%; *** significant at 1%; heteroscedasticity robust standard errors in parentheses.

The results in columns (1) and (2) do not qualitatively differ indicating the robustness of our results. Hence, in the following we will discuss the ordered probit model in column (2) only, as shown in Figure 1.

Figure 1: Model results

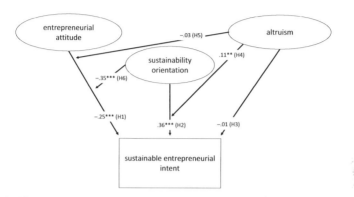

Notes: significance levels: * significant at 10%; ** significant at 5%;
*** significant at 1%;

To start with, entrepreneurial attitudes are positively related to sustainable entrepreneurial intent ($b = -0.25$, $p < 0.01$). Thus, H1 is supported. Furthermore and consistent with H2, there is a significant positive relationship between sustainable orientation and sustainable entrepreneurial intent ($b = 0.36$, $p < 0.01$). We could not find any evidence supporting H3, that altruism is directly related to sustainable entrepreneurial intent ($b = -0.01$, $p > 0.1$). In addition to these direct effects, we find support for H4, that the relationship between sustainability orientation and sustainable entrepreneurial intent is more pronounced for individuals that are more strongly oriented towards altruism ($b = 0.11$, $p < 0.05$). Furthermore, the findings show that the coefficient for the interaction terms between entrepreneurial attitude and altruism (H5) is not significant ($b = -0.03$, $p > 0.1$), while the one between entrepreneurial attitude and sustainability orientation (H6) is negative and significant ($b = -0.35$, $p < 0.01$). Therefore, H5 cannot but H6 can be supported, which indicates that the positive relationship between individuals' entrepreneurial attitude and sustainable entrepreneurial intent is stronger for individuals' with strong sustainability orientation.

In model 3 we use the individual, binary startup alternatives web 2.0, software venture, base technology, child care, and clean energy to analyze the above discussed results in more detail. Note that we only asked for the startup ideas most likely to be realized, and thus, that this analysis does not address the intensity of intention to found the chosen startups. Hence, this analysis helps us assess the relevance of different explanatory variables subject to the content of the startup. Following Wagner (2012) we consider the child care and clean energy options as representing strong environmental and social components of sustainable entrepreneurship (models 3d and 3e). Hence, the results stemming from these two models are best to be compared with those in models 1 and 2. Although we could not find support for all of the above presented results, in both models 3d and 3e, we are able to support H2 (3d: $b = 0.53$, $p < 0.01$; 3e: $b = 0.24$, $p < 0.1$), while we find support for H4 in model 3d only ($b = 0.14$, $p < 0.05$). It follows that there exists a relationship between sustainability-related startup decisions and sustainability orientation as well as an interaction effect of the latter with altruism. Moreover, startup decisions attributed to private profits only (web 2.0 and software venture) are found to be positively related to entrepreneurial attitudes ($b = -0.19$, $p < 0.1$; H1), altruism ($b = 0.17$, $p < 0.01$; H3) and the interaction term of both ($b = 0.09$, $p < 0.1$; H5). For the for-benefit oriented startup decisions (models 3d and 3e) as well as for the for-profit oriented startup decisions (models 3a and 3b) we were able to (at least partly) replicate the results in models 1 and 2 without obtaining any results contradicting to our hypothesized expectations. The remaining model 3c is a combination of for-profit and for-benefit entrepreneurship. We find that the relationship between individuals' entrepreneurial attitude and the sustainability-related decision is stronger for individuals with strong altruism ($b = 0.07$, $p < 0.1$; H5), and that the relationship between individuals' sustainability orientation and a sustainability-oriented startup decision is stronger for individuals with weak altruism ($b = -0.12$, $p < 0.05$; H4). The latter finding is counterintuitive and may be explained by the fact that individuals with strong altruism orientation prefer very strongly altruism-related startup options (e.g., child care) over low altruism-related startup options (e.g., base technology).

5 Discussion and Conclusion

By combining findings from extant literature about entrepreneurship with that of sustainability-related issues and using data from students at a middle-sized German university we aimed at shedding light on the relationship between attitudes such as sustainability orientation and altruism and the pursuance of ventures for sustainable development. To our knowledge this is the first work, which empirically tested the impact of experimentally measured altruism on sustainable entrepreneurial intent.

The results of the present study indicate that a variety of subjective factors and their interactions are associated with sustainable entrepreneurial intentions. Entrepreneurial attitude and sustainability orientation as well as their interaction among themselves and with altruism are all found to be associated with sustainable entrepreneurial intentions.

These results contribute to the literature concerning subjective factors in entrepreneurship and their interplay and interrelation with sustainable entrepreneurial intentions. Since attitudes such as altruism are found to be important regarding sustainability-related entrepreneurial behavior, and since people tend to better understand the perspectives of others, and thus become more altruistic, as they age (Midlarsky and Hannah 1989), given that entrepreneurial education is shown to positively impact entrepreneurial behavior (Hisrich et al. 2008), we should consider attitudes such as altruism more intensively in entrepreneurial education to foster sustainable entrepreneurship, especially because it is younger individuals rather than older ones who more likely found new ventures (Kelley et al. 2015).

Furthermore, some questions remain unsolved and offer opportunity for future research; the puzzle regarding the counterintuitive result for the moderating effect of altruism on sustainability orientation may suggest potentially orthogonal dimensions as concerns entrepreneurship. Moreover, in this work, gender seems to play an important role in the qualitative models. Future research should address in more detail the effects of gender in order to better determine how to foster specific forms and areas of sustainable entrepreneurship.

6 Literature

Ajzen, I. (1991): The Theory of Planned Behavior. In: Organizational Behavior and Human Decision Processes 50 (2), 179-211.

Arribas, I., Hernández, P., Urbano, A. and Vila, J.E. (2012): Are social and entrepreneurial attitudes compatible? A behavioral and self-perceptional analysis. In: Management Decision 50 (10), S. 1739-1757.

Batson, C.D. (1991): The altruism question: Toward a social-psychological answer. Hillsdale, NJ: Erlbaum.

Batson, C.D. (2011): Altruism in Humans. New York: Oxford University Press.

Baumol, W.J. (1990): Entrepreneurship - Productive, Unproductive and Destructive. In: The Journal of Political Economy 98 (5), S. 893-921.

Beckmann, M. and Zeyen, A. (2014): Franchising as a Strategy for Combining Small and Large Group Advantages (Logics) in Social Entrepreneurship: A Hayekian Perspective. In: Nonprofit and Voluntary Sector Quarterly 43 (3), S. 502-522.

Child, C. (2015): Tip of the Iceberg: The Nonprofit Underpinnings of For-Profit Social Enterprise. In: Nonprofit and Voluntary Sector Quarterly 45 (2), S. 217-237.

Cohen, B., Smith, B. and Mitchell, R. (2008): Toward a sustainable conceptualization of dependent variables in entrepreneurship research, In: Business Strategy and the Environment 17 (2), S. 107-119.

Corral-Verdugo, V., Bonnes, M., Tapia-Fonllem, C., Fraijo-Sing, B., Frías-Armenta, M. and Carrus, G. (2009): Correlates of pro-sustainability orientation: The affinity towards diversity. In: Journal of Environmental Psychology 29 (1), S. 34-43.

Grohs, S., Schneiders, K. and Heinze, R.G. (2015): Social Entrepreneurship versus Intrapreneurship in the German Social Welfare State: A Study of Old-Age Care and Youth Welfare Services. In: Nonprofit and Voluntary Sector Quarterly 44 (1), S. 163-180.

Hisrich, R.D., Peters, M.P. and Shepherd, D.A. (2008): Entrepreneurship. 7th edition. Boston, MA: McGraw-Hill.

Hockerts, K.N. (2006): Entrepreneurial Opportunity in Social Purpose Business Ventures. In: Mair, J., Robinson, J. and Hockerts, K.N. (Eds.): Social Entrepreneurship, S. 142-154. Basingstoke, UK: Palgrave Macmillan.

Katsikis, I.N. and Kyrgidou, L.P. (2008): The Concept of Sustainable Entrepreneurship: A Conceptual Framework and Empirical Analysis. In: Academy of Management Best Paper Proceedings, S. 1-6.

Kelley, D., Singer, S. and Herrington, M. (2015): Global Entrepreneurship Research Association: Global Entrepreneurship Monitor – 2015/16 Global Report. Babson Park, MA: Babson College.

Kuckertz, A. and Wagner, M. (2010): The influence of sustainability orientation on entrepreneurial intentions – Investigating the role of business experience. In: Journal of Business Venturing 25 (5), S. 524-539.

Lüthje, C. and Franke, N. (2003): The 'making' of an entrepreneur: testing a model of entrepreneurial intent among engineering students at MIT. In: R&D Management 33 (2), S. 135-147.

Mair, J. and Noboa, E. (2006): Social entrepreneurship: How intentions to create a social venture are formed. In: Mair, J., Robinson, J. and Hockerts, K.N. (Eds.): Social Entrepreneurship, S. 121-135. Basingstoke, UK: Palgrave Macmillan.

McMullen, J.S. and Shepherd, D.A. (2006): Entrepreneurial Action and the Role of Uncertainty in the Theory of the Entrepreneur. In: Academy of Management Review 31 (1), S. 132-152.

Midlarsky, E. and Hannah, M.E. (1989): The generous elderly: Naturalistic studies of donations across the life span. In: Psychology and Aging 4, S. 346-351.

Nicholls, A. and Murdock, A. (2012): The nature of social innovation. In: Nicholls, A. and Murdock, A. (Eds.): Social Innovation: Blurring Boundaries to Reconfigure Markets, S. 1-30. New York: Palgrave Macmillan.

Pacheco, D.F., Dean, T.J. and Payne, D.S. (2010): Escaping the green prison: Entrepreneurship and the creation of opportunities for sustainable development. In: Journal of Business Venturing 25 (5), S. 464-480.

Peter, J.P. (1979): Reliability: A Review of Psychometric Basics and Recent Marketing Practices. In: Journal of Marketing Research 16, S. 6-17.

Shapero, A. and Sokol, L. (1982): The Social Dimensions of Entrepreneurship, In: Kent, C., Sexton, D. and Vesper, K.H. (Eds.): The Encyclopedia of Entrepreneurship, S. 72-90. Englewood Cliffs, NJ: Prentice-Hall.

Smith, K.D., Keating, J.P. and Stotland, E. (1989): Altruism revisited: the effect of denying feedback on a victim's status to empathic witnesses. In: Journal of Personality 57, S. 641-650.

Stuart A., West, A.S., Griffin, A.G. and Stephen P.D. (2006): Social evolution theory for microorganisms. In: Nature Reviews Microbiology 4, S. 597-607.

Tan, W.L., Williams, J. and Tan, T.M. (2005): Defining the 'social' in 'Social Entrepreneurship': altruism and entrepreneurship. In: International Entrepreneurship and Management Journal 1, S. 353-365.

Urbig, D., Weitzel, U., Rosenkranz, S. and Witteloostuijn, A. (2012): Exploiting opportunities at all cost? Entrepreneurial intent and externalities. In: Journal of Economic Psychology 33 (2), S. 379-393.

Wagner, M. (2012): Ventures for the public good and entrepreneurial intentions: An empirical analysis of sustainability orientation as a determining factor. In: Journal of Small Business and Entrepreneurship 25 (4), S. 519-531.

Weitzel, U., Urbig, D., Desai, S., Sanders, M. and Acs, Z. (2010): The good, the bad, and the talented: Entrepreneurial talent and selfish behavior. In: Journal of Economic Behavior and Organization 76 (1), S. 64-81.

Das „Social-Entrepreneurship-Hexagon" – ein Beitrag zur Klärung eines schillernden Begriffs

Philipp Erpf

1 Einleitung

Steigendes Interesse gepaart mit einer unübersichtlichen Begriffsvielfalt kennzeichnen den gegenwärtigen Stand der Social-Entrepreneurship-Literatur. Beispiele für das zunehmende Interesse an Social Entrepreneurship lassen sich ebenso zahlreich finden (z.b. Christie und Honig 2006; Dacin et al. 2010; Mair und Martí 2006; Martin und Osberg 2007; Mort et al. 2002), wie die Forderung nach einem einheitlichen, längst ausstehenden Begriffsverständnis (z.b. Bacq und Janssen 2011; Short et al. 2009; Weerawardena und Mort 2006). Das Interesse wurzelt in der „Double Bottom Line", welche die Kombination von sozialer und ökonomischer Wertschöpfung postuliert (z.b. Alter 2000; Boschee 1998; Dorado 2006; Harding 2004). Der wichtigste Grund für das Fehlen eines einheitlichen Verständnisses liegt im Umstand, dass Social Entrepreneurship von verschiedenen Forschungsbereichen und folglich mit unterschiedlichen Herangehensweisen betrachtet und analysiert wurde (z.b. Bacq und Janssen 2011; Short et al. 2009; Weerawardena und Mort 2006).
An dieser Stelle setzt der vorliegende Beitrag an, der zum Ziel hat, die Fülle an Begriffsverständnissen zu bündeln und die damit verbundene Komplexität zu reduzieren. Dies geschieht anhand einer Literaturrecherche und der Analyse von häufig genannten Definitionselementen. Diese werden strukturiert und in die Form eines Einordnungsrasters gebracht. Dieses sogenannte «Social-Entrepreneurship-Hexagon» soll als Grundlage und Anregung für weiterführende empirische Forschung dienen.

2 Methodik

Die Literaturrecherche hatte die Absicht, möglichst viele verschiedene Begriffsverständnisse von Social Entrepreneurship zu sammeln und nach ähnlichen Definitionselementen zu gruppieren. Dabei wurde gezielt nach Gegenüberstellungen im Begriffsverständnis von Social Entrepreneurship gesucht. Wenn in einem Beitrag solche auftauchten, wurde nach Bestätigung in weiteren Beiträgen gesucht, um schließlich die häufigsten und meistgenannten Gegensätze beizubehalten und auszuführen. Zu diesem Zweck wurden Artikel in führenden Management-, Leadership- und Nonprofit-Zeitschriften nach den Stichworten *Social Entrepreneurship*, *Social Entrepreneur*, *Social Enterprise*, *Social Venture*, *Social Business*, *Social Innovation* und *Social Change* durchforstet. Die vielzitierten Literaturrecherchen von Busenitz et al. (2003), Short et al. (2009) und Zott et al. (2011) dienten als Orientierungsrahmen für die Durchführung der

Analyse. Die Recherche wurde auf die EBSCO-Datenbank ausgeweitet, um die Suche nach Begriffsverständnissen durch weitere Zeitschriften und Beiträge auch aus anderen Fachbereichen zu ergänzen. Die folgenden Ausführungen zu den Definitionselementen sind das Resultat der Analyse.

3 Sechs bipolare Definitionselemente als Analyseergebnis

Unter einem bipolaren Definitionselement wird an dieser Stelle ein in der Literatur häufig vorkommendes, gegensätzliches Begriffsverständnis von Social Entrepreneurship verstanden. Die Literaturrecherche brachte sechs unterschiedliche Definitionselemente hervor, die sich über eine zweipolige Form aufspannen lassen: (1) Gründungsimpuls, (2) Entstehungsursprung, (3) Mission, (4) Einstellung zur Gewinnerzielung, (5) Innovationstyp und (6) Wirkungsverständnis.

Definitionselement 1: Gründungsimpuls
Die Analyse der Person, die hinter einer Firmengründung steht, ist und bleibt ein beliebtes und vieldiskutiertes Thema (z.B. Carland et al. 1988; Casson 1982; Strauss 2014). Auch im Forschungsfeld von Social Entrepreneurship wurde viel zu diesem Thema publiziert (z.B. Barendsen und Gardner 2004; Leadbeater 1997; Robinson 2006; Sharir und Lerner 2006; Thompson 2002; Thompson et al. 2000). Einige Autoren untersuchen Charakterzüge und Fähigkeiten (Drayton 2002; Sastre-Castillo et al. 2015; Van Ryzin et al. 2009), andere Verhaltenseigenschaften (McLeod 1997; Prabhu 1999). Die Autoren sind sich dabei einig, dass der Gründungsimpuls von einem *sozialen Unternehmer* ausgeht, also von einer Person, die mit großem Einsatz ein soziales Unternehmen aufbaut und vorantreibt.
Es gibt jedoch auch Wissenschaftler, die dieses Verständnis kritisieren und andere Gründungsimpulse für soziale Unternehmen hervorheben (z.B. Hulgard und Spear 2006; Light 2006; Spear 2010). Ein vielgenannter Gründungsimpuls liegt demnach in kollektiven Aktionen, wie beispielsweise einer *sozialen Bewegung*. Spear (2010, S. 1) sagt in diesem Kontext: "[…] In some cases these [social movements] are closely linked to social entrepreneurial activities, and in this way develop an extremely dynamic and widespread process of entrepreneurship in the third sector." Mair und Martí (2006) stellen zudem fest, dass etliche Erkenntnisse der Social-Movement-Literatur zum besseren Verständnis von Social Entrepreneurship herangezogen werden können. Und Hijrah Hati und Idris (2012) zeigen auf, dass die Entstehung und das Wachstum von Social Entrepreneurship in Indonesien in der ersten Hälfte des 20. Jahrhunderts einer sozialen Bewegung zugeschrieben werden kann. Soziale Unternehmen können demzufolge einer sozialen Bewegung entspringen. In diesen Fällen liegt der Gründungsimpuls in einer sozialen Bewegung.

Definitionselement 2: Entstehungsursprung
Wurzeln soziale Unternehmen zwingendermaßen in einem Nonprofit-Verständnis und der damit einhergehenden Sachzieldominanz oder finden sie ihren Ursprung primär im Sozialzweck? In der Literatur lassen sich Quellen zu beiden Begriffsverständnissen finden. Viele Autoren sehen den Entstehungsursprung von sozialen Unternehmen im Nonprofit-Sektor und verorten Social Entrepreneurship im Forschungsfeld der *Nonprofit-Organisationen* (z.B. Cannon 2000; Dart 2004; Dees 1998a; Dees et al. 2001). Diese Sichtweise sieht die Entstehung von Social Entrepreneurship als notwendige Reaktion von Nonprofit-Organisationen auf Herausforderungen wie beispielsweise zunehmenden Kostendruck bei abnehmenden privaten und staatlichen Zuschüssen, einer verschärften Wettbewerbssituation oder mit Nachdruck geforderten Wirkungsnachweisen zur Legitimierung der Aktivitäten (Boschee und McClurg 2003; Dees und Elias 1998; Erpf 2016; Erpf und Lichtsteiner 2015).

Ein Großzahl von Autoren verortet den Entstehungsursprung in einem weiter gefassten Kontext und beschränkt ihn nicht auf den Nonprofit-Sektor (z.B. Henton et al. 1997; Hockerts 2006; Mair und Martí 2006). Mair und Noboa (2006, S. 2) teilen diese Ansicht, indem sie sagen: "We deliberately do not delimit the definition to initiatives in the non-profit sector […]." Die Vertreter dieser Auffassung sehen den *sozialen Zweck* als primären Entstehungsursprung von Social Entrepreneurship. Soziale Unternehmen werden demzufolge gegründet, um soziale und gesellschaftliche Herausforderungen anzugehen, ungeachtet dessen, ob ihnen ein Nonprofit- oder ein Forprofit-Verständnis zu Grunde liegt. Nach diesem Verständnis stellt die Erfüllung des Sozialzwecks Ursprung und Maxime jeglicher organisatorischer Tätigkeit dar.

Definitionselement 3: Mission
Es ist auffällig, dass viele Begriffsverständnisse eine *sozialorientierte Mission*, die sich gesellschaftlicher Probleme annimmt, als zentrales Definitionselement hervorheben (z.B. Austin et al. 2006; Dorado 2006; Nyssens 2006; Peredo und Chrisman 2006; Peredo und McLean 2006). Hierzu passend Stevens et al. (2014, S. 4): "There is a general consensus that social enterprises focus on the social mission […]." Das Verständnis von sozialer Mission variiert dabei erheblich. Es reicht von der Schaffung von Arbeitsplätzen (Boschee 1995; Harding 2004), über die Bekämpfung von Armut oder Drogenabhängigkeit bis hin zur Förderung von qualitativer Bildung (Dees 1998a).

Demgegenüber steht eine *marktorientierte Mission*, die den Fokus auf die Bedürfnisbefriedigung der Leistungsbezüger und auf die Analyse der Dienstleistungen und Produkte der Konkurrenz legt (z.B. Nicholls und Cho 2006; Perrini und Vurro 2006; Tracey und Jarvis 2007). Die Gegenüberstellung dieser beiden Missionsverständnisse wird auch von Massetti (2008) diskutiert, indem sie auf einem konzeptionellen „Mission-Kontinuum" die „socially-driven" Mission der „market-driven" Mission gegenüberstellt. Stevens et al. (2014) gehen einen Schritt weiter und validieren soziale und ökonomische Mission mittels einer multidimensionalen Messung und finden heraus, dass die beiden Missionsverständnisse negativ korrelieren. Dies bedeutet, dass ein soziales Unternehmen entweder einer sozialen oder einer marktorientierten Mission folgt.

Definitionselement 4: Einstellung zur Gewinnerzielung
Social Entrepreneurship soll ökonomische Wertschöpfung generieren (z.b. Mair und Martí 2006; Mair und Schoen 2007; Short et al. 2009; Wilson und Post 2013). Laut Dees (1998b) ist die Erwirtschaftung von Gewinn ein geeigneter Indikator zur Messung von ökonomischer Wertschöpfung. In der Literatur lassen sich zwei unterschiedliche Einstellungen zur Gewinnerzielung finden. Einige Autoren schließen ein Gewinninteresse bei sozialen Unternehmen aus und sehen das soziale Ziel oder das gesellschaftliche Anliegen im Vordergrund der unternehmerischen Handlung (z.b. Hartigan 2006; Leadbeater 1997; Thompson 2002). Organisationen, die diesem Verständnis zugeordnet werden, sind resilient, sprich, dem Profitstreben gegenüber indifferent eingestellt (Dorado 2006). Sie weisen eine *Profitresilienz* auf. Dies bedeutet, dass sie womöglich Überschüsse erzielen, sich jedoch nicht primär auf die Gewinnerzielung fokussieren. Nach diesem Verständnis werden allfällig erzielte Gewinne in die Erfüllung des Sozialzwecks reinvestiert (z.b. Haugh 2006; Thompson und Doherty 2006; Tracey und Phillips 2007). Das Department of Trade and Industry des United Kingdoms, kurz DTI (2002, S. 14), sagt als Vertreter dieser Auffassung: "[Social enterprises are] businesses with social objectives whose surpluses are principally reinvested for that purpose in the business or in the community, rather than being driven by the need to maximize profit for shareholders and owners." Dem gegenüber steht die Auffassung, dass soziale Unternehmen sehr wohl profitabel sein sollen (z.b. Boschee und McClurg 2003; Cho 2006; Eikenberry und Kluver 2004). Die Erzielung von Profit ist also durchaus ein legitimes Unternehmensziel und über diesen Faktor kann das Engagement für die soziale Zielerreichung gestärkt werden (Mair und Martí 2006). Solche Organisationen sind demzufolge der Gewinnerzielung gegenüber tolerant eingestellt. Sie weisen eine *Profittoleranz* auf.

Definitionselement 5: Innovationstyp
Die Mehrzahl der Begriffsverständnisse setzt Social Entrepreneurship und dessen Aktivitäten oder Leistungen in Verbindung mit Innovationen (z.B. Alvord et al. 2004; Drayton 2002; Yunus 2008). Ergo besteht Konsens darüber, dass die Innovationsfähigkeit ein zentrales Element von Social Entrepreneurship darstellt. Es lassen sich jedoch zwei unterschiedliche Verständnisse festmachen. Das eine Verständnis in Anlehnung an Schumpeter (1934) geht davon aus, dass eine Innovation nicht etwas komplett Neues sein muss und demzufolge nicht zwingend eine grundlegende Neuigkeit hervorbringt, sondern eine *bestehende Idee* neuartig umgesetzt oder diese in einem anderen Kontext angewendet werden kann (z.B. Howaldt und Schwarz 2010; Lurtz et al. 2013; Phills et al. 2008). In anderen Worten: Existierende Ideen werden neu interpretiert. Swedberg (2009, S. 82) hierzu passsend: "Entrepreneurship is defined as the successful

introduction of a new combination of already existing elements in the economy."
Dem gegenüber steht die Ansicht, dass eine Innovation aus einer *neuartigen Idee* bestehen soll (z.B. Hubert 2010; Pol und Ville 2009; Zapf 1989). Mulgan et al. (2007, S. 8) beispielsweise sprechen von "new ideas that work" und Van de Ven (1986, S. 590) definiert Innovation als "the development and implementation of new ideas […]."

Definitionselement 6: Wirkungsverständnis
Das Wirkungsverständnis von sozialen Unternehmen ist unterschiedlicher Natur. Ein weitreichende Verständnis geht davon aus, dass die Leistungen und Produkte der ganzen Gesellschaft oder zumindest großen Teilen davon dienen sollen. Es lassen sich zahlreiche Autoren finden, die diesem *gesamtgesellschaftlichen Wirkungsverständnis* zugeordnet werden können (z.B. Light 2006; Osberg 2008). Drayton (2002) zum Beispiel spricht davon, dass soziale Unternehmer die unerschöpfliche Motivation aufweisen, einen Wandel für die gesamte Gesellschaft herbeizuführen, und Martin und Osberg (2007, S. 34 f.) sagen: "The social entrepreneur aims for value in the form of large-scale, transformational benefit that accrues either to a significant segment of society or to society at large."
Es lassen sich jedoch auch Quellen finden, die ein enger gefasstes Wirkungsverständnis aufgreifen und dieses dem weitreichenden Verständnis gegenüberstellen (z.B. Lurtz et al. 2013; Zahra et al. 2009). Literatur zu diesem Verständnis ist im Forschungsgebiet der sozialen Innovationen anzutreffen, welches die sozialen Innovationen und deren Wirkung in den Fokus der Analyse rückt. Professor Hochgerner, Direktor des Center for Social Innovation in Österreich, sagte diesbezüglich in einem Interview mit Lurtz et al. (2013, S. 13): "Not every social innovation has to change the world or be applicable to the society at whole. There are cases where small innovations make the difference, especially in their context where they are applied." Laut Lurtz et al. (2013) sind soziale Unternehmer manchmal vor allem bestrebt, ihr direktes Umfeld zu verbessern, wie beispielsweise die nachbarschaftliche Situation oder die Schulverhältnisse ihrer Kinder. Daher kann in diesem Kontext von einem *fokussierten Wirkungsverständnis* gesprochen werden.

4 Das „Social-Entrepreneurship-Hexagon"

Die erläuterten Definitionselemente werden in einem Sechseck, dem Social-Entrepreneurship-Hexagon, grafisch dargestellt (Abbildung 1). Es soll als Grundlage und Anregung für weiterführende empirische Forschung dienen. Zum einen kann es durch weitere Definitionselemente ergänzt werden, zum anderen empfiehlt sich eine Operationalisierung der Definitionselemente, um sie einer empirischen Prüfung zu unterziehen. So kann untersucht werden, welche Definitionselemente in welchem Maße bei sozialen Unternehmen auftreten. Des Weiteren ist von Interesse, wie sich länderspezifische Kontextfaktoren auf die

Ausprägung der Definitionselemente auswirken. Die bipolare Ausprägung kann anhand eines semantischen Differentials erfasst werden. Die Einstellung zur Gewinnerzielung kann beispielsweise über die gegenteiligen Aussagen „Es ist wichtig, dass unsere Organisation Gewinn erwirtschaftet." und „Die Gewinnerzielung ist nicht der wichtigste Faktor für uns, wir sind mehr auf einen Sozialzweck fokussiert." gemessen werden, und der Innovationstyp kann über die Aussagen „Unser Geschäftsmodell basiert auf einer komplett neuen Idee." und „Unser Geschäftsmodell nimmt bestehende Ideen auf und entwickelt sie weiter." erhoben werden. Summa summarum soll dieser Beitrag zu einer Komplexitätsreduktion des bis dato vielschichtigen Begriffsverständnisses von Social Entrepreneurship führen, gleichzeitig aber auch zu weiteren konzeptionellen und empirischen Anstrengungen animieren.

Abbildung 1: Social-Entrepreneurship-Hexagon

5 Literatur

Alter, K. (2000): Managing the Double Bottom Line: A Business Planning Reference Guide for Social Enterprises. Washington, DC: PACT Publications.

Alvord, S.H., Brown, D.L. und Letts, C.W. (2004): Social Entrepreneurship and Societal Transformation: An Exploratory Study. Journal of Applied Behavioural Science, 40, S. 260-282.

Austin, J., Stevenson, H. und Wei-Skillern, J. (2006): Social Entrepreneurship and Commercial Entrepreneurship: Same, Different, or Both? Entrepreneurship Theory and Practice 30 (1), S. 1-22.

Bacq, S. und Janssen, F. (2011): The Multiple Faces of Social Entrepreneurship: A Review of Definitional Issues Based on Geographical and Thematic Criteria. Entrepreneurship & Regional Development 23 (5-6), S. 373-403.

Barendsen, L. und Gardner, H. (2004): Is the Social Entrepreneur a New Type of Leader? Leader to Leader 34, S. 43-50.

Boschee, J. (1995): Some Nonprofits are not Only Thinking About the Unthinkable, They're Doing it – Running a Profit. Across the Board. The Conference Board's Magazine, S. 1-7.

Boschee, J. (1998): Merging Mission and Money: A Board Member's Guide to Social Entrepreneurship. URL: http://www.socialenterprisecanada.ca/en/learn/nav/resourcelibrary.html?page=resourceDetail.tpt&iddoc=321080.

Boschee, J. und McClurg, J. (2003): Toward a Better Understanding of Social Entrepreneurship: Some Important Distinctions. URL: http://www.caledonia.org.uk/papers/Social-Entrepreneurship.pdf.

Busenitz, L.W., West III, G.P., Shepherd, D., Nelson, T., Chandler, G.N. und Zacharakis, A. (2003): Entrepreneurship Research in Emergence: Past Trends and Future Directions. Journal of Management 29 (3), S. 285-308.

Cannon, C. (2000): Charity for Profit: How the New Social Entrepreneurs are Creating Good by Sharing Wealth. National Journal 6 (16), S. 1898-1904.

Carland, J.W., Hoy, F. und Carland, J.A.C. (1988): Who is an Entrepreneur? Is a Question Worth Asking. American Journal of Small Business 12 (4), S. 33-39.

Casson, M. (1982): The Entrepreneur – An Economic Theory. Totowa, NJ: Barnes and Noble.

Cho, A.H. (2006): Politics, Values and Social Entrepreneurship: A Critical Appraisal. In: Mair, J., Robinson, J. und Hockerts, K. (Hrsg.), Social Entrepreneurship, S. 34-56. Basingstoke, UK: Palgrave Macmillan.

Christie, M. und Honig, B. (2006): Social Entrepreneurship: New Research Findings. Journal of World Business 41 (1), S. 1-5.

Dacin, P.A., Dacin, M.T. und Matear, M. (2010): Social Entrepreneurship: Why We Don't Need a New Theory and How We Move Forward From Here. Academy of Management Perspectives 24 (3), S. 37-57.

Dart, R. (2004): Being "Business-Like" in a Nonprofit Organization: A Grounded and Inductive Typology. Nonprofit and Voluntary Sector Quarterly 33 (2), S. 290-310.

Dees, J.G. (1998a): Enterprising Nonprofits. Harvard Business Review, January-February (1998), S. 54-67.

Dees, J.G. (1998b): The Meaning of Social Entrepreneurship. URL: http://community-wealth.org/content/meaning-social-entrepreneurship.

Dees, J.G. und Elias, J. (1998): The Challenges of Combining Social and Commercial Enterprise. Business Ethics Quarterly 8 (1), S. 165-178.

Dees, J.G., Emerson, J. und Economy, P. (2001): Enterprising Nonprofits: A Toolkit for Social Entrepreneurs. New York: John Wiley & Sons.

Dorado, S. (2006): Social Entrepreneurial Ventures: Different Values so Different Process of Creation, no? Journal of Developmental Entrepreneurship 11 (4), S. 319-343.

Drayton, W. (2002): The Citizen Sector: Becoming as Entrepreneurial and Competitive as Business. California Management Review 44 (3), S. 120-132.

DTI (2002): Social Enterprise: A Strategy for Success. URL: http://webarchive.nationalarchives.gov.uk/20070108124358/http:/cabinetoffice.gov.uk/third_sector/documents/social_enterprise/se_strategy_2002.pdf.

Eikenberry, A.M. und Kluver, J.D. (2004): The Marketization of the Nonprofit Sector: Civil Society at Risk? Public Administration Review 64 (2), S. 132-140.

Erpf, P. (2016): Soziales Unternehmertum als Lösungsperspektive für Trends und Herausforderungen des Dritten Sektors. Managementletter NPO & Politik 8, S. 3-4.

Erpf, P. und Lichtsteiner, H. (2015): Erfolgreiche Wirkungsmessung. Eine Anleitung in fünf Schritten. Verbändereport 8, S. 26-29.

Harding, R. (2004): Social Enterprise: The New Economic Engine? Business Strategy Review 15 (4), S. 39-43.

Hartigan, P. (2006): It's About People, Not Profits. Business Strategy Review 17 (4), S. 42-45.

Haugh, H. (2006): Social Enterprise: Beyond Economic Outcomes and Individual Returns. In: Mair, J., Robinson, J. und Hockerts, K. (Hrsg.): Social Entrepreneurship. Basingstoke, UK: Palgrave Macmillan.

Henton, D., Melville, J. und Walesh, K. (1997): Grassroots Laders for a New Economy: How Civic Entrepreneurs are Building Prosperous Communities. National Civic Review 86 (2), S. 149-156.

Hijrah Hati, S.R. und Idris, A. (2012): The Social Movement and Social Enterprise Development in the Emergence of Indonesia, S. 1895-1945. Konferenzbeitrag Asia-Pacific Economic and Business History Conference in Canberra.

Hockerts, K. (2006): Entrepreneurial Opportunity in Social Purpose Business Ventures. In: Mair, J., Robinson, J. und Hockerts, K. (Hrsg.): Social Entrepreneurship. Basingstoke: Palgrave MacMillan, S. 142-154.

Howaldt, J. und Schwarz, M. (2010): Soziale Innovation - Konzepte, Forschungsfelder und -perspektiven. In: Howaldt, J. und Jacobsen, H. (Hrsg.): Soziale Innovation. Auf dem Weg zu einem postindustriellen Innovationsparadigma, Wiesbaden: Springer Fachmedien, S. 87-108.

Hubert, A. (2010): Empowering People, Driving Change. Social Innovation in the European Union. URL: http://www.net4society.eu/_media/Social_innovation_europe.pdf.

Hulgard, L. und Spear, R. (2006): Social Entrepreneurship and the Mobilization of Social Capital in European Social Enterprises. In: Nyssens, M. (Hrsg.): Social Enterprises: At the Crossroads of Market, Public Policies and Civil Society. London und New York: Routledge, S. 85-108.

Leadbeater, C. (1997): The Rise of The Social Entrepreneur. London: Demos.

Light, P. (2006): Reshaping Social Entrepreneurship. Stanford Social Innovation Review 4 (3), S. 47-51.

Lurtz, K., Müller, S. und Rüede, D. (2013): Social Innovations: Expert Opinions on the Status Quo and Future Directions. Wiesbaden: World Vision Center for Social Innovation.

Mair, J. und Martí, I. (2006): Social Entrepreneurship Research: A Source of Explanation, Prediction, and Delight. Journal of World Business 41 (1), S. 36-44.

Mair, J. und Noboa, E. (2006): Social Entrepreneurship: How Intentions to Create a Social Venture are Formed. In: Mair, J., Robinson, J. und Hockerts, K. (Hrsg.): Social Entrepreneurship. Basingstoke (UK) and New York: Palgrave Macmillan, S. 121-135.

Mair, J. und Schoen, O. (2007): Successful Social Entrepreneurial Business Models in the Context of Developing Economies. International Journal of Emerging Markets 2 (1), S. 54-68.

Martin, R.L. und Osberg, S. (2007): Social Entrepreneurship: The Case for Definition. Stanford Social Innovation Review 5 (2), S. 28-39.

Massetti, B.L. (2008): The Social Entrepreneurship Matrix as a "Tipping Point" for Economic Change. Emergence: Complexity and Organization 10 (3), S. 1-8.

McLeod, H. (1997): Cross Over: The Social Entrepreneur. Inc. Special Issue: State of Small 19 (7), S. 100-104.

Mort, G.S., Weerawardena, J. und Carnegie, K. (2002): Social Entrepreneurship: Towards Conceptualisation. International Journal of Nonprofit and Voluntary Sector Marketing 8 (1), S. 76-89.

Mulgan, G., Tucker, S., Ali, R. und Sanders, B. (2007): Social Innovation: What It Is, Why It Matters and How It Can Be Accelerated. URL: http://eureka.sbs.ox.ac.uk/761/1/Social_Innovation.pdf.

Nicholls, A. und Cho, A.H. (2006): Social Entrepreneurship: The Structuration of a Field. In: Nicholls, A. (Hrsg.): Social Entrepreneurship: New Models of Sustainable Social Change. Oxford: Oxford University Press, S. 99-118.

Nyssens, M. (2006): Social Enterprise. London: Routledge.

Osberg, S. (2008): Wayfinding Without a Compass: Philanthropy's Changing Landscape and Its Implications for Social Entrepreneurs. In: Nicholls, A. (Hrsg.): Social Entrepreneurship: New Models of Sustainable Social Change. Oxford: Oxford University Press, S. 309-328.

Peredo, A.M. und Chrisman, J.J. (2006): Toward a Theory of Community-Based Enterprise. Academy of Management Review 31 (2), S. 309-328.

Peredo, A.M. und McLean, M. (2006): Social Entrepreneurship: A Critical Review of the Concept. Journal of World Business 41 (1), S. 56-65.

Perrini, F. und Vurro, C. (2006): Social Entrepreneurship: Innovation and Social Change Across Theory and Practice In: Mair, J., Robinson, J. und Hockerts, K. (Hrsg.): Social Entrepreneurship. Basingstoke (UK) and New York: Palgrave Macmillan, S. 57-85.

Phills, J.A., Deiglmeier, K. und Miller, D.T. (2008): Rediscovering Social Innovation. Stanford Social Innovation Review 6 (4), S. 34-43.

Pol, E. und Ville, S. (2009): Social Innovation: Buzz Word or Enduring Term? Journal of Socio-Economics 38 (6), S. 878-885.

Prabhu, G.N. (1999): Social Entrepreneurship Leadership. Career Development International 4 (3), S. 140-145.

Robinson, J. (2006): Navigating Social and Institutional Barriers to Markets: How Social Entrepreneurs Identify and Evaluate Opportunities. In: Mair, J., Robinson, J. und Hockerts, K. (Hrsg.), Social Entrepreneurship. Basingstoke (UK) and New York: Palgrave Macmillan, S. 95-120.

Sastre-Castillo, M.A., Peris-Ortiz, M. und Danvila-Del Valle, I. (2015): What Is Different about the Profile of the Social Entrepreneur? Nonprofit Management and Leadership 25 (4), S. 349-369.

Schumpeter, J.A. (1934): Theory of Economic Development. Cambridge, Massachusetts: Harvard University.

Sharir, M. und Lerner, M. (2006): Gauging the Success of Social Ventures Initiated by Individual Social Entrepreneurs. Journal of World Business 41 (1), S. 6-20.

Short, J.C., Moss, T.W. und Lumpkin, G.T. (2009): Research in Social Entrepreneurship: Past Contributions and Future Opportunities. Strategic Entrepreneurship Journal 3 (2), S. 161-194.

Spear, R. (2010): Social Entrepreneurship and Social Movements. Konferenzbeitrag Skoll Colloquium on Social Entrepreneurship in Oxford University.

Stevens, R., Moray, N. und Bruneel, J. (2014): The Social and Economic Mission of Social Enterprises: Dimensions, Measurement, Validation, and Relation. Entrepreneur Theory and Practice 39 (5), S. 1051-1082.

Strauss, K. (2014): 8 Books Every New Entrepreneur Should Read. URL: http://www.forbes.com/sites/karstenstrauss/2014/09/14/8-books-every-new-entrepreneur-should-read/.

Swedberg, R. (2009): Schumpeter's Full Model of Entrepreneurship: Economic, Non-economic and Social Entrepreneurship. In: Ziegler, R. (Hrsg.): An Introduction to Social Entrepreneurship: Voices, Preconditions, Contexts. Cheltenham, UK: Edward Elgar, S. 55-175.

Thompson, J.L. (2002): The World of the Social Entrepreneur. The International Journal of Public Sector Management 15 (5), S. 412-431.

Thompson, J.L., Alvy, G. und Less, A. (2000): Social Entrepreneurship: A New Look at the People and the Potential. Management Decision 38 (5), S. 328-338.

Thompson, J.L. und Doherty, B. (2006): The Diverse World of Social Enterprise: A Collection of Social Enterprise Stories. International Journal of Social Economics 33 (5/6), S. 361-375.

Tracey, P. und Jarvis, O. (2007): Toward a Theory of Social Venture Franchising. Entrepreneurship Theory & Practice 31 (5), S. 667-685.

Tracey, P. und Phillips, N. (2007): The Distinctive Challenge of Educating Social Entrepreneurs: A Postscript and Rejoinder to the Special Issue on Entrepreneurship Education. Academy of Management Learning and Education 6 (2), S. 264-271.

Van de Ven, A.H. (1986): Central Problems in the Management of Innovation. Management Science 32, S. 590-607.

Van Ryzin, G.G., Grossman, S., Di Padova-Stocks, L. und Bergrud, E. (2009): Portrait of the Social Entrepreneur: Statistical Evidence from a US Panel. Voluntas 20, S. 129-140.

Weerawardena, J. und Mort, G.S. (2006): Investigating Social Entrepreneurship: A Multidimensional Model. Journal of World Business 41 (1), S. 21-35.

Wilson, F. und Post, J.E. (2013): Business Models for People, Planet (& Profits): Exploring the Phenomena of Social Business, a Market-based Approach to Social Value Creation. Small Business Economics 40 (3), S. 715-737.

Yunus, M. (2008): Creating a World Without Poverty: Social Business and the Future of Capitalism. New York: Public Affairs Books.

Zahra, S.A., Gedajlovic, E., Neubaum, D.O. und Shulman, J.M. (2009): A Typology of Social Entrepreneurs: Motives, Search Processes and Ethical Challenges. Journal of Business Venturing 24, S. 519-532.

Zapf, W. (1989): Über soziale Innovationen. Soziale Welt 40 (1), S. 170-183.
Zott, C., Amit, R. und Massa, L. (2011): The Business Model: Recent Developments and Future Research. Journal of Management 37 (4), S. 1019-1042.

Empirische Befunde zur Förderung von Social Intrapreneurship in der Kooperation zwischen Hochschulen und NPO

Richard B. Händel und Andreas Schröer

1 Einführung

Der vorliegende Beitrag basiert auf den Ergebnissen der Begleitforschung zu einem Projekt, in dem die Evangelische Hochschule Darmstadt in Kooperation mit einem Diakonischen Träger ein Social Innovation Lab durchgeführt hat. Das Projekt und das geplante Forschungsdesign wurde bereits in einem Beitrag zum 11. NPO Colloquium 2014 in Linz vorgestellt. In diesem Beitrag wird insbesondere die Rolle von NPO als change agents (Anheier 2014) angesprochen. Konkret geht es dabei zum einen um die Frage der Responsivität von NPO (Smith 2005) zu Bedarfslagen im Gemeinwesen und zum anderen um Formen der Förderung der organisationalen Fähigkeit von NPO neue und bedarfsgerechte soziale Dienstleistungen zu entwickeln.

Das vorgestellte Projekt dient der Mobilisierung und Förderung unternehmerischen Handelns von MitarbeiterInnen der NPO. Die Begleitforschung erfasst zunächst den Ist-Zustand in Bezug auf die Innovationsfähigkeit der Gesamtorganisation. Die zweite Erhebungsphase basiert auf teilnehmender Beobachtung der Workshops im Labor In der dritten Erhebungsphase wurden eine weitere quantitative Mitarbeiterbefragung und qualitative Interviews mit Laborteilnehmenden und den Führungskräften der NPO durchgeführt. Der vorliegende Beitrag stellt den theoretischen Rahmen, die Forschungslücke und die Ergebnisse der Begleitforschung vor.

1.1 Theoretische Bezüge und Forschungslücke

Als soziale Innovation werden neue Produkte, soziale Dienstleistungen oder neue Kombinationen sozialer Praktiken bezeichnet (Howaldt und Schwarz 2010), die darauf abzielen, neu entstandene oder bisher vernachlässigte gesellschaftliche Bedarfe abzudecken (Caulier-Grice et al. 2012). Im Gegensatz zur Erfindung (Invention), etwa einer neuen Technologie, wird erst dann von Innovation gesprochen, wenn die gefundene Problemlösung gesellschaftliche Verbreitung (Diffusion) erfährt. Invention, Innovation und Diffusion können auch als drei elementare Phasen des Innovationsprozesses verstanden werden.

Als innovativ gelten Prozesse, wenn sie ein neu erkanntes oder neu in den Blick gerücktes Problem adressieren, ein bekanntes Problem mithilfe einer neuen Methode bearbeiten oder ein bekanntes Handlungsmuster auf eine neue Zielgruppe anwenden. Mit dem Innovationsbegriff werden nicht nur absolut neue, sondern auch relativ neue Handlungsmuster beschrieben. Dabei wird zwischen disruptiver (schnellerer, radikaler, marktverändernder) und inkrementeller (evolutionärer) Innovation unterschieden (Christensen 1997). Als disruptive soziale Innovationen gelten etwa deutlich kostengünstiger hergestellte Impfstoffe, Kontaktlinsen oder Medikamente für in Armut lebende Menschen. Als inkrementelle soziale Innovation ließe sich etwa die allmähliche Entwicklung des sozialen Wohnungsbau im 19. und frühen 20. Jahrhundert verstehen.

Innovationen werden in einem weiten Verständnis als sozial bezeichnet, da hiermit auf einen breiten gesellschaftlichen Gegenstandsbereich Bezug genommen wird. Sie kommen in allen gesellschaftlichen Feldern vor, sind entweder auf interne Angelegenheiten der Beteiligten oder externe Adressaten ausgerichtet und weisen organisatorische, institutionelle oder prozedurale Ordnungsmuster auf (Gillwald 2000). In einem engeren Verständnis wird „sozial" durch den Bezug der Innovation auf einen gesellschaftlich akzeptierten Bedarf qualifiziert (Mulgan et al. 2007). Dies impliziert die Legitimität der Innovation, die etwa im öffentlichen Diskurs hergestellt werden kann. Durch die Verbreitung der neu entdeckten Problemlösungen werden soziale Innovationen zur Grundlage für sozialen Wandel (Ogburn 1957); unter der Perspektive der Ausarbeitung einer Erfindung zu einer verbreitbaren Dienstleistung werden Parallelen zum Diskurs um Social Entrepreneurship deutlich. Social Entrepreneurs gelten als Akteure, die soziale Innovationen hervorbringen und verbreiten (Dees et al. 2001). Allerdings stellt sich die Frage, ob Innovationen im Bereich sozialer Dienstleistungen im deutschen Wohlfahrtssystem durch sozialunternehmerische Neugründungen oder durch die Stärkung unternehmerischen Handelns und die Verwendung von Startup Praktiken in bestehen Sozialunternehmen effektiver gefördert werden können. Für die letztgenannte Alternative hat sich in den letzten Jahren der Begriff des Social Intrapreneurship durchgesetzt (Schmitz und Schröer 2016).

Während inzwischen zahlreiche Forschungsprojekte zu sozialen Innovationen wie beispielsweise TEPSIE durch die Young Foundation oder INNOSERV am Diakoniewissenschaftlichen Institut der Universität Heidelberg durchgeführt wurden, liegt der Fokus empirischer Forschung im Bereich Sozialunternehmertum stark auf neuen sozialen Unternehmen und Gründerfiguren. Zu Social Intrapreneurship und der Frage, wie Unternehmergeist in bestehenden Organisationen umgesetzt werden kann, gibt es dagegen wenig empirisches Wissen (Schmitz und Scheuerle 2013). Und das, obwohl den etablierten Trägern und Wohlfahrtsverbänden bei der Förderung von sozialer Innovation eine besondere Rolle zukommt, da sie im Gegensatz zu Neugründungen durch ihre MitarbeiterInnen über ein hohes Potential an praktischen Erfahrungen und Ideen und wegen ihrer Größe und Netzwerke über gute Voraussetzungen zur Verbreitung sozialer Innovation verfügen. Zur Schließung dieser Lücke in der empirischen Forschung zur Förderung von Social Intrapreneurship und Innovationsförderung in sozialen Dienstleistungs-NPO soll das Projekt einen Beitrag leisten.

1.2 Das Labor für Diakonisches Unternehmertum

Das Labor für Diakonisches Unternehmertum (LaDU) war ein Kooperationsprojekt zwischen Evangelischer Hochschule Darmstadt und der Mission Leben gGmbH, einem mittelgroßen diakonischen Dienstleister, der mit ca. 1.700 MitarbeiterInnen in 40 Einrichtungen an 19 Standorten etwa 6.000 Menschen pro Jahr betreut. Die Angebote umfassen dabei Wohnen und Pflege im Alter und ambulante Betreuung von Senioren als größten Geschäftsbereich, soziale Arbeit mit Hilfen für Menschen in sozialen Notlagen, Kinder- und Jugendhilfe sowie Hilfe für Menschen mit Behinderung und berufliche Bildung in einer Schule für Alten- und Heilerziehungspflege.

Ziel war die Förderung der Entwicklung von markt- und tragfähigen Geschäftsmodellen für sozial innovative Dienstleistungen durch MitarbeiterInnen des Unternehmens, die sich mit ihren innovativen Ideen für die Teilnahme im Labor bewerben konnten. Bewerben konnten sich alle MitarbeiterInnen unabhängig von ihrer Position und Tätigkeit im Unternehmen. Die Auswahl erfolgte in einem eintägigen Assessment Workshop durch Experten für soziales Unternehmertum und richtete sich nicht nur nach den eingereichten Ideen, sondern auch nach dem unternehmerischen Potential der einzelnen Bewerber. Innerhalb eines Jahres wurden den Teilnehmenden in insgesamt zehn inhaltlichen, jeweils eintägigen Workshops von Experten Methoden der Bedarfsanalyse und des Design Thinking in Anlehnung an Human-Centered Design (IDEO 2015) sowie Business Planning for Enduring Social Impact (Wolk und Kreitz 2008) und Business Model Generation nach Osterwalder und Pigneur (2011) vermittelt. Die erlernten Methoden wurden in der gesamten Gruppe oder in Projektteams der insgesamt sechs Projekte unter Anleitung eingeübt und vertieft. Ergänzt wurde das Vorgehen durch praktische Übungen wie beispielsweise Rollenspiele, Präsentationsübungen und Pitches der entwickelten Ideen und Termine, an denen die Teilnehmenden mit bereits erfolgreichen Sozialunternehmern, Beratern und potentiellen Investoren von Stiftungen und Banken über ihre Projekte ins Gespräch kommen konnten. In Nachbereitungsworkshops erhielten die Beteiligten an weiteren zehn Tagen Gelegenheit, im Labor an ihren Ideen zu arbeiten und ihre Konzepte und Geschäftsmodelle zu verfeinern. Für die insgesamt 20 Workshoptage wurden sie vom Unternehmen freigestellt. Recherchen und Interviews zur Bedarfs- und Marktanalyse mussten allerdings zwischen den Workshops neben der Regeltätigkeit durchgeführt werden. Die gesamte Laufzeit betrug zwölf Monate zwischen Anfang 2014 und Anfang 2015.

Die sechs in diesem Prozess entwickelten Geschäftsmodelle und Businesspläne für sozial innovative Dienstleistungen wurden zum Projektende einer Jury aus verschiedenen Experten für Innovation sowie der Geschäftsführung des kooperierenden Unternehmens in einem Abschlusspitch vorgestellt. Die Geschäftsführung wählte dann anhand des Juryurteils zwei Projekte aus, die mit Hilfe einer Anschubfinanzierung implementiert werden sollten.

Für die Durchführung des Projekts mobilisierte das Unternehmen finanzielle Ressourcen zur Finanzierung der Freistellungen der MitarbeiterInnen, für die spätere Implementierung der Gewinnermodelle sowie für die Konzeption und wissenschaftliche Begleitung durch die Evangelische Hochschule Darmstadt, stellte Räumlichkeiten und Arbeitsmaterialien in einer ihrer Einrichtungen zur Verfügung und beschäftigte eine Innovationsmanagerin für die Koordination des Projekts. Die finanziellen Mittel stammten von der Stiftung Innere Mission Darmstadt, die Alleingesellschafterin des diakonischen Unternehmens ist.

1.3 Begleitforschung

Die Konzeption des Projekts wurde von der Hochschule in Kooperation mit der NPO entwickelt, die wissenschaftliche Begleitung wurde von der Hochschule konzeptioniert und durchgeführt. Durch diese Doppelfunktion (Impulse geben und Begleitforschung) konnten den vermittelten Methoden entsprechend Beobachtungen und Erfahrungen direkt in die Durchführung des Labors eingebracht werden.

Die Begleitforschung wurde in *drei Phasen* durchgeführt. Die erste Phase diente der Bestandsaufnahme des Ist-Zustands der NPO in Bezug auf ihre Innovationsfähigkeit und ihr Verhältnis zu Sozialer Innovation. Die zweite Phase diente der Beobachtung der Durchführung des Labors. In der dritten Phase wurde der Gesamtprozess evaluiert.

- *Phase I: Bestandsaufnahme*
  - Qualitative Interviews mit Führungskräften
  - Erste Mitarbeiterbefragung
- *Phase II: Durchführung Social Innovation Lab*
  - Teilnehmende Beobachtung
- *Phase III: Evaluation*
  - Zweite Mitarbeiterbefragung
  - Qualitative Interviews mit Führungskräften
  - Qualitative Interviews mit LaborteilnehmerInnen

Die zentralen Forschungsfragen der wissenschaftlichen Begleitung waren:
1. Welche Hindernisse für Innovation im sozialen Dienstleistungsbereich lassen sich in wohlfahrtsverbandlich organisierten Trägern identifizieren?
2. Welche Ressourcen für die Förderung von Innovation im sozialen Dienstleistungsbereich werden durch Kooperationen zwischen Hochschule und Sozialunternehmen mobilisiert?
3. Welches sind die Stärken und Schwächen des Social Innovation Lab als Modell zur Förderung von Intrapreneurship in Sozialunternehmen?

Durch die Kombination sowohl qualitativer als auch quantitativer Methoden sollte eine möglichst umfassende Abbildung der Perspektive der Geschäftsführung als Initiator des Prozesses auf der Seite der NPO sowie der Perspektive der MitarbeiterInnen als potentiellen Intrapreneuren erreicht werden.

2 Empirische Befunde

2.1 Bestandsaufnahme

Die Ergebnisse der ersten Forschungsphase werden hier nur kurz skizziert (vgl. ausführlich Schröer und Händel 2015). Dabei konnte festgestellt werden, dass es nicht an innovativen Ideen in der NPO mangelt, diese aber häufig nicht ausreichend kommuniziert werden und daher keine breitere Wirkung entfalten können. Zudem fällt das Interesse an und für Innovation innerhalb der Belegschaft eher gering aus. Vor allen Dingen im Bereich der Pflege, dem die meisten MitarbeiterInnen angehören, wird anderen Fragen Vorrang gegeben. Für echte Innovation und Innovationsförderung werden maßgeblich fehlende, vor allen Dingen finanzielle und zeitliche Ressourcen identifiziert. Als weiteres Hemmnis werden hinderliche interne Faktoren identifiziert. Diese Ergebnisse finden sich auch in der Mitarbeiterbefragung und decken sich weitgehend mit denen aus Vergleichsstudien zu Hemmnissen der Innovationsförderung (Nock et al. 2013). Bezieht man die Ergebnisse der zweiten Mitarbeiterbefragung am Ende des Projekts mit ein, die primär eine Wiederholung der ersten Befragung war, so fällt auf, dass sich an dieser Einschätzung der MitarbeiterInnen praktisch nichts geändert hat. Die Frage „Beurteilen Sie, wie innovativ das Unternehmen in dem Sie arbeiten, Ihrer Meinung nach ist!" zeigt das besonders anschaulich, da sich bei beiden Erhebungen trotz unterschiedlicher BefragungsteilnehmerInnen exakt derselbe gewichtete Mittelwert von 3,08 ergibt.

In den parallel geführten Interviews mit Führungskräften des Unternehmens zeigt sich ein ähnliches Bild. Der Innovationsbedarf wird als hoch mit steigender Tendenz eingeschätzt. Gleichzeitig wird die Innovationsfähigkeit gesehen, die allerdings mit vielen Hindernissen konfrontiert ist, wie dem Mangel an Ressourcen, dem mangelnden Interesse, aber auch der langjährigen Tradition des Unternehmens, die zwar ihren Ursprüngen nach als innovativ, in ihrer organisationalen Struktur gleichzeitig aber auch bremsend empfunden wird.

2.2 Teilnehmende Beobachtung im Labor und qualitative Interviews

Das Labor verfolgt einen personenzentrierten Ansatz. Ausgehend von der Qualifizierung (Kompetenzerwerb) und Begleitung von Social Intrapreneurs sollen neue Geschäftsmodelle entwickelt und ein sukzessiver Kulturwandel der Mission Leben (Verhältnis zur Gesamtorganisation) erzielt werden (vgl. etwa Mair und Martí 2006; Schmitz und Scheuerle 2012). Das inhaltliche Programm des Labors basierte auf einigen Grundannahmen des Human Centered Design. So sind die ersten Phasen darauf ausgerichtet, die Problemstellung, um die es gehen soll, genauer zu analysieren. Erst ausgehend von einem tiefen Verständnis der vorliegenden Herausforderung aus der Perspektive des Kunden werden brauchbare Ideen entwickelt. Zweitens sind die letzten Phasen darauf ausgerichtet, möglichst rasch Feedback aus der Projektgruppe und von Kunden und Klienten selbst einzuholen, um dieses für die Verbesserung der entwickelten Lösung zu verwenden. Beide Phasen sind also geprägt von der konsequenten Einbeziehung des Nutzers und von einem möglichst konkreten praktischen Ausprobieren und Anwenden, anstelle eines Übergewichts von analytischem Verstehen und Nachdenken. Dabei sollen Personen zusammenarbeiten, die sowohl offen und neugierig für verschiedene Perspektiven sind als auch in einem Spezialgebiet Experten-Kenntnisse mitbringen. Die Zusammenarbeit findet in hierarchiearmen Teams statt, was Kooperationsfähigkeit von den Beteiligten verlangt und ein Verständnis von „collective ownership" (Brown 2006). Ideen werden allen mitgeteilt und so ergibt sich aus dem partizipativen Gesamtprozess etwas Gemeinsames. Zudem wurden Erfolgsfaktoren von Social Innovation Labs (Tiesinga und Berkhout 2014) berücksichtigt, die u.a. betonen, dass unterschiedliche Perspektiven von innerhalb und außerhalb der Organisation zur Lösungsfindung herangezogen werden sollen, eine Innovations-Haltung eingeübt werden soll, die auf schnellem Lernen, Versuch und Irrtum und der Ko-Kreation von Lösungen basiert.

Daher werden die Ergebnisse der teilnehmenden Beobachtung und der qualitativen Interviews mit den TeilnehmerInnen und Führungskräften im Folgenden anhand der drei ausgewählten Dimensionen Kooperation (Ko-Kreation), Kompetenzerwerb und Verhältnis Labor zur Gesamtorganisation vorgestellt.

2.2.1 Kooperation und Ko-Kreation in fachübergreifenden Teams

Allen Beteiligten waren die Wettbewerbsaspekte des Labors klar.

> „Ich habe das schon als sportlichen Wettbewerb gesehen, […]. Ich habe aber zu 95% nicht das Gefühl gehabt, dass irgendetwas vorenthalten wird oder ähnliches" – P8

Fest stand auch, dass am Ende nur die Anschubfinanzierung und Umsetzung der Gewinnerprojekte erfolgen würde, und dennoch gab es praktisch nur zwei Situationen, in denen Wettbewerb gleichermaßen aus Sicht des Teilnehmenden Beobachters wie auch der TeilnehmerInnen eine Rolle spielte. Diese beiden Momente waren zu Beginn des Projekts im Auswahlworkshop sowie zum Ende bei der abschließenden Präsentation. Insgesamt ist es im Labor nicht nur gelungen, auch über die Projektgruppen und Hierarchien im Unternehmen hinweg an gemeinsamen Projekten zu arbeiten, sondern auch in der gesamten Gruppe haben sich die TeilnehmerInnen gegenseitig unterstützt, Informationen ausgetauscht und echtes Interesses für die anderen Projekte zum Ausdruck gebracht. Diese Kollegialität und die gute Arbeitsatmosphäre zeigen sich deutlich in den folgenden Aussagen:

> „(die Arbeitsatmosphäre war) sehr bereichernd, sehr konstruktiv, interessiert und auch jetzt im Endspurt, sehr kollegial. Überhaupt kein Konkurrenzkampf, eher ein sehr gutes Arbeiten und gegenseitige Hilfestellung" – P9

und

"Die positiven Erlebnisse waren der kollegiale Austausch, zu erleben, dass Kollegen, die sich in anderen Teilprojekten befinden, sich um das eigene Projekt genauso Gedanken machen, wie man sich um deren Projekte Gedanken macht. Genau dieses Querdenken" – P6

Die enge Zusammenarbeit und die Diversität der Perspektiven eröffnete neue Einblicke in Geschäftsbereiche, mit denen die Teilnehmenden sonst keine Berührungspunkte hatten, was ihnen zu einem besseren Verständnis des Gesamtunternehmens verhalf.

2.2.2 Kompetenzerwerb der Intrapreneure

Alle TeilnehmerInnen berichten von Kompetenzen, die sie im Laufe des Projekts neu erlernen konnten wie beispielsweise

"betriebswirtschaftlich zu denken" – P3

oder wiederentdeckt haben:

"Ich konnte und durfte eben auch mal wieder was vorstellen, wie ich das auch im Studium gelernt habe. Das hat mich auch gleichzeitig gefordert, aber auch selbstbewusster gemacht und für mich auch das Konzept klarer gemacht" – P5

Andere berichten, sie seien durch das methodische Vorgehen

"(insgesamt) strukturierter geworden" – P2

oder geben an, völlig neue Seiten und Fähigkeiten an sich entdeckt zu haben, wie das folgende Zitat zeigt:

"Präsentieren, vor Leuten reden, auch mal Rampensau sein" – P4.

Von diesen Kompetenzen und dem teilweise neuen Selbstverständnis, Wissen über und Vertrauen in die eigenen Fähigkeiten kann neben den TeilnehmerInnen auch das Unternehmen profitieren. Die in der folgenden Aussage beschriebene Freiheit im Denken,

"trotz aller Expertise und Menschen, die da vor mir stehen, eigentlich bin ich frei, ich bin frei im Denken, ich kann meinen Weg ändern" – P8

deutet aber noch einen weiteren Aspekt des Kompetenzerwerbs an. Der neu geweckte und gestärkte Unternehmergeist fördert zwar das Selbstvertrauen und den kollegialen Zusammenhalt, birgt aber durchaus ein Risiko in Bezug auf das Commitment zum Unternehmen. So wurden Gedanken über eine eigenständige Ausarbeitung und Umsetzung der Einzelprojekte ebenfalls von TeilnehmerInnen geäußert.

Ein direkter Vergleich der Ergebnisse mit Literatur über Kriterien für die Identifikation von sozialen Intrapreneuren (Schmitz und Schröer 2016) erlaubt eine differenziertere Betrachtung. Als allgemeine Kompetenzen von Sozialunternehmern werden soziale Zielsetzung, Kreativität, Wille und Bereitschaft zur Veränderung, wirtschaftliche Kompetenz, Sozialkompetenz und Lernbereitschaft angeführt. Besonderheiten des Intrapreneurship sind die Durchhaltefähigkeit und Überzeugungsfähigkeit im Umgang mit Widerstand, eine Außenseiter-Insider-Perspektive und die Identifikation mit den Zielen des Unternehmens.

Erstens: Durch die inhaltlichen Inputs konnte bei den Teilnehmenden der *Wissenserwerb* in Bezug auf betriebswirtschaftliche Zusammenhänge beobachtet werden. In den Interviews bestätigt sich das. Zudem wurden Kenntnisse über Bedarfsanalyse und Businessplanerstellung erlernt.

Zweitens: Typische Kompetenzen sozialer Intrapreneure wurden aber auch durch das *Einüben unternehmerischer Praktiken* wie Teamarbeit, freies Denken und Ideenentwicklung, also Kreativität, bedarfsorientiertes Vorgehen und Präsentationstechniken erworben.

Drittens: Die TeilnehmerInnen beschreiben sich zum Ende des Labors selbst teilweise als Unternehmer im Unternehmen mit gestärktem Selbstvertrauen, einer gewissen Persistenz und einem erneuerten professionellen Selbstverständnis.

2.2.3 Verhältnis des Labors zur Gesamtorganisation

Trotz der bisher beschriebenen, überwiegend positiven eigenen Erfahrungen der TeilnehmerInnen im Labor sahen sich viele von ihnen im Arbeitsalltag häufig mit Unverständnis und sogar Ablehnung konfrontiert, wie die folgenden Aussagen belegen:

> „Das waren dann schon Situationen, dass man sich rechtfertigen musste für etwas, was eigentlich gut für das Unternehmen sein sollte. Aber nach innen hatte ich jetzt schon Rechtfertigungsdruck, dass ich schon wieder da hingehe" – P5

Die Freistellungen für die Teilnahme am Labor waren teilweise unzureichend und schwierig zu realisieren. Vor allen Dingen, wenn es sich bei den TeilnehmerInnen um Führungskräfte handelte oder die entsendenden Einrichtungen eher klein waren, so dass sich Ausfälle deutlich auswirkten auf die Arbeit auswirkten.

> „Dadurch, dass ich weniger verfügbar war, gab es durchaus negative Reaktionen. Das hat das ganze Arbeitsverhältnis hier in meinem Team deutlich erschwert" – P3

Das angespannte Verhältnis zwischen Labor und Gesamtorganisation und die insgesamt lange Durchführungszeit von etwas über einem Jahr machten den Wechsel zwischen Tätigkeit im und für das Labor und dem Regelarbeitsplatz oft problematisch:

> „Mein Gefühl war, ich würde einen Surfkurs auf Hawaii machen und müsste dafür immer fragen, ob ich frei bekomme und muss mich dafür rechtfertigen" – P4

Wie bereits beschreiben, hat auch die zweite Mitarbeiterbefragung keine Hinweise auf eine veränderte Wahrnehmung der Innovationsfähigkeit der Gesamtorganisation geliefert. Die Beobachtung einer Evaluationsrunde auf der Führungsebene der Organisation hat zudem gezeigt, dass sich die mittlere Führungsebene nicht ausreichend in den Prozess eingebunden fühlte. Gerade diese Beobachtung macht die Problematik zwischen Autonomie und Eingebundenheit des Labors im Verhältnis zur Gesamtorganisation deutlich. Innovationen können in Organisationen als Devianz (Abweichung) oder als willkommene Neuerung verstanden werden. Die Wahrnehmung von Innovation als Devianz erzeugt

Widerstand, der allerdings die Intrapreneure nicht zu früh von ihrer Entwicklungsaufgabe abhalten sollte. Andererseits kann Intrapreneurship nur dann erfolgreich sein, wenn es gelingt, entwickelte Neuerungen auch in der Organisation zu implementieren bzw. sie erfolgreich auszugründen.

3 Fazit: Intrapreneurship im Spannungsfeld zwischen Organisation und Labor

Das wesentliche Ziel des Labors, die Förderung von Intrapreneurship zur Entwicklung von innovativen Geschäftsmodellen für das Unternehmen, wurde erreicht. Die vorliegenden Forschungsergebnisse verdeutlichen allerdings mögliche Schwierigkeiten im Verhältnis zwischen Labor und Organisation, in deren Schnittmenge (Abbildung 1) die Intrapreneure ihre Projekte entwickelt haben.

Abbildung 1: Social Intrapreneurship im Spannungsfeld zwischen Organisation und Labor

Dabei lassen sich konvergente Faktoren beobachten, die Organisation und Labor zusammenführen und dadurch Intrapreneurship ermöglichen, während divergente Faktoren beide Einheiten tendenziell auseinanderziehen und somit den Einfluss von Intrapreneurship auf die Organisation erschweren. Zu den einenden Faktoren gehören die hohe Identifikation der TeilnehmerInnen mit dem Labor, die Verfügbarkeit zeitlicher und finanzieller Ressourcen für die dortige Arbeit, der externe Input durch Kooperationen mit Partnern, die gute Zusammenarbeit in den Teams und die Nähe zu Klientenbedarfen. Erschwerend wirken dagegen die mangelnde Anerkennung der Beteiligung im Labor, fehlende Transparenz und die ungenügende Beteiligung des mittleren Managements. Um die Anschlussfähigkeit zu verbessern, schlagen die Forscher daher inhaltliche Anpassungen und eine zeitliche Straffung des gesamten Projekts vor, um Druck von den Intrapreneuren zu nehmen bei gleichzeitiger Verbesserung der Kommunikation über die Ziele und den Wert des Projekts im und für das Unternehmen zur Steigerung der Akzeptanz.

4 Literatur

Anheier, H.K. (2014): Nonprofit Organizations: Theory, Management and Policy. New York und London.
Brown, M.J. (2006): Building powerful community organizations: A personal guide to creating groups that can solve problems and change the world. Arlington, MA.
Caulier-Grice, J. et al. (2012): Defining social innovation. A deliverable of the project: "The theoretical, empirical and policy foundations for building social innovation in Europe" (TEPSIE). Brüssel.
Christensen, C.M. (1997): The innovator's dilemma: when new technologies cause great firms to fail. Boston.
Dees, J.G. et al. (2001): Enterprising Nonprofits: A Toolkit for Social Entrepreneurs. New York u.a.
Gillwald, K. (2000): Konzepte sozialer Innovationen. URL: http://scholar.google.de/scholar_url?url=http://www.stages-online.info/pdfs/soziale-innovationen.pdf&hl=de&sa=X&scisig=AAGBfm-2o8-wfwGv9IEE1w0NV6vIPGJrscQ&nossl=1&oi=scholarr&ved=0ahUKEwi4zYHi5OPNAhXDEywKHQrmAPUQgAMIIigAMAA (06.07.2016).
Howaldt, J. und Schwarz M. (2010): Soziale Innovation im Fokus – Skizze eines gesellschaftstheoretisch inspirierten Forschungskonzepts. Bielefeld.
IDEO (2015): The Field Guide to Human Centered Design. IDEO.org.
Mair, J. und Marti, I. (2006): Social entrepreneurship research: A source of explanation, prediction, and delight. Journal of World Business 1, S. 36-44.
Mulgan, G. et al. (2007): Social innovation. What is it, why it matters, and how it can be accelerated. URL: http://youngfoundation.org/wp-content/uploads/2012/10/Social-Innovation-what-it-is-why-it-matters-how-it-can-be-accelerated-March-2007.pdf. (08.07.2016).
Nock, L., Krlev, G. und Mildenberger, G. (2013): Soziale Innovationen in den Spitzenverbänden der Freien Wohlfahrtspflege. Strukturen, Prozesse und Zukunftsperspektiven. URL: http://www.bagfw.de/uploads/media/3_Gesamt_CSI_Final.pdf. (08.07.2016).
Ogburn, W.F. (1957): Cultural Lag as Theory. Sociology and Social Research, 1(41), S. 167-174.
Osterwalder, A. und Pigneur, Y. (2010): Business Model Generation. A Handbook for Visionaries, Game Changers, and Challengers. New York.
Schmitz, B. und Scheuerle, T. (2012): Founding or Transforming? Social Intrapreneurship in Three German Christian based NPOs. Journal of Social Entrepreneurial Perspectives 1 (1), S. 13-35.
Schmitz, B. und Scheuerle, T. (2013): Hemmnisse der Wirkungsskalierung von Sozialunternehmen in Deutschland. In: Jansen, S.A., Heinze, R.G. und Beckmann, M. (Hrsg.): Sozialunternehmen in Deutschland. Wiesbaden, S. 101-124.
Schmitz, B. und Schröer, A. (2016): When giants learn to dance. Conceptualizing the social intrapreneur. Arbeitspapiere aus der Evangelischen Hochschule Darmstadt Nr. 21 – Juli 2016.
Schröer, A. und Händel, R.B. (2015): Handlungsperspektiven zur Förderung von Social Intrapreneurship in der Kooperation von Hochschulen und NPO. In: Andessner, R. et al. (Hrsg.): Ressourcenmobilisierung durch Nonprofit-Organisationen. Theoretische Grundlagen, empirische Ergebnisse und Anwendungsbeispiele. Linz, S. 283-292.
Smith, S.R. (2005): Managing the Challenges of Government Contracts. In: R.D. Herman et al. (Hrsg.): Jossey-Bass Handbook of Nonprofit Leadership and Management. San Francisco, S. 553-579.
Tiesinga, H. und Berkhout, R. (Hrsg.) (2014): Labcraft: How social labs cultivate change through innovation and collaboration. London und San Francisco.
Wolk, A. und Kreitz, K. (2008): Business Planning for Enduring Social Impact: A Social-Entrepreneurial Approach to Solving Social Problems. Cambridge, MA.

Wertstrebigkeit und Sinnerfahrung in NPO – Neue Aspekte in der Entwicklung von Nachhaltigkeit für den Organisationsraum von Werkstätten für Menschen mit Behinderung

Rüdiger H. Jung und Susanne Brötz

1 NPO als Erfahrungsfeld eines anspruchsvollen, mehrdimensionalen Nachhaltigkeitsverständnisses

Ein Zugang zum Verständnis von NPO ist der über ihre Nicht-Zugehörigkeit, über ihr Weder-Markt-noch-Staat, über ihr Dazwischen, ihre Intermediarität (Simsa 2013 und die dort genannte Literatur). Diese Eigenschaft als „Vermittler zwischen verschiedenen Welten" (Simsa 2013) schlägt sich in mehrdimensionalen Zielsystemen mit unterschiedlichen, zum Teil konfliktären Rationalitäten nieder. Bezeichnungen wie „Sozialwirtschaft" oder „Solidarwirtschaft" dokumentieren, dass für NPO eine Mehrdimensionalität des Zielsystems und die Aufgabe eines Ausgleichs im Spannungsfeld unterschiedlicher Rationalitäten geradezu konstitutiv sind. „Sozialwirtschaft" verknüpft die Zweidimensionalität von sozialen und wirtschaftlichen Zielen, „Solidarwirtschaft" die Dreidimensionalität von sozialen, wirtschaftlichen und ethischen Zielen (zur Unterscheidung der Zielkategorien siehe z.B. Schweitzer und Schweitzer 2015). Das dauerhafte Gelingen eines Ausgleichs zwischen konfliktären Zieldimensionen ist eine Existenzvoraussetzung für die hier angesprochenen NPO und insoweit eine Voraussetzung institutioneller Nachhaltigkeit. Für sozialwirtschaftliche Organisationen ist die gelingende Verknüpfung von sozialer und ökonomischer Nachhaltigkeit – oder anders ausgedrückt: die dauerhafte Realisierung gesellschaftlich erwünschter Leistungen auch unter ökonomisch schwierigen Bedingungen – geradezu ein konstitutives Merkmal.

Wenn wir angesichts dieser anspruchsvollen Konstellation in den nachfolgenden Überlegungen die Nachhaltigkeitsbetrachtung zugleich vertiefen (Subjektebene) wie erweitern (ökologische Dimension), muss das im Erfahrungsfeld von NPO ganz zwangsläufig die Reaktion „Und-das-auch-noch?!" erzeugen. Und wenn, wie hier beabsichtigt, mit den Werkstätten für Menschen mit Behinderung ein Bereich in den Blick genommen wird, der es zunehmend mit Menschen mit Mehrfachbehinderung zu tun hat und damit permanenter Anspruchserhöhung ausgesetzt ist, scheint das auf den ersten Blick abwegig und überzogen. In einer Zeit, in der sich (finanz-)politische Gremien darüber austauschen, diese Eingliederungsorte zu schließen, erscheint es gar höchst delikat. Indes zeigt sich bei genauerer Betrachtung des Zweckes (Sachziels) dieses Typs von NPO, wie sehr gerade hier Simsas Frage, ob denn NPO „gesellschaftliche Restgröße oder treibende Kraft" (Simsa 2013) sind, im Sinne der treibenden Kraft beantwortet werden kann. Werkstätten für Menschen mit Behinderung arbeiten – oft mit hoher Kreativität und mit Erfindungsreichtum ihrer Fachkräfte – daran, für Menschen mit zum Teil sehr schwerwiegenden körperlichen und/oder psychischen Einschränkungen und Störungen[1] Teilhabe an einem guten Leben zu ermöglichen. Letztlich haben Werkstätten für Menschen mit Behinderung – was später zu erläutern sein wird – die Freiheit der „geistigen Person" der ihnen anvertrauten Menschen im Blick, auch wenn sie dabei immer wieder Konzentration und Energie auf die Bedingtheit des Psychophysikums, d.h. auf die Arbeit an der Reduzierung oder Beseitigung physischer und/oder psychischer Behinderungen, richten müssen. Das personale Subjekt, die „geistige Person", ist gewissermaßen der zentrale Referenzpunkt der Arbeit in Werkstätten für Menschen mit Behinderung. Die Suche nach einem erweiterten, ganzheitlichen Nachhaltigkeitsverständnis bedeutet mithin gar keine Anspruchs- und Zielkonfliktverschärfung. Sie nimmt lediglich eine ohnehin vorhandene, ganz besondere Kompetenz mit ihren Möglichkeiten in den Blick. Bevor wir diesen Möglichkeitsraum im übernächsten Kapitel betreten und ausleuchten, ist zunächst ein Blick auf die Situation in Werkstätten für Menschen mit Behinderung und ein möglicherweise kontextspezifisches Verständnis von Nachhaltigkeit geboten.

2 Nachhaltigkeit und Werkstätten für Menschen mit Behinderung

2.1 Rechtliche Grundlagen der Werkstätten für Menschen mit Behinderung und das Entwicklungsziel der Teilhabe

In der nun nahezu über 50jährigen Organisationsentwicklung der Werkstätten oder Werkstattträger haben diese sich in den 1960er Jahren aus privaten Initiativen betroffener Eltern heraus gegründet, wurden später zu eingetragenen Vereinen und etablieren sich mittlerweile erfolgreich auf dem allgemeinen Markt als anerkannte soziale und sozialwirtschaftliche Unternehmen mit definiertem Organisationszweck in unterschiedlichen Rechtsformen. Nach der Novellierung des Schwerbehindertenrechtes im Jahr 2000 erhalten die Werkstätten mit dem § 136 Sozialgesetzbuch (SGB) IX eine klare formalrechtliche und definitorische Beschreibung als Einrichtungen „zur Teilhabe behinderter Menschen am Arbeitsleben [...] und zur Eingliederung in das Arbeitsleben" (SGB 2006). Mit der Ratifizierung der UN-Behindertenrechtskonvention (UN BRK) hat sich Deutschland als Vertragsstaat 2009 dazu verpflichtet, eine inklusive Gesellschaft mitzugestalten und Menschen mit Behinderungen in Lebensbereichen wie Bildung, Arbeit und Beschäftigung, Politik, Wohnen, Kultur und Freizeit, Ehe

---

[1] In der Fachterminologie der Werkstätten für behinderte Menschen (WfbM) werden körperliche, psychische und geistige Behinderungen unterschieden. Wir vermeiden hier den Begriff der geistigen Behinderung. In unserem später (Kapitel 3) darzulegenden Menschenbild ist der Begriff des Geistigen einer Seinsschicht des Menschen vorbehalten, die nicht erkranken kann. Eine reduzierte Gehirnleistung mit der Folge eines „geistigen Zurückgebliebenseins" ist nach unserem Verständnis eine organische Einschränkung, d.h. eine im Psychophysikum liegende Behinderung.

und Familie oder Gesundheitswesen eine gleichberechtigte und diskriminierungsfreie Teilhabe zu ermöglichen. Zusammengetragen werden diese Handlungsfelder vor allem im Bundesteilhabegesetz, das zum 1. Januar 2017 in Kraft getreten ist. Unter Mitwirkung unterschiedlichster Behindertenverbände und sonstiger Gremien erfolgt die eindeutige Benennung der Partizipationsrechte. Diese unterstreichen, dass die bisher geführten und auf Behinderung ausgerichteten Begriffe wie „Eingliederung" und „Eingliederungshilfe" eine nachhaltige Weiterentwicklung in eine Neuorganisation zu „Teilhabe" und „Teilhaberecht" erfahren.

Im soziologischen Sinne wird der Begriff „Teilhabe" als soziale Zuordnung verstanden. Genau heißt es: Die Teilhabe versteht sich als „symbolische (Status) oder organisatorische (Partizipation) Zurechnung einer Person oder Gruppe zu einem positiv bewerteten sozialen Gebilde und daraus folgende Rechte" (Fuchs et al. 1978). Psychologisch bedeutet Teilhabe für den Menschen im persönlichen Erleben, Verhalten und seiner Entwicklung des Lebens: Wertschätzung, Anerkennung, Einbezogensein. In Anlehnung an § 33 SGB IX ist das Erhalten, Verbessern, Herstellen oder Wiederherstellen der Erwerbsfähigkeit von Menschen mit Behinderung entsprechend ihrer Leistungsfähigkeit sowie ein dauerhaftes Sichern der Teilhabe am Arbeitsplatz das allgemeine Ziel der Teilhabe. Als spezielles Ziel der Teilhabe am Arbeitsleben sieht die Beschützende Werkstätte Heilbronn die *Sozialisation* (Hurrelmann und Bauer 2015). Sie richtet ihre personenzentrierten Unterstützungsleistungen und institutionellen Bedingungen so aus, dass der Mensch mit Behinderung einerseits seine Persönlichkeit entwickeln und einbringen kann, und anderseits, dass er die Möglichkeit hat, soziale Bindungen einzugehen. Hurrelmann und Bauer (2015) gehen in ihrem Verständnis über die Persönlichkeit eines Menschen davon aus, dass sich diese durch eine ständige Auseinandersetzung der inneren Realität (Körper und Psyche) mit der äußeren Realität (soziale und natürliche Umwelt) bildet und entwickelt. In Kapitel 3 werden wir das „Geistige" oder die „geistige Person" als dritte, für die Auseinandersetzung mit der äußeren Realität wesentliche menschliche Seinskategorie neben Körper und Psyche einführen. Die Sozialisation und ihr Prozess bewirken für den Einzelnen, dass er Handlungsorientierung (soziale Identität) und Handlungsbezüge (Vergemeinschaftung, Vergesellschaftung) erfährt. Beides sind Grundmerkmale für das Erwerben von Handlungskompetenzen, die wiederum an Arbeitsorten eine wesentliche Bedeutung haben.

2.2 Zum Nachhaltigkeitsverständnis in Werkstätten für Menschen mit Behinderung

2.2.1 Arbeitsbezüge und Wortnutzung von Nachhaltigkeit – Eine Betrachtung auf der Betriebsebene

Die ohnehin spärliche literarische Auseinandersetzung mit dem Thema Nachhaltigkeit in Bezug auf Werkstätten für Menschen mit Behinderung findet eher in der Form von Schilderungen aus der Praxis denn als theoretische Erörterung statt. Häufig liefern anthroposophisch ausgerichtete Lebensgemeinschaften mit naturnahen Wirtschaftsbereichen die Anwendungsbeispiele (z.B. Limbrunner 2012). „Grüne Werkstätten", die landwirtschaftliche Produkte erzeugen oder Rohstoffe wie Holz zu Gebrauchsgütern verarbeiten, fokussieren auf die ökologische Dimension von Nachhaltigkeit. Jedoch wissen wir zugleich, dass etwa bei der Akquise und Antragstellung von branchen- sowie zielgruppenbezogenen Entwicklungsprojekten in Werkstätten für Menschen mit Behinderung Nachhaltigkeit in einer allgemeineren Weise ein wichtiges Entscheidungsmerkmal in der Zuschlagserteilung von Forschungspartnern, Förderern und Unterstützern ist. Mangelnde Berücksichtigung in der Projektkonzipierung oder eine defizitäre Nachvollziehbarkeit in der praktischen Ausführung können einen ablehnenden Bescheid nach sich ziehen. Im Pflichten- und Lastenheft für Projektbeantragungen und -durchführungen ist demzufolge seit Jahren die Nachhaltigkeit als relevante Wirkungsgröße unmissverständlich zu einer festen Instanz geworden, bei der es stets darum geht, sie zukunftsweisend zu bedenken und schlüssig nachzuweisen.

Geradezu selbstverständlich, jedoch inhaltlich weder akademisch noch organisationsspezifisch erörtert, wird die Wortnutzung „Nachhaltigkeit" im betrieblichen Austausch der Fach- und Führungskräfte in den täglichen System-, Prozess- oder Ergebnisbezug zumeist eher umgangssprachlich, weniger ideologisch, auf gar keinen Fall kritisch gestellt. Nachhaltigkeit hat in die Alltagssprache ohne weitere Reflektion Eingang gefunden. Gemeint ist zumeist, dass der Begriff einerseits den Hinweis auf eine zeitliche Komponente unterstreichen soll, insbesondere das Ermöglichen einer langfristigen Unterstützungsleistung für einen Klienten, der damit eine selbstbestimmte gesellschaftliche Teilhabe erfahren darf. Oder er dient der argumentativen Stärkung einer sachlichen Komponente, wie beispielsweise dem Abwägen einer Beschaffungsentscheidung mittels Kosten-Nutzen-Analyse. Im Entwicklungsprozess einer organisationseigenen Nachhaltigkeitsgesinnung müssten beide Komponenten unter Berücksichtigung des theoretischen Standes der Nachhaltigkeitsdiskussion in einen interpretativen und reflexiven Praxiszusammenhang gebracht werden. Das ist nicht Gegenstand der hier vorgelegten Betrachtung. Jedenfalls gibt es im Organisationsraum von Werkstätten für Menschen mit Behinderung (noch) keine Wort- und Konzeptordnung der Nachhaltigkeit.

2.2.2 Nachhaltigkeit im Bewusst-Sein und Bewusst-Tun – Eine Exploration auf der Subjektebene

So wie Teilhabe und der mit ihr verknüpfte Sozialisationsvorgang auf der Subjektebene, im Erleben von Wertschätzung, Anerkennung und Einbezogensein des Menschen ihre entscheidenden Impulse erfahren, scheint uns auch für Überlegungen zur Stärkung von Nachhaltigkeit der Blick auf die Subjektebene geboten. Es geht darum, wie sich nachhaltiges Erkennen und Denken, Erleben und Verhalten als „Bewusst-Sein und Bewusst-Tun" in der besonderen Strukturform einer Werkstatt für Menschen mit Behinderung aufbaut, gestaltet und vor allem

auch vermitteln lässt. Mit dieser Betrachtung wird der Versuch verbunden, der Nachhaltigkeit einen konkreten Kontext zu verschaffen und damit eine eigene organisationsspezifische Nachhaltigkeitsinterpretation zu ermöglichen. Dies geschieht am Beispiel der „Beschützenden Werkstätte für geistig und körperlich Behinderte e.V. in Heilbronn".
Die Basis hierzu legte eine kleine betriebliche Exploration zu Begriff und Wissen über Nachhaltigkeit. Im Verlauf des Januar 2016 erhob die Autorin Aussagen von insgesamt 43 angestellten Mitarbeitenden der Beschützenden Werkstätte Heilbronn – vor allem durch eher spontane und beiläufige Befragung, teilweise auch durch Auffangen von Aussagen in Gesprächen. 90% von ihnen gaben an, den Begriff inhaltlich zu kennen und ihn auch zu nutzen. Auffallend ist jedoch, dass 83% der Aussagen Nachhaltigkeit ausschließlich in Verbindung mit ökologischen Themen bringen. Im interpretativen Prozess verlaufen hier die Inhalte der Antworten vor allem in Richtung „Naturschonung" und „Naturverpflichtung". Eine Zuordnung des Begriffs Nachhaltigkeit zu sozialen oder ökonomischen Aspekten fand peripher oder gar nicht statt. Interessant ist weiterhin, dass von einem Teil der Befragten die Nachhaltigkeit mit konkreten organisationalen Themenbezügen wie Qualitätsmanagement, Evaluation oder Personalentwicklung im Sinne von Prozesshaftigkeit und Wertschöpfung interpretiert wurde.
Nachhaltigkeit will die Beschützende Werkstätte Heilbronn nicht bloß öffentlichkeitswirksam, sondern substanziell in der internen Arbeit nutzen: So wird der an sie gerichtete gesellschaftliche und gesetzliche Auftrag zur Unterstützung der Umsetzung einer selbstbestimmten sozialen und beruflichen Teilhabe für den Menschen mit Behinderung gewissenhaft ergänzt durch einen zusätzlichen, aus dem Unternehmen selbst heraus verstandenen Auftrag, nämlich die Unterstützung zur Ermöglichung der Teilhabe am *Mensch-Sein*.

3 Ein auf Werte- und Sinnorientierung gründendes Nachhaltigkeitsverständnis in Werkstätten für Menschen mit Behinderung

3.1 Die Person des Menschen als wertstrebiges, sinnorientiertes Sein und das Sinnpotenzial von Naturbezug

Die hier vorgetragenen Überlegungen gehen von einem Menschenbild aus, das frühe Wurzeln in der Aristotelischen Philosophie hat, dessen heutiges Verständnis von Philosophen wie Max Scheler, Karl Jaspers und Nicolai Hartmann begründet wurde, und das von Viktor Frankl in seinem Konzept der Logotherapie als psychotherapeutische Methode fruchtbare Anwendung erfahren hat. Es sieht den Menschen in den drei Seins-Kategorien (-Schichten, -Sphären, -Dimensionen) von Körper (Physis), Psyche und Geist. Unterscheidet der Mensch sich in seinem Psychophysikum nur graduell von anderem Leben, so liegt in der personalen Dimension des Geistigen das typisch Menschliche. Als „geistige

Person"[2] lebt der Mensch in der Bezogenheit hin auf etwas, das nicht wieder er selbst ist (Transzendenzphänomen). Die Weltbezogenheit der geistigen Person ist nach Scheler wesentlich eine *Wertebezogenheit* (zur Wertstrebigkeit des Menschen siehe Scheler 1927; Hartmann o.J.). Die Art und Weise, wie das menschliche Individuum in der Welt ist, wie es handelt oder behandelt wird, bringt es mit Werten in Berührung. Akte der Liebe, der solidarischen Unterstützung, des Tätigseins für eine wertvolle Idee oder Sache, des Einnehmens einer vorbildhaften Haltung und vieles anderes mehr sind Akte der Werterealisierung; sie sind in ihrer Wertebezogenheit und Werthaltigkeit fühlbar – wobei der Scheler'sche Begriff des „Wertfühlens" eine ganzheitliche Empfindung meint (Scheler 1927).

In der Transzendenz menschlichen Seins, in der Subjekt-Welt-Beziehung scheint auch die immerwährende Frage nach dem *Sinn* menschlicher Existenz auf (z.B. Merleau-Ponty 1966). Der Mensch als geistige Person ist auf der Suche nach Sinn in seinem Leben (Frankl 2007; neben diesem Grundlagenwerk siehe auch die Anthologie Frankl 2006). Und Sinnerleben stellt sich ein, wenn das in Freiheit und Verantwortlichkeit handelnde Individuum mit seinem Tun oder Lassen Werte – die zunächst immer nur Potenziale sind – realisiert. Werte sind Sinnpotenziale oder „Sinn-Universalien" (Frankl 2007). Inwieweit die Sinnorientierung des Menschen sich in Organisationen entfalten kann oder frustriert wird, hängt mithin von den Möglichkeiten der Werterealisierung ab; und zwar angesichts der unterschiedlichen individuellen Wertesysteme von der Fülle der Möglichkeiten. Wird die Handlungsorientierung in Organisationen auf einen bestimmten Wertebezug mehr oder weniger beschränkt, beispielsweise in erwerbswirtschaftlichen Unternehmen auf die Mehrung des finanzwirtschaftlich definierten Unternehmenswertes oder in sozialwirtschaftlichen NPO auf die Ermöglichung einer Teilhabe am Arbeitsleben unter Verwendung hierfür bereitgestellter finanzieller Mittel, ist damit zugleich eine Fokussierung der Werteorientierung und damit eine Reduzierung der Sinnpotenziale der in diesen Organisationen Beschäftigten verbunden. Da ein solcher Reduktionismus für große Teile der Arbeitswelt charakteristisch ist, kann es nicht überraschen, dass inzwischen empirische Belege für ein zunehmendes Sinndefizitempfinden in der Arbeitswelt, das auch die Führungsebenen erfasst hat, vorliegen (siehe etwa die Untersuchungen von Graf 2007).

Bezogen auf unser Anliegen „Nachhaltigkeit" darf konstatiert werden, dass der Schlüssel für eine Nachhaltigkeitsorientierung sein passendes Schloss in der Werteorientierung und im Sinnbedürfnis auf der Subjektebene hat. Gelingt es, den Wert von Nachhaltigkeit fühlbar werden und darüber einen Willen zur Nachhaltigkeit entstehen zu lassen, ist dies der stärkste Motivator für nachhaltiges Handeln. Damit die Nachhaltigkeitsorientierung aus einem weiten Werteho-

---

[2] Mit „geistiger Person" verwenden wir einen Pleonasmus als rhetorische Figur. Scheler (1928) hat der geistigen Dimension des Menschen den Begriff „Person" (das „Aktzentrum" für Geist) gegeben. Frankl (2007) hat daraus mit „zehn Thesen über die Person" sein Grundverständnis des Menschen in seiner geistigen Dimension („Die Person ist geistig.") entwickelt.

rizont gespeist und unmittelbares Wertfühlen ermöglicht wird, bedarf es eines holistischen Ansatzes im Sinne der Integration von Naturbezug in das an sozialen und wirtschaftlichen Überlegungen orientierte Handeln (auf das damit angesprochene Drei-Säulen-Modell der Nachhaltigkeit, die sogenannte Brundlandt-Triade von Ökologie, Sozialem und Ökonomie, kann hier nur verwiesen werden; Näheres und zugleich Kritisches siehe etwa Seidel 2015). Ein solcher ganzheitlicher (holistischer) Ansatz öffnet den reduktionistisch verengten Raum für ein Mehr an Wertebezüglichkeit und Sinnorientierung; er schafft zusätzliche Anknüpfungspunkte für Werterealisierung und Sinnfühlen.

3.2 Werkstätten für Menschen mit Behinderung als Orte mit besonderem Potenzial für werteverknüpfte, personale Nachhaltigkeit

NPO im Allgemeinen können als „Werte- und Kulturgemeinschaften" (Lichtsteiner et al. 2015) beschrieben werden. Werte- und Kulturgemeinschaften etablieren sich in dem Raum, den Individuen qua geistige Person mit ihrer Wertstrebigkeit besetzen. Werkstätten für Menschen mit Behinderung sind ohne Zweifel ein Ort wertstrebiger Existenz und sinnerfüllten Handelns. Sie sind institutionalisierte *Mit-Menschlichkeit*. Dies nachhaltig zu sichern, ist der Beweggrund für die hier vorgetragenen Überlegungen zu einem erweiterten, sozusagen die *Mit-Natürlichkeit* einbeziehenden Nachhaltigkeitsverständnis.

Von ihrem Zielsystem her, wie in Kapitel 2 dargelegt, komplexer als erwerbswirtschaftliche Organisationen, stehen Werkstätten für Menschen mit Behinderung aber dennoch in der Gefahr einer Reduzierung der grundsätzlichen Offenheit des Werte- und Sinnbezugs. Ihr Handeln ist fokussiert auf eine Rationalität im Sinne ihres sozialwirtschaftlichen Auftrags. Das ist die übliche Verengung eines potenziell umfassenderen Werte- und Sinnbezugs durch Zwecksetzung (Komplexitätsreduktion), die als konstitutives Merkmal jeder Organisation gilt. Wegen der Tatsache, dass Werkstätten vielfach Zuarbeiter (Auftragnehmer) von erwerbswirtschaftlichen Betrieben sind, darf mit Blick auf die Isomorphismus-These (Simsa 2013 und die dort genannte Literatur) zudem eine Angleichung an das Rationalitätsverständnis ihres erwerbswirtschaftlichen Auftraggebers als eines wichtigen Stakeholders unterstellt werden.

Unser Ansatz einer Erweiterung der Werte- und Sinnorientierung und darüber der Nachhaltigkeitsorientierung auf der Subjektebene führt zu zwei komplementären Überlegungen:

(1) Mit Blick auf die Menschen mit einer körperlichen und/oder psychischen Behinderung (Mitarbeiter der NPO) ist Ziel aller Bemühungen, dass diese Menschen die Freiheit ihrer geistigen Person in ihrer Wertestrebigkeit und Sinnorientierung möglichst wenig eingeschränkt (er)leben können. „Denn der ‚Geist', die geistige Person selbst, kann überhaupt nicht krank werden" (Frankl 2007); sie ist auch noch hinter der schwersten Behinderung – wenngleich oftmals kaum wahrnehmbar – existent. Im Sinne von Nachhaltigkeit muss es um eine maximale Offenheit in der Ermöglichung von Wertebezügen mit ihrem Sinnpotenzial

gehen. Die Einbeziehung eines wie auch immer gestalteten Umgangs mit Natur, der unmittelbar Wertfühlen ermöglicht, öffnet einen wichtigen Erlebensraum für die geistige Person, erhöht die Chance für den Menschen mit Behinderung an einer nachhaltigen Teilhabe am Menschsein.

(2) Mit Blick auf die Menschen, die sich tagtäglich in den Dienst des unter (1) skizzierten Zieles stellen (Beschäftigte oder angestellte Mitarbeiter der NPO), geht es darum, dem allfälligen Reduktionismus organisationaler Handlungslogiken durch die explizite Einbeziehung der ökologischen Dimension einen erweiterten Wertehorizont entgegenzusetzen und damit zusätzliches Sinnpotenzial zu realisieren. Mit-Menschlichkeit und Mit-Natürlichkeit sind eher komplementäre denn antinomische Wert- und Zielvorstellungen. Und was die Rolle der Ökonomie anbelangt: In NPO hat diese Zieldimension keinen Selbstzweckcharakter. Sie ist Mittel zum Zweck. Müller-Christ hat mit Hilfe der Methode der Systemaufstellung deutlich gemacht, dass im menschlichen Bewusstsein der Wunsch nach einer guten Verbindung zur Natur tief verankert ist und dass in der Triade von Ökologie, Sozialem und Ökonomie letzterer eine altbekannte, aber mehr oder weniger aus dem Blick geratene Rolle zukommt: In der Dimension der Ökonomie geht es um die „Balancierungshaltung einer Haushaltswirtschaft, die die Möglichkeiten und Potenziale von Natur und Gesellschaft ausgleicht" (Müller-Christ 2015). Stimmig hierzu berichten Brand, Liberatore und Borer (2016, S. 63) von einer Mitarbeiterbefragung in einem Krankenhaus, bei der ein ausgeprägter „Wille zu ökologisch nachhaltigem Arbeiten" das markanteste Ergebnis war.

In beiden Überlegungen – (1) wie (2) – geht es darum, personale Nachhaltigkeit (Subjektebene) durch eine Erweiterung des Wertehorizonts und das darin liegende Sinnpotenzial zu stärken und hierbei mit der Integration des Naturbezugs einen besonderen Erlebnisraum der geistigen Person zu schaffen. Auf die enge Verknüpfung von Sinnempfinden und Umgang mit der Natur hat unter Anderen und insbesondere Konrad Lorenz hingewiesen (Lorenz 1983). Umgang mit der Natur, das Staunen über die „großen Harmonien", die Freude an der Schönheit der lebenden Schöpfung, „weil wir selbst schöpferisch sind" (Lorenz 1983), berührt ganz unmittelbar das menschliche Individuum, lässt das Aufgehobensein in einem größeren Zusammenhang spürbar werden. Das gilt selbstverständlich auch für die Menschen, die in Werkstätten für Menschen mit Behinderung mit unterschiedlicher Rollenzuweisung – ob als unterstützungsbedürftiger Behinderter oder als Unterstützung leistende Fachkraft – zusammenkommen. Anders als im normativen Paradigma einer Nachhaltigkeitsethik wird mit der geistigen Person ein Wollen, ein werte- und sinnorientierter Wille zur Nachhaltigkeit angesprochen. Es geht um nicht mehr und nicht weniger als eine *Be-Geisterung für Nachhaltigkeit*. Abbildung 1 verdeutlicht anhand eines semantischen Polaritätsprofils den unterschiedlichen Zugang zur Nachhaltigkeit über die Wollenskomponente der geistigen Person oder die Sollenskomponente der ethischen Norm.

Abbildung 1: Personales vs. klassisches Nachhaltigkeitsverständnis

Personale Nachhaltigkeit (Wollen)	Klassische Nachhaltigkeitsethik (Sollen)
Freude	----- Sorge
Fülle (abseits materiellen Wohlstands)	----- Knappheit
So-Sein	----- Haben
Lust	----- Pflicht

Quelle: Leicht modifiziert entnommen den Überlegungen der Karlsruher Schule der Nachhaltigkeit beim KIT-Zentrum Mensch und Technik; (s.a: https://www.mensch-und-technik.kit.edu/ksn.php)

4 Schlussfolgerungen

Be-Geisterung für Nachhaltigkeit, wie wir sie zuvor beschrieben haben, setzt emotionale Berührtheit und ein Wertfühlen von Nachhaltigkeit voraus. Insofern bedarf es der Erfahrungsfelder, auf denen Nachhaltigkeit in ihrem Wert erkannt und gefühlt werden kann. Zwei Hinführungen in dem hier unterstellten Organisationsraum von Werkstätten für Menschen mit Behinderung erscheinen uns zentral: (1) Über das Einbringen des Themas Nachhaltigkeit in die kommunikativen Diskurse der Organisation – eine möglichst ganzheitliche, auf soziale, ökologische und ökonomische Aspekte bezogene *Nachhaltigkeitskommunikation* – entwickelt sich ein Bewusstsein für den Wert von Nachhaltigkeit und dessen Potenzial für sinnvolles Tun, oder auch Unterlassen. (2) Über *Bildungsarbeit* wird das in der Nachhaltigkeitskommunikation bewusst Gewordene vertieft: Es wird erlernt, wie den Menschen mit Behinderungen ein Zugang zu den Erfahrungsfeldern von Nachhaltigkeit, somit eine methodische Hinführung zu einem emotionalen Berührtwerden vom Wert der Nachhaltigkeit ermöglicht werden kann.

Bildungsarbeit in Werkstätten für Menschen mit Behinderung ist vorrangig orientiert an der Vermittlung beruflicher Kompetenzen und Qualifikationen. Die inhaltliche Gestaltung ergibt sich aus den Ausbildungsrahmenplänen (ARP) der allgemein anerkannten Berufe, die Bestandteile der Ausbildungsverordnung (AO) nach dem Berufsbildungsgesetz (BBiG) sind. Es kann in diesem Prozess der Uniformierung von Anforderungen und Deckung kritisiert werden, dass Menschen mit Behinderung – vor allem die Zielgruppe der Erwachsenen mit Intelligenzminderung, die die Beschützende Werkstätte Heilbronn begleitet – besondere Einschränkungen für die Entwicklung von (Handlungs-)Kompetenzen haben. Umso wichtiger ist es, den Bildungsauftrag in spezifischen Schritten, auch unter Beachtung emotionaler Fähigkeiten, zu realisieren; denn im Sozialisationsprozess eines Einzelnen ist vor allem die Bedeutung von *Beziehung* und *Bindung* zur sozialen (Person, Gruppe) und natürlichen Umwelt (Erde, Luft, Wasser) eine tragende Komponente. Die Beschützende Werkstätte Heilbronn verknüpft ihr pädagogisches Arbeiten mit der Nachhaltigkeit und will es möglich machen, dass die Teilhabe im Wortsinne über Kontinuität, Verlässlichkeit und Zuversichtlichkeit erlebt werden kann: Hierzu nutzt sie neben den Interaktionsformen, wie *Routine* und *Rhythmisierung*, vor allem *Rituale*, die der Gemeinschafts- und Konsensbildung dienen und eine hohe Symbol- oder Signalkraft ausüben. Rituale verfügen über das Potenzial, Formen von Emotionen einzubinden und sie zu Stimmungen umzuwandeln, die die Höhen und Tiefen des (Arbeits-)Alltags stützend und beruhigend begleiten. Ein Beispiel hierfür sind die eingeführten und nun täglich stattfindenden Willkommens- und Abschlusskreise an allen Standorten und in allen Abteilungen der Beschützenden Werkstätte Heilbronn.

Es darf auch ohne konzeptionelle Erweiterungen festgestellt werden, dass Werkstätten für Menschen mit Behinderung zu nachhaltigen Unternehmen zählen, die Wertvolles für den Zusammenhalt einer Gemeinschaft tun und damit ein Feld besonderer Sinn-Erfahrung darstellen. Die hier vorgenommene Betrachtung der Subjektebene mit ihrer personalen Wertestrebigkeit und dem existenziellen Willen zur Sinnerfahrung und – im Zuge dieser Betrachtung – die Betonung einer engen Verknüpfung von Berührung mit der Natur und Berührtwerden vom Sinn, wollen dies nicht in Frage stellen, sondern einen Impuls für einen ganzheitlichen Zugang zur Nachhaltigkeit geben. Werkstätten für Menschen mit Behinderung können auf eine ganzheitliche Weise zur gesunden sozialen, wirtschaftlichen und ökologischen Verantwortung ihres Umfeldes beitragen, Orte sinn-erfüllter Existenz sein und insofern eine treibende Kraft gesamtgesellschaftlicher Entwicklung darstellen.

5 Literatur

Brand, T., Liberatore, F. und Borer, D.S. (2016): Ja, wir wollen! Impulse zu ökologischer Nachhaltigkeit kommen von unten. In: KU Gesundheitsmanagement 85 (4), S. 60-63.

Europäische Kommission (KOM) (2001): Europäische Rahmenbedingungen für die soziale Verantwortung der Unternehmen. Grünbuch.

Frankl, V.E. (2007): Ärztliche Seelsorge. Grundlagen der Logotherapie und Existenzanalyse, 11. Aufl., München (Erstaufl. 1946).

Fuchs, W., Klima, R., Lautmann, R., Rammstedt, O. und Wienold, H. (Hrsg.) (1978): Lexikon der Soziologie, 2. Aufl., Opladen.

Graf, H. (2007): Die kollektiven Neurosen im Management. Wien.

Hartmann, N. (o. J.): Einführung in die Philosophie. Überarb. vom Verfasser genehmigte Nachschrift der Vorlesung im Sommersemester 1949 in Göttingen, 5. Aufl.

Hurrelmann, K. und Bauer, U. (2015): Einführung in die Sozialisationstheorie. Das Modell der produktiven Realitätsverarbeitung, 11. Aufl., Weinheim: Basel.

Lichtsteiner, H. et al. (2015): Das Freiburger Management-Modell für Nonprofit-Organisationen. 8. Aufl., Bern.

Limbrunner, A. (2012): Angewandte Nachhaltigkeit. Porträt eines sozialen, zukunftsorientierten Unternehmens. In: Sozialmagazin 37 (1), S. 29-35.

Lorenz, K. (1983): Der Abbau des Menschlichen. München, Zürich.

Merleau-Ponty, M. (1966): Phänomenologie und Wahrnehmung. Berlin.

Müller-Christ, G. (2015): Biokratie oder Oikoskratie: Die Triade von Wirtschaft, Gesellschaft und Natur anders aufgestellt. Marburg.

Scheler, M. (1927): Der Formalismus in der Ethik und die Materiale Wertethik. Neuer Versuch einer Grundlegung eines ethischen Personalismus, 3. Aufl., Halle/Saale (Erstaufl. 1916).

Scheler, M. (1928): Die Stellung des Menschen im Kosmos. Darmstadt.

Schweitzer, M. und Schweitzer, M. (2015): Grundlagen der Betriebswirtschaftslehre unter Rationalitäts- und Moralitätsaspekten. In: Schweitzer, M. und Baumeister, A. (Hrsg.): Allgemeine Betriebswirtschaftslehre. Theorie und Politik des Wirtschaftens in Unternehmen. 11. Aufl., Berlin, S. 3-45.

Seidel, E. (2015): Biokratie und Brundtland-Triade. Die Rechte der Natur in Ökonomie und Organisation. Marburg.

Simsa, R. (2013): Gesellschaftliche Restgröße oder treibende Kraft? Soziologische Perspektiven auf NPOs. In: Simsa, R., Meyer, M. und Badelt, C. (Hrsg.): Handbuch der Nonprofit-Organisationen. Strukturen und Management. 5. Aufl., Stuttgart, S. 125-142.

Sozialgesetzbuch (SGB) IX (2006): Rehabilitation und Teilhabe behinderter Menschen. 5. Aufl., München.

Nachhaltiges Nonprofit-Management durch kontinuierliche Wandlungsfähigkeit: Überlegungen zur Übertragung des Dynamic Capability-Ansatzes

Katharina Anna Kaltenbrunner

1 Kontinuierliche Wandlungsfähigkeit als zentrale Herausforderung für ein nachhaltiges Nonprofit-Management

Grundlegende sozioökonomische Wandlungsprozesse, „großflächige" ökologische wie politische Entwicklungen oder Krisen mit teils globalen Auswirkungen, ein verschärfter Wettbewerb sowie eine grundsätzlich erhöhte „Marktdynamik bzw. -komplexität" und sich ändernde Bedürfnisse interner und externer Stakeholder beeinflussen seit geraumer Zeit das Handlungs- bzw. Gestaltungsspektrum von Nonprofit-Organisationen (NPOs) (Dross und Priller 2013). Damit ging eine Reflexion bisheriger Handlungsprämissen einher – v.a. der Ressourcenallokation, da die Bewältigung dergestalt veränderter Kontextbedingungen nicht mehr mit Variationen oder Optimierungen der bisherigen Entwicklungspfade realisierbar war (Zahn et al. 2005). Dies wiederum kann mit einer partiellen Abkehr vom gängigen Strategieverständnis (Ziel-Mittel-Paradigma) assoziiert werden, da der Anspruch nach einer erhöhten organisationalen Flexibilität nicht erfüllt worden ist (Volberda 1999).

Zur Ermöglichung der organisationalen Flexibilität entwickelte die Forschung zum strategischen Management mit primärem Fokus auf Profit-Organisationen (POs) in den 1990er Jahren *adaptive Modelle*. Dazu zählen Ansätze wie das Flexibilitätsmanagement oder auch das Change-Management. Die zur Bewältigung der Umfeldveränderungen – welche zu diesem Zeitpunkt generell als turbulent, komplex, unsicher und schwer antizipierbar charakterisiert werden konnten (Eisenhardt und Martin 2000) – erforderliche Flexibilität wird hierbei durch ein Zurückfahren von langfristigen, deterministischen Strategien zugunsten von emergenten, spontanen Strategien, welche auf flexiblen Ressourcenkonfigurationen aufbauen und ex-post Anwendung finden, zu erreichen versucht. Die flexiblen Ressourcenkonfigurationen dienen hierbei insbesondere dazu, eine gewisse organisationale „Preparedness" zu gewährleisten. Weitgehend ungeklärt bzw. ungelöst blieb die Fragestellung, *wie* nun flexible Fähigkeiten und Ressourcen konkret entwickelt werden können.

Als die Umfeldveränderungen ab ca. 2000 generell ihr Erscheinungsbild wandelten – diese wurden zunehmend dynamisch, multidimensional und ambiguitär (Eisenhardt et al. 2010) – wurde evident, dass die flexible Fähigkeiten- und Ressourcenkonfigurationen bietenden adaptiven Modelle zwar nach wie vor bedeutend, allerdings nicht mehr ausreichend für die aktuell erforderliche Flexibilität waren. *Interpretative Modelle,* bei denen Flexibilität als mentale Fähigkeit von Individuen betrachtet wird, sollten diesbezüglich Abhilfe schaffen. Unter interpretativen Modellen sind beispielsweise das Konzept der „dominant logic" (Bettis und Prahalad 1995) oder „cognitive frames" (Tripsas und Gavetti 2000) zu subsumieren. In diesem Zusammenhang fungieren strategische Schemata, welche mentale Modelle von Individuen repräsentieren und welche auf die Interpretation der Umfeld(-veränderungen) als auch der Organisation (und deren Fähigkeiten) abstellen, als „Strategien". Sowohl die Ressourcenallokation als auch die Entwicklung von organisationalen Fähigkeiten werden durch diese Schemata wesentlich determiniert (Bettis und Prahalad 1995). Eine unzureichende Antwort vermochten die interpretativen Modelle allerdings auf die Frage geben, *wie* nun solche flexiblen Schemata entwickelt bzw. wie diese flexibel gehalten werden können.

Zusätzlich hat das Nonprofit-Management (aufgrund der Position der NPOs im Gesellschaftssystem wohl ausgeprägter als POs) in Hinsicht auf die Missionserfüllung weitere Problemstellungen zu bewältigen, welche sich insbesondere in der Erzielung einer Balance zwischen den diversen Anforderungen aller drei Sektoren (Staat, Markt und „Familien") sowie dem NPO-Sektor per se manifestieren (Lichtsteiner et al. 2015; Andeßner 2004). Mit der Bewältigung der Anforderungen aus den verschiedenen Sektoren ist vor allem die Berücksichtigung der unterschiedlichen Rationalitäten bzw. *Systemlogiken* verbunden. Diese sind Verwertungslogik (Markt), Herrschaftslogik (Staat), Liebe/Solidarität (Familie, Gesellschaft) (Wex 2004; Andeßner 2004). NPOs können nicht wie Organisationen im Profit-Bereich primär einer einzigen Rationalität folgen, sondern sind gefordert, die Rationalitäten aller Sektoren zu berücksichtigen; dies wird als Assoziationslogik bezeichnet. NPOs müssen folglich nicht nur multidimensionalen, dynamischen und ambiguitären, sondern auch teilweise widersprüchlichen Kontextveränderungen gerecht werden (Jäger 2008). So gilt es beispielswiese, den sich widersprechenden Anforderungen, exzellente Alltagsarbeit („daily business") zu leisten und gleichzeitig innovativ und anpassungsfähig zu sein, gerecht zu werden. Die Frage ist nun, wie NPOs trotz teils widersprüchlicher Rationalitäten zu einer gemeinsamen Strategieentwicklung kommen bzw. wie ein organisationaler Wandel ohne ein geteiltes Verständnis betreffend die organisationalen Ziele erfolgen kann.

Jäger (2008) schlägt hierzu ein *prozessparadigmatisches Strategieverständnis* bzw. ein *Management in Paradoxa* vor. Das prozessparadigmatische Strategieverständnis geht davon aus, dass sich organisationale Aktivitäten nicht an der Zukunft als ungewissem Zustand, sondern an der Gegenwart orientieren sollen, da sich die Zukunft bereits im Gegenwärtigen manifestiert. Damit ist gemeint, dass im gegenwärtigen Tun bereits Transformationspotenziale verortet sind, die es zu entdecken und zu nutzen gilt. Das Management in Paradoxa baut auf zwei Säulen auf: Dies sind zum einen die eben erläuterten Transformationspotenziale und zum anderen die organisationale Moderation als entsprechender Steuerungs- bzw. Wandlungsansatz, welcher sich insbesondere durch den Fokus auf die Fähigkeiten bzw. Potenziale und nicht auf Probleme charakterisieren lässt.

Die zentrale Problemstellung dieses Ansatzes ist allerdings, dass dieser als „prozess-philosophisch" zu betrachten ist und nur ansatzweise mit den organisationalen Capabilities und Ressourcen verquickt ist. Das Management in Paradoxa kann somit als bedeutsamer – weil unterschiedliche Logiken berücksichtigt werden –, aber nur als „diskreter" Ansatz charakterisiert werden. Er entbehrt einer entsprechenden Umsetzungskomponente.

Ergo kann zusammenfassend festgehalten werden, dass es zur Bewältigung der gegenwärtigen Kontextveränderungen erforderlich ist, Flexibilität in verschiedenen Bereichen zu verorten. Es bedarf Flexibilität als einer organisationalen und als einer mentalen Fähigkeit. Offen bzw. ungeklärt lassen der adaptive bzw. der interpretative Ansatz allerdings, wie Fähigkeiten und Ressourcen diesbezüglich flexibel zu konfigurieren sind und wie mentale Schemata flexibel gehalten werden können. Zusätzlich ist v.a. in NPOs aufgrund der unterschiedlichen Rationalitäten davon auszugehen, dass kein geteiltes Verständnis hinsichtlich der anzustrebenden organisationalen Zielsetzungen besteht. Um dennoch an einem „gemeinsamen Strang" zu ziehen, ist es für die Spezifikation des *„Was"* erforderlich, sich nicht nur an der Zukunft, sondern auch an der Gegenwart, dem Bestehenden zu orientieren (Integration der Transformationspotenziale des prozessparadigmatischen Ansatzes). Das bedeutet, eine „forward-looking logic" (Zukunftsorientierung) mit einer „backward-looking logic" (Erfahrungen, Bestehendes) zu verbinden. Aufgrund der Tatsache, dass es nicht mehr nur das „Was", den Gegenstand der Flexibilität, sondern auch bzw. vielmehr das „Wie" zu klären gilt, empfiehlt es sich, anstatt der Begrifflichkeit „organisationale Flexibilität" den Terminus „organisationale Wandlungsfähigkeit" – Wandlungsfähigkeit schließt auch die Frage nach dem „Wie" ein – zu verwenden.

Versteht man nun unter einem nachhaltigen Nonprofit-Management ein solches, welches aus „business reasons" (Rodriguez et al. 2002) auf die Existenzsicherung der NPO ausgelegt ist und neben der reinen „Reproduktion" auch Überlegungen zur Anpassung an die sich wandelnden Kontextbedingungen umschließt (Ammermüller et al. 2012) und damit verbunden vor allem auch aus „social reasons" (Sethi 1979) sowie „ethical reasons" (Gladwin et al. 1995) auf die Bedürfnisbefriedigung der unterschiedlichen Stakeholder abstellt, so gilt es zur Gewährleistung desselben die angeführten Problemstellungen einer Lösung zuzuführen.

Einen Lösungsansatz zur Bewältigung der angeführten Problemstellungen bietet der *Dynamic Capability-Ansatz*. Dynamic Capabilities (DCs) streben an, fortwährend eine Kongruenz zwischen der Organisation und den sich wandelnden Kontextbedingungen und somit eine kontinuierliche organisationale Wandlungsfähigkeit zu erzielen (für weiterführende Erläuterungen siehe nachfolgendes Kapitel).

Der Kenntnisstand von DCs in NPOs ist generell, sei es die inhaltliche Breite der Themengebiete als auch den zahlenmäßigen Umfang betreffend, als bescheiden zu betrachten. Ein systematischer Literatur-Review hat aufgezeigt, dass nur rudimentär behandelt worden ist, ob und wenn ja, wie die Konzeption von DCs aufgrund des Transfers von POs auf NPOs verändert werden muss. An dieser Forschungslücke setzt nun die vorliegende Abhandlung an. *Ziel* ist es, konzeptionelle Überlegungen anzustellen, welche Adaptionsbedarfe erforderlich sind, um DCs von POs auf NPOs zu transferieren bzw. dort anzuwenden. Vor diesen Erläuterungen, wird nun im nachfolgenden Abschnitt im Detail dargestellt, wie DCs zur geforderten Wandlungsfähigkeit beizutragen vermögen und warum sie für NPO geeignet erscheinen.

2 Dynamic Capabilities als Hebel für Nachhaltigkeit im Nonprofit-Management

2.1 Dynamic Capabilities und ihr Potenzial zur Lösung eines kontinuierlichen Wandels in NPOs

2.1.1 Dynamic Capabilities „in a nutshell"

Wenn auch insbesondere aufgrund der verschiedenen Forschungsperspektiven bzw. des sich stetig entwickelnden Erkenntnisfortschritts von keiner einheitlichen Begrifflichkeit ausgegangen werden kann, besteht mehrheitlich Konsens, dass DCs als Meta-Fähigkeiten (Baretto 2010; Eisenhardt und Martin 2000) oder „higher-level activities" (i.a. Teece 2014; Güttel und Konlechner 2009) charakterisiert werden können.
Die Bezeichnung „higher-level" steht für die Eigenschaft von DCs als nicht beobachtbares, theoretisches Konstrukt, welches erst durch „ordinary" Capabilities[1] bzw. Aktivitäten wie z.B. Führungs-, Wissens-, Problemlösungsaktivitäten sichtbar gemacht werden kann. Damit ist wie erwähnt verbunden, dass diese „higher-level" Aktivitäten auf einen universellen, sehr allgemeinen Zweck (Meta-Absicht) abstellen (Lewin et al. 2011). Dieser Zweck besteht primär in der Erzielung einer Kongruenz zwischen der Organisation und den Kundenbedürfnissen sowie anderen „business opportunities" (Baretto 2010; Eisenhardt und Martin 2000). Dies erfolgt nach Teece (2014, S. 329 f.) auf folgende Art und Weise: „DCs govern other organizational activities. […]. They enable the firm to integrate, build, and reconfigure internal and external resources to maintain leadership in continually shifting business environments. Strong DCs enable the firm to produce not just the best of a product type, but something that is unique and exceptional in the value it provides to the buyer and the return it generates for the shareholder and other stakeholders."
Das Attribut „dynamisch" bezieht sich hierbei auf „how the resource base is changed" (Ambrosini und Bowman 2009). Dynamisch ist eine Capability dann, wenn Organisationen der Dynamik ihres Umfelds eine vergleichbare Dynamik

---

[1] „Ordinary" Capabilities stellen nach Teece (2014) auf Fähigkeiten ab, welche administrative, operative sowie Governance-bezogene Funktionen aufweisen und zur Aufgabenerfüllung erforderlich sind.

betreffend die Rekonfiguration und Allokation ihrer Fähigkeiten und Ressourcen entgegensetzen können (Teece 2007; Eisenhardt und Martin 2000).

2.1.2 Die Lösung: Kontinuierliche Wandlungsfähigkeit durch DCs

Wie in der Einführung angemerkt, bestehen im Rahmen des adaptiven sowie des interpretativen Management-Ansatzes hinsichtlich der Realisierung einer kontinuierlichen Wandlungsfähigkeit offene, zu klärende Fragestellungen, und zwar (a) wie die Fähigkeiten- bzw. Ressourcenbasis sowie (b) wie die mentalen Fähigkeiten wandlungsfähig gehalten werden können. Zudem gilt es insbesondere in Hinsicht auf die unterschiedlichen Systemlogiken in NPOs zu klären, wie (c) eine Ziel-Mittel-Strategieentwicklung mit einer prozessparadigmatischen Strategieentwicklung verbunden werden kann, um sowohl eine „forward-looking logic" als auch eine „backward-looking logic" verfolgen zu können.

ad a) *Wandlungsfähige Fähigkeiten- bzw. Ressourcenbasis*: Diesbezüglich sei angemerkt, dass die Rekonfiguration bzw. Transformation der Ressourcenbasis den Kern von DCs darstellt, wie i.a. Eisenhardt & Martin (2000) konstatieren: „DCs as approach to achieve new resource configurations" (S. 1107). DCs können als zusätzliche (höhere) Steuerungs- bzw. Management-Ebene verstanden werden, die eben die Ressourcenbasis stetig flexibel zu halten bzw. stetig neu zu konfigurieren trachten. Um einen dynamischen Organisation-Kontext-Fit zu erreichen, werden bestehende Ressourcen und Fähigkeiten neuartig gebündelt, bestehende Ressourcen und Fähigkeiten mit neuen „bereichert" bzw. ausbalanciert sowie Ressourcen und Fähigkeiten in anderen Organisationsbereichen oder Märkten repliziert oder auch z.B. für Zwecke der Markenbildung, Positionierung oder Beziehungsbildung „gestretched". Im DC-Ansatz nehmen somit nicht nur Ressourcen(-bündel), sondern insbesondere auch Mechanismen, mit denen sich Organisationen Wissen und Fertigkeiten aneignen, eine wichtige Rolle ein (Teece et al. 1997).

ad b) Die Frage, *wie die Wandlungsfähigkeit von mentalen Fähigkeiten* gewährleistet werden kann, wird im Rahmen von Dynamic managerial Capabilities als Subform von DCs diskutiert. Dynamic managerial Capabilities stellen, sehr vereinfacht ausgedrückt, in Führungskräften (und nicht in Strukturen, Systemen, Prozessen etc.) innewohnende DCs dar. Dies können Komponenten des Humankapitals (z.B. Emotionen), spezifische mentale, kognitive Prozesse sowie intra- und interpersonelle Führungsaktivitäten sein, welche es vermögen, einer mentalen Starrheit entgegenzuwirken.

ad c) Schließlich integriert der DC-Ansatz nach neuen Forschungserkenntnissen sowohl eine *„forward-looking logic"* als auch eine *„backward-looking logic"* (Helfat und Peteraf 2015). Dies kann folgendermaßen begründet werden: Aufgrund des Ansinnens des DC-Ansatzes, einen dynamischen Organisation-Kontext-Fit zu erzielen, wird das Umfeld auf neu aufkommende Stakeholderbedürfnisse und technologische Innovationen gescannt, diese Informationen in die Produkt- bzw. Dienstleistungsentwicklung integriert und somit wird zukunftsorientiert agiert. Allerdings weisen DCs ebenso eine „backward-looking logic" auf, da deren Entwicklungen erfahrungsgeleitet sind bzw. Pfadabhängigkeiten bestehen. Zusammenfassend kann folglich festgehalten werden, dass der zentrale Beitrag des DC-Ansatzes im Vergleich zu anderen mit organisationalem Wandel bzw. Flexibilisierung befassten Management-Ansätzen nicht in einer Explanation des „What to change", sondern des „How to change" besteht, welche bislang vernachlässigt worden ist (Lawer 2010).

2.1.3 Eignung von DCs für NPOs

Aufgrund des zurückhaltenden Forschungsinteresses hinsichtlich DCs in der NPO-Literatur wird in breve die Eignung von DCs für NPOs thematisiert. Vorab sei angemerkt, dass bereits erste empirische als auch konzeptionelle Evidenz für die Eignung von DCs in NPOs bestehen. So konstatiert beispielsweise Pablo (2007, S. 691) auf den ressourcenbezogenen Fokus von DCs hinweisend, dass diese „[are] providing synergistic benefits through internal processes irrespective of market structures, a condition that could apply to either private or public organizations". Bryson et al. (2007) merken an, dass DCs insbesondere geeignet sind, um die Bedürfnisbefriedigung der NPO-Stakeholder zu forcieren. Die Autoren verweisen auch darauf, dass ein Organisation-Umwelt-Fit für NPOs und öffentliche Organisationen nicht weniger bedeutend ist als für POs und dieser kann durch DCs erreicht werden. Garrido und Camarero (2014) argumentieren, dass die Existenzsicherung in NPOs auf nachhaltigen Wettbewerbsvorteilen basiert und diese wiederum wesentlich durch DCs determiniert werden, sofern demensprechende Kontextbedingungen bestehen. Rosenberg Hansen und Ferlie (2016) merken an, dass gegenwärtig von der Existenz dieser Kontextbedingungen im NPO-Sektor i.w.S – präzise für öffentliche Organisationen – ausgegangen werden kann (vgl. hierzu Kapitel 1).

2.2 Konzeptionelle Überlegungen zum Transfer des DC-Ansatzes auf NPOs: Zu berücksichtigende Systembedingungen und Implikationen für die Konzeptionierung von DCs in NPOs

Da Dynamic Capabilities in den jeweiligen organisationalen Kontext eingebettet sind (siehe hierzu Piening 2013), ist es erforderlich, diese auch unter Bezugnahme des Kontexts zu analysieren. NPOs bzw. generell mit dem NPO-System verbundene Bedingungen stellen vorliegend den zu betrachtenden Kontext dar. Bevor auf etwaige in Hinsicht auf DCs zu berücksichtigende NPO-Bedingungen eingegangen wird bzw. in weiterer Folge potenzielle Implikationen hinsichtlich deren Konzeptionierung erfolgen, ist eine Fokussierung auf eine konkrete DC-Konzeption erforderlich.

2.2.1 Teece'sche Tripartite als Konzeptionsgrundlage

Aufgrund der Tatsache, dass die Eignung der einst für produktionsorientierte POs entwickelte Teece'sche Tripartite (2007, 2014) für dienstleistungsorientierte POs empirisch und konzeptionell bereits überprüft worden ist (Jansen et al. 2015) und NPOs vornehmlich Dienstleistungsorganisationen darstellen, wird nachfolgend auf diese DC-Konzeption rekurriert. Die Teece'sche Tripartite (2014) besteht aus den „higher-level" Aktivitäten „sensing", „seizing" und „transforming". Unter „sensing" subsumiert Teece (2007) analytische Systeme sowie das individuelle Vermögen, Umfeld-Chancen und -Risiken zu scannen, zu filtern, zu erfassen, zu interpretieren und zu lernen. Die zweite Dynamic Capability, „seizing", stellt auf Prozesse, Strukturen, Abläufe, Designs sowie Incentives zur Nutzung bzw. Ergreifung von Chancen ab. Neben Investitionsentscheidungen schließt „seizing" zusätzlich die Pflege, Verbesserung und Überwachung von technologischen Kompetenzen sowie von komplementären Assets mit ein. „Transforming" als dritte und letzte DC meint die kontinuierliche (Wieder-)Ausrichtung bzw. Orchestrierung von spezifischen materiellen und immateriellen Assets, Strukturen und Prozessen. Die Allokation sowie der Ressourceneinsatz stellen hierbei zentrale Elemente dar.

Die mit diesen DCs erzielte Wandlungsfähigkeit kann sich nun organisationsintern und -extern manifestieren und sich auf Teilbereiche der Leistungserstellung (z.B. Marketing) oder auch auf die gesamte Leistungserstellung beziehen. Vorliegend werden DCs in den Kontext des gesamten Leistungserstellungsprozesses gesetzt.

2.2.2 Zu berücksichtigende Systembedingungen

Es gilt nun zu klären, welche mit dem NPO-System verbundene Bedingungen (entlang der Leistungserstellung) mit den „higher-level" Aktivitäten „sensing", „seizing" und „transforming" interagieren. Mit anderen Worten: Es sind Überlegungen anzustellen, welche System-Bedingungen im Rahmen der Anwendung von DCs zu berücksichtigen bzw. für die Erzielung von nachhaltigen Wettbewerbsvorteilen zu lösen sind, zumal davon ausgegangen werden kann, dass die „gewöhnlichen" NPO-Merkmale (Dominanz von Sachzielen, Mindestmaß an formaler Struktur, Gewinnausschüttung, Mitarbeiter-, Organisations-/ Führungsstrukturen etc.; siehe hierzu Andeßner 2004) grundsätzlich bereits durch „ordinary" Capabilities des NPO-Managements berücksichtigt worden sind.

Als gegenwärtig nicht gänzlich gelöst, können allerdings die NPO-immanenten Spannungsfelder angeführt werden, welche aus der Integration der unterschiedlichen Systemlogiken resultieren (Jäger 2008; Meyer und Simsa 2013). Folglich gilt es mit dem gewählten Fokus auf die gesamte Leistungserstellung zu erörtern, welche Spannungsfelder in Bezug auf die Leistungserbringung zu lösen sind. Die Leistungserbringung wird hierbei in zwei Phasen unterteilt: Diese sind die Spezifizierung der Sachzielorientierung (~ grundsätzliche Definition der

Leistungen; Konzeption der Leistungen) und die Realisierung der Sachzielorientierung (Umsetzung der Konzeption).

Lichtsteiner et al. (2015) führen zwei wesentliche, aus der Sachzielorientierung resultierende Spannungsfelder an (synonym verwenden die Autoren den Terminus generelle Systembedingungen), welche zentral die DCs „sensing" (Chancen-Wahrnehmung) bzw. „seizing" (Chancen-Ergreifung) beeinflussen. Diese sind (a) das Spannungsfeld zwischen interner und externer Ausrichtung und (b) das Spannungsfeld zwischen Bewahrung und Veränderung.

ad a) *Zwischen interner und externer Ausrichtung*: Mit der Sachzielorientierung geht einher, dass die Sichtweisen, Interessen bzw. Bedürfnisse einer Vielzahl von Stakeholdern zu berücksichtigen sind. Die Interessens- bzw. Bedürfnislagen sind allerdings vielfach heterogen bzw. widersprüchlich (Horak und Speckbacher 2013) und dementsprechend auch nicht gleichzeitig erfüllbar. So stellt sich beispielsweise die Frage, ob die Leistungen vom Grundsatz her mehr an den Interessen von Geldgebern und Unterstützern und dem Wettbewerbsdruck (externe Ausrichtung) oder an den eher traditionellen Mitarbeiterbedürfnissen ausgerichtet werden sollen (Lichtsteiner et al. 2015). Dieses Spannungsfeld bzw. die damit getroffenen Entscheidungen determinieren wesentlich, wo Chancen bzw. Optionen wahrgenommen werden und beeinflusst somit das „sensing".

ad b) *Zwischen Bewahrung und Veränderung*: Ebenso geht mit der Sachzielorientierung einher, dass das Management im Rahmen der Leistungskonzeption vor der Herausforderung steht, das Spannungsfeld zwischen „auf Beharrung ausgerichteten Werten, Strukturen etc." und „neuen Chancen sowie Veränderungen" zu bewältigen. NPOs stehen somit vor der Frage nach ihrer grundsätzlichen Ausrichtung zwischen Stabilität und Innovation. Dieses Spannungsfeld bzw. die damit getroffenen Entscheidungen haben einen Einfluss auf die Art und Weise, wie Chancen bzw. Optionen ergriffen werden und somit auf das „seizing".

Während die zwei erläuterten Spannungsfelder auf die Spezifikation der Sachzielorientierung abstellen, gilt es zudem zu überlegen, welche Spannungsfelder die Realisierung der Sachzielorientierung determinieren. Zu nennen ist hierbei insbesondere das Spannungsfeld zwischen Aufgabenorientierung und Mitarbeiterorientierung.

ad c) *Zwischen Aufgaben- und Mitarbeiterorientierung*: Damit geht die Herausforderung einher, Mitarbeiterorientierung zu realisieren, d.h. Individuen und die Organisation egalitär bzw. gleichbedeutend zu sehen sowie Partizipation, Autonomie und Bottom-up-Orientierung zu gewähren, gleichzeitig jedoch auch die Aufgabenorientierung zu berücksichtigen und somit die Realisierung der Organisationsziele zu forcieren, diese vor die Mitarbeiterziele zu stellen und damit verbunden auch eine Top-down-Orientierung zu verfolgen (Simsa und Steyrer 2013). Dieses Spannungsfeld bzw. die damit getroffenen Entscheidungen determinieren wesentlich, wie die Chancen-Handhabung – das „transforming" – und somit die Asset-(Re)Konfiguration erfolgen kann.

2.2.3 Implikationen für die Konzeptionierung von DCs in NPOs

Für die Bewältigung dieser Spannungsfelder ergeben sich in Bezug auf die Teece'sche Tripartite im „Anwendungsfeld NPOs" folgende Adaptionsbedarfe:

1. „Sensing" (interne versus externe Ausrichtung): Aktuelle missionsbedingte kollektive Bedarfe sind im „sensing" zu berücksichtigen und somit ist „sensing" zu erweitern; die gegenwärtige Ressourcen- bzw. Fähigkeitenbasis ist als Chancenpotenzial zu betrachten und potenziell sind dort Lösungen für gegenwärtige und zukünftige Bedarfe zu identifizieren (traditionelle Mitarbeiterbedürfnisse können so berücksichtigt werden); wahrgenommene neuartige (externe) Chancen sind der Basis verständlich zu machen bzw. ist ihnen deren Sinn aufzuzeigen.

2. „Seizing" (Bewahrung versus Veränderung): Die Konzeptionierung von modifizierbaren Leistungsversprechen bzw. Dienstleistungen stellt die zentrale Grundlage dar; Aufbau von bzw. Balance zwischen kontextspezifischem und -generellem Humankapital, um v.a. durch letzteres die Wandlungsfähigkeit zu fördern; Entwicklung wandlungsfähiger Motivations- bzw. Anreizsysteme, die Motivationseffekte erzielen, ohne zu sehr mit Zielen und Leistungen verknüpft zu sein.

3. „Transforming" (Aufgaben- versus Mitarbeiterorientierung): Das dynamische Potenzial von Mitarbeitern (z.B. zusätzliche Leistungsbereitschaft; zusätzliche Informationen) mittels Befriedigung ihrer Bedürfnisse sind zu aktivieren und so die Leistungsabgabe sowie der Erstellungsprozess und die Erstellungsstrukturen neu ausrichten.

Diese Adaptionsbedarfe sind in einem nächsten Schritt in Überlegungen zur Konzeptionierung von DCs für NPOs zu verfeinern bzw. auszubauen.

3 Zusammenfassung und Ausblick

Ziel der vorliegenden Forschungsarbeit ist es, konzeptionelle Überlegungen anzustellen, ob und wenn ja, welche Adaptionsbedarfe hinsichtlich der Konzeptionierung von DCs verbunden sind, werden diese von POs auf NPOs transferiert bzw. dort angewandt.

Die Bedeutung von DCs unabhängig vom Typus der Institution liegt in der Verbesserung der organisationalen Wandlungsfähigkeit. Überdies vermögen DCs insbesondere in NPOs dazu beizutragen, die mit der Integration von unterschiedlichen Logiken verbundenen Widersprüche (sowohl betreffend Kontextanforderungen als auch Führungsdilemmata) zu lösen. DCs weisen somit eine zentrale Bedeutung hinsichtlich eines nachhaltigen NPO-Managements auf, weil durch DCs immer wieder aufs Neue ein Fit zwischen der Organisation und den sich dynamisch verändernden Kontextbedingungen erzielt werden kann und Spannungsfelder im NPO-Management gelöst werden können und somit ein essentieller Beitrag zur Existenzsicherung bzw. Entwicklungsfähigkeit der Organisation geleistet wird.

Diese Abhandlung stellt insofern einen Erkenntniszuwachs dar, als sie dazu beiträgt, ein bislang nur rudimentär erforschtes DC-Anwendungsfeld, nämlich das der NPOs, zu erschließen. Wie stets mit konzeptionell-explorativen Überlegungen in einem jungen Forschungsgebiet verbunden, bedarf es weiterer Forschungsaktivitäten, welche diese Grundsatzüberlegungen sowohl hinsichtlich der Tiefe als auch der Breite fundieren um somit eine adäquate Grundlage für empirische Untersuchungen darzustellen.

4 Literatur

Ambrosini, V. und Bowman, C. (2009): What are dynamic capabilities and are they a useful construct in strategic management? International Journal of Management Reviews 11 (1), S. 29-49.

Ammermüller, B., Greiling, D., Löwe, J., Schaefer, C. und Theuvsen, L. (2012): Nachhaltigkeit und Nachhaltigkeitsmanagement in öffentlichen Unternehmen. Zeitschrift für öffentliche und gemeinwirtschaftliche Unternehmen 35 (4), S. 386-400.

Andeßner, R.C. (2004): Integriertes Potenzialmanagement in Nonprofit-Organisationen. Linz: Trauner.

Barreto, I. (2010): Dynamic capabilities: A review of past research and an agenda for the future. Journal of Management 36 (1), S. 256-280.

Bettis, R.A. und Prahalad, C.K. (1995): The dominant logic: Retrospective and extension. Strategic Management Journal 16 (1), S. 5-14.

Bryson, J.M., Ackermann, F. und Eden, C. (2007): Putting the resource-based view of strategy and distinctive competencies to work in public organizations. Public Administration Review 67 (4), S. 702-717.

Dross, P. und Priller, E. (2013): Ökonomisierung und organisationaler Wandel im Dritten Sektor in Deutschland. In: M. Gmür, R. Schauer und L. Theuvsen. (Hrsg.): Performance Management in NPOs. Theoretische Grundlagen, empirische Ergebnisse und Anwendungsbeispiele. Bern: Haupt, S. 366-376.

Eisenhardt, K.M. und Martin, J.A. (2000): Dynamic capabilities: what are they? Strategic Management Journal 21 (10-11), S. 1105-1121.

Eisenhardt, K.M., Furr, N.R. und Bingham, C.B. (2010): CROSSROADS-Microfoundations of performance: Balancing efficiency and flexibility in dynamic environments. Organization Science 21 (6), S. 1263-1273.

Garrido, M.J. und Camarero, C. (2014): Learning and relationship orientation: an empirical examination in European museums. International Journal of Nonprofit and Voluntary Sector Marketing 19 (2), S. 92-109.

Gladwin, T.N., Kenelly, J.J. und Krause, T. (1995): Shifting Paradigms for Sustainable Development: Implications for Management Theory and Research. Academy of Management Review 20 (4), S. 874-907.

Güttel, W.H. und Konlechner, S.W. (2009): Continuously hanging by a thread: Managing contextually ambidextrous organizations. Schmalenbach Business Review 61 (2), S. 150-171.

Helfat, C.E. und Peteraf, M.A. (2015): Managerial cognitive capabilities and the microfoundations of dynamic capabilities. Strategic Management Journal 36 (6), S. 831-850.

Janssen, M.J., Castaldi, C. und Alexiev, A. (2015): Dynamic capabilities for service innovation: conceptualization and measurement. R&D Management. doi: 10.1111/radm.12147.

Horak, C. und Speckbacher, G. (2013): Ziele und Strategien. In: R. Simsa, M. Meyer und C. Badelt (Hrsg.): Handbuch der Nonprofit-Organisation. Stuttgart: Schäffer-Poeschel, S. 159-182.

Kaltenbrunner, K.A. (2016): Dynamisierung des Nonprofit-Managements. Ein führungsorientierter Bezugsrahmen zur Mikrofundierung von Dynamic Capabilities in der Leistungserstellung großer fremdleistungsorientierter NPOs. Unveröffentlichte Habilitationsschrift, Paris Lodron Universität Salzburg.

Lawer, C. (2010): How does absorptive capacity influence the origin and evolution of dynamic capabilties? Thesis submitted for MPhil, Cranfield School of Management.

Lewin, A.Y., Massini, S. und Peeters, C. (2011): Microfoundations of internal and external absorptive capacity routines. Organization Science 22 (1), S. 81-98.
Lichtsteiner, H., Gmür, M., Giroud, C. und Schauer, R. (2015): Das Freiburger Management-Modell für Nonprofit-Organisationen, 8. Aufl., Bern: Haupt.
Meyer, M. und Simsa, R. (2013): NPOs: Abgrenzungen, Definitionen, Forschungszugänge. In R. Simsa, M. Meyer und C. Badelt (Hrsg): Handbuch der Nonprofit-Organisation. Stuttgart: Schäffer-Poeschel, S 1-14.
Pablo, A.L., Reay, T., Dewald, J.R. und Casebeer, A.L. (2007): Identifying, enabling and managing dynamic capabilties in the public sector. Journal of Management Studies 44 (5), S. 687-708.
Piening, E.P. (2013): Dynamic capabilities in public organizations: A literature review and research agenda. Public Management Review 15 (2), S. 209-245.
Rodriguez, M.A., Ricart, J.E. und Sanchez, P. (2002): Sustainable development and the sustainability of competitive advantage: A dynamic and sustainable view of the firm. Creativity and Innovation Management 11 (3), S 135-146.
Rosenberg Hansen, J. und Ferlie, E. (2016): Applying strategic management theories in public sector organizations: Developing a typology. Public Management Review 18 (1), S. 1-19.
Simsa, R. und Steyrer, J. (2013): Führung in NPOs. In: R. Simsa, M. Meyer und C. Badelt (Hrsg.): Handbuch der Nonprofit-Organisation. Stuttgart: Schäffer-Poeschel, S. 359-378.
Sethi, S.P. (1979): A Conceptual Framework for Environmental Analysis of Social Issues and Evaluation of Business Response Patterns. Academy of Management Review 4 (1), S. 63-74.
Teece, D.J., Pisano, G. und Shuen, A. (1997): Dynamic capabilities and strategic management. Strategic Management Journal 18 (7), S. 509-533.
Teece, D.J. (2007): Explicating dynamic capabilities: the nature and microfoundations of enterprise performance. Strategic Management Journal 28 (13), S. 1319-1350.
Teece, D.J. (2014): A dynamic capabilities-based entrepreneurial theory of the multinational enterprise. Journal of International Business Studies 45 (1), S. 8-37.
Tripsas, M. und Gavetti, G. (2000): Capabilities, cognition, and inertia: Evidence from digital imaging. Strategic Management Journal 21 (10/11), S. 1147-1161.
Volberda, H.W. (1999): Building the flexible firm: How to remain competitive. Oxford: Oxford University Press.
Wex, T. (2004): Der Nonprofit-Sektor der Organisationsgesellschaft. Wiesbaden: Gabler.
Zahn, E., Nowak, M. und Schön, M. (2005): Flexible Strategien für wandlungsfähige Unternehmen. In: B. Kaluza und T. Blecker (Hrsg.): Erfolgsfaktor Flexibilität. Strategien und Konzepte für wandlungsfähige Unternehmen. Berlin: Schmidt, S. 71-103.

Caring-Profis oder Community Organizer? Wohlfahrtsverbände und Hilfsorganisationen in Zeiten des „Sharing" am Beispiel einer Fallstudie

Michael Vilain, Matthias Heuberger und Sebastian Wegner

1 Einleitung

Wohlfahrtsverbände hatten traditionell verschiedene gesellschaftliche Funktionen. Sie waren Interessenvertreter und Kümmerer für ihre Mitglieder und Benachteiligte, erzeugten Zusammenhalt auch über soziale Grenzen hinweg, übernahmen öffentliche Aufgaben und hatten so staatsentlastende Wirkung. Dabei sind in den letzten Jahrzehnten große Dienstleistungsbereiche entstanden, die den Organisationen zunehmend ihr Gepräge gaben. Das führte vielerorts zu einem veränderten, eher unternehmerisch geprägten Selbstverständnis. Damit einher geht mitunter die Fokussierung auf das wirtschaftliche Ergebnis und die Vernachlässigung der traditionellen sozialen Funktionen. Am Beispiel der Versorgung alter und hochalter Menschen in schwächer werdenden individuellen Unterstützungsnetzwerken wird nachfolgend argumentiert, dass Verbände neben der reinen Dienstleistungsproduktion erhebliche Beiträge zur Lösung gesellschaftlicher Aufgaben anbieten könnten. Dabei wird der Artikel von der These geleitet, dass weder ausschließlich individuelle soziale Netzwerke noch professionelle Dienste die Versorgung alter und hochalter Menschen allein sicherstellen können – vielmehr bedarf es eines Zusammenspiels verschiedener Unterstützungssysteme. Anhand erster Ergebnisse des BMBF-finanzierten Projektes ENGESTINALA wird skizziert, wie eine Kombination aus verschiedenen Unterstützungssystemen durch den Einsatz eines Wohlfahrtsverbandes als Community Organizer gelingen kann.

2 Herausforderung Leben im Alter

Das Bundesamt für Statistik prognostiziert für die kommenden Jahrzehnte einen stetigen Anstieg des Bevölkerungsanteils älterer Menschen (Statistisches Bundesamt 2015a), wobei auch von einem absoluten Anstieg der Hilfs- und Pflegebedürftigkeit auszugehen ist (Beske 2016). Die Zahl von gegenwärtig etwa 2,6 Millionen pflegebedürftigen Menschen (im Sinne des SGB XI) wird bis 2020 auf 2,9 Millionen ansteigen und 2030 bis auf einen Wert von voraussichtlich 3,4 Millionen Menschen anwachsen (Statistisches Bundesamt 2009, 2015b). Der überwiegende Teil (relativ: 71%, absolut: 1,86 Millionen) dieser Menschen lebt nach wie vor zuhause, etwa 616.000 werden ambulant gepflegt (Statistisches Bundesamt 2015b). Darüber hinaus haben schätzungsweise über 1,3 Millionen Menschen daheim einen täglichen und über eine Million Menschen einen wöchentlichen Hilfebedarf, der nicht durch Leistungen des SGB XI abgedeckt wird (Schneekloth und Wahl 2005). Die Auswirkungen des demografischen Wandels in Verbindung mit dem Wunsch, so lange wie möglich im eigenen Heim zu leben, rückt auch die Problematik der sozialen Isolation älterer Menschen verstärkt in den Vordergrund. Soziale Beziehungen sind für Menschen essenziell (EKD 2009). Diese sind ganz überwiegend netzwerkartig organisiert. Die meisten Netzwerke sind dabei nicht statisch, sondern skalenfrei, evolutorisch und verkleinern sich mit zunehmendem Alter. Wichtige Einschnitte in das individuelle (Ego-)Netzwerk sind dabei oftmals der Austritt aus dem Erwerbsleben, der Verlust des Lebenspartners (Schaan 2009) sowie Umzüge oder der Auszug der eigenen Kinder aus dem elterlichen Haus.

In der Folge schränkt dies die soziale Teilhabe ein (Vilain und Heuberger 2014). Dadurch entfallen soziale Unterstützung, Trost, Zuspruch und kleine alltägliche Hilfeleistungen (Bengel und Lyssenko 2012). Die psychologischen und physiologischen Folgen sind hinreichend bekannt (Bengel und Lyssenko 2012; Berkman und Syme 1979; House et al. 1988) und reichen von seelischen Missstimmungen bis hin zu einer erhöhten Morbidität und Mortalität (Steptoe et al. 2013). In der Konsequenz ergeben sich für die Betroffenen zunehmend auch alltagspraktische Schwierigkeiten. Letztlich wird aufgrund fehlender Informationen und Hilfestellungen (bspw. bei der Antragstellung für soziale Dienste) auch der Übergang in das öffentliche Hilfesystem erschwert.

Zwar wünscht sich die Mehrheit der Senioren ein möglichst würdiges und selbstbestimmtes Leben im eigenen Heim (Wosko und Pleschberger 2015), dies ist jedoch nur dort möglich, wo ein ausreichendes Angebot für den Erhalt der Selbständigkeit besteht (BMFSFJ 2015) und wo formale und informelle Unterstützungssysteme abnehmende bzw. wechselnde Fähigkeiten der Senioren kompensieren können. Organisiert wird diese Unterstützung überwiegend durch die Familie (Kricheldorff et al. 2015), allerdings mit stark abnehmender Tendenz. Damit bricht ein wesentliches Element des primären und informellen Netzwerkes eines alternden Menschen weg. Es kommt zur Erosion individueller sozialer Netzwerke und der damit einhergehenden Beziehungen (Diewald 1993). Diese können jedoch nur begrenzt durch professionelle Dienste kompensiert werden, sodass ein Umzug in stationäre Einrichtungen vielfach unumgänglich ist.

3 Die Bedeutung von Versorgungsnetzwerken für alte und hochalte Menschen

Im Zusammenhang mit der Versorgung älterer Menschen können verschiedene Netzwerktypen mit unterschiedlichen Eigenschaften, Wirk- und Funktionslogiken unterschieden werden. Die Definitionsbandbreite des Netzwerkbegriffs ist dabei kaum noch zu überschauen, dies nicht zuletzt, weil ihn viele Wissenschaftsdisziplinen mit unterschiedlichen theoretischen Zugängen zur Beschrei-

bung unterschiedlicher Phänomene fruchtbar gemacht haben (vgl. u.a. Windeler 1998).
Visualisiert werden können Netzwerke als abgegrenzte Summe von Knoten (Akteure) und die sie verbindenden Netzlinien (Beziehungen) (Schubert 2008; Straus 1990). Je nach Darstellung werden aus der Zahl der Knoten, der Zahl der Beziehungen je Knoten, der Entfernung der Knoten zueinander etc. die Kriterien zur Beschreibung der Netzwerke abgleitet. Aufgrund der Eigenschaften sozialer Netzwerke rücken nachfolgend jedoch weniger formale als vielmehr qualitative Eigenschaften von Netzwerken in den Mittelpunkt. Mit Blick auf die vorliegende Fragestellung erweist sich eine Typologie als hilfreich, die vor allem die Qualität der Beziehungen und die Austauschlogik in Netzwerken erfasst (Abbildung 1).

Abbildung 1: Netzwerktypologie

Natürliche Netzwerke			Künstliche Netzwerke	
Primäre Netzwerke	Sekundäre Netzwerke		Tertiäre Netzwerke	
generalisierte Reziprozität	solidarorientierte Gabeüberschusshaltung		Vertikale und äquivalente Reziprozität	Äquivalente Reziprozität
nicht organisiert	gering organisiert	organisiert	formal organisiert, funktional	formal organisiert, effizient
informelle Kreise	kleine Netze	größere Netze	institutionelle Dienste	Produktionsnetze
z.B. Familie, Verwandte, Freunde, Kollegen	z.B. Selbsthilfe, Nachbarschaftsnetzwerke	z.B. Vereine und Organisationen	z.B. staatliche und freie Wohlfahrts-pflege	z.B. Wertschöpfungs- und Produktionsketten

Quelle: eigene Darstellung, in Anlehnung an Straus 1990: 498

So kann zwischen natürlichen und künstlichen Netzwerken unterscheiden werden. In natürlichen Netzwerken treten vor allem Personen unmittelbar und nicht/ kaum formalisiert miteinander in Beziehung. Dabei kann es sich einerseits um informelle Gruppen wie Familie oder Freundeskreis handeln (primäre Netzwerke). Das sich hier ergebende Austauschverhältnis lässt sich als generalisierte Reziprozität beschreiben. Hilfeleistungen lassen sich also nicht formal einfordern, sondern beruhen auf einer grundsätzlich empfundenen Gegenseitigkeit, die sich als Beziehungen des Gebens-und-Nehmens beschreiben lässt. Wie bereits gezeigt, werden auf diese Weise nach wie vor große Anteile der häuslichen Pflege organisiert.
Darüber hinaus schließen sich Menschen auch zur Erreichung bestimmter Ziele zusammen. Sie zeigen sich in kleinen informellen und größeren zivilgesellschaftlichen Netzen. Die Bindungen sind vergleichsweise schwächer und durch größere Beziehungsflexibilität gekennzeichnet. Kleine Netze, bspw. Nachbarschaftsnetze oder Selbsthilfegruppen, sind dabei weniger stark organisiert als Vereine und Organisationen, die u.a. qua Mitgliedschaft und Mitgliedschaftsregeln funktionieren. Die Funktionslogik leitet sich hier aus einer Art solidarorientierten Gabeüberschusshaltung (Schulz-Nieswandt 2011) ab. Die Bereitschaft

sich einzubringen ist freiwillig und von individuellen Faktoren abhängig. Angebotene Hilfestrukturen weisen daher in diesem Feld ein höheres Maß an Arbitrarität auf.

Diese Netzwerke lassen sich wiederum von den künstlichen, tertiären Netzwerken abgrenzen. Damit sind professionelle und institutionalisierte Netze gemeint. Dies können im Rahmen marktwirtschaftlicher Strukturen und Wertschöpfungsketten angebotene Waren und Dienste sein, die auf der Grundlage einer äquivalenten Reziprozität (Leistung und Gegenleistung in vergleichbarem Wert), oder staatlich finanzierte Dienste der Wohlfahrtspflege, die im Sinne einer hierarchischen bzw. vertikalen Reziprozität funktionieren.

Bei Betrachtung des individuellen (Ego-)Netzwerkes wird nun deutlich, dass aufgrund ihrer hohen Personenbindung gerade primäre Netzwerke mit zunehmendem Alter erodieren. Aufgrund abnehmender familiärer Strukturen scheinen sich diese Entwicklungen künftig zu verschärfen. Das ist umso dramatischer, als diese Netze derzeit noch die Hauptlast der Folgen des Alterns und des Alters abfangen. Sie einfach durch tertiäre Netze zu ersetzen, scheint aus zwei Gründen problematisch:

1. Die Angebote müssen privat oder öffentlich refinanziert werden. Die Kosten des Sozialsystems würden künftig explosionsartig steigen.

2. Die Angebote sind selten bedarfsgerecht. Sie weisen große Lücken auf oder sind nach sozialgesetzlicher Logik konfiguriert. Sie stehen vielfach nicht im gewünschten Umfang oder zur gewünschten Zeit zur Verfügung. Manche Bedürfnisse, wie der Wunsch nach Gemeinschaft, Trost oder Zuspruch funktionieren gabeorientiert und können nicht – ohne sie zu entwerten – professionell erstellt werden. Gemeinschaftliche Freizeitgestaltung wie Einkauf auf dem Wochenmarkt, gemeinsame Essenszubereitung, Besuch des Theaters etc. müssten zu Marktpreisen angeboten werden und wären daher für die meisten Senioren unerschwinglich.

Diese Überlegungen zeigen, dass weder die professionellen Hilfen der Verbände noch marktwirtschaftlich erbrachte Dienstleistungen oder freiwilliges Engagement alleinig die entstehenden Lücken im sozialen Gefüge kompensieren können. Heinze (2014) sieht daher in der Kombination der Netzwerke eine geeignete Lösung, um individuelle Mehrwerte zu schaffen: „In dem intelligenten und effizienten Zusammenwirken von Angehörigen, Freunden, Profis und bürgerschaftlich Engagierten liegt die Zukunft einer gelingenden Sorge für Menschen mit Unterstützungsbedarf." Ansätze zur Realisierung solcher Kombinationen wurden im Rahmen nachfolgend vorgestellten Forschungs- und Entwicklungsprojektes ausgelotet.

4 Vom Caring-Profi zum Community Organizer – Das Beispiel ASB Mittelhessen im Projekt ENGESTINALA

An dem insgesamt dreijährigen, vom BMBF finanzierten und transdisziplinär angelegten Forschungsprojekt ENGESTINALA (Entwicklung hybrider Geschäftsmodelle zur Stärkung innovativer ambienter Lebensstrukturen im Alter) waren u.a. der Kreisverband des Deutschen Roten Kreuzes (DRK) Wiesbaden mit den Testgebieten Wiesbaden, Rheingau-Taunus-Kreis und Main-Taunus-Kreis und der Arbeiter Samariter Bund (ASB) Regionalverband Mittelhessen mit dem Testgebiet Offenbach beteiligt. In beiden Testregionen wurden mit derselben Fragestellung und demselben Forschungsdesign allerdings mit unterschiedlichen örtlichen Partnern gearbeitet. Nachfolgend werden erste Ergebnisse aus der Untersuchungsregion Offenbach dargestellt.

Der ASB bietet wie viele Wohlfahrtsverbände im Bereich der Seniorenarbeit ein breites und ausdifferenziertes Dienstleistungsportfolio an, das von Seniorenberatung, Essen auf Rädern, über Dementenbetreuung, Hausnotruf bis hin zu Tages-, ambulanter und stationärer Pflege reicht. Die angebotenen Dienste orientieren sich an den sozialrechtlich refinanzierbaren Leistungskategorien. Obwohl grundsätzlich mitgliedschaftlich organisiert, ist das Selbstverständnis eher das eines professionellen Sozialdienstleisters, für den ehrenamtliche Arbeitsbereiche abnehmende Bedeutung haben. Ausgangspunkt des Projektes war die Erkenntnis, dass ein wichtiges Arbeitsfeld, der Hausnotruf, durch neue technologische Möglichkeiten des Ambient Assisted Living (AAL) vor einem grundlegenden Wandel steht. Die mit dem Projekt verbundenen Ziele waren daher:

1. Ersatz des klassischen Hausnotrufs durch eine zeitgemäßere Technologie und deren soziale Einbettung durch unmittelbare Interaktionsmöglichkeiten in Verbindung mit ehrenamtlichen Angeboten der Seniorenarbeit.
2. Die Verbindung dieser Angebote mit weiteren Produkten, Diensten und Hilfsangeboten der jeweiligen Organisation und anderer Anbieter zu einem „hybriden Geschäftsmodell".
3. Die Anpassung der Organisationsstrukturen, weg von der sozialrechtlich induzierten Finanzierungslogik hin zu einer bedarfsgerechten Kunden/ Klienten-Perspektive mit einer verstärkten Öffnung zum Sozialraum.
4. Die Schaffung einer Nutzergemeinschaft, die sich nach und nach vernetzt und niedrigschwellige Unterstützung jenseits einer unmittelbaren Verwertungslogik generiert.

Dazu sollten Nutzer, die schon jetzt oder in den nächsten Jahren zur potenziellen Zielgruppe von Hausnotrufgeräten gehören, mit neuen Kommunikationstechnologien vertraut gemacht werden und sich über diese miteinander vernetzen. Ferner sollte der Zugang zu sozialen Diensten über personelle und technische Schnittstellen zu den Organisationen vereinfacht werden. Für die Senioren waren anfangs die Bereitstellung eines Tablets und die Anwendungsschulung durch die Mitarbeiter des ASB zentrale Anreize zur Teilnahme, für den ASB die

Hoffnung auf Sicherung des technologisch veralteten Arbeitsbereichs Hausnotruf, aber auch die Schaffung neuer innovativer Dienstleistungen.
Ausgangspunkte des Projektes waren eine ausführliche Analyse des Sozialraums, welche die Charakteristika des örtlichen Gemeinwesens sowie der Versorgungsstruktur nachzeichnete und potenzielle Netzwerkpartner identifizierte. Insbesondere wurden soziodemografische und sozioökonomische Daten sowie Bedürfnisstrukturen der über 65-jährigen Einwohner Offenbachs erfasst. Einbezogen wurden auch aktuelle Erkenntnisse aus Akzeptanztests zum Nutzungsverhalten von Senioren in Bezug auf AAL-Technologien. Mit Hilfe einer umfangreichen Dokumentenanalyse, Einzelinterviews und Vor-Ort-Begehungen wurde zudem die für das Projekt relevante Aufbau- und Ablauforganisation des ASB beschrieben. Darauf aufbauend erfolgte die Neukonfiguration eines Arbeitsfeldes entsprechend der Zielsetzungen. Dazu wurden u.a. die Aufgaben der Hausnotrufzentrale mit denen der Seniorenarbeit verbunden, eine zentrale Ansprechpartnerin für die Senioren eingestellt und zu einem „Front-Office"-Bereich für alle Anfragen ausgebaut.

Im zweiten Schritt wurden die Probanden involviert. Insgesamt nehmen 50 Probandinnen und Probanden im Alter von 60 bis 84 Jahren an der Praxisphase teil. Die Akquise erfolgte über einen Presseartikel in der lokalen Tageszeitung. Die Probanden kannten sich größtenteils zuvor nicht. Die Nutzerschulungen erfolgten in den Räumlichkeiten des ASB-Seniorentreffs. Interdisziplinäre Teams, bestehend aus Technikern, Hausnotrufmitarbeitern, Sozialarbeiterinnen und wissenschaftlichen Mitarbeitern führten die Schulungen durch. Die Kommunikationsanwendungen *WhatsApp* und *Skype* wurden auf den Tablets vorab installiert und vorgestellt. In einer eigens eingerichteten *WhatsApp-Gruppe* fand die Kommunikation aller Probanden und der involvierten Mitarbeitern des ASB statt.

Die hohe Dynamik des Prozesses sowie die zahlreichen Ideen und Interaktionen mit den Senioren machten organisatorische Anpassungen erforderlich. Zu diesem Zweck schuf der ASB mit EVA („Eigenständig Vernetzt Aktiv") eine durch ein Maskottchen personalisierte Organisationseinheit, die quer zu den bisherigen Geschäftsfeldern alle erforderlichen Funktionen integrierte und sich mit den Aktivitäten der Senioren verbindet. EVA wurde so für die Probanden das „Gesicht des ASB". Personell fand diese Einheit ihre Entsprechung durch einen bereichsübergreifenden Arbeitskreis und eine sozialpädagogische Mitarbeiterin als Ansprechpartnerin nach innen und außen. Sie nahm aktiv Kontakt zu den Probanden auf, fragte nach deren Wohlergehen und konnte auch selbst jederzeit persönlich, via Telefon, *WhatsApp* und *Skype* oder face-to-face im Seniorentreff kontaktiert werden. Dieses Angebot wurde zunächst eher verhalten und eher im Kontext technischer Fragen angenommen, im weiteren Projektverlauf entstand jedoch eine rege Kommunikation zwischen den Senioren untereinander und zum ASB. EVA übernimmt dabei auch Übersetzungsleistungen, indem sie Probleme identifiziert, direkt löst oder an andere Abteilungen (z.B. den Allgemeinen Sozialen Dienst) weiterleitet und somit in eine verbandsintere Logik überführt. Impulse entstanden auch für das Ehrenamt, indem sich neue Felder ehrenamtlichen Engagements eröffneten („von Senioren für Senioren"). Während des Projektes bildete sich eine neuartige Nutzergemeinschaft. Diese hat Eigenschaften moderner Sharing-Netzwerke: Das Individuum erhält Zugang zu den gemeinsamen Ressourcen der Gruppe und kann diese Ressourcen nutzen (Pelzer und Burgard 2014). Hier geteilte Ressourcen sind vor allem Zeit, Geld, Erfahrung und Kompetenz, die zu alltagsnahen Problemlösungen führen. Im Praxisprojekt wurde dies in verschiedenen Kontexten deutlich: So wurden nach einigen Wochen Verständnisfragen und kleinere Probleme im Umgang mit den Tablets unmittelbar zwischen den Senioren gelöst. Für die Fahrt zum Seniorentreff wurden Fahrgemeinschaften gebildet, es entwickelten sich gegenseitige Hilfen bei der Bewältigung von Alltagsproblemen, wie beim Backen eines Kuchens, oder gemeinsame Freizeitaktivitäten. Über die gemeinsame *WhatsApp*-Gruppe wurden zudem für die Peergroup relevante Veranstaltungshinweise verbreitet, zu denen sich dann einzelne Gruppenmitglieder verabredeten. Außerdem entstanden in diesem Setting auch neue Weiterbildungsangebote, wobei Gruppenmitglieder beispielsweise ehrenamtlich Englischkurse anboten. In insgesamt vier selbst initiierten Interessengruppen konnten die Gruppenmitglieder Hobbies wie Spazieren/Wanderngehen oder Philosophieren gemeinsam nachgehen. Diese Hilfen und Angebote sind nicht zentral organisiert, sondern im Rahmen des Netzwerks. Trotzdem kam dem ASB eine wichtige Rolle als „Gründer" und „Ermöglicher" zu. Mit der Schnittstelle EVA initiierte er die Gruppen und lieferte regelmäßig Inhalte, die die Kommunikation im realen Leben und virtuell stimulierten. Ohne dass es einer formalen Mitgliedschaft bedarf, hat sich so eine Gruppe von Senioren an die Strukturen des ASB angegliedert. Damit einher geht eine Rückbesinnung vom Dienstleistungsanbieter zum Organisator sozialer Gemeinschaft und Teilhabe (Community Organizer). Das Konzept der Mitgliedschaft wird dabei durch eine zeitgemäße Form des Netzwerks ergänzt und schafft neue Potenziale.

5 Fazit

Im Rahmen des BMBF-Projektes ENGESTINALA wurden neue Netzwerke geschaffen und mit der bestehenden Arbeit eines Wohlfahrtsverbandes verbunden. Diese als Sharing-Netzwerke bezeichnete Koordinationsform hat dabei die Eigenarten primärer sowie gering formalisierter sekundärer Netzwerke. Sie bietet eine Möglichkeit, gesamtgesellschaftlichen Herausforderungen wie sozialer Isolation zu begegnen und gesellschaftliche Teilhabe zu fördern. Sie ergänzt das bestehende professionelle Dienstleistungsangebot, indem sie zusätzliche niedrigschwellige Lösungen fördert, ohne diese allerdings zentral zu steuern. Damit in Offenbach eine Sharing Community mit fast 50 aktiven Mitgliedern entstehen konnte, bedurfte es eines verbindenden und aktivierenden Akteurs. Der ASB übernahm mit seinen Unterstützungsleistungen eine zentrale Rolle im

Aufbau der Community. Dabei entwickelte sich das organisationale Selbstverständnis weiter vom Caring-Profi hin zu einer Art „Community Organizer". Zum anderen wurden organisatorische Anpassungen notwendig. Eine entscheidende Rolle spielte dabei die Schnittstelle EVA, die das neue Netzwerk mit dem ASB verband. Dies wiederum setzte personalpolitische Maßnahmen und bereichsübergreifende Arbeitskreise mit neuartigen Aufgaben voraus. Zur nachhaltigen Umsetzung und Refinanzierung dieser Angebote ist es allerdings zwingend notwendig, Geschäftsmodelle mit hybriden Finanzierungsformen zu entwickeln. Das ermöglicht nicht nur die konzeptionelle, sondern auch die wirtschaftliche Verstetigung dieser Idee. Dieses Erfordernis trifft allerdings auf eine stark versäulte sozialrechtliche Finanzierungslogik (Boeßenecker und Vilain 2013), die dauerhaft eines der größten Hindernisse für eine flächendeckende Realisierung bedarfsgerechter Angebote sein dürfte. In der Folge ergeben sich für die Wohlfahrtsverbände unter Umständen neue strategische Perspektiven in der Abgrenzung vor allem gegenüber gewerblichen Anbietern durch die erneute Übernahme ureigener alter gesellschaftlicher Funktionen. Gestärkt würde dabei auch die Stellung als Anbieter von Vertrauensgütern.

6 Literatur

Beske, F. (2016): Perspektiven des Gesundheitswesens. Geregelte Gesundheitsversorgung im Rahmen der sozialen Marktwirtschaft. Springer: Berlin und Heidelberg.
Bengel, J. und Lyssenko, L. (2012): Resilienz und psychologische Schutzfaktoren im Erwachsenenalter. BfGA: Köln.
Berkman, L.F. und Syme, S.L. (1979): Social Networks, Host Resistance and Mortality. In: American Journal of Epidemiology 109 (2), S. 186-204.
Diewald, M. (1993): Hilfebeziehungen und soziale Differenzierung im Alter. In: Kölner Zeitschrift für Soziologie und Sozialpsychologie 45 (4), S. 731-754.
EKD (2009): Im Alter neu werden können. Eine Orientierungshilfe des Rates der EKD. Gütersloher Verlagshaus: Gütersloh.
Heinze, R.G. (2014): Thesen zur Neufassung des Subsidiaritätsprinzips, der "Sorgenden Gemeinschaft" und der Rolle der Wohlfahrtsverbände. Vortrag vom 23.09.2014.
House, J.S. et al. (1988): Structures and processes of social support. Annual Review of Sociology 14, S. 293-318.
Kricheldorff, C. et al. (2015): Sorgende Kommunen und lokale Verantwortungsgemeinschaften. In: Zeitschrift für Gerontologie und Geriatrie, 48, S. 408-414.
Pelzer, C. und Burgard, N. (2014): Co-Economy: Wertschöpfung im digitalen Zeitalter. Gabler: Wiesbaden.
Schaan, B. (2009): Verwitwung, Geschlecht und Depression im höheren Lebensalter. In: Börsch-Supan, A. et al. (Hrsg.): 50plus in Deutschland und Europa. VS: Wiesbaden, S. 115-131.
Schneekloth, U. und Wahl, H.W. (2005): Möglichkeiten und Grenzen selbstständiger Lebensführung in Privathaushalten (MuG III). Integrierter Abschlussbericht. BMFSFJ: Berlin.
Schubert, H. (2008): Netzwerkkooperation – Organisation und Koordination von professionellen Vernetzungen. In: Schubert, H. (Hrsg.): Netzwerkmanagement. VS: Wiesbaden, S. 7-105.
Schulz-Nieswandt, F. (2011): Traditionelle Hilfe zur Selbsthilfe in neuer Form. Gelebte generalisierte Reziprozitätsnormen in Vereinsform. In: Sozial Extra 35 (1/2), S. 50-53.
Statistisches Bundesamt (2009): Bevölkerung Deutschlands bis 2060: 12 Bevölkerungsvorausberechnung. Statistisches Bundesamt: Wiesbaden.
Statistisches Bundesamt (2015a): Bevölkerung Deutschland bis 2060. 13. Bevölkerungsvorausberechnung. Statistisches Bundesamt: Wiesbaden.

Statistisches Bundesamt (2015b): Pflegestatistik 2013. Pflege im Rahmen der Pflegeversicherung. Statistisches Bundesamt: Wiesbaden.

Steptoe, A. et al. (2013): Social isolation, loneliness, and all-cause mortality in older men and women. In: Proceedings of the National Academy of Sciences 110 (15), S. 5797-5801.

Straus, F. (1990): Netzwerkarbeit. Die Netzwerkperspektive in der Praxis. In: Textor, Martin R. (Hrsg.): Hilfen für Familien. Fischer: Frankfurt am Main, S. 496-520.

Vilain, M. und Heuberger, M. (2014): Freiwilligenengagement zur Stärkung innovativer ambienter Lebensstrukturen im Alter. Sachbericht zum BMBF Forschungsprojekt. Institut für Zukunftsfragen der Gesundheits- und Sozialwirtschaft (IZGS) der EHD: Darmstadt.

Windeler, A. (1998): Zum Begriff des Unternehmungsnetzwerks. In: Heinze, R.G. und Minssen, H. (Hrsg.): Regionale Netzwerke. Diskussionspapiere Nr. 98-4. Ruhr-Universität-Bochum, S. 19-33.

Wosko, P. und Pleschberger, S. (2015): Informelle und außerfamiliäre Hilfe für alleinlebende Menschen im Alter und Versorgung am Lebensende. In: Zeitschrift für Gerontologie und Geriatrie 48 (5), S. 457-464.

Landwirtschaft von unten: Community Supported Agriculture als zivilgesellschaftliche Nachhaltigkeitsinitiative

Marie Wellner und Ludwig Theuvsen

1 Einleitung

Die fortschreitende Intensivierung und Mechanisierung der landwirtschaftlichen Produktion sowie die tiefgreifenden strukturellen Veränderungen in der Land- und Ernährungswirtschaft haben in den vergangenen Jahrzehnten den Charakter der Lebensmittelproduktion und der ländlichen Räume deutlich verändert. Regionale Versorgungsstrukturen sind zunehmend durch globalisierte Wertschöpfungsketten und -netzwerke ersetzt worden. Für die meisten Konsumenten undurchsichtige Lieferketten, von vielen Menschen ethisch und moralisch angezweifelte Produktionspraktiken, insbesondere in der Tierhaltung, und die Besorgnis um deren Auswirkungen auf die menschliche Gesundheit und die Umwelt fördern das Verlangen eines wachsenden Teils der Bevölkerung nach einer alternativen Form der Produktion qualitativ hochwertiger Nahrungsmittel (Fieldhouse 1996; Gilg und Battershill 1998; Sanneh et al. 2001; Tavernier 2012; Sage 2014). Verunsicherte Verbraucher wünschen sich den direkten Kontakt zum produzierenden Landwirt und eine transparente, regionale Lebensmittelerzeugung und -verarbeitung, um verlorengegangenes Vertrauen in die Lebensmittelproduktion wiederherzustellen und ein höheres Maß an Nachhaltigkeit zu gewährleisten (Fieldhouse 1996; Carbone et al. 2007; Higgins et al. 2008; Stanton et al. 2012). Unter nachhaltiger Landwirtschaft wird dabei eine Bewirtschaftungsweise verstanden, die für die Landwirte ökonomisch profitabel ist, die Umwelt schützt, Tierwohl gewährleistet sowie die Entwicklung einer ruralen Gemeinschaft fördert (Schwarzenweller und Lyson 1995).

Vor dem geschilderten Hintergrund befinden sich alternative Lebensmittelnetzwerke aktuell im Aufschwung. Zu ihnen zählt auch das innovative, sozial ausgerichtete Bewirtschaftungskonzept der Community Supported Agriculture (CSA). In einer CSA-Initiative schließen sich Landwirte und Verbraucher zu einer Gemeinschaft zusammen, um die Kosten, das Risiko und die Verantwortung, aber auch die Produkte zu teilen, welche mit der Bewirtschaftung eines landwirtschaftlichen Betriebes verbunden sind bzw. aus ihr resultieren (Fieldhouse 1996; Lang 2010; Sproul und Kropp 2015). Der Begriff der CSA, der oft als „solidarische Landwirtschaft" oder „gemeinschaftlich getragene Landwirtschaft" übersetzt wird, wurde in den USA geprägt. CSA zeigt eine Veränderung der Ernährungskultur an (Brehm und Eisenhauer 2008; Hayden und Buck 2012; Thorsøe und Kjeldsen 2016) und steht für einen Paradigmenwechsel in der Landwirtschaft, der den Einfluss der globalen Märkte auf das regionale Lebensmittelangebot verringern (Mok et al. 2014) und eine lokal integrierte, umweltverträgliche, sozial gerechte und wirtschaftlich tragbare Lebensmittelproduktion fördern soll (Flora et al. 2012).

CSA kann als „Graswurzelbewegung" verstanden werden, im Rahmen derer sich „von unten" Alternativen zu bestehenden Systemen und Strukturen der Lebensmittelerzeugung und -verarbeitung entwickelt haben. Als Teil der Neuen sozialen Bewegungen bildet CSA den Kern eines Trends zu alternativen Lebens- und Wirtschaftsformen sowie zur Relokalisierung der Lebensmittelerzeugung, dessen Befürworter aus der engen Verknüpfung von Produktion und Konsum positive Auswirkungen auf Mensch und Umwelt erwarten (Lamine 2014). Das Ziel dieses Beitrags ist es, einen Überblick über den gegenwärtigen Stand der Forschung zu CSA zu geben. Ein besonderer Fokus liegt dabei auf der Integration von unterschiedlichen Aspekten der Nachhaltigkeit im CSA-Konzept.

2 Methode

Um einen Überblick über den gegenwärtigen Forschungsstand zu erhalten, wurden die im GEWISOLA/ÖGA-Publikationsranking (Dabbert et al. 2009) gelisteten agrarökonomischen Fachzeitschriften auf einschlägige Artikel durchsucht. Weiterhin fanden in der Literaturanalyse Fachbücher, Dissertationen, Tagungs- und Sammelbände sowie ausgewählte Beiträge aus weiteren wissenschaftlichen Zeitschriften Berücksichtigung. Die Literaturrecherche erfolgte mithilfe der Internetsuchmaschinen AgEcon Search, CAP Direct, Web of Knowledge, LIVIVO und Google Scholar sowie über Wiley Online Library, Elsevier eLibrary und Springer Link. Die Suchbegriffe Community Supported Agriculture/ Community Shared Agriculture/ Solidarische Landwirtschaft/ Alternative Lebensmittelnetzwerke/ gemeinsame Landwirtschaft/ gemeinschaftlich getragene Landwirtschaft/ Nachhaltigkeit/ Nonprofit-Organisation/ Subscription Farming/ Alternative Food Networks/ Sustainability wurden in einer Volltextsuche verwendet, um einschlägige Veröffentlichungen zu identifizieren, die den Stand der Forschung repräsentieren. Innerhalb der Literatur kann zwischen Quellen, die sich mit CSA in Entwicklungsländern befassen, und jenen, die CSA in entwickelten Volkswirtschaften thematisieren, unterschieden werden (Hallsworth und Wong 2015). Diese Literaturanalyse berücksichtigt ausschließlich Literatur zu CSA in entwickelten westlichen Ländern. Aufgrund der umfassenden Literaturrecherche kann davon ausgegangen werden, dass alle maßgeblichen deutsch- und englischsprachigen Studien in der Analyse berücksichtigt werden.

3 Stand der Forschung zu CSA

In den frühen 1960er Jahren wurde das CSA-Konzept zeitgleich und dennoch unabhängig voneinander von landwirtschaftlichen Pionierbetrieben in Deutschland und der Schweiz umgesetzt. Ausgehend von diesen europäischen Vorbildern erreichte CSA in den 1980er Jahren die USA, wo es sich rasch verbreitete (Schlicht et al. 2012). 2012 wurden in den USA bereits über 12.600 CSA-

Betriebe gezählt (USDA 2012). In Deutschland verlief die Entwicklung deutlich langsamer: Noch 2010 war das Konzept mit lediglich zehn etablierten CSA-Gemeinschaften weitgehend unbekannt. Bis 2015 stieg die Zahl der CSA-Initiativen dann auf etwa 120 an (Wellner und Theuvsen 2016a). Während CSA in den USA bereits seit den ersten Gründungen in den 1980er Jahren zunehmendes wissenschaftliches Interesse erfährt, ist das Forschungsgebiet in Deutschland vergleichsweise jung. Die USA können daher als Vorreiter im Bereich der CSA-Forschung betrachtet werden (Brown und Miller 2008); die dort durchgeführten Forschungsarbeiten liefern wichtige Anhaltspunkte für die Untersuchung von CSA in Deutschland.

Erste, häufig zitierte Studien wurden von Van der Tuin (1987), Van En (1992), Demuth (1993), Groh und McFadden (1997) sowie Cooley und Lass (1998) publiziert. Ein Blick in neuere Veröffentlichungen verdeutlicht die erhebliche Relevanz von CSA als Gegenstand der internationalen Forschung und die große Vielfalt der bearbeiteten Themen: Brown und Miller (2008) etwa untersuchen den Einfluss von CSA auf Landwirte und Verbraucher, während sich Connolly und Klaiber (2014) mit der Wertschätzung der Eigenschaften einer CSA durch ihre Mitglieder befassen. Sproul und Kropp (2015) wiederum betrachten die optimale Vertragsgestaltung in CSA-Initiativen, während Bernard et al. (2016) die Präferenz für Risiko- und Fairnessaspekte in der Vertragsgestaltung analysieren. Der Beitrag des CSA-Konzepts zu einer Postwachstumsökonomie (Bloemmen et al. 2015), die Präferenzen von CSA-Mitgliedern für lokale Nahrungsmittel (Peterson et al. 2015), die Auswirkungen der Konkurrenz zwischen CSA-Betrieben und dem Lebensmitteleinzelhandel auf CSA (Galt et al. 2016) sowie die Einflussfaktoren auf die gegenwärtige oder zukünftige CSA-Mitgliedschaft (Vassalos et al. 2016) sind weitere Fragestellungen, die in jüngerer Zeit untersucht wurden.

Im deutschsprachigen Schrifttum beschäftigten sich erstmals Kraiß und Van Elsen (2008) mit CSA. Ihren damaligen Überblick über die Verbreitung von CSA führten sie in den folgenden Jahren in weiteren Untersuchungen fort (Kraiß und Van Elsen 2010; Van Elsen 2010; Kraiß und Van Elsen 2011; Van Elsen und Kraiß 2012). Schlicht et al. (2012) verglichen die Verbreitung von CSA, seine spezifische Charakteristika und die politischen Interaktionen länderübergreifend zwischen Deutschland, Frankreich, Belgien und der Schweiz. Bietau et al. (2013) wiederum analysierten CSA mit Hilfe qualitativer und quantitativer Methoden; sie beschreiben CSA als eine Innovation, die soziale, ökologische, ökonomische und politische Elemente in sich vereint. Aktuelle Studien von Wellner und Theuvsen (2016a, 2016b) untersuchen mögliche Ursachen für die unterschiedliche Verbreitung von CSA in Deutschland und Österreich und grenzen CSA von anderen Ausprägungen alternativer Lebensmittelnetzwerke ab.

4 CSA als gesellschaftliche Nachhaltigkeitsinitiative

In einer CSA gehen Lebensmittelproduzenten und -konsumenten eine vertragliche Bindung ein, die auf gemeinsamen Werten bezüglich einer nachhaltigen landwirtschaftlichen Produktion, gegenseitiger solidarischer Unterstützung sowie Vertrauen, Kooperation und Partizipation basiert. Eine umweltschonende Produktion, die Identifikation der Mitglieder mit der regionalen Landwirtschaft sowie der Wunsch nach einer Versorgung mit frischen, regionalen Produkten und einem verantwortungsvollen Konsum sind Gründe für Konsumenten, einer CSA beizutreten (Kraiß und Van Elsen 2008; Schlicht et al. 2012, Bloemmen et al. 2015; Galt et al. 2016; Wellner und Theuvsen 2016b). Die zunehmende Popularität von CSA wird als gesellschaftliche Antwort auf ökologische und soziale Defizite, die nach Auffassung vieler Konsumenten die konventionelle Agrar- und Ernährungsbranche kennzeichnen, interpretiert (Thompson und Coskuner-Balli 2007; Kato 2013; Connolly und Klaiber 2014; Nost 2014). Von einem alternativen System der Lebensmittelproduktion wird daher vor allem eine größere ökologische und soziale, aber auch ökonomische Nachhaltigkeit erwartet. CSA ist vor diesem Hintergrund als innovative, aus der Gesellschaft heraus initiierte, umweltpolitisch fundierte Gegenbewegung zu den vorherrschenden globalen Lebensmittelwertschöpfungsketten zu kennzeichnen (Connolly und Klaiber 2014; Blommen et al. 2015) und aus diesem Grund – ähnlich wie z.B. die Slowfood- und die Fairtrade-Bewegung – den Neuen sozialen Bewegungen zuzurechnen (Helfrich und Bollier 2014). Die teils erhofften, teils aber auch empirisch belegten Nachhaltigkeitswirkungen von CSA werden im Folgenden näher beleuchtet.

4.1 Ökonomische Nachhaltigkeit

Der im CSA-Konzept angelegte Beitrag zu einer Postwachstumsökonomie begünstigt die Ausrichtung der Lebensmittelproduktion auf eine nachhaltige Entwicklung: Statt auf ökonomisches Wachstum fokussiert das Konzept auf eine gesteigerte Lebensqualität sowie intensive Beziehungen zum sozialen und lokalen Umfeld und zur Natur (Bloemmen et al. 2015). Als Nonprofit-Organisationen streben CSA-Betriebe lediglich die Deckung der Vollkosten – einschließlich der Entlohnung der Arbeitskraft des Landwirtes – durch die Beiträge der Mitglieder an. Die Erwirtschaftung eines Gewinns durch die Lebensmittelproduktion wird dagegen abgelehnt. Als ökonomisch vorteilhaft wird ferner angesehen, dass die Ausgaben der Verbraucher für Lebensmittel lokal zirkulieren und dadurch die regionale Wirtschaft fördern und Arbeitsplätze im ländlichen Raum sichern. Während die beteiligten Landwirte mit einem festen Einkommen kalkulieren können, profitieren die Verbraucher vom unmittelbaren Zugang zur landwirtschaftlichen Produktion. Es wird ferner für die USA berichtet, dass die Ausgaben für den Erwerb eines vergleichbaren Lebensmittelangebots im Lebensmitteleinzelhandel im Durchschnitt höher sind als die Beiträge für eine CSA-Mitgliedschaft (Brown und Miller 2008; Bloemmen et al. 2015).

Für kleinere landwirtschaftliche Betriebe in der Nähe urbaner Ballungsräume stellt der Trend zur Relokalisierung der Lebensmittelproduktion einen Ausweg aus dem Dilemma des „Wachsen oder Weichen" dar. CSA eröffnet dann eine Alternative zu dem im landwirtschaftlichen Strukturwandel deutlich spürbar werdenden Zwang, entweder die Betriebsgröße fortlaufend zu steigern oder die landwirtschaftliche Produktion aufzugeben. Das CSA-Konzept bietet diesen Betrieben einen innovativen Ansatz, durch Regionalvermarktung neue Zielgruppen für ihre Produkte zu erschließen (Goodman 2004; Lamine 2014; Wellner und Theuvsen 2016b) und sich von den Entwicklungen auf den durch außerordentlich volatile Preise gekennzeichneten Weltmärkten für Agrarprodukte abzukoppeln. Allerdings ist einschränkend anzumerken, dass verschiedene Studien die finanzielle Situation und damit die ökonomische Nachhaltigkeit vieler CSA-Betriebe aufgrund von Fehlkalkulationen während der Planungsphase kritisch betrachten. Derartige Fehler resultieren in niedrigen landwirtschaftlichen Einkommen. Für den langfristiges Erfolg einer CSA ist daher eine sachgerechte Betriebsplanung unerlässlich (Brehm und Eisenhauer 2008; Brown und Miller 2008; Galt et al. 2016).

4.2 Ökologische Nachhaltigkeit

Die übermäßige Nutzung natürlicher Ressourcen aus wirtschaftlichen Gründen soll im CSA-Konzept durch die Entkopplung des landwirtschaftlichen Einkommens von der Produktion verhindert werden. Auf diese Weise wollen die Anhänger des CSA-Konzeptes einen positiven Beitrag zum Schutz der Natur leisten und die Biodiversität fördern (Brown und Miller 2008; Zepeda et al. 2013; Bloemmen et al. 2015). Begünstigt wird die Erreichung dieser Ziele dadurch, dass CSA-Betriebe häufig nach den Prinzipien der ökologischen Landwirtschaft arbeiten und meist kleinstrukturierte Flächen bewirtschaften. Der damit einhergehende Anbau unterschiedlicher Kulturen in kleinen Einheiten fördert unter anderem die Artenvielfalt. Die erwarteten positiven Auswirkungen auf die Natur werden von CSA-Teilnehmern als Wertsteigerung der Nahrungsmittelproduktion wahrgenommen und entsprechend honoriert (Goodman 2004; Lamine 2014). Der Verzicht auf die Verarbeitung und Verpackung der Produkte sowie die kurzen Transportwege zu den Endverbrauchern können ebenfalls mit positiven ökologischen Auswirkungen verbunden sein. Die Verbraucher fühlen sich ferner durch CSA mit ihrem Lebensumfeld und der Natur verbunden, was sich positiv auf das Verhalten der beteiligten Personen auswirkt. Sie empfinden Verantwortung für die Umwelt, sind sensibilisiert für ökologische Fragestellungen und gehen bewusster mit natürlichen Ressourcen um (MacMillan Uribe et al. 2012). Ob die erwarteten Wirkungen tatsächlich eintreten, muss allerdings als offen gelten, da der tatsächliche Effekt von CSA auf die Umwelt aufgrund fehlender wissenschaftlicher Daten nicht genau beziffert werden kann. Eine verlässliche Einschätzung des CSA-Konzeptes hinsichtlich seiner ökologischen Nachhaltigkeit ist daher momentan nicht möglich (Fieldhouse 1996; Gilg und Batershill

1998; Sanneh et al. 2001; Bougherara et al. 2009; Stanton et al. 2012; Tavernier 2012; Sage 2014). Bekannt ist aber beispielsweise, dass nicht jede Form der Regionalvermarktung ökologisch nachhaltiger als etablierte, Größenvorteile auch in der Logistik nutzende und daher effizientere Vertriebswege für Lebensmittel ist (Lampert et al. 2016).

4.3 Soziale Nachhaltigkeit

Neben besseren ökonomischen Konditionen für (kleine) landwirtschaftliche Betriebe und einer umweltschonenden Produktionsweise ist die Verwurzelung in einer lokalen sozialen Gemeinschaft ein weiterer ausschlaggebender Faktor für die Teilnahme von Menschen an einer CSA-Initiative. Eine stabile soziale Gemeinschaft ist ein Kernelement des CSA-Konzeptes, das mit Blick auf die steigende Anzahl alleinstehender Personen an gesellschaftlicher Bedeutung gewinnt. CSA-Mitgliedschaften verändern ferner die Beziehungen zwischen städtischem und ländlichem Raum. Schließlich sollen durch CSA-Gemeinschaften, die durch die Solidarität unter den Mitgliedern geprägt sind, sozial benachteiligten Personen die Teilnahme ermöglicht und soziale Ungleichheiten abgebaut werden (Goodman 2004; Venn et al. 2006; Lamine 2014; Peterson et al. 2015; Thorsøe und Kjeldsen 2016).

Unter dem Gesichtspunkt der sozialen Nachhaltigkeit ist ferner bedeutsam, dass die CSA-Teilnehmer durch den direkten Kontakt zum Produzenten ihr Wissen über Landwirtschaft vertiefen und mehr Verständnis für die Situation der Landwirte entwickeln. Zudem kann verlorengegangenes Vertrauen in die Lebensmittelproduktion zurückgewonnen werden, da die Umsetzung von gesellschaftlich geforderten Produktionspraktiken, etwa höheren Tierwohlstandards, für die CSA-Mitglieder jederzeit nachvollziehbar ist (Fieldhouse 1996; Gilg und Batershill 1998; Sanneh et al. 2001; Bougherara et al. 2009; Stanton et al. 2012; Tavernier 2012; Sage 2014). Aufgrund der höheren Transparenz wird CSA daher von Konsumenten mit einem besonderen Interesse an Informationen zum Produkt und zum Produktionsprozess bevorzugt. Sie sehen die CSA-Mitgliedschaft zudem oft als sinnstiftende Aufgabe außerhalb ihres beruflichen Alltages an, die ein soziales und naturverbundenes Selbstbild unterstützt (Frank 2006; Connolly und Klaiber 2014; Peterson et al. 2015).

Vorliegende empirische Studien zeigen allerdings, dass in der Realität nur wenige CSA-Initiativen dem angestrebten Ideal einer solidarischen sozialen Gemeinschaft gerecht werden. Die beteiligten Landwirte beispielsweise beklagen vielfach eine geringe Unterstützung durch die Mitglieder (Brehm und Eisenhauer 2008; Brown und Miller 2008; Galt et al. 2016). Zudem sind nicht alle Mitglieder motiviert, sich in die angestrebte soziale Gemeinschaft einzubringen (Tregear 2011; Pole und Gray 2013).

5 Fazit

CSA befindet sich in Deutschland und anderen westlichen Industrieländern im Aufschwung. Neben dem gegenwärtigen Trend zur Relokalisierung der Nahrungsmittelproduktion sind weitere Faktoren, so der Wunsch nach einer engeren Verbindung zur Natur und das Bedürfnis, Teil einer Gemeinschaft Gleichgesinnter zu sein, ausschlaggebend für die zunehmende Verbreitung von CSA. Der Nachhaltigkeitsgedanke in seinen verschiedenen Facetten ist tief im CSA-Konzept verankert. Eine faire Entlohnung der Landwirte, preiswerte und regional erzeugte Lebensmittel, auf ökologische und ethische Aspekte ausgerichtete Produktionspraktiken, kurze Transportwege und der starke Fokus auf soziale Aspekte verdeutlichen dies. Dennoch zeigen verschiedene Studien, dass die praktische Umsetzung des Konzepts der Idealvorstellung nicht immer gerecht wird. Vor allem hinsichtlich der Entlohnung der landwirtschaftlichen Tätigkeit und der Integration der CSA-Mitglieder in den Betrieb besteht oftmals Verbesserungsbedarf. Durch umfassende und realistische betriebliche Planungen sowie konkrete Absprachen innerhalb der CSA-Gemeinschaft können diese Herausforderungen bewältigt werden. CSA als Neue soziale Bewegung kann dadurch für weitere Verbrauchergruppen außerhalb ihrer Kernzielgruppe im links-alternativen Milieu interessanter gemacht werden.

Ungeachtet möglicher Weiterentwicklungen sind verschiedene Limitationen des CSA-Konzepts unvermeidbar. So können CSA-Betriebe zur Versorgung ihrer Mitglieder nur eine begrenzte Auswahl an Lebensmitteln anbieten, deren Vielfalt unter anderem durch die standörtlichen, speziell klimatischen Bedingungen und die Saisonalität der Produktion bestimmt wird. Daher können nicht alle Produkte des täglichen Bedarfs innerhalb einer CSA produziert werden, so dass der Einkauf im Lebensmitteleinzelhandel für die Mitglieder unvermeidlich bleibt, wenn sie nicht erhebliche Einschränkungen ihrer Ernährungsvielfalt in Kauf nehmen wollen. Eine dauerhafte Verbesserung der Nachhaltigkeit innerhalb der Lebensmittelwertschöpfungsketten kann daher mit CSA alleine nicht erreicht werden, sondern muss mit weiteren Veränderungen, beispielsweise veränderten Ernährungsgewohnheiten, einhergehen (Meier 2013; Lamine 2014; Wellner und Theuvsen 2016b).

Zahlreiche Aspekte des CSA-Konzeptes haben bisher keine ausreichende Beachtung in der wissenschaftlichen Literatur gefunden. So kann der Beitrag von CSA zur ökologischen Nachhaltigkeit bislang nicht exakt beziffert werden. Auch die sozialen Auswirkungen wurden bislang nicht vertieft untersucht. Zudem liegen kaum Erkenntnisse über die betrieblichen, strukturellen und standortspezifischen Voraussetzungen zur erfolgreichen Etablierung einer CSA-Initiative vor. Eine Analyse der unterschiedlichen CSA-Managementformen könnte zudem Aufschluss über die Erfolgsfaktoren des Konzeptes geben. Die Motivationen, Erwartungen und Erfahrungen von tatsächlichen und potenziellen CSA-Mitgliedern sowie an CSA interessierten bzw. beteiligten Landwirten stellen ebenfalls interessante Ansatzpunkte für weitere Forschungsarbeiten dar.

6 Literatur

Bernard, K., Bonein, A., Bougherara, D. (2016): Community Supported Agriculture and Preference for Risk and Fairness. Paper im Rahmen des Agricultural & Applied Economics Association Annual Meeting. Boston. 30. Juli bis 02. August 2016.
Bietau, P., Boddenberg, M., Dietze, F., Frauenlob, M., Gunkel, L., Krägel, K., Leider-Seder, S., Munz, J., Schmitz, S., Sergan, N., Vaessen, F. (2013): Solidarische Landwirtschaft - eine soziale Innovation? Empirische Studie aus soziologischer Perspektive. Forschungsprojekt. Frankfurt am Main.
Bloemmen, M., Bobulescu, R., Le, T.N., Vitari, C. (2015): Microeconomic degrowth: The case of Community Supported Agriculture. In: Ecological Economics 112, S. 110-115.
Bougherara, D., Grolleau, G., Mzoughi, N. (2009): Buy local, pollute less: What drives households to join a community supported farm? In: Ecological Economics 68 (5), S. 1488-1495.
Brehm, J.M., Eisenhauer, B.W. (2008): Motivations for Participating in Community-Supported Agriculture and their Relationship with Community Attachment und Social Capital. In: Southern Rural Sociology 23 (1), S. 94-115.
Brown, C., Miller, S. (2008): The Impacts of Local Markets: A Review of Research on Farmers Markets and Community Supported Agriculture (CSA). In: American Journal of Agricultural Economics 90 (5), S. 1296-1302.
Carbone, A., Gaito, M., Senni, S. (2007): Consumers' Buying Groups in the Short Food Chains: Alternatives for Trust. Paper im Rahmen des 1. International European Forum on Innovation and System Dynamics in Food Networks. Innsbruck-Igls.
Connolly, C., Klaiber, H.A. (2014): Does Organic Command a Premium When the Food is Already Local? In: American Journal of Agricultural Economics 96 (4), S. 1102-1116.
Cooley, J.P., Lass, D.A. (1998): Consumer Benefits from Community Supported Agriculture Membership. In: Review of Agricultural Economics 20 (1), S. 227-237.
Dabbert, S., Berg, E., Herrmann, R., Pöchtrager, S., Salhofer, K. (2009): Kompass für agrarökonomische Zeitschriften: das GEWISOLA-ÖGA-Publikationsranking. In: Agrarwirtschaft 58 (2), S. 109-113.
DeMuth, S., Berg, E., Herrmann, R, Pöchtrager, S., Salhofer, K. (1993): Community Supported Agriculture (CSA): An Annotated Bibliography and Resource Guide. Arbeitspapier.
Fieldhouse, P. (1996): Community Shared Agriculture. In: Agriculture and Human Values 13 (3), S. 43-48.
Flora, C.B., Bregendahl, C. (2012): Collaborative Community-supported Agriculture: Balancing Community Capitals for Producers and Consumers. In: International Journal of Sociology of Agriculture and Food 19 (3), S. 329-346.
Frank, J. (2006): Process attributes of goods, ethical considerations and implications for animal products. In: Ecological Economics 58, S. 538-547.
Galt, E., Bradley, K., Christensen, L., Van Soelem Kim, J., Lobo, R. (2016): Eroding the Community in Community Supported Agriculture (CSA): Competition's Effects in Alternative Food Networks in California. In: Sociologia Ruralis 56 (4), S. 491-512.
Gilg, A.W., Battershill, M. (1998): Quality farm food in Europe: a possible alternative to the industrialised food market and to current agri-environmental policies: lessons from France. In: Food Policy 23 (1), S. 25-40.
Goodman, D. (2004): Rural Europe Redux? Reflections on Alternative Agro-Food Networks and Paradigm Change. In: Sociologia Ruralis 44 (1), S. 3-16.
Groh, T., McFadden, S. (1997): Farms of tomorrow revisited: Community supported farms, farm supported communities. Biodynamic Farming and Gardening Association, Kimberton, PA.
Hallsworth, A., Wong, A. (2015): Urban Gardening Realities: The Example Case Study of Portsmouth, England. In: International Food System Dynamics 6 (1), S. 1-11.
Hayden, J., Buck, D. (2012): Doing community supported agriculture: Tactile space, affect and effects of membership. In: Geoforum 43 (2), S. 332-341.
Helfrich, S., Bollier, D. (2014): Commons als transformative Kraft: Zur Einführung. In: Helfrich, S., Heinrich-Böll-Stiftung (Hrsg.): Commons. Für eine Politik jenseits von Markt und Staat. 2. Aufl., Transcript, Bielefeld, S. 15-23.

Higgins, V., Dibden, J., Cocklin, C. (2008): Building alternative agri-food networks: Certification, embeddedness and agri-environmental governance. In: Journal of Rural Studies 24 (1), S. 15-27.

Kato, Y. (2013): Not Just the Price of Food: Challenges of an Urban Agriculture Organization in Engaging Local Residents. In: Sociological Inquriy 83 (3), S. 369-391.

Kraiß, K., van Elsen, T. (2008): Landwirtschaftliche Wirtschaftsgemeinschaften (Community Supported Agriculture, CSA) – ein Weg zur Revitalisierung des ländlichen Raumes? In: Friedel, R., Spindler, E.A. (Hrsg.): Nachhaltige Entwicklung ländlicher Räume. VS Verlag, Wiesbaden, S. 183-194.

Kraiß, K., Van Elsen, T. (2010): Community Supported Agriculture - Win-win-Situation für Landwirtschaft und Verbraucher. In: B&B Agrar 4, S. 33-36.

Kraiß, K., Van Elsen, T. (2011): Community Supported Agriculture (CSA) - ein nachhaltiges Konzept für ländliche Räume. In: Bundesanstalt für Landwirtschaft und Ernährung (Hrsg.): Es geht ums Ganze: Forschen im Dialog von Wissenschaft und Praxis. Beiträge zur 11. Wissenschaftstagung Ökologischer Landbau. Köster, Berlin, S. 356-360.

Lamaine, C. (2014): Sustainability and Resilience in Agrifood Systems: Reconnecting Agriculture, Food and the Environment. In: Sociologia Ruralis 55 (1), S. 41-60.

Lampert, P., Soode, E., Menrad, K., Theuvsen, L. (2016): Distributing Asparagus: A Climate Perspective Considering Producer and Consumer Aspects. In: Journal of Agroecology and Sustainable Food Systems 40 (2), S. 169-186.

Lang, K.B. (2010). The Changing Face of Community-Supported Agriculture. In: Culture & Agriculture 32 (1), S. 17-26.

MacMillan Uribe, A.L., Winham, D., Wharton, C. (2012): Community Supported Agriculture membership in Arizona. An exploratory study of food and sustainability behaviours. In: Appetite 59, S. 431-436.

Meier, T. (2013): Umweltschutz mit Messer und Gabel. Der ökologische Rucksack der Ernährung in Deutschland. Oekom Verlag, München.

Mok, H., Williamson, V.G., Grove, J.G., Burry, K., Barker, F., Hamilton, A. (2014): Strawberry fields forever? Urban agriculture in developed countries: a review. In: Agronomy for Sustainable Development 34 (1), S. 21-43.

Nost, E. (2014): Scaling-up local foods: Commodity practice in community supported agriculture (CSA). In: Journal of Rural Studies 34, S. 152-160.

Peterson, H.H., Taylor, M.R., Baudouin, Q. (2015): Preferences of locavores favoring community supported agriculture in the United States and France. In: Ecological Economics 119, S. 64-73.

Pole, A., Gray, M. (2013): Farming alone? What's up with the "C" in community supported agriculture. In: Agricultural and Human Values 30 (1), S. 85-100.

Sage, C. (2014): The transition movement and food sovereignty: From local resilience to global engagement in food system transformation. In: Journal of Consumer Culture 14 (2), S. 254-275.

Sanneh, N., Moffitt, L.J., Lass, D.A. (2001): Stochastic Efficiency Analysis of Community-Supported Agriculture Core Management Options. In: Journal of Agricultural and Resource Economics 26 (2), S. 417-430.

Schlicht, S., Volz, P., Weckenbrock, P., Le Gallic, T. (2012): Community Supported Agriculture: An overview of characteristics diffusion and political interaction in France, Germany, Belgium and Switzerland. ACTeon und Die Agronauten, Freiburg.

Schwarzenweller, H.K., Lyson, T.S. (1995): Introduction: Researching the sustainability of agriculture and rural communities. In: Schwarzenweller, H.K., Lyson, T.S. (Hrsg.): Research in Rural Sociology and Development. Sustaining Agriculture and Rural Communities, Vol. 6.

Sproul, T.W., Kropp, J.D. (2015): A General Equilibrium Theory of Contracts in Community Supported Agriculture. In: American Journal of Agricultural Economics 97 (5), S. 1345-1359.

Stanton, J.L., Wiley, J.B., Wirth, F.F. (2012): Who are the locavores? In: Journal of Consumer Marketing 29 (4), S. 248-261.

Tavernier, J. (2012): Food Citizenship: Is There a Duty for Responsible Consumption? In: Journal of Agricultural and Environmental Ethics 25 (6), S. 895-907.

Thompson, C.J., Coskuner-Balli, G. (2007): Enchanting Ethical Consumerism: The Case of Community Supported Agriculture. In: Journal of Consumer Culture 73 (3), S. 275-303.

Thorsøe, M., Kjeldsen, C. (2016): The Constitution of Trust: Function, Configuration and Generation of Trust in Alternative Food Networks. In: Sociologia Ruralis 56 (2), S. 175-175.

Tregear, A. (2011): Progressing knowledge in alternative and local food networks: Critical reflections and a research agenda. In: Journal of Rural Studies 27 (4), S. 419-430.

USDA (2012): Census of Agriculture 2012. Summary and State Data. Volume 1. Geographic Area Series, Part 51.

Van Elsen, T. (2010): Soziale Landwirtschaft: Zwischen Marktnische und Paradigmenwechsel der Landbewirtschaftung. In: Der kritische Agrarbericht 2010. ABL-Verlag, Hamm, S. 104-109.

Van Elsen, T., Kraiß, K. (2012): Solidarische Landwirtschaft: Community Supported Agriculture (CSA) in Deutschland. In: Der kritische Agrarbericht 2012. ABL-Verlag, Hamm, S. 59-64.

Van En, R. (1992): Basic Formula to Create Community Supported Agriculture. Great Barrington, MA.

Van der Tuin, J. (1987): Community Supported Agriculture. In: Biodynamics 163, S. 57-64.

Vassalos, M., Gao, Z., Zhang, L. (2016): Who are the CSA Consumers and how to promote CSA to more Consumers? Paper im Rahmen des Agricultural & Applied Economics Association Annual Meeting. Boston. 30. Juli bis 02. August 2016.

Venn, L., Kneafsey, M., Holloway, L., Cox, R., Dowler, E., Tuomanien, H. (2006): Researching European 'alternative' food networks: some methodological considerations. In: Area 38 (3), S. 248-258.

Wellner, M., Theuvsen, L. (2016a): Community Supported Agriculture (CSA): eine vergleichende Analyse für Deutschland und Österreich. In: Heinschink, K., Oedl-Wieser, T., Sinabell, F., Stern, T., Tribl, C. (Hrsg.): Jahrbuch der Österreichischen Gesellschaft für Agrarökonomie. Band 24, S. 65-74.

Wellner, M., Theuvsen, L. (2016b): Community Supported Agriculture als neuer Impuls für die Regionalvermarktung? Stand der Forschung und Abgrenzung von anderen Alternativen Lebensmittelnetzwerken. Vortrag im Rahmen der 56. Jahrestagung der GEWISOLA. Bonn, 28. bis 30. September 2016.

Zepeda, L., Reznickova, A., Russell, W.S. (2013): CSA membership and psychological needs fulfillment: an application of self-determination theory. In: Agricultural and Human Values 30 (4), S. 605-614.

Die philanthropische Infrastruktur der Schweiz für eine nachhaltige Entwicklung

Theresa Gehringer und Georg von Schnurbein

1 Nachhaltigkeit und Nonprofit-Organisationen

Die Idee der nachhaltigen Entwicklung hat sich seit dem Brundtland-Bericht im Jahre 1987 als umfassendes Transformationskonzept im politischen und gesellschaftlichen Diskurs weit verbreitet und etabliert (Takeuchi und Komiyama 2006). Vor allem Unternehmen wurde eine entscheidende Rolle im Nachhaltigkeitsdiskurs zugesprochen, da sie zum einen Ausgangspunkt von Nachhaltigkeitsproblemen sind und gleichzeitig wesentlich zu ihren Lösungen beitragen können (Schaltegger und Beckmann 2014). Diese Entwicklung spiegelt sich in Konzepten wie zum Beispiel *Corporate Sustainability* oder *Corporate Social-Responsibility* wieder. Sie sollen Unternehmen zielgerichtete und systematische Maßnahmen an die Hand geben, mit denen die sozialen, ökologischen und ökonomischen Auswirkungen ihrer Geschäftstätigkeit gleichermaßen berücksichtigt werden können. Ziel ist es dabei nicht nur eine interne nachhaltige Entwicklung der Organisationen zu ermöglichen, sondern auch einen wesentlichen Beitrag zur nachhaltigen Entwicklung der Gesellschaft zu leisten.

Rückblickend betrachtet haben sich Forschende unterschiedlicher Disziplinen bisher vor allem mit Akteuren der Politik und Wirtschaft auseinandergesetzt und sich mit der Art und Weise beschäftigt, wie sie die Herausforderungen einer nachhaltigeren Entwicklung adressieren. Nur vereinzelt hat sich das Forschungsinteresse auf die Verbindung von Nonprofit-Organisation (NPO) und Nachhaltigkeit konzentriert (Jones und Mucha 2014). Waren NPO der Untersuchungsgegenstand, bezog sich die Forschung primär auf die operationale Ebene, ohne eine übergeordnete strategische Perspektive einzunehmen (Weerawardena et al. 2010). Insbesondere die Rollen und Funktionen der NPO, welche sich explizit für eine nachhaltige Entwicklung einsetzen, sind bisher wenig untersucht.

Dabei übernehmen NPO vielseitige gesellschaftliche Aufgaben, wobei sie entweder als aktive Akteure oder als Ermöglicher philanthropischer Handlungen auftreten, das heißt sie verhelfen Individuen oder anderen Organisationen zu philanthropischem Engagement (von Schnurbein und Bethmann 2010). Insgesamt formen sie durch verschiedenste Handlungen z.B. durch die Bereitstellung von Forschungsergebnissen zu ökologischem Landbau, dem Angebot von Weiterbildungen zum Ressourcenverbrauch sowie der Vergabe von Codes oder Gütesiegeln für fair produzierte Güter eine philanthropische Infrastruktur, die gemeinnütziges Handeln mit Ziel der Nachhaltigkeit ermöglicht und fördert. Insgesamt tragen sie damit erstens zu einer wirtschaftlichen Entwicklung, zweitens zu sozialer Gerechtigkeit und drittens zum Schutz der ökologischen Umwelt bei. Sie verbessern die Lebensqualität ihrer Zielgruppe und der umgebenden Gemeinschaften insbesondere dort, wo Engagement weder ökonomisch profitabel noch politisch rentabel ist. Übergeordnetes Ziel ist eine gesellschaftliche Veränderung im Sinne einer nachhaltigen Entwicklung (McDonald et al. 2015).

2 Unterstützungsfunktionen und -rollen von Nonprofit-Organisationen

Die vielfältigen gesellschaftlichen Funktionen, die NPO übernehmen sind in der Forschung zu Philanthropie und dem Dritten Sektor weithin bekannt und beschrieben (Neumayr et al. 2007). Aus einer übergeordneten Perspektive heraus zeigt sich, dass NPO gleichermaßen als sogenannte Ermöglicher und als Ausführende philanthropischer Handlungen auftreten können. Das heißt auf der einen Seite ermöglichen NPO die formellen Strukturen – beispielsweise eines Vereins – für das freiwillige Engagement von Dritten und auf der anderen Seite führen sie z.b. im Rahmen ihrer eigenen Stiftungstätigkeit Programme für eine spezifische Personengruppe aus (von Schnurbein und Bethmann 2010). Neben diesen Rollen kommt NPO jedoch noch eine weitere Schlüsselrolle zu. Sie leisten Basisarbeit für gemeinnütziges Handeln in vielfältiger Form: von der finanziellen Unterstützung anderer NPO bis zur Weiterbildung von Führungskräften im Nonprofit-Bereich. Sie bilden somit eine „philanthropische Infrastruktur", deren Ziel es ist philanthropische Aktivitäten in jeder Hinsicht zu stärken (von Schnurbein und Bethmann 2010). Vor diesem Hintergrund nehmen NPO nicht nur die Rolle als „change agents" ein, sondern ermöglichen und stützen die Arbeit jener Akteure, die gesellschaftliche Veränderungen herbeiführen wollen (Simsa 2001; Theuvsen 2013).

Im Hinblick auf das Thema des Tagungsbandes „Nonprofit-Organisationen und Nachhaltigkeit" stellt sich daher nicht nur die Frage, „was" NPO für eine nachhaltige Entwicklung leisten, sondern vielmehr die Frage nach dem „wie". Wie stärken NPO eine nachhaltige Entwicklung und welche Funktionen nehmen sie in diesem Prozess ein? Auf den Kontext der Schweiz bezogen lautet die Forschungsfrage daher: wie unterstützen NPO in der Schweiz die gesellschaftliche Transformation hin zu einer nachhaltigen Entwicklung?

Der vorliegende Beitrag nutzt an dieser Stelle das Mapping einer Studie des The Nonprofit Quarterly (Boris et al. 2009), das die amerikanische philanthropische Infrastruktur anhand von elf Unterstützungsfunktionen charakterisiert. In Anlehnung daran soll eine Karte entstehen, welche die Unterscheidung zwischen den verschiedenen Arten von Strategien auf funktioneller Ebene visualisiert. Die Kategorisierung von NPO ermöglicht es den Pluralismus und die zunehmende Komplexität an Antworten auf Nachhaltigkeitsfragen zu erfassen, wobei sie auf echte Unterschiede im Schweizerischen NPO-Sektor und nicht auf konzeptioneller Abstraktion begründet ist (McDonald et al. 2015).

Ziel ist es nicht, alle in der Schweiz tätigen NPO zu erfassen, anhand derer eine einfache Beschreibung des NPO-Sektors vorgenommen wird. Es wird vielmehr aus den gesammelten Daten ein empirisch basiertes Klassifikationssystem zu den relevanten Funktionen von NPO in Bezug auf Nachhaltigkeit gewonnen.

3 Datenerhebung und Methodik

Drei Kriterien mussten für eine Aufnahme der NPO in das Datasample erfüllt sein: erstens sollte sich zumindest ein Teil der Aktivitäten auf die Schweiz beziehen – im Gegensatz zu NPO deren Nachhaltigkeitsförderung ausschließlich im Ausland stattfindet. Zweitens sollte die NPO auf nationaler Ebene tätig sein und ihre Wirkung nicht auf lokale oder kantonale Ebene beschränken. Zuletzt sollten nicht nur der Zweck sondern auch die tatsächlichen Aktivitäten der NPO nach der Definition des Schweizerischen Bundesrats im Themenbereich Nachhaltigkeit liegen.[1] Obwohl auch Unternehmen oder staatliche Stellen einen wichtigen Beitrag zu einer nachhaltigen Entwicklung leisten und bedeutende Funktionen übernehmen sind sie nicht Teil dieser Analyse.

Für die Zuschreibung von Themen zum Nachhaltigkeitsdiskurs standen zwei Orientierungsrahmen zur Auswahl: Erstens die von den Vereinten Nationen festgelegten Sustainable Development Goals (SDGs), die für die nächsten 15 Jahren für alle Staaten die primären Themenbereiche einer nachhaltigen Entwicklung definieren. Obwohl die SDGs rechtlich nicht bindend sind, wird von den unterzeichneten Staaten die Umsetzung auf nationaler Ebene und damit die Ausarbeitung einer länderspezifischen Nachhaltigkeitsstrategie erwartet (United Nations 2015). Außerdem stand zweitens die Strategie nachhaltige Entwicklung 2016 - 2019 des Schweizerischen Bundesrates zur Verfügung, welche die politischen Schwerpunktthemen definiert, zu denen in der Schweiz primärer Handlungsbedarf besteht (Schweizerischer Bundesrat 2016). Da die Strategie im Rahmen eines Stakeholder-Dialogs mit Vertretern aus u.a. der Wissenschaft, Wirtschaft und Zivilgesellschaft erarbeitet wurde und sie bereits die für die Schweiz relevanten Themenbereiche identifiziert, wurde sie als geeignete Referenz für die Beurteilung der Zwecke und Aktivitäten der NPO betrachtet. Die vom Bundesrat festgelegten thematischen Handlungsfelder wurden einer qualitativen Inhalts- und Themenanalyse unterzogen. Der resultierende Katalog an Kodes diente zur systematischen Selektion der NPO für das Datasample.

Die Datenerhebung wurde mittels *snowball sampling* bzw. *respondent-driven sampling*, einer Erhebungstechnik, die unter anderem bei schwer zugänglichen oder sogenannten versteckten Populationen zum Einsatz kommt, durchgeführt. Dabei wird ein kleines Ausgangssample (convenience sample) als erster Berüh-

---

[1] Der Schweizerische Bundesrat orientiert sich bei seiner Definition von Nachhaltigkeit an der Brundland-Definition von 1987, nach der „eine Entwicklung dann nachhaltig, wenn sie gewährleistet, dass die Bedürfnisse der heutigen Generation befriedigt werden, ohne dabei die Möglichkeiten künftiger Generationen zur Befriedigung ihrer eigenen Bedürfnisse zu beeinträchtigen" (Schweizerischer Bundesrat 2016, S. 9).

rungspunkt mit der Untersuchungseinheit genutzt, dessen Mitglieder durch ihr Netzwerk (z.B. durch Verweise oder persönliche Empfehlung) zu neuen Studienteilnehmern führen, welche ihrerseits weitere potenzielle Mitglieder generieren. Dieses Vorgehen wird solange wiederholt, bis die gewünschte Stichprobengröße erreicht ist (Biernacki und Waldorf 1981; Handcock und Gile 2011; Heckathorn 1997).

Im vorliegenden Beitrag besteht das Anfangssample aus den folgenden sieben NPO: World Wildlife Fund (WWF), Forschungsinstitut für biologischen Landbau (FiBL), Erklärung von Bern, Ernst Göhner Stiftung, Stiftung Mercator Schweiz, HELVETAS Swiss Intercooperation und Via con Agua. Die sieben NPO der ersten Runde führten mittels Links oder Beschreibungen der Zusammenarbeit auf ihren Webseiten zu insgesamt 61 verwendbaren Studienteilnehmern in Runde zwei, welche ihrerseits zu 124 weiteren verwendbaren NPO in Runde drei führten. Die Gesamtzahl analysierter Akteure beläuft sich damit auf 192 NPO. Informationen wie z.B. Zweck, Mission, Ziele und Aktivitäten wurden – sofern verfügbar und in Übereinstimmung mit den oben beschriebenen Kriterien an die Aufnahme – aus dem Handelsregister und online verfügbaren Webseiten abgerufen und in eine Datenbank eingepflegt.

Für die Analyse der Zweck- und Aktivitäten-Beschreibung wurde das Klassifikationssystem der Studie des The Nonprofit Quarterly auf den Themenbereich Nachhaltigkeit übertragen (Boris et al. 2009). Damit ergeben sich die nachfolgenden elf primären Funktionen, in welche die Akteure nach ihren Unterstützungsleistungen eingeteilt werden können. Mehrfachzuordnungen waren von Beginn an notwendig, da viele NPO mindestens eine Funktion wahrnehmen. NPO, die keiner dieser Funktionen zugeordnet werden konnten, wurden einer nochmaligen Analyse unterzogen. Notwendige Erweiterungen an die Klassifikation werden in den folgenden Kapiteln besprochen.

Codes und Gütesiegel
Diese Kategorie erfasst Organisationen, die sich der Qualitätssteigerung bzw. Qualitätssicherung verschrieben haben. Sie entwickeln zum Beispiel Gütesiegel für nachhaltige Produkte (z.B. Bio-Label) oder Zertifikate für Produktionsprozesse oder Gebäude, die bestimmten sozialen und umweltgerechten Richtlinien folgen. Diese Gütesiegel und Zertifikate adressieren einerseits Produzenten, Verarbeiter und Handel und sollen die Herstellung derartiger Produkte fördern. Andererseits sollen auch Konsumenten informiert und zu bewussten Konsumentscheidungen befähigt werden. Dabei dienen sie nicht selten auch als Kommunikationsinstrumente in der Außendarstellung der Organisationen.

Advocacy, Politik- und Regierungsarbeit
Diese Organisationen geben bestimmten Gruppierungen (z.B. Migranten), Ideen oder Bewegungen (z.B. Urban Gardening) eine Stimme und setzen sich auf gesetzlicher Ebene für diese ein. Das heißt derartige Organisationen engagieren sich unter anderem für die gesellschaftliche Meinungsbildung und nehmen am öffentlichen Diskurs teil. Darüber hinaus nehmen sie Einfluss im politischen

Prozess der Schweiz, überwachen die Einführung und Umsetzung von Strategien, Richtlinien und Gesetzen auf allen politischen Ebenen für eine nachhaltige Entwicklung der Schweiz.

Spendenvermittlung
Organisationen dieser Kategorie ermöglichen das Sammeln von Spenden oder die Neuverteilung von akquirierten Spenden für Projekte, die eine nachhaltige Entwicklung in der Schweiz fördern. Dazu zählen beispielsweise Fonds von Dachstiftungen oder Organisationen, die andere NPO in der Akquirierung von Spenden und der Kontaktaufnahme zu potenziellen Förderern unterstützen.

Förderorganisationen
Hierunter fallen Organisationen, die finanzielle Unterstützung an NPO durch die Verteilung eigener Mittel leisten. Dies erfolgt beispielsweise durch die Vergabe von Förderbeiträgen, Stipendien sowie durch Mikrokredite, Mission Investing und weitere Finanzierungsmodelle. Viele dieser Organisationen sind Förderstiftungen, wobei auch Vereine diese Rolle einnehmen können.

Beratung für Förderorganisationen
Diese Organisationen informieren und beraten Förder- und Spendenorganisationen in ihrer Rolle als Förderer und Geldgeber.

Netzwerke
Organisationen dieser Kategorie üben die Funktion der Netzwerker aus. Sie verbinden Personen oder Organisationen mit gemeinsamen Interessen und verstehen sich als Plattform für den Austausch von Erfahrungen oder Aktivitäten. Die Spannweite reicht von informell zu professionell organisierten, von themenspezifischen zu allgemeinbildenden Netzwerken, die sich mit Nachhaltigkeit befassen und den Austausch fördern oder die Interessen ihrer Mitglieder vertreten.

Freiwilligenvermittlung
Zu dieser Kategorie zählen Organisationen, die Freiwillige oder Mitarbeiter an Nachhaltigkeitsprojekte von NPO selbst rekrutieren oder vermitteln. Freiwillige erhalten vereinzelt Weiterbildungen in spezifischen Themenbereichen mit Bezug zur Nachhaltigkeit. Da sich immer mehr Personen für die Umwelt oder die Gesellschaft engagieren wollen verbinden diese Organisationen motivierte Freiwillige mit entsprechenden Organisationen.

Führungskräfteentwicklung
NPO dieser Kategorie bieten führungskräftespezifische Aus- und Weiterbildungen an. Dies schließt Studienabschlüsse und Weiterbildungsmaßnahmen für Führungskräfte aus dem NPO-Sektor und aus der Wirtschaft ein. Es zählen nur diejenigen Institutionen dazu, die Aus- und Weiterbildungsangebote mit unmittelbarem Bezug zu Nachhaltigkeitsthemen anbieten.

Organisationsentwicklung
Hierunter fallen NPO, die anderen gemeinnützigen oder profit-orientierten Organisationen in der internen Organisationsentwicklung durch Beratung, Coa-

ching sowie Wissenstransfer zur Seite stehen. Dabei geht es oft um spezialisierte Wissensvermittlung, z.b. die Steigerung von Ressourcen- und Energieeffizienz im Produktionsprozess oder die Ausrichtung eines Betriebs auf die Anforderungen eines Labels.

Forschung
Diese Organisationen und Institutionen führen Forschung über und für eine nachhaltige Entwicklung in der Schweiz durch, fördern diese und teilen sie mit der Öffentlichkeit. Forschungsarbeiten können dabei von unterschiedlicher Art und Form sein, solange sie einen Bezug zu den vom Bund definierten thematischen Handlungsfeldern aufweisen.

Kommunikationsunterstützung
Diese Organisationen unterstützen andere gemeinnützige Organisationen im Austausch und der Verbreitung von Wissen und Informationen sowie ihrer Kommunikation über Nachhaltigkeit.

4 Ergebnisse - Die philanthropische Infrastruktur der Schweiz

Die Infrastruktur (s. Abbildung 1) zeigt insgesamt zehn Funktionen, wovon acht aus dem ursprünglichen Mapping des The Nonprofit Quarterly stammen plus zwei weitere, deren Notwendigkeit während der Analyse erkennbar wurde. Die zusätzlichen Kategorien „Informationsverbreitung" sowie „Bildung auf gesellschaftlicher Ebene" wurden ergänzt, da keine der bisherigen Kategorien diese Unterstützungsleistung ausreichend abgebildet hat und eine Vielzahl der analysierten NPO diese Funktionen einnimmt.

Zu „Informationsverbreitung" zählen diejenigen Organisationen, die selbst nachhaltigkeitsrelevante und -spezifische Informationen sammeln und verbreiten und diese der breiten Öffentlichkeit zugänglich machen. Die Kategorie „Bildung auf gesellschaftlicher Ebene" erfasst Organisationen, die über alle Bildungs- und Altersschichten hinweg Kurse, Schulungen, Informationsanlässe, Vorträge und Exkursionen in nachhaltigkeitsspezifischen Themenbereichen anbieten (die sich explizit nicht an Führungskräfte richten). Angebote können die Form informeller Aktivitäten oder formalerer Trainings- und Bildungsangebote annehmen. Hauptanliegen ist es die Bevölkerung für bestimmte Nachhaltigkeitsthemen zu sensibilisieren.

Die beiden Kategorien „Spendenvermittlung" und „Beratung für Förderorganisationen" kamen im gesamten Datensample nicht vor. Abgesehen davon konnte jeder Kategorie mindestens eine NPO zugeordnet werden.[2]

---

[2] Auch der fehlenden Kategorie „Kommunikationsunterstützung" konnte eine NPO zugewiesen werden. Diese wurde allerdings aus Darstellungsgründen in dieser Version ausgelassen.

Abbildung 1: Die philanthropische Infrastruktur der Schweiz für eine nachhaltige Entwicklung

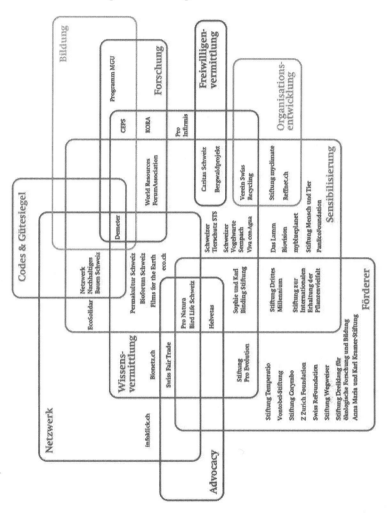

Auffällig ist, dass viele NPO mehr als eine Funktion übernehmen – die maximale Anzahl an Unterstützungsleistungen, die eine einzige NPO auf sich vereint, liegt bei sechs. Wie eingangs beschrieben war es nicht Ziel alle NPO in der Infrastruktur abzubilden sondern ein Klassifikationssystem der relevanten Funktionen von NPO in Bezug auf Nachhaltigkeit zu gewinnen. Die Abbildung stellt somit nur eine mögliche Darstellungsweise dar und kann je nach den berücksichtigten NPO variieren.

5 Diskussion und Ausblick

NPO übernehmen als Vermittler und Multiplikatoren von neuen gesellschaftlichen Konzepten und Entwicklungen eine wichtige Rolle ein. Aufgrund der Bedeutung der nachhaltigen Entwicklung als globale Herausforderung, stellt sich die Frage, welchen Beitrag der NPO-Sektor zu diesem Thema leistet. Mit der Generierung einer Infrastruktur-Übersicht stellt diese Studie die Leistungen des Nonprofit-Sektors als gesellschaftlicher Dienstleister in den Mittelpunkt.

Die Zusammenstellung macht deutlich, dass die gemeinnützige Infrastruktur zu nachhaltiger Entwicklung in der Schweiz bereits sehr breit ausdifferenziert ist und bis auf „Beratung für Förderorganisationen" und „Spendenvermittlung" jeweils mindestens eine NPO jeder Kategorie zugeordnet werden konnte. Da Spendenvermittler oftmals nicht spezifisch für ein Thema agieren, sondern Spenden für das ganze Förderspektrum abdecken, ist jedoch nicht auszuschliessen, dass dennoch Spenden im Bereich der Nachhaltigkeit vermittelt werden. Grundsätzlich aber ist zu berücksichtigen, dass gerade bei Förderstiftungen das Thema „Umweltschutz" erst in den letzten zwei Jahrzehnten in höherer Anzahl in die Stiftungszwecke aufgenommen wurde, so dass sich die Nachfrage nach Vermittlung erst noch entwickeln muss (Eckhard et al. 2015).

Aufgrund der empirischen Befunde wurde die bestehende Kategorisierung um zwei weitere Kategorien ergänzt. Diese betreffen weniger Unterstützungsleistungen für andere Akteure, sondern richten sich vielmehr auf das übergeordnete Ziel der nachhaltigen Entwicklung aus. Informationsverbreitung und Bildung auf gesellschaftlicher Ebene sind gerade mit Bezug auf die SDGs von großer Bedeutung. Schließlich bedarf es zur Erreichung dieser Ziele der Beteiligung der breiten Bevölkerung.

Bezüglich der Netzwerkstrukturen innerhalb der philanthropischen Infrastruktur zur nachhaltigen Entwicklung fällt auf, dass es zum Teil sehr enge und häufige Verknüpfungen untereinander gibt. Dies deutet darauf hin, dass dieses Feld noch recht jung und noch weniger ausdifferenziert ist als andere Gesellschaftsthemen, bei denen der Gruppenpluralismus stärker zur Geltung kommt (Linder 1999).

Grundsätzlich bedeutet die Infrastruktur-Karte einen besonderen Nutzen für Praktiker. Bestehende NPO können die eigene Positionierung überprüfen und mit anderen Organisationen vergleichen. Dagegen bietet sich die Infrastruktur-Karte auch für Neugründer und Initianten an, die fehlende Angebote oder Lücken in den bestehenden Angeboten entdecken und Lösungsmöglichkeiten anbieten können. Über den Kreis der Nachhaltigkeits-NPO hinaus besteht der größte Nutzen aber für andere Gesellschaftsakteure – Staat, Markt, Bürger und NPO. Ihnen bietet sich eine schnelle und umfassende Übersicht, um Unterstützung für die Umsetzung eigener Nachhaltigkeitsprojekte zu erhalten. Dadurch wird letztlich ein Beitrag geleistet, um die Wirksamkeit der nachhaltigen Entwicklung in der Schweiz zu verbessern.

Auch für die Forschung lassen sich aus der Studie theoretische Erkenntnisse und weitere Fragestellungen ableiten. Dabei ist jedoch zunächst auf gewisse Limitationen hinzuweisen. Zunächst gilt zu berücksichtigen, dass durch das Schneeballprozedere jene Organisationen bevorteilt sind, die aktiv kommunizieren und über gute Netzwerke verfügen. Andere Erhebungsmethoden wie z. B. eine Delphi-Gruppenbefragung, könnten zu einer anderen Zusammensetzung des Samples führen. Jedoch erscheint die Gesamtanzahl von 192 NPO als ausreichend groß, um eine repräsentative Abdeckung dieser spezifischen Form von NPO anzunehmen. Auch die Einschätzung durch die Forschenden führt zu einer subjektiven Einschätzung, die beispielsweise durch die Selbstdeklaration der NPO hätte ergänzt werden können.

Aus einer theoretischen Perspektive ergänzt die Studie bestehende Untersuchungen zur Rolle von NPO als Unterstützer anderer NPO. Diese Spezialisierung von NPO weg von einem originär gemeinnützigen Zweck zu einer mittelbaren Erfüllung gesellschaftlicher Ziele kann als Folge der Professionalisierung des NPO-Sektors interpretiert werden (Studer et al. 2014). Dabei verbindet sich in ihren Leistungen das private Gut für die unterstützte Organisation mit dem öffentlichen Gut, in diesem Fall der nachhaltigen Entwicklung (Steinberg 2006). Zukünftige Studien sollten die Entwicklung dieser NPO-Dienstleistungs-NPO detailliert nachzeichnen und die Folgen für deren Reputation und Legitimation erfassen.

Da es sich bei der nachhaltigen Entwicklung um ein relativ neues Feld handelt, ließe sich weitere Forschung auch auf der Grundlage der Theorie des Institutionellen Isomorphismus betreiben. Inwiefern passen sich die erfassten Support-Organisationen hinsichtlich ihrer organisatorischen Strukturen und ihres Leistungsangebots an?

Zuletzt erlauben die erhobenen Daten auch weiterführende Untersuchungen mithilfe der sozialen Netzwerkanalyse. Dadurch ließen sich bestehende Verbindungen offenlegen und nachvollziehen, inwiefern sich bereits Untergruppen oder zentrale Akteure entwickelt haben.

Zusammenfassend lässt sich festhalten, dass die philanthropische Infrastruktur ein gutes Beispiel für die stetige Fortentwicklung des NPO-Sektors entlang gesellschaftlicher Strömungen ist, die wiederum durch diese Organisationen mitgeprägt und beeinflusst werden. Auch wenn sich letztlich der unmittelbare Einfluss und Anteil der NPO an dieser Entwicklung nicht nachweisen lässt, so ist dennoch deutlich geworden, wie vielfältig das Engagement der NPO für die nachhaltige Entwicklung in der Schweiz ist.

6 Literatur

Biernacki, P. und Waldorf, D.A.N. (1981): Snowball Sampling. Problems and Techniques of Chain Referral Sampling. Sociological Methods & Research 10 (2), S. 141-163.

Boris, E. et al. (2009): The Nonprofit Quarterly Study on Nonprofit and Philanthropic Infrastructure, Boston.

Eckhard, B., Jakob, D. und von Schnurbein, G. (2015): Der Schweizer Stiftungsreport 2014, Basel.

Goodman, L.A. (2016): Comment: On respondent-driven sampling and snowball sampling in hard-to-reach populations and snowball sampling not in hard-to-reach populations. Sociological Methodology 41, S. 347-353.

Goodman, L.A. (1961): Snowball Sampling. The Annals of Mathematical Statistics 32 (1), S. 148-170.

Handcock, M.S. und Gile, K.J. (2011): Comment: on the concept of snowball sampling. Sociological Methodology 41, S. 367-371.

Heckathorn, D.D. (1997): Respondent-driven sampling: A new approach to the study of hidden populations. Social Problems 44 (2), S. 174-199.

Jones, K.R. und Mucha, L. (2014): Sustainability Assessment and Reporting for Nonprofit Organizations: Accountability for the Public Good". Voluntas: International Journal of Voluntary and Nonprofit Organizations 25, S. 1465-1482.

Linder, W. (1999): Schweizerische Demokratie – Insitutionen, Prozesse, Perspektiven, Bern, Stuttgart, Wien: Haupt.

McDonald, R.E. et al. (2015): From "virtuous" to "pragmatic" pursuit of social mission. Management Research Review 38 (9), S. 970-991.

Neumayr, M. et al. (2007): Nonprofits' functions in old and new democracies: an integrative framework and empirical evidence for Austria and the Czech Republic, Wien.

Salamon, L.M. (1994): The Nonprofit Sector and the Evolution of the American Welfare State. In: Herman, R. (ed.): The Jossey-Bass handbook of nonprofit leadership and management. San Francisco.

Schaltegger, S. und Beckmann, M. (2014): Unternehmerische Nachhaltigkeit. In: H. Heinrichs und G. Michelsen (eds.): Nachhaltigkeitswissenschaften. Berlin, Heidelberg: Springer Spektrum, S. 321-369.

von Schnurbein, G. und Bethmann, S. (2010): Philanthropie in der Schweiz, Basel.

Schweizerischer Bundesrat (2016): Strategie Nachhaltige Entwicklung 2016-2019, Bern.

Simsa, R. (2001): Gesellschaftliche Funktionen und Einflussformen von Nonprofit-Organisationen: Eine systemtheoretische Perspektive, Frankfurt am Main u.a.

Steinberg, R. (2006): Economic Theories of Nonprofit Organizations. In: W.W. Powell und R. Steinberg (eds.): The Nonprofit Sector: A Research Handbook. New Haven: Yale University Press, S. 117-139.

Studer, S., von Schnurbein, G. und Stühlinger, S. (2014): Why nonprofit?" – Nonprofit support organizations for NPO in mixed industries, Basel.

Takeuchi, K. und Komiyama, H. (2006): Sustainability science: building a new discipline. Sustainability Science 1 (1), S. 1-6.

Theuvsen, L. (2013): Nonprofit-Organisationen als Treiber der Nachhaltigkeitsdebatte. Empirische Ergebnisse aus der deutschen Industrie. In: M. Gmür, R. Schauer und L. Theuvsen (eds.): Performance-Management in Nonprofit-Organisationen. Theoretische Grundlagen, empirische Ergebnisse und Anwendungsbeispiele. Haupt Verlag, S. 403-411.

United Nations (2015): Transforming our world: the 2030 Agenda for Sustainable Development, New York.

Weerawardena, J., McDonald, R.E. und Sullivan Mort, G. (2010): Sustainability of nonprofit organizations: An empirical investigation. Journal of World Business 45, S. 346-356

Nachhaltigkeit durch finanzielle Reservenbildung in spendensammelnden Organisationen

Markus Gmür und Martina Ziegerer

1 Einleitung

Wirtschaftsbetriebe sind ohne finanzielle Sicherheitsreserven kaum denkbar. Kapitalgesellschaften müssen ein Mindestkapital nachweisen können, um geschäftsfähig zu sein, und auch Personengesellschaften haben ohne finanzielle Rücklagen nur beschränkte Entwicklungsmöglichkeiten. Für Nonprofit-Organisationen in der Rechtsform des Vereins, der Genossenschaft oder der Stiftung sind solche Sicherheiten nicht gesetzlich geregelt. Eine Ausnahme bilden allenfalls Vorschriften von Aufsichtsbehörden für Stiftungen. So soll in der Schweiz gemäß der Eidgenössischen Stiftungsaufsicht das Startkapital (Netto-Barvermögen) einer Stiftung mindestens CHF 50.000 betragen (Verwaltungspraxis der Bundesbehörden, VPB 52 Nr. 57). Das Management einer NPO entscheidet im Rahmen von Statuten- und Satzungsregeln weitgehend frei darüber, in welchem Umfang es gezielt Rücklagen im Organisationskapital bildet und wie es das zweckgebundene Fondskapital für den vorbestimmten Zweck einsetzt (Tabelle 1).

Bei Entscheidungen zur Reservenbildung sollten Überlegungen der wirtschaftlichen Nachhaltigkeit einbezogen werden: Welche längerfristigen Verpflichtungen wurden eingegangen? Sind die Kernleistungen auch unter veränderten Bedingungen weiterhin finanzierbar? Muss mit Einnahmerückgängen gerechnet werden? Könnten unvorhergesehene Ereignisse mit zusätzlichen Ausgaben verbunden sein? Wie viel finanziellen Dispositionsspielraum ist nötig, um professionell agieren zu können? Aber auch der persönliche Stolz eines Vereinsvorstands, der vor versammelter Mitgliedsbasis einen nicht übertriebenen, aber auch nicht unerheblichen Vermögenszuwachs berichten kann, mag hier eine Rolle spielen, auch wenn das bislang nicht empirisch untersucht wurde (Blümle und Schauer 2014).

Nachhaltigkeitsüberlegungen sind gegenwärtig hoch legitimiert. Das gilt aber nicht im selben Ausmaß für die finanzwirtschaftliche Implikation des Reservenaufbaus. Private und institutionelle Spender beurteilen finanzielle Reserven bei Hilfswerken kritisch, weil damit dem Spendenzweck zumindest vorübergehend Mittel vorenthalten würden. Für die öffentliche Hand als Subventionsgeber sind allzu hohe Reserven wiederum dem Steuerzahler gegenüber nicht rechtfertigbar, dies insbesondere in Zeiten einer guten wirtschaftlichen Lage mit wachsenden Spendeneinnahmen. Somit stehen wirtschaftliche Nachhaltigkeitsziele gemeinnütziger Organisationen in einem latenten Konflikt mit Effizienzerwartungen ihrer Unterstützer.

Tabelle 1: Nachhaltigkeitsziele der Reservenbildung

		mit Bezug auf die Organisation	mit Bezug auf die Ressourcen	mit Bezug auf die Leistungen	mit Bezug auf die Legitimität
Reservenaufbau zur Sicherung wirtschaftlicher Nachhaltigkeit		Liquiditätsengpässe und Überschuldung vermeiden. Bei Bedarf Vorauszahlungen leisten. Sachanlagen selbst finanzieren. Spielräume für Innovationen und Reorganisationsmaßnahmen erhalten. Beschäftigungssicherheit und -attraktivität erreichen	Einnahmerisiken absichern: - Mitgliederschwund - Spendenrückgang - Kündigung von Leistungsverträgen Vermögensverluste absichern (z.B. Wertverlust von Finanzanlagen). Abhängigkeit von einzelnen Geldgebern reduzieren. Regelmäßige Einnahmen aus Finanzanlagen generieren.	Langfristig ausgerichtete Hilfe leisten. Für unvorhergesehene Bedürfnisse neue Angebote entwickeln. Projekte ermöglichen, die durch zweckgebunden beschaffte Mittel nicht finanziert werden könnten. Unerwartete Nothilfe leisten oder bestehende Versprechen einlösen.	Langfristige Verlässlichkeit und Vertrauenswürdigkeit der Geschäftsleitung signalisieren gegenüber: - der Mitgliederbasis - den Unterstützern - den Auftraggebern - den Kooperationspartnern Den spezifischen Willen von Geldgebern respektieren und dennoch flexibel agieren.
Reservenabbau zur Sicherung der Effizienz		Bewusstsein für die Marktabhängigkeit in der Organisation schaffen. Leistungsdruck zu effizienter Mittelbeschaffung erhalten/erhöhen.	Vermeiden, dass bisherige Geldgeber die Organisation als zu wohlhabend ansehen und ihr Engagement reduzieren.	In eine effektivere und effizientere Leistungserbringung investieren Druck zu Fokussierung u. Prioritätensetzung. Neue Begehrlichkeiten unterbinden, die über den engen Organisationszweck hinausgehen.	Erwartungen von Mitgliedern, privaten Spendern oder öffentlicher Hand entsprechen.

Abgesehen von gezielten Veränderungen im Reservenbestand gibt es auch Gründe für einen ungeplanten Zuwachs: Dazu zählen beispielsweise unerwartete Legate, ein erhöhter Spendeneingang nach Umwelt- oder sozialen Katastrophen („Tsunami-Effekt"), fehlende Verwendungsmöglichkeiten für zweckbestimmte Gelder. Schließlich kann das Kapital einer Organisation auch bei fehlenden Reservenzielen und einem passiven Management schleichend wachsen.

Die empirische Forschung hat sich bislang nur vereinzelt mit der Reservenbildung in NPO und den Erklärungsfaktoren für höhere oder niedrigere Reserven beschäftigt (Neubert 2007; Calabrese 2012, 2013). Studien gibt es allerdings zum Zusammenhang zwischen den Eigenkapitalreserven und der langfristigen Bestandsicherung, was für das Risikomanagement in NPO von Bedeutung ist.

2 Reservenbildung und Risikokalkül

Auf Basis der Finanzdaten von spendensammelnden Organisationen in den USA aus den 1980er Jahren haben Tuckman und Chang (1991) einen Index zur Messung des finanzwirtschaftlichen Risikos („financial vulnerability") von NPO entwickelt, der sich in der Zwischenzeit zum Standard für die nachfolgende Forschung entwickelt hat. Die finanzielle Risikolage ergibt sich demnach aus vier Faktoren: (1) die Höhe des Eigenkapitals als Differenz (oder Quotient) aus Vermögen und Schulden, (2) die Einkommenskonzentration als Summe der quadrierten %-Anteile der verschiedenen Einkommensquellen, (3) die Höhe der administrativen Aufwände als Puffer gegenüber unerwarteten Einkommensausfällen und (4) der Überschuss von Einnahmen über Ausgaben eines Geschäftsjahres (vgl. auch Dayson 2013; Tevel et al. 2015). Es lässt sich zeigen, dass sich alle vier Indikatoren in ähnlicher Weise zur Prognose der Überlebenswahrscheinlichkeit von NPO eignen, auch wenn die Korrelation zwischen den Indikatoren eher niedrig ist (Hager 2001; Trussel 2002). Hingegen findet eine jüngere britische Studie wiederum keine Belege für die Nützlichkeit des Indexes zur Vorhersage von Eigenkapitalveränderungen (Andrés-Alonso et al. 2015). Hodge und Piccolo (2005) zeigen zudem, dass das finanzielle Risiko von NPOs auch noch mit den Anteilen privater und öffentlicher Finanzierungsquellen zusammenhängt: Je höher der private Finanzierungsanteil ist, umso geringer die Vulnerabilität. Wer sich privat finanziert, tut dies in der Regel über mehrere verschiedene Geldgeber und hat meistens Fundraisingkosten (als Teil des gesamten administrativen Aufwands).

Einnahmeschwankungen als Risikofaktor bilden den Ausgangspunkt in zwei nordamerikanischen Studien: Fisman und Hubbard (2003) weisen nach, dass in denjenigen Bereichen des NPO-Sektors, in denen die Organisationen größeren Einnahmeschwankungen ausgesetzt sind, auch die finanziellen Reserven höher sind. Caroll und Slater (2009) konnten auf die öffentlichen Daten von fast 300.000 US-amerikanischen NPO über einen Zeitraum von bis zu 13 Jahren zurückgreifen. Bei einer Erklärungskraft von 33% für das gesamte Modell zeigt die Analyse, dass folgende Faktoren (mit absteigendem Signifikanzniveau) entscheidend sind: Einnahmeschwankungen sind umso höher, (a) je geringer das Vermögenswachstum einer Organisation im Untersuchungszeitraum war, (b) je kleiner sie ist, (c) je höher ihre Abhängigkeit vom privaten Spendenmarkt ist und (d) je höher ihre Einnahmenkonzentration ist. Auf derselben Datenbasis ermittelt Calabrese (2012) einen signifikanten Zusammenhang zwischen der Einnahmenkonzentration als Indikator für finanzwirtschaftliche Risiken und der Höhe des freien Eigenkapitals. Er findet außerdem einen eindeutig negativen Zusammenhang zwischen dem Anteil öffentlicher Gelder an den Gesamteinnahmen und der Reservenbildung (Calabrese 2013).

Fasst man die bisherigen empirischen Ergebnisse aus dem nordamerikanischen Raum zusammen, so sind folgende Zusammenhänge auch für Schweizer Hilfswerke zu erwarten:

- Organisationen mit höheren Schwankungen auf der Einnahmenseite verfügen über größere Reserven als solche mit einer stabilen Einnahmebasis.

- Organisationen mit einer diversifizierten Einnahmenstruktur weisen geringere Reserven auf als solche mit einer hohen Abhängigkeit von wenigen Einnahmequellen.
- Organisationen verfügen über umso größere Reserven, je stärker sie sich über private Spenden finanzieren (aufgrund von Risikoüberlegungen insbesondere bei Kleinspenden, die als kaum beeinflussbar angesehen werden).
- Organisationen haben aufgrund des Handlungsdrucks von Geldgebern umso weniger Reserven, je mehr sie von staatlichen Geldgebern abhängig sind.

Es ist ebenfalls davon auszugehen, dass auch Alter und Größe einer Organisation einen Einfluss auf die Reservenbildung haben: Kleinere Organisationen verfügen über geringere Spielräume, um sich gegen unerwartete Entwicklungen in ihrem Umfeld abzusichern und einen internen Ausgleich zwischen verschiedenen Aktivitätsfeldern vorzunehmen. Da sie zudem eher jünger sind, profitieren sie auch kaum von derselben gesellschaftlichen Legitimität, die sie vor einem Umgang im Krisenfall bewahren könnte (Gmür 2010). Unterschiede können sich zudem aus der Rechtsform ergeben, denn bei Stiftungen ist die Wahrscheinlichkeit höher, dass sie von vorneherein mit einem größeren Kapitalstock errichtet wurden.

Schließlich sind auch Unterschiede nach Aktivitätsbereich (internationales humanitäres Engagement, Gesundheit, Soziales oder Natur- und Heimatschutz) und dem Kriterium, ob eine stationäre Einrichtung (z.B. Wohnheim oder Werkstätte) betrieben wird, die eine Kapitalbindung nahelegt, oder nicht.

3 Datenbasis und Untersuchungsmodell

Die Studie beruht auf Daten der Stiftung Zewo aus dem Jahr 2013 über spendensammelnde Organisationen in der Schweiz. Dabei handelt es sich um die schweizerische Zertifizierungsstelle für gemeinnützige, Spenden sammelnde Organisationen. Sie setzt sich für die Förderung von Transparenz und Lauterkeit im Spendenwesen ein und prüft gemeinnützige Organisationen auf den gewissenhaften Umgang mit Spendengeldern. Hilfswerken, die ihre Anforderungen erfüllen, verleiht sie ein Gütesiegel. Die rund 500 Organisationen, die gegenwärtig das Gütesiegel tragen, vereinigen geschätzte 65% des gesamten Spendenaufkommens in der Schweiz (Zewo 2014). Die Zewo führt in regelmäßigen Abständen Befragungen bei den zertifizierten Organisationen zu Einnahmen und Ausgaben sowie dem Kapitalbestand durch. Einen Überblick über die erfassten Organisationen und ihre Diversität gibt Tabelle 2.

Die Ermittlung der finanziellen Reserven erfolgt in der vorliegenden Studie auf der Passivseite der Bilanz über das Organisationskapital. Dabei spielt es keine Rolle, ob das Organisationskapital als frei verfügbar bezeichnet ist oder von der Organisation selber für einen bestimmten Zweck designiert wurde. Innerhalb des Organisationskapitals kann die Organisation die Zweckbestimmung jederzeit selbst ändern.

Erklärt werden soll die Reservenquote der Organisation. Sie wird in der Anzahl Monate ausgedrückt, für die das Organisationskapital die Ausgaben für den laufenden Geschäftsbetrieb deckt. In Übereinstimmung mit den aktuellen Rechnungslegungsnormen von Swiss GAAP FER 21 bleibt das zweckbestimmte Fondskapital, dessen Zweckbestimmung durch Dritte oder bereits mit dem Sammlungsaufruf eingeschränkt wurde und deshalb dem Fremdkapital zugeordnet ist, ausgeklammert.

Tabelle 2: Datenbasis der vorliegenden Untersuchung (N=421)

Organisationsmerkmale		N	in %
Sektor	Humanitäre Hilfe im Ausland	92	22 %
	Soziale Hilfe im Inland	136	32 %
	Gesundheit, Sucht, Behinderung im Inland	131	31 %
	Stationäre Einrichtungen im Inland	45	11 %
	Natur-, Umwelt-, Arten- oder Heimatschutz	17	4 %
Rechtsform	Verein	298	71 %
	Stiftung	119	28 %
	andere	4	1 %
Alter	gegründet vor 1914	57	15 %
	gegründet zwischen 1914 und 1945	63	16 %
	gegründet zwischen 1946 und 1970	94	24 %
	gegründet zwischen 1971 und 1989	94	24 %
	gegründet ab 1990	75	20 %
Einnahmen in 2013	über 20 Mio. sfr.	37	9 %
	zwischen 5 bis 20 Mio. sfr.	101	24 %
	zwischen 1 und 5 Mio. sfr.	138	33 %
	weniger als 1 Mio. sfr.	145	34 %
Einnahmenanteil aus Spenden in 2013	über 90% Spendenanteil	82	20 %
	zwischen 50 und 90% Spendenanteil	92	22 %
	zwischen 10 und 50% Spendenanteil	148	35 %
	weniger als 10% Spendenanteil	99	23 %
Einnahmenanteil aus öffentlichen Geldern in 2013	über 80% öffentliche Gelder	26	6 %
	zwischen 50 und 90% öffentliche Gelder	73	18 %
	zwischen 20 und 50% öffentliche Gelder	108	26 %
	weniger als 20% öffentliche Gelder	102	24 %
	gar keine öffentlichen Gelder	111	26 %

Im Zentrum der Erklärungsfaktoren steht das Einnahmenrisiko der Organisation. Dem liegt die Annahme zugrunde, dass ein Hilfswerk eher die Ausgaben als die Einnahmen kontrollieren und veränderten Bedingungen anpassen kann und dass die Einnahmen im Zeitverlauf Schwankungen unterliegen, die von der Organisation nur beschränkt beeinflusst werden können. Auf der Ausgabenseite gehen viele Hilfswerke langfristige Verpflichtungen ein, die in der Regel als planbar gelten. Für rechtliche Verpflichtungen kann ein Hilfswerk zudem Rückstellungen bilden. Diese zählen jedoch wiederum nicht zum Organisationskapital und den Reserven. Das Einnahmenrisiko errechnet sich aus den Schwankungen in den wichtigsten Einnahmequellen während den Geschäftsjahren 2010 bis 2013.

Dazu wurden die Einnahmen der Organisationen in vier Gruppen gegliedert (Zewo 2014, 2015):

- Q1: Einnahmen aus Privatspenden (Klein- und Großspenden, Legate, Mitglieder- und Gönnerbeiträge, Patenschaften sowie von speziellen Anlässen). Sie machen rund 23% der Einnahmen von Zewo-zertifizierten Organisationen in der Schweiz aus.

- Q2: Einnahmen aus institutionellen Spenden von Kirchen, Vergabestiftungen und anderen NPOs, Glückskette, Unternehmen (ohne Sponsoring) und öffentlich-rechtlichen Gebietskörperschaften (ohne Gelder aus Leistungsaufträgen). 10% der Einnahmen sind dieser Kategorie zuzuordnen.

- Q3: Entgelte aus erbrachten Leistungen für Privatpersonen, Unternehmen (inklusive Sponsoring) oder andere Organisationen sowie Leistungserstattungen von Sozialversicherungen. Durchschnittlich 26% der Einnahmen sind hier zuzuordnen.

- Q4: Beiträge der öffentlichen Hand im Rahmen von Leistungsaufträgen machen knapp über 40% der Einnahmen der Zewo-zertifizierten Organisationen im Jahr 2013 aus.

Für jede Einnahmenquelle wurden die Schwankungen aus den vergangenen vier Geschäftsjahren berechnet, soweit dazu Daten verfügbar waren. Eine Berechnung erfolgte, wenn neben 2013 zumindest ein weiterer Vergleichswert aus einem der drei Vorjahre vorlag. Die Berechnung für jede einzelne Einnahmekategorie erfolgte jeweils über den Mittelwert und die Standardabweichung. Für die Berechnung des Einnahmenrisikos einer Kategorie wurden die Schwankungen mit dem Anteil an den Gesamteinnahmen in 2013 multipliziert. Für die Berechnung des gesamten Einnahmenrisikos für ein Hilfswerk wurde ein entsprechend gewichtetes Mittel aus den Risiken für die vier Kategorien gebildet. Die Konzentration (vs. Diversität) der Einnahmen wird als Summe der quadrierten Einnahmeanteile von Q1 bis Q4 berechnet. Je näher der Wert bei 1 liegt, umso höher ist die Konzentration; je tiefer er ist, umso stärker ist die Diversität auf der Einnahmenseite:

Tabelle 3 gibt einen Überblick über die Reservenquoten, die Einnahmenrisiken und die Einnahmenkonzentration. Ein mittleres Schweizer Hilfswerk verfügt über ein Eigenkapital von etwa einem halben Geschäftsjahr (6,6 Monate). Ausgehend vom Mittelwert zeigt sich, dass für Hilfswerke die Privatspenden die wichtigste finanzielle Risikoquelle darstellen. Neben diesem Risikofaktor werden eine Reihe von Kontrollvariablen berücksichtigt, bei denen davon auszugehen ist, dass sie ebenfalls einen Einfluss auf die Reservenbildung haben könnten: die Organisationsgröße (gemessen an den Gesamteinnahmen in 2013), das Organisationsalter in Jahren, die Rechtsform und der Aktivitätsbereich (Humanitäre Auslandshilfe, Gesundheit, Soziales, Stationäre Einrichtungen, Natur- und Heimatschutz).

Tabelle 3: Finanzierungsmerkmale Schweizer Hilfswerke mit Zewo-Label (N=421)

	10 %	25 %	Median	75%	90%
Reservenquote	1,2 Mt.	2,9 Mt.	6,6 Mt.	14,9 Mt.	28,1 Mt.
Einnahmenrisiko gesamt	0,016	0,033	**0,070**	0,136	0,243
Einnahmenrisiko Privatspenden	0,007	0,020	0,057	0,123	0,246
Einnahmenrisiko Institutionenspenden	0,004	0,013	0,035	0,098	0,193
Einnahmenrisiko aus Leistungen	0,004	0,011	0,029	0,065	0,160
Einnahmenrisiko Öffentliche Hand	0,003	0,014	0,033	0,098	0,196
Einnahmenkonzentration gesamt	0,337	0,398	**0,492**	0,638	0,849

Anmerkung: Jede Spalte zeigt den Wert an den X% unterschreiten und (100-X)% überschreiten

4 Statistische Zusammenhänge mit der Reservenquote

In einem ersten Schritt wird untersucht, ob es einfache statistische Zusammenhänge zwischen der Höhe des Organisationskapitals und den vermuteten Erklärungsfaktoren gibt. Tabelle 4 zeigt die einzelnen Korrelationen zwischen der Reservenquote und ausgewählten Faktoren in der Einzelbetrachtung. Aufgrund von Datenlücken muss das Sample für die interferenzstatistische Betrachtung auf 303 Organisationen beschränkt werden, wobei es ganz überwiegend sehr kleine Organisationen sind, die ausgeklammert werden mussten.

Tabelle 4: Pearson-Korrelationen mit der Reservenquote

Einflussfaktor		Korrelation	p(t)
Organisationsgröße	Gesamteinnahmen (logarithmiert)	-.37	< .001
Alter	in Jahren	+.12	.035
Themenbereich	Humanitäre Hilfe im Ausland	-.14	.008
	Soziale Hilfe im Inland	+.16	.002
Einnahmenstruktur	Anteil Spenden an den Gesamteinnahmen	+.30	< .001
	Anteil der Privatspenden	+.34	< .001
	Anteil der Institutionellen Spenden	-.08	n.s.
	Anteil der Gelder von der Öffentlichen Hand	-.29	< .001
	Konzentration der Einnahmequellen	+.22	< .001
Einnahmerisiken	Insgesamt (nach Quellen gewichtet)	+.18	.001
	nur Privatspenden	+.38	< .001
	nur Institutionelle Spenden	+.20	< .001
	nur Gelder der öffentlichen Hand	-.13	.027

Wie erwartet zeigt sich ein negativer Zusammenhang zur Organisationsgröße: Während sich die Reservenquote bei den großen und mittelgroßen NPO im Mittel knapp unter einem halben Jahr bewegt, beträgt sie bei den kleinen Organisationen mit weniger als 1 Mio. Gesamteinnahmen 12 Monate. Demgegenüber wächst die Reservenhöhe deutlich mit dem Alter der Organisation. Eine deutliche Grenze ist beim Gründungsjahr 1970 feststellbar: Ältere Organisationen weisen im Mittel Reserven von 8,8 Monaten auf, jüngere Organisation nur 4,6 Monate, wobei sich innerhalb der beiden Gruppen kein klarer Zusammenhang mehr zeigt. Unterschiede zeigen sich auch beim Vergleich der Sektoren. Hier fällt insbesondere auf, dass Organisationen, die in der humanitären Auslandshilfe tätig sind, über unterdurchschnittliche Reserven verfügen. Bei den sozialen Organisationen sind sie deutlich höher, was damit zusammenhängt, dass sich in diesem Sektor auch die meisten kleinen Organisationen befinden. Auf den ersten Blick zeigen sich keine Unterschiede im Rechtsformvergleich, und entgegen der Erwartung ist der statistische Zusammenhang zwischen der Höhe der Sachanlagen und dem Organisationskapital statistisch negativ. Dem entspricht auch die Feststellung, dass stationäre Einrichtungen (Wohnheime oder Werkstätten) im Vergleich zu den Verbänden eher niedrigere als höhere Reserven aufweisen – dies aber nur, solange man unberücksichtigt lässt, dass sie in finanzieller Hinsicht häufig zu den größten Hilfswerken zählen.

Tabelle 5: Multilineare Regression zur Erklärung der Reservenquote (logarithmiert)

Erklärungsfaktoren		beta	p(t)
Alter und Größe der Organisation	Gesamteinnahmen (logarithmiert)	-.20	<.001
	Alter (logarithmiert)	+.29	<.001
Tätigkeitsbereich der Organisation	Humanitäre Hilfe im Ausland	-.21	<.001
	Stationäre Einrichtung (Wohnheim, Werkstätte)	+.18	<.001
	Keine Abweichungen für NPO in den Bereichen Gesundheit, Soziales, Natur- und Heimatschutz		
Einnahmenmix der Organisation	Anteil Einnahmen von der Öffentlichen Hand	-.13	.025
	Anteil Einnahmen von Privatspenden	+.35	<.001
	Keine Abweichungen für institutionelle Spenden oder für Einnahmen aus erbrachten Leistungen; keine Abweichungen bei höherer oder niedriger Einnahmenkonzentration		
Risikolage	Einnahmenrisiko bei Privatspenden	+.16	.003
	Keine Abweichungen für Einnahmerisiken		
Erklärungskraft des Modells	38% erklärte Varianz (F = 26,064) bei 303 Organisationen mit vollständigen Daten in der Analyse		

Fasst man alle Faktoren zusammen, hinter denen mögliche Risikoüberlegungen stehen (Abhängigkeit von Spendenmarkt und öffentlichen Geldgebern, Einnahmenschwankungen, die eigene Größe), und entfernt man die übrigen Erklärungsfaktoren, so reduziert sich die erklärte Varianz im Modell von 38% auf 23%.

5 Fazit

Die in der vorliegenden Studie ermittelten Zusammenhänge zeigen, dass es vor allem die Unsicherheit über Entwicklungen im Kleinspendenmarkt ist, die mit überdurchschnittlichen Reserven einhergeht. Veränderungen in den anderen Einkommensquellen scheinen jedoch kaum zu beunruhigen. Das bestätigt die Ausgangsvermutung, dass die betrachteten Hilfswerke Stiftungen, staatliche Einrichtungen, institutionelle Spender oder Klienten, die Erträge aus erbrachten Leistungen generieren, als eher kontrollierbar beurteilen. Während Faktoren in plausiblem Zusammenhang mit Risikoüberlegungen knapp ein Viertel der Unterschiede in den Reserven erklären, lässt sich nur ein Teil der verbleibenden drei Viertel aufklären: Humanitäre Organisationen arbeiten mit knapperen Reserven als die im Inland tätigen NPOs; Wohnheime und Werkstätten binden eher Organisationskapital in Sachanlagen. Durchgängig zeigt sich ein Zusammenhang zwischen dem Organisationsalter und der Reservenquote; darüber hinaus bleiben weitere 62% der Varianz unerklärt.

Das ließe sich beispielsweise den Schluss zu, dass Reserven oft aus unvorhergesehenen Einnahmen entstehen und Hilfswerke ihren Reservebestand in vielen Fällen nur in lockerem Zusammenhang mit systematischen Risikoabwägungen fällen, oder dass die Risikolagen der Organisationen so spezifisch sind, dass sie kein sektorenübergreifendes Muster ergeben. Möglicherweise steht hinter der Reservenbildung trotz anhaltendem Professionalisierungs- und Effizienzdruck aber auch weniger ein Absicherungsdruck – und damit die Verpflichtung auf Vorsorge und Nachhaltigkeit – sondern vielmehr ein Absicherungswille. Er kann in seiner Varianz als Ausdruck und Ergebnis der individuellen Organisationskultur zwischen zwei Polen interpretiert werden: Auf der einen Seite mag die Sorge um wirtschaftliche Nachhaltigkeit stehen; ihr gegenüber steht die Bereitschaft, die eigenen Zweckbestimmung auch unter hoher wirtschaftlicher Unsicherheit vorrangig im Auge zu behalten. Möglicherweise geschieht letzteres sogar in der Überzeugung, dass erst über die anhaltende Bestätigung, dass der gewählte Sachzweck noch gesellschaftlich und politisch unterstützt wird, indem fortlaufend Spenden und Subventionen eingehen, die eigenen Bemühungen noch legitimiert sind. Diese Interpretation ist allerdings rein spekulativ und ist mit den vorliegenden Daten nicht weiter belegbar, sondern erforderte eine eingehende qualitative Analyse im Untersuchungsfeld.

Anmerkung: Dieser Text ist die überarbeitete Fassung eines bereits unter einem anderen Titel veröffentlichten Aufsatzes (Gmür und Ziegerer 2015).

6 Literatur

Andrés-Alonso, P. de, Garcia-Rodriguez, I. und Romero-Merino, M.E. (2015): The Danger of Assessing the Financial Vulnerability of Nonprofits Using Traditional Measures. In: Nonprofit Management and Leadership 25 (4), S. 371-382.

Blümle, E.-B. und Schauer, R. (2004): Wie viel Organisationskapital brauchen NPO? In: Verbands-Management 30 (1), S. 38-41.

Calabrese, T.D. (2012): The Accumulation of Nonprofit Profits: A Dynamic Analysis. In: Nonprofit and Voluntary Sector Quarterly 41 (2), S. 300-324.

Calabrese, T.D. (2013): Running on Empty: The Operating Reserves of U.S. Nonprofit Organizations. In: Nonprofit Management & Leadership 23 (3), S. 281-302.

Dayson, C. (2013): Understanding Financial Vulnerability in UK Third Sector Organisations: Methodological Considerations and Applications for Policy, Practice and Research. In: Voluntary Sector Review 4 (1), S. 19-38.

Fisman, R. und Hubbard, R.G. (2003): The Role of Nonprofit Endowments. In: Glaeser, E.L. (Hrsg.): The Governance of Not-for-profit Organizations. Chicago: University of Chicago Press, S. 217-233.

Gmür, M. (2010): Effektivität und Legitimität – in Nonprofit-Organisationen ein Widerspruch? In: Theuvsen, L., Schauer, R. und Gmür, M. (Hrsg.): Stakeholder-Management in Nonprofit-Organisationen: Theoretische Grundlagen, empirische Ergebnisse und praktische Ausgestaltungen. Linz: Trauner Verlag, S. 43-54.

Gmür, M. und Ziegerer, M. (2015): Die Bildung finanzieller Reserven in spendensammelnden Organisationen. In: Verbands-Management 41 (3), S. 44-52.

Hager, M.A. (2001): Financial Vulnerability among Arts Organizations: A Test of the Tuckman-Chang Measures. In: Nonprofit and Voluntary Sector Quarterly 30 (2), S. 376-392.

Hodge, M.M. und Piccolo, R.E. (2005): Funding Source, Board Involvement Techniques, and Financial Vulnerability in Nonprofit Organizations: A Test of Resource Dependence. In: Nonprofit Management and Leadership 16 (2), S. 171-190.

Neubert, L. (2007): Finanzmanagement von Nonprofit-Organisationen: Höhe und Anlage des Finanzvermögens von spendensammelnden Schweizer NPOs. Zürich.

Tevel, E., Katz, H. und Brock, D.M. (2015): Nonprofit Financial Vulnerability: Testing Competing Models, Recommended Improvements, and Implications. In: Voluntas 26 (5), S. 2500-2516.

Trussel, J. M. (2002): Revisiting the Prediction of Financial Vulnerability. In: Nonprofit Management and Leadership 13 (1), S. 17-31.

Tuckman, H.P. und Chang, C.F. (1991): A Methodology for Measuring the Financial Vulnerability of Charitable Nonprofit Organizations. In: Nonprofit and Voluntary Sector Quarterly 20 (4), S. 445-460.

Zewo (2014): Zum siebten Mal mehr Spenden für Hilfswerke: Ergebnisse Spendenstatistik 2013. Zürich. URL: www.zewo.ch/Dokumente/Zewoforum-2014/Zewoforum-314-Zum-siebten-Mal-mehr-Spenden.

Zewo (2015): Kennzahlen und Benchmarks für gemeinnützige Nonprofit-Organisationen. Zewo-Schriften 01/2015. Zürich.

Finanzierung von nachhaltigen und gemeinnützigen Projekten mit Hilfe der Crowd

Marietta Hainzer

1 Einführung

Nonprofit-Organisationen (NPO) sind aufgrund der zunehmenden Ökonomisierungs- und Professionalisierungstendenzen in den letzten Jahren mit steigenden Ansprüchen und der Notwendigkeit konfrontiert, ihre knappen Ressourcen nachhaltig, effektiv und effizient einzusetzen (Andeßner 2004). Zu den vielfältigen, teils existenziellen Herausforderungen der Organisationen des Dritten Sektors zählen zum einen die Finanzierung im Allgemeinen, insbesondere das Ressourcen- bzw. Potentialmanagement oder das Fundraising im weiten Sinne (Vilain 2016); zum anderen auch die damit verbundene Gestaltung der Beziehungen zu den diversen Anspruchsgruppen (Stakeholder Relationship Management), speziell zu den wesentlichen Ressourcengebern, die vermehrt Transparenz und Rechenschaftslegung einfordern (vgl. Stötzer 2009).
In den letzten Jahren hat die Generierung von finanziellen Mitteln zunehmend an Bedeutung gewonnen, was u.a. auf den erhöhten Wettbewerb am Spendenmarkt sowie die angespannte Situation öffentlicher Haushalte zurückgeführt werden kann (Lichtsteiner et al. 2013). Eng mit dem sich intensivierenden Konkurrenzkampf verbunden besteht für sämtliche NPO die Notwendigkeit, neue bzw. alternative Finanzierungsquellen zu erschließen, die den traditionell bestehenden Finanzierungsmix (u.a. Neubert 2007; Vilain 2006, 2016; Pernsteiner und Andeßner 2014) wirksam ergänzen. Eine attraktive Möglichkeit stellt hierfür das noch junge Finanzierungsinstrument Crowdfunding (CF) dar.
Crowdfunding (dt.: „Schwarmfinanzierung") ist ein innovatives und flexibles Finanzierungsinstrument, das unabhängig vom jeweiligen Organisationszweck für multiple Einsatzbereiche genutzt und eingesetzt werden kann. Unter CF wird generell die Finanzierung von Projekten, Aktionen oder definierten Vorhaben durch zahlreiche (Klein-)Beiträge zahlreicher Personen verstanden, die als Kapitalgeber mit Hilfe von Web 2.0-Instrumenten auftreten (Gerber, Hui und Kuo 2012; Meinshausen, Schiereck und Stimeier 2012; Hemer et al. 2011).
Dieser Beitrag baut auf den empirischen Ergebnissen einer explorativ ausgerichteten quantitativen Untersuchung auf, die im November/Dezember 2013 durchgeführt wurde. Die Auswahl der Stichprobe umfasst insgesamt 994 Organisationen im deutschsprachigen Raum, die zum Zeitpunkt der Befragung über ein Spendengütesiegel verfügten. Ziel dabei war es, nähere Informationen über den aktuellen Wissensstand von NPO in Österreich, Deutschland und der Schweiz zum Thema Crowdfunding zu gewinnen und ggf. (länderspezifische) Unterschiede bzw. Gemeinsamkeiten aufzuzeigen (Hainzer 2015).

Die Ergebnisse veranschaulichen, dass der Informations- und Kenntnisstand der befragten NPO im deutschsprachigen Raum hinsichtlich Crowdfunding als innovativer Finanzierungsweg gegenwärtig noch relativ gering ist. Obwohl mehr als 2/3 der befragten NPO (67,8%) den Terminus CF kennen, realisierten zu dem Befragungszeitpunkt lediglich 12,1% der teilnehmenden NPO (mindestens) eine CF-Initiative (Hainzer 2015). Wenngleich der Einsatz von CF in der (deutschsprachigen) NPO-Praxis bislang nur vereinzelt bekannt ist, signalisierten die Ergebnisse diverse potentielle Möglichkeiten und Herausforderungen von Crowdfunding für NPO.

Im Hinblick auf die unterschiedlichen Tätigkeitsbereiche, in denen NPO agieren, konnte festgestellt werden, dass insbesondere entwicklungspolitische Organisationen in allen drei deutschsprachigen Ländern eine vergleichsweise hohe Affinität zum Thema CF aufweisen (Hainzer, Stötzer und Duller 2016).

Aufbauend auf den Resultaten der quantitativen Online-Befragung wurden in den vergangenen Monaten explorative Experteninterviews mit Vertretern von entwicklungspolitischen Organisationen, mit Sitz in Österreich, Deutschland bzw. der Schweiz, durchgeführt. Ziel dabei war es, ergänzende und vertiefende Erkenntnisse im Bereich des CF-Einsatzes von entwicklungspolitischen Organisationen zu gewinnen. Im Rahmen einer umfassenden Analyse spezifischer Plattformen im deutschsprachigen Raum wurden geeignete Organisationen identifiziert und kontaktiert, deren schwerpunktmäßige (Projekt-)Tätigkeit soziale, ökologische und/oder ökonomische (Nachhaltigkeits-)Aspekte umfasst. Basierend auf ersten Ergebnissen dieser Studie geht dieser Beitrag folgenden Forschungsfragen nach:

- Inwiefern ist Crowdfunding zur Förderung und Finanzierung von entwicklungspolitischen (nachhaltigen) Projekten geeignet?
- Welches Potential beinhaltet Crowdfunding, langfristig als Finanzierungsinstrument von (entwicklungspolitischen) Organisationen eingesetzt zu werden?

Beginnend mit einem kurzen und kompakten Überblick über die unterschiedlichen CF-Ausprägungen, die speziell bei der Finanzierung von nachhaltigen Projekten Anwendung bzw. Berücksichtigung finden, folgt anschließend eine Charakterisierung der beteiligten Akteure. Zum besseren Verständnis wird detaillierter auf die Besonderheiten der entwicklungspolitischen Organisationen eingegangen, um schließlich ausgewählte empirische Ergebnisse darzustellen. Die Ausführungen schließen mit einem Resümee und dem Ausblick auf weitere Forschungsaktivitäten ab.

2 Das Phänomen Crowdfunding

2.1 Definition und Ausprägungen

Crowdfunding ist ein Instrument des Beschaffungsmarketing, bei dem das Crowd-Prinzip in finanzieller Hinsicht genutzt wird. In einem bestimmten Zeitraum soll für klar abgegrenzte, vordefinierte Projekte, die über Web 2.0-Instrumente (v.a. Social Media, Plattformen) kommuniziert werden, ein konkretes finanzielles Ziel erreicht werden. Die zahlreichen Unterstützer erhalten für ihre Beiträge verschiedenartige, vorab vereinbarte (marktadäquate bzw. marktinadäquate) Gegenleistungen (sog. Rewards) (Hainzer, Stötzer und Ellmer 2014). Die Aufmerksamkeit rund um sowie die Auseinandersetzung mit Crowdfunding in Theorie und Praxis ist in den letzten Jahren stetig gestiegen. Dennoch gibt es lediglich vereinzelt (wissenschaftliche) Veröffentlichungen von Crowdfunding mit explizitem NPO-Bezug (Lambert und Schwienbacher 2010; Belleflamme et al. 2013; Pitschner und Pitschner-Finn 2014; Saxton und Wang 2014; Wojciechowski 2009). Zudem fehlen bislang einschlägige (wissenschaftliche) Untersuchungen, in denen CF im entwicklungspolitische Kontext thematisiert und diskutiert werden.

Tabelle 1: Crowdfunding-Formen

Ausprägung	Typus	Form der Gegenleistung	
Crowddonating *(Donation-based)*	Spenden	unentgeltlich	Dank
Crowdsponsoring *(Reward-based)*	Sponsoring		Ideelle oder materielle Anerkennung
Crowdlending *(Lending-based)*	Mikrokredit	entgeltlich	Rückzahlung inkl. Verzinsung
Crowdinvesting *(Equity-based)*	Eigenkapital		Beteiligung am Unternehmenserfolg

Tabelle 1 zeigt überblicksartig die wesentlichen CF-Formen. Grundlegend lassen sich vier Ausprägungen im Hinblick auf Verwendung der finanziellen Mittel und Erbringung von Gegenleistungen unterscheiden (Hainzer 2015): Beim *equity-based* Crowdfunding liegen in der Regel unterschiedliche Möglichkeiten der gewinnorientierten Beteiligung vor und wird daher überwiegend im Profit-Sektor angewendet. Die damit verbundenen rechtlichen Fragestellungen werden im wissenschaftlichen Diskurs vielfach diskutiert. *Lending-based* Crowdfunding umfasst darlehensartige Formen inklusive einer geringen Verzinsung und wird in der Regel zwischen Privatpersonen vermittelt. Für NPO sind insbesondere die Erscheinungsformen *reward-based* CF, deren Unterstützer speziell symbolische Gegenleistungen erhalten, und *donation-based CF*, das internetbasierte Spendensammeln, von Bedeutung. Letztgenannte Form ist mit der „klassischen" Spendentätigkeit vergleichbar, basierend auf altruistischen Motiven, emotionalen Bindungen und ohne unmittelbare Gegenleistung.

Die entwicklungspolitischen Organisationen der zugrundeliegenden Studie weisen praktische Erfahrungen mit donation-based bzw. reward-based CF auf. Daher wird im weiteren Verlauf kein Bezug mehr auf die anderen beiden Formen genommen.

2.2 Die zentralen Crowdfunding-Akteure

Bei einem idealtypischen CF-Projekt sind folgende Akteure von zentraler Bedeutung: die *Projektinitiatoren* (kapital-/unterstützungssuchende Individuen bzw. Organisationen), die *Crowd* (Kapital-/Ressourcengeber; Untersützer) und die *Intermediäre* (v.a. Plattformen und Finanzintermediäre). Daraus resultieren häufig spezifische Prinzipal-Agenten-Beziehungen (Hainzer, Stötzer und Ellmer 2014).

Bei Intermediären dienen CF-Kampagnen vor allem ihrem primären Geschäftszweck. Die Plattformen unterstützen dabei die Kapitalsuchenden beim Kontakt- bzw. Beziehungsaufbau und der Einwerbung finanzieller Mittel. Sie stellen die erforderliche technologische Infrastruktur zur Verfügung und bieten die Möglichkeit zur Präsentation, Information und Kommunikation der vielfältigen Kampagnen (Hemer et al. 2011). Zusätzlich dient die Kontaktaufnahme dem gegenseitigen Austausch, wodurch die Transparenz erhöht und das Vertrauen in die spezifischen Kampagnen und die Initiatoren aufgebaut werden soll. Mit dem Vertrauensaufbau sind auch Projektprüfungen vor der Veröffentlichung auf der Plattform, Peer-Reviews zur Bewertung der Initiativen sowie die meist gegebene treuhänderische Verwaltung der Gelder verbunden (u.a. Hemer et al. 2011; Meinshausen et al. 2012). Im Vergleich zu traditionellen Finanzierungsquellen wird diese Option der Mittelgenerierung häufig mit einem geringen Aufwand assoziiert.

Viele CF-Initiatoren verfolgen das Ziel, längerfristige und dauerhafte Beziehungen zu ihren Unterstützern aufzubauen, um deren Interesse und Unterstützung auch für zukünftige organisationsspezifische Kampagnen zu gewinnen. Zugleich ist mit dem geleisteten finanziellen Beitrag eine gewisse Anerkennung und Zustimmung der Geldgeber zu dem Projekt verbunden, die oft in ein kollektives Gemeinschaftsgefühl resultiert. Darüber hinaus kann CF vielseitig als Marketinginstrument verwendet werden, welches mittels Einsatz von interaktiven Webanwendungen und Social Media Tools in der Regel eine schnelle Verbreitung und einen höheren Bekanntheitsgrad erzielt (Gerber, Hui und Kuo 2012).

3 Entwicklungspolitische Organisationen: Ein Überblick

Entwicklungspolitische Organisationen (sog. Non-governmental Development Organizations (NGDOs)) bilden eine Untergruppe der Non-governmental Organizations (NGOs) und gelten als zentrale Akteure der Entwicklungszusammenarbeit (EZA). Gemäß einer Definition der United Nations (UN) handelt es sich bei einer NGO um *„eine nicht gewinnorientierte Organisation von Bürgern, die* *lokal, national oder international tätig sein kann. Auf ein bestimmtes Ziel hin ausgerichtet, versuchen NGOs, eine Vielzahl von Leistungen und humanitären Aufgaben wahrzunehmen, Bürgeranliegen bei Regierungen vorzubringen und die politische Landschaft zu beobachten"* (United Nations 2016). Der NGO-Begriff wird vor allem im Zusammenhang mit Nonprofits verwendet, die entweder politische bzw. internationale Ziele verfolgen. Im Rahmen dieses Artikels werden die Termini NPO, NGOs und NGDOs synonym verwendet. Dieser Sammelbegriff umfasst demnach eine Vielzahl von Organisationen mit diversen Funktionen, die in vielfältigen Aufgaben- und Tätigkeitsfeldern wie z.B. Umweltpolitik, Menschenrechts- und/oder Entwicklungspolitik bzw. Bildung und Forschung, Gesundheits-, Sozial- und Wirtschaftspolitik aktiv sind. Zudem können sie wesentliche Beiträge auf Ebene der Mitgestaltung und Überwachung des politischen Geschehens leisten (Appel 2009; Appel 2015; BMZ 2015).

Die NGDOs nehmen eine zentrale Rolle in der Umsetzung der Ziele der internationalen Entwicklungszusammenarbeit ein. Die Aktivitäten dieser Organisationen orientieren sich nunmehr am Nachfolger der Millennium-Entwicklungsziele, an der sog. „Agenda 2030" der Vereinten Nationen. Der UN-Katalog umfasst 17 Nachhaltigkeitsziele für eine gerechtere und nachhaltigere Welt, an deren obersten Stelle die Bekämpfung von Armut steht (BMZ 2016).

Als eine zentrale und etablierte Methode in der Abwicklung von EZA dient das Projektmanagement. Komplexe und große Vorhaben erfordern oftmals neue Formen der Organisation, so wie sie häufig im Rahmen der EZA vorzufinden sind (Wytrzens 2010). CF wird in diesem Zusammenhang als projektorientierte Finanzierungsmöglichkeit verstanden und bietet die Möglichkeit, Ressourcen für spezifische Anlassfälle (z.B. Katastrophen) zu mobilisieren, und scheint daher im entwicklungspolitischen Kontext besonders geeignet zu sein.

4 Empirische Untersuchung

4.1 Untersuchungsdesign und Methodik

Für diese Studie wurde ein qualitatives Forschungsdesign gewählt, um Einblick in ein empirisch noch nicht erschlossenes Feld zu erhalten. Im Zeitraum von Dezember 2015 bis Februar 2016 wurden fünfzehn leitfadengestützte Interviews mit Mitgliedern der Geschäftsführung und des Vorstands sowie Fundraising-Verantwortlichen von NGOs in Österreich, Deutschland und der Schweiz geführt. Alle Gespräche wurden transkribiert, mit Hilfe der qualitativen Inhaltsanalyse nach Mayring (2015) kodiert und ausgewertet.

Die Auswahl der Interviewpartner erfolgte anhand folgender Kriterien: (1) Die CF-Projekte wurden von entwicklungspolitischen Organisationen mit Sitz in Österreich, Deutschland oder der Schweiz initiiert. (2) Die ca. 300 ausgewählten Kampagnen wurden auf relevanten europäischen CF-Plattformen (betterplace.org, 100-days.net, socialfunders.org, respekt.net, wemakeit.ch) präsentiert und identifiziert. Mit Hilfe der dort verfügbaren Daten wurden die Verantwortlichen schriftlich per Mail bzw. telefonisch kontaktiert.

Besonders großes Teilnahmeinteresse signalisierten kleine, ehrenamtlich bzw. freiwillig agierende Organisationen, weshalb diese den überwiegenden Anteil der Interviewpartner bilden. Sechs NGDOs sind in Österreich zu verorten, sieben in Deutschland sowie zwei weitere Organisationen haben ihren Sitz in der Schweiz. Die Schwerpunkte der organisationalen Tätigkeit sind breit gefächert: sie umfassen diverse Bildungsinitiativen in Asien und Afrika, weltweite Katastrophenhilfe, erneuerbare Energien und (solarbetriebene) Wasserpumpen, Brunnen- und Ofenbau in Afrika, nachhaltiger Tourismus in Bolivien und Aufforstung von degradierten Böden in der asiatischen Agrarwirtschaft.

4.2 Ausgewählte empirische Ergebnisse

Zur Beantwortung der eingangs gestellten Forschungsfragen werden nun essentielle Voraussetzungen skizziert, die als Potentiale (bzw. Herausforderungen) für den langfristigen (erfolgreichen) Einsatz von CF für NGOs betrachtet werden können. Verdeutlicht werden die Aspekte durch mehrere Zitate. Dafür spielen auch diverse Beziehungen zwischen unterschiedlichen Akteuren eine wesentliche Rolle.

4.2.1 Ursprungsidee für den Einsatz von Crowdfunding

Bedarf zur Erschließung neuer Finanzierungsquellen
Alle befragten Organisationen beziehen ihre finanziellen Ressourcen über mehrere Finanzierungsinstrumente. Hier dominieren als Hauptfinanzierungsquelle der kleinen NPO private Spendeneinnahmen und Mitgliedsbeiträge. Förderungen seitens der öffentlichen Hand sind mehrheitlich kaum vorhanden bzw. schwer zu generieren. Dies könnte u.a. am Organisationszweck selbst bzw. an einer herausfordernden Projektantragsstellung liegen, wie folgende Aussage verdeutlicht:

„Allerdings haben die (Anm.: öffentlichen Stellen, MH) gerechtfertigter Weise sehr strenge Vorgaben und man muss eine ganze Weile auch an dem Antrag arbeiten und schauen (...). Das ist wirklich Arbeit, eine Finanzierung zu bekommen von offizieller Stelle. Also man muss schauen, wo man hinein passt und ich glaube, ich bin überzeugt davon, man braucht Leute, die das schon einmal durchgemacht haben und die einem da beraten können, weil man steigt sonst total aus." (Interview Nr. 3)

Die Entscheidung zugunsten einer CF-Kampagne erscheint für die befragten NPO zudem dahingehend begründet, da es im Vergleich zu anderen Finanzierungsquellen als einfaches und unkompliziertes Online Fundraising-Instrument wahrgenommen wird. CF ist insbesondere in Bereichen attraktiv, wo schnelles Handeln erforderlich ist – wie z.B. in der Katastrophenhilfe, wo die zeitliche Komponente eine zentrale Rolle spielt. *„Eine sehr einfache, angenehme und praktische Sache"* (Interview Nr. 2), *„einfach flott"* (Interview Nr. 3), *„(...) wir versuchen, ob wir durch die Homepage das ermöglichen können. Das war einfach die Idee; ‚lass es uns versuchen'."* (Interview Nr. 6) und *„was wir nicht* *gedacht hätten, dass das so schnell geht"* (Interview Nr.10) sind nur einige Zitate, die diese verständliche Handhabung unterstreichen.

In Ergänzung dazu gilt es jedoch festzuhalten, dass niemand das gesamte Projekt ausschließlich über Crowdfunding finanzierte, sondern lediglich einen gewissen (Teil-)Bereich. Exemplarisch spiegelt das nachstehende Zitat die Auffassung der Projektinitiatoren wider:

> *„Was hier auf diesen Spendenplattformen passiert, wie wir das auch betreiben; ist das natürlich nicht so, dass wir sagen: ‚Wir haben ein Projekt (...) und um das durchzuführen, ich sage einmal X Kinder in die Schule zu schicken, benötigen wir so und so viele tausend Euro. Wenn wir das bis zu einem gewissen Zeitpunkt nicht erreicht haben, dann kriegen Sie das Geld zurück.' So ist es einfach eine zusätzliche Erlösquelle in dem Zusammenhang. (...) Das ist einfach so ein Bedarf den wir setzen, bei dem wir denken, dass es sinnvoll ist, diesen über eine Plattform auch zu generieren."* (Interview Nr. 11)

Existenz zielgruppenspezifischer Projekte
Eine CF-Kampagne soll als konkretes Projekt konzipiert und wahrgenommen werden. Die „Sichtbarkeit" und „Greifbarkeit" stehen hier im Vordergrund; diese Notwendigkeit wurde seitens der Interviewteilnehmer mehrfach betont. Zahlreiche Spendenplattformen bieten die Möglichkeit, in transparenter Art und Weise für ein klar definiertes Projekt zu sammeln, nicht jedoch für die Organisation im Allgemeinen. Ein Interviewpartner verdeutlicht dies im folgenden Statement:

> *„Wenn wir auf ‚betterplace.org' und Co. kommen, dann ist das natürlich wieder etwas anderes, weil ganz klar: Da suche ich Geld für mein Projekt und nicht für meine Administration."* (Interview Nr.10)

Inhaltlich variieren die präsentierten CF-Kampagnen erheblich und reichen von einer Buchpublikation einer Bildungseinrichtung bis hin zur Baufinanzierung eines Ofens in Afrika. Hier sehen die Befragten selbst ein Erfordernis, die Verwendung der gesammelten Gelder zweckgemäß, offenkundig und nachweislich zu dokumentieren und kommunizieren. Folglich ist es für die Unterstützer nachvollziehbar und erkennbar, was genau benötigt wird bzw. wie ihre Beiträge verwendet werden. Zudem können durch die Intermediärsfunktion der Plattform die Unterstützer mit dem Initiator direkt in Kontakt treten, um individuelle Informationsbedürfnisse zu befriedigen:

> *„Es sind einfach doch zwei unterschiedliche Kulturen und Herangehensweisen und ich bin dann auch ein bisschen korrekter und ordentlicher und ich will immer alles ganz genau wissen, weil ich ein Verantwortungsgefühl gegenüber den Spendern habe; wobei ich schon weiß, dass nicht jeder immer nachfragt und mir da irgendwo vertraut, aber letztendlich will ich da mit reinem Gewissen hineingehen. Wenn mich dann jemand einmal fragt, möchte ich auch die Zahlen vorlegen können."* (Interview Nr. 2)

4.2.2 Das Verhältnis zwischen Projektinitiator und Unterstützerkreis

Relevanz eines persönlichen Netzwerks
Private wie auch berufliche Netzwerke sind häufig verfügbar und können für das (Online-)Fundraising sinnvoll genutzt werden. Es ermöglicht zum einen direkten Zugang zu (potentiellen) Förderern, zum anderen schafft es einen vertrauensvollen Zugang zur Etablierung langfristiger (nachhaltiger) Bindungen. Die (emotionale und finanzielle) Unterstützung des persönlichen Umfelds spiegelt das individuelle Engagement und die Begeisterungsfähigkeit der Projektinitiatoren aller kleinen NGOs wider.

In Ergänzung dazu betonen neun Interviewpartner die Relevanz eines individuellen „nachhaltigen Netzwerks" des jeweiligen Projektinitiators, was durch folgende exemplarische Aussage verdeutlicht wird:

„Bei Crowdfunding (...) es hängt dann immer an einem, dem Projektleiter; und wenn der nicht mehr da ist, dann ist eben die ganze Finanzierungsstruktur, die von ihm abhängt, diese ganzen Kontakte sind dann auch weg. (...) Das ist ja auch wahrscheinlich im Sinne des Projektleiters, dass er sein Projekt oder seien es mehrere Projekte, sein Engagement bei einem gemeinnützigen Verein so abschließt, dass das dann nicht quasi brach liegt, sondern, dass das weitergetragen wird. (...) ich denke, (...) dass es eben ein großes Netz ist, (...), weil der Unterschied jetzt zu herkömmlichem Funding ist, dass da zwar mehrere (...) große Spenden von wenigen Spendern getätigt werden und das Crowdfunding ja mit vielen Spendern und vielen kleinen Spenden. (...) Ich denke schon, dass es vielleicht zumindest solange derjenige der dieses Netz gesponnen hat dann auch da ist und es dadurch nachhaltig ist." (Interview Nr. 5)

Generierung von Zeit-, Wissens- und Sachspenden
Obwohl Crowdfunding primär auf die Generierung finanzieller Mittel zur Realisierung eines Projektes abzielt, wird das Potential zur Mobilisierung weiterer geldwerter Ressourcen sinnvoll genutzt. In diesem Zusammenhang erweist sich die Zeitspende als enorme Unterstützung:

„Dass ich da eine Ehrenamtliche habe, die mit mir zusammen ‚betterplace.org' betreut, entlastet mich ungemein, weil ich mich einfach nicht auf die kleinen Dinge konzentrieren muss, sondern sie das steuert und managt und mich einfach immer wieder involviert, wenn dann Aktionen der Organisation gefragt sind oder wenn die Kommunikation nach außen wichtig ist." (Interview Nr. 10)

4.2.3 Das Verhältnis zwischen NGO und Partnerorganisation

Stärkung der (Eigen-) Verantwortung des Projektpartners
Viele NGOs weisen durch ihre Mitarbeiter und Partnerorganisationen vielfach ein großes Engagement und ein Nahverhältnis zur Bevölkerung im Entwicklungsland auf. Die dadurch entstehenden, teils engen Beziehungen schaffen ein ausgeprägtes Gemeinschaftszugehörigkeitsgefühl und neue Perspektiven. Ein wesentliches Anliegen der NGOs ist es, die Wertigkeit und gegenseitige Verantwortung für ein Projekt zu vermitteln bzw. verdeutlichen:

"Die Leute mussten so weit gehen, um Wasser zu holen. Wir wollten dann eine Lösung finden, die nachhaltig ist, weil das Problem bei der alten Lösung war, dass sich niemand verantwortlich gefühlt hat eben zu schauen, wenn das kaputt war zu reparieren und wir wollten nicht immer damit konfrontiert sein. (...) Wir arbeiten auch mit einem Ingenieur vor Ort, der Entwicklungsprojekte macht und wir haben dann mit dem und auch mit einer Firma (...) diese Lösung einer solarbetriebenen Pumpe entwickelt und wollten auch, dass die Leute die Wasser holen auch etwas dafür bezahlen. Einen ganz geringen Anteil (...) dann haben wir wieder einen Vorrat, um reparieren zu können." (Interview Nr. 8)

Nachhaltige Grundintention
Ein erklärtes Ziel der in der Entwicklungszusammenarbeit tätigen Organisationen ist die langfristige und nachhaltige Verbesserung der Lebensumstände der Menschen in den Entwicklungsländern. Das abschließende Beispiel bringt das zentrale Anliegen auf den Punkt:

"Wir haben einen Verbrennungsofen entwickelt hier in Deutschland, der auch mit Mitteln, die vor Ort verfügbar sind, gebaut werden kann. Dieser Ofen wird dann (...) wenn die Krankenhäuser ein Interesse haben (...) dort gebaut und es wird auch jemand vom Krankenhauspersonal geschult während dieses Baus, sodass man den Ofen dann nachhaltig betreiben kann und sie auch zu informieren, wie der Ofen denn verbrennt, ob wir noch einmal kommen müssen, um den Ofen vielleicht nachzubessern oder sonst etwas (...). Das Projekt ist dann erfolgreich, wenn der Ofen in zehn Jahren noch steht (...). Wenn der Ofen auch gewartet wird, nicht von uns, sondern von den Leuten vor Ort und wenn quasi in der Gesellschaft des Landes etwas bleibt und das ist etwas, was wir vielleicht noch gar nicht sehen können (...). Wo ich aber glaube, dass wir sehr gute Leute haben, die auch den Nachhaltigkeitsbegriff in ihrem persönlichen Wortschatz sehr weit entwickelt haben und wissen, was das bedeutet und was das nicht bedeutet (...) wenn was bleibt, sondern wenn was verankert ist auch für zukünftige Generationen in der Gesellschaft. Dass nicht nur die Materie bleibt, sondern auch die Idee dahinter." (Interview Nr. 5)

5 Resümee und Ausblick

Zusammenfassend lässt sich festhalten, dass die NGOs ein positives Gesamtbild im Hinblick auf die Eignung und den Einsatz von CF zur Finanzierung von nachhaltigen Projekten zeichnen. Der überwiegende Teil der NGOs hat bereits weitere Projekte initiiert bzw. sind sich diese in der Planungsphase, sodass CF auch in Zukunft Anwendung finden wird. Zudem signalisieren die Ergebnisse, dass CF als eine vom Umfang her kleine, aber wertvolle (projektorientierte) Ergänzung des Ressourcenportfolios von NGOs angesehen werden kann. Folglich ist ein breiter Finanzierungsmix zu empfehlen, um eine gewisse Abhängigkeitsreduktion im Hinblick auf die einzelnen Ressourcengeber und Finanzierungsinstrumente zu erlangen.
Die CF-Vorteile lassen sich insbesondere von kleinen Organisationen sinnvoll nutzen. Der Projektinitiator nimmt aufgrund seines persönlichen Engagements und der Begeisterungsfähigkeit eine zentrale Stellung ein. In seinem Bestreben, die Organisation effizient und effektiv zu gestalten, baut er Beziehungen zu

(potentiellen) Geldgebern auf, mit der Absicht, diese möglichst dauerhaft an die Organisation zu binden. Sobald das (finanzielle) CF-Ziel erreicht wird, ist es notwendig, die nunmehrigen Unterstützer weiterhin mit Informationen über das Projekt zu versorgen. Andernfalls droht die Gefahr, dass es bei einer einmaligen Unterstützung bleibt und somit keine nachhaltige Bindung erreicht wird. In Abgrenzung zum transaktionsorientierten Spendensammeln spielt hier das Relationship Fundraising eine tragende Rolle, da dieses Aspekte wie Engagement und Vertrauen beinhaltet und langfristige Beziehungen zu Geldgebern fördert. Eine Konzeptionierung einer individuellen, auf die jeweiligen Bedürfnisse der Organisation abgestimmten Fundraisingstrategie, die systematisch geplant und gesteuert wird, scheint daher empfehlenswert.

Die Mobilisierung zusätzlicher Ressourcen wie freiwilliges Engagement, Wissens- bzw. Sachspenden haben in den ausgewählten NGOs einen hohen Stellenwert. Sie eignen sich optimal dazu, zusätzliche Kosten zu sparen. Ehrenamtliche bzw. freiwillige Tätigkeiten bilden das Fundament vieler kleiner (entwicklungspolitischer) Organisationen und unterstützen die NGOs vor allem in Form von Zeitspenden (Simsa und More-Hollerweger 2015). Im Zusammenhang mit CF liegt in einem kurzfristigen, spontanen (projektorientierten) Engagement enormes Potential, das bestmöglich eingesetzt werden soll. Die Einführung eines eigenen Management für zeitlich begrenztes freiwilliges Engagement wäre daher sinnvoll.

Nachhaltige Finanzierungsmöglichkeiten sind für Organisationen aller Sektoren notwendige Voraussetzungen, um langfristig die angebotenen Leistungen (im erforderlichen quantitativen und qualitativen Ausmaß) realisieren und bereitstellen zu können. Die finanzielle Nachhaltigkeit von Nonprofits – in der Regel mit langfristig zur Verfügung stehenden (finanziellen) Ressourcen interpretiert – nimmt in diesem Zusammenhang eine essentielle Stellung ein und steht dabei im Fokus von diversen (konzeptionellen und empirischen) Arbeiten (vgl. genauer Sontag-Padilla et al. 2012) und bietet mögliche Anknüpfungspunkte für weitere Forschungstätigkeiten, speziell in Bezug auf die zur Verfügung stehenden Finanzierungsquellen entwicklungspolitischer Organisationen.

Insgesamt scheint es für vertiefende Einblicke von großer Relevanz, nachhaltige Aktivitäten von entwicklungspolitischen Organisationen auf unterschiedlichen Ebenen zu analysieren: (1) Ob die Projekt per se nachhaltig sind, (2) ob der Leistungsbereich als nachhaltig definiert werden kann und (3) wie es um die Nachhaltigkeit für die Bevölkerung im Entwicklungsland bestellt ist.

Abschließend wird konstatiert, dass in den kurz umrissenen Themenbereichen umfangreiche Forschungsaktivitäten erforderlich und wünschenswert sind. In welche Richtung bzw. ob und in welchem Ausmaß sich die Schwarmfinanzierung im entwicklungspolitischen Kontext zukünftig (weiter-)entwickelt, bleibt abzuwarten.

6 Literatur

Andeßner, R.C. (2004): Integriertes Potenzialmanagement in NPO. Linz.
Appel, A. (2009): Strategieentwicklung bei NGOs in der Entwicklungszusammenarbeit. Wiesbaden.
Appel, A. (2015): „Des einen Freud ist des anderen Leid" – Paradoxien in der Zusammenarbeit von Ehren- und Hauptamtlichen am Beispiel von entwicklungspolitischen Organisationen. In: Andeßner, R., Greiling, D., Gmür, M., Theuvsen, L. (Hrsg.): Ressourcenmobilisierung durch Nonprofit-Organisationen. Linz, S. 150-159.
Belleflamme, P., Lambert, T. und Schwienbacher, A. (2013): Individual Crowdfunding Perspective. In: Venture Capital: An International Journal of Entrepreneurial Finance 15 (4), S. 313-333.
Bundesministerium für wirtschaftliche Entwicklung und Zusammenarbeit (BMZ) (2015): Nichtregierungsorganisationen, www.bmz.de/de/was_wir_machen/wege/bilaterale_ez/akteure_ez/nros/-index.html (16.11.2015).
Bundesministerium für wirtschaftliche Entwicklung und Zusammenarbeit (BMZ) (2015): Die Agenda 2030 für nachhaltige Entwicklung, www.bmz.de/de/ministerium/ziele/ziele/2030_-agenda/index.html (16.11.2015).
Gerber, E.M., Hui, J.S. und Kuo, P.-Y. (2012): Crowdfunding: Why People are Motivated to Participate. Northwestern University, Segal Design Institute, Technical Report No. 2. URL: http://www.segal.northwestern.edu/media/pdf/2012/May/29/segal_report_12-02.pdf. Abgerufen am: 06.02.2013.
Hainzer, M. (2015): Crowdfunding als innovative Möglichkeit der Ressourcenmobilisierung. In: Andeßner, R., Greiling, D., Gmür, M. und Theuvsen, L. (Hrsg.): Ressourcenmobilisierung durch Nonprofit-Organisationen. Linz, S. 214-224.
Hainzer, M., Stötzer, S. und Duller, C. (2016): Knowledge and Application of Crowdfunding by Nonprofit Organizations in German-speaking Countries. In: European Journal of Management 16 (2), S. 7-20.
Hainzer, M., Stötzer, S. und Ellmer, M. (2014): Crowdfunding-basierte Bürgerkredit-Modelle in Kommunen. In: Zeitschrift für öffentliche und gemeinwirtschaftliche Unternehmen 37 (1-2), S. 54-72.
Hemer, J., Schneider, U., Dornbusch, F. und Frey, S. (2011): Crowdfunding und andere Formen informeller Mikrofinanzierung in der Projekt- und Innovationsfinanzierung. Stuttgart.
Lambert, T. und Schwienbacher, A. (2010): An Empirical Analysis of Crowdfunding. In: Journal of Business Venturing, Paper No. 2011/32 (im Druck).
Lichtsteiner, H., Gmür, M., Giroud, C. und Schauer, R. (2013): Das Freiburger Management-Modell für Nonprofit-Organisationen, 7. Aufl., Bern.
Mayring, P. (2015): Qualitative Inhaltsanalyse, 12. Aufl., Weinheim u.a.
Meinshausen, S., Schiereck, D. und Stimeier, S. (2012): Crowdfunding als Finanzierungsalternative. Innovative Ansätze in der Unternehmensfinanzierung. In: Wirtschaftswissenschaftliches Studium 41, S. 583-588.
Neubert, L. (2007): Finanzmanagement von Nonprofit-Organisationen. Zürich.
Pernsteiner, H. und Andeßner, R. (2012): Finanzmanagement kompakt, 5. Aufl., Wien.
Pitschner, S. und Pitschner-Finn, S. (2014): Non-profit differentials in crowd-based financing. In: Economics Letters 123 (3), S. 391-394.
Saxton, G.D. und Wang, L. (2014): The social network effect: The determinants of giving through social media. In: Nonprofit and Voluntary Sector Quarterly 43 (5), S. 850-868.
Simsa, R. und More-Hollerweger, E. (2015): Theoretisch ganz einfach? Freiwilligenmanagement als Mittel der Mobilisierung. In: Andeßner, R., Greiling, D., Gmür, M. und Theuvsen, L. (Hrsg.): Ressourcenmobilisierung durch Nonprofit-Organisationen. Linz, S. 108-115.
Sontag-Padilla, L.M., Staplefoote, L. und Gonzalez Morganti, K. (2012): Financial Sustainability for Nonprofit Organizations, Research Report. www.rand.org (19.02.2016).
Stötzer, S. (2009): Stakeholder Performance Reporting von Nonprofit-Organisationen, Wiesbaden.
United Nations (2016): UNRIC and Nongovernmental Organizations. URL: https://www.unric.org/-de/aufbau-der-uno/85 (27.06.2016).
Vilain, M. (2006): Finanzierungslehre von Nonprofit-Organisationen. Wiesbaden.

Vilain, M. (2016): Finanzierung im Wandel. In: Zimmer, A. und Hallmann, T. (Hrsg.): NPO vor neuen Herausforderungen, Wiesbaden, S. 331-362.

Wojciechowski, A. (2009): Models of Charity Donations and Project Funding in Social Networks, Lecture Notes in Computer Science 5872, S. 454-463.

Wytrzens, H. K. (2010): Projektmanagement. Der erfolgreiche Einstieg, 2. Aufl., Wien.

Social Impact Bonds – Möglichkeiten und Grenzen des Konzepts im korporatistischen Wohlfahrtsstaat

Reinhard Millner, Clara Moder und Nina Resch

1 Einleitung

Wir nehmen den ersten umgesetzten Social Impact Bond (SIB) in Österreich und unsere Rolle als Evaluator zum Anlass, einen genaueren Blick auf SIBs als nachhaltiges Finanzierungsinstrument zu richten. Im Zentrum steht dabei die Frage, inwieweit die SIB-Modelle hinsichtlich Struktur und Themenfelder auf den deutschsprachigen Raum und das hiesige wohlfahrtsstaatliche Gefüge übertragbar sind. Besonders die Rolle des Staates und dessen Zusammenspiel mit Nonprofit-Organisationen (NPOs) sind hier von Interesse, da gerade diese länder- und kontextspezifisch stark variieren können. Im Fokus dieses Beitrags stehen daher die Implikationen von Social Impact Bonds für diese beiden AkteurInnen und damit den Modus der staatlichen Finanzierung von NPOs.
Nach einer Darstellung der aktuellen Diskussion rund um Social Impact Bonds werden die Funktionsweise des Instruments sowie die (idealtypischen) Rollen in einem SIB erläutert, gefolgt von einem Überblick über bisher implementierte SIBs mit Fokus auf den deutschsprachigen Raum. Im Anschluss werden die Möglichkeiten und Grenzen des Instruments diskutiert sowie Rückschlüsse auf Aspekte, die im deutschsprachigen Raum bzw. in korporatistischen Wohlfahrtsstaaten besonders relevant sind, gezogen.

2 Social Impact Bonds in der Diskussion

Die Umsetzung des ersten SIB in Großbritannien im Jahr 2010 hat für große Aufmerksamkeit gesorgt (von Schnurbein et al. 2015). Seither wurden in mehreren Ländern zahlreiche weitere SIBs entwickelt und implementiert. Eine Studie von Brookings zählte mit Ende Juni 2015 weltweit 38 umgesetzte SIBs (Gustafsson-Wright et al. 2015), eine weitere Publikation listet mehr als 70 umgesetzte bzw. geplante SIBs auf (Galitoupoulou und Noya 2016). Die Zielgruppen sind vielfältig und reichen von Haftentlassenen über Kleinkinder bis hin zu MigrantInnen. Mittlerweile hat das Konzept auch den deutschsprachigen Raum erreicht. Während der erste SIB in Deutschland im Dezember 2015 nach zwei Jahren das Ende seiner Laufzeit erreicht hat, wurden zwischenzeitlich auch in der Schweiz und in Österreich SIB-Projekte gestartet.
SIBs sind dabei ein recht neues Instrument zur Finanzierung sozialer Ziele. Private AkteurInnen investieren in der Regel vermittelt durch einen Intermediär vorab in eine soziale Maßnahme, welche von einem „Social Service Provider" umgesetzt und im Rahmen dessen zuvor festgelegte, messbare soziale Outcomes

erzielen soll. Wird das festgelegte Ziel erreicht, zahlt der Staat den (Sozial-)InvestorInnen ihr Investment plus je nach Vereinbarung eine bestimmte Rendite zurück (Griffiths und Meinicke 2014), andernfalls trägt der/die InvestorIn den Verlust seiner Investition. Im Kern stehen damit vorab definierte, messbare soziale Veränderungen durch eine Maßnahme, weshalb SIBs auch als „Pay for outcomes"- oder „Pay for Success"-Instrumente verstanden werden.

Trotz der großen weltweiten Aufmerksamkeit für SIBs steht die wissenschaftliche Bearbeitung des Themas noch am Anfang. Ausnahmen bilden beispielsweise Machbarkeitsstudien für SIBs in bestimmten Bereichen (Pauly und Swanson 2013; Cox 2012), Untersuchungen im Kontext der Entwicklungszusammenarbeit (Belinsky, Eddy et al. 2014; Center for Global Development 2013) sowie die Diskussion der Anwendung von SIBs im Justizbereich (Baliga 2013; Aylott und Shelupanov 2011; Fox und Albertson 2011). Weiterführende Diskussionsbeiträge und Übersichten zum Thema, wie etwa von Schnurbein et al. (2015) oder Warner (2013), sind ebenfalls noch in der Minderheit. Ein Großteil der verfügbaren Literatur besteht aus Praxis-Handbüchern oder Anleitungen von Organisationen, die selbst an der Umsetzung von SIBs beteiligt sind.

Hierbei werden häufig die möglichen Vorteile von SIBs in den Vordergrund gestellt. Durch die Risikoverlagerung vom Staat auf private InvestorInnen sei es leichter, innovative Projekte zu finanzieren. Mit Verweis auf entsprechende Defizite der staatlichen Versorgung (siehe auch Liebman 2011) wird vor allem Projekten mit präventiven Maßnahmen großes Potential zugesprochen, da die Einsparungen für die öffentliche Hand hier potentiell besonders hoch sind. Würde eine staatlich finanzierte Präventivmaßnahme scheitern, so wären neben den Kosten der Maßnahme auch weiterhin die Folgekosten zu tragen. Eine Finanzierung mittels SIB könnte hingegen in der Diktion der BefürworterInnen eine win-win Situation darstellen. Der Staat muss nur bei Erfolg für die Maßnahme aufkommen und hat keine Folgekosten zu tragen, die InvestorInnen übernehmen das gesamte Risiko und erhalten bei Erfolg ihre Investition plus eine allfällig vereinbarte finanzielle Rendite zurück (siehe etwa Social Finance UK 2012; Goodall 2014). Die für die Erfolgsmessung notwendige Quantifizierung oder Monetarisierung sozialer Outcomes wird vielfach auch kritisch gesehen. Dowling und Harvie (2014) etwa sehen in der Einführung des Konzepts von Social Value das Fortschreiten einer (kapitalistischen) Marktlogik in das Soziale bzw. den Nonprofit Sektor (Maier et al. 2016). Von manchen AutorInnen werden SIBs grundsätzlich als ideologische Verschiebung des Risikos sozialer Dienstleistungen weg vom Staat hin zu privaten InvestorInnen und folglich als große Herausforderung für die Zivilgesellschaft interpretiert (McHugh et al. 2013).

Die empirische Evidenz ist bis dato begrenzt, erst einige wenige SIBs haben das Ende ihrer geplanten Laufzeit erreicht. Für umfassende Evaluationen ist das Phänomen daher noch zu jung. Erste Befunde zeichnen allerdings ein gemischtes Bild. Der erste SIB in Großbritannien wurde vorzeitig beendet und in ein öffentliches Programm integriert (Social Finance UK 2014), der erste US-amerikanische SIB hat seine Ziele verfehlt und gilt als gescheitert (VERA 2015). Das Thema wird dementsprechend kontrovers diskutiert und je nach Interesse und Standpunkt sind SIBs entweder „The hottest idea in social-service provision" (Rosenberg 2013) oder „a wolf in a sheep's clothing" (McHugh et al. 2013).

3 Rollen und mögliche Rollenkonflikte im Social Impact Bond

Am Zustandekommen eines SIB sind idealtypisch fünf AkteurInnen beteiligt. Der Staat, InvestorInnen, ein Intermediär, ein Social Service Provider (meist eine NPO) sowie unabhängige EvaluatorInnen. Je nach konkretem Vertrag können diese auch variieren. In manchen Fällen beteiligt sich der Intermediär auch als Investor, es gibt SIBs ganz ohne Intermediär und auch die Anzahl und Aufgabe der EvaluatorInnen kann unterschiedlich ausgestaltet sein. Wesentlich für die Implementierung von SIBs ist jedenfalls die Bereitschaft des Staates bzw. einer staatlichen Stelle, einen solchen umzusetzen und im Erfolgsfall die Investition zu refinanzieren. Mit der Umsetzung wiederum wird ein Social Service Provider betraut. Dieser kann entweder bereits vorab ausgewählt werden oder aber der Auftrag zur Leistungserbringung wird ausgeschrieben (McKinsey 2012; Deloitte 2012; Liebmann 2011). Die Konstruktion eines SIB bringt einige Implikationen sowohl für den Staat als auch für die NPO mit sich.

Der Erfolg von SIBs ist an messbare Outcomes, also erzielbare positive gesellschaftliche Wirkungen, gebunden, die sich von den in den üblichen Leistungsverträgen festgelegten Zielen meist grundlegend unterscheiden. Diese Ziele müssen – wie auch kritisch angemerkt wird – realistisch und erreichbar sein. Der häufige Fokus auf den Innovationsgehalt des Finanzierungsinstruments bzw. der zugrundeliegenden Maßnahme macht es schwierig, das dezidiert zu berücksichtigen (Jackson 2013). Die Messung von Outcomes und Wirkung an sich wird ebenfalls häufig als messtechnisch problematisch und als mit dem traditionellen Ethos des Dritten Sektors inkompatibel gesehen (McHugh et al. 2013). Eine komplexe Mission oder eine schwierig zu bedienende Zielgruppe ist möglicherweise nicht mit leicht messbaren Zielen vereinbar. An mancher Stelle wird daher auf die Gefahr von „cherry picking" von Seiten der Organisationen hingewiesen: NPOs könnten gezielt jene Personen/Zielgruppe für die Maßnahme auswählen, die eine hohe Erfolgswahrscheinlichkeit aufweisen (siehe auch Goodall 2014). Denkbar ist auch ein Einfluss dieser Herangehensweise auf das Selbstverständnis der Social Service Provider (siehe die Gefahr des „mission drift", Jones 2007).

Der Staat spielt sowohl in der Beauftragung des SIB als auch in der Schaffung geeigneter rechtlicher und institutioneller Rahmenbedingungen eine zentrale Rolle. Ein für Großbritannien funktionierendes Modell kann möglicherweise nicht ohne Adaption auf Österreich oder Deutschland bzw. nicht ohne dezidierte Berücksichtigung der wohlfahrtsstaatlichen Kontextbedingungen übertragen werden. Daher ist es bedeutsam, die Motivation und Hintergründe für die Implementierung von SIBs vonseiten der staatlichen AkteurInnen zu verstehen. Im idealtypischen SIB gibt es zudem keinen bzw. kaum Kontakt zwischen der (auftraggebenden) staatlichen Stelle und dem (ausführenden) Social Service Provider. Die Intermediärorganisation übernimmt hier die Kommunikation und Koordination. Diese veränderte Beziehung kann ebenfalls Implikationen für das jeweilige Rollenverständnis nach sich ziehen. Die staatliche Stelle kontrolliert die Zielerreichung nicht mehr direkt und verwaltet auch die Mittel nicht selbst. Befürworter von SIBs sehen hier Potential durch größere Handlungsspielräume für die NPOs oder eine bessere Setzung von Anreizen (beispielsweise Aylott und Shelupanov 2011) und damit neue Formen der Governance in der Leistungserstellung bzw. bei der Zusammenarbeit über Sektorgrenzen hinweg. Kritiker weisen auf Gefahren hin. So könnte die Auslagerung sozialer Dienstleistungen mittels SIBs zu einem weiteren Aufbau von Informationsasymmetrien führen und staatliche Kontrolle, Überblick und Möglichkeiten des Einschreitens weiter reduzieren (McHugh et al. 2013).

4 Überblick bisher implementierter Social Impact Bonds

Trotz aller Für und Wider ist evident, dass das Instrument und Konzept des SIB seit seiner erstmaligen Anwendung in UK große und weltweite Aufmerksamkeit auf sich gezogen hat. In nur wenigen Jahren wurden rund 50 SIBs umgesetzt, zahlreiche sind aktuell in Planung bzw. in Diskussion. Kaum ein Thema, bei dem nicht SIBs als Möglichkeit zur Hervorbringung konkreter Lösungen oder zur Umsetzung neuer Maßnahmen vorgebracht wird. Waren zunächst Maßnahmen für Jugendliche im Fokus, so werden z.B. im Kontext der aktuellen Flüchtlingsproblematik SIBs als möglicher Teil einer schnell zu findenden und einsetzbaren Lösung diskutiert und fallweise bereits umgesetzt (vgl. etwa Stefan 2016).

Das zeigt sich auch an der Vielfalt der Zielgruppen, die mittlerweile von bisher umgesetzten SIBs adressiert wird (Abbildung 1). Kinder und Jugendliche sind zwar nach wie vor die häufigste Zielgruppe bei einer Finanzierung mittels SIB, entsprechend der aktuellen Entwicklungen gewinnt aber auch der Themenbereich Migration und Asyl an Bedeutung.

Aus Abbildung 2 geht hervor, dass der Großteil der SIBs nach wie vor im englischsprachigen Raum umgesetzt wird, andere, auch kontinentaleuropäische Länder aber in den letzten Jahren zunehmend aktiv werden und sich auch hier eine geografische Diversifizierung zeigt.

Abbildung 1: Social Impact Bonds nach Zielgruppen

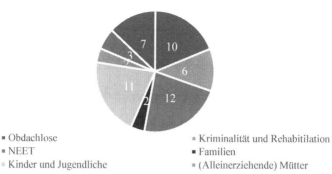

- Obdachlose
- NEET
- Kinder und Jugendliche
- Kriminalität und Rehabitilation
- Familien
- (Alleinerziehende) Mütter

Abbildung 2: Social Impact Bonds nach Ländern

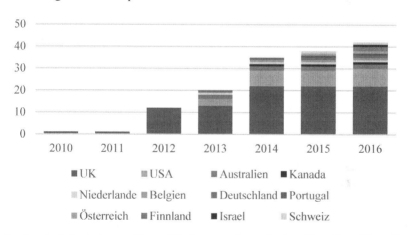

- UK
- USA
- Australien
- Kanada
- Niederlande
- Belgien
- Deutschland
- Portugal
- Österreich
- Finnland
- Israel
- Schweiz

In den drei deutschsprachigen Ländern wurde nach aktuellem Stand jeweils ein SIB implementiert. Der deutsche SIB hat im Dezember 2015 das Ende seiner knapp zweijährigen Laufzeit erreicht. Zielgruppe des Projekts „Eleven Augsburg" waren NEET (not in education, employment or training) Jugendliche. Ziel war es, mindestens 20 Jugendliche nachhaltig in sozialversicherungspflichtige Beschäftigung zu bringen. Als Intermediär fungierte die gemeinnützige GmbH Juvat, eine Organisation der deutschen Benckiser-Stiftung (Juvat 2013). Dieselbe Organisation ist auch Intermediär im österreichischen SIB „Perspektive Arbeit", der im September 2015 startete und auf drei Jahre angelegt ist. Zielgruppe sind von Gewalt betroffene Frauen, die nachhaltig in den Arbeitsmarkt (re-)integriert werden sollen (Juvat 2015). Auch der ebenfalls Ende 2015 gestartete Schweizer SIB hat Arbeitsmarktintegration zum Ziel, allerdings jene von anerkannten Flüchtlingen und vorläufig Aufgenommenen. Umgesetzt wird der SIB von der Caritas Bern (Fokus Bern 2015). Tabelle 1 gibt einen Überblick über einige Eckdaten der drei SIBs im deutschsprachigen Raum. Anders als in Großbritannien oder den USA ist die beauftragte staatliche Stelle stets ein Sozialministerium bzw. in der Schweiz die Fürsorgedirektion und der ausführende Social Service Provider immer eine NPO bzw. ein Zusammenschluss von NPOs. Diese Konstellation, sollte sie auch in zukünftigen SIB-Projekten erhalten bleiben, deutet darauf hin, dass SIBs vor allem den Modus der Finanzierung von sozialen Aufgaben und damit die Beziehung zwischen Staat und NPOs verändern können.

Tabelle 1: Detailansicht zu Social Impact Bonds im deutschsprachigen Raum

	Deutschland	Österreich	Schweiz
„government commissioner"	Bayrisches Staatsministerium für Arbeit und Soziales, Familie und Integration	Bundesministerium für Arbeit, Soziales und Konsumentenschutz (BMASK)	Kanton Bern, Gesundheits- und Fürsorgedirektion
„social service provider"	apeiros e.V., Ausbildungsmanagement Augsburg, Kinder-, Jugend- und Familienhilfe Hochzoll, Joblinge gAG München	Gewaltschutzzentrum Oberösterreich und Frauenhaus Linz	Caritas Bern
Zielgruppe	„NEET"-Jugendliche	Von Gewalt betroffene Frauen	Anerkannte Flüchtlinge und vorläufig Aufgenommene
Zielvorgabe	Arbeitsmarktintegration von mindestens 20 Jugendlichen	Arbeitsmarktintegration von mindestens 75 Frauen	Arbeitsmarktintegration oder Ausbildung auf Niveau Sek II von möglichst vielen Personen aus der Zielgruppe

5 Grenzen von Social Impact Bonds

Aufgrund ihrer Neuheit bringen SIBs einigen Diskussionsbedarf mit sich. So sind etwa gerade in den korporatistischen Wohlfahrtsstaaten die rechtlichen Rahmenbedingungen noch nicht ausreichend geklärt. Der hohe Koordinationsbedarf und die Vielzahl der beteiligten AkteurInnen wiederum implizieren Konsequenzen für deren Rollenverständnis und Handlungsspielraum.

Rechtlicher Rahmen der Finanzierung: SIBs sind ein sehr neues Konstrukt und entsprechen nicht der herkömmlichen staatlichen Förder- und Subventionierungslogik. Dementsprechend gibt es keine rechtlichen Rahmenbedingungen, die die Ausgestaltung und Abwicklung eindeutig regeln. Die Wahl des Finanzierungsinstruments und die haushaltsrechtliche Darstellung können sich als schwierig erweisen und müssen themenspezifisch festgelegt werden (Fliegauf et al. 2015; von Schnurbein et al. 2015).

Laufzeit: Für gewöhnlich sind SIBs auf einen Zeitraum von einigen Jahren angelegt. Das bringt einerseits mehr bzw. langfristigere Planungssicherheit für den Social Service Provider als die sonst üblichen Leistungsverträge, die jährlich neu vereinbart werden, andererseits scheint es in manchen Fällen auch schwierig, die ambitionierten Wirkungsziele innerhalb des vereinbarten Zeitraums zu erreichen.

Rolle von Stiftungen und InvestorInnen: Auch wenn der Begriff SIB an klassische Finanzierungsthemen und Investments anknüpft, so wird in der Literatur immer wieder die zentrale Rolle von Stiftungen und Philanthropie in der Vorfinanzierung von SIBs betont (Rangan und Chase 2015 für die USA). Damit ist im Vergleich zu staatlichen Sozialbudgets die Reichweite des Instruments begrenzt. Dazu kommt, dass vor allem in Kontinentaleuropa, wo die Finanzierung sozialer Dienste als staatliche Kernaufgabe verstanden wird, auch mehr Hindernisse beim Engagement von privaten InvestorInnen im Bereich der sozialen Sicherung (Dermine 2014; Fliegauf et al. 2015) auszumachen sind. Des Weiteren ist eine risikoadäquate Verzinsung im kontinentaleuropäischen Raum politisch kaum möglich, was wiederum SIBs für institutionelle Anleger potentiell wenig attraktiv macht (Fliegauf et al. 2015).

Rolle des Staates in der Finanzierung sozialer Aufgaben: Problematisch wird hierbei häufig der mögliche Kontrollverlust gesehen, sowohl über den Social Service Provider selbst als auch über die Evaluation der Maßnahmen (Dermine 2014). Ein weiterer zentraler Kritikpunkt ist, dass durch SIBs demokratisch verteilte und legitimierte Kernkompetenzen ausgelagert werden (McHugh et al. 2013; von Schnurbein et al. 2015).

Rolle des Social Service Providers: Kritik gibt es auch an den möglichen Implikationen von SIBs für die Arbeit der ausführenden NPOs. Je nach Art der Vereinbarung bieten SIBs möglicherweise „misaligned incentives". Unter Umständen besteht ein Anreiz, nur potentiell erfolgversprechende Personen in das Programm aufzunehmen („cherry-picking"). Denkbar ist in diesem Zusammenhang auch, dass bei vermehrter Finanzierung mittels SIB für manche Projekte oder Zielgruppen nicht mehr ausreichend Mittel zur Verfügung gestellt werden, es also zu einer Umverteilung öffentlicher Mittel hin zu SIB-kompatiblen Maßnahmen und Zielgruppen kommen kann. SIBs haben einen starken Fokus auf Präventionsmaßnahmen, diese sind allerdings nicht bei allen benachteiligten Zielgruppen gleich vielversprechend (Griffiths und Meinicke 2014; McHugh et al. 2013).

6 Mögliche (Aus-)Wirkungen von Social Impact Bonds

SIBs beeinflussen nicht nur die tatsächlich an ihrer Umsetzung beteiligten AkteurInnen. Vielmehr haben sie das Potential, die Beziehungen zwischen den Sektoren und die Finanzierung sozialer Ziele nachhaltig zu beeinflussen.

SIBs könnten eine neue Form des „contracting" zwischen Staat und NPOs darstellen. Ein wesentlicher Einflussfaktor auf Größe und Struktur des Nonprofit-Sektors sowie Finanzierungsquellen von NPOs ist der wohlfahrtsstaatliche Rahmen des jeweiligen Landes sowie dementsprechend die Beziehung zwischen NPOs und dem Staat (vgl. „Social Origins Theory" nach Salamon und Anheier 1996). Hierbei zeichnen sich „korporatistische" Regimes durch eine Kombination vergleichsweise hoher Staatsausgaben für Soziales mit einem gleichzeitig großen Nonprofit-Sektor aus. Das deutet darauf hin, dass NPOs zu einem großen Teil staatlich finanziert sind (Salamon und Anheier 1996). Für Österreich trifft dies im Besonderen für soziale Dienstleistungen zu, wobei der Großteil aus leistungsbezogenen Zahlungen stammt und der Anteil an Subventionen kontinuierlich abnimmt (Pennerstorfer et al. 2013).

Dieser Umstand spiegelt einen Wandel in der Finanzierung von NPOs und öffentlichen Diensten wider, der sich vor ca. 10-15 Jahren vollzogen hat. Subventionen, die an keine bestimmte Form der Leistungserbringung gebunden waren, wurden seltener, während Leistungsverträge mit der öffentlichen Hand an Bedeutung gewannen. Diese beinhalten konkrete Zielvereinbarungen darüber, welche Dienste im Rahmen der Finanzierung über eine festgelegte Periode erbracht werden müssen. Die Finanzierung über Leistungsverträge impliziert eine stärkere Aufgaben- bzw. Output-Orientierung (Zauner et al. 2006).

Mit SIBs könnte nunmehr der nächste Wandel in der staatlichen Finanzierung von NPOs und sozialen Diensten hin zu einer vertraglich vereinbarten Wirkungsorientierung einhergehen und damit künftig über das Instrument hinaus eine neue Form des „contracting" zwischen Staat und NPOs etabliert werden.

SIBs fungieren als Vermittler zwischen den Logiken der Sektoren. In den letzten Jahren sind die Grenzen zwischen privatem, staatlichem und Nonprofit-Sektor zunehmend unscharf geworden. Das äußert sich vor allem auf Organisationsebene: Es entstehen vermehrt Organisationsformen, die sich nicht strikt einer Logik zuordnen lassen und beispielsweise soziale Ziele mittels gewinnorientierter Geschäftsmodelle erreichen wollen (vgl. etwa Dees und Anderson 2003; Vandor et al. 2015). Auch wenn diese „blurring boundaries" noch nicht auf der Makro-Ebene, etwa bei Rechtsformen, angekommen sind (Mair und Noboa 2003), so ist doch verstärkte Kooperation und Kommunikation zwischen AkteurInnen der verschiedenen Sektoren feststellbar. SIBs stellen dementsprechend auch eine neue, stärker institutionalisierte Form dieser Kooperation und Kommunikation dar. SIBs stellen damit die Grenzen zwischen privaten und staatlichen sozialen Dienstleistungen in Frage bzw. erfordern deren Neudefinition (Sinclair et al. 2014).

SIBs als neues Finanzierungsinstrument stecken noch in den Kinderschuhen und die kommenden Jahre werden zeigen, ob sie geeignet sind, einen nachhaltigen Beitrag zur Lösung gesellschaftlicher Herausforderungen zu leisten. Ein breiterer Einsatz des Instruments wird vor allem im deutschsprachigen Raum davon abhängen, ob die involvierten AkteurInnen in der Lage sein werden, sich von etablierten institutionellen Arrangements zu lösen und entsprechende förderliche Rahmenbedingungen für intersektorale Kooperationen zu schaffen. Unabhängig vom Erfolg der einzelnen SIB-Beispiele, können sie aber unserer Einschätzung nach als mögliche Vorboten eines neuen Zusammenspiels zwischen Staat und NPOs bei der Finanzierung und Erstellung sozialer Dienstleistungen gedeutet werden.

7 Literatur

Aylott, M. und Shelupanov, A. (2011): Social Impact Bonds in Criminal Justice: from interesting idea to business as usual. Prison Service Journal May 195, S. 3-8.

Baliga, S. (2013): Shaping the success of Social Impact Bonds in the United States: Lessons learned from the privatization of U.S. Prisons. Duke Law Journal 63, S. 437-478.

Belinsky, M., Eddy, M., Lohmann, J. und George, M. (2014): The application of social impact bonds to universal health-care initiatives in South-East Asia. WHO South-East Asia Journal of Public Health 3 (3-4), S. 219-225.

Center for Global Development (2013): Investing in Social Outcomes: Development Impact Bonds. The Report of the Development Impact Bond Working Group.

Cox, B.R. (2012): Financing Homeless Prevention Programs with Social Impact Bonds. Review of Banking & Financial Law 31, S. 959-985.

Dees, G. und Anderson, B. (2003): For-Profit Social Ventures. International Journal of Entrepreneurship Education 2 (1), S. 1-26.

Deloitte (2012): Paying for outcomes. Solving comlpey societal issues through Social Impact Bonds.

Dermine, T (2014): Establishing Social Impact Bonds in Continental Europe. M-RCBG Associate Working Paper Series, Harvard Kennedy School - Mossavar-Rahmani Center for Business and Government.

Dowling, E. und Harvey, D. (2014): Harnessing the Social: State, Crisis and (Big) Society. Sociology 48 (5), S. 869-886.

Fliegauf, M.T., De Carlo, L., Herdrich, J., Hornauer, D., Jansen, T., Schramm, T., Schetelig, K. und Xu, G. (2015): Sozialer Wirkungskredit. Struktur, Potentiale, Herausforderungen. Policy Brief. Stiftung Neue Verantwortung.

Fokus Bern. (2015): Social Impact Bond Pilotprojekt. Abgerufen unter: http://www.fokus-bern.ch/de/unsere-ziele/innovative-anreize.

Fox, C. und Albertson, K. (2011): Payment by results and social impact bonds in the criminal justice sector: New challenges for the concept of evidence-based policy? Criminology and Criminal Justice 11 (5), S. 395-413.

Galitoupoulou, S. und Noya, A. (2015): Understanding Social Impact Bonds. Financing Social Economy Enterprises. ULESS. Luxembourg, S. 107-161.

Goodall, E. (2014): Choosing Social Impact Bonds. A Practitioner's Guide. London.

Griffiths, A. und Meinicke, C. (2004): Introduction to Social Impact Bonds and Early Intervention.

Gustafsson-Wright, E., Gardiner, S. und Putcha, V. (2015): The Potential and Limitations of Impact Bonds. Lessons from the First Years of Experience Worldwide. Washington, DC: Brookings Institution.

Jackson, E.T. (2013): Evaluating social impact bonds: questions, challenges, innovations, and possibilities in measuring outcomes in impact investing. Community Development 44 (5), S. 608-616.

Juvat gGmbh (2013): Der erste deutsche Social Impact Bond: Das Modellprojekt in Augsburg. http://www.benckiser-stiftung.org/content/5-blog/28-overview-pilot-project-in-augsburg/juvat_augsburg_dt.pdf.

Juvat gGmbh (2015): Der erste österreichische Social Impact Bond: Ökonomisches und soziales Empowerment von gewaltbetroffenen Frauen.

Jones, M.B. (2007): The Multiple Sources of Mission Drift. Nonprofit and Voluntary Sector Quarterly 36 (2), S. 299-307.

Liebman, J.B. (2011): Social Impact Bonds. A promising new financing model to accelerate social innovation and improve government performance. Washington, DC: Center for American Progress.

Maier, F., Godina, F. und Barbetta, G.P. (2016): Paradoxes of Social Impact Bonds. Konferenzbeitrag, 12th ISTR Conference, Stockholm, Schweden, Juni 2016.

Mair, J. und Noboa, E. (2003): The Emergence of Social Enterprises and Their Place in the New Organizational Landscape. IESE Working Papers.

McHugh, N.A., Sinclair, S., Roy, M., Huckfield, L. und Donaldson, C. (2013): Social impact bonds: a wolf in sheep's clothing? Journal of Poverty and Social Justice 21 (3), S. 247-257.

McKinsey & Company (2012): From Potential to Action: Bringing Social Impact Bonds to the US.

Pauly, M. und Swanson, A. (2013): Social Impact Bonds in Nonprofit Healthcare: New Product or New Package? NBER Working Paper Series Working Paper 18991.

Pennerstorfer, A., Schneider, U. und Badelt, C. (2013): Der Nonprofit-Sektor in Österreich. Handbuch der Nonprofit Organisationen. Strukturen und Management. In: R. Simsa, M. Meyer und C. Badelt (Hrsg.), 5.Aufl., Stuttgart, S. 55-75.

Rangan, V.K. und Chase, L.A. (2015): The Payoff of Pay-for-Success. Stanford Social Innovation Review 4, S. 28-38.

Rosenberg, T. (2013): An Investment Strategy in the Human Interest. The New York Times Opinion Pages. URL: http://opinionator.blogs.nytimes.com/2013/06/19/an-investment-strategy-in-the-human-interest/ (Zuletzt abgerufen am 20.03.2017).

Salamon, L.M. und Anheier, H.K. (1996): Social Origins of Civil Society: Explaining the Nonprofit Sector Cross-Nationally. Working Papers of the John Hopkins Comparative Nonprofit Sector Project. The John Hopkins University Institute for Policy Studies.

Sinclair, S., McHugh, N.A., Huckfield, L., Roy, M. und Donaldson, C. (2014): Social Impact Bonds: Shifting the Boundaries of Citizenship. In: K. Farnsworth, Z. Irving und M. Fenger (Hrsg.): Social Policy Review 26: Analysis and Debate in Social Policy. Bristol: Policy Press.

Social Finance UK (2012): A New Tool for Scaling Impact: How Social Impact Bonds Can Mobilize Private Capital to Advance Social Good.

Social Finance UK (2014): Social Finance Statement - Peterborough Social Impact Bond.

Stefan, L. (2016): Social Impact Bonds: Investoren stützen die Sozialpolitik. NZZ.

Vandor, P., Millner, R., Moder, C., Schneider, H. und Meyer, M. (2015): Das Potential von Social Business in Österreich. Wien.

VERA Institute of Justice (2015): Impact Evaluation of the Adolescent Behavioral Learning Experience (ABLE) Program at Rikers Island. Summary of Findings.

von Schnurbein, G., Fritz, T. und Mani, S. (2015): Social Impact Bonds. CEPS Forschung und Praxis.

Warner, M.E. (2013): Private finance for public goods: social impact bonds. Journal of Economic Policy Reform 16 (4), S. 303-319.

Zauner, A., Heimerl, P., Mayrhofer, W., Meyer, M., Nachbagauer, A., Praschak, S. und Schmidtmayr, H. (2006): Von der Subvention zum Leistungsvertrag. Neue Koordinations- und Steuerungsformen und ihre Konsequenzen für Nonprofit-Organisationen – Eine systemtheoretische Analyse. Berlin, Stuttgart, Wien.

Ist ein Förder-Assessment-Center für Freiwillige ein nutzenstiftendes Instrument eines nachhaltigen Personalmanagements in Nonprofit-Organisationen?

René Andeßner und Marietta Hainzer

1 Einleitung

Das formelle freiwillige Engagement ist auch in Österreich einem (fortschreitenden) Wandel unterworfen. Es ist im langfristigen Vergleich – sowohl was die Beteiligungsquote als auch die Beteiligungsintensität betrifft – rückläufig (vgl. dazu die Werte bei Badelt und Hollerweger 2001; BMASK 2013). Es ist zudem vielfältiger geworden; projektorientierte Aktivitäten und neue Formen des Engagements gewinnen (weiter) an Bedeutung. Die Motive für freiwilliges Engagement wandeln sich. Tendenziell treten Werte wie Solidarität, Altruismus und (gelebte) Nächstenliebe zulasten eigennutzorientierter Motive vermehrt in den Hintergrund (More-Hollerweger 2014).

Als Folge dieser Entwicklungen intensiviert sich gegenwärtig der Wettbewerb um die Ressource Freiwilligen-Engagement. Viele (größere) Nonprofit-Organisationen (kurz: NPO) verstärken nicht nur ihre Bemühungen hinsichtlich der Gewinnung (bzw. Mobilisierung) von Freiwilligen, sondern trachten vermehrt danach, bereits aktive Freiwillige nachhaltig an die Organisation zu binden. Nachhaltige Mitarbeiterbindung hat auch einen Konnex zur Frage, ob die Freiwilligen ihren spezifischen Kompetenzen und Fähigkeiten entsprechend eingesetzt werden. Die steigende Professionalisierung der Dienstleistungen stellt zudem höhere Anforderungen an deren Fähigkeiten und Kompetenzen.

Sowohl die Frage der nachhaltigen Bindung von Mitarbeitern als auch jene der nachhaltigen Sicherung der Qualität setzen voraus, dass die Fähigkeiten, Kompetenzen und Potentiale von Freiwilligen erkannt und systematisch weiterentwickelt bzw. gefördert werden. Dabei stehen weniger die fachlichen Kompetenzen (im engeren Sinn) im Fokus, sondern sogenannte überfachliche, insbesondere *Sozial-, Methoden- und Persönlichkeitskompetenzen*.

Im Bereich der Kompetenzdiagnose werden *Assessment-Center* (kurz: AC) eingesetzt. Es handelt sich dabei um eine *multiple* Verfahrenstechnik, in der mehrere eignungsdiagnostische Instrumente oder leistungsrelevante Aufgaben kombiniert werden. Damit sollen sowohl die aktuellen Kompetenzen als auch die voraussichtliche künftige Entwicklung und Bewährung von bestimmten Personen eingeschätzt werden. An einem AC nehmen mehrere Personen gleichzeitig als Beurteilte teil. Das Team der Beurteilenden schließt externe Experten ein (Schuler 2007). Im Verfahren werden die Leistung und das Verhalten der Teilnehmer z.B. in Gruppendiskussionen, Rollenspielen, Präsentationen und Fallstudien beobachtet, um Rückschlüsse auf Kompetenzen und Potenziale jeder einzelnen Person zu ziehen (vgl. dazu auch Ridder 2015).

Diente das AC ursprünglich allein als Instrument der Personalauswahl, so wird es nunmehr auch als *Personalentwicklungsinstrument*, insbesondere im Bereich der Sozial-, der Methoden- und der Persönlichkeitskompetenzen, eingesetzt, was z.B. als Entwicklungs-AC, Potenzial-AC oder Förder-AC bezeichnet wird. Der letztgenannte Begriff soll auch in diesem Beitrag Verwendung finden.

Während das Auswahl-AC den Fokus auf die Selektion bestimmter Personen aus einem Kreis von Bewerbern legt, steht bei einem Förder-AC ein intensives Feedback nach der Absolvierung diverser AC-Übungen im Vordergrund (Obermann 2013). Es soll für jeden Kandidaten ein eigenes Stärken-Schwächen-Profil erstellt werden, das ihm als Grundlage für zukünftige individuelle Förder- und Entwicklungsmaßnahmen dient (Hell 2011). Damit ist eine Konzentration auf Dimensionen verbunden, die entwickelbar sind und die Inszenierung von Lernen und Feedback im Zuge des Verfahrens selbst ermöglichen (Obermann 2013). Tabelle 1 verdeutlicht einige Details zur Abgrenzung zwischen den Instrumenten Auswahl-AC und Förder-AC.

Während sich in erwerbswirtschaftlichen Unternehmen Förder-AC auf bezahltes Personal bezieht, stellt sich in Nonprofit-Organisationen die Frage, ob und wie das Instrument des Förder-AC auch für Freiwillige sinnvoll eingesetzt werden kann. Eine systematische Entwicklung ihrer Kompetenzen und Fähigkeiten dient nicht nur dazu, die individuelle Leistungsfähigkeit der Freiwilligen zu sichern, sie kann auch deren jeweilige Zufriedenheit erhöhen und damit einen Beitrag zur Mitarbeiterbindung leisten.

Eine im Zuge des freiwilligen Engagements erworbene Sozial-, Methoden- und Persönlichkeitskompetenz wird vielfach auch im Berufsleben wirksam. In der Folge können auch die Unternehmen, in denen die Freiwilligen tätig sind, davon profitieren und es erscheint daher von Interesse, wie die Personalverantwortlichen dieser Unternehmen den Einsatz eines Förder-AC in einer bestimmten Nonprofit-Organisation beurteilen. Im Hinblick auf diese Fragestellungen führte das Österreichische Rote Kreuz, Landesverband Oberösterreich (kurz: OÖ RK) gemeinsam mit dem Institut für Public und Nonprofit Management an der Johannes Kepler Universität Linz eine *explorative* Studie durch. Ihr Ziel bestand auf der einen Seite darin, grundlegende Informationen darüber zu erhalten, ob und wie das Instrument des Förder-AC nutzenstiftend in der Organisation eingesetzt werden kann und ob es auch den Freiwilligen selbst als attraktiv erscheint. Auf der anderen Seite sollte der Frage nachgegangen werden, ob die (durch ein Zertifikat des OÖ RK bestätigte) Teilnahme an einem Förder-AC den Freiwilligen einen unmittelbaren Nutzen erbringt, wenn sie sich im Berufsleben um eine Stelle bewerben oder in einem Unternehmen Aufstiegschancen wahrnehmen wollen.

Tabelle 1: Unterschiede zwischen einem Auswahl-AC und einem Förder-AC

	Auswahl-AC	Förder-AC
Generelle Zielsetzung	Beurteilung von Kandidaten	Beurteilung und Förderung von Individuen und Teams
Verantwortung für die Beurteilung	„Experten" als Beurteiler (Assessoren)	„Experten" (Assessoren), Selbstbeurteilung und Peer-Feedback
Rolle des Assessors	Prüfer und Urteiler	Bewerter und Coach
Genauigkeit der Beurteilung	Sehr hoch	Hoch
AC-Klima	Stresserzeugend, Prüfungssituation, stark formalisiert und programmiert	Stress und Herausforderung gepaart mit Fürsorglichkeit und Entwicklungsperspektive
Formales Ergebnis	Beurteilungsblätter, Anträge für Entscheidungen	Beurteilungen und gemeinsam vereinbarte Fördermaßnahmen
Zeitpunkt des Feedbacks	Nach dem AC	Während des AC und nach dem AC
Durchschnittliche Dauer	1,5-2 Tage für Teilnehmende und Assessoren plus 3-5 Stunden Nacharbeit	3-5 Tage für Teilnehmende und Assessoren, die noch ca. 0,5-1 Tag Nacharbeit haben können
Bewährung als	Komplexes, verlässliches Selektionsverfahren	Diagnoseinstrument für Laufbahn, Ausbildungsbedarf, Teambildung und -entwicklung

Quelle: Mursch-Edlmayr 2016 in Anlehnung an Eck, Jöri und Vogt 2010, S. 11; gekürzt

Im Folgenden werden die zentralen Fragestellungen und die methodische Vorgangsweise der Studie vorgestellt und ausgewählte, zentrale Ergebnisse präsentiert. Einige Schlussfolgerungen im Hinblick auf die mögliche Implementierung des Instruments runden den Beitrag ab.

2 Forschungsfragen und methodische Vorgehensweise

Die empirische Untersuchung ist als Einzelfallstudie angelegt und geht von der individuellen Situation im Oö RK aus. Als rechtlich selbständiger Landesverband im österreichischen Roten Kreuz verfügt das Oö RK über acht Leistungsbereiche und 87 dezentrale Dienststellen, ca. 1.600 berufliche Mitarbeiter und

21.100 Freiwillige. Daneben sind ungefähr 550 Zivildiener tätig, also Personen, die einen Wehrersatzdienst leisten und anschließend vielfach als Freiwillige in der Organisation verbleiben. Von den Freiwilligen werden jährlich in etwa 3,0 Mio. Stunden geleistet (Oberösterreichisches Rotes Kreuz 2016).
Folgende Fragen präzisieren die mit der Studie verbundenen Fragestellungen:

1. Erscheint den im Oö RK tätigen Freiwilligen ein Förder-AC als ein attraktives Instrument, um ihre Kompetenzen und Potentiale sowie deren Entwicklungsmöglichkeiten einzuschätzen? Erwarten sie sich einen persönlichen und beruflichen Nutzen von der Teilnahme an einem Förder-AC?

2. Wie stehen größere Unternehmen prinzipiell einem freiwilligen Engagement ihrer Mitarbeiter gegenüber? Halten sie es – als Arbeitgeber aktueller und potentieller Freiwilliger – für sinnvoll, wenn das Oö RK ein Förder-AC implementiert? Würde ein solches die Job- und Karrierechancen erhöhen, falls sich Freiwillige bei ihnen um eine Stelle bewerben oder bereits im Unternehmen arbeiten? Ist es in dieser Hinsicht vorteilhaft, den Prozess und das Ergebnis des Förder-AC in einem eigenen Zertifikat zu dokumentieren?

3. Erachten die hauptamtlichen Koordinatoren der dezentralen Einheiten (Ortsstellen) des Oö RK (insbesondere die Leiter der Dienststellen auf lokaler und regionaler Ebene) ein Förder-AC als eine nutzenstiftende Personalentwicklungsmaßnahme für bestimmte Freiwillige ihrer Dienststellen und unter welchen Bedingungen?

Die letztgenannte Forschungsfrage wurde ergänzt, um auch die Meinungen und Sichtweisen jener Akteure zu berücksichtigen, die im operativen Bereich den Einsatz der Freiwilligen koordinieren, mit ihnen im Alltagsleben zusammenarbeiten und sie letztlich in ihrem Engagement begleiten. Zusätzlich wurden auch einige Fragen gestellt, die erste Ansätze für die mögliche Ausgestaltung des Förder-AC bringen sollten (vor allem im Hinblick auf die optimale Länge und Terminierung sowie die zu lösenden Aufgaben und Übungen).

Methodisch wurde eine *differenzierte Vorgangsweise* gewählt, die sowohl qualitative als auch quantitative Elemente umfasst.

- Mit Blick auf den ersten Fragenkomplex wurde eine *schriftliche Befragung* der Freiwilligen in vier Dienststellen unterschiedlicher Größe (insgesamt 1.093 Freiwillige) durchgeführt. Die Dienststellen sind in verschiedenen oberösterreichischen Bezirken angesiedelt. Der städtische Bereich ist ebenso vertreten wie Dienststellen in ländlichen Regionen. 198 ausgefüllte Fragebögen wurden retourniert, das entspricht einem Rücklauf von ca. 19%.

- Mit Blick auf den zweiten Fragenkomplex wurden *zehn halbstandardisierte Interviews* mit Personalverantwortlichen ausgewählter oberösterreichischer Unternehmen geführt und gemäß der Methode der qualitativen Inhaltsanalyse nach Mayring (2015) ausgewertet. Diese entstammen unterschiedlichen Sektoren (u.a. Industrie, Gewerbe, Banken, Kammern, Gesundheitssektor).

Manche agieren (vorwiegend) regional, andere entfalten eine internationale Geschäftstätigkeit.

- Im Hinblick auf die letzte Forschungsfrage wurden hauptamtliche Koordinatoren der dezentralen Dienststellen zu einer *Fokusgruppe* eingeladen, an der schließlich neun Personen teilnahmen. Die Fokusgruppe (vgl. dazu auch Döring und Bortz 2016) wurde von den Autoren dieses Beitrages moderiert und dokumentiert. Dabei wurde die Annahme getroffen, dass eine interaktive Diskussion unter Kollegen und das damit verbundene wechselseitige Feedback mehr Erkenntnisse hervorbringen würde als eine Befragung in isolierten Einzelinterviews.

Schlussfolgerungen setzen in der Folge eine Triangulation der Ergebnisse voraus.

3 Ergebnisse der empirischen Forschung

3.1 Die Perspektive der freiwilligen Mitarbeiterinnen und Mitarbeiter

Tabelle 2 spiegelt die Ergebnisse der Befragung der freiwilligen Mitarbeiterinnen und Mitarbeiter wider (Werte in % der Befragten):

Tabelle 2: Zentrale Ergebnisse der Befragung

Nutzen	*zustimmend*	*unschlüssig*	*ablehnend*
Persönlicher Nutzen	57,1	-	42,9
Beruflicher Nutzen	47,7	35,8	16,5
Nutzen für die Freiwilligkeit	54,4	22,8	22,8
Mögliche Teilnahme am Förder-AC	85,6	10,8	3,6

57,1% der Befragten erwarten einen persönlichen Nutzen durch die Teilnahme am Förderseminar in dem Sinne, dass dieses dazu beiträgt, die eigenen Stärken und Schwächen besser einzuschätzen und Potentiale besser zu nutzen. 42,9% nehmen keinen persönlichen Nutzen bei der Absolvierung des Seminars wahr. Es gibt keine nennenswerten Unterschiede hinsichtlich Geschlecht, Altersgruppe und Beschäftigungsstatus. Personen mit einem abgeschlossenen Studium und Personen, die länger erwerbstätig sind, sehen tendenziell einen höheren Nutzen. 47,7% der Befragten erwarten sich einen beruflichen Nutzen in dem Sinne, dass das Förder-AC einen Beitrag dazu liefert, die Karrierechancen im eigenen Beruf zu verbessern, 35,8% sind diesbezüglich unschlüssig und nur 16,5% sehen keinen Nutzen. Es gibt keine nennenswerten Unterschiede hinsichtlich Geschlecht, Altersgruppen und Beschäftigungsstatus. Signifikant ist allerdings, dass sich

Personen mit einem niedrigeren Bildungsabschluss einen größeren Nutzen erwarten als solche mit einem höheren Bildungsabschluss.
54,4% der teilnehmenden Freiwilligen erkennen einen Nutzen für die Freiwilligentätigkeit, 22,8% sind unschlüssig und 22,8% erwarten sich keinen solchen. Es gibt keine nennenswerten Unterschiede hinsichtlich Geschlecht und kaum Unterschiede hinsichtlich des Beschäftigungsstatus. Allerdings spielen das Alter und der Bildungsabschluss in diesem Zusammenhang eine zentrale Rolle: Mehr als drei Viertel der jungen Freiwilligen erwarten sich einen diesbezüglichen Nutzen, aber nur ein Drittel der älteren Personen.
Durch den Erhalt eines Zertifikats nach der Absolvierung des Seminars erwarten sich lediglich 44,6% der Befragten einen persönlichen Nutzen, aber 63,4% einen beruflichen Nutzen. Die Zustimmungsrate ist mit 73,1% bei den jungen Freiwilligen am höchsten. Je jünger also die Befragten, desto höher der erhoffte berufliche Nutzen.
Generell hoch ist das Interesse am Seminar. 85,6% der Befragten geben an, dass sie an einem solchen teilnehmen würden, 10,8% sind unschlüssig. Häufig wird von Befragten der letztgenannten Gruppe am Fragebogen vermerkt, dass sie eine Teilnahme von der konkreten Ausgestaltung abhängig machen. Bloß 3,6% können sich eine Teilnahme nicht vorstellen. Die hohe Bereitschaft zur Teilnahme lässt sich einerseits dadurch erklären, dass die älteren Teilnehmer einen persönlichen, die jüngeren einen beruflichen Nutzen sehen, gleichzeitig aber beide Gruppen aus den jeweils unterschiedlichen Motiven am Seminar teilnehmen würden. Andererseits sind auch Freiwillige, die keinen unmittelbaren Nutzen sehen, in hohem Maße bereit, am Förder-AC teilzunehmen. Somit sind offensichtlich auch andere Motive, wie z.B. die pure Neugier, die Gesalligkeit und der Spaß, die mit dem Besuch eines Seminars verbunden sein können, sowie das Kennenlernen von Kolleginnen und Kollegen anderer Dienststellen von Bedeutung.
Bei der Frage, an welchen Wochentagen das Seminar abgehalten werden soll, dominiert eindeutig das Wochenende, alle anderen Varianten finden eine deutlich geringere Zustimmung.

3.2 Die Perspektive der Personalverantwortlichen oberösterreichischer Unternehmen

Die Personalverantwortlichen der befragten oberösterreichischen Unternehmen engagieren sich größtenteils selbst freiwillig und stehen in der Folge einem freiwilligen Engagement ihrer eigenen Mitarbeiter und Mitarbeiterinnen positiv gegenüber. Sie sind weitgehend bereit, dies zu unterstützen, und denken dabei primär an Freiwillige in Einsatzorganisationen (Feuerwehr, Rettung), denen sie in der Regel die Möglichkeit bieten, Zeitausgleich für die Dauer der Einsätze zu nehmen. Ein freiwilliges Engagement wird vor allem deshalb positiv bewertet, weil es dazu beiträgt, beim Einzelnen die soziale Kompetenz (wie z.B. Teamfähigkeit, Konfliktfähigkeit, soziale Verantwortung), die persönliche Kompetenz (wie z.B. Selbstbewusstsein, Belastbarkeit, Stressresistenz, Eigenverantwortung) und auch die allgemeine Methodenkompetenz (wie z.B. Organisationsfähigkeit, Problemlösungskompetenz) zu fördern. Damit sprechen die Befragten jene Kompetenzbereiche an, die im Mittelpunkt eines Förder-AC stehen. Folgerichtig bewerten die Personalverantwortlichen auch ein internes Förder-AC überwiegend (sehr) positiv. Indem den Teilnehmern ein Feedback über die eigenen Stärken und Schwächen und ein diesbezügliches Entwicklungspotential aufgezeigt wird, profitieren sie selbst, aber auch die Nonprofit-Organisation. Am meisten würden junge freiwillige Rot-Kreuz-Mitarbeiter und -Mitarbeiterinnen profitieren, die bislang über eine geringe oder gar keine Berufserfahrung verfügen und somit in einer entscheidenden Phase ihres Lebens die Chance erhalten, ihre eigene Person und ihre Potentiale bewusst zu reflektieren.

Eine Freiwilligentätigkeit kann auch einen Vorteil im Bewerbungsprozess darstellen; wie und in welchem Ausmaß, hängt von der konkret zu besetzenden Position ab. Die Information, dass der Bewerber beim Oö RK ein spezielles Förder-AC durchlaufen hat, ist in diesem Zusammenhang hilfreich. In der Folge ist es sinnvoll, die Teilnahme zu bestätigen und dabei den Prozess und die konkreten Aufgabestellungen des Förder-AC zu dokumentieren. Dies ermöglicht es den Personalverantwortlichen, das Förder-AC im Verlauf des Bewerbungsgespräches bewusst anzusprechen.

Ein Zertifikat, in dem die individuellen Stärken und Schwächen sowie das konkrete Entwicklungspotential explizit und detailliert dokumentiert sind, wird zwar als Feedback für die Teilnehmer für sinnvoll erachtet, es hat aber für die Bewerbung um eine bestimmte Stelle eine tendenziell untergeordnete Bedeutung. Die Personalverantwortlichen betonen in dieser Hinsicht die Notwendigkeit, sich im Zuge des Bewerbungsprozesses ein eigenständiges Bild zu machen. Konsequenterweise wird auch die Frage, ob ein solches Zertifikat die Aufstiegschancen eines bereits im Unternehmen tätigen Mitarbeiters verbessern könnte, verneint.

3.3 Die Perspektive der hauptamtlichen Koordinatoren

Am Beginn der Fokusgruppe betonen die hauptamtlichen Koordinatoren die steigende Bedeutung der nachhaltigen Mitarbeiterbindung für zukünftige Aktivitäten im Freiwilligenmanagement. In diesem Zusammenhang spielt die Frage, ob die Mitarbeiter ihren Interessen, aber auch Fähigkeiten und Kompetenzen entsprechend eingesetzt werden, eine wesentliche Rolle.

Grundsätzlich sollte der freiwillige Charakter eines Förder-AC nicht in Frage gestellt werden und eine Teilnahme jenen offen stehen, die sie selbst anstreben. Überlegenswert wäre es aber, den Kandidaten bestimmter (kostenintensiver) Ausbildungen, die auf eine bestimmte Funktion oder Tätigkeit vorbereiten (z.B. Offiziersausbildung, Ausbildung zu Lehrbeauftragten), einen vorhergehenden Besuch eines Förder-AC zumindest (stark) zu empfehlen. Dieses könnte in einer objektivierten Form die Eignung und das Entwicklungspotenzial des Interessenten bestätigen oder auch zum Ausdruck bringen, dass Eigen- und Fremdbild bzw. Interesse und tatsächliche Eignung differieren. In der Diskussion wird die Befürchtung geäußert, dass Ergebnisse, die nicht den eigenen Erwartungen entsprechen, die Motivation bestimmter Freiwilliger negativ beeinflussen könnten. Ein Förder-AC stellt eine Momentaufnahme dar, seine Ergebnisse dürfen daher nicht verabsolutiert bzw. überbewertet werden und die gesamte weitere Entwicklung festlegen. Manche Mitarbeiter entfalten ihr Potential erst „zeitverzögert".

Die Freiwilligen müssen speziell auf das Förder-AC vorbereitet werden. Es soll im Vorfeld gut kommuniziert werden, was sie dort konkret erwartet und dass die Ergebnisse der persönlichen Orientierung dienen und sie somit nicht befürchten müssen, vorschnell einen „Stempel" aufgedrückt zu bekommen. Schließlich erscheint es bedeutsam, das Förderseminar zu freiwilligenfreundlichen Zeiten anzubieten. Ein Tages-Seminar am Samstag mit einer Phase des Kennenlernens („warming up") am Freitagnachmittag oder -abend wird als die vermutlich beste Variante angesehen.

Zur Frage, ob es sinnvoll ist, ein eigenes Zertifikat für das Förder-AC auszustellen, werden kaum Aussagen getroffen. Die Mitglieder der Fokusgruppe sind regelmäßig mit dem Ersuchen (junger) Freiwilliger konfrontiert, ihnen Bestätigungen und konkrete Empfehlungsschreiben für Bewerbungen auszustellen. Die Ergebnisse eines Förder-AC könnten in diesem Zusammenhang hilfreich sein. Stellt man tatsächlich ein Zertifikat aus, so könnte dessen Bedeutung steigen, wenn nicht nur das Oö RK, sondern auch eine anerkannte Organisation aus dem Bildungs- oder Personalsektor als zertifizierende Instanz aufscheint. Derartige Kooperationen erscheinen daher erstrebenswert.

Abschließend betonen die hauptamtlichen Koordinatoren, dass sie ein Förder-AC nicht nur für die freiwilligen, sondern auch für die hauptamtlichen Mitarbeiter und Mitarbeiterinnen als sehr sinnvoll bzw. nutzenstiftend erachten und das Instrument auch in diesem Bereich implementiert werden sollte.

4 Schlussfolgerungen

Resümierend kann festgehalten werden, dass die befragten Freiwilligen, Personalverantwortlichen und hauptamtlichen Koordinatoren dem Instrument des Förder-AC überwiegend positiv gegenüberstehen. Es trägt dazu bei, dass Freiwillige sich selbst bzw. ihrer eigenen Stärken und Schwächen, Fähigkeiten und Kompetenzen bewusst werden und somit diese besser einschätzen können. Sie erhalten damit auch einen Hinweis, ob Eigen- und Fremdbild übereinstimmen, sowie eine Orientierung im Hinblick auf die eigenen Entwicklungsmöglichkeiten. Maßnahmen der Aus- und Weiterbildung können in der Folge gezielter eingesetzt werden.

Förder-AC können zudem die Zufriedenheit der Mitarbeiter steigern und ihre Bindung an die Organisation nachhaltig positiv beeinflussen. Austritte, deren

Ursachen außerhalb des Einflussbereiches der Organisation liegen, lassen sich damit aber nicht verhindern.
Mit einem Förder-AC sind ein hoher Personaleinsatz und auch hohe Kosten verbunden. Gleichzeitig unterliegt die Organisation budgetären Restriktionen. Es erscheint daher notwendig, das *Instrument selektiv einzusetzen* und sich in einer ersten Phase einer eventuellen Implementierung auf bestimmte Zielgruppen zu konzentrieren. Die Studie signalisiert in diesem Zusammenhang, dass ein Förder-AC für folgende Personenkreise von besonderem (privaten und beruflichen) Nutzen erscheint:

- Jugendliche, die im Oö RK bereits freiwillig aktiv sind – beispielsweise aus der eigenen Jugendorganisation kommen oder den Zivildienst bzw. ein freiwilliges soziales Jahr absolvieren. Sie profitieren nach Meinung von Personalverantwortlichen in besonderem Maße von der Möglichkeit, sich selbst und ihre Potentiale genauer kennen zu lernen. Die Ergebnisse des Förder-AC betreffen nicht nur die freiwillige Tätigkeit, sondern entfalten eine Wirkung darüber hinaus.
- Freiwillige, die schon länger im Oö RK tätig sind und sich für bestimmte Funktionen und Tätigkeiten (z.B. eine Offizierslaufbahn oder eine Tätigkeit als Lehrbeauftragter) interessieren, in denen eine überdurchschnittliche Sozial-, Methoden- und Persönlichkeitskompetenz erforderlich ist.
- Freiwillige, die im Oö RK tätig sind und potentielle Kandidatinnen bzw. Kandidaten für eine Übernahme als hauptamtlicher Mitarbeiter sind.

Obwohl beim Förder-AC der Fördergedanke im Zentrum steht, schwingen bei der zweiten und dritten Zielgruppe Aspekte der Auswahl „zumindest im Hintergrund" mit. Das Instrument eröffnet auch die Möglichkeit, Personen, die für eine bestimmte interne Laufbahn weniger geeignet erscheinen, dies im Zuge eines Förder-AC in einer objektivierten Art signalisieren zu können. Darüber hinaus können ggf. gezielt Alternativen zur angestrebten Funktion aufgezeigt werden.

Zugleich legt die Studie nahe, zwar *ein Zertifikat* auszustellen, das Dokument aber in *zwei Teile* zu trennen. Da es den Personalverantwortlichen von Unternehmen offenbar genügt, von der bloßen Absolvierung Kenntnis zu erlangen, erscheint es sinnvoll, das Zertifikat selbst als Teilnahmebestätigung auszustellen und (z.B. auf der Rückseite) kurz den Prozess und die Inhalte (Aufgaben) des Förder-AC zu beschreiben. In einem eigenen Schriftstück, das primär an den Teilnehmer selbst adressiert ist, sollte dann auf wenigen Seiten das Feedback, das die Beobachter während des Prozesses oder unmittelbar danach mündlich geben, in zentralen Punkten schriftlich festgehalten werden. Darin sind eventuelle Empfehlungen für weitere Förder- oder Entwicklungsmaßnahmen eingeschlossen. Jeder Teilnehmer kann in der Folge selbst entscheiden, wie er dieses Dokument einsetzt (z.B. ob er es einer Bewerbung beilegt oder nicht).

Die Ergebnisse der drei Befragungen signalisieren auch, dass das Förder-AC erklärungsbedürftig ist. Insofern ist es auch eine kommunikative Herausforderung, den angestrebten Zielgruppen seinen Sinn und Nutzen mit überzeugenden Argumenten zu verdeutlichen. Vermutlich muss dabei auch gewissen Unsicherheiten, Vorurteilen und Mentalreservationen entgegengewirkt werden. Die persönliche Ansprache sollte die schriftliche Ausschreibung zumindest ergänzen. Gleichzeitig darf die Art und Weise, wie das Angebot intern kommuniziert wird, nicht Hoffnungen und Erwartungen wecken, welche die Organisation z.B. aufgrund budgetärer Restriktionen nicht erfüllen kann. Das betrifft insbesondere die mögliche Anzahl an Personen, die in einem bestimmten Zeitraum tatsächlich an einem Förder-AC teilnehmen können.

In organisatorischer Hinsicht erscheint es sinnvoll, das Förder-AC im Wege der eigenen Bildungsakademie des Oö RK anzubieten. Dies entspricht nicht nur deren Aufgabenbereich, sie ist auch extern zertifiziert und kann auf einschlägige Gütesiegel im Bereich der Erwachsenenbildung verweisen. Darüber hinaus stellt sich aber die Frage, ob das Oö RK auf einer formellen Basis mit einschlägigen Spezialisten zusammenarbeiten und dies auch nach außen hin (z.B. am Zertifikat) zum Ausdruck bringen will.

Der Zeitpunkt und die Dauer des Förder-AC müssen den zeitlichen Möglichkeiten Freiwilliger entsprechen. Dass dabei der Freitagabend und der Samstag im Zentrum der Überlegungen stehen, überrascht zwar wenig, ist aber für die grundsätzliche Akzeptanz des Angebots von entscheidender Relevanz.

Bei jeder Einzelfallstudie stellt sich schließlich die Frage, inwieweit ihre Ergebnisse über den jeweiligen Fall hinaus von Relevanz sein können. Dies erscheint dort möglich zu sein, wo die Situation vom Muster her dem betrachteten Fall ähnlich ist, so dass ein Analogieschluss zulässig ist. Zumindest für eine Reihe von Einsatzorganisationen kann eine diesbezügliche Vermutung angestellt werden.

Anmerkung: In die Ausführungen sind die Ergebnisse zweier (laufender) Diplomarbeitsprojekte eingeflossen. Die Autoren danken in diesem Zusammenhang den Diplomandinnen Frau Katharina Mursch-Edlmayr und Frau Maja Pocrnja.

5 Literatur

Badelt, C. und Hollerweger, E. (2001): Das Volumen ehrenamtlicher Arbeit in Österreich. Working Paper Nr. 6. URL: http://www.wu.ac.at/sozialpolitik/pub/wp6 (14.03.2014).
BMASK – Bundesministerium für Arbeit, Soziales und Konsumentenschutz (2013): Freiwilliges Engagement in Österreich. Bundesweite Bevölkerungsbefragung 2012. Studienbericht, Wien.
Döring, N. und Bortz, J. (2016): Forschungsmethoden und Evaluation in den Sozial- und Humanwissenschaften, 5. Aufl., Berlin und Heidelberg.
Eck, C.D., Jöri, H. und Vogt, M. (2010): Assessment-Center. Entwicklung und Anwendung, 2. Aufl. Berlin und Heidelberg.
Hell, S. (2011): Assessment Center. Souverän agieren – gekonnt überzeugen, 2. Aufl., München.
Mayring, P. (2015): Qualitative Inhaltsanalyse: Grundlagen und Techniken, 12. Aufl., Weinheim und Basel.
More-Hollerweger, E. (2014): Entwicklung von Freiwilligenarbeit. In: Zimmer, A.E. und Simsa, R. (Hrsg.): Forschung zu Zivilgesellschaft, NPOs und Engagement. Quo vadis? Wiesbaden, S. 301-314.

Mursch-Edlmayr, K. (2016): Ein Förder-Assessment für freiwillige Mitarbeiter beim Oberösterreichischen Roten Kreuz, Diplomarbeit JKU Linz.

Obermann, C. (2013): Assessment Center. Entwicklung, Durchführung, Trends, 5. Aufl., Wiesbaden.

Oberösterreichisches Rotes Kreuz (2016): Das Rotkreuz-Jahr 2015. URL: https://www.roteskreuz.-at/nocache/ooe/news/aktuelles/news/datum/2016/06/22/das-rotkreuz-jahr-2015/ (05.07.2016).

Ridder, H.-G. (2015):Personalwirtschaftslehre, 5. Aufl. Stuttgart.

Schuler, H. (2007): Assessment Center als multiples Verfahren zur Potenzialanalyse: Einleitung und Überblick. In: Schuler, H. (Hrsg.): Assessment Center zur Potenzialanalyse, Göttingen u.a., S. 3-36.

Wandel der Motive Freiwilliger durch die Gestaltung motivierender Tätigkeiten? – eine Cross-Lagged-Panel-Studie

Stefan Tomas Güntert

1 Ausgangspunkt

Die Frage nach den Gründen, welche Menschen dazu bewegen, für Projekte, Initiativen und Nonprofit-Organisationen freiwillig und ohne Bezahlung zu arbeiten, stimulierte reichlich sozialwissenschaftliche Forschung. Ein theoretischer Rahmen aus dem Bereich der Sozialpsychologie, der sog. funktionale Ansatz, beschreibt eine Reihe von Funktionen, die Freiwilligenarbeit für die handelnde Person erfüllen kann (Clary et al. 1998). Diese funktionale Sicht auf Freiwilligenarbeit überwindet vereinfachende Beschreibungen altruistischer bzw. egoistischer Beweggründe, denn eine Freiwilligentätigkeit kann für dieselbe Person gleichzeitig selbstbezogene und gemeinschaftsbezogene Funktionen erfüllen. Darüber hinaus kann sich die persönliche Relevanz verschiedener Funktionen der Freiwilligenarbeit im Laufe des Engagements verändern; Motive, die zu Beginn der Tätigkeit bestimmend waren, mögen verblassen, während neue Funktionen zum nachhaltigen Engagement motivieren (die Begriffe „Funktion" und „Motiv" werden im funktionalen Ansatz häufig austauschbar verwendet). Organisationen können diesen Prozess aktiv beeinflussen und haben die Möglichkeit, etwa durch die Gestaltung motivierender Aufgaben gerade diejenigen Motive zu fördern, die mit nachhaltigem Engagement in Verbindung gebracht werden.

2 Ziel der Studie

Ziel der vorliegenden empirischen Studie war es, im Rahmen einer Längsschnittstudie die Veränderung der Motive Freiwilliger im sozial-karitativen Bereich zu untersuchen. Als Gestaltungsmerkmal der Freiwilligentätigkeit wurde das sog. Motivationspotenzial der Aufgaben betrachtet. Sämtliche Konstrukte – die Motive der Freiwilligen sowie die Merkmale der Aufgaben im Sinne des Motivationspotenzials – wurden zu zwei Zeitpunkten gemessen. Damit liegt ein sog. Cross-Lagged-Panel-Design vor, durch das sich Annahmen über die Richtung von Wirkzusammenhängen untersuchen lassen.
Im Folgenden werden zunächst der funktionale Ansatz sowie das Konzept des Motivationspotenzials von Arbeitstätigkeiten vorgestellt, bevor die Methodik skizziert wird und die Resultate berichtet und diskutiert werden.

3 Funktionaler Ansatz

Freiwilligenarbeit lässt sich als geplantes Helfen beschreiben, d.h. als freiwilliges, andauerndes und prosoziales Handeln. Im Unterschied zum spontanen Hilfeverhalten bietet sich daher ein motivationaler Zugang an, um die Suche nach einem Engagement und die Bereitschaft, dieses über längere Zeit hinweg auszuüben, erklären zu können (Snyder, Clary und Stukas 2000).
Clary et al. (1998) übertrugen die aus der Einstellungsforschung bekannte funktionale Analyse auf Freiwilligentätigkeiten. Parallel zur Frage „Welche psychologischen Funktionen erfüllt es, eine bestimmte Einstellung zu vertreten?" untersuchten sie die Funktionen, welche freiwilliges Engagement für das handelnde Individuum erfüllen kann. Das von Clary et al. entwickelte Instrument zur Messung der Motivation Freiwilliger, das *Volunteer Functions Inventory* unterscheidet sechs Funktionen der Freiwilligenarbeit, die als Motive erfahren werden (Oostlander et al. 2014):

- *Wertefunktion*: Eigene Wertvorstellungen können zum Ausdruck gebracht werden (z.B.: „Ich kann etwas für eine Sache, die mir persönlich wichtig ist, tun")
- *Erfahrungsfunktion*: Neues kann erlernt, praktische Erfahrung gesammelt werden (z.B.: „Freiwilligenarbeit ermöglicht mir, Dinge durch praktische Erfahrung zu lernen")
- *Karrierefunktion*: Freiwilligenarbeit ermöglicht u.a. für den Beruf relevante Kontakte (z.B.: „Durch die Freiwilligenarbeit kann ich verschiedene berufliche Möglichkeiten kennenlernen")
- *Soziale Anpassungsfunktion*: Die eigene Einbindung in eine Gruppe kann gestärkt werden (z.B.: „Menschen, die mir nahe stehen, messen gemeinnütziger Arbeit einen hohen Stellenwert bei")
- *Selbstwertfunktion*: Das Selbstwertgefühl wird gesteigert (z.B.: „Durch die Freiwilligenarbeit fühle ich mich selbst besser")
- *Schutzfunktion*: Man wird von eigenen Sorgen abgelenkt, Gefühle von Einsamkeit oder Schuldgefühle werden reduziert (z.B.: „Freiwilligenarbeit kann mich gut von meinen eigenen Sorgen ablenken")

Nachhaltiges freiwilliges Engagement erklärt der funktionale Ansatz durch die *Passung* zwischen den Funktionen, die für die handelnde Person wichtig sind, einerseits und den Tätigkeitsangeboten, die diesen Funktionen mehr oder weniger gerecht werden, andererseits (Stukas et al. 2009). Ein Beispiel zur Illustration: Personen, für die die Karrierefunktion sehr bedeutsam ist, sollten durch die Vergabe von Zertifikaten, welche die Aufgabenbereiche und Kompetenzen ausweisen, besonders in ihrem Engagement bestärkt werden.
Jüngste Studien zeigen, dass nicht alle Funktionen bzw. Motive gleichermaßen mit Kriterien erfolgreicher Freiwilligenarbeit assoziiert sind (z.B. Stukas et al. 2016): Die auf andere Personen gerichteten Funktionen – d.h. besonders die

Wertefunktion – hängen stärker mit der Zufriedenheit, Fortsetzungsintention und Gesundheit der Freiwilligen zusammen als Funktionen, bei denen der persönliche Nutzen oder das eigene Selbstwertgefühl im Vordergrund stehen. Vor dem Hintergrund der Selbstbestimmungstheorie schlagen Güntert et al. (2016) vor, dass die unterschiedliche Nachhaltigkeit diverser Motivfunktionen u.a. durch die jeweils spezifische *Qualität* der Motivation erklärt werden kann. Die Selbstbestimmungstheorie unterscheidet zwischen selbstbestimmten und kontrollierten Arten der Motivation (vgl. Gagné und Deci 2006, für einen generellen Überblick und Güntert 2015, in Bezug auf den Kontext der Freiwilligenarbeit). Selbstbestimmte Motivation zeichnet sich aus entweder durch Interesse an und Herausforderung durch die Aufgaben (intrinsische Motivation) oder aber durch starke Identifikation mit den Inhalten der jeweiligen Tätigkeit. Kontrollierte bzw. fremdbestimmte Motivation hingegen bezeichnet das Phänomen, dass Personen eine Tätigkeit ausüben und Anstrengung zeigen, um Kritik und Schuldgefühle zu vermeiden bzw. Belohnungen und Selbstwertsteigerung zu erreichen.

Güntert et al. (2016) zeigen, dass sowohl die Werte- als auch die Erfahrungsfunktion stärker mit Selbstbestimmung als mit Kontrolle einhergehen, während sich für die anderen vier Funktionen des Volunteer Functions Inventory genau die umgekehrten Zusammenhänge zeigen. Es ist keinesfalls so, dass bestimmte Motivfunktionen vor dem Hintergrund dieser Ergebnisse als generell problematisch bezeichnet werden können. Vielmehr wird die Bedeutung der selbstbestimmten Motivation im Kontext freiwilligen Engagements hervorgehoben. Selbstbestimmung Freiwilliger zeigt sich sowohl im Ausdruck von Wertvorstellungen als auch im Streben danach, Erfahrung sammeln und Kompetenz aufbauen zu können.

In ihrem „Volunteer Process Model" postulieren Omoto und Snyder (2002), dass die Motive Freiwilliger nicht nur als Antezedenzien, sondern auch als Konsequenzen der Erfahrungen während der Freiwilligenarbeit zu verstehen sind. Motive können sich in der Auseinandersetzung mit dem Tätigkeitsangebot weiterentwickeln; die Prioritäten, was die persönlichen Funktionen des freiwilligen Engagements betrifft, können sich verschieben. Diesem Wandel der Motive können Organisationen, die mit Freiwilligen zusammenarbeiten, mit einem „Fine-Tuning" der Passung zwischen den Freiwilligen und den Tätigkeiten begegnen (Omoto, Snyder und Berghuis 1993).

Nachfolgend wird aus arbeitspsychologischer Perspektive dargestellt, wie sich Arbeitstätigkeiten (auch im Bereich der Freiwilligenarbeit!) so gestalten lassen, dass intrinsische Motivation und Identifikation erhalten bzw. entwickelt werden.

4 Motivationspotenzial von Tätigkeiten

Es erscheint plausibel, dass die konkrete Gestaltung der Freiwilligentätigkeiten das Ausmaß beeinflusst, in welchem ein bestimmtes Tätigkeitsangebot die Erwartungen der Freiwilligen – welche in den Motiven zum Ausdruck kommen –

erfüllen kann. Von dieser Passung hängt nach dem funktionalen Ansatz die Nachhaltigkeit des Engagements entscheidend ab. Freiwillig engagierte Personen erhalten keinen Lohn für ihre Tätigkeit. Vor diesem Hintergrund richtete die vorliegende Studie den Fokus auf Tätigkeitsmerkmale, die mit selbstbestimmter Motivation assoziiert werden (Gagné und Deci 2006). Die international prominenteste Theorie über Tätigkeitsmerkmale, welche die Motivation fördern, stellt das „Job Characteristics Model" von Hackman und Oldham (1976) dar. Fünf Kerndimensionen bestimmen das Motivationspotenzial einer Arbeitstätigkeit:

1. *Anforderungsvielfalt* (z.B.: „In meiner Freiwilligentätigkeit mache ich sehr viele verschiedene Dinge")
2. *Aufgabengeschlossenheit* (z.B.: „Meine Freiwilligentätigkeit ist so aufgebaut, dass ich einen vollständigen Arbeitsvorgang von Anfang bis Ende durchführe")
3. *Bedeutsamkeit der Aufgabe* (z.B.: „Meine Freiwilligentätigkeit wirkt sich bedeutsam auf das Leben anderer Menschen aus")
4. *Autonomie* (z.B.: „Bei meiner Freiwilligentätigkeit kann ich viele Entscheidungen selbständig treffen")
5. *Rückmeldung aus der Tätigkeit selbst* (z.B.: „Bei der Ausführung meiner Freiwilligentätigkeit kann ich leicht feststellen, wie gut ich arbeite")

Im Rahmen der vorliegenden Studie wurden diese fünf Tätigkeitsmerkmale additiv zu einem Gesamtwert für das Motivationspotenzial zusammengefasst.[1] Arbeitstätigkeiten mit starkem Motivationspotenzial stärken nicht nur die intrinsische Motivation, sondern fördern auch die Identifikation, d.h. die „Verinnerlichung" der Werte und Normen, die mit einer Arbeitstätigkeit verbunden sind – sei diese eine bezahlte bzw. berufliche oder aber eine unbezahlte bzw. freiwillige Tätigkeit. Dass das Motivationspotenzial von Tätigkeiten auch in der Freiwilligenarbeit einen Erfolgsfaktor nachhaltigen Engagements darstellt, konnten bereits zahlreiche Studien belegen (z.B. Millette und Gagné 2008; Neufeind, Güntert und Wehner 2013; van Schie et al. 2015).

Vor dem Hintergrund der Selbstbestimmungstheorie und des Job Characteristics Model wird als Hypothese formuliert: Das Motivationspotenzial der Freiwilligentätigkeiten geht mit einer stärkeren Bedeutung der Wertefunktion zum zweiten Zeitpunkt einher. Motivationsförderliche Arbeitsgestaltung wird als Antezedens der Wertefunktion angesehen, da bedeutsame Aufgaben, welche Entscheidungsspielraum einräumen und Rückmeldung bieten, die Internalisie-

---

[1] Ursprünglich schlugen Hackman und Oldham (1976) vor, das Motivationspotenzial einer Tätigkeit nach folgender Formel zu berechnen: (Anforderungsvielfalt + Aufgabengeschlossenheit + Bedeutsamkeit) * Autonomie * Rückmeldung. Die in diesem Beitrag vorgestellten Ergebnisse ändern sich nicht, wenn statt einer additiven die multiplikative Formel für das Motivationspotenzial genutzt wird.

rung von Wertvorstellungen und die Identifikation mit den Zielen der Tätigkeit erleichtern bzw. erhalten.

5 Methode

Die Stichprobe umfasste Personen, die sich in verschiedenen sozialen Projekten von vier Schweizer Nonprofit-Organisationen freiwillig engagierten. Das Aufgabenspektrum reichte von der Begleitung von Menschen mit Behinderung über die Telefonseelsorge bis hin zur Freizeitgestaltung mit Seniorinnen und Senioren. 790 Personen antworteten zu beiden Messzeitpunkten, zwischen welchen 16 Monate lagen.

Alle Konstrukte wurden in gleicher Weise zu beiden Zeitpunkten gemessen. Zur Messung der Motivfunktionen wurde das Volunteer Functions Inventory in der deutschsprachigen Version von Oostlander et al. (2014) eingesetzt. Die sechs Funktionen wurden durch jeweils fünf Items gemessen (Beispiel-Items werden in Abschnitt 3 genannt), welche die befragten Personen auf einer Skala von 1 („überhaupt nicht wichtig") bis 5 („völlig wichtig") beantworten sollten.

Das Motivationspotenzial der Freiwilligentätigkeiten wurde mit dem Work Design Questionnaire gemessen (Stegmann et al. 2010). Dieses Instrument sieht drei bis vier Items pro Kerndimension des Motivationspotenzials vor und wurde in geringem Ausmaß auf den Kontext der Freiwilligenarbeit angepasst (Beispiel-Items werden in Abschnitt 4 genannt). Diese Items wurden auf einer Skala von 1 („stimme überhaupt nicht zu") bis 5 („stimme voll zu") eingestuft.

Was die interne Konsistenz der Skalen betrifft, so liegen die Werte für Cronbachs Alpha im (sehr) guten Bereich: Motivationspotenzial: $\alpha = .86/.87$ (Zeitpunkt 1/2); Werte: $\alpha = .79/.79$; Erfahrung: $\alpha = .82/.83$; Karriere: $\alpha = .82/.82$; soziale Anpassung: $\alpha = .84/.83$; Selbstwert: $\alpha = .81/.82$; Schutz: $\alpha = .84/.81$.

Zur Analyse des Cross-Lagged-Panel-Modells wurde die Statistiksoftware AMOS eingesetzt. Dabei wurden die Größen (d.h. die Motivfunktionen und das Motivationspotenzial) als manifeste Variablen in das Modell aufgenommen. Das bedeutet, es wurden die strukturellen Zusammenhänge fokussiert, nicht jedoch die einzelnen Variablen als latente Konstrukte modelliert.

6 Ergebnisse

Tabelle 1 stellt drei Strukturmodelle einander gegenüber: Modell 1 nimmt keine zeitlich versetzten Effekte zwischen den verschiedenen Variablen an, sondern lediglich Stabilitäten der Größen zwischen den beiden Zeitpunkten. Modell 2 sieht – der Hypothese entsprechend – zusätzlich einen zeitlich versetzten Effekt des Motivationspotenzials auf die Wertefunktion vor. Modell 3 enthält darüber hinaus zwei aufgrund sog. Modifikationsindizes vorgeschlagene zeitversetzte Effekte: (a) von der Erfahrungsfunktion auf das Motivationspotenzial, und (b) von der Selbstwertfunktion auf die Schutzfunktion.

Würde man, ausgehend von Modell 3 auf die beiden zusätzlichen Effekte verzichten, würde sich die Passung des Modells signifikant verschlechtern ($\Delta\chi^2 = 47.7$, $df = 2$, $p < .001$). Da beide Effekte theoretisch plausibel sind und der eigentlichen Hypothese dieser Studie nicht widersprechen, sondern diese ergänzen, wird diese explorative Erweiterung aufgrund der Modifikationsindizes als legitim erachtet.

Tabelle 1: Gütekriterien der Passung alternativer Strukturmodelle

Modell	χ^2	$\Delta\chi^2$	df	Δdf	χ^2/df	TLI	CFI	RMSEA	SRMR
Modell 1	153.0		42		3.64	.958	.981	.058	.053
Modell 2	137.8		41		3.36	.963	.983	.055	.049
Modell 3	90.0		39		2.31	.979	.991	.041	.037
Vergleich 1/2		15.3		1					
Vergleich 2/3		47.7		2					

Die Abkürzungen bezeichnen die folgenden Indizes: TLI = Tucker-Lewis index; CFI = comparative fit index; RMSEA = root mean square error of approximation; SRMR = standardized root mean square residual.

Abbildung 1 präsentiert die Ergebnisse der Cross-Lagged-Panel-Analyse auf der Grundlage von Modell 3. Die Hypothese wird von den Ergebnissen dieser Studie untermauert: Es zeigt sich ein positiver zeitlich versetzter Effekt des Motivationspotenzials der Freiwilligentätigkeit auf die Stärke der Wertefunktion ($\beta = .11$, $p < .001$).
Die aufgrund von Modifikationsindizes vorgeschlagenen Effekte sind beachtlich. Die Stärke der Erfahrungsfunktion zeigt einen positiven zeitlich versetzten Effekt auf das Motivationspotenzial ($\beta = .14$, $p < .001$). Innerhalb des Sets der Motivfunktionen zeigt die Selbstwertfunktion einen positiven zeitlich versetzten Effekt auf die Schutzfunktion ($\beta = .14$, $p < .001$).

Abbildung 1: Zeitlich versetzte Effekte zwischen dem Motivationspotenzial der Freiwilligentätigkeiten und den Motivfunktionen des Volunteer Functions Inventory

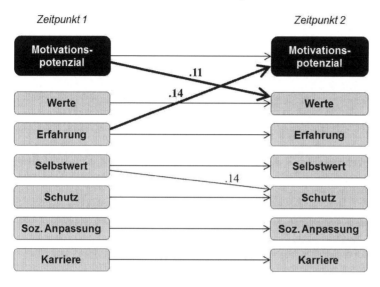

Dargestellt sind standardisierte Regressionsgewichte.

7 Diskussion

Die in diesem Beitrag vorgestellte Studie konnte zeigen: Eine gut gestaltete Freiwilligentätigkeit mit hohem Motivationspotenzial stärkt jene Motive, die mit dem Ausdruck von Wertvorstellungen und mit Nachhaltigkeit verbunden sind (Stukas et al. 2016). Die Grundidee bzw. Hoffnung motivationsförderlicher Arbeitsgestaltung kann daher auch für den Kontext der Freiwilligenarbeit untermauert werden. Vielfältige, ganzheitliche, für andere Menschen bedeutsame Aufgaben, welche Freiheit für selbständige Entscheidungen gewähren und Rückmeldung über die eigene Leistung vorsehen, motivieren nicht zur im Sinne einer optimalen Herausforderung, sondern unterstützen auch den Prozess der Internalisierung von Werten, die mit der jeweiligen Arbeitstätigkeit verbunden sind.

Bemerkenswert ist der Nebenbefund eines positiven zeitlich versetzten Effekts der Erfahrungsfunktion auf das Motivationspotenzial der Freiwilligentätigkeit. Offenbar gelingt es Freiwilligen, für die das Motiv, Erfahrungen sammeln zu können, wichtig ist, ihre Freiwilligentätigkeit so zu verändern, dass die selbstbestimmte Motivation nachhaltig gestärkt ist. Entweder entwickeln diese Freiwilligen ihre Tätigkeit weiter, so dass etwa neue Aufgaben übernommen oder auch Entscheidungsspielräume erschlossen werden, oder aber die Freiwilligen wechseln innerhalb derselben Organisation zu neuen Tätigkeiten, welche ein höheres

Motivationspotenzial aufweisen. Dieser Prozess lässt sich mit dem Konzept des *job crafting* umschreiben (Wrzesniewski und Dutton 2001): Freiwillige entwickeln eigeninitiativ ihre Tätigkeit weiter, um selbstbestimmte Motivation aufrechterhalten zu können.
Organisationen, die mit Freiwilligen zusammenarbeiten, sind daher gut beraten, (a) selbst aktiv in die Gestaltung motivierender Tätigkeiten zu investieren, d.h. etwa die Autonomie, Anforderungsvielfalt sowie die Rückmeldung zu verbessern, und (b) der Initiative jener Personen, für die die Erfahrungsfunktion sehr wichtig ist, nicht im Wege zu stehen, damit diese den motivierenden Gehalt ihrer Aufgaben selbst erhöhen können.
Sind motivierende Tätigkeiten für jede Person gleichermaßen wichtig? Zwar postuliert das Job Characteristics Model ein interindividuell variierendes Bedürfnis nach persönlichem Wachstum, welches beeinflusst, ob sich die motivationsförderlichen Merkmale der Tätigkeit auch tatsächlich in nachhaltige Motivation und Zufriedenheit „übersetzen" lassen. Dennoch zeigen sich auch bei Menschen, denen die persönliche Entwicklung in der Tätigkeit weniger wichtig ist, positive Zusammenhänge zwischen den Dimensionen des Motivationspotenzials und verschiedenen Zielgrößen erfolgreicher Arbeit.
In diesem Zusammenhang ist es wichtig, darauf hinzuweisen, dass die Forderung nach motivationsförderlicher Arbeitsgestaltung keinesfalls bedeutet, dass jede Freiwilligentätigkeit eine kognitiv herausfordernde zu sein braucht. Auch einfache Tätigkeiten lassen sich motivierender gestalten, beispielsweise wenn sich Aufgaben zu ganzheitlichen Einheiten zusammenstellen lassen, wenn Freiwillige an Entscheidungen beteiligt und wenn ihnen Freiräume für selbständiges Entscheiden zugestanden werden oder wenn es gelingt, die positive Wirkung der Freiwilligenarbeit sichtbar zu machen und zurückzumelden. Gerade wenn es um die Bedeutsamkeit der Freiwilligentätigkeit für das Leben anderer Menschen geht, sollten Organisationen nicht darauf vertrauen, dass diese Dimension des Motivationspotenzials eine Selbstverständlichkeit darstellt, die nicht „bewirtschaftet" zu werden braucht. Forschung im Bereich der Erwerbsarbeit zum sog. *relational job design* (Grant 2007) zeigt kreative Wege auf, wie man durch das Herstellen von Beziehung zu den Empfängerinnen und Empfängern der Produkte und Dienstleistungen die Motivation sowie die Zufriedenheit stärken kann.

Anmerkung: Das Projekt, in dessen Rahmen die in diesem Beitrag vorgestellte Studie durchgeführt wurde, wurde finanziell vom Schweizerischen Nationalfonds (Projekt-Nr. 100014_124444) unterstützt.

8 Literatur

Clary, E.G., Snyder, M., Ridge, R., Copeland, J., Stukas, A.A., Haugen, J. und Miene, P. (1998): Understanding and assessing the motivations of volunteers: A functional approach. Journal of Personality and Social Psychology 74, S. 1516-1530.
Gagné, M. und Deci, E.L. (2005): Self-determination theory and work motivation. Journal of Organizational Behavior 26, S. 331-362.

Grant, A.M. (2007): Relational job design and the motivation to make a prosocial difference. Academy of Management Review 32, S. 393-417.
Güntert, S.T. (2015): Selbstbestimmung in der Freiwilligenarbeit. In: Wehner, T. und S.T. Güntert (Hrsg.): Psychologie der Freiwilligenarbeit – Motivation, Gestaltung und Organisation. Heidelberg: Springer, S. 77-93.
Güntert, S.T., Strubel, I.T., Kals, E. und Wehner, T. (2016): The quality of volunteers' motives: Integrating the functional approach and self-determination theory. The Journal of Social Psychology 156, S. 310-327.
Hackman, J.R. und Oldham, G.R. (1976): Motivation through the design of work: Test of a theory. Organizational Behavior and Human Performance, 16, 250-279.
Millette, V. und Gagné, M. (2008): Designing volunteers' tasks to maximize motivation, satisfaction and performance: The impact of job characteristics on volunteer engagement. Motivation and Emotion 32, S. 11-22.
Neufeind, M., Güntert, S.T. und Wehner, T. (2013): The impact of job design on event volunteers' future engagement: Insights from the European Football Championship 2008. European Sport Management Quarterly 13, S. 537-556.
Omoto, A.M. und Snyder, M. (2002): Considerations of community: The context and process of volunteerism. American Behavioral Scientist 45, S. 846-867.
Omoto, A.M., Snyder, M. und Berghuis, J.P. (1993): The psychology of volunteerism: A conceptual analysis and a program of action research. In: J.B. Pryor und G.D. Reeder (Hrsg.): The social psychology of HIV infection. Hillsdale, NJ: Erlbaum, S. 333-356.
Oostlander, J., Güntert, S.T., van Schie, S. und Wehner, T. (2014): Volunteer Functions Inventory (VFI): Konstruktvalidität und psychometrische Eigenschaften der deutschen Adaptation. Diagnostica 60, S. 73-85.
Snyder, M., Clary, E.G. und Stukas, A.A. (2000): The functional approach to volunteerism. In: G.R. Maio und J.M. Olson (Hrsg.): Why we evaluate: Functions of attitudes. Mahwah, NJ: Erlbaum, S. 365-393.
Stegmann, S., van Dick, R., Ullrich, J., Charalambous, J., Menzel, B., Egold, N. und Tai-Chi Wu, T. (2010): Der Work Design Questionnaire: Vorstellung und erste Validierung einer deutschen Version. Zeitschrift für Arbeits- und Organisationspsychologie 54, S. 1-28.
Stukas, A.A., Hoye, R., Nicholson, M., Brown, K.M. und Aisbett, L. (2016): Motivations to volunteer and their associations with volunteers' well-being. Nonprofit and Voluntary Sector Quarterly, 45, February, S. 1112-1132.
Stukas, A.A., Worth, K.A., Clary, E.G. und Snyder, M. (2009): The matching of motivations to affordances in the volunteer environment: An index for assessing the impact of multiple matches on volunteer outcomes. Nonprofit and Voluntary Sector Quarterly 38, S. 5-28.
van Schie, S., Güntert, S.T., Oostlander, J. und Wehner, T. (2015): How the organizational context impacts volunteers: A differentiated perspective on self-determined motivation. Voluntas 26, S. 1570-1590.
Wrzesniewski, A. und Dutton, J.E. (2001): Crafting a job: Revisioning employees as active crafters of their work. Academy of Management Review 26, S. 179-201.

Die Relevanz der Nachhaltigkeit für Mitglieder – Eine empirische Untersuchung beim Schweizerischen Hängegleiter-Verband

Hans Lichtsteiner, Nathaly Schumacher und Vera Liechti

1 Ausgangslage

1.1 Zum Begriff der Nachhaltigkeit

Hans Carl von Carlowitz (1645-1714) gilt als Vater der Nachhaltigkeit. Er forderte schon früh, dass in einem Wald nur so viel abgeholzt werden sollte, wie sich der Wald in absehbarer Frist auf natürliche Weise regenerieren kann. Damit wollte er sicherstellen, dass das natürliche System des Waldes in seinen wesentlichen Eigenschaften langfristig erhalten bleibt. Ein solch nachhaltiges Verhalten entspricht heute einem gesellschaftlichen Konsens und damit einer Selbstverständlichkeit, die von allen Akteuren – Personen wie Institutionen – eingefordert wird. In den 1980er Jahren definierte die Brundtland-Kommission (1987) ein Konzept für eine nachhaltige Entwicklung und gab damit den Anstoß für einen weltweiten Diskurs über die Merkmale und Ausprägungen eines nachhaltigen Verhaltens. Die Philosophie, dass nach Gerechtigkeit für heutige und zukünftige Generationen sowie nach hohen ökologischen, sozial-kulturellen und ökonomischen Standards zu streben sei, bildete dabei den Grundkonsens der Diskussionen. So entstand der Leitgedanke, dass für die Sicherstellung der Lebensgrundlage für alle Menschen der Schutz der natürlichen Umwelt, die soziale Verantwortung und die wirtschaftliche Leistungsfähigkeit stets zu berücksichtigen und miteinander in Einklang gebracht werden müssten (Volker 1987; WCED 1987). Diese drei Dimensionen prägen auch heute noch die Beurteilung, wie nachhaltig ein Verhalten einzustufen ist. Die internationale Kommission für Umwelt und Entwicklung (WCED) umschreibt die drei Nachhaltigkeitsdimensionen dabei wie folgt:

1. Die ökologische Nachhaltigkeit hat das Ziel, Natur und Umwelt für nachfolgende Generationen zu erhalten. Der Umweltschutz im Sinne einer nachhaltigen Entwicklung strebt nach einer Verringerung des Rohstoff- und Energieverbrauchs, dem Schutz der biologischen Vielfalt, der Verbesserung der Umweltqualität und einer Risikoverminderung für Mensch und Umwelt.

2. Die soziale Nachhaltigkeit beschäftigt sich mit Frieden, individueller Freiheit und Entfaltungsmöglichkeiten, Chancengleichheit, sozialer Sicherheit und Gerechtigkeit. Es soll eine soziale Gerechtigkeit zwischen jetziger und zukünftigen Generationen sowie innerhalb der gegenwärtig lebenden Menschen sichergestellt werden.

3. Die ökonomische Nachhaltigkeit verfolgt den Anspruch, dass die Wirtschaftsweise so angelegt ist, dass sie dauerhaft eine tragfähige Grundlage für ein gutes Vorsorgeniveau gewährleistet. Es wird ein nachhaltig stabiles Wirtschaftssystem angestrebt.

Die drei Dimensionen sind als gleichrangig zu betrachten und müssen im Sinne einer Sicherstellung der Lebensgrundlage für alle Menschen gleichzeitig berücksichtigt werden (Volker 1987; WCED 1987).

1.2 Nachhaltige Verbandsausrichtung

In der Agenda 21, einem entwicklungs- und umweltpolitischen Aktionsprogramm für das 21. Jahrhundert, das 1992 in Rio de Janeiro von 172 Staaten auf der Konferenz für Umwelt und Entwicklung der Vereinten Nationen beschlossen wurde, wird festgehalten, dass viele Nachhaltigkeitsprobleme wie auch deren Lösung einer lokalen Ebene zuzuordnen sind (UN 1992, Kapitel 28.1): „Kommunen errichten, verwalten und unterhalten die wirtschaftliche, soziale und ökologische Infrastruktur, überwachen den Planungsablauf, entscheiden über die kommunale Umweltpolitik und kommunale Umweltvorschriften und wirken außerdem an der Umsetzung der nationalen und regionalen Umweltpolitik mit. Als Politik- und Verwaltungsebene, die den Bürgern am nächsten ist, spielen sie eine entscheidende Rolle bei der Informierung und Mobilisierung der Öffentlichkeit und ihrer Sensibilisierung für eine nachhaltige umweltverträgliche Entwicklung." Verbände weisen viele Parallelen zu Kommunen auf. Als Zusammenschluss von Gleichgesinnten in einem geographisch definierten Raum prägen sie ebenfalls über ihre Verhaltens- und Standesregeln die Nachhaltigkeit des Handelns der einzelnen Mitglieder gegen innen wie gegen außen. Entsprechend nehmen auch sie bezüglich nachhaltiger Entwicklung der Gesellschaft eine zentrale Rolle ein. Zudem funktionieren sie nach vergleichbaren Prinzipien wie Kommunen. Die Aushandlung der gemeinsamen Werte und Zielsetzungen geschieht ebenso in einem politischen, basisdemokratischen Prozess unter den Trägern der Organisation im Sinne eines Interessensausgleichs gegen innen wie gegen außen (Lichtsteiner 2015). Die Zielsetzungen einer NPO werden entsprechend durch folgende Faktoren geprägt (Schwarz 2006):

- Der Abstimmung von Werten und Bedürfnissen der Mitglieder als Träger der Organisation,

- staatlicher Steuerung über die Setzung rechtlicher Rahmenbedingungen, aber auch durch die Übertagung von Aufgaben auf Basis von Leistungsverträgen, und letztlich durch Anforderungen des Umfelds wie Marktmechanismen, aber auch der Notwendigkeit zur Schaffung einer gesellschaftlichen Akzeptanz der NPO.

Wie stark eine NPO die Nachhaltigkeit nun in ihrer Zielsetzung gewichtet, wird in der Regel durch diese Einflussfaktoren in unterschiedlichem Maß geprägt. Drittleistungs-NPO lassen sich dabei eher von ihren gesellschaftspolitischen

Idealvorstellungen leiten, während bei Eigenleistungs-NPO die Interessen und Bedürfnisse der Mitglieder stärker gewichtet werden. Letztlich entscheiden die Mitglieder, wo der Verband seine Schwerpunkte setzt. Damit bestimmen sie im Wesentlichen auch die Nachhaltigkeit der strategischen Ausrichtung eines Verbandes.

1.3 Der Schweizerische Hängegleiter-Verband

Der Schweizerische Hängegleiter-Verband (SHV) als Dachverband der Delta- und Gleitschirmpiloten in der Schweiz ist eine klassische Eigenleistungs-NPO. Neben den Delta- und Gleitschirmpiloten gehören auch die Speed Flyer und Gleitschirme mit Elektroantrieb zum SHV. Da weder kantonale noch regionale Substrukturen existieren, ist jeder Pilot direkt Mitglied beim nationalen Verband. Der SHV hat einen sehr hohen Organisationsgrad von nahezu 100%, was für einen Sportverband von Einzelsportlern außergewöhnlich hoch ist. Die Begründungen dafür liegen im Ausbildungsprozedere und der obligatorischen Versicherung für Piloten, die der Verband günstig und unkompliziert anbietet. Deshalb ist nahezu jeder Delta- und Gleitschirmpilot auch Mitglied beim SHV. Zusätzlich zu seiner Rolle als Dachverband übernimmt der SHV subsidiär zum Staat auch parastaatliche Aufgaben. Er führt ein Register der Delta- und Gleitschirmpiloten in der Schweiz und ist vom Bundesamt für Zivilluftfahrt (BAZL) mit deren Ausbildung betraut. Dazu gehören die Konzeption der Ausbildung, die Schulung der Fluglehrer, die Kontrolle und Zertifizierung von Schulen und die Durchführung von Prüfungen, dies mit dem Zweck der Unfallprävention. Der Verband ist aber auch mitverantwortlich, dass sich seine Mitglieder möglichst regelkonform und im Interesse des Sports verhalten. Gegenüber Piloten, die in gesperrten Zonen im Luftraum fliegen oder Wildruhezonen verletzen, spricht der Verband Mahnungen aus, rügt Piloten oder erstattet in einzelnen Fällen sogar Anzeige. Er vertritt also die Interessen seiner Mitglieder, ist aber auch gleichzeitig deren Aufsichts- und Kontrollorgan.

Die Statuten des SHV (2010) definieren die Aufgaben des Verbandes wie folgt: „Der Zweck des SHV ist die Förderung und Erhaltung des umweltfreundlichen Hängegleitersportes in jeglicher Form. Der SHV bekennt sich zum Spitzensport, fördert den Breitensport und die Sicherheit. Er leistet seinen Beitrag zur sinnvollen Freizeitgestaltung." Gemäß seinem Zweckartikel verfolgt der SHV also ökologische, soziale, und ökonomische Zielsetzungen. Diese Zwecksetzung wird im Rahmen des Leitbildes des SHV (2008) weiter konkretisiert:

- Indem er seine Mitglieder zur nachhaltigen Luftraumnutzung und zum Respekt vor gesperrten Zonen im Luftraum wie vor Wildruhezonen aufruft, fordert er von seinen Mitgliedern ein ökologisch nachhaltiges Verhalten ein,

- durch seinen Einsatz für Sicherheit, ein positives Image des Sports in der Gesellschaft sowie die Interessensvertretung in der Politik wie gegenüber anderen Gruppierungen, sorgt er sich um die soziale Nachhaltigkeit des Sports, und

- mit seinen materiellen, finanziellen und juristischen Unterstützungsleistungen im Bereich der Ausbildung wie auch bezüglich Versicherungen sorgt er dafür, dass der Sport finanziell selbsttragend und ökonomisch nachhaltig betrieben werden kann.

Da die Nachhaltigkeit im Leitbild wie in den Statuten verankert ist und die Dokumente in der Regel durch die Mitgliederversammlung genehmigt und verabschiedet werden, sollte die Ausrichtung des Verbands gemäß der Theorie von Schwarz (2006) grundsätzlich auch die Werte und Bedürfnisse der Mitglieder als Träger der Organisation widerspiegeln. Es stellt sich nun die Frage, ob diese mustergültigen Dokumente tatsächlich den Willen der Mitglieder nach nachhaltigem Verhalten widerspiegeln oder die Zielsetzungen nicht eher einer sozialen Erwünschtheit nachkommen. Konkret wurde untersucht, wie wichtig den Mitgliedern die nachhaltige Ausrichtung ihres Verbands tatsächlich ist. Weiter wurde analysiert, inwieweit die Mitglieder der Meinung sind, dass der Verband seinen nachhaltigen Zielsetzungen in der Realität auch entspricht. Und letztlich interessierte, wie homogen die Erwartungen der Mitglieder bezüglich einer nachhaltigen Zweckerfüllung des Verbandes und seiner Schwerpunktsetzung sind.

2 Empirische Untersuchung

2.1 Datenbasis

Die Untersuchung der Fragestellung basiert auf einem Datensatz, der im Rahmen einer Masterarbeit zum Thema Member Value beim SHV generiert wurde (Liechti 2015). Die Mitgliederbefragung erfolgte auf Basis eines elektronischen Fragebogens, der an die 14.500 Mitglieder des SHV versandt wurde. 3.173 Befragte (22%) haben auf das allgemein formulierte Anschreiben des Verbandes reagiert und den Fragebogen vollständig ausgefüllt. Die Zusammensetzung des Rücklaufs bildet die Mitgliederstruktur sehr gut ab (Liechti 2015). Auch im Rahmen der Konsistenzprüfung wurden keine Auffälligkeiten festgestellt.

2.2 Datenanalyse

In der Befragung beurteilten die Mitglieder verschiedene für sie relevante Themenbereiche bezüglich ihrer Wichtigkeit und Zufriedenheit. Als relevant eingestuft wurden dabei von einer aus dem Verband zusammengestellten Expertengruppe die Themen Interessensvertretung bezüglich freiem Fliegen und Umweltschutz, Durchsetzung von Verhaltensregeln und Sicherheit, soziale Kontakte und Austausch unter den Mitgliedern, Bildung und Lernen, Mitreden und -entscheiden, Spitzensport, Verwaltungsaufgaben, ökonomische Aspekte des Sports sowie Informationen über Anlässe und technische Innovationen. Zu jedem Themenbereich wurden Aussagen formuliert. Auf Basis einer fünfstufigen Likert-Skala bewerteten die Befragten diese Aussagen wie auch Verbandsleistungen bezüglich Wichtigkeit und Zufriedenheit. Aus diesem umfassenden Katalog wurden drei Items ausgewählt, welche aus Sicht der Autoren die Haltung der Befragten gegenüber den drei Nachhaltigkeitsdimensionen gut abbilden:

1. „Interessensvertretung beim Wild- und Naturschutz" repräsentiert das Bewusstsein der Mitglieder bezüglich ökologischer Verantwortung.
2. „Ich möchte, dass Luftraumverletzungen und andere Regelverstöße geahndet werden" zeigt die soziale Verantwortung.
3. „Ich möchte meinen bürokratischen Aufwand rund um das Fliegen minimieren und dafür möglichst wenig Geld ausgeben (Lizenzen, Versicherungen, Ausweise)" repräsentiert die ökonomische Dimension.

Die Tabelle 1 zeigt die drei Dimensionen in der Reihenfolge ihrer Wichtigkeit aus Sicht der Befragten. Daneben ist der durchschnittliche Zufriedenheitsgrad aufgeführt. Die letzte Spalte beinhaltet die Differenz vom Zufriedenheitsgrad zur Wichtigkeit. Die höchste Priorität für die Mitglieder hat der Einsatz des Verbandes für den Schutz der natürlichen Umwelt, also die ökologische Verantwortung. Am zweitwichtigsten ist ihnen ihre ökonomische Besserstellung und an dritter Stelle steht die Ahndung von Luftraumverletzungen und andere Regelverstößen, also der Respekt vor sozialen Konventionen.

Tabelle 1: Wichtigkeit und Erfüllungsgrad (Skala 1-5)

Dimension	*Wichtigkeit*	*Zufriedenheit*	*Über-/ Unterdeckung*
Ökologische Verantwortung	3.8	4.4	+ 0.6
Ökonomischer Mehrwert	3.7	3.6	- 0.1
Soziale Verantwortung	3.5	3.2	- 0.3

Der Unterschied zwischen Wichtigkeit und Zufriedenheit ist bei der den Mitgliedern wichtigsten Nachhaltigkeitsdimension der ökologischen Verantwortung am größten. Der Verband erfüllt dieses Bedürfnis der Mitglieder sehr gut. Die am wenigsten wichtigste Nachhaltigkeitsdimension der sozialen Verantwortung weist hingegen eine Unterdeckung auf.

In einem nächsten Schritt wurde untersucht, wie homogen die Erwartungen der Mitglieder bezüglich einer nachhaltigen Zweckerfüllung des Verbandes und seiner Schwerpunktsetzung sind. Für diese Analyse diente die in Tabelle 2 aufgeführte Korrelationsanalyse.

Tabelle 2: Spearman-Rho Korrelationsanalyse

	Ökologische Verantwortung	Soziale Verantwortung
Soziale Verantwortung	.109**	
Ökonomischer Mehrwert	-.050*	-.054**

N = 2428 bis 3091; Signifikanzniveau (zweiseitig): ** > 0.01; * > 0.05*.

Die Korrelationsanalyse zeigt, dass die beiden Dimensionen ökologische und soziale Verantwortung positiv korrelieren, jedoch negativ mit der Dimension ökonomischer Mehrwert. Entsprechend kann von mindestens zwei sich unterscheidenden Mitgliedergruppen ausgegangen werden. Den einen ist die ökologische und/oder soziale Nachhaltigkeit sehr wichtig, für die anderen eher ökonomische Überlegungen.

In einem letzten Schritt wurde entsprechend geklärt, wie groß die jeweiligen Mitgliedergruppen sind. Die Mitglieder wurden danach gruppiert, welche Nachhaltigkeitsdimensionen für sie jeweils wichtig oder sehr wichtig sind (Werte 4 und 5 auf einer Fünfer-Skala).

Abbildung 1: Mitgliedergruppen, die mindestens eine Nachhaltigkeitsdimension als wichtig oder sehr wichtig taxieren

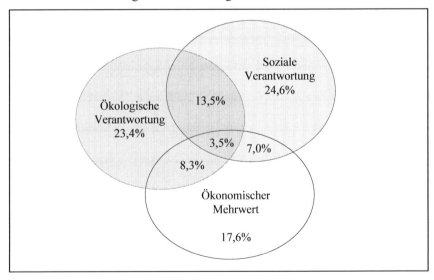

Wie die Abbildung 1 zeigt, gibt es nur ganz wenige Mitglieder (3,5%), denen alle drei Nachhaltigkeitsdimensionen wichtig oder sehr wichtig sind. 28,8% erachten immerhin zwei Nachhaltigkeitsdimensionen als zentral, wobei die Kombination der ökologischen und der sozialen Verantwortung dominiert. Und 65,6% geben an, dass ihnen wenigstens eine Nachhaltigkeitsdimension wichtig ist. Mitglieder, denen keine der drei Dimensionen zumindest wichtig ist, machen lediglich 2,1% der Befragten aus.

3 Fazit

Im vorliegenden Beitrag wurde am Beispiel des SHV untersucht, wie stark eine Schweizer Eigenleistungs-NPO die Nachhaltigkeit in ihrer Zielsetzung gewichtet und inwiefern diese Ausrichtung die Bedürfnisse der Mitglieder abbildet. Der SHV hat in seinen normativen Dokumenten wie Statuten und Leitbild ökologische, soziale, und ökonomische Zielsetzungen und damit alle drei Dimensionen von Nachhaltigkeit mustergültig verankert. Anhand der ausgewählten Daten der Mitgliederbefragung konnte aufgezeigt werden, dass diese nachhaltige Verbandsausrichtung des SHV nur bedingt den Ansprüchen des einzelnen Mitglieds entspricht. Zwar sind vielen Mitgliedern die ökologische Nachhaltigkeit und die soziale Verantwortung als Verbandszweck sehr wichtig und sie stellen bezüglich deren Einhaltung und Erreichung auch hohe Ansprüche an den Verband. Es gibt jedoch kaum Mitglieder, für die alle drei Dimensionen der Nachhaltigkeit wichtig oder sehr wichtig sind. Entsprechend hat der Verband die umfassende Nachhaltigkeit nicht primär deshalb in seinen Statuten verankert, weil sie dem Bedürfnis eines jeden einzelnen Mitglieds entspricht, sondern vielmehr in Summe die Anforderungen der unterschiedlichen Mitgliedergruppen an den Verband abdeckt. Die umfassende Nachhaltigkeit in den normativen Dokumenten resultiert folglich primär aus einem Kompromiss und weniger aus einem Konsens bezüglich des Anspruchs auf nachhaltiges Verhalten. Diese Erkenntnis basiert auf der Untersuchung einer Eigenleistungs-NPO aus dem sozio-kulturellen Sektor, dem SHV. Inwieweit sich diese Feststellung auf Drittleistungs-NPOs respektive andere NPOs übertragen lässt, muss in weiteren Studien nun überprüft werden. Ob sich das hier auftretende Muster von eher sozial und ökologisch orientierten Mitgliedern versus ökonomisch motivierten Mitgliedern weiter verfestigen lässt, bleibt ebenfalls offen. Zudem wäre es auch von Interesse zu prüfen, ob sich die Grössenproportionen der verschieden motivierten Mitgliedergruppen generalisieren lassen.

4 Literatur

Liechti, V. (2015): Member Value im Schweizerischen Hängegleiter-Verband. Freiburg/CH: Universität.
Lichtsteiner, H., Gmür, M., Giroud, Ch. und Schauer, R. (2015): Das Freiburger Management-Modell für Nonprofit-Organisationen. 8. Aufl., Bern: Paul Haupt Verlag.
Schwarz, P. (2006): Management-Prozesse und -Systeme in Nonprofit-Organisationen. Entscheidung, Steuerung/Planung, Kontrolle. Bern: Paul Haupt Verlag.
SHV, Schweizerischer Hängegleiter-Verband (2008): Leitbild des Schweizerischen Hängegleiter-Verbandes. URL: https://www.shv-fsvl.ch/fileadmin/redakteure/Allgemein/Verband/Vorstand/Statuten2010.pdf. Schweiz: SHV.
SHV, Schweizerischer Hängegleiter-Verband (2010): Statuten des Schweizerischen Hängegleiter-Verbandes. URL: https://www.shv-fsvl.ch/fileadmin/redakteure/Allgemein/Verband/Vorstand/-Statuten2010.pdf. Schweiz: SHV.

Suter, P. (2013): Member Value in Genossenschaften. Ein multidimensionales Konstrukt. In: Gmür, M., Schauer, R. und Theuvsen, L. (Hrsg.): Performance Management in Nonprofit-Organisationen. Theoretische Grundlagen, empirische Ergebnisse und Anwendungsbeispiele, S. 326-334. Bern: Paul Haupt Verlag.

UN, United Nations (1992): Agenda 21 Paper presented at the Conference on Environment and Development (UNCED) in Rio de Janeiro.

Volker, H. (1987): Unsere gemeinsame Zukunft. Der Brundtland-Bericht der Weltkommission für Umwelt und Entwicklung. Greven Eggenkamp Verlag.

WCED, World Commission on Environment and Development (1987): Our common future (UN Documents): United Nations.

Nachhaltige Mitgliedergewinnung in einer Gewerkschaft

Udo Michel und Markus Gmür

1 Einleitung

„Solange eine Organisation besteht und funktioniert, muss sie die dreifache Aufgabe erfüllen, Mitglieder zu gewinnen, sie zum Bleiben zu veranlassen und dafür zu sorgen, dass sie ihre Rolle spielen." Feinsinnig hat Renate Mayntz in ihrer Organisationssoziologie (1963) die wesentlichen Herausforderungen für jede Managerin und jeden Manager bezeichnet. Für Gewerkschaften und andere Arbeitnehmerorganisationen in den spätindustriellen Gesellschaften weist das Zitat auf eine akute Problemlage hin: Mitgliederschwund, Machtverlust, sinkender Einfluss auf politische Entscheidungsprozesse und fehlende Mobilisierungskraft sind oft gestellte Diagnosen.

Die Ursachen für diese Entwicklung werden zum einen in veränderten wirtschaftlichen und politischen Rahmenbedingungen, zum anderen im Zusammenhang mit dem Wertewandel gesehen: Traditionell hoch organisierte industrielle Branchen haben gegenüber dem Finanz- und Dienstleistungssektor mit geringerem Organisationsgrad an Bedeutung verloren, und die Zunahme der Teilzeitbeschäftigung ging ebenfalls mit einer sinkenden Mitgliedschaft in Gewerkschaften einher. Zudem organisiert sich die Arbeitnehmerschaft traditionell im nationalen Kontext und im Rahmen des nationalstaatlichen Arbeitsrechts; die wirtschaftliche Globalisierung und der schrittweise Rückzug der Nationalstaaten aus der Arbeitnehmerschutzgesetzgebung haben die Gewerkschaften ebenfalls geschwächt. Auf der anderen Seite haben die Individualisierung, die Pluralisierung von Lebensentwürfen und Berufsbiographien zur Erosion des traditionellen gewerkschaftlichen Modells geführt, das auf einen homogenen männlichen Mitgliederbestand mit einem kollektiven (Klassen-)Bewusstsein ausgerichtet war (Frerichs und Pohl 2004; Fichter et al. 2004).

Inzwischen haben Gewerkschaften auf diese Entwicklungen reagiert, indem sie sich in zunehmendem Maße nicht nur als Verband zur Durchsetzung und Sicherung von Kollektivinteressen, sondern als soziale Bewegung und als Dienstleistungsorganisation für ausdifferenzierte Individualinteressen einer heterogenen Arbeitnehmerschaft begreifen (Rehder 2008; Pernicka und Stern 2011).

Dass die Attraktivität für neue Mitglieder und die Art ihrer Rekrutierung eine besondere Rolle spielen, lässt die Studie von Oesch (2012) zur Mitgliederentwicklung bei Schweizer Gewerkschaften erwarten: Demnach unterscheiden sich die wachsenden von den schrumpfenden Arbeitnehmerorganisationen nicht etwa durch höhere bzw. niedrigere Bindungs- und Austrittsraten, sondern darin, wie gut es ihnen gelungen ist, neue Mitglieder zu gewinnen. Allerdings macht diese Studie keine Aussage darüber, worin denn die Unterschiede in der Rekrutierung zwischen den betrachteten Organisationen und welcher Zusammenhang zwischen bestimmten Arten der Mitgliederrekrutierung und dem nachhaltigen Erfolg einer Gewerkschaft bestanden. Gerade diese Fragestellungen stehen im Mittelpunkt der vorliegenden Untersuchung.

2 Mitgliederrekrutierung und Nachhaltigkeit im Interessenverband

Verbände sind so weit zu einer nachhaltigen Interessenverfolgung fähig, wie es ihnen gelingt, einen hohen Organisationsgrad zu erreichen und über eine erfolgreiche Mitgliederbindung auch zu erhalten. In dem Ausmaß, wie ihre Durchsetzungskraft aber nicht nur auf hauptamtlichen Aktivitäten ihrer eigenen Angestellten, sondern auch auf der Mitwirkung und dem Engagement ihrer Mitglieder beruht, hängt die Nachhaltigkeit auch von der Mobilisierungskraft ab. Sie zeigt sich in Arbeitnehmerverbänden zum einen in der Partizipation, z.B. in der Rezeption von Verbandsmitteilungen oder in der Teilnahme an Gremien und Betriebsgruppen (Arnstein 1969), zum anderen am Engagement. Dieses zeigt sich etwa in der Beschaffung und Weitergabe betrieblicher Informationen, an der aktiven Teilnahme an oder gar selbstständigen Vorbereitung und Leitung von gewerkschaftlichen Aktionen.

Die Erklärung der Mobilisierungskraft von Gewerkschaften wurde bereits in zahlreichen Studien aus verschiedenen Ländern untersucht. Allein die Meta-Analyse von Monnot et al. (2011) beruht auf 108 Studien zwischen 1980 und 2010 und zeigt vor allem die Bedeutung der grundsätzlichen Einstellung gegenüber gewerkschaftlicher Aktivität, der wahrgenommenen Arbeitsplatzunsicherheit und des Commitment gegenüber der Arbeitgeber- und der Gewerkschaftsorganisation. Deren Zusammenhang mit der Mitgliederrekrutierung hat dagegen kaum Beachtung gefunden.

Aus der Perspektive der ökonomischen Theorie des kollektiven Handelns von Olsen (1965) ist die Situation von Verbänden ohne Zwangsmitgliedschaft grundsätzlich prekär, und ein nachhaltiger Bestand ist nahezu ausgeschlossen: Freiwilligenverbände sind der ständigen Gefahr des Trittbrettfahrens passiver Mitglieder oder gar mitprofitierender Nichtmitglieder ausgesetzt. Dem können sie nur entgehen, wenn es gelingt, selektive ökonomische Anreize zu setzen oder soziale Kontrolle wirksam werden zu lassen. Unter diesem Gesichtspunkt ist die Anwerbung über enge Freunde oder Familienmitglieder ein aussichtsreicherer Rekrutierungsweg als die Werbung über Standaktionen, anonyme Werber oder der Beitritt aus Eigeninitiative.

Opp (2009) erweitert die enge Nutzenperspektive von Olsen um den Aspekt der Selbstwirksamkeitsüberzeugung: Je höher man den eigenen Einfluss auf ein gemeinschaftliches Geschehen einschätzt, umso eher sieht man einen Vorteil im Engagement. Entscheidend ist nun die Tendenz zur Überschätzung des eigenen Einflusses in großen Gruppen. Es könnte nun vermutet werden, dass Personen, die aus eigener Initiative Mitglied werden, sich durch eine überdurchschnittliche

Wirksamkeitsüberzeugung auszeichnen; dies insbesondere im Vergleich zu Personen, die von Dritten zum Beitritt bewogen wurden.
Neben dieser ausgeprägt egoistischen Sichtweise hat sich mit der Social Custom Theorie (Booth 1985; Goerke und Pannenberg 2004) bzw. der Theorie des Sozialen Tauschs (Pyhel 2008) auch ein Ansatz etabliert, der die soziale Anerkennung in den Mittelpunkt der Frage um das individuelle Engagement rückt. Die wahrgenommene Anerkennung für Mitgliedschaft und Engagement ist umso höher, je mehr Personen involviert sind, zu denen auch in anderem Kontext (z.B. Freundeskreis oder Arbeitsplatz) ein Kontakt besteht. Deshalb spielt der Organisationsgrad einer Gewerkschaft im Betrieb eine wichtige Rolle: Sie stärkt nicht nur das kollektive Gewicht, sondern auch die individuelle Motivation zur Interessendurchsetzung (Goerke und Pannenberg 2004). Aus diesem Grund dürfte die erfolgreiche Anwerbung im Betrieb durch offizielle Gewerkschaftsvertreter oder andere Mitglieder mit einer erhöhten Wahrscheinlichkeit für individuelles Engagement korrespondieren – insbesondere im Vergleich zur Anwerbung im öffentlichen Raum.
Zusammengefasst ergeben sich aus diesen Vorarbeiten verschiedene Argumente dafür, dass die Rekrutierung am Arbeitsplatz oder über bereits anderweitig bestehende persönliche Kontakte und eingeschränkt auch der Beitritt aus Eigeninitiative bessere Voraussetzungen für ein starkes Engagement der neuen Mitglieder bieten. Standaktionen im öffentlichen Raum weisen unter diesem Gesichtspunkt Defizite bei der Einbindung der Neumitglieder auf, was problematisch ist, wenn eine Arbeitnehmerorganisation gezielt engagierte Mitglieder sucht.

3 Befragungsmethode und Datenbasis

Die empirische Studie wurde im April 2014 als Telefoninterview bei 805 Mitgliedern der Gewerkschaft Unia durchgeführt. Die Gespräche wurden in Deutsch, Französisch, Italienisch oder Portugiesisch geführt. Für die vorliegende Analyse wurden die Daten von 383 befragten Mitgliedern ausgewählt, die zwischen Januar 2010 und Februar 2014 eingetreten sind. Die Auswahl unter den rund 200.000 Gewerkschaftsmitgliedern erfolgte über geschichtete Zufallsstichproben, gegliedert nach Rekrutierungswegen und nach Engagement. Die Stichprobengröße variiert in den nachfolgenden Analysen, da nicht von allen Befragten vollständige Angaben vorliegen.
Die Bereitschaft zum Engagement der Befragten in der Gewerkschaft wurde über zwei verschiedene Guttman-Skalen zur Einbindung und zu den Aktivitäten gemessen (Tabelle 1). Zwischen den beiden Skalen besteht bei den 383 Befragten eine statistisch signifikante Rangkorrelation (Kendall $\tau = +.25$).
Bei Mitgliederrekrutierung wurden drei Arten des Beitritts unterschieden: 1) Beitritt aus Eigeninitiative, 2) Beitritt nach persönlicher Ansprache (a) durch ein anderes Mitglied, (b) durch jemanden aus dem persönlichen Umfeld, (c) durch einen Kollegen am Arbeitsplatz und 3) Beitritt nach Ansprache bei einer Standaktion im öffentlichen Raum. Die Zuordnung erfolgte aufgrund der persönlichen

Auskunft der Befragten. Demnach sind von den Befragten 22% aus eigener Initiative beigetreten, 13% nach Werbung durch ein anderes Mitglied, 17% nach Werbung aus dem persönlichen Bekanntenkreis und je 24% nach Werbung durch Unia-Angestellte am Arbeitsplatz bzw. als Ergebnis einer Standaktion. Dabei zeigen sich zum Teil Besonderheiten bei einzelnen Nationalitäten bzw. Sprachengruppen: Über 60% der deutschsprachigen Befragten wurden bei einer Standaktion geworben. Das ist einerseits darauf zurückzuführen, dass diese Werbemethode fast nur in der Deutschschweiz praktiziert wird, und andererseits, dass es in der geschichteten Stichprobe eine Mindestquote für Standaktionen gab. Bei den italienisch- oder französischsprachigen Befragten traten nach eigener Auskunft 30% eigeninitiativ ein und wurden zu 35% am Arbeitsplatz geworben; bei 12% wurden familiäre Bezüge genannt. Befragte portugiesischer oder spanischer Herkunft gaben hingegen zu 40% an, durch Familienangehörige geworben worden zu sein.

Tabelle 1: Stufen der Mitgliederaktivität und ihre Verteilung unter den 383 Befragten

	Partizipation (in Anlehnung an Arnstein 1969)			Engagement	
0	Hat keine Informationen erhalten oder diese Informationen nicht verstanden	36 %	0	Zeigt kein Engagement (nur Bezahlung des Mitgliederbeitrags)	50 %
1	Hat Informationen bewusst erhalten	44 %	1	Engagiert sich als Kontaktperson (informiert die Organisation über mögliche Neumitglieder oder Entwicklungen im Betrieb)	9 %
2	Hat an Veranstaltungen teilgenommen	11 %	2	Engagiert sich als Supporter(in) (nimmt gelegentlich an Aktionen teil)	25 %
3	Ist Mitglied einer Betriebsgruppe oder in einem anderen Gremium	9 %	3	Engagiert sich als Aktivist(in) (beteiligt sich aktiv an der Organisation und Durchführung von Aktionen)	16 %

Auch in Bezug auf das Engagement sind die Unterschiede zwischen den Kulturregionen ausgeprägt: Der Anteil der Aktivisten ist unter spanisch-, portugiesisch- und italienischsprachigen Befragten mit über 25% weit höher als unter den deutschsprachigen Befragten mit rund 8%. Im Bereich von 12% bewegen sich Französischsprachige und Personen aus Osteuropa.

Bei der nachfolgend präsentierten Analyse wurden weitere mögliche Einflussfaktoren ebenfalls miteinbezogen: Alter und Geschlecht, formale Bildung und berufliche Position. 66% der Befragten waren Männer, das Durchschnittsalter in einer Range von 16 bis 65 betrug 34 Jahre; 8% der Befragten hatten ein Hochschulstudium und weitere 12% waren Absolventen einer Fach- oder Mittelschule; 6% bekleideten eine Kaderposition. Die Befragten waren zu ähnlichen Teil in den Branchen Bau, Gewerbe, Industrie und Tertiärsektor tätig. Schließlich wurden sie auch nach ihren wichtigsten Beitritts- und Verbleibgründen befragt;

dabei standen die Unterscheidung zwischen Kollektiv- und Individualnutzen aus der Mitgliedschaft und die Zufriedenheit mit den entsprechenden Leistungen der Organisation im Vordergrund:

- Der Kollektivnutzen umfasst die Verwirklichung von Gerechtigkeit und Solidarität, die Stärke der Gewerkschaft und der Schutz, den sie bietet, sowie politische Kampagnen und Aktionen (gebildet aus 4 Items, alpha = .69).

- Der Individualnutzen resultiert aus Verbesserungen am eigenen Arbeitsplatz, Weiterbildungs- und Beratungsangeboten, Anhaltspunkten für eigenes Engagement, Beziehungen zu und gegenseitige Bestärkung zwischen Kollegen und materiellen Vergünstigungen im Zusammenhang mit der Mitgliedschaft in der Gewerkschaft (gebildet aus 9 Items, alpha = .89).

Es zeigten sich vor allem bei den ursprünglichen Erwartungen an die Individualleistungen Unterschiede zwischen den verschiedenen Kulturgruppen: Sowohl bei Schweizern wie Nicht-Schweizern sind sie bei den Italienischsprachigen (sowie Spaniern und Portugiesen) am höchsten und bei den Deutschsprachigen am niedrigsten, während sich die Französischsprachigen und die Osteuropäer in der Mitte bewegen. Bei der Frage nach den Gründen für den Verbleib in der Gewerkschaft zeigen sich diese Unterschiede allerdings nicht. Mit zunehmendem Bildungsniveau fällt auch die Erwartungen an die Individualleistung, und dies unabhängig von Nationalität oder Sprachgruppe.

4 Rekrutierung und Engagement/Partizipation

Abbildung 1 zeigt, dass das Aktivitätsniveau der Mitglieder sich unterscheidet, je nachdem auf welchem Weg sie der Organisation beitraten. Betrachtet man die Gruppe der Aktivisten, die 16% Befragten ausmachen, so sieht man, dass die auffallend viele über einen familiären Kontakt Mitglied wurden; eine ähnlich große Gruppe der Aktivisten wurde am Arbeitsplatz geworben. Die Eigeninitiative als Beitrittsweg wird wichtig, wenn man die Aktivisten zusammen mit den Supportern betrachtet. Die Werbung über ein anderes Mitglied oder über den Stand im öffentlichen Raum korrespondieren hingegen mit niedrigeren Aktivitätslevels: Fast 60% der so geworbenen Mitglieder zeigen kaum Bereitschaft zum Engagement (Level 0), und auch der Partizipationsgrad liegt nur wenig über 50%.

Um präziser zu erfassen, welche sonstigen Faktoren die Unterschiede im Aktivitätslevel der Mitglieder erklären können, wurden verschiedene Regressionsanalysen durchgeführt. Die Ergebnisse sind in Tabelle 2 zusammengefasst. Von links nach rechts wurden zuerst alle Aktivitätslevels abgestuft betrachtet (wobei angenommen wird, dass sich die Stufen intervallskalieren lassen). Anschließend wurden mehrere logistische Regressionen für Paarvergleiche zwischen Teilgruppen durchgeführt. Sie zeigen, dass die multilineare Analyse eine recht gute Abbildung liefert, aber dass je nach Grenzziehung jeweils andere Faktoren erklärungskräftig sind. Unterschiede nach Sprache oder Nationalität verschwinden weitgehend, sobald andere Faktoren miteinbezogen werden; nur für die französischsprachigen Befragten (ganz überwiegend Schweizer Nationalität) ergibt sich ein leicht unterdurchschnittliches Aktivitätslevel im Vergleich etwa zu Deutschsprachigen oder Personen süd- und osteuropäischer Herkunft. Alter und Geschlecht liefern keine Erklärung für Unterschiede in der Aktivität, ebenso wenig die formale Ausbildung, der Beschäftigungsgrad oder die hierarchische Position.

Abbildung 1: Aktivitätslevels nach Rekrutierungsweg (N = 383)

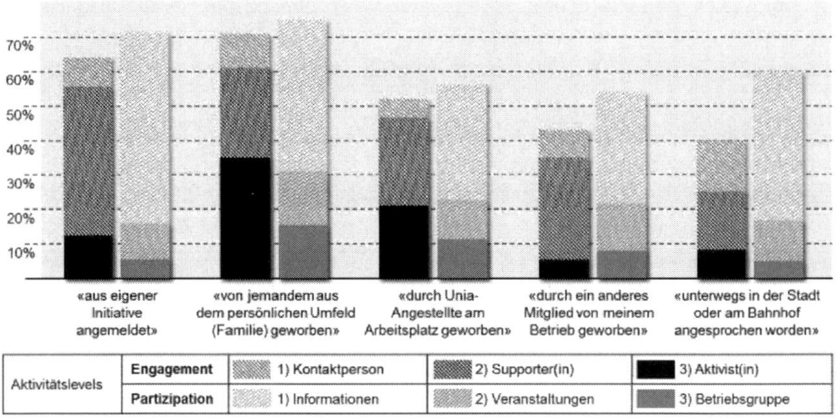

Folgende Faktoren scheinen dagegen eine Bedeutung dafür zu haben, ob ein Mitglied der Gewerkschaft Unia, das in den vergangenen vier Jahren beigetreten ist, in der Zwischenzeit mehr oder weniger aktiv geworden ist:

- Wer gewerkschaftlich organisierte Eltern hatte (das trifft für 23% der Befragten zu), engagiert sich eher als Kontaktperson oder Supporter(in), als dies Mitglieder ohne entsprechende Vorgeschichte tun. Auf der höchsten Stufe der Aktivist(inn)en, zeigt sich allerdings kein Zusammenhang.

- Gewerkschaftsmitglieder im Industriesektor sind zwar im Mittel nicht aktiver als ihre Kollegen in den übrigen Branchen (Bau, Gewerbe oder Dienstleistungssektor). Bei ihnen sind jedoch viele der aktivitätsbeeinflussenden Faktoren (Familie, Sprache, Nutzen, Partizipation und Rekrutierungsweg) ungünstiger ausgeprägt als in den übrigen Sektoren. So betrachtet zeigen sie sowohl in der Rolle als Kontaktpersonen als auch als Aktivisten ein deutlich höheres Aktivitätslevel als zu erwarten wäre. Wahrscheinlich spielt hier die in der Befragung nicht kontrollierte Organisationsgröße mit eine Rolle.

- Mitglieder, die von Beginn an höhere Erwartungen (sowohl bezüglich des Individual- als auch des Kollektivnutzens) gegenüber der Gewerkschaft mitbrachten und deren Erwartungen danach nicht enttäuscht, sondern noch gesteigert wurden, sind aktiver als solche mit geringeren Erwartungen. Der negative Koeffizient beim Faktor Zufriedenheit zeigt allerdings auch, dass

diese aktiven Mitglieder auch kritischer sind, was die Erfüllung der gestellten Erwartungen betrifft.
- Dass das Engagement mit dem Ausmaß der Partizipation verknüpft ist, bleibt auch unter Berücksichtigung aller anderen Einflussfaktoren erhalten.
- Die Wahrnehmung von Individual- und Kollektivnutzen korrespondieren beide mit dem Engagement, aber der Zusammenhang zum Individualnutzen ist durchgängig stärker als zum Kollektivnutzen.

Tabelle 2: Regressionsanalyse zur Erklärung mitgliedschaftlicher Aktivität (N = 292)

Erklärt wird:	Engagement-stufen 0 bis 3	Warum mindestens Kontaktperson?	Warum mindestens Supporter(in)?	Warum Aktivist(in)? Basis: alle Befragte	Warum Aktivist(in)? Basis: alle Aktiven Stufen 1-3	Warum Aktivist(in)? statt nur Supporter(in)
Einflussfaktoren: Analysemethode:	Multilin. Regression	Logistische Regressionen (angezeigt werden nur signifikante Zusammenhänge)				
Eltern waren auch Gewerkschafter	+.11**	pos**	pos**			
Branche: Industrie	+.11**	pos**		pos**	pos*	pos**
Französischsprachig	-.10*	neg*				
Kollektivnutzen als Beitrittsgrund	+.19***	pos***	pos***			
Individualnutzen als Beitrittsgrund	+.28****	pos****	pos***	pos**		
Individualnutzen wichtiger seit Beitritt	+.11*	pos*				
Zufriedenheit mit Serviceleistungen Unia	-.13**	neg**	neg**			
Partizipation an Veranstaltungen oder in einer Betriebsgruppe	+.23****	pos***	pos***	pos***	pos**	pos**
Rekrutierungsweg über:						
- Eigeninitiative	+.23****	pos****	pos****			
- Persönliche Bekannte/Familie	+.16***	pos*	pos***	pos**	pos*	
- Unia-Angestellte am Arbeitsplatz	+.14**	pos**	pos*	pos**	pos*	
Erklärte Varianz (R^2 bzw. Anteil richtig vorhergesagte Fälle für „zutreffend" / „nicht zutreffend")	.29	76/67%	70/79%	20/97%	33/84%	46/78%
pos = statistisch positiver Zusammenhang / neg = statistisch negativer Zusammenhang Statistische Signifikanzniveaus: **** = p(t) < .001 / *** = p(t) < .01 / ** = p(t) < .05 / * = p(t) < .10						

Schließlich erweist sich auch die Rekrutierung als entscheidend für die spätere Aktivität, und ihr Einfluss zeigt sich durchgängig auf allen Stufen:
- Wer aus eigener Initiative beitritt, betätigt sich überdurchschnittlich häufig als Kontaktperson oder als Supporter(in); unter den Aktivist(inn)en ist diese Gruppe aber nicht häufiger anzutreffen.

- Am häufigsten aktiv, und dies auf allen Ebenen, werden diejenigen Mitglieder, die entweder durch enge persönliche Kontakte oder am Arbeitsplatz durch Mitarbeiter(innen) der Gewerkschaft angeworben wurden.
- Demgegenüber ist das Engagement bei Personen, die durch andere Unia-Mitglieder oder bei öffentlichen Standaktionen angeworben wurden, deutlich geringer. Über diese Wege kann die Gewerkschaft zwar ihre Mitgliederzahl stabil halten oder sogar steigern, will sie jedoch auch an Mobilisierungskraft für Aktionen zulegen, muss sie hier noch zusätzliche Anstrengungen unternehmen.

Mit den in der dieser Studie geprüften Faktoren lassen sich Unterschiede im Engagement der Mitglieder für die Gewerkschaft zu 29% erklären, was ein guter Wert ist, wenn man bedenkt, wie komplex das Zustandekommen von individuellen Entscheidungen über persönliches Engagement sind. Die Teilgruppenvergleiche zeigen, dass sich insbesondere die Beweggründe der Kontaktpersonen und Supporter(innen) recht treffend erklären lassen. In Bezug auf die kleine Gruppe der Aktivist(inn)en ist das bedeutend schwerer, wie das in Tabelle 2 die unterste Datenzeile (ab der drittletzten Spalte) verdeutlicht: Warum jemand nicht Aktivist(in) ist, kann mit 97%iger Sicherheit mit den untersuchten Faktoren erklärt werden; umgekehrt gelingt das nur mit 20%iger Sicherheit. Grenzt man die Vergleichsgruppen ein (vorletzte und letzte Spalte), dann wird die Treffsicherheit höher, aber es bleiben nur noch wenige Vorhersagefaktoren übrig, unter den die Anwerbung am Arbeitsplatz, mit Einschränkungen auch die Werbung über persönliche Kontakte bleibt.

5 Fazit

Individuelles Engagement wurzelt in Selbstkontrolle, in persönlicher oder in organisatorischer Verbindlichkeit, wie sie zum Zeitpunkt des Beitritts bestehen. Der Einsatz über den unmittelbaren persönlichen Nutzen hinaus für ein Gemeinwesen, wie es eine mitgliedschaftliche Organisation darstellt, beruht auf solchen Verbindlichkeiten: vor sich selbst, vor engen persönlichen Beziehungen oder vor einer Organisation, die sich in Person ihrer Beschäftigten um ein Mitglied bemüht hat. Das lässt sich aus den drei Rekrutierungswegen ablesen, die mit einem stärkeren Engagement verbunden sind.

Die beiden verbleibenden Maßnahmen der Mitgliederwerbung, welche für die Organisation direkt deutlich weniger Aufwand erfordern, fallen demgegenüber zurück: Wenn eine Organisation ihre eigenen Mitglieder dazu motiviert, Kollegen anzuwerben, und dies gegebenenfalls auch mit einer Prämienzahlung (z.B. in Form einer Reduktion des eigenen Mitgliederbeitrags), kann sich damit durchaus Wachstum erzeugen und ihre bestehenden Mitglieder zu einem außerordentlichen Einsatz bewegen. Scheinbar tritt der gewünschte Effekt aber nicht bei den Geworbenen ein: Die Verbindlichkeit durch einen Kontakt von Mitglied zu Mitglied ist eher gering; sie wird noch gemindert, wenn das neu geworbene

Mitglied den Eindruck hat, nicht seiner selbst wegen, sondern wegen einer in Aussicht gestellten Prämie geworben worden zu sein. Und auch die Werbung durch eine Drittorganisation im öffentlichen Raum schafft zu wenig Verbindlichkeit, auch wenn sie aus Sicht der Organisationsleitung ebenso wie ein Anreizsystem einfacher zu bewerkstelligen ist als persönliche Ansprache oder die Förderung von Kontaktaufnahmen über persönliche Beziehungen. Der damit verbundene Aufwand ließe sich in Anbetracht der sonstigen Vorteile dieser Wege durchaus rechtfertigen. Je stärker sich die Angestellten einer Mitgliederorganisation (z.B. Gewerkschaftssekretäre) selbst in der Mitgliederwerbung engagieren, umso größer ist auch die Chance, engagierte Neumitglieder zu gewinnen. Die Organisation sollte ihrer Mitgliederwerbung in diesem Sinne Gewicht verleihen. Auch wenn die Mitgliederwerbung über familiäre oder Freundschaftsnetzwerke unter Arbeitnehmern aus dem südeuropäischen Raum eine wichtigere Rolle spielt als nördlich der Alpen, ist ihr Effekt für die Bereitschaft zum Engagement doch stets derselbe. Je besser es einer Mitgliedervereinigung gelingt, einen familiären Charakter zu entwickeln und in ihrer Mitgliederbasis zu verankern, umso größer sind auch die Chancen, dass die Mitglieder sich auch individuell für das Ganze engagieren.

Dass der individuelle Nutzen für das gewerkschaftliche Engagement der Mitglieder wichtiger ist als die wahrgenommene Bedeutung, die sie der Gewerkschaft und ihrer politischen, sozialen und wirtschaftlichen Mission zusprechen, macht auch deutlich, auf welchem schmalen Grat eine Arbeitnehmerorganisation wie wohl jeder Verband geht: Einerseits gilt es, das gemeinsame Interesse als Kern der Identität betonen, und auf der anderen Seite muss der individuelle Vorteil daraus im Bewusstsein der Mitglieder gehalten werden.

Nachhaltige Entwicklungschancen für einen Interessenverband, so lässt sich aus der vorliegenden Studie schließen, beruht also wesentlich auf einer intakten Member Value Struktur (Gmür 2015) und einer Art der Mitgliederwerbung, die dem einzelnen Mitglied von Anfang an Bedeutsamkeit vermittelt, über organisationales Gewicht oder informelle Einbettung.

Anmerkung: Dieser Text ist die überarbeitete Fassung eines bereits unter einem anderen Titel veröffentlichten Aufsatzes (Michel und Gmür 2015).

6 Literatur

Arnstein, S.R. (1969): A Ladder of Citizen Participation. In: Journal of the American Institute of Planners 35 (4), S. 216-224.

Booth, A.L. (1985): The Free Rider Problem and a Social Custom Model of Trade Union Membership. In: Quarterly Journal of Economics 100 (1), S. 253-261.

Fichter, M., Zeuner, B. und Gerster, J. (2004): Zukunft der Gewerkschaften. Arbeitspapier 44, Teil II. Düsseldorf: Hans-Böckler-Stiftung.

Frerichs, P. und Pohl, W. (2004): Zukunft der Gewerkschaften. Arbeitspapier 44, Teil I. Düsseldorf: Hans-Böckler-Stiftung.

Gmür, M. (2015): Member Value Optimierung im Verband. In: Verbands-Management 41 (1), S. 6-11.

Goerke, L. und Rannenberg, M. (2004): Norm-Based Trade Union Membership: Evidence for Germany. In: German Economic Review 5 (4), S. 481-504.

Mayntz, R. (1963): Soziologie der Organisation. Reinbek bei Hamburg: Rowohlt.
Michel, U. (2014): Methoden der Mitgliedergewinnung und ihr Einfluss auf die Aktivierung. Master Thesis. Universität Freiburg/CH.
Michel, U. und Gmür, M. (2015): Masse mit Klasse in der Mitgliederbindung. In: Verbands-Management 41 (3), S. 28-36.
Monnot, M.J., Wagner, S. und Beehr, T.A. (2011): A Contingency Model of Union Commitment and Participation: Meta-Analysis of the Antecedents of Militant and Nonmilitant Activities. In: Journal of Organizational Behavior 32 (8), S. 1127-1146.
Oesch, D. 2012): Recruitment, Retention and Exits from Union Membership: An Analysis of Member Flows in Swiss Union Locals. In: British Journal of Industrial Relations 50 (2), S. 287-307.
Olsen, M.L. (1965): The Logic of Collective Action: Public Goods and the Theory of Groups. Cambridge MA: Harvard University Press.
Opp, K.-D. (2009): Theories of Political Protest and Social Movements. A Multidisciplinary Introduction. London: Routledge.
Pernicka, S. und Stern, S. 2011): Von der Sozialpartnergewerkschaft zur Bewegungsorganisation? Mitgliedergewinnungsstrategien österreichischer Gewerkschaften. In: Österreichische Zeitschrift für Politikwissenschaft 40 (4), S. 335-355.
Pyhel, J. (2008): Gewerkschaftliche Mitgliedschaftsloyalität: Eine empirische Analyse der IG Metall-Mitgliederbindung in der Fahrzeugindustrie und im Maschinenbau. Dissertation Universität Kassel.
Rehder, B. (2008): Revitalisierung der Gewerkschaften? Die Grundlagen amerikanischer Organisierungserfolge und ihre Übertragbarkeit auf deutsche Verhältnisse. In: Berliner Journal für Soziologie 18 (3), S. 432-456.

Beiträge der österreichischen Zivilgesellschaft zur Bewältigung der Flüchtlingskrise – Leistungen und Lernchancen

Ruth Simsa, Michael Herndler und Marion Totter

1 Einleitung

Die Herausforderungen durch Immigration und Integration sind nicht nur ein aktuelles Thema, sondern deren Bewältigung wird auch in Zukunft eine Voraussetzung für gesellschaftliche Stabilität und Wohlstand sein. Die im Jahr 2015 virulent gewordene Flüchtlingskrise hat gezeigt, dass die Zivilgesellschaft eine wichtige Rolle einnahm, da seit dem sprunghaften Anstieg der Zahl der Flüchtlinge im Herbst 2015 öffentliche Institutionen stark gefordert bis überfordert waren.

Der folgende Beitrag präsentiert die Ergebnisse einer durchgeführten empirischen Analyse der Leistungen unterschiedlicher zivilgesellschaftlicher Akteure (Simsa et al. 2016; Simsa und Rothbauer 2016). Die empirische Erhebung wurde von Oktober 2015 bis Ende Februar 2016 in Kooperation mit den Sozialorganisationen der Bundesarbeitsgemeinschaft sowie dem österreichischen Arbeiter-Samariterbund durchgeführt. Das Projekt ist eine erste explorative Studie. Es analysiert die Aktivitäten der Zivilgesellschaft und strebt durch ein fundiertes Verständnis von Erfolgsfaktoren eine Basis für die Weiterentwicklung von Strategien sowie ein möglichst effektives Zusammenspiel unterschiedlicher zivilgesellschaftlicher und politischer Akteure an. Es war auf folgende Fragen fokussiert:

- Was hat die Zivilgesellschaft seit dem Sommer 2015 zur Bewältigung der sogenannten Flüchtlingskrise geleistet und wie wurde dies erreicht?

Erstens wurden das Spektrum und der Umfang der Aktivitäten dargestellt. Soweit möglich, wurde eine erste quantitative Einschätzung der Aktivitäten und das breite Angebot an unterschiedlichen Aktivitäten im Großraum Wien und Burgenland erfasst. Zweitens wurde untersucht, wie die unterschiedlichen Aktivitäten organisiert wurden. Unterschiede und Gemeinsamkeiten sowohl der etablierten Sozial- und Hilfsorganisationen wie auch der basisorientierten Initiativen wurden in Bezug auf Entscheidungs- und Organisationsstrukturen, Nutzung sozialer Medien etc. analysiert. Ein Schwerpunkt lag auf den Fragen der Mobilisierung und Koordination der MitarbeiterInnen und Freiwilligen. Aufgetretene Probleme wie Erfolgsfaktoren wurden beschrieben.

Drittens wurde das Zusammenspiel von verschiedenen Akteuren der Zivilgesellschaft sowie von diesem mit anderen Institutionen untersucht. Entgegen der in der Forschung vertretenen These eines Auseinanderdriftens von NPOs, Basisinitiativen und politischen Institutionen (Simsa 2015; Zimmer und Simsa 2014) schien es in dieser Situation zum Teil sehr gute und niederschwellig organisierte

Kooperationen zwischen diesen Akteuren zu geben. Kooperationsmuster, aber auch Schwierigkeiten und die Voraussetzungen für effektive Kooperation werden analysiert.

- Was kann daraus für die Bewältigung weiterer Herausforderungen der Immigration und Integration gelernt werden?

Ausgehend von den Erfolgsfaktoren und Problemen wurde die Erfahrung der zivilgesellschaftlichen AktivistInnen und Flüchtlinge für ein weiteres gesellschaftliches Lernen genutzt. Neben der organisationalen Ebene ging es um effektive Strategien der Kooperation unterschiedlicher Akteure und um die Frage geeigneter gesellschaftlicher Rahmenbedingungen zur Aufrechterhaltung des hohen Niveaus des Engagements. Wie können neue Freiwillige eingebunden werden, unter welchen Bedingungen ist dies sinnvoll und welche Organisationsformen und -strategien werden dafür benötigt?

2 Methodik

Neben acht teilnehmenden Beobachtungen und der Analyse der Internetaktivitäten von acht NPOs basiert die Studie auf qualitativen, problemzentrierten Interviews. Die Auswahl der InterviewpartnerInnen erfolgte nach theoretischem Sampling. Insgesamt wurden 57 Interviews geführt, die sich wie folgt zusammensetzen:

- 5: Involvierte Instanzen Bund Gemeinde Wien (FSW, ÖBB, BMI, Bundesregierung)
- 3: Einsatzorganisationen (ÖRK, ASBÖ)
- 8: Etablierte Soziale NPOs (Caritas, Volkshilfe, Diakonie, Kinderfreunde, LIMDA)
- 8: Neu gegründete NGOs (Train of Hope, Happy.Thankyou.Moreplease, Fremde werden Freunde)
- 4: Ältere Projekte im Kontext der Flüchtlingshilfe (Strickinitiative, Miteinander Wandern, Sprachencafé, Viel mehr für alle)
- 14: Nichtorganisierte Freiwillige
- 15: Syrische Flüchtlinge

Im Februar 2016 wurde ein Fragebogen ausgesandt, um ein besseres quantitatives Mapping zu ermöglichen. Der Fragebogen erging online an die fünf Kooperationspartner der BAG, den Arbeiter-Samariterbund und an 104 Organisationen und Initiativen, die in der Flüchtlingskrise aktiv waren. Die Fallzahlen (Rücklauf von 36,4%) waren allerdings zu gering, um eine umfassende quantitative Darstellung der Leistungen zu ermöglichen.
In Kapitel 3 werden die Hintergründe zur sogenannten Flüchtlingskrise dargestellt. Kapitel 4 präsentiert die Ergebnisse zu Problemen und Lernchancen, die im Rahmen der Analyse identifiziert wurden. Die Ergebnisse zum Freiwilligen-

management stehen im Vordergrund. Im 5. Kapitel diskutieren wir die Wechselwirkungen zwischen dem Wohlfahrtsstaat und der Zivilgesellschaft.

3 Hintergründe

Bis zum 15. September 2015 berichteten österreichische Medien nach Schätzungen des Innenministeriums von rund 50.000 durchreisenden Flüchtlingen, bis diese Zahl im September sprunghaft anstieg. Vom 5. September bis Mitte Dezember durchquerten mehr als 600.000 Flüchtlinge Österreich, rund 4.000 von ihnen nutzten Österreich täglich als Transitland.

Die Asylstatistik des BMI zeigt für 2015 (vgl. http://www.bmi.gv.at/cms/bmi_asylwesen/statistik/start.aspx) insgesamt 88.340 Asyl- und 758 Resettlementanträge, damit mehr als dreimal so viele wie im Jahr 2014. 72,29% der Asylwerber waren männlich. Ab Mai 2015 nahmen die Anträge kontinuierlich zu, alleine von September bis November wurden 35.181 Anträge gestellt. Die häufigsten Herkunftsländer der Flüchtlinge sind Afghanistan (25.563), Syrien (24.547) und Irak (13.633). Der größte Anteil (67%) der insgesamt 8.277 unbegleiteten Minderjährigen stammen aus Afghanistan. 81% der 2015 bearbeiteten Anträge von Syrern wurden positiv entschieden, lediglich 30% jener von Afghanen und 24% der Anträge von Irakern wurden bewilligt.

Im Jahr 2016 wurden bisher 22.435 Asyl- und 133 Resettlementanträge gestellt, wodurch das Niveau des Vorjahres gehalten wurde. Im Mai 2016 lag die Anzahl der gestellten Anträge erstmals unter jener des Vergleichszeitraumen im Vorjahr. Die Zahlen liegen weiterhin deutlich über jenen im Vergleichszeitraum 2014, der Flüchtlingszustrom hält bislang an.

In dieser Zeit gab es zwei gegenläufige Entwicklungen, zum einen nahmen rechtspopulistische bis -extreme Ressentiments zu, die sich auch in den Wahlen niederschlugen. Zum anderen kam es zu einem massiven Anstieg zivilgesellschaftlichen Engagements, das sowohl in etablierten Sozial- und Hilfsorganisationen sowie im Rahmen neugegründeter Initiativen stattfand, deren Hilfeleistungen in der Erstversorgung wie auch in weiterführender Betreuung und Unterstützung enorm waren. Viele Menschen engagierten sich erstmalig freiwillig oder waren weit über ihr gewohntes Maß hinaus aktiv. Neben unmittelbarer Hilfeleistung haben zivilgesellschaftliche Akteure die öffentliche Meinung mitgeprägt und die Vernetzung von Freiwilligen befördert.

Grundsätzlich kann zwischen etablierten Einsatz- und Hilfsorganisationen, Integrationsvereinen und neu gegründeten Basisinitiativen unterschieden werden, die sich durch einen absteigenden Grad von Hierarchie auszeichnen. Es gibt auch Hybride, die eine hierarchische Rahmung mit basisdemokratischem Kern aufweisen. Hierarchisch organisierte Einsatzorganisationen konnten schneller Entscheidungen treffen, da sie auf bestehende Strukturen für Katastrophenfälle zurückgreifen konnten, die von anderen Organisationen erst geschaffen werden mussten. Junge Basisinitiativen hatten den Vorteil, die für spontane Entscheidungen notwendige Flexibilität und Offenheit vorzuweisen, die für einige Freiwillige motivierend wirkte. Die VertreterInnen der Zivilgesellschaft berichteten von einem sehr breiten Spektrum angebotener Leistungen, das sich in Erst- bzw. Notversorgung und Integrationstätigkeiten aufteilen lässt. Weiterführende Tätigkeiten umfassen die Organisation von Wohnraum, Weiterbildungen, Freizeitveranstaltungen, Kinderbetreuung, Übersetzungsarbeit, Rechtsberatung, Unterstützung bei Behördenwegen, gesundheitliche Versorgung und vieles mehr. Unterstützungsleistungen für die Zivilgesellschaft, darunter Informationen, Supervision, Beratung und Workshops zu unterschiedlichen Themen, wurden von etablierten Organisationen angeboten, die ihre Expertise an junge Akteure weitergaben. Nach eigenen Angaben betrieben alleine drei der größten NPOs zusammen 26 Notquartiere, 52 Transitquartiere und 78 Grundversorgungsquartiere für AsylbewerberInnen, in denen täglich mehr als 6.000 Flüchtlinge untergebracht waren.

Das freiwillige Engagement war besonders im Herbst 2015 besonders hoch. Eine der etablierten NPOs geht von über 70.000 Stunden geleisteter freiwilliger Arbeit alleine am Westbahnhof aus. Die Freiwilligen engagierten sich in unterschiedlichen Bereichen der Flüchtlingsarbeit, wodurch das hohe Leistungsniveau der NPOs erreicht und gehalten werden konnte.

Die fehlende europäische Solidarität und wechselnde Rahmenbedingungen aufgrund unklarer politischer Entscheidungen erzeugten die Notwendigkeit für Länder, Soforthilfemaßnahmen vorzunehmen. Diese schufen Notquartiere und übernahmen damit zum Teil die Grundversorgung, eine Kernkompetenz des Bundes. Die Situation in dauerhaft installierten Notquartieren, in denen Menschen wochenlang ohne ausreichende Sanitäranlagen, Privatsphäre oder Sicherheit untergebracht waren, war belastend, da diese Unterkünfte als kurzfristige Transitquartiere geplant waren.

Ein belastendes Thema für viele NPOs waren die mangelnde finanzielle Planungssicherheit und späte Zahlungen für geleistete Arbeit. Die Eröffnung von Quartieren wurde spontan und ohne klare Vereinbarungen beauftragt, was Organisationen vor enorme Herausforderungen stellte. Oft wurden Informationsdefizite bezüglich der erwarteten Flüchtlingszahlen bemängelt, die bereits vor dem Herbst 2015 abschätzbar gewesen wären.

Die Zivilgesellschaft hat unter hohen Belastungen der beteiligten Organisationen und Personen dazu beigetragen, eine massive humanitäre Katastrophe abzuhalten. Es ist davon auszugehen, dass Integration ohne weitere Beiträge der Zivilgesellschaft in Zukunft nicht möglich sein wird.

4 Ergebnisse

Die Kooperation zwischen allen beteiligten Akteuren verlief grundsätzlich sehr gut. Dennoch entstanden einzelne Problemfelder durch die Diversität der agierenden Akteure. Die Zusammenarbeit zwischen Organisationen mit unterschiedlichen organisatorischen Strategien, Kulturen und Zielen stellte die Akteure vor

Herausforderungen. So waren die Kooperationsmuster zwischen ähnlichen Organisationstypen gehäuft, etablierte NPOs brachten Struktur und Strategie in den Krisenzustand, Basisinitiativen standen in einer engen Vernetzung zu einander und pflegten Erfahrungsaustausch. Der fehlende Austausch zwischen unterschiedlichen Organisationstypen erschwerte die Koordination der Leistungen aller Anbieter, was gleichzeitig zu Über- und Unterangebot führte. Der Wettbewerb um Spendengelder verstärkte die Herausforderungen für Kooperation weiter. Organisationale Probleme konnten vor allem im Bereich des Freiwilligenmanagements festgestellt werden.

4.1 Freiwilligenmanagement

Die hohe Mobilisierung der Freiwilligen und die Schwierigkeit, den Bedarf zu planen, hatten zur Folge, dass es zu temporärem Überangebot an einzelnen Stellen kam. Externe Faktoren, wie die Schließung von Grenzen, die Bereitstellung von Transportmöglichkeiten oder diverse politische Entscheidungen, waren herausfordernde, dynamische Rahmenbedingungen. Das Überangebot rief bei Freiwilligen das Gefühl hervor, keinen Beitrag liefern zu können, wodurch sie zum Teil ein Gefühl der Frustration empfanden. Die Auflösung dieser Konflikte war für die beteiligten Organisationen eine wichtige, aber oft unangenehme Aufgabe.

Vor dem Hintergrund der Ausnahmesituation hatten die Organisationen kaum Möglichkeiten und Ressourcen für eine Selektion der Freiwilligen, wodurch vermehrt uninformierte freiwillige Helfer ohne entsprechende Erfahrung und konkrete Feldkompetenz vor Ort waren. Probleme für Organisationen entstanden, da die Zusammenarbeit mit Freiwilligen manchmal vorzeitig beendet werden musste. Die fehlenden Ressourcen für eine Freiwilligenkoordination und ein Freiwilligenmanagement schränkten die Möglichkeiten für Einschulungen ein. Diese Aufgabe wurde von erfahrenen Freiwilligen übernommen. Die fehlenden Auswahl- und Einschulungsmöglichkeiten führten zu einem *mismatch* zwischen Aufgaben, Erwartungen und Fähigkeiten der Freiwilligen, was sowohl die Organisationen als auch die Freiwilligen überforderte.

Insbesondere in der akuten Phase wechselten sich Ziele, Strukturen und Arbeitsabläufe rasch ab. Die Kommunikationsstrukturen waren zu Beginn mangelhaft und wurden oft als unbefriedigend wahrgenommen. Wechselnde AnsprechpartnerInnen für Freiwillige wurden ebenfalls negativ wahrgenommen. Es entstanden nicht nur persönliche Konflikte durch einen fehlenden Ausdruck von Wertschätzung der Partizipation, sondern es entfiel auch die Weitergabe relevanter Informationen. Eine Verbesserung in diesem Bereich konnte durch das Einsetzen von permanenten Ansprechpersonen, die aktiv Feedback von HelferInnen einholen, geschaffen werden. Auf diese Weise konnten Ziele, Strukturen und Kompetenzen definiert werden, die die Rahmenbedingungen für eine funktionale und dynamische Selbstorganisation im Feld darstellten. Neue NPOs und Initiativen ohne etablierte Strukturen organisierten diese um aktuelle Zieldefinitionen, was von Freiwilligen besser angenommen wurde. Funktionale Selbstorganisation benötigt definierte Ziele, klare Kommunikationsstrukturen und Kompetenzverteilung als Rahmung, um den benötigten Raum zu schaffen. Das war nicht immer mit den vorhandenen Organisationsstrukturen kompatibel, wodurch weitere Konflikte entstanden. Neue Freiwillige hinterfragten bestehende Entscheidungsstrukturen, Hauptamtliche und Freiwillige hatten unterschiedliche Auffassungen davon, welche Organisationsstrukturen benötigt werden. Probleme für Freiwillige entstanden insbesondere dann, wenn feste Strukturen von Einsatz- und Hilfeorganisationen die natürlich gewachsenen Strukturen der Freiwilligen vor Ort ersetzen sollten. Man fühlte sich seines Beitrages zur Hilfe beraubt. Doch auch die natürlich gewachsenen Strukturen brachten teilweise Konflikte zwischen den Freiwilligen hervor, da diese über die Zeit Hierarchien herausbildeten, die nur zum Teil als funktional und fair wahrgenommen wurden.

Trotz der krisenhaften Situation und des hohen Drucks bewältigten die zivilgesellschaftlichen Organisationen die Herausforderungen hochdynamischer Rahmenbedingungen und rasanten Wachstums der MitarbeiterInnen. Sie leisteten Mehrarbeit, neues Personal wurde zeitnah eingestellt und hauptamtliche MitarbeiterInnen wurden für die neuen Aufgaben freigestellt. Regeln wurden bewusst zeitweise außer Kraft gesetzt, um die notwendige Flexibilität herzustellen. „Fliegende" HelferInnen, die sich spontan und kurzfristig in Organisationen engagierten, konnten gut eingebunden werden. Organisationen reagierten rasch auf die neuen Anforderungen und sicherten einen möglichst reibungslosen Leistungserstellungsprozess. Die meisten Organisationen berichteten von der Einführung neuer Organisationsstrukturen und Lernschritten.

Aufgrund der entstandenen Überforderung vieler beteiligter Menschen ist eine entsprechende professionelle Begleitung insbesondere für ungeschulte Freiwillige besonders wichtig. Die fehlenden Ressourcen und Strukturen beschränkten allerdings das Angebot von angemessener Begleitung, Supervision und Evaluierung. Maßnahmen und Feedbackkanäle wurden erst zeitverzögert und durch die Unterstützung von etablierten NPOs eingeführt.

4.2 Lernchancen für die (Zivil-)Gesellschaft

Kooperation zwischen den Akteuren, nicht nur während der Koordination der Leistungserstellung, sondern auch in Form der gemeinsamen Öffentlichkeitsarbeit, war einer der wichtigsten Erfolgsfaktoren. Die intensive Kommunikation zwischen allen beteiligten Akteuren, besonders auch mit öffentlichen Institutionen, war von großer Bedeutung. Die geschaffenen Strukturen können in künftigen Szenarien genutzt werden.

Etablierte Organisationen können neue, lokale Initiativen und Organisationen noch stärker unterstützen und das Engagement indirekt fördern. Diese können ihre Erfahrung und Expertise, aber auch Ressourcen, z.B. Rechtsberatung,

Räume, Informationen, technische Geräte, Weiterbildung und Unterstützung bei der Organisationsentwicklung, zur Verfügung stellen. Organisationen können in bestimmten Teilbereichen mit neuen organisationalen Mustern experimentieren und damit eine Basis für den Erfolg schaffen, indem Regeln temporär außer Kraft gesetzt werden, mehr Partizipation als sonst zugelassen wird oder teilweise auch mehr Hierarchie eingesetzt wird. Ziele sollten sich dabei stärker an direkt Gestaltbarem und Erreichbarem orientieren.

Durch bessere Koordination und mehr Ruhe könnten die Sachspenden besser eingesetzt werden. Die hohe Spendenbereitschaft war zwar ein gutes Zeichen, allerdings kam es zur Verschwendung von Material und temporärer Überversorgung der Flüchtlinge. Die Unterstützung erfolgte auch durch private Unternehmen, deren Engagementbereitschaft für die Schaffung benötigter Strukturen eingesetzt werden kann. Um die sich verschärfenden Spannungen in der Bevölkerung abzubauen, kann die Zivilgesellschaft Möglichkeiten für Dialog und Ausgleich schaffen oder die Ressourcen ebenfalls für Integrationsmaßnahmen einsetzen.

Das Freiwilligenmanagement ist in krisenhaften Situationen unbedingt notwendig. FreiwilligenkoordinatorInnen sollten vorausschauend, aus dem Kreis von Führungskräften oder MitarbeiterInnen und Freiwilligen, ausgebildet werden. Selbst wenn der Sektor mit Ressourcenknappheit kämpft, kann sich ein strukturiertes Management mittelfristig lohnen. Damit kann die bestehende Engagementbereitschaft erhalten und effektiv genutzt werden. Mit zusätzlichen Ressourcen für das Freiwilligenmanagement könnten folgende Strategien für Freiwilligenkoordination umgesetzt werden:

- Koordination und stabile Zonen in der Organisation
- Instrumente für Management von Angebot und Nachfrage
- Aktiver Kontakt zu Freiwilligen von Beginn an
- Begleitung von Freiwilligen (Prävention und Supervision)
- Klare Kommunikationsstrukturen und Kompetenzaufteilungen als Rahmen für Selbstorganisation

5 Resümee

Generell hat die Zusammenarbeit unterschiedlicher Akteure sehr gut funktioniert und die Zivilgesellschaft hat enorme Beiträge zur Verhinderung einer humanitären Krise geleistet und damit – wie auch in anderen Situationen (Lindenberg 1999) – die Lücke gefüllt, die der Wohlfahrtsstaat gelassen hat. Es ist den beteiligten NPOs größtenteils ausgesprochen gut gelungen, Freiwillige anzusprechen. Die Entwicklung der Freiwilligenarbeit widerspricht dem generellen Trend eines leichten Rückgangs des freiwilligen Engagements. Den Trend einer stärker projekt- oder anlassbezogenen Freiwilligenarbeit hingegen (Hustinx 2010; Meyer und Simsa 2013) drückt es in nie dagewesenem Ausmaß aus.

In Österreich wie auch in Deutschland gab es die historisch einmalige Situation, dass die Zivilgesellschaft und nicht Wohlfahrtsstaaten sich der existenziellen Grundversorgung von Hilfebedürftigen annahmen. Für die Ermöglichung und die Nachhaltigkeit von Integration ist dies vermutlich von Vorteil, auch die Legitimation von NPOs ist in diesem Zeitraum extrem hoch gewesen. In Bezug auf die Arbeitsteilung zwischen Staat und Zivilgesellschaft lässt sich die Situation unterschiedlich beurteilen.

Die Zusammenarbeit zwischen öffentlichen Institutionen und NPOs hat in Österreich eine lange Tradition und ist funktional. Die Erfahrung von Organisationen wird aktiv genutzt, um in heiklen sozialen Situationen handlungsfähig zu sein. NPOs unterliegen seit Jahrzehnten einem umfassenden Professionalisierungsprozess (Meyer und Simsa 2013) und wurden flexibler. Das Verhältnis zwischen öffentlicher Hand und Zivilgesellschaft, deren Freiwillige bei der Erfüllung öffentlicher Aufgaben funktionalisiert wurden, war im Herbst 2015 einem Wandel unterworfen. Die konsequente Übernahme von Kernaufgaben des Sozialstaates durch die Zivilgesellschaft muss, nicht nur aus rein rechtlichen Überlegungen, kritisch gesehen werden, da die Zivilgesellschaft zum „Lückenbüßer" (Schlager und Staritz 2015) wurde. Quantitative und qualitative Standards sind gefährdet, den Interessen privater Akteure überlassen zu werden.

Die Finanzierungsmodalitäten für etablierte NPOs gestalten sich aufgrund verzögerter Zahlungen durch die öffentliche Hand problematisch. Obwohl dies grundsätzlich kein neues Phänomen darstellt (Simsa und More-Hollerweger 2013), war es aufgrund des stark gestiegenen Bedarfs und des damit einhergehenden Größenwachstums vieler NPOs im Beobachtungszeitraum besonders bedenklich. Ein aktiver Staat ist Grundlage einer starken Zivilgesellschaft und müsste seine Aufgaben der Grundversorgung konsequent wahrnehmen. Damit würden Möglichkeiten für die zivilgesellschaftlichen Organisationen geschaffen werden, ihre Ressourcen für weiterführende Integrationsangebote und *advocacy* für ein flexibleres Vergaberecht im Krisenfall einzusetzen. Wenn staatliche Aufgaben an zivilgesellschaftliche Organisationen vergeben werden, könnte eine zeitnahe und ausreichende Finanzierung sichergestellt werden.

Die fehlende Verantwortungsübernahme durch die öffentliche Hand hatte auch einen positiven Effekt auf die Zivilgesellschaft. Etablierte NPOs gingen gestärkt aus der Krise hervor, sind gewachsen und konnten die Erfahrungen für organisationales Lernen einsetzen. Die öffentliche Sichtbarkeit ihrer Leistungen erhöhte die Legitimität der NPOs und verbesserte ihr Image. Wenn man so will, hat das verzögerte Handeln des Staates das Entstehen vieler neuer zivilgesellschaftlicher Initiativen bewirkt.

Durch die gemeinsamen Erfahrungen der Zivilgesellschaft im Umgang mit den Flüchtlingen wurden auch für die Helfer selbst soziale Beziehungen geschaffen und damit *community building* befördert; Becker, Speth und Strachwitz (2016) nennen dies die „doppelte Wirkung" zivilgesellschaftlichen Engagements. Die persönlichen Kontakte zwischen Flüchtlingen und Zivilgesellschaft verleihen den Flüchtenden ein Gesicht und bauen das persönliche Ohnmachtsgefühl ab, indem Hilfe angeboten werden konnte.

6 Literatur

Becker, E., Speth, R. und Strachwitz, R. G. (2016): Zivilgesellschaft als Lotsen in die Gesellschaft. Die Betreuung geflüchteter Menschen in deutschen Kommunen. Maecenata Observatorium. Analysen, Positionen und Diskurse zu Zivilgesellschaft, Engagement und Philanthropie, 8.

Bundesministerium für Inneres – Berichte Asylwesen (1999-2016): URL: http://www.bmi.gv.at/cms/bmi_asylwesen/statistik/start.aspx. Abgerufen am: 11.07.2016.

Hustinx, L. (2010): I Quit, Therefore I Am? Volunteer Turnover and the Politics of Self-Actualization. Nonprofit and Voluntary Sector Quarterly 39 (2): S. 236-255.

Lindenberg, M. (1999): Declining State Capacity, Voluntarism, and the Globalization of the Not-for-Profit Sector. Nonprofit and Voluntary Sector Quarterly 28 (1): S. 147-67.

Meyer, M. und Simsa, R. (2013): Entwicklungsperspektiven des Nonprofit-Sektors. In: Simsa, R., Meyer, M. und Badelt, C. (Hrsg.): Handbuch der Nonprofit-Organisation. Strukturen und Management. Stuttgart: Schäffer-Poeschel: S. 509-525.

Simsa, R. (2015): Zivilgesellschaft oder NPOs? In: Andessner, R., Greiling, D. Gmür und Theuvsen, L. (Hrsg.): Ressourcenmobilisierung durch Nonprofit-Organisationen. Linz: Trauner Universitätsverlag, S. 15-24.

Simsa, R. und More-Hollerweger, E. (2013): Die Entwicklung von Rahmenbedingungen für NPOs und ihre MitarbeiterInnen. In: WISO Wirtschafts- und Sozialpolitische Zeitschrift des ISW, 3.

Simsa, R. und Rothbauer, J. (2016): Beiträge der Zivilgesellschaft zur Bewältigung der Flüchtlingskrise in Österreich. Herausforderungen, Leistungen und Learnings. Observatorium – Analysen, Positionen und Diskurse zu Zivilgesellschaft, Engagement und Philanthropie 9, S. 1-6.

Simsa, R., Auf, M., Bratke, S.M., Hazzi, O., Herndler, M., Hoff, M. und Rothbauer, J. (2016): Beiträge der Zivilgesellschaft zur Bewältigung der Flüchtlingskrise – Leistungen und Lernchancen, unveröffentlichter Forschungsbericht. Wien. Abrufbar unter: https://www.wu.ac.at/-fileadmin/wu/d/cc/npocompetence/Abgeschlossene_Projekte/Beitr%C3%A4ge_der_Zivilgesellschaft_zur_Bew%C3%A4ltigung_der_Fl%C3%BCchtlingskrise_%E2%80%93_Leistungen_und_Lernchancen_NPO-Se_Kompetenzzentrum_.pdf.

Schlager, C. und Staritz, C. (2015): Privatisierungsentwicklungen in der Flüchtlingsbetreuung. Kurswechsel, 4, S. 68-70.

Zimmer, A. und Simsa, R. (Hrsg.) (2014): Forschung zu Zivilgesellschaft, NPOs und Engagement. Quo vadis? Wiesbaden: Springer VS.

Nachhaltigkeit durch Beteiligung: Was NPOs von sozialen Bewegungsorganisationen lernen können – Das Beispiel Spaniens

Ruth Simsa und Marion Totter

1 Einleitung

In dem Beitrag wird die Frage diskutiert, was traditionelle Nonprofit-Organisationen (NPOs) von Organisationen sozialer Bewegungen (SMOs) lernen könnten. Angesichts der Trends der Freiwilligenarbeit zu unverbindlicherem, episodischem Engagement (Hustinx 2010) wird es für NPOs zunehmend schwerer, Freiwillige zu gewinnen und zu binden. Viele NPOs stehen aufgrund von Ökonomisierungsdruck vor Fragen der Identität und dem Problem finanzieller Nachhaltigkeit (Simsa 2015a). Gleichzeitig entstehen u.a. im Rahmen sozialer Bewegungen neue, unkonventionelle Organisationen. Diese haben nicht nur qualitative, sondern aufgrund der Zunahme von zivilgesellschaftlichem Protest, von Aktivismus und freiwilliger Selbstorganisation auch quantitative Bedeutung. Die meisten SMOs lehnen Hierarchie und herkömmliche Führung ab, sie können nicht auf finanzielle Incentives und übliche Motivationsstrategien zurückgreifen, weder gibt es ausgefeilte Strategiepläne oder sonstige Managementtools noch differenzierte formale Strukturen. Dennoch funktionieren viele der untersuchten Organisationen – entgegen allen Prämissen der Organisations- und Managementlehre – erstaunlich gut. Angesichts der bestehenden Hierarchiekrise formaler Organisationen (Heintel und Krainz 2011) liegt die Frage nahe, was aus den Experimenten im Rahmen sozialer Bewegungen auch für herkömmliche Organisationen gelernt werden könnte.

Dieser Zugang ist keineswegs selbstverständlich, zeigt sich doch einerseits, dass AktivistInnen sozialer Bewegungen traditionelle NPOs als Teil des Establishments ablehnen. Sie wenden sich also zunehmend von formalen Organisationen und auch traditionellen Formen von NPOs ab (Harris und Roose 2014). Etablierte NPOs selbst beteiligen sich häufig nur wenig an Protesten sowie den damit verbundenen Gründungen neuer Organisationen.

Es wird also die Hypothese diskutiert, dass NPOs zur Sicherung ihrer Nachhaltigkeit, also ihrer langfristigen Effektivität und Legitimität, von diesen neu entstehenden SMOs lernen könnten, indem sie vor allem deren organisationale Weiterentwicklungen zur Kenntnis nehmen und gegebenenfalls implementieren. Basis ist eine qualitative Analyse von SMOs in Zusammenhang mit der Protestbewegung Spaniens.

Im Folgenden wird zunächst in Kapitel 2 die Bedeutung von SMOs dargestellt. In Kapitel 3 wird die Untersuchungsmethode beschrieben und in Kapitel 4 auf die Protestbewegung in Spanien und die Merkmale ihrer Organisationen eingegangen. Dass die Beziehungen zwischen etablierten NPOs und SMOs wenig ausgeprägt sind, diskutiert Kapitel 5 und einen Ausblick gibt Kapitel 6.

2 Die Bedeutungszunahme von Sozialen Bewegungsorganisationen

Gegenwärtig gibt es eine massive Zunahme von zivilgesellschaftlichem Protest, von Aktivismus und freiwilliger Selbstorganisation. Das letzte Jahrzehnt wird insgesamt als Phase weltweiter und umfassender Mobilisierung gekennzeichnet (Anheier 2013; Benski et al. 2013; Graeber 2011; Kaldor und Selchow 2013). Es wird argumentiert, dass gegenwärtige Gesellschaften als 'social movement societies' gesehen werden können, charakterisiert durch die wachsende quantitative und qualitative Bedeutung von Protest (Meyer und Tarrow 1998; Quaranta 2014).

SMOs sind somit erstens ein quantitatives Phänomen. Sie sind zweitens eine wichtige Voraussetzung der Effektivität und Nachhaltigkeit sozialer Bewegungen (Keck und Sikkink 1998; Simsa 2013; Tarrow 2001). Sie sind drittens auch qualitativ insofern bedeutsam, als sich viele Akteure sozialer Bewegungen in ihrer Identität und ihren Zielen explizit auf neue Formen von Organisation beziehen. Hier manifestiert sich vielfältiger Widerstand gegen managerialistische Diskurse (Spicer und Böhm 2007); etablierte Institutionen werden häufig ebenso abgelehnt wie starke Führung und formale Strukturen (Castells 2012; Della Porta und Diani 2006; Hardt und Negri 2011). Die Bewegungsforschung konstatiert folglich einen Fokus auf Experimente und die Entwicklung neuer Aktionsformen (Roth 2012). Nicht nur, wie einst, das Private, auch das Organisationale wird demnach als politisch gesehen.

3 Forschungsmethode: Feldforschung in Spanien

Empirisch basiert die Arbeit auf Feldforschung in Spanien. In den Jahren 2014, 2015 und 2016 wurden insgesamt 80 qualitative Interviews mit AktivistInnen, NPO-VertreterInnen und ExpertInnen geführt. Die Zusammensetzung des Samples folgte den Prinzipien der „grounded theory", d.h. es wurden mehrere Phasen der Datenerhebung und der Analyse verschränkt sowie eine maximale Heterogenität von Befragten und Themen angestrebt (Glaser und Strauss 2008). Methode war zu Beginn das narrative (Schütze 1987), in Folge auch das problemzentrierte Interview (Witzel 2000). Insgesamt wurden 41 Interviews transkribiert, 36 codiert und je nach Forschungsschwerpunkt mittels qualitativer Inhaltsanalyse (Mayring 2008), Themen- oder Systemanalyse im Team interpretiert. Sieben RespondentInnen wurden zwei- bzw. dreimal befragt, was den Blick für Veränderungen zu schärfen erlaubte.

Der sozio-demographische Hintergrund der Befragten war sehr heterogen, er umfasste Personen zwischen 21 und 75 Jahren, AkademikerInnen sowie auch

Arbeitslose und Personen ohne formale Ausbildung. Es wurden mehr Männer (45) als Frauen (35) befragt.
Die vertretenen Organisationen umfassen etablierte, große NPOs (z.B. Caritas, Plattform des Dritten Sektors) und zahlreiche basisorientierte, der Bewegung zuzurechnende Initiativen, wie zum Beispiel Jugend ohne Zukunft, die Plattform gegen Delogierungen, Initiativen, die mit ImmigrantInnen arbeiten, StudentInneninitiativen, der Verein der sogenannten Protestgroßeltern, Frauengruppen, soziale Zentren, eine Initiative von AnwältInnen etc. Zusätzlich wurden 20 teilnehmende Beobachtungen herangezogen, unter anderem in Meetings der Plattform für Hypothekenbetroffene, der Gruppe Jugend ohne Zukunft, der sogenannten Protestgroßeltern, einer Zeitbank sowie der neuen nationalen und lokalen Parteien.

4 Die Spanische Bewegung der „Empörten" und ihre Organisationen

4.1 Die Protestbewegung

Spanien ist von einer gravierenden sozialen und politischen Krise betroffen, mit hoher Arbeitslosigkeit, Exklusion und Armut. Die neoliberale Wirtschafts- und Sozialpolitik im Gefolge der Wirtschaftskrise der zweiten Hälfte der 2000er Jahre hat zu einer massiven Verschlechterung der sozialen Lage geführt. Unter dem Druck der von der EU verordneten Austeritätspolitik wurden öffentliche Ausgaben im Sozial-, Gesundheits- und Bildungsbereich reduziert (Banyuls und Recio 2012; Fioramonti und Thümler 2013). Spanien wurde in seiner Entwicklung um eine Dekade zurückgeworfen (Unicef 2014). Besonders deutlich ist dies beobachtbar in Bezug auf die Arbeitsmarktchancen junger Menschen und Frauen, Kinderarmut und Unterernährung, die Wohnsituation bzw. die hohe und immer noch steigende Zahl von Delogierungen, regionale Disparitäten sowie die Einkommensungleichheit (Asensi 2014; González-Bueno, Bello und Arias 2013; Hughes 2011). Dies und die hohe Korruption führten zu einer massiven Vertrauenskrise in das politische System. Daran entzündete sich, beginnend mit Platzbesetzungen und Massenprotesten, im Jahr 2011 die Protestbewegung der „Indignados", der Empörten (Simsa, Heinrich und Totter 2015).
Ein zentrales verbindendes Element war die Wut auf eine korrupte politische und wirtschaftliche Elite, die sogenannte „Kaste". „Sie repräsentieren uns nicht!" war einer der ersten Slogans der Bewegung, der die Wut auf sozioökonomische Entwicklungen und das politische System zum Ausdruck brachte. Die gesellschaftspolitischen Entwürfe der AkteurInnen sind in der Regel auf partizipative Demokratie, Inklusion, Selbstorganisation sowie auch eine starke sozial-, gesundheits- und bildungspolitische Grundversorgung gerichtet. Auf inhaltlich-theoretischer Ebene wird das kapitalistische System vielfach generell in Frage gestellt. Der häufig genannte Slogan „Es ist keine Krise, es ist Kapitalismus" bringt die Sichtweise auf den Punkt. Auch hat die Politisierung zu grundsätzlich

kritischeren Beobachtungen des politischen Systems (Castells 2012) wie auch zur Entwicklung von inhaltlichen Alternativen geführt (Pianta 2013).
Die Bewegung weist ähnliche Merkmale auf wie andere gegenwärtig neue soziale Bewegungen, etwa die auf Demokratisierung gerichteten in der arabischen Welt oder die an zunehmenden sozialen Ungleichheiten ansetzenden wie Occupy, den „[...] Einbezug einer neuen Generation, das Experimentieren mit alternativen Organisationsformen, die Artikulation neuer und manchmal noch vager politischer Ideen und vor allem: Begeisterung an der gemeinsamen Sache" (Anheier 2013). Ein langfristiger internationaler Trend besteht darin, dass die Partizipation an politischen Demonstrationen zunehmend schichten- und generationenübergreifend wird (Van Aelst und Walgrave 2001), Frauen, AkademikerInnen und Berufstätige, sogar ganze Familien beteiligen sich zunehmend. Großes Mobilisierungspotenzial gibt es zudem in der wachsenden Gruppe der Unter-Dreißigjährigen, die vom Arbeitsmarkt, von sozialer Teilhabe und von politischen Entscheidungen exkludiert sind. Ein internationales Phänomen ist auch die Re-Emotionalisierung der Politik bzw. die Re-Moralisierung des Protests (Roth 2012).
Spaniens Bewegung hat also viele Ähnlichkeiten mit sozialen Bewegungen in anderen Regionen (Simsa 2013). Gleichzeitig lassen sich auch spezifisch spanische Hintergründe identifizieren. Historische Wurzeln aus dem Bürgerkrieg, dem Widerstand gegen den Franquismus und dem Anarchismus spielen ebenso eine Rolle wie Erfahrungen mit Selbstverwaltung in den 1960ern (Hughes 2011; Taibo 2013) und mit der globalisierungskritischen Bewegung der 1990er Jahre. Die Bewegung war der Ausgangspunkt für weitere Politisierung und eine starke Zunahme zivilgesellschaftlichen Engagements (Simsa und Mar Gálvez Rodríguez 2015). Die Zahl der Protestaktivitäten stieg weiter an (García 2013), neben Protestaktivitäten, wie Platz- oder Hausbesetzungen, Demonstrationen, der Verhinderung von Delogierungen etc. gibt es aber auch ein breites Ausmaß privat organisierter Hilfe und sozialer Initiativen z.B. „Zeitbanken", bei denen Arbeitsleistungen getauscht werden, alternative Währungen oder private Essensausgaben. Dieser Anstieg des Engagements sowie auch die partielle Institutionalisierung der Bewegung in Form neuer politischer Parteien, welche bei Wahlen auf nationaler, regionaler und EU-Ebene Erfolge verzeichneten, waren vermutlich der Hintergrund für die wachsende Repression im Rahmen neuer Gesetze zur öffentlichen Sicherheit sowie zur Terrorbekämpfung (Simsa und Berraquero-Díaz 2015). Gegenwärtig berichten viele InterviewpartnerInnen von einem Rückgang des Engagements, der u.a. auf eine Zunahme verhängter Geldstrafen, Körperverletzungen und Arreste zurückgeführt wird. Dennoch sind alle Organisationen des Samples nach wie vor aktiv, die meisten bestehen damit trotz schwieriger Bedingungen seit mehr als fünf Jahren.

4.2 Organisationen der Bewegung

Im Zuge der Bewegung entstand eine Vielzahl an sehr unterschiedlichen Organisationen, die als zivilgesellschaftliche Organisation verstanden werden können, allerdings nur teilweise formalen Status haben. Besondere Legitimität genießen die landesweit vernetzten Organisationen gegen Zwangsräumungen, aber auch „Jugend ohne Zukunft", die „Protestgroßeltern", Stadtteilversammlungen und öffentliche Essensausgaben.

Bei aller organisationalen Heterogenität gibt es starke verbindende Elemente. Neben ähnlichen Zielen ist dies zunächst die operative Form der Organisation, die *Asamblea*. Der Begriff bedeutet „Versammlung", meint im Rahmen der Bewegung allerdings Versammlungen, die dem Anspruch nach offen, egalitär, öffentlich, konsensbasiert und weitgehend unstrukturiert sind (Madrilonia 2012). Das Internet wird zwar stark genutzt, der zentrale identitätsstiftende Ort der Bewegung ist allerdings der öffentliche Raum, also die physische Anwesenheit auf Straßen und Plätzen (Janoschka und Sequera 2011).

Zentrale Grundsätze all dieser Organisationen entsprechen weitgehend jenen, die anarchistischen Ansätzen (Graeber 2002; Reedy 2014), feministischen Prinzipien (Butler 1995; Siltanen, Klodawsky und Andrew 2014) und vorangegangenen Bewegungen, insbesondere im Antiglobalization movement (Flesher Fominaya 2014; Graeber 2011; Maeckelbergh 2012), zugrunde liegen. Hohe Bedeutung haben Selbststeuerung und Egalität. Damit einher geht eine Ablehnung von Funktionsautorität, Hierarchie und jeglicher Form der Dominanz zugunsten von horizontalen Strukturen. In fast allen Interviews wird der Begriff der „Selbststeuerung" als zentrales Moment der Identität genannt, oft noch vor den inhaltlichen Zielen. Dies ist anspruchsvoll und bedarf der Entwicklung von Praktiken und Prozessen zur Vermeidung informeller Hierarchien (Sutherland, Land und Böhm 2013). Ein weiterer Grundsatz ist Offenheit und damit Partizipation möglichst vieler Personen. Die Mitgliedschaft ist oft lose und realisiert sich vor allem über gemeinsame Aktivitäten. Während klassische Organisationen über Mitgliedschaftsbedingungen definiert werden können, ist hier ein Kontinuum an Verbindlichkeit feststellbar.

Die Organisation ist verhandelbar, kann jederzeit verändert werden, sie wird explizit als präfigurative Verkörperung der angestrebten Welt (Siltanen, Klodawsky und Andrew 2014; Yates 2014) gesehen. Aus diesem Grund wird der hohe prozedurale Aufwand in der Regel akzeptiert – der organisationale „Weg" selbst ist in den Augen der Akteure legitimes und sinnvolles Ziel.

Eine Grundlage sind Selbstbeschreibungen anhand geteilter Werte. Die Wut auf eine korrupte politische und wirtschaftliche Elite, die sogenannte „Kaste", sowie fundamentale Kritik an den Folgen neoliberaler Wirtschaft sind inhaltliche Basis der geteilten Werte und der Entwicklung von inhaltlichen „counter narratives" (Pianta 2013). Hiermit in Zusammenhang steht auch die hohe Bedeutung von Emotionen (Benski 2011; Jasper 2011). Neben der Vergemeinschaftung von

Wut und Enttäuschung wird oft auch der hohe Stellenwert von positiver Energie, Lust am Experimentieren, und Freude genannt. All dies ist voraussetzungsvoll und birgt Fallen, wie etwa den hohen Zeitaufwand (siehe z.b. „Freedom is an Endless Meeting", Polletta (2002)). Dennoch scheint es erstaunlich gut zu funktionieren, gemessen an Selbstbeschreibungen, inhaltlichen Erfolgen und mittlerweile z.T. langjährigen Überleben der Organisationen. Was dies im Kern möglich macht, sind stark geteilte Werte, persönliche Beziehungen (Pickard 2006) zumindest der Kerngruppen und der starke Wunsch und die aktive Bereitschaft zu experimentieren. Folgende Anregungen für nachhaltiges Management auch in traditionellen NPOs können daraus abgeleitet werden:

- Aufmerksamkeit und Kreativität in Bezug auf Kommunikationsstrukturen

Es wird in den SMOs viel in die Entwicklung adäquater Kommunikationsstrukturen investiert, und dies lohnt bekanntlich: „Ob die Intelligenz eines sozialen Systems größer oder kleiner ist als die seiner Mitglieder, hängt davon ab, wie Kommunikation organisiert ist" (Simon 2004). Die enge Kopplung der Akteure mit relativer Offenheit von Aktionen wird ebenfalls oft als Erfolgsfaktor beschrieben (Simon 2004).

- Zelte statt Paläste – Mut zu flexiblen Strukturen und einem gewissen Maß an Unklarheit

Angesichts unsicherer, komplexer und sich verändernder Umwelten braucht es u.U. mehr an struktureller Ambiguitätsoffenheit. In diese Richtung gehen Vorschläge, die Hedberg u.a. bereits 1976 gemacht haben (Hedberg, Bystrom und Starbuck 1976). Statt „Palästen", welche auf Spezialisierung, eindeutigen Zielen und klaren Autoritätsstrukturen, stabilen Verantwortlichkeiten, klaren Entscheidungskriterien und Routineprogrammen beruhen, sehen sie in eher veränderlichen Umwelten „Zelte" als geeignete Organisationsform. Diese betonen Flexibilität, Kreativität und Initiative mehr als Autorität und Klarheit und weisen höhere Resilienz auf. Sie verlangen weder Harmonie zwischen Aktivitäten einzelner Organisationsteile noch konsistentes Verhalten im Zeitablauf. Das Motto lautet: „Why behave more consistently than one's world does?" (Hedberg, Bystrom und Starbuck 1976: 45).

- Konsequente Orientierung an organisationalen Werten

Werte und soziale Verantwortung haben in NPOs einen hohen Stellenwert (Meyer und Simsa 2013). Angesichts von Ökonomisierungstendenzen und Druck (Zimmer 2014) steigen auch bürokratische Hürden und organisationaler Stress; Werte sind zwar zumeist vorhanden, aber spielen im Alltag eine immer geringere Rolle (Simsa 2015a).

5 Voneinander lernen? Die Beziehungen zwischen Bewegungsorganisationen und traditionellen NPOs

„Es ist kompliziert", so könnte man den Status der Beziehung zwischen etablierten NPOs und SMOs in Spanien bezeichnen. Unter etablierten NPOs verstehen wir jene, die bereits vor der Bewegung bestanden hatten, zumindest zum Teil mit bezahltem Personal arbeiten und in der Plattform des Dritten Sektors vertreten sind. Bewegungsorganisationen sind solche, die im Zuge der Bewegung entstanden sind und/oder zu jenen Initiativen gehören, die die ersten Demonstrationen in die Wege geleitet haben und bereits seit mehr als drei Jahren mit klarer Identität bestehen, unabhängig davon, ob sie formalen, juristisch eingetragenen Status als Organisation haben.

Gefragt nach Beziehungen zu traditionellen NPOs ist die Antwort aller AktivistInnen eindeutig, mit diesen haben sie nichts zu tun. Viele sagen pauschal, dass NPOs ebenso korrupt wie die Politik wären, zur „Kaste" gehörten und damit zu dem System, welches für die Probleme des Landes verantwortlich wäre. Erst auf Nachfragen werden die Antworten manchmal differenzierter, es wird eingestanden, dass eventuell nicht alle NPOs korrupt wären und man zumindest teilweise doch ähnliche Ziele hätte. Die pauschale Ablehnung ist jedenfalls bemerkenswert, in ähnlichen Interviewfragen bei *grass root*-Initiativen in Österreich entstand eher das Bild, dass sich viele davon Unterstützung von etablierten Organisationen erhofften (Simsa 2015b).

VertreterInnen der etablierten NPOs zeichnen ein differenziertes Bild, bestätigen aber den Eindruck, dass NPOs und Bewegungsorganisationen nicht viel Kontakt haben. Offiziell gibt es keinerlei Kooperation, keine der großen, etablierten NPOs war bei Protestaktionen oder deren Vorbereitungen aktiv. Haltungen der Bewegung gegenüber lassen sich in drei Typen gliedern: Zum Teil werden SMOs wie auch die Bewegung insgesamt skeptisch gesehen, als zu radikal, zu weltfremd oder schlicht als zu unverständlich. Zum Teil werden sie geschätzt, es wird zwar Wert darauf gelegt, keine offizielle Verbindung einzugehen, sehr wohl aber wird positiv beurteilt, dass die MitarbeiterInnen der NPO als Privatpersonen in der Bewegung aktiv sind, und somit auch „Ziele, Werte und Wissen einspielen" (I plataforma pobreza). Zum Teil äußern InterviewpartnerInnen auch Bedenken, dass ihre eigene Organisation wie auch andere NPOs durch diese Strategien an den Rand gedrängt würden, gesellschaftliche Entwicklungen verpassen würden und in der Folge an Wirkung und Bedeutung einbüßen könnten.

6 Ausblick

Es mag sein, dass die „Zelte" der spanischen und anderen sozialen Bewegungen gemessen an ihren wirtschaftlichen Beiträgen ein Randphänomen bleiben und sie haben auch ihre organisationalen Defizite. Einzelne Elemente dieser Organisationen sind aber vermutlich nachhaltiger als bürokratische Strukturen anderer

NPOs. Möglicherweise kann damit der Slogan der Indignados, „Eine andere Welt ist möglich", zumindest teilweise umgewandelt werden zu „Eine andere Organisation ist möglich".

7 Literatur

Anheier, H.K. (2013): Entwicklungen der internationalen Zivilgesellschaft. In: R. Simsa, M. Meyer und C. Badelt (Hrsg.): Handbuch der Nonprofit-Organisation. Strukturen und Management, S. 77-89. Stuttgart: Schäffer-Poeschel.
Asensi, C. (2014): Die Rückkehr der Politik durch den Kampf für Grundbedürfnisse. Der Fall der Bewegung gegen Delogierungen in Spanien. Kurswechsel 01, S. 62-70.
Banyuls, J. und Recio, A. (2012): Der Albtraum des mediterranen Neoliberalismus. Spanien nach dem Scheitern des "dritten Weges". In: S. Lehndorff (Hrsg.): Der Triumph gescheiterter Ideen. Warum Europa tief in der Krise steckt. Zehn Länder-Fallstudien, S. 207-225. Hamburg: VSA-Verlag.
Benski, T. (2011): Emotion Maps of Participation in Protest: The Case of Women in Black Against the Occupation in Israel. Research in Social Movements, Conflicts and Change 31, S. 3-34.
Benski, T., Langman, L., Perugorría, I. und Tejerina, B. (2013): From the Streets and Squares to Social Movement Studies: What Have we Learned? Current Sociology 61 (4), S. 541-561.
Butler, J. (1995): Contingent Foundations. In: S. Benhabib, J. Butler, D. Cornell und N. Fraser (Hrsg.): Feminist Contentions: A Philosophical Exchange, S. 35-58. New York et al.: Routledge.
Castells, M. (2012): Networks of Outrage and Hope: Social Movements in the Internet Age. Cambridge: Cambridge: Polity Press.
Della Porta, D. und Diani, M. (2006): Social Movements an Introduction. Malden, Mass. [u.a.]: Blackwell.
Fioramonti, L. und Thümler, E. (2013): Citizens vs. Markets. How Civil Society is Rethinking the Economy in a Time of Crisis. New York: Routledge.
Flesher Fominaya, C. (2014): Debunking Spontaneity: Spain's 15-M/Indignados as Autonomous Movement. Social Movement Studies 14 (2), S. 142-163.
García, O.J.M. (2013): Soft Repression and the Current Wave of Social Mobilisations in Spain. Social Movement Studies 13 (2), S. 303-308.
Glaser, B.G. und Strauss, A.L. (2008): The Discovery of Grounded Theory: Strategies for Qualitative Research. New Brunswick, N.J.: Aldine Transaction.
González-Bueno, G., Bello, A. und Arias, M. (2013): La infancia en Espana. 2012-2013. El impacto de la crisis en los niños. Madrid.
Graeber, D. (2002): The New Anarchists. New Left Review 13, S. 61-73.
Graeber, D. (2011). Occupy Wall Street's Anarchist Roots. Al Jazeera. URL: http://www.-aljazeera.-com/indepth/opinion/2011/11/2011112872835904508.html (abgerufen am: 31.05.2016)
Hardt, M. und Negri, A. (2011): The Fight for 'Real Democracy' at the Heart of Occupy Wall Street. Foreign Affairs, S. 11.
Harris, A. und Roose, J. (2014): DIY citizenship amongst young Muslims: experiences of the 'ordinary'. Journal of Youth Studies 17, S. 794-813.
Hedberg, B., Bystrom, P.C. und Starbuck, W.H. (1976): Camping on Seesaws: Prescriptions for a Self-Designing Organization. Administrative Science Quarterly 21 (1), S. 41-65.
Heintel, P. und Krainz, E.E. (2011): Projektmanagement. Hierarchiekrise, Systemabwehr, Komplexitätsbewältigung. Wiesbaden: Gabler.
Hughes, N. (2011): Young People Took to the Streets and all of a Sudden all of the Political Parties Got Old: The 15M Movement in Spain. Social Movement Studies 10 (4), S. 407-413.
Hustinx, L. (2010): I Quit, Therefore I Am? Volunteer Turnover and the Politics of Self-Actualization. Nonprofit and Voluntary Sector Quarterly 39 (2), S. 236-255.
Janoschka, M. und Sequera, J. (2011): Zur symbolischen Rückeroberung des öffentlichen Raums. Eine Analyse der Raumpolitiken des Movimiento 15-M. PROKLA 166, S. 151-162.
Jasper, J.M. (2011): Emotions and Social Movements: Twenty Years of Theory and Research. Annual Review of Sociology 37 (1), S. 285-303.

Kaldor, M. und Selchow, S. (2013): The 'Bubbling Up' of Subterranean Politics in Europe. Journal of Civil Society 9 (1), S. 78-99.
Keck, M.E. und Sikkink, K. (1998): Activists Beyond Borders: Advocacy Networks in International Politics. Ithaca, NY [u.a.]: Cornell University Press.
Madrilonia, C. (2012): Cuando la gente reinventa la política. Lenguajes y actitudes del movimento 15M. In:C.S. Joseba Fernandez und M. Urbán (Hrsg.): S. 53-67. Madrid: Icaria.
Maeckelbergh, M. (2012): Horizontal Democracy Now: From Alterglobalization to Occupation. Interface: A Journal For and About Social Movements 4 (1), S. 207-234.
Mayring, P. (2008): Qualitative Inhaltsanalyse. Grundlagen und Techniken. Weinheim-Basel: Beltz.
Meyer, D.S. und Tarrow, S. (1998): The Social Movement Society: Contentious Politics for a New Century. Lanham: Rowman & Littlefield.
Meyer, M. und Simsa, R. (2013): Besonderheiten des Managements von NPOs. In: R. Simsa, M. Meyer und C. Badelt (Hrsg.): Handbuch der Nonprofit-Organisation. Strukturen und Management, S. 145-159. Stuttgart: Schäffer-Poeschel.
Pianta, M. (2013): Democracy Lost: The Financial Crisis in Europe and the Role of Civil Society. Journal of Civil Society 9 (2), S. 148-161.
Pickard, V. (2006): United Yet Autonomous: Indymedia and the Struggle to Sustain a Radical Democratic Network. Media, Culture and Society 28, S. 315-336.
Polletta, F. (2002): Freedom Is an Endless Meeting: Democracy in American Social Movements. Chicago: University of Chicago Press.
Quaranta, M. (2014): Collective and Private Resources and the Inequalities of Non-violent Political Protest in European Countries. Journal of Civil Society 10 (3), S. 294-316.
Reedy, P. (2014): Impossible organisations: Anarchism and organisational praxis. Ephemera: Theory & Politics in Organization 14 (4), S. 639-658.
Roth, R. (2012): Vom Gelingen und Scheitern sozialer Bewegungen. Forschungsjournal Soziale Bewegungen 1, S. 21-31.
Schütze, F. (1987): Das narrative Interview in Interaktionsfeldstudien. Hagen: Fernuniversität Hagen.
Siltanen, J., Klodawsky, F. und Andrew, C. (2014): "This is how I want to live my life": An Experiment in Prefigurative Feminist Organizing for a More Equitable and Inclusive City. Antipode 47 (1), S. 260-279.
Simon, F.B. (2004): Gemeinsam sind wir blöd!? Die Intelligenz von Unternehmen, Managern und Märkten: Carl-Auer-Systeme Verlag.
Simsa, R. (2013): Protest ohne Organisation? Forschungsjournal Neue Soziale Bewegungen 26 (4), S. 6-13.
Simsa, R. (2015a): Ökonomisierung und die Entwicklung öffentlicher Finanzierung im NPO-Sektor: Ausprägungen und Reaktionen der Organisationen. WISO Wirtschafts- und Sozialpolitische Zeitschrift des ISW, 4.
Simsa, R. (2015b): Zivilgesellschaft oder NPOs? In: D. Greiling, R. Andeßner, M. Gmür, L. Theuvsen (Hrsg.): Ressourcenmobilisierung durch Nonprofit-Organisationen, S. 235-244. Linz: Trauner Universitätsverlag.
Simsa, R. und Berraquero-Díaz, L. (2015): Human rights in Spain – a mere national topic? URL: http://www.wu.ac.at/fileadmin/wu/d/cc/npocompetence/downloads/human_rights_in_spain_a¬_mere_national_topic_ruth_simsa.pdf. Abgerufen am: 31.05.2016.
Simsa, R., Heinrich, M. und Totter, M. (2015): Von der Puerta del Sol ins Europaparlament. Organisationale Ausdifferenzierungen der spanischen Protestbewegung. Neue Soziale Bewegungen 3, S. 8-17.
Simsa, R. und Mar Gálvez Rodríguez, M. (2015): La protesta sin organización?: Nuevas tendencias en los movimientos sociales frente a las entidades no lucrativas. Revista Española del Tercer Sector, S. 28.
Spicer, A. und Böhm, S. (2007): Moving Management: Theorizing Struggles against the Hegemony of Management. Organization Studies 28 (11), S. 1667-1698.
Sutherland, N., Land, C. und Böhm, S. (2013): Anti-leaders(hip) in Social Movement Organizations: The Case of Autonomous Grassroots Groups. Organization 21 (6), S. 759-781.

Taibo, C. (2013): The Spanish Indignados: A movement with two souls. European Urban and Regional Studies 20, S. 155-158.

Tarrow, S. (2001): Transnational politics: Contention and institutions in international politics. Annual Review of Political Science 4, S. 1-20.

Unicef (2014): Children of the recession: The impact of the economic crisis on child well-being in rich countries. Florenz: Unicef Office of Research.

Van Aelst, P. und Walgrave, S. (2001): Who is that (wo)man in the street? From the normalisation of protest to the normalisation of the protester. European Journal of Political Research 39 (4), S. 461-486.

Witzel, A. (2000): The Problem-Centered Interview. Forum Qualitative Sozialforschung: Forum Qualitative Social Research. URL: http://nbn-resolving.de/urn:nbn:de:0114-fqs0001228. Abgerufen am: 31.05.2016.

Yates, L. (2014): Rethinking Prefiguration: Alternatives, Micropolitics and Goals in Social Movements. Social Movement Studies: Journal of Social, Cultural and Political Protest 14 (1), S. 1-21.

Zimmer, A.E. (2014): Money makes the world go round! Ökonomisierung und die Folgen für NPOs. In: A.E. Zimmer und R. Simsa (Hrsg.): Forschung zu Zviligesellschaft, NPOs und Engagement. Quo vadis?, S. 163-180. Wiesbaden: Springer.

Zwischen Theorie und Praxis: Ansätze nachhaltigen Freiwilligenmanagements in Jugendorganisationen

Michael Vilain und Tobias Meyer

1 Einleitung

Ausgehend von der Frage, wie gute Praxis im Freiwilligenmanagement von Jugendorganisationen aussieht, wurde in einem dreijährigen Projekt gemeinsam mit der Bertelsmann Stiftung ein empirisch ausgerichtetes Untersuchungsdesign entwickelt und im Rahmen eines mehrstufigen Forschungsprozesses umgesetzt. Im Zuge der Erhebungen zeichnete sich ab, dass die Praxis sehr verschiedenartige Formen der Arbeit mit jungen Freiwilligen ausgebildet hat. Diese stehen jedoch nicht immer im Einklang mit der Vorstellung einer zentralistisch und hierarchisch geführten Organisation. Auch folgen Planungsabläufe in der Praxis keinesfalls immer der Logik eines einfachen, rational gestalteten kybernetischen Regelkreislaufs. Beide Elemente stecken jedoch vielfach implizit als Grundannahmen in verbreiteten Modellen des Freiwilligenmanagements. Die in der Realität vorzufindende – durchaus sehr erfolgreiche – Praxis des Managements von Freiwilligen passte somit nicht zu der in Theorie und Beratungspraxis vielfach geforderten (vgl. z.B. Reifenhäuser, Hoffmann und Kegel 2009). Aber wie wird die Arbeit mit Freiwilligen dann organisiert? Welche Faktoren beeinflussen sie? In der Folge wurde die Fragestellung geöffnet und auf die Gewinnung möglicher Beschreibungskriterien erweitert. Im Ergebnis zeigte sich, dass hinter den verschiedenen Formen des Engagements zwei Faktoren, die Ziel- und die Steuerungslogik, einen Erklärungsbeitrag zur Differenz verschiedener Managementsysteme in Jugendorganisationen leisten können.

2 Freiwilligenmanagement als Erfolgsfaktor für Jugendorganisationen

Viele Beobachter bezweifelten Ende der 1990er Jahre, dass es den großen traditionellen Organisationen gelingen würde, sich mit ihren historisch gewachsenen Strukturen den umwälzenden Herausforderungen wie der Erosion traditioneller sozialer Milieus, der Individualisierung und Pluralisierung der Gesellschaft, Globalisierung und Fragmentierung sowie wachsender rechtlicher und technischer Anforderungen bei zugleich sinkender Finanzierungsbasis anzupassen (vgl. z.B. Heinze und Strünck 1999; Düx 2000; Peglow 2002). Vielmehr prognostizierten sie eine Verlagerung des gesellschaftlichen Engagements junger Menschen in Richtung kleiner themenbezogener Gruppen und Initiativen mit kurzfristig orientierten Projekten. Die Klagen großer Verbände, der Kirchen, Parteien und Gewerkschaften schienen diese Befürchtungen zu unterstreichen.

Doch entgegen aller Befürchtungen sind klassische, formal strukturierte Jugendorganisationen[1] wie Vereine und Verbände auch heute noch zentrale Orte des Engagements von Kindern und Jugendlichen. Weniger formalisierte Engagementfelder haben zwar einen wachsenden, aber dennoch eher geringen Anteil am Engagement (Picot 2012). Wie aber sind dann die weiterhin anhaltenden Klagen der Verantwortlichen einzelner Vereine und Verbände über Mitgliederschwund und Desinteresse von Kindern und Jugendlichen vor diesem Hintergrund einzuschätzen? Warum gelingt es einigen Jugendorganisationen offensichtlich besser als anderen, Nachwuchs zu rekrutieren oder bereits aktive Kinder und Jugendliche an sich zu binden? Die Frage lenkt den Blick auf das Geschehen *in* den Organisationen. Dabei hat vor gut zwei Jahrzehnten das Schlagwort „Freiwilligenmanagement" Eingang in die Debatte gefunden. Der Begriff wurde bereits früh kritisiert und mitunter als Ausdruck eines „Managerialismus" oder von „Machbarkeitsphantasien" bezeichnet (vgl. bspw. Hansen 2011; Bode, Evers und Klein 2009). Damit wurde nicht selten eine Abgrenzung vorgenommen zu normativ ausgelegten Managementansätzen, die in Anlehnung an betriebswirtschaftliche Konzepte der Personalwirtschaft entstanden. Diesen fehlt bis heute eine breite empirische Überprüfung, die sowohl Gültigkeit als auch Wirksamkeit der geforderten Managementmodelle belegen könnte. Untersuchungen mit empirischem Bezug nutzen in der Regel Einzelfallstudien zur induktiven Herleitung generalisierter Handlungsempfehlungen. Dies wirft Fragen auf bezüglich der Gültigkeit und Reichweite der Aussagen.

Vor diesem Hintergrund hat sich das Institut für Zukunftsfragen der Gesundheits- und Sozialwirtschaft (IZGS) der Evangelischen Hochschule Darmstadt gemeinsam mit der Bertelsmann Stiftung im Rahmen eines mehrjährigen Forschungsprojektes auf die Suche nach guter Praxis im Freiwilligenmanagement von Jugendorganisationen gemacht und dabei überraschende Erkenntnisse gewonnen.

3 Das Projekt „Gute Praxis in Jugendorganisationen"

Die Grundlage des Projektes bildete ein mehrstufiges, transdisziplinär ausgerichtetes Forschungsdesign mit einem Methoden-Mix aus quantitativer Befragung, qualitativer Befragung und Beobachtung.

In einem ersten Schritt wurden über 600 Experten – Wissenschaftler, Vertreter aus Ministerien, Landesjugendämtern und Landesjugendringen, Buchautoren, Fort- und Weiterbildner, Praktiker aus Jugendorganisationen, Freiwilligenagenturen etc. – einerseits zu ihrem Verständnis von Freiwilligenmanagement befragt und andererseits gebeten, Jugendorganisationen zu benennen, die besonders erfolgreich mit jungen Freiwilligen arbeiten. Der Rücklauf dieser

---

[1] Zur Definition einer Jugendorganisation vgl. Vilain und Meyer 2014, S. 22. Entsprechend dieser Definition und mit Blick auf die empirische Relevanz wurden nicht formalisierte Aktivitäten wie spontane Treffen, Initiativen oder sporadisch netzwerkartige Engagementformen hier nicht untersucht.

Befragung betrug mit 80 Fragebögen 13 Prozent und führte zur Nennung von 88 Jugendorganisationen. Aufbauend auf den Ergebnissen der Befragung ergänzt durch vertiefende Gespräche mit einzelnen Befragten, wurde ein Analyseraster gewonnen, das sich zwar an den Erfordernissen der Arbeit mit Freiwilligen orientierte, aber die Ergebnisse nicht durch die Auswahl eines spezifischen Managementmodells unnötig präjudizierte. Die Untersuchungskriterien waren (Vilain und Meyer 2014):

1. Strukturen und Rahmenbedingungen der Organisationen
   (Kategorien: Mission und Vision, zentrale Stakeholder, Strukturen und Abläufe, personelle und finanziellen Ressourcen und Strategie und Planung),
2. die Arbeit mit Freiwilligen
   (Kategorien: Ansprache und Gewinnung, Auswahl und Einführung, Betätigungsfelder, Beteiligung und Qualifizierung, Bindung und Anerkennungskultur) und
3. die Ergebnisse der Arbeit
   (Kategorien: Output, Outcome, Impact).

Aus den Organisationsempfehlungen wurden im zweiten Schritt auf der Grundlage kriteriengeleiteter Internet- und Medienrecherchen, Materialienanalysen und Telefoninterviews 14 Organisationen ausgewählt. Im dritten Schritt wurden die Organisationen einer genaueren Analyse unterzogen. Dabei wurden sowohl die frei verfügbaren als auch angeforderte Informationen ausgewertet. Abschließend besuchten zwei Projektbeteiligte die ausgewählten Organisationen für ein bis zwei Tage. Dabei wurden mehrstündige leitfragengestützte Interviews mit Verantwortlichen und freiwillig engagierten jungen Menschen durchgeführt. Sofern möglich, wurde an Aktivitäten des Vereins teilgenommen. Es fanden Begehungen statt, die fotografisch und protokollarisch dokumentiert wurden. Schließlich wurden 12 Organisationen im Rahmen detaillierterer Portraits dargestellt: BUNDjugend Berlin, Cactus Junges Theater, DLRG-Jugend Hessen, Gemeindejugendwerk (GJW), Greenpeace-Jugend, Internationale Jugendgemeinschaftsdienste Hildesheim (ijgd), Jugendförderverein Burghaun, Jugendfeuerwehr Hamburg, Jugendrotkreuz Landesverband Niedersachsen (JRK), Royal Rangers, Servicestelle Jugendbeteiligung und Sozialistische Jugend Deutschlands – Die Falken (Landesverband Berlin).

4 Ergebnisse: Vielfalt des Freiwilligenmanagements

Im Laufe der Untersuchung wurde schnell deutlich, dass die Praxis der Freiwilligenarbeit in Jugendorganisationen mit den aus der Theorie bekannten und in der Organisationsberatung verbreiteten normativen Freiwilligenmanagementkonzepten tatsächlich kaum sinnvoll erfasst werden kann. Die Untersuchung zeigte: Um nah an der Lebenswelt ihrer Zielgruppe zu sein, entwickeln Jugendorganisationen unterschiedlichste Formen des Managements. Diese stehen nicht unbedingt im Einklang mit den impliziten Annahmen gängiger Managementkonzepte. So gibt es in der Jugendarbeit, um nur ein Beispiel zu nennen, ein Spannungsverhältnis zwischen vorausschauender Planung und dem speziell für Kinder und Jugendliche charakteristischen Wunsch nach Spontaneität und Selbstbestimmung. Zwar leisten die Rahmenbedingungen wie das Tätigkeitsfeld, die Rechtsform, die Stakeholderkonstellation, die Finanzierungsstruktur, die Aufbau- und Ablauforganisation bereits Erklärungsbeiträge zu den Spezifika von Jugendorganisationen. Innerhalb dieser Rahmenbedingungen konnten jedoch weitere Faktoren identifiziert werden, die zunächst wenig greifbar waren und sich erst aus der intensiven Analyse der Materialien und Interviews sowie der Beobachtungen in den Organisationen ergaben. Es handelt sich einerseits um die grundsätzliche Handlungslogik, die sich aus den Zielen einer Organisation ergibt, andererseits um die Art und Weise der Steuerung. Im Nachhinein betrachtet scheinen beide Dimensionen auf der Hand zu liegen. Was eine Organisation anstrebt und wie sie dies erreichen will, sind naturgemäß zentrale Fragen. Sie determinieren das Freiwilligenmanagement in Jugendorganisationen und helfen zu verstehen, warum es das „eine" richtige Freiwilligenmanagement für alle nicht geben kann. Gleichzeitig liefern sie Hinweise für ein verändertes Managementverständnis in Nonprofit-Organisationen und Ansatzpunkte für die Entwicklung eines organisationstypengerechten Managements.

4.1 Ziellogik – Aufgaben, Themen und Werte

Organisationen sind zielgerichtet. Das gilt auch für Nonprofit-Organisationen und natürlich für Jugendorganisationen. In den meisten Jugendorganisationen sind die Ziele mittlerweile in einem Leitbild verschriftlicht. Ausgangspunkt des Leitbildes und der Ziele ist die meist in engem Zusammenhang mit der Gründungsgeschichte stehende Vision der Organisation. Die Vision ist die auf Grundsätzen und Werten basierende Vorstellung von einem wünschenswerten Zustand, der noch nicht erreicht ist (Vilain 2010). Das Ziel (oder auch die Mission) einer Jugendorganisation widmet sich in der Regel der Lösung einer gesellschaftlichen Aufgabe (z.B. politische Bildung, Umweltschutz, Lebensrettung, Brandschutz, Interessenvertretung) und bestimmt letztlich Arbeit und Angebote der Organisation.

Dabei zeigte sich, dass die Ziele der untersuchten Organisationen starken Einfluss auf das konkrete Management hatten (Abbildung 1). Zwar waren alle Organisationen letztlich wertebasiert, verfolgten bestimmte Themen und bewältigten auch konkrete Aufgaben. Allerdings zeigte sich, dass letztlich immer eine dieser Perspektiven dominant war.[2] Gerade diese Differenz in der Akzentuie-

---

[2] Die gefundenen Zieldimensionen weisen Parallelen zu der von Düx (2000, S. 102 f.) vorgeschlagenen Klassifikation auf, die allerdings in fach- und sachbezogene Verbände sowie weltanschaulich orientierte Verbände unterscheidet sowie weiterhin in Verbände mit einem „spezifischen Aktivitätskern (schwerpunktmäßig auf einen speziellen Zweck oder eine Sache bezogen)" und Verbände mit wechselnden multiplen Aktivitäten (auf den ganzen Menschen bezogen).

rung der Ziele lieferte mehr als die Zugehörigkeit zu einem bestimmten Aufgabenfeld einen Erklärungsbeitrag zu den Unterschieden und Gemeinsamkeiten der verschiedenen Organisationen. Da alle drei Aspekte immer zeitgleich wirken, kann nicht von einer einzigen Zieldimension gesprochen werden. Vielmehr geht es um eine dominierende Ziellogik.

a) Aufgabenorientierung
Eine wesentliche Funktion von Nonprofit-Organisationen besteht in der Erfüllung konkreter sozialer, kultureller oder politischer Aufgaben. Das können sein: Lebensrettung (DRK oder DLRG), Organisation von Protesten oder die Gestaltung und öffentliche Darbietung von Kultur- oder Sportereignissen (Theaterverein oder Sportverein). Mit der Aufgabendominanz einher geht ein deutlicher Pragmatismus. Im Mittelpunkt steht dabei die erfolgreiche und möglichst effiziente Bewältigung der Aufgaben. Da diese im Zeitablauf meist ähnlich bleiben und sich wiederholen, hat die Organisation Vorteile durch Formalisierung und Standardisierung. In der Arbeit mit Freiwilligen bildet sich ein ausgeprägtes Gefühl für Prozesse und Steuerungsnotwendigkeiten ab, die auch in einer erhöhten Akzeptanz von formalen Managementkonzepten resultiert. Haupt- und ehrenamtliche Leitungskräfte weisen sich meist durch höhere Fachkenntnis in ihrem Bereich aus. Oftmals gibt es „Ehrenamtskarrieren" auf der Basis stufenweiser Qualifikationen. Erfordert die Aufgabenlösung Teamleistungen, bilden sich Organisationsideale in Richtung auf Verlässlichkeit und Kameradschaft aus.

Abbildung 1: Ziellogiken in Jugendorganisationen

	Aufgabenorientierung	Themenorientierung	Wertorientierung
Zielkriterien	Effektivität und Effizienz der Aufgabenerledigung	Themen und Forderungen voranbringen (Effektivität)	„Richtige" Einstellung erzeugen (Effektivität kaum bestimmbar)
Zielstruktur	Hoher Konkretisierungsgrad	Mittlerer Konkretisierungsgrad	Mittlerer Konkretisierungsgrad
Zielgruppen	Breit, Bereitschaft zur Aufgabenerledigung	Identifikation mit Themen	Teilen der gelebten Werte
Voraussetzungen für Freiwillige	Einordnung in Aufgabenlogik/ eher fremdbestimmtes Engagement	Diskurs- und Konfliktfähigkeit/ eher selbstbestimmtes, autonomes Engagement	Einordnung in Wertekonsens/ eher selbstbestimmt innerhalb des Werterahmens
Qualifikationsangebote	Überwiegend fachlich und aufgabenbezogen	Überwiegend auf kommunikative und soziale Kompetenzen bezogen, aber auch inhaltlich-thematisch	Überwiegend auf Vermittlung von Werten ausgelegt
Gruppenerleben	Team/ Kameradschaft	Zweckverbund/ Interessensgruppe	Wertegemeinschaft/ Milieu

b) Themenorientierung
Im Mittelpunkt themendominierter Organisationen stehen meist gesellschaftliche Handlungserfordernisse. Ausgangspunkt sind Missstände oder Veränderungswünsche. Jugendorganisationen können mono- oder multithematisch sein.

Dabei wird eine Positionierung schwieriger, je mehr verschiedenartige Themen vertreten werden sollen. Die Themen können durchaus aus einer bestimmten Weltsicht heraus gesehen werden. Letztlich geht es aber weniger darum, andere von dieser Weltsicht zu überzeugen, sondern vielmehr darum, bestimmte Forderungen zu realisieren. Typisch für themendominierte Jugendorganisationen ist die starke Kampagnenorientierung. So werden die Kernthemen immer wieder neu aufgenommen und in Aktivitäten übersetzt. Jugendliche können sich hier an unterschiedlichen Stellen einbringen. Meist sind sie als lose Gruppen oder Arbeitskreise organisiert. Die Teilnahme ist auf die einzelne Aktivität oder Kampagne gemünzt und ansonsten vielfach eher unverbindlich. Die Themensetzung kann zentral für die Jugendlichen vorgegeben sein (z.B. Greenpeace-Jugend) oder wird in großem Umfang von den Jugendlichen selbst gestaltet und entschieden (z.B. BUNDjugend Berlin). Das Freiwilligenmanagement ist geprägt durch Diskursivität und eine geringe Betonung von Hierarchien. Im Mittelpunkt steht Überzeugungsarbeit. Einfluss hat, wer diese Überzeugungsleistung erbringen kann und solange er sie erbringt. Formalisierte Managementverfahren werden oft als Einschränkung der Handlungsfreiheit erlebt und somit häufiger abgelehnt. Bei der Qualifikation der jungen Engagierten stehen vielfach die Steigerung kommunikativer und sozialer Kompetenzen sowie die thematisch-inhaltliche Arbeit im Mittelpunkt (z.B. Rhetorik-Kurse, Theater oder Themeninputs). Das Lebensgefühl der Engagierten ist häufig geprägt von dem Gefühl, gemeinsam für die richtige Sache zu streiten.

c) Werteorientierung
Andere Menschen vom eigenen Glauben, den eigenen Werten und Anschauungen zu überzeugen oder sie wenigsten damit vertraut zu machen, ist seit jeher eine wichtige Triebfeder für die Gründung von Nonprofit-Organisationen. Damit dies gelingen kann, muss alles Handeln immer wieder vor dem Hintergrund der anzustrebenden Werte reflektiert werden. In stark wertorientierten Organisationen sollen Werte verinnerlicht werden und Ausdruck in den Aktivitäten finden. Damit kommt der Sozialisation junger Menschen eine hohe Bedeutung zu. Milieubasierte Organisationen ziehen entsprechend sozialisierte Jugendliche an. Fehlen Milieus müssen Angebote bereitgestellt werden, die nach und nach eine enge Verbindung zur Wertebasis schaffen. Diese haben häufig Bezug zu Themen der Selbsterfahrung und Persönlichkeitsentwicklung. Die Arbeitsweisen sind nicht nur auf die fachliche Erledigung der Aufgaben ausgerichtet, sondern selbst Gegenstand der Gestaltung. Neben dem „Was" kommt demnach vor allem auch dem „Wie" große Bedeutung zu. Themen und Aufgaben sind Gegenstand von Diskussionsprozessen und müssen vor dem Hintergrund der Wertebasis begründbar sein („Warum"). Bei vielen Aktivitäten ist nicht das Ergebnis entscheidend, sondern die Tatsache, dass sie realisiert wurden und so Gelegenheit boten, sich mit den eigenen Idealen zu beschäftigen. Dementsprechend herrscht häufig eine auf die Wertebasis der Organisation bezogene Sprache (z.B. christlich-biblisch). Im Hinblick auf das Freiwilligenmanagement werden for-

malistische Verfahrensweisen oder Managementmodelle mit Vorsicht behandelt, da sie eine Steuerungslogik verkörpern könnten, die im Widerspruch zu den Werten steht. So lehnen die Falken Berlin beispielsweise die herrschende Managementsprache und -logik aufgrund der Nähe zu kapitalistischen Konzepten eher ab. Formen der Anerkennung jenseits des persönlichen Zuspruchs werden ebenfalls oft kritisch gesehen, weil sie im Kern dem Ziel, Handlungen als Ausdruck gelebter Überzeugung zu begreifen, widersprechen. Es soll ja schließlich nicht gearbeitet werden, um eine Belohnung zu erhalten, sondern aus einem wie auch immer begründeten Idealismus heraus. Es besteht eine umfängliche Neigung, auch organisationsstrukturelle Probleme durch eine weltanschauliche Brille zu sehen. Die Umgangsweisen sind nach innen tendenziell wertschätzend und reflektierend, nach außen bisweilen abgrenzend.

4.2 Steuerungslogik – Dominanz einer Person, Struktur oder Kultur

Abgesehen von der Ziellogik beeinflusst auch die Art und Weise der Steuerung eine Organisation entscheidend. Damit sind bevorzugte Formen der innerorganisatorischen Interessenaggregation, der Entscheidungsfindung, aber auch der anschließenden Begründung und Verteidigung von Entscheidungen angesprochen. Zusammengenommen prägen sie das „Wie" der Arbeit in Jugendorganisationen in erheblichem Umfang. Ob einzelne Personen (Personenorientierung), eine formale Struktur (Strukturorientierung) oder eine gelebte Kultur (Kulturorientierung) den Weg der Entscheidungsfindung in der Organisation bestimmen, leistet einen weiteren Erklärungsbeitrag zu den Eigenarten des Freiwilligenmanagements (Abbildung 2). Dabei gilt grundsätzlich, dass jede Organisation sowohl einen formalen Aufbau und eine Kultur besitzt und Personen das organisationale Geschehen beeinflussen. Doch auch hier zeigen sich in der Praxis erhebliche Differenzen in der Akzentuierung.

a) Personenorientierte Steuerung
Eine Personenorientierung liegt vor, wenn eine Person oder eine Gruppe großen Einfluss auf das Organisationsgeschehen hat. Dabei kann es sich um Einzelpersonen (z.B. eine zentrale Gründerfigur) oder eine Gruppe begeisterter und charismatischer Menschen handeln, die nicht selten freundschaftlich miteinander verbunden sind. Typische Kennzeichen sind fehlende oder schwach ausgeprägte Gremienstrukturen bei einem eher niedrigen Formalisierungsgrad. Dort, wo Gremien vorhanden sind, arbeiten sie häufig nur pro forma oder werden umgangen. Entscheidungen sind ohne die Zustimmung der zentralen Person(en) kaum möglich („Da müssen wir Frau/Herrn ... fragen."). Die Steuerungslogik ist damit recht einfach. Konflikte entzünden sich nicht selten an den zentralen Entscheidern. Aufgrund der hohen personalen Abhängigkeit der Organisation ist die Frage eines Leitungswechsels meist existenziell.

Abbildung 2: Steuerungslogiken in Jugendverbänden

	Personenorientierung	Strukturorientierung	Kulturorientierung
Dominanter Einfluss	Person oder Gruppe	Gremien, Satzungen, Regeln	Organisationskultur, "Wir-Gefühl"
Gremienstruktur	wenig ausdifferenziert	stark ausdifferenziert	mäßig ausdifferenziert
Bedeutung informeller Prozesse	sehr hoch	mittel	hoch
Entscheidungsfindung	personell	formal, regelhaft	diskursiv
Wissensbasis	intrapersonell	in Strukturen und Prozessen	in Geschichten, Leitbildern, Gruppenregeln
Referenzpunkt Werte	zentrale Personen	Leitbilder, Satzungen	"Wir-Gefühl", Peergruppe
Abhängigkeit von konkreten Einzelpersonen	sehr hoch	gering	gering
Organisationsgröße	klein bis mittel	klein bis groß	klein bis groß
Dominante Zielgruppe	breit: alle Milieus und viele Bildungsstufen	enger: mittlere bis höhere Bildung, mittleres bis höheres bürgerliches Milieu	eng: hohe Bildung, großbürgerliche, alternative, postmateriell orientierte Milieus
Beispiele	Cactus Jugendtheater	DLRG-Jugend Hessen, JRK Niedersachsen, Royal Rangers, GJW, Jugendfeuerwehr, JFV Burghaun, ijgd	Greenpeace-Jugend, BUNDjugend Berlin, Die Falken Berlin, Servicestelle Jugendbeteiligung

b) Strukturorientierte Steuerung

Die strukturorientierte Jugendorganisation erscheint geradezu als das Gegenteil der personenzentrierten. Entscheidungen werden selten von einer Person allein getroffen. Kennzeichen dieser Organisationen sind häufig umfassende formale Systeme: Leitbilder, Entscheidungs- und Kontrollgremien, Delegiertensysteme, verschriftlichte Rollen- und Handlungsanweisungen, Satzungen und Regeln etc. Referenzpunkt bei Entscheidungen und Handlungen ist die erwartete oder erfahrene Reaktion des Systems („Erst müssen wir das in den Vorstand bringen und dann muss es in der Mitgliederversammlung beschlossen werden."). Der Wegfall einzelner Personen kann zwar Lücken hinterlassen, wird aber in der Regel aufgrund der arbeitsteiligen Aufgabenerledigung schneller kompensiert. Strukturorientierte Organisationen wirken daher aufgrund der Personeninvarianz stabiler. Die Kehrseite kann aber auch eine systemimmanente Tendenz zur strukturbewahrenden Inflexibilität sein.

c) Kulturorientierte Steuerung

In kulturorientierten Organisationen sind (Gremien-)Strukturen und konkrete Einzelpersonen von nachrangiger Bedeutung. Zwar gibt es auch hier meist Gremien, diese sind jedoch in der Regel schwach und von starken informellen Strukturen umgeben. Entscheidungen werden aber fast immer in Gruppen getroffen. Diese müssen allerdings nicht formal definiert sein. Referenzpunkt für Entscheidungen sind die kollektiv geteilten Werte. Es gibt eine Vielzahl von „Dos and Don'ts". Diese werden im Rahmen von Diskussionen durchaus auch konfliktreich immer wieder neu ermittelt und ausbalanciert. Sie werden häufig über Engagementgenerationen mündlich weitergegeben und vorgelebt. Die Entscheidungsfindung ist damit teilweise informell und diskursiv und zieht sich entlang bestimmter Überzeugungen, die als Maßstab für die Richtigkeit des Handelns gesehen werden (z.B. „Was ist Greenpeace-like?"). Formale *Checks and Balances* beziehen sich nur auf wenige als zentral wahrgenommene Bereiche, wie beispielsweise Finanzen, rechtliche Fragen oder Personalangelegenheiten.

5 Fazit und Ausblick

Aus der Kombination von Ziel- und Steuerungsdimension lassen sich nunmehr Strukturtypen von Jugendorganisationen mit ihren jeweils unterschiedlichen Anforderungen und Ausformungen eines Freiwilligenmanagements ableiten (Abbildung 3). Dabei ist zum einen zu berücksichtigen, dass es sich um modellhafte Überlegungen handelt, die sich aus einem Dutzend Fallstudien herleiten und noch einer breiteren empirischen Überprüfung bedürfen. Zum anderen muss bedacht werden, dass sowohl Ziel- als auch Steuerungslogik dynamische Ausprägungen eines Kontinuums sind. Klare Schwarz-Weiß-Bilder lassen sich dadurch nicht zeichnen.

Abbildung 3: Erklärungsmodell der spezifischen Logik des Freiwilligenmanagements in einer Organisation

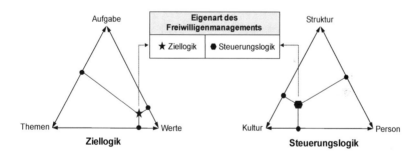

Dennoch kann das Modell interessante Anwendungsfälle bieten. So verdeutlichten erste Transferversuche in die Praxis, dass sich mit Hilfe des Modells auch Entwicklungen in Organisationen beschreiben lassen. Dabei fällt auf, dass man auch zwischen dem idealisierten und realen Zustand einer Organisation differenzieren muss. So ordneten sich beispielsweise die Vertreter einer religiösen Jugendorganisationen selbst eher einem wertorientiert-kulturzentrierten Typus zu, wurden aber von ihren Stakeholdern als aufgabenorientiert-strukturzentriert wahrgenommen. Die weitere Diskussion zeigte, dass die Organisation sich im Laufe der Zeit durch Verrechtlichung und fortschreitende Formalisierungsprozesse verändert hatte. Das Ergebnis ist ein veränderter Organisationstypus, den Engagierte im vorliegenden Fall immer weniger attraktiv fanden.

Mit der künftigen Weiterentwicklung dieser Erkenntnisse ist die Hoffnung verbunden, einen Beitrag zur Erklärung unterschiedlicher empirisch vorzufindender Typen von Nonprofit-Organisationen und ihrer (schleichenden) Veränderungsprozesse leisten und somit Gestaltungshinweise für das Freiwilligenmanagement liefern zu können.

6 Literatur

Bode, I., Evers, A. und Klein, A. (Hrsg.) (2009): Bürgergesellschaft als Projekt. Eine Bestandsaufnahme zu Entwicklung und Förderung zivilgesellschaftlicher Potenziale in Deutschland. VS-Verlag, Wiesbaden.

Düx, W. (2000): Das Ehrenamt in Jugendverbänden. In: Beher, K., Liebig, R. und Rauschenbach, T. (Hrsg.): Strukturwandel des Ehrenamts. Gemeinwohlorientierung im Modernisierungsprozess. Juventa, Weinheim und München, S. 99-142.

Hansen, E. (2011): Wie viele Standards brauchen wir? Managerialistische Steuerung in der Jugendhilfe. Vortrag auf dem 14. Deutschen Kinder- und Jugendhilfetag in Stuttgart am 08.06.2011.

Heinze, R.G. und Strünck, C. (1999): Die freie Wohlfahrtspflege auf dem Prüfstand (VI): Das soziale Ehrenamt in der Krise – Wege aus dem Dilemma. In: Theorie und Praxis der Sozialen Arbeit. 5, S. 163-168.

Peglow, M. (2002): Das neue Ehrenamt. Erwartungen und Konsequenzen für die soziale Arbeit. Tectum, Marburg.

Picot, S. (2012): Jugend in der Zivilgesellschaft. Freiwilliges Engagement Jugendlicher im Wandel. Gütersloh: Verlag Bertelsmann Stiftung.

Reifenhäuser, C., Hoffmann, S.G. und Kegel, T. (2009): Freiwilligen-Management. Augsburg: Ziel-Verlag.

Vilain, M. (2010): Das Leitbild – Managementinstrument für die Sozialwirtschaft in Alltag und Krise. In: Reiss, H.-C. (Hrsg.): Steuerung von Sozial- und Gesundheitsunternehmen. Nomos Verlagsgesellschaft, Baden-Baden, S. 125-140.

Vilain, M. und Meyer, T. (2014): Ausgezeichnet! Freiwilligenmanagement in Jugendorganisationen. In: Bertelsmann Stiftung (Hrsg.): jung bewegt, Band 3, Gütersloh.

Sektorspezifische Arbeitsplatzqualität in der Schweiz

Remo Aeschbacher

1 Einleitung

Der Dritte Sektor beschäftigt rund sieben Prozent der erwerbstätigen Schweizerinnen und Schweizer (Helmig et al. 2011). Internationale Arbeitsmarktentwicklungen unterstreichen die zunehmende volkswirtschaftliche Relevanz des Nonprofit-Sektors als Arbeitgeber (Clark et al. 2011; Roeger et al. 2012) und halten die sektorspezifische Managementliteratur dazu an, die Effekte der Sachzieldominanz nicht nur in Bezug auf das Freiwilligen- und Ehrenamtsmanagement, sondern auch in Bezug auf bezahlte Arbeit zu untersuchen, wesensbestimmende Merkmale dieser Arbeit zu identifizieren, was schließlich potenzielle Anpassungen in den sektorspezifischen Anreiz- und Führungssystemen ermöglicht. Sektorvergleichende Studien zu Persönlichkeiten und Arbeitsbedingungen von Angestellten kommen dabei nicht umher, motivationale Erklärungskonzepte für gefundene Unterschiede beizuziehen, sind doch nebst der formalen Organisation auch die Arbeitnehmenden direkt von den den drei Sektoren zugrundeliegenden Zielsystemen betroffen: Profitorientierte (*for-profit organizations, PO*), öffentlich-rechtliche (*government organizations, GO*) und Nonprofit-Arbeitgeber (*nonprofit organizations, NPO*) scheinen nicht nur mit sektorspezifischen Anreizmechanismen unterschiedliche Typen von Menschen anzuziehen, sondern auch verschiedene Wirkungen in Parametern der wahrgenommenen Arbeitsplatzqualität zu erzielen. Die vorliegende Untersuchung von Daten des Schweizer Haushaltspanels (SHP) aus sieben Jahren zeigt am Beispiel der Interessantheit der Aufgaben und der Arbeitszufriedenheit, dass solche sektorspezifischen Arbeitsbedingungen auch in der Schweiz feststellbar sind.

2 Bisherige Erkenntnisse

Bereits 1983 zeigten Mirvis und Hackett an einer kleinen Stichprobe von US-amerikanischen Profit-, Staats- und Nonprofit-Angestellten, dass sich die Zusammensetzung der Arbeiterschaft wie auch deren Beurteilung von Job-Charakteristiken über die Sektoren unterscheidet. So stellten die Autoren etwa fest, dass im Nonprofit-Sektor im Vergleich zu den anderen Sektoren mehr Frauen tätig sind, mehr Teilzeit gearbeitet und weniger verdient wird, oder auch, dass Staats- und Nonprofit-Dienstleistende gebildeter sind als diejenigen bei profitorientierten Unternehmen. Während letztere mehr extrinsische Anreize wie höhere Löhne, Boni und Karrieremöglichkeiten anbieten können, zeigte sich, dass Staats- und Nonprofit-Arbeitskräfte in ihrer Arbeit einen höheren Grad an intrinsischen Anreizen wahrnehmen. Die Angestellten des Dritten Sektors, die bei diesen Aspekten besonders begünstigt werden, zeigen im Vergleich eine höhere Hingabe zum Job, finden mehr Herausforderung, Autonomie und Partizipation und haben schließlich eine höhere Job-Zufriedenheit. Staatsangestellte, die ihre Arbeitsplätze in diversen Aspekten ähnlich wie die des Dritten Sektors bewerten, scheinen jedoch durch erhöhte Regulationen in ihrer Autonomie und Partizipation eingeschränkt zu sein. Der Bezug auf die Dichotomie der intrinsischen und extrinsischen Motivation bzw. deren Verfeinerung in der Selbstbestimmungstheorie (*Self-determination Theory, SDT*) scheint in Anbetracht der Kernelemente der Sektordefinitionen sinnvoll zu sein: Während sich das Zielsystem des Profit-Sektors an monetären Kriterien festmacht, ergründen sich die Zielsysteme des öffentlich-rechtlichen Sektors und der Nonprofit-Organisationen in Sachzielen. Obwohl die beiden letzteren Sektoren so ihre Gemeinsamkeit in ihrer intrinsischen Basis, dem Dienst für das Gemeinwohl, finden (*Public Service Motivation, PSM*), unterscheiden sie sich doch durch ihre gesetzgebende Natur. Durch ihre Legitimierung im Gesetz unterliegt die öffentliche Verwaltung starken externen Regulationen, die das Handeln der Mitarbeitenden steuern. Diese Steuerung kann die intrinsische Motivation der Angestellten ausbremsen, soweit sie nicht internalisiert, also verinnerlicht wird (Ryan und Deci 2000). So untersuchten schließlich weitere Studien sektorale Unterschiede in der motivationalen Struktur der Arbeitnehmenden. NPO, aber auch GO ziehen Arbeitskräfte herbei, die eine höhere intrinsische Orientierung aufweisen als deren Kolleginnen und Kollegen im Profit-Sektor, die gar in Akzeptanz für niedrigere extrinsische Anreize resultieren kann (Frank 1996; Rose-Ackerman 1996; Preston 1989; Leete 2000; Narcy 2011; Buelens und van den Broeck 2007). Allerdings führen bei öffentlich-rechtlichen Organisationen die relativ guten Löhne, Jobsicherheit und Vorsorgepläne dazu, dass auch stärker extrinsisch motivierte Arbeitskräfte angezogen werden (Chen 2012; Lee und Wilkins 2011; Boyne 2002).

Viele dieser einst von Mirvis und Hackett (1983) postulierten sektorspezifischen Unterschiede wurden in den folgenden Jahren auch für andere Länder und in multivariatem Kontext untersucht, wobei vor allem die generelle Job-Zufriedenheit an Aufmerksamkeit erlangte, da sie aus der Abwägung verschiedener Arbeitsplatzkomponenten resultiert und schließlich ausschlaggebend ist für Leistung, Loyalität und Bindung der Arbeitnehmenden (Tietjen und Myers 1998; Judge et al. 2001; Chen 2012; Mrayyan 2003; Perrachione et al. 2008) und auch als Maß für Job-Nutzen angesehen werden kann (Frey und Stutzer 2002; Benz 2005). Intrinsische Aspekte und selbstbestimmte Motivation, die besonders im Nonprofit- und öffentlich-rechtlichen Kontext eine wichtigere Rolle spielen, scheinen sich besonders positiv auf Arbeitseinstellungen und Arbeitszufriedenheit auszuwirken (Chen 2012; Brown 1996; Miller und Monge 1986; Judge und Bono 2001; Koberg et al. 1999; Spreitzer et al. 1997). Dementsprechend scheint die Arbeit im Nonprofit-Sektor mit einer höheren Arbeitszufriedenheit einherzugehen als die Arbeit im Profit-Sektor (Benz 2005; Borzaga und Tortia 2006; Becchetti et al. 2013). Auch scheint die öffentlich-rechtliche Arbeit im Vergleich zur Arbeit im Profit-Sektor mit einer höheren durchschnittlichen Arbeitszufriedenheit einherzugehen (Donegani et al. 2012). Wenn auch etwa Donegani et al. (2012) keine Zufriedenheitsunterschiede zwischen Arbeitskräften des Profit- und öffentlich-rechtlichen Sektors in Daten aus Grossbritannien finden, stellt Lee (2016) bei NPO-Managern aus den USA eine höhere Job-Zufriedenheit fest als bei GO-Managern. Obwohl es in Deutschland arbeitsbezogene Befragungen gibt, die nach Sektoren unterscheiden und dementsprechend ausgewertet werden (Priller und Schmeißer 2013), gibt es im deutschsprachigen Raum kaum Untersuchungen sektorspezifischer Arbeitsbedingungen im multivariaten Kontext. Insbesondere in der Schweiz ist dieses Forschungsgebiet Neuland, da vorhandene arbeitsbezogene Befragungen nicht nach den drei Sektoren unterscheiden.

3 Daten und Methodik

Als Datengrundlage der vorliegenden Untersuchung diente das Schweizer Haushaltspanel (SHP) des Schweizer Kompetenzzentrums Sozialwissenschaften (FORS), finanziert durch den Schweizer Nationalfonds zur Förderung der wissenschaftlichen Forschung (SNF). Im SHP werden jährlich mehrere Tausend Individuen zu verschiedenen Themen befragt, unter anderem auch zur aktuellen Hauptbeschäftigung. Um bestimmen zu können, ob ein Individuum für eine PO, eine GO oder eine NPO arbeitet, wurden durch das Bundesamt für Statistik (BFS) die erhobenen Betriebs- und Unternehmensnummern (BUR) mit den Rechtsformen der Arbeitgeber verknüpft, wodurch dann mithilfe der Brancheninformation NOGA 2002 (Nomenclature Générale des Activités économiques) sowie der Antworten der Individuen auf die Frage, ob für einen privaten oder öffentlichen Arbeitgeber gearbeitet wird, die Sektorzugehörigkeit des Arbeitgebers bestimmt werden konnte. In die PO-Stichprobe aufgenommen wurden Arbeitnehmende von Aktiengesellschaften (AG) oder Gesellschaften mit beschränkter Haftung (GmbH), die nicht in einer GO-exklusiven Branche (NOGA-2002-Sektionen L und Q) tätig sind. Als Arbeitnehmende von öffentlich-rechtlichen Organisationen registriert wurden Individuen, deren Arbeitgeber eine öffentlich-rechtliche Rechtsform haben, in einer GO-exklusiven Branche tätig sind und Individuen, die angeben, für einen öffentlichen Arbeitgeber zu arbeiten (Vereine und untypische oder seltene Rechtsformen wurden von der GO-Stichprobe ausgeschlossen). In die NPO-Stichprobe aufgenommen wurden Arbeitnehmende von Vereinen, privaten Stiftungen und Genossenschaften, sofern sie in einer NPO-typischen Branche tätig sind (Erziehung und Bildung [NOGA-2002-Sektion M], Gesundheits- und Sozialwesen [NOGA-2002-Sektion N], Interessenvertretungen, kirchliche und sonstige Vereinigungen [NOGA-2002-Sektion 91] sowie Kultur und Sport [NOGA-2002-Sektion 92 und Teile aus Sektion 93]). Bei der Untersuchung wurden ausserdem nur Angestellte (ohne z. B. Selbständige) untersucht; Personen in einer Lehre oder einem Praktikum, Personen, die jünger als 20 Jahre alt sind, oder Individuen mit Handicap, die in einer geschützten Werkstätte arbeiten, wurden von der Untersuchung ausgenommen. Zusätzlich wurden Individuen, die weniger als vier Stunden pro Woche arbeiten und/oder unter 800 CHF pro Monat verdienen, von der Untersuchung ausgenommen, um nur Individuen zu untersuchen, bei denen die bezahlte Arbeit ein gewisses Gewicht im Alltag einnimmt. Schließlich wurden Fälle entfernt, die mehr als 20.000 Franken pro Monat verdienen und neben dem Haupterwerb mehr als zwei zusätzliche Jobs haben. Zentrale Kontrollvariablen wurden bei fehlenden Antworten longitudinal oder mithilfe einer stark korrelierenden Variable (z. B. Anzahl Arbeitsstunden und Anzahl vertraglicher Arbeitsstunden) imputiert. Zur Berechnung des Stundenlohns wurde das vom FORS zur Verfügung gestellte imputierte monatliche Netto-Einkommen aus angestellter Erwerbstätigkeit verwendet. Weil diese Angaben sich nicht ausschließlich auf die Haupttätigkeit beziehen, wurde in den statistischen Modellen ein entsprechender Interaktionsterm miteinbezogen, der für allfällige zusätzliche Löhne aus Nebenjobs korrigiert. Diese sind jedoch nicht signifikant und auch ein Robustheitscheck mit einer Stichprobe mit Fällen, die nur einen Job haben, zeigt, dass die Einkommenseffekte auch so stabil sind.

Mit den geschilderten Eingrenzungen entsteht, etwa im Jahr 2014, eine Untersuchungsstichprobe von 2.312 PO-Angestellten, 1.998 GO-Angestellten und 484 NPO-Angestellten (Tabelle 1). Der öffentlich-rechtliche Sektor und der Nonprofit-Sektor sind stark geprägt von gewissen Dienstleistungsberufen, was mit einem entsprechend höheren Frauenanteil einhergeht: Dieser ist im öffentlich-rechtlichen Sektor um 20 % höher als im Profit-Sektor und im Nonprofit-Sektor gar doppelt so hoch, bei rund 70 %. Im Durchschnitt sind GO-Arbeitnehmende rund zwei Jahre älter als PO-Arbeitnehmende und NPO-Arbeitskräfte nochmal zwei Jahre älter als GO-Arbeitnehmende (die Altersunterschiede zwischen den Sektoren sind signifikant). Rund ein Viertel der Angestellten im Profit-Sektor arbeiten Teilzeit. Etwa die Hälfte der Angestellten des öffentlich-rechtlichen Sektors und rund Dreiviertel der Angestellten im Dritten Sektor arbeiten nicht Vollzeit. Der Anteil Angestellter mit einem Hochschulabschluss beträgt im Profit-Sektor 28 %, im öffentlich-rechtlichen Sektor 39 %, im Dritten Sektor 44 %, während im Jahr 2012 gemäss OECD (2013) 35 % der Schweizer Bevölkerung einen Hochschulabschluss hatten.

Um bei der Untersuchung der Kernfrage nach dem Einfluss des Sektors auf die wahrgenommene Arbeitsplatzqualität die Panelstruktur zu nutzen, wurden gepoolte Regressionen und solche mit festen Effekten durchgeführt. Während die gepoolten Modelle in der Querschnittsperspektive Auskunft darüber geben, ob es Unterschiede über die Sektoren gibt, beschränken die Modelle mit festen Effekten die Auswertungen auf die Ebene der einzelnen Individuen und deren Ratings in verschiedenen Wellen. So kann geprüft werden, ob allfällige Unterschiede über die Sektoren immer noch gelten, wenn für individuelle feste Effekte kontrolliert wird, und ob die Unterschiede deshalb tatsächlich auf sektorale Einflüsse zurückzuführen sind.

Tabelle 1: Arbeitnehmerstichprobe des SHP, Welle 2014 (gewichtet)

		Sektor		
		PO	GO	NPO
Geschlecht	Männer	65,0%	44,7%	30,3%
	Frauen	35,0%	55,3%	69,7%
Altersdurchschnitt in Jahren		41,5	43,7	45,5
Arbeitsvertrag	Teilzeit	27,7%	51,1%	73,2%
	Vollzeit	72,3%	48,9%	26,8%
Beruf	Handwerker	33,0%	12,0%	5,5%
	Techniker und Wissenschaftler	17,8%	14,6%	8,7%
	Bürokräfte	13,0%	12,5%	8,9%
	Manager	12,9%	6,8%	12,2%
	Verkaufsangestellte	7,3%	3,8%	1,4%
	Pflegefachleute	1,7%	8,8%	19,4%
	Lehrer/-innen	1,0%	18,4%	14,3%
	Sozialarbeitende	0,3%	3,3%	9,5%
	Andere Berufe	13,2%	19,9%	20,0%
Höchster Bildungsabschluss	Berufslehre	37,3%	29,7%	22,4%
	Vollzeitberufsschule	3,8%	2,2%	4,0%
	Matura (Abitur)	6,4%	10,0%	5,5%
	Berufsprüfung mit Meisterdiplom, eidg. Fachausweis	8,1%	7,4%	7,2%
	Techniker- oder Fachschule	3,5%	2,2%	4,0%
	Höhere Fachschule	5,3%	5,3%	8,1%
	Universität	22,9%	33,5%	36,1%
	andere	12,6%	9,7%	12,7%

Datenquelle: Schweizer Haushaltspanel (SHP) / Bundesamt für Statistik (BFS)

4 Ergebnisse

Um Unterschiede in der Arbeitsplatzqualität aufzuzeigen, werden im Folgenden einerseits die Sektoreffekte auf die Zufriedenheit mit der Interessantheit der Arbeit und andererseits die Sektoreffekte auf die gesamte Job-Zufriedenheit erläutert.

Tabelle 2 zeigt ausgewählte organisationale Prädiktoren der Zufriedenheit mit der Interessantheit der Arbeit. Die Ergebnisse der gepoolten Regression zeigt, dass Verwaltungsangestellte auf einer Skala von 0 (= gar nicht zufrieden) bis 10 (= vollumfänglich zufrieden) rund 0,2 Punkte zufriedener sind mit der Interessantheit ihrer Arbeitsaufgaben als Angestellte im Profit-Sektor. NPO-Arbeitnehmende bewerten die Interessantheit ihrer Arbeit gar um 0,3 Punkte höher im Vergleich zu PO-Arbeitnehmenden und um 0,1 Punkte höher als die Kolleginnen und Kollegen im Verwaltungssektor. Die Ergebnisse der Regression mit festen Effekten zeigt, dass Individuen, die nicht nur in einem Sektor Arbeitserfahrung haben, die Interessantheit der Aufgaben in ihrer Zeit als Verwaltungsangestellte ebenfalls um durchschnittlich 0,2 Punkte höher werten als in der Zeit im Profit-Sektor. Ebenfalls werten Angestellte in der Zeit bei NPO um durchschnittlich 0,3 Punkte höher als während ihrer Zeit im profitorientierten Sektor. Die Rating-Unterschiede zwischen NPO und GO hingegen sind im Modell mit festen Effekten nicht signifikant. Die Ergebnisse stützen die These, dass die Arbeit im öffentlich-rechtlichen Sektor sowie die Arbeit im Nonprofit-Sektor stärkere intrinsische Anreize bieten als der Profit-Sektor.

Tabelle 2: Sektorzugehörigkeit und Interessantheit der Arbeit

	Zufriedenheit mit der Interessantheit der Arbeit (0 = gar nicht zufrieden; 10 = vollumfänglich zufrieden)			
	gepoolte OLS		OLS mit festen Effekten	
Organisationale Faktoren				
Profit-Sektor (PO)	Referenz	-0,279***	Referenz	-0,346**
Öffentlich-rechtlicher Sektor (GO)	0,157**	-0,122(*)	0,203**	-0,143
Nonprofit-Sektor (NPO)	0,279***	Referenz	0,346**	Referenz
Stundenlohn (ln)	0,290***		0,085	
Stundenlohn (ln)*einziger Job	-0,009		0,023	
Vertragliche Arbeitsstunden (ln)	0,649***		0,364***	
Anzahl Beobachtungen	21.880		21.880	
Anzahl Individuen	6.842		6.842	
Beobachtungsperiode	2008-2014		2008-2014	
F	17,26***		4,27***	

Gewichtete Regressionen mit robusten Standardfehlern (Korrektur für wiederholte Messung von Individuen); Signifikanzniveaus: (*) $p < 0,10$; * $p < 0,05$; ** $p < 0,01$; *** $p < 0,001$. Zusätzlich in den Modellen miteinbezogen, aber nicht tabellierte Prädiktoren sind Geschlecht, Alter, Bildung (ISCED), Nationalität Schweiz, Zivilstand (5 Kategorien), Beruf (15 Kategorien), Organisationsgrösse (9 Kategorien), Region (7 Kategorien), Lebenszufriedenheit, Gesundheitszustand und Jahr (7 Kategorien).

Quelle: Schweizer Haushaltspanel (SHP) / Bundesamt für Statistik (BFS).

Während einige Berufe, z. B. Pflegefachkräfte oder Lehrpersonen, im Vergleich zu Bürokräften oder Verkaufspersonal mit interessanteren Arbeiten einherzugehen scheinen, sind auch das weibliche Geschlecht, Alter und Bildung positive Prädiktoren interessanter Aufgaben. Ausserdem sind Jobs mit höherer Bezahlung, höheren Pensen sowie Stellen in kleineren Organisationen eher mit interessanten Aufgaben verbunden.

Tabelle 3 zeigt ausgewählte Zusammenhänge zwischen Arbeitsmerkmalen und der allgemeinen Arbeitszufriedenheit (0 = gar nicht zufrieden; 10 = vollumfänglich zufrieden). Wenn auch bei den gepoolten Modellen die Effektgrössen geringer zu sein scheinen, ist der Sektor auch ein signifikanter Prädiktor der Job-Zufriedenheit im Allgemeinen. Arbeitnehmende im Nonprofit-Sektor haben eine um 0,2-Punkte höhere Arbeitszufriedenheit als die Kolleginnen und Kollegen im Profit-Sektor. Arbeitnehmende des öffentlich-rechtlichen Sektors haben eine um 0,1-Punkte höhere Arbeitszufriedenheit. Der Einfluss des Sektors scheint auf individueller Ebene mit festen Effekten verstärkt wahrnehmbar zu sein – Individuen haben in ihrer Zeit als NPO-Angestellte ein um 0,4-Punkte höheres Rating in der Arbeitszufriedenheit als in ihrer Zeit als PO-Angestellte, GO-Angestellte eine um 0,2-Punkte höhere Wertung als während ihrer PO-Anstellung. In beiden Modellen sind die Unterschiede in der Arbeitszufriedenheit zwischen NPO- und GO-Angestellten nicht signifikant. Erneut sind gewisse Berufsgruppen im Durchschnitt zufriedener als andere, z. B. Lehrer im Vergleich zu Bürokräften oder Handwerkern. Frauen sind nur geringfügig zufriedener als Männer und das Alter steht in einem leichten U-Zusammenhang zur Job-Zufriedenheit. Die Jobzufriedenheit steigt ebenfalls mit der Anzahl Arbeitsstunden, die Lohnhöhe scheint jedoch nicht ein signifikanter Prädiktor der Arbeitszufriedenheit zu sein, was erstaunen mag, aber mit den Erkenntnissen der Metastudie von Judge et al. (2010) zum Lohn-Jobzufriedenheit-Zusammenhang einhergeht. Ebenfalls scheinen Angestellte kleinerer Organisationen im Vergleich zu grösseren zufriedener mit ihrem Job zu sein.

Tabelle 3: Sektorzugehörigkeit und Arbeitszufriedenheit

	Arbeitszufriedenheit (0 = gar nicht zufrieden; 10 = vollumfänglich zufrieden)			
	gepoolte OLS		OLS mit festen Effekten	
Organisationale Faktoren				
Profit-Sektor (PO)	Referenz	-0,175**	Referenz	-0,362**
Öffentlich-rechtlicher Sektor (GO)	0,107**	-0,067	0,229***	-0,133
Nonprofit-Sektor (NPO)	0,175**	Referenz	0,362**	Referenz
Stundenlohn (ln)	0,062		0,085	
Stundenlohn (ln)*einziger Job	-0,019		0,023	
Vertragliche Arbeitsstunden (ln)	0,127**		0,364***	
Anzahl Beobachtungen	21.882		21.882	
Anzahl Individuen	6.842		6.842	
Beobachtungsperiode	2008-2014		2008-2014	
F	21,89***		9,33***	

Gewichtete Regressionen mit robusten Standardfehlern (Korrektur für wiederholte Messung von Individuen); Signifikanzniveaus: (*) $p < 0{,}10$; * $p < 0{,}05$; ** $p < 0{,}01$; *** $p < 0{,}001$. Zusätzlich in den Modellen miteinbezogen, aber nicht tabellierte Prädiktoren sind Geschlecht, Alter, Alter^2, Bildung (ISCED), Nationalität Schweiz, Zivilstand (5 Kategorien), Beruf (15 Kategorien), Organisationsgrösse (9 Kategorien), Region (7 Kategorien), Lebenszufriedenheit, Gesundheitszustand und Jahr (7 Kategorien).

Quelle: Schweizer Haushaltspanel (SHP) / Bundesamt für Statistik (BFS).

5 Fazit

Schweizer Arbeitskräfte erfahren durch die verschiedenen Zielsysteme und einhergehenden Arbeitsinhalte und -bedingungen in den drei Sektoren der Profit-, Verwaltungs- und Nonprofit-Arbeit unterschiedlich interessante Aufgaben und sind unterschiedlich zufrieden mit ihrem Arbeitsplatz. Sowohl zwischen verschiedenen Individuen aus verschiedenen Sektoren als auch auf Individualebene über die Zeit zeigt sich, dass Angestellte von NPO und von öffentlich-rechtlichen Organisationen interessantere Aufgaben wahrnehmen und zufriedener mit ihrem Job sind als ihre Kolleginnen und Kollegen aus dem Profit-Sektor. Dies bestätigt vor dem Hintergrund der Public-Service-Motivation und der Selbstbestimmungstheorie, dass Arbeitsstellen, bei denen Sachziele im Vordergrund stehen, im Durchschnitt stärkeres Aufgabeninteresse hervorrufen und schließlich mit einer höheren Jobzufriedenheit insgesamt verbunden sind. Weitere Untersuchungen werden zeigen, wie sich der Sektoreffekt differenziert nach verschiedenen Fluktutationsarten verhält (z. B. Wechsel von PO zu GO oder von GO zu PO). So können schließlich auch Kenntnisse über vorteilhafte und weniger vorteilhafte Wechselbewegungen bezüglich einzelner Parameter der Arbeitsplatzqualität identifiziert werden.

6 Literatur

Becchetti, L., Castriota, S., Depedri, S. (2013): Working in the for-profit versus not-for-profit sector: What difference does it make? An inquiry on preferences of voluntary and involuntary movers. Industrial and Corporate Change 23 (4), S. 1087-1120.

Benz, M. (2005): Not for the Profit, but for the Satisfaction? – Evidence on Worker Well-Being in Non-Profit Firms. Kyklos 58 (2), S. 155-176.

Borzaga, C. und Tortia, E. (2006): Worker motivations, job satisfaction, and loyalty in public and nonprofit social services. Nonprofit and Voluntary Sector Quarterly 35 (2), S. 225-248.

Boyne, G.A. (2002): Public and private management: what's the difference? Journal of Management Studies 39 (1), S. 97-122.

Brown, S.P. (1996): A meta-analysis and review of organizational research on job involvement. Psychological Bulletin 120 (2), S. 235-255.

Buelens, M. und Van den Broeck, H. (2007): An analysis of differences in work motivation between public and private sector organizations. Public Administration Review 67 (1), S. 65-74.

Chen, C.-A. (2012): Explaining the Difference of Work Attitudes between Public and Nonprofit Managers: the Views of Rule Constraints and Motivation Styles. The American Review of Public Administration 42 (4), S. 437-460.

Clark, J., McHugh, J. und McKay, S. (2011): The UK voluntary sector workforce almanac 2011. London: NCVO.

Donegani, C.P., McKay, S. und Moro, D. (2012): A dimming of the "warm glow"? Are non-profit workers in the UK still more satisfied with their jobs than other workers? Advances in the Economic Analysis of Participatory & Labor-Managed Firms 13, S. 313-342.

Frank, R.H. (1996): What Price the Moral High Ground? Southern Economic Journal 63 (1), S. 1-17.

Frey, B.S. und Stutzer, A. (2002): What can economists learn from happiness research? Journal of Economic literature 40 (2), S. 402-435.

Helmig, B., Gmür, M., Bärlocher, C., von Schnurbein, G., Degen, B., Nollert, M., Budowski, M., Sokolowski, W. und Salamon, L.M. (2011): The Swiss civil society sector in a comparative perspective. VMI, Freiburg (Schweiz).

Judge, T.A. und Bono, J.E. (2001): Relationship of core self-evaluations traits—self-esteem, generalized self-efficacy, locus of control, and emotional stability—with job satisfaction and job performance: A meta-analysis. Journal of Applied Psychology 86 (1), S. 80-92.
Judge, T.A., Piccolo, R.F., Podsakoff, N.P., Shaw, J.C. und Rich, B.L. (2010): The relationship between pay and job satisfaction: A meta-analysis of the literature. Journal of Vocational Behavior 77 (2), S. 157-167.
Judge, T.A., Thoresen, C.J., Bono, J.E. und Patton, G.K. (2001): The job satisfaction–job performance relationship: A qualitative and quantitative review. Psychological Bulletin 127 (3), S. 376-407.
Koberg, C.S., Boss, R.W., Senjem, J.C. und Goodman, E.A. (1999): Antecedents and outcomes of empowerment empirical evidence from the health care industry. Group & Organization Management 24 (1), S. 71-91.
Lee, Y. (2016): Comparison of Job Satisfaction between Nonprofit and Public Employees. Nonprofit and Voluntary Sector Quarterly 45 (2), S. 295-313.
Lee, Y. und Wilkins, V.M. (2011): More similarities or more differences? Comparing public and nonprofit managers' job motivations. Public Administration Review 71 (1), S. 45-56.
Leete, L. (2000): Wage equity and employee motivation in nonprofit and for-profit organizations. Journal of Economic Behavior & Organization 43 (4), S. 423-446.
Miller, K. und Monge, P. (1986): Participation, Satisfaction, and Productivity: A Meta-Analytic Review. The Academy of Management Journal 29 (4), S. 727-753.
Mirvis, P.H. und Hackett, E.J. (1983): Work and work force characteristics in the nonprofit sector. Monthly Labor Review 106 (4), S. 3-12.
Mrayyan, M. T. (2005): Nurse job satisfaction and retention: comparing public to private hospitals in Jordan. Journal of Nursing Management 13 (1), S. 40-50.
Narcy, M. (2011): Would nonprofit workers accept to earn less? Evidence from France. Applied Economics 43 (3), S. 313-326.
OECD (2013): Bildung auf einen Blick 2012. OECD-Indikatoren. OECD Publishing, Paris.
Perrachione, B.A., Petersen, G.J. und Rosser, V.J. (2008): Why do they stay? Elementary teachers' perceptions of job satisfaction and retention. The Professional Educator 32 (2), S. 1-17.
Preston, A.E. (1989): The nonprofit worker in a for-profit world. Journal of Labor Economics 7 (4), S. 438-463.
Quarter, J. und Richmond, B.J. (2001): Accounting for social value in nonprofits and for-profits. Nonprofit Management and Leadership 12 (2), S. 75-85.
Priller, E. und Schmeißer, C. (2013): Arbeitsbedingungen und Arbeitszufriedenheit in den Sozialen Diensten in Dritte-Sektor-Organisationen. Referat an der Fachtagung "Gute Arbeit in der Sozialen Arbeit – Was ist zu tun?". URL: http://bit.ly/297EG8b (abgerufen am: 27.06.2016).
Roeger, K.L., Blackwood, A.S. und Pettijohn, S.L. (2012): The nonprofit almanac 2012. Urban Institute Press, Washington, DC.
Rose-Ackerman, S. (1996): Altruism, nonprofits, and economic theory. Journal of Economic Literature 34 (2), S. 701-728.
Ryan, R.M. und Deci, E.L. (2000): Self-determination theory and the facilitation of intrinsic motivation, social development, and well-being. American Psychologist 55, S. 68-78.
Spreitzer, G.M., Kizilos, M.A. und Nason, S.W. (1997): A dimensional analysis of the relationship between psychological empowerment and effectiveness satisfaction, and strain. Journal of Management 23 (5), S. 679-704.
Tietjen, M.A. und Myers, R.M. (1998): Motivation and job satisfaction. Management Decision 36 (4), S. 226-231.

Ansätze zu einem nachhaltigen Personalmanagement Ehrenamtlicher

Gerhard V. Krönes[1]

1 Problemstellung

Der Beitrag geht der Frage nach, wie das Personalmanagement von Nonprofit-Organisationen beschaffen sein muss, um nachhaltig in Bezug auf den Umgang mit der Personalfraktion der Ehrenamtlichen zu sein. Nachhaltigkeit heißt Substanzerhaltung und bedeutet im Themenkontext, mit ehrenamtlichem Engagement so pfleglich umzugehen, dass es quantitativ und qualitativ mindestens erhalten bleibt. Der Beitrag greift zwei Konkretisierungsansätze heraus. Zum einen diskutiert er, wie Konflikte der Kombination von Berufstätigkeit und Ehrenamt durch geeignetes Personalmanagement gering gehalten werden können. Zum anderen erörtert er Möglichkeiten insb. der Personalführung, mit Hilfe von motivationstheoretisch wie neurobiologisch fundierten Instrumenten die meist hohe Arbeitsmoral Ehrenamtlicher zu erhalten.

2 Nachhaltigkeit: Bezüge und Themenspezifizierung

Die Idee der Nachhaltigkeit geht auf Hans Carl von Carlowitz zu Beginn des 18. Jahrhunderts zurück und erstreckte sich anfänglich allein auf die Substanzerhaltung in der Forstwirtschaft (Zaugg 2009). Längst bezieht sich Nachhaltigkeit inzwischen auf den Umgang mit sämtlichen Ressourcen: ökonomische, ökologische und soziale. Stets soll Ressourcenregeneration bzw. -nachschub mindestens so groß sein wie Ressourceninanspruchnahme bzw. -verbrauch (Hoeppe 2014). Die Akteure, die mit den Ressourcen umzugehen haben, sind Individuen, Betriebe und der Staat. Der Beitrag greift aus dem gesamten Spektrum von Gegenständen nachhaltigen Gebarens den betrieblichen Umgang mit seiner wichtigsten sozialen Ressource, nämlich der lebendigen Arbeit (Schanz 2000), heraus: das Personalmanagement. Dessen individuelle Nachhaltigkeit bezieht sich auf Leistungsfähigkeit und Leistungsbereitschaft amtlicher und/oder ehrenamtlicher Mitarbeiter; die Leistungsfähigkeit (Können) hat eine physische, eine psychische und eine qualifikatorische Komponente, die Leistungsbereitschaft (Wollen) ist die Arbeitsmotivation. Ein nachhaltiger Umgang mit Personal vermeidet vorzeitigen körperlichen und/oder seelischen „Verschleiß", bringt Qualifikationen auf den neuesten Stand und hält das Niveau der Arbeitsmoral hoch. Kollek-

---

[1] In erweiterter Fassung unter dem Titel "Motivation nutzen: Nachhaltiges Personalmanagement Ehrenamtlicher" auf der Consozial in Nürnberg am 26.10.2016 vorgetragen, Nr. 12 der Weingartener Arbeitspapiere zur Allgemeinen Betriebswirtschaftslehre, zum Personalmanagement und Nonprofit-Management (ISSN 1618-2200), Weingarten 2016.

tivbezogenes nachhaltiges Personalmanagement weist Absentismus, Präsentismus und Fluktuation in Schranken und sorgt für eine adäquate Personalgewinnungsfähigkeit von Betrieben. Der Beitrag konzentriert sich auf das nachhaltige Personalmanagement Ehrenamtlicher in Nonprofit-Organisationen (NPO).

3 Eigenschaften ehrenamtlicher Arbeit

Ehrenamtliche Mitarbeit unterscheidet sich von der amtlichen Mitarbeit, welche entweder haupt- oder nebenamtlich ist. Konstitutiv ist für ehrenamtliche Mitarbeit, dass sie (1) produktiv, (2) freiwillig und (3) ohne Bezahlung erfolgt und (4) in eine Organisation integriert ist. Nicht Definitionsbestandteil, aber häufig sind: (1) die weit überwiegend intrinsische Motivation ehrenamtlich Engagierter und (2) die Ausübung eines Ehrenamts neben einer Erwerbstätigkeit. (3) Zu beobachten ist auch verschiedentlich, dass Ehrenamtliche für die fragliche Tätigkeit keine Fachausbildung absolviert haben. (4) Schließlich entspricht die Besetzung eines Wahlamtes zwar dem Weber'schen Honoratiorenbild (Weber 2005), ist aber nur eine von mehreren möglichen Formen des Zugangs zu einem Ehrenamt. Der Beitrag greift aus Platzgründen die Ehrenamtseigenschaften Nebenberuflichkeit und Dominanz intrinsischer Engagementmotive heraus; das Selektionskriterium ist die Bedeutsamkeit der Ehrenamtseigenschaften für NPO, wie sie z.B. in den Freiwilligensurveys (BMFSFJ 2010, 2016) dargestellt werden.

4 Ansätze nachhaltigen Personalmanagements berufstätiger Ehrenamtlicher

Eine der beiden Konkretisierungsschneisen durch das Thema widmet sich den berufstätigen Ehrenamtlichen. Die naheliegende Frage nach der Berufstätigenquote unter den Ehrenamtlichen kann aufgrund der Datenlage nicht direkt beantwortet werden. Zur Verfügung stehen aber die Engagementquoten Erwerbsfähiger nach ihrem Berufsstatus (vgl. Abb. 1).

Abbildung 1: Engagementquoten nach Erwerbsstatus

Erwerbstätige Vollzeit	Erwerbstätige Teilzeit, geringfügig Beschäftigte	Arbeitslose
46,7 %	51,1 %	26,1%

Quelle: BMFSFJ 2016, S. 441.

Die Engagementquoten des neuesten Freiwilligensurveys zeigen zum einen, dass es sich bei Berufstätigen angesichts einer Gesamtzahl von 39,9 Mio. Erwerbstätiger 2014 (Statistisches Bundesamt 2014) um eine quantitativ bedeutsame Gruppe der Ehrenamtlichen handelt, zum anderen, dass ehrenamtliches Engagement nicht nur auf die Ressource (1) Zeit (Zeitbudget) angewiesen ist. Weitere knappe Güter werden benötigt: Die Bereitschaft zum Ehrenamt ist u.a.

von der (2) Zeitlagedisponibilität (Planbarkeit der Freizeit) abhängig. Im Freiwilligensurvey 2009 antworteten 57% der Berufstätigen, ihre Freizeit sei gut planbar, 20% vermittelten ein gemischtes Bild und 23% gaben an, ihre Freizeit sei schlecht planbar (BMFSFJ 2010). Hinzu kommt (3) die räumliche Disponibilität: Dienstreisen und wechselnde Einsatzorte führen ggf. zur mehrtätigen Abwesenheit vom Wohnsitz und damit meist auch vom Ort der Ausübung einer ehrenamtlichen Tätigkeit. Präsenz aber ist im Ehrenamt in den meisten Fällen unerlässlich. Weiter spielen (4) die (4a) mentalen (Aron 2010) und (4b) körperlichen Kräfte als persönliche Ressourcen von Menschen eine entscheidende Rolle für das ehrenamtliche Engagement. So kann es als Ressourcenverbrauchsüberschuss, nämlich als zu anstrengend empfunden werden, häufig an einen vollen Arbeitstag ohne Pause eine vierstündige Vereinsvorstandssitzung anzuhängen. Inwieweit ein Engagement Ressourcen einer Person in Anspruch nimmt bzw. sie mental stärkt oder schwächt, hängt von den Eigenschaften der Person, aber auch davon ab, in welcher Beziehung Ehrenamt und Erwerbsarbeit zueinander stehen (Priller und Zimmer 2001). Das Gros ehrenamtlicher Tätigkeit (81,9%) erfordert einen Zeitaufwand von bis zu 5 Stunden wöchentlich mit leicht rückläufiger Tendenz, wobei bei 76,7% der Tätigen mindestens mehrmals im Monat ein Einsatz ansteht (BMFSFJ 2016), der in fast drei Viertel der Fälle (72%) terminlich fixiert ist (BMFSFJ 2010) und weit überwiegend auch ortsfest sein dürfte.

Während für amtliche Mitarbeit, das heißt bezahlte Arbeit, überwiegend Stellen konfiguriert werden, für die dann passende Mitarbeiter zu finden sind, spielt die Umkehrung, also die Organisation ad personam, dort eine große Rolle, wo Dienste ehrenamtlich abgedeckt werden sollen. Für das Eigenschaftsprofil Engagementinteressierter wird eine passende Aufgabe bzw. Aufgabenzusammenstellung gesucht. Dieses Eigenschaftsprofil umfasst neben den persönlichen Vorlieben, der Qualifikation und ggf. dem Alter der Person ihr Möglichkeitenprofil in Bezug auf Zeitumfang, Zeitlage, Ort und Kraftreserven sowie die Existenz von Unterstützung durch den (Erwerbs-)Arbeitgeber in Gestalt insbesondere von Freistellungen, Möglichkeiten der Nutzung betrieblicher Infrastruktur wie Räume, Telefon, Kopierer und Fahrzeuge (BMFSFJ 2010). In jeder NPO bzw. NPO-Untergliederung muss ein amtlicher oder ehrenamtlicher Mitarbeiter benannt sein, der gesprächsweise eine Klärung herbeizuführen sucht, welche Aufgaben zu dem Möglichkeitenprofil von Personen passen, ohne intrapersonale Spannungen zwischen Amt und Ehrenamt in der NPO zu forcieren. Bei Mitgliedern und etwa schon in anderen Ehrenämtern tätig gewesenen Menschen dürfen mindestens partielle Vorkenntnisse erwartet werden, die ggf. sogar ein solches Klärungsgespräch erübrigen. Bei Interessenten hingegen, die von einer Freiwilligenagentur vermittelt wurden und bislang keine Affinität zur NPO entwickelt haben, ist damit zu rechnen, dass eine umfassende Klärung erforderlich ist. Sind Ehrenamtliche einmal eingesetzt, endet die Fürsorgepflicht der NPO aber nicht. Vielmehr muss auf der persönlichen Ebene Stressprävention angeboten werden. Stressprävention bedeutet, „die Kompetenzen arbeitender

Menschen so zu stärken, dass sie die ... Anforderungen ... besser meistern können. Dazu zählt die Fähigkeit, ... sich nicht durch inneren Erfolgsdruck permanent unter Spannung zu setzen. ... Präventives Ziel ist hier somit die Bewusstmachung und die bessere Kontrolle eines riskanten Musters des ... Überengagements, das ... recht häufig anzutreffen ist und das längerfristig allzu oft in eine schwere Erschöpfungskrise mündet" (Siegrist 2015). Soweit dennoch zeitliche oder kräftemäßige Überforderung auftritt, muss im Gespräch sondiert werden, ob es sich um ein temporäres Phänomen oder etwas Grundsätzliches handelt. Im ersteren Fall besteht eventuell noch kein Handlungsbedarf auf betrieblicher Ebene. Stellt sich aber erkennbar strukturelle Überforderung ein, weil die Person ihr Möglichkeitsprofil überschätzt hat, es sich gewandelt hat oder die Tätigkeit unterschätzt wurde, ist das Tätigkeitsprofil dem Möglichkeitsrahmen anzupassen. Die Initiative hierzu sollte nicht a priori bei der betreffenden Person liegen, sondern bei der NPO. Denn aktive, engagierte Menschen weisen im Ehrenamt noch mehr als im Beruf „Züge einer distanzlosen Verausgabungsneigung" (Siegrist 2015) auf, die ihnen und damit auch der NPO auf Dauer nicht dient. Ein Ehrenamtsbeauftragter wird binnen kurzem wissen, auf welche Personen er besonders zu achten hat und welche kaum Zuwendung brauchen, weil sie nicht nur für ihr Amt, sondern auch für sich selbst bereits Verantwortung übernehmen.

5 Ansätze nachhaltiger Personalführung Ehrenamtlicher

Der zweite ausgewählte Aspekt nachhaltigen Personalmanagements in NPO ist die Vermeidung motivationalen „Verschleißes", denn Ehrenamtliche, denen die Motive für ihren Einsatz abhandengekommen sind, könnten ihr Engagement beenden. Ohne Frage lässt sich die Motivation Ehrenamtlicher umfassender analysieren (Oostlander, Güntert und Wehner 2015, Güntert 2015), als es in diesem Beitrag möglich ist. In der notwendigen Zuspitzung lässt sich aber sagen: Im Kern ist ehrenamtliche Arbeit weit überwiegend intrinsisch, nur am Rande auch extrinsisch motiviert. Das sei in der gebotenen Kürze erläutert und begründet. Bei extrinsischen Motiven ist Verhalten Mittel zum Zweck: Aktivitäten dienen dazu, bestimmte Belohnungen zu erhalten bzw. Bestrafungen zu vermeiden. Extrinsische Motivatoren sind Gewährung bzw. Nichtgewährung oder Entzug insbesondere von Geld, Macht und Prestige. Bei intrinsischen Motiven ist ein bestimmtes selbstgewähltes Verhalten Zweck des Tuns. Intrinsische Motivatoren sind Interesse und Freude am Tun (Csikszentmihalyi 2001), Befolgen von für richtig befundenen Normen wie Fairness und Loyalität und das Erreichen selbstgesetzter Ziele (Muth und Donaldson 1998; Frey und Osterloh 2000). Ex- und intrinsische Motive sind nicht deckungsgleich mit egoistischen und altruistischen Motiven. Während erstere nach der Herkunft unterschieden werden, sind letztere auf die gewählten Adressaten verhaltensbedingter Nutzenstiftung gemünzt. Beliebige Kombinationen sind möglich (Serries 2005). Der Freiwilligensurvey berichtet über Engagementmotive, indem er die Befragten

die Wertigkeit von Erwartungen an die Tätigkeit angeben lässt (BMFSFJ 2010; BMFSFJ 2016). Damit ist belegt, dass ehrenamtliche Arbeit primär intrinsisch motiviert ist.
Verhalten von Personen, das extrinsisch motivieren will, kann auf intrinsische Motive neutral, aktivierend (Deci 1975) oder verstärkend (Deci 1975) wirken; in der Mehrzahl der Fälle spricht es allerdings nicht nur extrinsische Motive an, sondern verdrängt (substituiert) zugleich auch intrinsische (Deci und Ryan 1985). Solche Verdrängungseffekte wären hinnehmbar, wenn nicht beide Motivtypen zugleich in einer strengen Komplementaritätsbeziehung stünden: Beide sind unverzichtbar. Blieben nach einem Verdrängungseffekt nur mehr extrinsische Motive übrig, so versähe amtliches Personal meist Dienst nach Vorschrift oder ginge in die innere Emigration. Ehrenamtliche würden bei partiellem Verlust ihrer intrinsischen Motive ausharren, sofern das Residuum ihrer intrinsischen Motive auf den NPO-Zweck fokussiert ist, den zu erreichen sie fortgesetzt mithelfen wollen; bei vollständigem Verlust ihrer intrinsischen Motive würden sie den Dienst quittieren. Nachhaltiges, das heißt hier motivationskompatibles Führungsverhalten dagegen versucht, so mit den Mitarbeitern umzugehen, dass intrinsische Motive erhalten bleiben, evtl. sogar gestärkt werden. Dafür seien im Folgenden einige Grundsätze formuliert (Frey, Traut-Mattausch, Greitemeyer und Streicher 2006) Es sei betont, dass es auf die Haltung den Mitarbeitern gegenüber ankommt, nicht auf die Beherrschung von Managementtechniken.

Die *Glaubwürdigkeit* eines Menschen besteht darin, dass er vertrauens- und loyalitätswürdig ist. Voraussetzung für die Glaubwürdigkeit von Leitungspersonen ist zum einen, dass sie in ihrer Rolle legitimiert sind; nur auf dieser Basis können sie Akzeptanz von ihren Mitarbeitern erwarten. Persönlich müssen sie sich zum anderen durch Ehrlichkeit (Stehle und Mücke 2009), Verantwortungsbewusstsein, Professionalität und Führungsstärke auszeichnen und auch ein Mindestmaß an Präsenz leisten können, auch wenn sie selbst ihre Dienste ehrenamtlich versehen.

„Kern aller Motivation ist es, zwischenmenschliche Anerkennung, Wertschätzung, Zuwendung oder Zuneigung zu finden und zu geben. Wir sind - aus neurobiologischer Sicht - auf soziale Resonanz und Kooperation angelegte Wesen" (Bauer 2007). Die neurobiologische Forschung weist nach, was lebenserfahrungsbedingt schon bislang hohe intuitive Plausibilität besaß: Allein die Tatsache, dass eine Person von ihrem sozialen Umfeld erkennbar wahrgenommen wird, wirkt motivierend. „Nichtbeachtung [dagegen] ist ein Beziehungs- und Motivationskiller ..." (Bauer 2007). Die Einführung von Neuerungen ohne irgendeine Form von Kommunikation mit den Betroffenen erfüllt den Tatbestand der Nichtbeachtung. In welchem Ausmaß Menschen in Bezug auf ehrenamtsbedingte zwischenmenschliche Kooperationen intrinsische Motive entwickeln und beibehalten, hängt davon ab, inwieweit sie sich in den sozialen Bezügen, in denen sie stehen, auch wahrnehmen und akzeptieren bis hin zu einem expliziten Wir-Gefühl. Der *Grundsatz der Wertschätzung und Anerkennung* wird untermauert von Untersuchungen über die positive Korrelation von Anerkennungsdefiziten und ernsthaften Mitarbeitererkrankungen (Siegrist 2015). Wertschätzung und Anerkennung sind also Ausdruck echter Beziehung, welcher eine erhebliche Bedeutung im Rahmen der Salutogenese zukommt, zumal dem Geselligkeitsaspekt der Motive für ehrenamtliches Engagement ein relativ hoher Stellenwert zukommt.

Der *Grundsatz der Transparenz* hängt eng mit dem der Wertschätzung zusammen. Führung schafft Transparenz für Mitarbeiter, indem sie Informationen weitergibt. Damit sind viererlei Zwecke verbunden: (1) Zum einen sind bestimmte Informationen für die Aufgabenerfüllung, die den Zielen der NPO entspricht, unerlässlich. (2) Zum zweiten ist von mündigen, gut ausgebildeten oder zumindest routinierten, engagierten Mitarbeitern Einverständnis ohne Verständnis von Aktivitäten bzw. Entscheidungen der Führungsebene kaum zu erwarten. Das ist in großen, überregionalen NPO schwieriger als in kleinen, lokalen NPO, ist aber unvermeidlich. (3) Informationsweitergabe entspricht auch dem Grundsatz der Glaubwürdigkeit; sie wirkt der Entstehung von Wissensmonopolen, Gerüchten und Illoyalitäten entgegen, indem sie Klarheit schafft und damit (4) zu einer vertrauensvollen Beziehung zwischen Leitung und Mitarbeitern beiträgt (Zaugg 2009). Denn „Vor allem bewusste Lügen und zurückgehaltene oder verzögerte Informationen erweisen sich als regelrechte Killer von Motivation und Vertrauen" (Stehle und Mücke 2009). Im Übrigen kann ein offenes Informations- und Erklärungsverhalten von Leitungspersonen identifikationsstiftende Wirkung entfalten, selbst dann, wenn der kommunizierte Inhalt für deren Adressaten unerfreulich ist (analog Tyler 1990).

Zwei Zitate mögen belegen, wie bedeutsam *Sinn* für die (intrinsische) Motivation von Mitarbeitern ist: (1) „Wenn jemand keinen Grund hat, etwas zu tun, hat er einen Grund, es nicht zu tun!" (Scott, zit. bei Lindinger und Goller 2004). (2) „ ... brauchen wir nur das Vorurteil überwinden, dass der Mensch im Grunde darauf aus sei, glücklich zu sein; was er in Wirklichkeit will, ist nämlich, einen Grund dazu zu haben. Und hat er einmal einen Grund dazu, dann stellt sich das Glücksgefühl von selbst ein. In dem Maße hingegen, in dem er das Glücksgefühl direkt anpeilt, verliert er den Grund, den er dazu haben mag, aus den Augen, und das Glücksgefühl sackt in sich zusammen. Mit anderen Worten, Glück muss erfolgen und kann nicht erzielt werden" (Frankl 2005). So brauchen Menschen einen Grund, tätig zu werden. Ehrenamtliche, die aus Überzeugung Mitglied einer NPO sind, benötigen kaum Erläuterungen von Sinn und Zweck der NPO wie ihrer eigenen Arbeit. Anders verhält es sich bei jenen Ehrenamtlichen, die von einer Freiwilligenagentur vermittelt wurden. Diese sind an einer bestimmten Tätigkeit interessiert, die NPO ist dafür lediglich Mittel zum Zweck. Daher muss ihnen die NPO und ihr Zweck nahegebracht werden. Dann ist die Brücke vom Betriebszweck zum einzelnen Mitarbeiter und seiner Bedeutung für dessen Erreichung zu schlagen.

Intrinsisch motiviertes Verhalten ist per se selbstbestimmt (autonom) (Deci 1980) Die im Rahmen arbeitsteiliger Systeme unvermeidlichen Kooperationen derjenigen Akteure, die komplementäre Arbeitsgänge zu verantworten haben, führen gleichwohl zwingend zu Souveränitätsverlusten der Individuen. Angesichts dieses Umstandes stellt *Partizipation* den höchsten realisierbaren Autonomiegrad dar. Das ist zum einen unmittelbare Entscheidungsteilhabe im Sinne direkter statt repräsentativer Demokratie, zum anderen deren institutionelle Verankerung, die Partizipation unabhängig macht von der Gunst der jeweiligen Leitungsperson. Partizipation ist unter motivationalen Gesichtspunkten ratsam, erweist sich aber auch wegen der Expertise der Mitarbeiter als vorteilhaft. Denn zum einen wirkt das Angebot zu partizipieren als Anerkennung von Person und/ oder Leistung der Mitarbeiter (Osterloh und Weibel 2006), zum andern pflegen partizipativ zustande gekommene Entscheidungen (Bauer 2007) von den Beteiligten auch dann mitgetragen zu werden, wenn diese ein anderes Ergebnis präferiert hätten (Tyler 1990). Überdies wirkt Partizipation wegen ihres kooperativen Charakters beziehungsfördernd (Bauer 2007).

„Entscheidend für den Erfolg oder Misserfolg im beruflichen Arbeitsfeld ist nicht, wie der Mensch ist, sondern wie er von anderen wahrgenommen wird. Wenn jemand weiß, wie er auf andere wirkt, hat dies zwei wesentliche Konsequenzen; Erstens, er versteht das Verhalten seiner Mitmenschen ihm selbst gegenüber besser als bisher; zweitens, er kann sein eigenes Verhalten besser – zielorientierter und situativ angepasster – steuern." (Doppler und Lauterburg 2005). Angesichts der beschriebenen Chancen müsste konstruktive *Rückmeldung* in Betrieben längst institutionalisiert sein, in der Praxis hingegen bleiben kontinuierliche Rückmeldungen häufig aus; zu Feedback kommt es oft erst, wenn wegen aufgetretener Probleme Kritik geäußert wird. Konstruktiv ist Rückmeldung dann, wenn sie regelmäßig bzw. zeitnah und zu einem passenden Zeitpunkt und an einem adäquaten Ort erfolgt. Sie sollte unter vier Augen stattfinden, geprägt sein von einer positiven Grundhaltung dem Feedback-Nehmer gegenüber (Wertschätzung), inhaltlich sachlich und konkret sein und dem Rückmeldungsempfänger Gelegenheit bieten, sich seinerseits zu äußern. Verhaltensbezogene Rückmeldungen erfolgen, da sie oft subjektiv sind, am besten in Form von Ich-Botschaften.

Mit Osterloh und Weibel (2006) können drei Formen von *Fairness* unterschieden werden: die distributive, die prozedurale und die interaktive. Distributive Fairness bezieht sich im Themenkontext auf die Gerechtigkeit der Verteilung von lästigen Pflichtarbeiten und Leitungszuwendung. Wichtiger noch als die distributive Fairness ist Mitarbeitern die prozedurale, bietet diese doch die Chance auf gerechte Ergebnisse, indem sie vor Willkür schützt. Prozedurale Fairness ist dadurch gekennzeichnet, dass Regeln allgemeingültig sind, Entscheider unvoreingenommen sind, Entscheidungen auf allen verfügbaren relevanten Informationen basieren und betroffene Mitarbeiter zumindest insoweit an der Entscheidung partizipieren, als sie mit begründeten Einsprüchen Korrekturen erwirken können. Interaktive Fairness schließlich hat einen respektvollen Umgang miteinander sowie ein Kommunikationsverhalten zum Gegenstand, das den Grundsätzen der Transparenz und Sinnvermittlung entspricht.

Differenzierte Führung umfasst individualisierte und situative Führung. Individualisierte Führung (Schanz 2004) nimmt Bedacht auf den geführten Menschen und seine Eigenschaften, situative Führung nimmt Bedacht auf die Situation, in der sich Führungsperson und Mitarbeiter befinden. Im Folgenden kann aus Platzgründen nur auf die individualisierte Führung eingegangen werden. (1) Hinsichtlich der Reife von Mitarbeitern kann zwischen Arbeitsreife (Qualifikation, Kenntnisse, Erfahrung) und psychologischer Reife (Leistungswille, Selbstsicherheit, Bereitschaft, Verantwortung zu übernehmen) unterschieden werden (Franken 2004). Reife ist insbesondere für die Frage relevant, inwieweit Mitarbeiter selbständig arbeiten und an Entscheidungen partizipieren können. (Jung, Heinzen und Quarg 2016). (2) Bezüglich des kulturellen Hintergrunds von Mitarbeitern sei auf die Arbeiten von Hofstede (2011) verwiesen. (3) Zur Unterschiedlichkeit von Begabungen sei auf die Vieldimensionalität der Intelligenz verwiesen, die bei Personalselektion wie -einsatz zum Tragen kommt. (4) Führungsrelevant sind auch die interagierenden Persönlichkeiten; um die Komplexität menschlicher Vielfalt auf ein operationales Maß zu reduzieren, wurden verschiedenerlei Persönlichkeitstypologien entwickelt, deren Eignung für betriebliche Belange hier freilich nicht untersucht werden kann (vgl. aber Krebs 2016). (5) Im Hinblick auf die Motivation wurde bereits die Dominanz intrinsischer Motive Ehrenamtlicher gezeigt. Hier gilt es zu differenzieren nach dem Mischungsgrad in- und extrinsischer Motive sowie nach den relevanten Kategorien intrinsischer Motive, z.B. Freude am Tun, Loyalität, Sinn der Arbeit, weil daraus Hinweise darauf erwachsen, wie die betreffende Person am besten anzusprechen ist.

6   Resümee

Anhand einiger Aspekte sowohl des Leistungsvermögens als auch der Leistungsmotivation konnte gezeigt werden, was nachhaltiges Personalmanagement bedeutet. Die Limitationen des Beitrags lassen weder die Nennung weiterer Aspekte noch eine Konkretisierung des Ausgeführten zu. Dass grundsätzlich eine Ansprechperson, die sich um die Belange Ehrenamtlicher kümmert, existieren muss, ist seit der Welle der Schaffung von Leitlinien für den Umgang mit Ehrenamtlichen in vielen NPO unstreitig. Die Frage ist vielmehr, wie eine solche amtlich oder ehrenamtlich zu versehende Stelle eingerichtet, besetzt und mit dem notwendigen Arbeitszeitbudget ausgestattet werden kann. Grundüberlegungen hierzu müssen stets NPO-individuell konkretisiert werden. Weiterer Forschungsbedarf besteht im Hinblick darauf, wie sowohl das Personalmanagement amtlicher Mitarbeiter als auch das Ehrenamtlicher gemeinsam unter das Regime der Nachhaltigkeit gestellt werden können und wie es gelingen kann, ein nachhaltiges Personalmanagement in eine zu entwickelnde nachhaltige betriebliche Strategie einzubetten. Ferner wäre es wünschenswert, würde sich künftiges Forschungsinteresse auch darauf beziehen zu untersuchen, welche Erkenntnisse der Epigenetik (Spork 2014) für betriebliches Personalmanagement nutzbar gemacht werden können. Epigenetik befasst sich mit der Frage, inwieweit und wie Lebensweise und äußere Einflüsse die Gene zu steuern vermögen und kann damit Relevanz im salutogenetischen Kontext erlangen.

7 Literatur

Aron, E. (2010): Sind Sie hochsensibel? 6. Aufl., München.
Bauer, J. (2007): Prinzip Menschlichkeit: Warum wir von Natur aus kooperieren, 4. Aufl., Hamburg.
Bundesministerium für Familie, Senioren, Frauen und Jugend (BMFSFJ) (2010): (Auftraggeber), TNS Infratest (Auftragnehmer), Freiwilliges Engagement in Deutschland, Hauptbericht des Freiwilligensurveys 2009, München.
Bundesministerium für Familie, Senioren, Frauen und Jugend (BMFSFJ) (2016): (Auftraggeber), Deutsches Zentrum für Altersfragen (Auftragnehmer), Freiwilliges Engagement in Deutschland, Der Deutsche Freiwilligensurvey 2014, Berlin.
Csikszentmihalyi, M. (2001): Flow, Das Geheimnis des Glücks, 9. Aufl., Stuttgart.
Deci, E. (1975): Intrinsic Motivation, New York, London.
Deci, E. (1980): The Psychology of Self-Determination, Lexington, Toronto.
Deci, E. und Ryan, R. (1985): Intrinsic Motivation and Self Determination in Human Behaviour, New York.
Doppler, K. und Lauterburg, C. (2005): Change Management, 11. Aufl., Frankfurt.
Franken, S. (2004): Verhaltensorientierte Führung, Wiesbaden.
Frankl, V. (2005): Der Wille zum Sinn, 5. Aufl., Bern.
Frey, B. und Osterloh, M. (2000): Motivation – der zwiespältige Produktionsfaktor. In: Frey, V.B.S. und Osterloh, M. (Hrsg.): Managing Motivation. Wiesbaden, S. 20-42.
Frey, D., Traut-Mattausch, E., Greitemeyer, T. und Streicher, B. (2006): Psychologie der Innovationen in Organisationen, hrsg. vom Roman Herzog Institut, München.
Güntert, S.T. (2015): Selbstbestimmung in der Freiwilligenarbeit. In: Wehner, T. und Güntert, S.T. (Hrsg.): Psychologie der Freiwilligenarbeit, Berlin und Heidelberg, S. 77-93.
Hoeppe, J. (2014): Entscheidungs- und Legitimationsmuster im Nachhaltigen Personalmanagement, München: Mering.
Hofstede, G. und Hofstede, G.J. (2011): Lokales Denken, globales Handeln, 5. Aufl., München.
Jung, R., Heinzen, M. und Quarg, S. (2016): Allgemeine Managementlehre, 6. Aufl., Berlin.
Krebs, K. (2016): Der Einsatz von Persönlichkeitstests im betrieblichen Personalmanagement, Masterarbeit HS Weingarten.
Lindinger, C. und Goller, I. (2004): Change Management leicht gemacht. Frankfurt/Main.
Muth, M. und Donaldson, L. (1998): Stewardship Theory and Board Structure: A Contingency Approach. In: Scholarly Research and Theory Papers 6 (1), S. 5-28.
Oostlander, J., Güntert, S.T. und Wehner, T. (2015): Motive für Freiwilligenarbeit – Der funktionale Ansatz am Beispiel eines generationenübergreifenden Projekts. In: Wehner, V.T. und Güntert, S.T. (Hrsg.): Psychologie der Freiwilligenarbeit. Berlin und Heidelberg, S. 59-76.
Osterloh, M. und Weibel, A. (2006): Investition Vertrauen. Wiesbaden.
Priller, E. und Zimmer, A. (2001): Bürgerschaftliches Engagement und Dritter Sektor. In: WSI Mitteilungen 3, S. 157-164.
Schanz, G. (2000): Personalwirtschaftslehre – Lebendige Arbeit in verhaltenswissenschaftlicher Perspektive, 3. Aufl. München.
Schanz, G. (2004): Das individualisierte Unternehmen. München, Mering.
Serries, C. (2005): Die Bedeutung der intrinsischen Motivation in Prinzipal-Agenten-Beziehungen am Beispiel der Beratungsstellen kirchlicher Wohlfahrtsverbände, Dissertation an der Universität Göttingen.
Siegrist, J. (2015): Arbeitswelt und stressbedingte Erkrankungen, München.
Spork, P. 2014): Der zweite Code – Epigenetik oder: Wie wir unser Erbgut steuern können, 4. Aufl., Reinbek bei Hamburg.

Statistisches Bundesamt (2014): Mikrozensus, Erwerbsbeteiligung. URL: https://www.destatis.de/-DE/ZahlenFakten/GesamtwirtschaftUmwelt/Arbeitsmarkt/Erwerbstaetigkeit/TabellenArbeitskraefteerhebung/ErwerbsbeteiligungRente70.html. Recherche vom 05.07.2016.

Stehle, H. und Mücke, D. (2009): Motivation – eine Frage der richtigen Kommunikation! Mitarbeiterorientierte Kommunikation als Herausforderung für Führungskräfte. In: Kommunikationsmanager 1, S. 68-70.

Tyler, T. (1990): Why People Obey the Law. New Haven, London.

Weber, M. (2005): Wirtschaft und Gesellschaft. Lizenzausgabe, Neu-Isenburg.

Zaugg, R. J. (2009): Nachhaltiges Personalmanagement. Wiesbaden.

Flexible Beschäftigung: Fluch oder Segen für NPO-Führungsfrauen mit familiären Pflichten?

Franziska Paul und Andrea Walter

1 Einleitung

Der Nonprofit-Sektor in Deutschland steht für Interessenvertretung, Dienstleistungserbringung und soziale Integration. Gleichzeitig steht der Sektor für 2,3 Mio. sozialversicherungspflichtig Beschäftigte – mehr als 75% von ihnen sind weiblich (Dathe et al. 2009). In den Führungs- und Kontrollgremien von Nonprofit-Organisationen (nachfolgend NPOs) spiegelt sich dieses Verhältnis jedoch nicht in gleichen Teilen wider. Es scheint vielmehr, als nähme der Anteil der Frauen über die Hierarchieebenen sukzessive ab. Nach einer aktuellen Studie liegt der Frauenanteil in hauptamtlichen Vorständen bei 27%, in Geschäftsführungen von NPOs bei ca. 50%, wobei in jeder dritten Geschäftsführung keine einzige Frau zu finden ist (Paul und Walter 2016).
Ein Ansatz, um sich diesem Phänomen zu nähern, liegt in der Betrachtung der im NPO-Sektor besonders ausgeprägten zeitlich flexiblen Beschäftigung (u.a. Schmeißer 2013) im Zusammenhang mit dem familiären Hintergrund. Wird davon ausgegangen, dass Frauen in Deutschland immer noch stärker als Männer für Reproduktions-, Sorge- und Erziehungsarbeit zuständig sind, muss angesichts des hohen Frauenanteils im Sektor hinterfragt werden, inwiefern dieses traditionelle Rollenverständnis sich auf die Beschäftigungsverhältnisse und Aufstiegschancen von Frauen in NPOs auswirkt. Für die operative Ebene lässt sich bereits festhalten, dass besonders häufig Frauen mit familiären Verpflichtungen Teilzeitbeschäftigungsverhältnisse innehaben (Priller und Paul 2015). Speziell auf Frauen in Führungspositionen mit familiären Pflichten ist noch kaum fokussiert worden. Vor dem Hintergrund der ausgeprägten flexiblen Beschäftigung im Sektor stellt sich die Frage, inwiefern auch Führungsfrauen von flexibler Beschäftigung Gebrauch machen und wie dies aus einer Vereinbarkeitsperspektive sowie aus sozialpolitischer und karrierespezifischer Sicht zu bewerten ist. Der vorliegende Beitrag gibt hierzu auf Grundlage empirischer Daten (DGB-Index „Gute Arbeit") einen Einblick in die familiären Situationen und in die Beschäftigungsverhältnisse weiblicher Führungskräfte im Nonprofit-Sektor. Da neben der Reduzierung von Arbeitsstunden auch die Option zur eigenen Gestaltung der Arbeitszeit oft als positiv gesehen wird, soll zudem untersucht werden, inwiefern Frauen in Führungspositionen Formen der Arbeitszeitflexibilisierung als vorteilhaft für sich bewerten.

2 Die arbeitsmarktpolitische Dimension des Sektors

Der Nonprofit-Sektor hat als intermediärer Bereich zwischen Staat und Markt eine besondere Bedeutung in Deutschland. Gemeinnützige Organisationen übernehmen zentrale Aufgaben als Dienstleister, Interessenvertreter und Integrationsinstanzen (Zimmer und Priller 2004) in ganz unterschiedlichen Feldern: Alten- und Krankenpflege, Bildung und Ausbildung, Kinderbetreuung und -erziehung, Umwelt- und Naturschutz, Sport und Freizeitaktivitäten sowie Kunst und Kultur. Im Zuge ihrer vielfältigen Aufgaben kommt den geschätzt rund 600.000 aktiven Nonprofit-Organisationen eine große arbeitsmarktpolitische Relevanz zu (Zimmer und Priller 2004). Etwa 2,3 Millionen sozialversicherungspflichtig Beschäftigte arbeiteten 2011 im Nonprofit-Sektor in Deutschland. Hinzu kommen 300.000 geringfügig Beschäftigte (Rosenski 2012). Eine exponierte Rolle als Arbeitgeber spielen die Wohlfahrtsverbände mit 1,7 Millionen Beschäftigten (BAGFW 2014). Dementsprechend überrascht es kaum, dass die sozialversicherungspflichtig Beschäftigten im Nonprofit-Sektor hauptsächlich im Sozialwesen (21%) sowie im Gesundheitswesen bzw. im Bereich Heime (je 20%) tätig sind, dicht gefolgt von den Bereichen Interessenvertretung (18%) sowie Erziehung und Unterricht (14%); und nur 7% noch in anderen Bereichen arbeiten. Die Angestellten in NPOs machen in diesen Tätigkeitsfeldern auch einen Großteil der Beschäftigten aus, besonders in den Bereichen Sozialwesen (ohne Heime) und Interessenvertretung, wo mehr als 80% aller sozialversicherungspflichtig Beschäftigten in NPOs arbeitet (Rosenski 2012).

2.1 NPOs als Tätigkeitsfeld für Frauen

Ein Blick auf das Geschlechterverhältnis unter den Beschäftigten im Nonprofit-Sektor zeigt, dass die Belegschaft von NPOs im Vergleich zu anderen Bereichen wie der Wirtschaft eine besondere Spezifik aufweist: Mehr als 75 Prozent der Beschäftigten sind Frauen (Dathe et al. 2009).
Angesichts des dargestellten Befundes, dass in den Bereichen Sozialwesen, Interessenvertretung und Erziehung der größte Anteil der NPO-Beschäftigten tätig ist, und vor dem Hintergrund, dass Frauen sich gemäß dem aktuellen Freiwilligensurvey 2014 auch ehrenamtlich stark für die Zielgruppe der Kinder und Jugendlichen sowie in kirchlichen Kontexten engagieren (Simonson et al. 2016), ist es kaum verwunderlich, dass in diesen Bereichen auch die höchste weibliche Arbeitskraft liegt: So beträgt der Frauenanteil unter den Beschäftigten im Sozialwesen 69% und im Bildungsbereich 73% (Priller et al. 2012).

2.2 Flexible Beschäftigung als spezifisches Merkmal des Nonprofit-Sektors

Bei der Betrachtung des Nonprofit-Sektors als Arbeitgeber gilt es, aktuelle Rahmenbedingungen der Organisationen miteinzubeziehen, die sich unmittelbar auf Themen wie Personalrekrutierung und Arbeitsbedingungen auswirken. So sehen sich NPOs aufgrund einer veränderten Zusammenarbeit mit der öffentlichen Hand (z.B. durch Instrumente des New Public Managements) und dem zunehmenden Eintritt kommerzieller Konkurrenten in klassische NPO-Tätigkeitsfelder mit einem Wettbewerbs- und Ökonomisierungsdruck konfrontiert (u.a. Droß 2013; Priller et al. 2012). Eine Reaktion auf diese Entwicklung ist die Flexibilisierung der Beschäftigungsverhältnisse. So wird z.B. Teilzeitbeschäftigung als Instrument genutzt, um Arbeitszeitflexibilität mit Planungssicherheit zu verbinden (Droß 2013). Befristete Verträge und geringfügige Beschäftigung werden genutzt, um die Personalplanung flexibler zu gestalten und auf aktuelle Probleme schneller zu reagieren (Priller et al. 2012).

Besonders betroffen von diesen Entwicklungen sind die weiblichen Beschäftigten: Eine Untersuchung von Priller und Paul (2015) zeigt einen deutlichen Geschlechterbias zu Ungunsten von Frauen. Nur 35% der Frauen im Nonprofit-Sektor haben mit einer unbefristeten Vollzeitstelle ein sogenanntes Normalarbeitsverhältnis inne. Dies steht in einem deutlichen Kontrast zu den 71% der Männer mit unbefristeter Vollzeitstelle. Der Anteil der Frauen, die somit in atypischen Beschäftigungsverhältnissen arbeiten (65%), ist im Nonprofit-Sektor auch deutlich höher als in den anderen Sektoren (53%). Erstaunlicherweise gilt die stärkere Betroffenheit von atypischer Beschäftigung in NPOs nur für Frauen: Die Anteile männlicher atypisch Beschäftigter sind hier (29%) genauso hoch wie die der atypisch beschäftigten Männer, die nicht im Nonprofit-Sektor arbeiten (31%).

Als eine Erklärung für den Geschlechterbias bei flexiblen Beschäftigungsformen wird in der Studie die geschlechtsbasierte Zuständigkeit für Reproduktionsarbeit und die damit verbundene Aufteilung der Erwerbsarbeit entsprechend des männlichen Ernährermodells (teilweise mit der Frau als Dazuverdienerin) angeführt und gezeigt, dass Frauen mit Familie viel häufiger als ihre männlichen Pendants in Teilzeit arbeiten (83% zu 12%) (Priller und Paul 2015). Im Gegensatz zu Privatwirtschaft und öffentlichem Dienst ist dieser Unterschied im Nonprofit-Sektor besonders ausgeprägt. Diese Diskrepanz lässt sich nicht nur auf die scheinbar guten Bedingungen zur Vereinbarkeit von familiärer Situation und Beruf im Nonprofit-Sektor zurückführen, sondern auch mit strukturellen Faktoren des Sektors begründen. Einfluss auf die besonders starke Ausprägung weiblicher Teilzeit haben auch die besondere Altersstruktur in NPOs (es gibt überdurchschnittlich viele weibliche Beschäftigte in der Altersklasse der 35-45jährigen), die Qualifikation, die Konzentration auf die soziale Dienstleistungsbranche und die vergleichsweise kleine Betriebsgröße von NPOs (Priller und Paul 2015).

3 NPO-Führungsfrauen in flexibler Beschäftigung – eine Analyse

Anknüpfend an die Auswertungen von Priller und Paul (2015) werden Daten des DGB-Index „Gute Arbeit" 2011 für die Analyse von flexibler Beschäftigung in Führungspositionen genutzt. Für die jährlich stattfindende bundesweite Repräsentativerhebung zu Arbeitsbedingungen und Beschäftigungsverhältnissen aus Sicht der Arbeitnehmer/innen werden Daten zu abhängig Beschäftigten im Alter von 15 bis 64 Jahren mit einer wöchentlichen Arbeitszeit von mindestens zehn Stunden pro Woche erhoben (uzbonn GmbH 2011). Im Rahmen der WZB-Studie „Veränderungen in Dritte-Sektor-Organisationen und ihre Auswirkungen für die Beschäftigungsverhältnisse" wurde ein Oversampling mit 733 Befragten aus gemeinnützigen Organisationen realisiert.

Auf Basis der vorliegenden Daten wird zeitlich flexible Arbeit von Führungskräften anhand von zwei Dimensionen untersucht: Neben vertraglich geregelten flexiblen Beschäftigungsverhältnissen (1) wird die Flexibilität auf der Ebene der Arbeitszeitgestaltung (2) einbezogen. Als flexible Beschäftigungsverhältnisse werden formale Beschäftigungsverhältnisse gefasst, die NPOs und/oder Beschäftigten eine flexible Organisation der Arbeit ermöglichen, wie Teilzeitarbeit oder befristete Beschäftigung. Für die Arbeitszeitgestaltung werden die Bewertungen der Führungskräfte aus den Index-Fragen herangezogen. Bei diesen wurden die Zustimmung zu Aussagen zur Arbeitszeit anhand einer vierstufigen Skala („trifft voll und ganz zu", „trifft eher zu", „trifft eher nicht zu" und „trifft gar nicht zu") abgefragt. Als Führungskräfte werden alle Beschäftigten gefasst, die in ihrer Organisation in Leitungspositionen tätig sind und darüber hinaus Beschäftigte, die Personalverantwortung tragen. Zu den Leitungspositionen gehören alle Beschäftigten der Berufshauptgruppe 1 „Führungskräfte" nach der International Classification of Occupations (ISCO) von 2008, wie Geschäftsführer/innen, Vorstände, Generalsekretär/innen und -direktor/innen (N=61), sowie Personen, zu deren Aufgaben Leitungsfunktionen gehören, wie Abteilungsleiter/innen, Stationsleiter/innen oder Heimleiter/innen (N=108). Alle Befragten, die angaben, Vorgesetze von Mitarbeiter/innen in ihrer NPO zu sein, wurden als Beschäftigte mit Personalverantwortung klassifiziert. Damit ergibt sich eine Fallzahl von 169 Führungskräften, davon 103 Frauen und 66 Männer.

Um einer gendersensiblen Betrachtung gerecht zu werden, wird die familiäre Situation der Führungspersonen in die Analyse integriert. Als Grundlage dient die Systematik der Familienmodelle des Mikrozensus, die Paare mit oder ohne Kinder sowie Alleinstehende mit oder ohne Kinder unterscheidet (Keller und Haustein 2013). Als Kinder werden im DGB-Index Personen im eigenen Haushalt unter 16 Jahren gezählt, für die die Befragten die Verantwortung tragen. Auch die Partner/innen müssen im Haushalt der/des Befragten leben. Ein weiterer wichtiger Aspekt ist die Betreuung von pflegebedürftigen Personen, die als unbezahlte Arbeit ebenfalls vorwiegend von Frauen übernommen wird. Aufgrund zu geringer Fallzahlen muss dieser Aspekt jedoch in der vorliegenden Analyse ausgeklammert werden.

Frauen in Führungspositionen sind in vielen NPOs (noch) unterdurchschnittlich repräsentiert (Paul und Walter 2016). Dass Frauen bislang noch weniger häufig in Führungspositionen gelangen als Männer, wird häufig mit der Familiengründung und dem damit verbundenen zeitweiligen Ausstieg von Frauen bzw. der Reduzierung der Erwerbsarbeit (durch Teilzeit) begründet (für NPO z.B. Kricheldorff et al. 2014). Die traditionelle geschlechterspezifische Rollenteilung ist dabei immer noch wirkmächtig: Da häufiger Frauen die familiären Fürsorge- und Hausarbeiten übernehmen, stellt die Familiengründung für Männer seltener ein Aufstiegshindernis in eine Führungsposition dar (Holst et al. 2015). Tatsächlich unterscheiden sich die Familienkonstellationen von Frauen und Männern in Führungspositionen auch im Nonprofit-Sektor: 62% der Frauen in Führungspositionen leben mit Partner/innen im eigenen Haushalt, deutlich weniger als Männer in Führungspositionen (77%) (Abbildung 1). Auch haben Frauen in Führungspositionen seltener die Verantwortung für Kinder unter 16 Jahren im eigenen Haushalt (30%) als ihre männlichen Kollegen in den Führungsetagen (37%). Im Vergleich zur Privatwirtschaft zeigen sich kaum Unterschiede. So beziffert der DIW-Führungskräfte-Monitor für 2011 den Anteil weiblicher Führungskräfte mit Kind mit 28% und den Anteil männlicher Führungskräfte mit Kindern mit 35% (Holst et al. 2015).

Frauen auf der Nonprofit-Führungsebene leben auch im Vergleich zu Frauen auf der operativen Ebene seltener mit Partner/innen oder Kindern im eigenen Haushalt. Bei den Männern ist dieses Verhältnis umgekehrt: Mehr Männer in Führungspositionen haben Familie als Männer im operativen Bereich. Ein Grund hierfür ist das Alter bzw. der Lebensabschnitt: Jüngere Männer am Anfang ihrer Karriere haben seltener schon Führungs- und Personalverantwortung, während sie gleichzeitig auch noch nicht in die Familiengründungsphase eingetreten sind. Dies trifft allerdings ebenso auf Frauen zu – was umso deutlicher macht, dass Frauen in Führungspositionen Familie hintanstellen müssen.

Abbildung 1: Familienkonstellationen von Frauen und Männern in NPOs

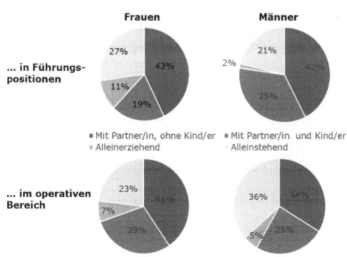

Datenbasis: DGB-Index „Gute Arbeit" 2011 – WZB-Oversampling für NPO-Beschäftigte, N=731

Analog zu Studien von Hipp und Stuth (2013) und Holst et al. (2015) arbeiten Führungskräfte auch in NPOs deutlich seltener in Teilzeit als Nichtführungskräfte. Nur 6% der männlichen Führungskräfte im Nonprofit-Sektor arbeiten in Teilzeit. Bei den weiblichen Führungskräften sind es schon sichtbar mehr, hier arbeitet fast ein Drittel in Teilzeit. In der Privatwirtschaft sind es im Jahr 2011 nur 2% männliche Führungskräfte, die unter 35 Stunden/Woche arbeiten, der Anteil der weiblichen Führungskräfte liegt hier bei 13% (Holst et al. 2015).

Kinder sind dabei nicht der einzige Grund für NPO-Frauen in Führungspositionen in Teilzeit zu arbeiten: Nur die Hälfte (48%) der teilzeitbeschäftigten weiblichen Führungskräfte ist für Kinder unter 16 Jahren im eigenen Haushalt verantwortlich. Kinderbetreuung durch Teilzeitbeschäftigung mit dem Beruf zu vereinbaren, scheint offenbar für weibliche Führungskräfte schwieriger möglich zu sein als für Frauen im operativen Bereich von NPOs.

Die Reduktion der Arbeitszeit stellt eine zentrale Option dar, um Beruf und Familie besser zu koordinieren. Weitere Möglichkeiten liegen in der flexiblen Einteilung und der selbstständigen Gestaltung der Arbeitszeit. Die Möglichkeiten hierzu werden von Frauen im Nonprofit-Sektor besser eingeschätzt als von ihren Kolleginnen in den anderen Sektoren (Priller und Paul 2015).

Für Führungskräfte ist ein ambivalentes Bild zu erwarten. Häufig sind mit der Ausübung von Führungstätigkeiten Autonomiegewinne verbunden. Gleichzeitig nehmen der Grad der Verantwortung, der Umfang der Aufgaben und der Anspruch an die Verfügbarkeit der Führungskraft zu. Darüber hinaus kann die Belastung durch zusätzliche Arbeit im eigenen Haushalt die Bewertung der Möglichkeiten, die Arbeitszeit autonom und flexibel einzuteilen, beeinflussen. Besonders für Frauen, die Kinder betreuen, ergeben sich also aus der Führungsverantwortung unterschiedliche Ressourcen und Belastungen. Frauen in Führungspositionen ohne Kinder im eigenen Haushalt geben eher an, ihre Arbeit selbstständig planen und einteilen zu können als Führungsfrauen mit Kindern (Abbildung 2). Ebenso bewerten weibliche Führungskräfte ohne Kinder ihren Einfluss auf die Gestaltung der Arbeitszeit deutlich besser als weibliche Führungskräfte mit Kindern. Auch die Verlässlichkeit bei der Planung der Arbeitszeit wird von den Führungsfrauen ohne Kinder besser bewertet. Für Frauen, die keine Führungsaufgaben haben, ist es hingegen eher umgekehrt: Frauen mit Kindern bewerten die Möglichkeiten der Arbeitszeitgestaltung besser als Frauen ohne Kinder. Offensichtlich gibt es im operativen Bereich mehr Spielräume und auf Frauen, die Kinder betreuen, wird besondere Rücksicht genommen.

Abbildung 2: Bewertung der Arbeitszeitflexibilität von Führungsfrauen im NPO-Sektor

Datenbasis: DGB-Index „Gute Arbeit" 2011 – WZB-Oversampling für NPO-Beschäftigte, N=103

Der Umfang der wöchentlichen Arbeitszeit ist weniger prägend für die Bewertung der Arbeitszeitgestaltung (Abbildung 2). Insgesamt betrachtet fällt der Unterschied zwischen den Bewertungen der Vollzeit- und Teilzeitbeschäftigten sowohl in den Führungspositionen als auch im operativen Bereich weniger deutlich aus als zwischen Frauen mit und ohne Kinder.

In den Führungsetagen (wie auch im operativen Bereich) haben vollzeitbeschäftigte Frauen in Bezug auf die Option zur selbstständigen Planung und Einteilung leichte Vorteile gegenüber teilzeitbeschäftigten Frauen. Weibliche Führungskräfte in Teilzeit können gegenüber den Vollzeitbeschäftigten jedoch zumindest eher Einfluss auf die Gestaltung der Arbeitszeit nehmen: 82% der Führungskräfte in Teilzeit bewertet diesen Aspekt ihrer Arbeit positiv, 11% mehr als Führungskräfte in Vollzeit (71%). Die Verlässlichkeit der Planung der Arbeitszeit bewerten Frauen in Vollzeit genauso gut wie Frauen in Teilzeit – auf Führungs- wie auch auf operativer Ebene.

4 Flexible Beschäftigung für Führungsfrauen: Fluch und Segen?

Dieser Beitrag ist der Frage nachgegangen, inwiefern NPO-Führungsfrauen von flexibler Arbeit Gebrauch machen und wie dies aus einer Vereinbarkeitsperspektive zu bewerten ist. Dass NPOs überhaupt die Möglichkeit zu flexibler Beschäftigung für interessierte Führungskräfte bieten, ist als Segen zu bewerten.

So wird in Studien zu Unternehmen darauf verwiesen, dass flexible Modelle u.a. motivationsfördernd für Beschäftigte und dienlich zur besseren Vereinbarkeit von Beruf und Privatleben sind, allerdings noch selten Anwendung finden (EAF Berlin und HWR Berlin 2016).

Für den Nonprofit-Sektor konnte gezeigt werden, dass der Anteil von Führungsfrauen in Teilzeit mit 30% überdurchschnittlich hoch ist, dass jedoch nur die Hälfte dieser Frauen ihre Stunden aufgrund von Kindern reduziert. Flexible Beschäftigung umfasst dabei nicht nur eine Reduzierung von Stunden, sondern auch die Option zur selbstständigen Planung und Gestaltung der eigenen Arbeitszeit. Die empirischen Befunde zum Nonprofit-Sektor haben aufgezeigt, dass Arbeitszeitflexibilisierung von Frauen in Führungsposition mit Verantwortung für Kinder nicht so positiv wahrgenommen wurde wie von Frauen ohne Führungsposition. Ein Erklärungsansatz liegt darin, dass Führungspositionen Strukturen mit sich bringen (Terminverpflichtungen, Verfügbarkeit etc.), die Führungsfrauen kaum beeinflussen können. Ferner könnte eine Kultur der Rücksichtnahme bei Führungskräften weniger stark ausgeprägt sein als im operativen Bereich von NPOs. Gleichzeitig bringt eine Teilzeitbeschäftigung kaum Vorteile in Bezug auf eine flexible Arbeitszeitgestaltung.

Wenn flexible Beschäftigung nicht hält, was sie verspricht, weil die organisationsbezogenen Strukturen wirkmächtiger sind, kann sie somit auch zum Fluch werden. Aus sozialpolitischer Perspektive ist flexible Beschäftigung dann problematisch zu sehen, wenn Teilzeitverträge nicht frei gewählt oder von Dauer sind. Dann konterkariert sie die soziale Nachhaltigkeit der Organisationen – und zwar aus mehreren Gründen. Zunächst beeinträchtigt Teilzeitbeschäftigung die *soziale Absicherung*. So müssen die Betroffenen i.d.R. Einkommenseinbußen und geringere sozialrechtliche Ansprüche im Fall von Arbeitslosigkeit, Renteneintritt etc. in Kauf nehmen. In puncto *Geschlechtergerechtigkeit* reproduziert Teilzeitbeschäftigung von Frauen – in Verbindung mit der Übernahme unbezahlter Reproduktions- und Fürsorgearbeit – das männliche Ernährer- bzw. Dazuverdienermodell und verfestigt eine ungleiche Aufteilung von Erwerbs- und Reproduktionsarbeit zwischen den Geschlechtern. Ferner reduzieren Teilzeitbeschäftigte in Führung ihre Chancen auf weitere *Karriereoptionen*. Teilzeitbeschäftigung ist unter weiblichen wie männlichen Führungskräften deutlich seltener verbreitet als bei Nicht-Führungskräften. Für Frauen in Teilzeit wird es von Leitungsfunktion zu Leitungsfunktion schwieriger aufzusteigen. In diesem Kontext ist hervorzuheben, dass der überdurchschnittlich hohe Frauen-Anteil im Nonprofit-Sektor sich nicht auf der Leitungsebene widerspiegelt (Paul und Walter 2016). Geschlechterparität in Führungsfunktionen in NPOs als Facette sozialer Nachhaltigkeit rückt somit erst einmal weiter in die Ferne.

Es wird deutlich, dass diese mit einer Reduzierung der Arbeitszeit verbundenen Probleme häufig an staatliche sowie organisationskulturelle und -strukturelle Rahmenbedingungen geknüpft sind. Um den Nachteilen kurz- bis mittelfristig entgegenzuwirken, sollten NPOs verstärkt Möglichkeiten einer flexiblen Arbeitszeitgestaltung unabhängig vom wöchentlichen Stundenumfang anbieten und damit den Befund berücksichtigen, dass Frauen in NPOs Autonomie und Flexibilität bei der Arbeitszeitgestaltung bereits jetzt vergleichsweise gut bewerten – besonders, wenn sie Kinder betreuen. Im Kontext der ausgeprägten flexiblen Beschäftigung muss die Ermöglichung guter Arbeitsbedingungen ein zentrales Thema von NPOs sein. Neben der sozialen Nachhaltigkeit der Beschäftigungsverhältnisse sichern sie damit auch die Rekrutierung und den Verbleib ihrer Fachkräfte – und damit die Qualität und Nachhaltigkeit ihrer Arbeit.

5 Literatur

Bundesarbeitsgemeinschaft der Freien Wohlfahrtspflege (BAGFW) (2014): Einrichtungen und Dienste der Freien Wohlfahrtspflege. Gesamtstatistik 2012. Berlin

Dathe, D., Hohendanner, C. und Priller, E. (2009): Wenig Licht, viel Schatten – der Dritte Sektor als arbeitsmarktpolitisches Experimentierfeld. WZBrief Arbeit 3 (10), Berlin.

Droß, P.J. (2013): Ökonomisierungstrends im Dritten Sektor. Verbreitung und Auswirkungen von Wettbewerb und finanzieller Planungsunsicherheit in gemeinnützigen Organisationen. WZB Discussion Paper SP V 2013–301. Berlin.

EAF Berlin/HWR Berlin (2016): Flexibles Arbeiten in Führung. Ein Leitfaden für die Praxis. Berlin.

Hipp, L. und Stuth, S. (2013): Management und Teilzeit? – Eine empirische Analyse zur Verbreitung von Teilzeitarbeit unter Managerinnen und Managern in Europa. Kölner Zeitschrift für Soziologie und Sozialpsychologie, 65(1), S. 101-128.

Holst, E., Busch-Heizmann, A. und Wieber, A. (2015): Führungskräftemonitor 2015. Update 2001-2013. DIW Berlin: Politikberatung kompakt 100.

Keller, M. und Haustein, T. (2014): Vereinbarkeit von Familie und Beruf. Ergebnisse des Mikrozensus 2013. Wirtschaft und Statistik 12, S. 733-753.

Kricheldorff, C., Bohlen, S., Göhner-Barkemeyer, W., Wegner-Steybe, N. und Schramkowski, B. (2013): Abschlussbericht zur Studie „Frauen in Führungspositionen" im Auftrag des Deutschen Caritasverbands.

Paul, F. und Walter, A. (2016): Besser geht's nicht? Geschlechterverhältnisse in Führungs-, Kontroll und Beratungsgremien in Nonprofit-Organisationen in Deutschland. Ergebnisse einer Online-Studie. ZEUGS Working Paper 9/2016.

Priller, E., Alscher, M., Droß, P.J., Paul, F., Poldrack, C.J., Schmeißer, C. und Waitkus, N. (2012): Dritte-Sektor-Organisationen heute: Eigene Ansprüche und ökonomische Herausforderungen. Ergebnisse einer Organisationsbefragung. WZB Discussion Paper SP IV 2012-402, Berlin.

Priller, E. und Paul, F. (2015): Gute Arbeit in atypischen Beschäftigungsverhältnissen? Eine Analyse der Arbeitsbedingungen von Frauen in gemeinnützigen Organisationen unter Berücksichtigung ihrer Beschäftigungsformen und Lebenslagen. Eine Studie im Auftrag der Hans-Böckler-Stiftung.

Rosenski, N. (2012): Die wirtschaftliche Bedeutung des Dritten Sektors. Wirtschaft und Statistik 3, S. 209-217.

Schmeißer, C. (2013): Die Arbeitswelt des Dritten Sektors. Atypische Beschäftigung und Arbeitsbedingungen in gemeinnützigen Organisationen. WZB Discussion Paper SPV 2013-302. Berlin.

Simonson, J., Vogel, C., Tesch-Römer, C. (Hrsg.) (2016): Freiwilliges Engagement in Deutschland. Der Deutsche Freiwilligensurvey 2014.

uzbonn GmbH (2011): Bericht zur Durchführung der Befragung DGB-Index Gute Arbeit. Für DGB-Index Gute Arbeit GmbH. Bonn.

Zimmer, A. und Priller, E. (2004): Gemeinnützige Organisationen im gesellschaftlichen Wandel. Wiesbaden.

Hochgeschätzte Beschäftigung in Nonprofit-Organisationen: Wie lange noch?

Eckhard Priller und Annette Zimmer

1 Einleitung

Warum ist die Mehrheit der meist weiblichen Beschäftigten, die in den Kernbereichen wohlfahrtsstaatlicher Dienstleistungserstellung tätig sind und in Deutschland überwiegend in NPOs bzw. Einrichtungen der Wohlfahrtsverbände arbeiten, trotz der sich hier zunehmend verschlechternden Arbeitsbedingungen, hoher Arbeitsbelastung, vergleichsweise bescheidener Bezahlung und perspektivisch sehr geringer Rentenleistungen nach wie vor mit ihrer Arbeit zufrieden? Diese Frage steht im Zentrum des folgenden Beitrags. Zunächst wird unter Rekurs auf Ergebnisse einer großangelegten Organisationsbefragung (Priller et al. 2011) auf Besonderheiten sowie aktuelle Veränderung von Arbeit und Beschäftigung im NPO-Sektor eingegangen, die sich in Deutschland insbesondere in Folge der zunehmenden Ökonomisierung der sozialen Dienstleistungserstellung ergeben. Ergänzt wird die empirische Analyse der aktuellen Situation von NPOs, insbesondere in den Bereichen Soziale Dienste und Hilfen sowie im Gesundheitsbereich, durch Ergebnisse einer Sonderauswertung der „Guten Arbeit" (Priller und Paul 2015), die den Fokus auf die Arbeitsbedingungen sowie die -zufriedenheit der Beschäftigten in NPOs im Vergleich zur Gesamtbeschäftigung richtet. Vor diesem Hintergrund wird die These diskutiert, ob die Arbeitszufriedenheit der befragten, mehrheitlich weiblichen Arbeitnehmer in NPOs aufgrund der Übereinstimmung ihrer Erwerbstätigkeit mit dem in Deutschland immer noch weitverbreiteten Normen- und Wertekanon zu erklären ist. Anders ausgedrückt: Erwerbstätigkeit bei sozialen NPOs stellt das klassische Gender Regime, das dem Mann die Rolle des Ernährers und der Frau die Hausfrauen- und Mutterrolle bzw. die Reproduktionsarbeit zuweist, nicht grundsätzlich in Frage. Ob und inwiefern sich die nächste Generation mit dieser Teilmodernisierung des traditionellen Gender Regimes zufrieden gibt, bleibt allerdings abzuwarten.

2 Der NPO-Sektor gestern und heute

2.1 Vom Ehrenamt zur beruflichen Tätigkeit

In der Regel sind für die Gründung von NPOs gesellschaftliche, humanitäre oder soziale Zielsetzungen ursächlich. Es gilt die Not von Bedürftigen zu lindern, Kindern zu helfen oder Sportangebote zu ermöglichen. Gemeinhin gelten NPOs als „Mission oriented", und infolge dieser normativen Zielsetzungen kommt dem bürgerschaftlichen Engagement im NPO-Sektor ein hoher Stellenwert zu. Betrachtet man die Entwicklung des Sektors im Rückblick, so zeigt sich, dass bezahlte Arbeit eher allmählich Einzug in den Alltag der NPOs gehalten hat. Ein Beispiel für Professionalisierung im NPO-Bereich ist die Soziale Arbeit als ein spezifisches Berufsfeld, das aus dem Ehrenamt heraus entstanden ist und sich zu einer Profession mit z.T. universitärer Ausbildung entwickelt hat. Einen Eindruck, in welchem Umfang in den verschiedenen Bereichen des NPO-Sektors Verberuflichung inzwischen gegriffen hat, vermitteln u.a. die Ergebnisse des international vergleichenden Johns Hopkins Projektes (Zimmer und Priller 2007; Anheier und Salamon 2006) und aktuell für Deutschland die Ergebnisse des Projektes Zivilgesellschaft in Zahlen (Krimmer und Primer 2012). Mehr als 2,3 Millionen sozialversicherungspflichtige Beschäftigte sind inzwischen im NPO-Sektor in Deutschland tätig.

Geprägt wird die NPO-Beschäftigung in Deutschland durch die Bereiche Soziale Dienste und Hilfen sowie Gesundheit. Jeder zweite Arbeitsplatz bei NPOs findet sich in Deutschland in diesen Bereichen. Der Grund für diese beachtliche Beschäftigungsintensität – neben den 2,3 Millionen sozialversicherungspflichtigen sind hier rund 300.000 geringfügig entlohnte Beschäftigte tätig – ist in der Verschränkung zwischen NPOs und wohlfahrtsstaatlicher Dienstleistungserstellung zu sehen (Zimmer, Priller und Anheier 2013). Wie von der Wohlfahrtsverbändeforschung in Deutschland (Sachße 1995; Schmid und Mansour 2007) und der Nonprofit-Forschung international (Anheier und Salamon 2006) analysiert, haben sich die zunächst rein mit ehrenamtlichem Personal arbeitenden karitativen NPOs im Zuge ihrer im Laufe des 20. Jahrhunderts intensivierenden Kooperation mit dem Wohlfahrtsstaat zunehmend professionalisiert. Aus einer „private culture of welfare" (Sachße 1996) ist infolge des Ausbaus des wohlfahrtsstaatlichen Dienstleistungsangebots ein öffentlich-privates Arrangement – ein Third Party Government – der sozialen Dienstleistungserstellung geworden (Zimmer 2010).

2.2 Einbindung der NPOs in die wohlfahrtsstaatliche Leistungserstellung

Von der vergleichenden NPO-Forschung werden verschiedene Modelle der Einbindung von NPOs in die wohlfahrtsstaatliche Dienstleistungserstellung unterschieden (Anheier und Salamon 2006). Charakteristisch für die Ausgestaltung in Deutschland war ursprünglich die subsidiäre Einbindung von NPOs in den Sozialstaat (Anheier und Seibel 2001; Zimmer 2001). Gemeinnützige soziale Dienstleister wurden in Deutschland ideengeschichtlich und konzeptionell weniger als funktionale Äquivalente öffentlicher oder marktwirtschaftlicher Einrichtungen gesehen, sondern eher betrachtet als Substitut für Service und Care im Rahmen kleiner sozialer Netze, insbesondere der Familie wie auch der christlich-religiösen lokalen Gemeinschaften. Aus dieser Tradition heraus erklärt sich die privilegierte Position der mehrheitlich den Wohlfahrtsverbänden – insbesondere Caritas und Diakonie als mitgliederstärksten Verbänden – angeschlossenen NPOs im deutschen Sozialstaat (Boeßenecker und Vilain 2013).

Die Mitgliederorganisationen der Verbände waren bis in die 1990er Jahre sowohl vor privatwirtschaftlich-kommerzieller Konkurrenz als auch vor wirtschaftlichem Scheitern geschützt. Privat-kommerzielle Konkurrenz war kaum existent; und finanzielle Defizite wurden am Jahresende von der öffentlichen Hand weitgehend ausgeglichen. Die Mitgliederorganisationen der Verbände waren subsidiär eingebunden und mit dem Wohlfahrtsstaat unter Beibehaltung ihrer Eigenständigkeit vielfältig verflochten. Bei den Arbeitsplätzen handelte es sich daher um vor den Härten des Wettbewerbs in gewisser Weise geschützte Arbeitsplätze, die bei Caritas und Diakonie auch normativ in den Kontext der kirchlichen oder ideologischen Gemeinschaft vor Ort eingebunden waren.

Diese Einbettungsstruktur der Verbände und das Modell der Zusammenarbeit zwischen Staat und NPOs haben sich in Deutschland in den letzten Jahren grundlegend verändert. Der Grund hierfür ist im Wandel der Wohlfahrtsstaatlichkeit zu sehen: Auch bei der Erstellung sozialer Dienstleistungen wird inzwischen auf Wettbewerb als Garant kostengünstiger Leistungserstellung gesetzt, wozu u.a. auf die Instrumente des New Public Management, inklusive Competitive Tendering, zurückgegriffen wird. Ohne auf die Veränderungen im Einzelnen einzugehen, lässt sich festhalten, dass ab Anfang der 1990er Jahre das Subsidiaritätsprinzip von Seiten der Politik sukzessive in den deutschen Sozialgesetzen zurückgenommen wurde. Inzwischen haben die den Wohlfahrtsverbänden angeschlossenen NPOs ihren Status als privilegierte Kooperationspartner des Wohlfahrtsstaates vor Ort weitgehend eingebüßt. Die Finanzierung der Leistungen erfolgt überwiegend über Leistungsentgelte und Kontrakte, die ausgehandelt und unter Konkurrenzbedingungen vergeben werden. Ob es sich bei dem Anbieter der Leistung um eine NPO oder um ein kommerzielles Unternehmen handelt, spielt im Hinblick auf die Vergabe des Kontraktes und die Modalitäten der Kooperation keine Rolle mehr (Zimmer et al. 2009; Strünck 2010; Bode 2014).

2.3 NPOs im Wettbewerb

Die Ergebnisse der Organisationsbefragung machen deutlich, wie sehr sich die Kontextbedingungen von NPOs in Deutschland verändert haben. Mehrheitlich wurde von den befragten NPOs eine Zunahme marktförmiger Strukturen, Effizienz- und Konkurrenzdruck konstatiert (Priller et al. 2011). In ganz besonderem Umfang trifft dies für NPOs zu, die in den Kernbereichen wohlfahrtsstaatlicher Dienstleistungserstellung tätig sind: „So sind die in den Bereichen Gesundheitswesen (72%), Bildung, Erziehung und Kinderbetreuung (62%) sowie Soziale Dienste und Hilfen (60%) tätigen Organisationen besonders häufig von steigender Konkurrenz betroffen" (Priller et al. 2011). Die Ergebnisse der Befragung machen ebenfalls deutlich, dass sich die Veränderung der Einbindung der Organisationen in den wohlfahrtsstaatlichen Kontext auch „nach innen" im Hinblick auf das Management und die Planungshorizonte der NPOs auswirkt. Insgesamt gab jede zweite Organisation an, vom Problem der Planungsunsicherheit aufgrund unklarer Einnahmenentwicklung betroffen zu sein. In besonderer Weise wurde jedoch von den Organisationen des Bereichs Soziale Dienste angegeben, „in unsicheren Verhältnissen zu leben" und mit einer eher unklaren Einnahmenentwicklung zurechtkommen zu müssen (Priller et al. 2011: 52). Auch wie die gemeinnützigen Organisationen versuchen, wachsender Planungsunsicherheit und Konkurrenzdruck zu begegnen, lässt sich anhand der Ergebnisse der Organisationsbefragung ablesen. Ein Weg hierzu ist die Einführung betriebswirtschaftlicher Steuerungsinstrumente, wie etwa Controlling oder Qualitätsmanagement, so dass sich die in den Bereichen Soziale Dienste und Hilfen sowie im Gesundheitswesen tätigen NPOs in ihrem Management kaum noch von der privatwirtschaftlich-kommerziellen Konkurrenz unterscheiden. Aus organisationssoziologischer Sicht ist dies kein bemerkenswerter Befund. Generell passen sich Organisationen, um ihr Überleben im „Organisationsfeld" zu sichern, der dort jeweils bestehenden dominanten Organisationskultur an. Was diese Veränderung für die Beschäftigten in den gemeinnützigen Organisationen bedeutet, wird im Folgenden u.a. auch anhand ausgewählter Ergebnisse der Befragung „Gute Arbeit" behandelt.

3 Beschäftigung in NPOs

Beschäftigung in NPOs ist überwiegend weiblich (Abbildung 1). Insgesamt sind im NPO-Sektor mehr als drei Viertel der Arbeitnehmer Frauen (Priller und Schmeißer 2013). Gemäß den Ergebnissen der „Guten Arbeit" liegt dieser Anteil im Bereich Soziale Dienste und Hilfen mit 83% sogar noch höher. Dieser Befund ist beachtlich, da der Frauenanteil am gesamtdeutschen Arbeitsmarkt auch heute – trotz markanter Zuwachsraten seit den 1970er Jahren – 47% beträgt. Allerdings ist es angesichts der Feminisierung der Arbeitnehmerschaft bei NPOs nicht erstaunlich, dass die Arbeitsverhältnisse hier durch ein hohes Maß an Flexibilisierung bzw. an Teilzeit- und Halbtagsbeschäftigung geprägt sind. Nicht die Vollzeitbeschäftigung ist die Norm im NPO-Sektor, sondern ein flexibilisiertes Arbeitsverhältnis. Vor allem in den Bereichen Soziale Dienste und Hilfen sowie im Gesundheitswesen ist die Teilzeitbeschäftigung besonders ausgeprägt, wobei von Seiten der Organisationen sogar noch von einer weiteren Zunahme der Flexibilisierung ausgegangen wird (Priller 2014). Neben flexiblen Beschäftigungsformen wird zunehmend auch auf das Instrument der Befristung von Arbeitsverträgen rekurriert. Nicht ganz jeder Dritte der im Rahmen der „Guten Arbeit" befragten Beschäftigten in NPOs im Bereich Soziale Dienste und Hilfen gab an, in einem befristeten Arbeitsverhältnis tätig zu sein. Als Grund hierfür werden von den NPOs insbesondere Unsicherheiten der Finanzierung sowie der wirtschaftlichen Entwicklung der Organisation angegeben (Priller et al. 2011)

Abbildung 1: Beschäftigungsstruktur 2011

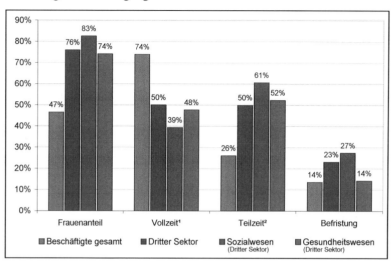

Datenbasis: WZB-Oversampling/DGB Gute Arbeit 2011

Wie die Ergebnisse der „Guten Arbeit" deutlich zeigen, sind insbesondere Frauen in atypischen Beschäftigungsverhältnissen in NPOs tätig. Gemäß den Ergebnissen von 2011 kommen auf einen nicht in Vollzeit arbeitenden männlichen Beschäftigten mehr als zwei Frauen in atypischer Beschäftigung. Bei den NPO-Beschäftigten im Bereich Soziale Dienste und Hilfen ist das Verhältnis zu Ungunsten von Frauen sogar noch ausgeprägter. Ferner sind atypische Beschäftigungsverhältnisse bei NPOs insbesondere bei der sogenannten mittleren – älter als 40 – sowie älteren Generation – über 50 – anzutreffen. Doch auch aus der Generationsperspektive sind Beschäftigte in NPOs im Sozialbereich besonders von atypischer Beschäftigung betroffen (Abbildung 2).

Wie schwierig sich die Situation aus der Managementperspektive gerade für im Bereich Soziale Dienst und Hilfen tätige NPOs gestaltet, lässt sich anhand der Ergebnisse der Organisationsbefragung (Priller et al. 2011) ersehen. Als wichtiges Ergebnis lässt sich festhalten, dass sich der Bereich Personal, Personalrekrutierung und Personalbindung nicht zuletzt infolge der drastischen Veränderung der Kontextbedingungen für das Management der NPOs immer schwieriger, ja geradezu problematisch gestaltet.

Markant ist inzwischen der Fachkräftemangel der NPOs im Bereich Soziale Dienste. Fast jede zweite Organisation ist hiervon betroffen (Priller et al. 2011). Die NPOs sehen sich ferner infolge des Rückgangs der öffentlich geförderten Beschäftigung mit zunehmender Belastung durch hohe Lohnkosten konfrontiert. Infolgedessen bestehen geringe Spielräume hinsichtlich der Lohngestaltung bzw. für die Einführung finanzieller Anreize bei Neueinstellungen oder im Hinblick auf Mitarbeiterbindung. Zwar wird Überalterung der Belegschaft erst von knapp jeder fünften NPO im Bereich Soziale Dienste als Problem benannt (Abbildung 3), dies wird sich aber in den nächsten Jahren deutlich verstärken, da die geburtenstarke Jahrgänge sukzessive das Renteneintrittsalter erreichen. Insofern ist mit Sicherheit von einer weiteren Akzentuierung der jetzt schon angespannten Situation auf dem Arbeitsmarkt auszugehen. Perspektivisch wird Personal zu einer zunehmend knappen Ressource für NPOs als soziale Dienstleister.

Abbildung 2: Atypische Beschäftigung in NPOs

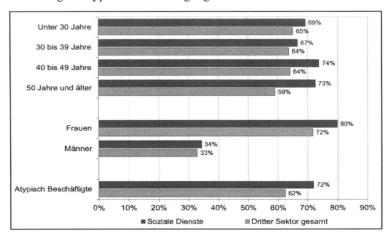

Datenbasis: WZB-Oversampling/DGB Gute Arbeit 2011

Abbildung 3: Personalprobleme im Bereich Soziale Dienste

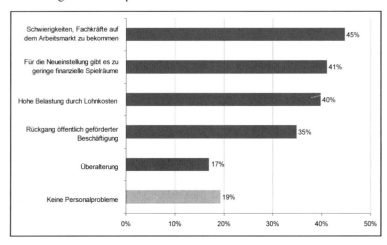

Datenbasis: Organisationen heute 2011/2012, (n = 455), Mehrfachnennung

Dass der NPO-Sektor im Vergleich zu anderen Bereichen für Arbeitnehmer perspektivisch an Attraktivität verlieren wird, verdeutlichen auch die Ergebnisse der Mitarbeiterbefragung zur „Guten Arbeit" mit Fokus auf die erzielten Einkommen (Abbildung 4).

Abbildung 4: Einkommensverteilung

	Vollzeit		Teilzeit	
	Dritter Sektor	Beschäftigte gesamt	Dritter Sektor	Beschäftigte gesamt
	in %		in %	
bis 400 Euro	2,4	2,6	28,0	14,0
mehr als 400 bis 800 Euro	8,4	6,2	7,2	14,5
mehr als 800 bis 1500 Euro	15,6	11,2	37,5	35,3
mehr als 1500 bis 2000 Euro	12,6	14,2	12,1	16,1
mehr als 2000 bis 3000 Euro	37,5	31,3	13,3	12,8
mehr als 3000 bis 4000 Euro	15,3	19,2	1,2	5,6
mehr als 4000 Euro	8,1	15,2	0,9	1,8

Datenbasis: WZB-Oversampling/DGB Gute Arbeit 2011, n=687 (Gesamt: n=5.681)

Gemäß den Ergebnissen ist das Einkommen der Vollzeitbeschäftigten im NPO-Sektor mit dem der Gesamtbeschäftigten noch in etwa vergleichbar, wenn auch Beschäftigte mit einer Vergütung von mehr als € 4.000 bei NPOs deutlich weniger vertreten sind als bei den Beschäftigten insgesamt (8,1 zu 15,2%). Demgegenüber differieren die Verdienste im Segment Teilzeit doch erheblich zwischen Beschäftigten im NPO-Sektor und Gesamtbeschäftigten. Teilzeitbeschäftigung im NPO-Sektor ist nach den Ergebnissen der „Guten Arbeit" von Beziehern von vergleichsweise niedrigen Einkommen bis maximal € 1.500 dominiert. Sehr akzentuiert ist im NPO-Bereich im Vergleich zur Gesamtbeschäftigung vor allem der sogenannte Billiglohnbereich der 400-Euro-Jobs. Wenn auch nicht in der Tabelle ausgewiesen, so ist an dieser Stelle dennoch daran zu erinnern, dass die überwiegende Mehrheit der Teilzeitbeschäftigten im NPO-Sektor weiblich ist und insofern Frauen primär Bezieherinnen von den als prekär zu bezeichnenden Einkommen sind. Es verwundert daher nicht, dass gemessen an „harten" Kriterien, wie monetäre Entlohnung und Erwartung der Höhe des Rentenniveaus, die Beschäftigten von NPOs sich eher kritisch äußern (Abbildung 5).

Abbildung 5: Bewertung von Arbeitsbedingungen

	Dritter Sektor	Beschäftigte gesamt
	%	
Empfinden ihr Einkommen als nicht angemessen	21	14
Glauben, mit ihrer späteren Rente nicht auszukommen	34	29
Arbeiten häufig oder oft an Wochenenden	45	35

Quelle: WZB Oversampling / DGB Gute Arbeit 2011

Im Vergleich zu Gesamtbeschäftigten erachteten deutlich mehr NPO-Beschäftigte ihr Einkommen als nicht angemessen. Im Bereich Soziale Dienste und Hilfen trifft dies sogar für jeden zweiten Beschäftigten zu. Deutlich ausgeprägt ist ferner die Befürchtung, mit der späteren Rente nicht auskommen zu können. Von mehr als jedem Dritten der Befragten und bei NPOs Beschäftigten wurde diese Sorge geäußert. Um das Bild abzurunden, gestalten sich die Arbeitsbedingungen im NPO-Sektor eher unvorteilhafter als in der Gesamtbeschäftigung. Insbesondere ist Wochenendarbeit, nicht zuletzt bedingt durch die Arbeitsbereiche Soziale Dienste und Hilfe sowie Gesundheit, deutlich ausgeprägter als bei der Gesamtbeschäftigung.

Die als nicht ausreichend empfundene Bezahlung, häufige Wochenendarbeit und die Aussicht auf eine dürftige Rente bieten aus der individuellen Perspektive hinreichend Argumente, warum NPOs zunehmend unter Fachkräftemangel leiden. Angesichts dieses Befundes auf Basis der Ergebnisse der Untersuchung der „Guten Arbeit" ist zu vermuten, dass die Arbeitszufriedenheit der Beschäftigten von NPOs generell suboptimal ausfällt und Unzufriedenheit vorherrscht. Interessanterweise ist dies aber nicht der Fall: Es trifft sogar eher das Gegenteil zu.

Gemäß den Ergebnissen der „Guten Arbeit" überwiegt der Stolz auf die eigene Arbeit. Die Beschäftigten sind von der Sinnhaftigkeit und der hohen gesellschaftlichen Bedeutung ihrer Arbeit überzeugt. Und sie identifizieren sich in einem beachtlichen Umfang mit ihrer professionellen Tätigkeit. In einem ganz besonderen Ausmaß trifft dies für die Beschäftigten bei NPOs im Bereich Soziale Dienste und Hilfen bzw. im Sozialwesen zu. Und obgleich die weiblichen Beschäftigten von NPOs überwiegend in atypischen Beschäftigungsverhältnissen (Teilzeit, geringfügige Beschäftigung) tätig und somit von geringer Bezahlung im besonderen Maße betroffen sind, äußern sie sich gleichwohl insgesamt eher zufrieden gegenüber ihrer Arbeitssituation (Priller und Schmeißer 2013) (Abbildung 6).

Abbildung 6: Arbeitszufriedenheit

	Dritter Sektor insgesamt	Gesamt-arbeits-markt	Sozialwesen (Dritter Sektor)
	%		
Ich habe den Eindruck, einen wichtigen gesellschaftlichen Beitrag zu leisten. *(Antwort: trifft voll und ganz zu)*	68	45	76
Ich identifiziere mich mit meiner Arbeit. *(Antwort: trifft voll und ganz zu)*	71	64	70
Ich bin insgesamt stolz auf meine Arbeit. *(Antwort: trifft voll und ganz zu)*	72	64	77

Quelle: WZB Oversampling / DGB Gute Arbeit 2011

Wie ist dies zu erklären? Könnten primär kulturelle Gründe oder genauer eine pfadabhängige Harmonisierung der öffentlichen Sphäre der (Berufs-)Arbeit mit der privaten Sphäre der Pflegetätigkeiten im Kontext der Familie als Erklärung für die Arbeitszufriedenheit der weiblichen NPO-Beschäftigten trotz suboptimaler Arbeitsverhältnisse und -bedingungen ursächlich sein?

4 Diskussion: Teilmodernisierung des konservativen Gender Regimes und Perspektiven

In der vergleichenden Wohlfahrtsstaatsforschung wird Deutschland dem konservativen Modell des Wohlfahrtsstaates zugerechnet, wobei der Schwerpunkt auf dem Status-Erhalt durch „Kleinhalten" der Kernarbeiterschaft liegt (Esping-Andersen 1990: Part II). Die Frauenerwerbstätigkeit war dementsprechend traditionell eher niedrig. Die Rolle der Frau ist die der Hausfrau und Mutter, die für die Kindererziehung und Pflegearbeiten im privaten Bereich von Haushalt und Familie zuständig ist, während dem Mann die Rolle des Ernährers zukommt. Die geschlechterspezifische Arbeitsteilung des „Breadwinner Model" wurde in kritischer Auseinandersetzung mit den Arbeiten von Esping-Andersen und seinen „Three Models of Welfare Capitalism" besonders von der Genderforschung herausgearbeitet (Lewis 1992, 2003). Hierbei wurde kritisch angemerkt, dass die Nichtthematisierung von Familienarbeit und generell Care-Aktivitäten bereits eine markante Schwachstelle des Regime-Ansatzes von Esping-Andersen darstellt (Lewis 2006).

Ohne auf diese Diskussion näher einzugehen, wird im Folgenden die Kritik an der Ausblendung der Familien- und Pflegearbeit im Kontext des Regime-

Ansatzes der vergleichenden Wohlfahrtsforschung zur Erklärung herangezogen, warum trotz sich verschlechternder Arbeitsbedingungen in NPOs, gerade im Bereich Soziale Dienste und Hilfen, die Mehrheit der überwiegend weiblichen Beschäftigten mit den Arbeitsbedingungen eher zufrieden ist und sich in hohem Maße mit ihrer Arbeit identifiziert. Es wird argumentiert:

- Erstens bei der Verberuflichung der sozialen Engagements in NPOs des Sozialbereichs handelte es sich um eine „Teilmodernisierung" des konservativen Wohlfahrtsstaates bzw. einer kulturell-kompatiblen und sich in den spezifischen konservativen Wertekanon einpassenden Modifikation des sogenannten Ernährer-Modells (Breadwinner Model).

- Zweitens haben wir es in diesem Bereich heute nach wie vor mit einer „kulturell-normativ" geprägten Nische in einer inzwischen überwiegend ökonomisierten Arbeitswelt zu tun. Ökonomisiert wird hierbei nach Schimank dahingehend definiert, dass es nur noch auf das Geld ankommt und anderen Motivlagen keine Bedeutung mehr zukommt (Schimank 2010; Zimmer 2014).

Warum auf der individuellen Ebene der Perzeption der eigenen Arbeit die negative Entwicklung der Arbeitsbedingungen von der Mehrheit der Beschäftigten nicht mitgedacht und de facto die berufliche Tätigkeit in ihrer Wertigkeit von der faktischen Arbeitssituation entkoppelt wird, ist – so die These – aufgrund der Entwicklung des gesamten Arbeitsbereichs zu erklären. Hierbei ist zu berücksichtigen, dass Beschäftigung bei NPOs im Bereich Soziale Dienste und Hilfen traditionell und bis heute überwiegend weiblich geprägt ist. Einfach ausgedrückt: *Die Verhältnisse sind schlecht, aber Frau arbeitet für die richtige Sache und die Tätigkeiten des Helfens und Pflegens entsprechen ihrer Bestimmung. Insofern ist Frau mit Ihrer Berufstätigkeit weitgehend zufrieden und stolz, für die richtige Sache tätig zu sein!*

Sehr verkürzt lässt sich die Entwicklung des wohlfahrtsstaatlichen Arrangements unter Einbindung von NPOs wie folgt zusammenfassen. Der Entwicklung des Wohlfahrtsstaates liegt ursächlich ein Kompromiss zwischen Kapital und männlicher Industriearbeit zugrunde. Von diesem neuen Arrangement wurden Familientätigkeit und Pflegearbeit ausgespart und letztlich den Frauen überlassen (Lewis 1992). Im konservativen Wohlfahrtsstaat wurde diese „Lücke" zunächst ausgefüllt durch die Familie (Pfau-Effinger 2004) sowie zunehmend auch durch ehrenamtliche bzw. freiwillige Arbeit, in der Regel im Kontext kirchlicher Einrichtungen oder den beiden großen Kirchen nahestehender NPOs. Wie die Arbeiten der Sozialhistoriker zeigen, erfolgte spätestens ab dem letzten Viertel des 19. Jahrhunderts eine Institutionalisierung dieses Bereichs sowie im Geleitzug des Aufbau des Wohlfahrtsstaates eine allmähliche Verberuflichung oder Professionalisierung des sozialen Engagements in NPOs. Für Deutschland wurde dies auf der Ebene der Organisationen anhand der Wohlfahrtsverbände und ihres Einbaus in die sich entwickelnde Sozialstaatsbürokratie gezeigt (Aner und Hammerschmidt 2010). Auf der individuellen Ebene wurden hierbei familiäre und kirchliche Pflegearbeit (Care) allmählich verberuflicht und professionalisiert. Im konservativen Deutschland ergab sich infolge der Verberuflichung der „Familien- und Gemeindearbeit", wie Christoph Sachße (2004) in seinem Klassiker „Mütterlichkeit als Beruf" überzeugend gezeigt hat, ein Window of Opportunity für Frauenerwerbstätigkeit. Es entstand ein genuines Berufsfeld, in dem Frauen trotz einer dominanten Kultur des „Kinder-Küche-Kirche" als Arbeitnehmerinnen gesellschaftlich akzeptiert und geschätzt wurden.

Diese zweite Phase der Entwicklung lässt sich als Kompromiss zwischen Familie und Arbeit beschreiben. Es kam zu einer Teilmodernisierung des Gender Regimes im konservativen Wohlfahrtsstaat, wobei Frauen ein Bereich von beruflicher Tätigkeit als kulturell und gesellschaftlich akzeptabel zugewiesen wurde, der aber nach wie vor der Frauenrolle als Helferin und dienende (Pflege-)Kraft entsprach. Infolge der Anerkennung der Wohlfahrtsverbände als „Tendenzbetriebe" wurden und sind nach wie vor die Beschäftigten in den Mitglieder-Organisationen insbesondere der kirchennahen Verbände Diakonie und Caritas nicht abgedeckt durch das öffentliche Tarifrecht und unterliegen auch nicht der gesetzlichen Mitbestimmung am Arbeitsplatz gemäß dem Betriebsverfassungsgesetz. Ferner wird traditionell bei Caritas und Diakonie als kirchennahen Wohlfahrtsverbänden auf kulturelle Homogenität geachtet. Interkonfessionelle Ehen wurden bis in die jüngste Vergangenheit von Caritas bei ihren Beschäftigten nicht toleriert. Entsprechendes galt für nichteheliche Partnerschaften oder die Beschäftigung von Geschiedenen. Ein religiös-kultureller geprägter Wertekanon und ein bestimmter Habitus waren in Deutschland auch nach Verberuflichung des sozialen Engagements und der Einbindung von NPOs in den Wohlfahrtsstaat im originär säkular geprägten Bereich der Arbeits- und Berufswelt nach wie vor wirkungsmächtig. Unterstützt wurde dieser spezifische Verberuflichungsmodus durch die „subsidiäre" Einbindung der Wohlfahrtsverbände bzw. der NPOs in den Wohlfahrtsstaat, so dass auch diesbezüglich versucht wurde, den familiären, kommunitaristisch-kirchlich geprägten Charakter der NPOs zu bewahren. Frauen ermöglichte dieser Kompromiss zwischen Berufs- und Familienarbeit mittels Halbtagsbeschäftigung eine Verbesserung ihres individuellen Status. Sie hatten somit Teil am gesellschaftlichen Modernisierungsprozess der Identitätsstiftung durch Zugehörigkeit zu einer bestimmten Profession, ohne dass jedoch ihre traditionelle und kulturell konnotierte gesellschaftliche Funktionszuweisung als Helfende und Pflegende im Grundsatz in Frage gestellt wurde. Der Kompromiss der Teilmodernisierung war bis in die 1990er Jahre auch gesamtgesellschaftlich legitimiert durch das Leitmotiv und die ideologische Klammer der „Subsidiarität". In Westdeutschland wurde er ferner gefestigt durch die von Seiten der Politik stark unterstützte Abgrenzung gegenüber dem Rollenmodell der „werktätigen Frau" in der DDR.

Aktuell befinden wir uns in der dritten Phase der Entwicklung des wohlfahrtsstaatlichen Arrangements. Auf Subsidiarität wird zwecks Legitimation der Zusammenarbeit zwischen NPOs und Staat zwar noch Bezug genommen, im Organisationsalltag und in der Auseinandersetzung der NPOs mit privat-kommerziellen Anbietern kommt dem aber kaum noch eine Bedeutung zu. Die Einführung von Wettbewerbs- und Konkurrenzbeziehungen in den Bereichen Soziale Dienste und Hilfen wie im Gesundheitswesen bedeutet für den konservativen Wohlfahrtsstaat in Deutschland vor allem auch einen Bruch mit seiner kulturellen Tradition. An die Stelle von Subsidiarität sind Konkurrenz und Wettbewerb getreten und an die Stelle der „sorgenden Gemeinschaft" der NPOs ein miteinander in Konkurrenz um Kontrakte stehender Markt von Anbietern von Dienstleistungen im Sozial- und Gesundheitsbereich, die auch in Zeiten knapper Kassen ein qualitativ hochwertiges Angebot vorhalten sollen (Bode 2014), wobei der organisationalen Spezifik als NPO sowie z.t. als kirchennaher Einrichtung keine Bedeutung mehr zukommt. Wie sich dies auf die Einstellung zur Arbeit in diesen Organisationen auswirken wird, lässt sich bisher nur vermuten. Aber zweifelsfrei ist infolge des demographischen Wandels und der Zunahme alternativer Anbieter auf den (jetzigen) Sozialmärkten von weiteren grundlegenden Veränderungen auszugehen.

Noch scheint die Mehrheit der weiblichen Beschäftigten bei NPOs sich in Einklang zu befinden mit dem teilmodernisierten Gender Regime, das Berufstätigkeit ermöglicht, aber gleichzeitig die klassische Rollenzuweisung der Frau als Dienende und Helfende nicht nur nicht in Frage stellt, sondern in der Tendenz sogar bekräftigt.

5 Zusammenfassung und Ausblick

Vor dem Hintergrund einer stark veränderten Einbettung von NPOs in den wohlfahrtsstaatlichen Kontext – Stichwort Ökonomisierung – wurde für Deutschland der Frage nachgegangen, warum die Mehrheit der überwiegend weiblichen Beschäftigten bei NPOs trotz vergleichsweise bescheidener Bezahlung mit ihrer Arbeit zufrieden ist. Die Antwort auf diese komplexe Frage lautet, weil sie hier beruflich tätig sein können, ohne ihre traditionelle Rollenzuweisung in Frage zu stellen. Man könnte auch formulieren, Beschäftigung bei NPO Dienstleistern dient – kritisch betrachtet – als funktionales Äquivalent zur „Herdprämie". Das für Deutschland typische "male breadwinner model" des Wohlfahrtsstaates wurde durch die weibliche Beschäftigung im NPO-Sektor nicht in Frage gestellt. Die Care-Arbeit blieb bei den Frauen, doch sie wurde in ihrem Status aufgewertet – d.h. professionalisiert –, ohne jedoch die klassische Rollenverteilung in Frage zu stellen.

Wie die Ergebnisse empirischer Analysen zeigen, scheint die Mehrheit der weiblichen Beschäftigten bei NPOs sich nach wie vor in Einklang zu befinden mit dem teilmodernisierten Gender Regime, das Berufstätigkeit ermöglicht, aber gleichzeitig die klassische Rollenzuweisung der Frau als Dienende und Helfende in der Tendenz sogar bekräftigt. Aber es fragt sich schon, wie lange dieses Modell angesichts weiter fortschreitender Ökonomisierung der NPOs und infolgedessen der Entzauberung der Arbeit bei NPOs noch trägt. Zudem ist anzumerken, dass auch bei den Beschäftigten von NPOs ein Generationenwechsel ansteht. Die neue Generation Y hat andere Erwartungen an Beschäftigung und favorisiert eher post-materialistische Werte sowie einen Zielkanon der individuellen Selbstverwirklichung. Ob Frauen weiterhin insbesondere Beschäftigungsmöglichkeiten im NPO-Bereich nutzen, hängt vermutlich von verschiedenen Faktoren ab. Die Veränderung traditioneller Werte, das gestiegene Ausbildungsniveau von Frauen, die Durchsetzung modernerer Familienmodelle, die Verschlechterung der Verdienste im NPO-Bereich sowie ein allgemeiner Fachkräftemangel können durchaus zur verstärkten Abwanderung in andere Bereiche führen. NPOs beginnen sich erst allmählich auf diese veränderten gesellschaftlichen Bedingungen einzustellen. Es ist aber mit Sicherheit davon auszugehen, dass Personalarbeit bzw. Human Resource Management in Zukunft für NPOs merklich an Relevanz gewinnen wird.

6 Literatur

Aner, K. und Hammerschmidt, P. (2010): Zivilgesellschaftliches Engagement des Bürgertums vom Anfang des 19. Jahrhunderts bis zur Weimarer Republik. In: Olk, T., Klein, A. und Hartnuß, B. (Hrsg.): Engagementpolitik. Die Entwicklung der Zivilgesellschaft als politische Aufgabe. Wiesbaden: VS Verlag, S. 63-96.

Anheier, H. und Salamon, L. (2006): The Nonprofit Sector in Comparative Perspective. In: Powell, W.W. und Steinberg, R. (Hrsg.): The Nonprofit Sector. A Research Handbook. New Haven: Yale University Press, S. 89-114.

Anheier, H. und Seibel, W. (2001): The Nonprofit Sector in Germany. Manchester/New York: Manchester University Press.

Bode, I. (2014): Wohlfahrtsstaatlichkeit und Dritter Sektor im Wandel: Die Fragmentierung eines historischen Zivilisationsprojektes. In: Zimmer, A. und Simsa, R. (Hrsg.): Forschung zu Zivilgesellschaft, NPOs und Engagement. Quo vadis?. Wiesbaden: Springer VS, S. 81-96.

Boeßenecker, K.-H. und Vilain, M. (2013): Spitzenverbände der Freien Wohlfahrtspflege, Weinheim: Beltz-Verlag.

Esping-Andersen, G. (1990): The Three Worlds of Welfare Capitalism. Princeton: Princeton University Press.

Krimmer, H. und Priemer, J. (2012): Zivis Survey. Berlin: Stifterverband für die Deutsche Wissenschaft 2012. URL: http://my.page2flip.de/1289164/1331587/1331588/#/36.

Lewis, J. (1992): Gender and the Development of Welfare Regimes. In: Journal of European Social Policy 2, S. 159-173.

Lewis, J. (2002): Gender and the Welfare State Change. In: European Societies 4 (4), S. 331-357.

Lewis, J. (2006): Men, women, work, care and policies. Review article. In: Journal of European Social Policy 16 (4), S. 387-392.

Pfau-Effinger, B. (2004): Socio-historical paths of the male breadwinner model – An explanation of cross-national differences. In: The British Journal of Sociology 55 (3), S. 377-399.

Priller, E. (2014): Von der Jobmaschine Dritter Sektor zum Billiglohnsektor?. In: Zimmer, A. und Simsa, R. (Hrsg.): Forschung zu Zivilgesellschaft, NPOs und Engagement. Quo vadis?. Wiesbaden: Springer VS, S. 97-114.

Priller, E. et al. (2012): Dritte-Sektor-Organisationen heute: Eigene Ansprüche und ökonomische Herausforderungen. Ergebnisse einer Organisationsbefragung. Discussion Paper SP IV 2012, Berlin: WZB, www. wzb.eu/org 2011.

Priller, E. und Paul, F. (2015): Gute Arbeit in atypischen Beschäftigungsverhältnissen? Eine Analyse der Arbeitsbedingungen von Frauen in gemeinnützigen Organisationen unter Berücksichtigung ihrer Beschäftigungsformen und Lebenslagen. Berlin: Hans Böckler Stiftung.

Priller, E. und Schmeißer, C. (2013): Die Beschäftigungssituation in Dritte-Sektor-Organisationen. Das Sozialwesen im Vergleich. In: Sozialer Fortschritt 8-9/213, S. 227-234.

Sachße, C. (1995): Verein, Verband und Wohlfahrtsstaat. Entstehung und Entwicklung der dualen Wohlfahrtspflege. In: Rauschenbach, T. et al. (Hg.): Von der Wertgemeinschaft zum Dienstleistungsunternehmen. Frankfurt: Suhrkamp Taschenbuch, S. 123-149.
Sachße, C. (1996): Public and Private in German Social Welfare. In: Katz, M.B. und Sachße, C. (Hrsg.): The Mixed Economy of Welfare. Public/private Relations in England, Germany and the United States, the 1870´s to the 1930´s. Baden-Baden: Nomos, S.148-169.
Sachße, C. (2004): Mütterlichkeit als Beruf. Weinheim: Beltz-Verlag.
Schimank, U. (2010): Die funktional ausdifferenzierte kapitalistische Gesellschaft als Organisationsgesellschaft – eine theoretische Skizze. In: Endreß, M. und Mytys, T. (Hrsg.): Die Ökonomie der Organisation – die Organisation der Ökonomie. Wiesbaden: VS Verlag, S. 33-61.
Schmid, J. und Mansour, J.I. (2007): Wohlfahrtsverbände. Interesse und Dienstleistung. In: von Winter, T. und Willems, U. (Hrsg.): Interessenverbände in Deutschland. Wiesbaden: VS Verlag, S. 244-270.
Strünck, C. (2010): Contested Solidarity? Emerging Marketes for Social Services in Germany and the Changing Role of Third Sector Organizations. In: Evers, A. und Zimmer, A. (Hrsg.): Third Sector Organizations Facing Turbulent Environments: Sports, Culture and Social Services in Five European Countries. Baden-Baden: Nomos, S. 55-69.
Zimmer, A. (2001): Corporatism revisited. The legacy of history and the German nonprofit sector. In: Anheier, H.K.; Kendall, J. (Hrsg.): Third sector policy at the crossroads. An international nonprofit analysis. London/New York: Routledge, S. 114-125.
Zimmer, A. (2010): Third Sector-Government Partnerships. In: Taylor, R. (Hrsg.): Third Sector Research. New York: Springer, S. 201-218.
Zimmer, A. (2014): Ökonomisierung und die Folgen für NPOs. In: Zimmer, A. und Simsa, R. (Hrsg.): Forschung zu Zivilgesellschaft, NPOs und Engagement. Quo vadis?. Wiesbaden: Springer VS, S. 163-180.
Zimmer, A., Appel, A., Dittrich, C., Lange, C., Sitterman, B., Stallmann, F. und Kendall, J. (2009): Chapter 2 Germany: On the social policy centrality of the Free Welfare Associations. In: Kendall, J. (Hrsg.): Handbook on Third Sector Policy in Europe: Multi-Level Processes and Organised Civil Society, Aldershot: Edward Elgar, S. 21-42.
Zimmer, A. und Priller, E. (2007): Gemeinnützige Organisationen im gesellschaftlichen Wandel, 2. Aufl. Wiesbaden: VS-Verlag.
Zimmer, A., Priller, E. und Anheier, H. (2007): Der Nonprofit-Sektor in Deutschland. In: Simsa, R., Meyer, M. und Badelt, C. (Hrsg.): Handbuch der Nonprofit-Organisation. Stuttgart: Schäffer-Poeschel, S. 15-36.

Fluktuation von Pflegepersonal in Krankenanstalten

Marion Rauner, Michaela Schaffhauser-Linzatti, Sophie-Marie Kaufmann und Sabine Blaschke

1 Einleitung

Aufgrund der demographischen Entwicklung und Überalterung der Gesellschaft rückt das Pflegepersonal von Krankenanstalten immer mehr in den Mittelpunkt personalwirtschaftlicher Entscheidungen in Hinblick auf Rekrutierung, Weiterbildung, Bindung und gegebenenfalls Entlassungen. Die hohe Fluktuation von Beschäftigten im Pflegebereich signalisiert ein Scheitern, dieses Personal in der eigenen Organisation halten zu können. Die wissenschaftliche Forschung über Fluktuationsdeterminanten identifiziert Faktoren auf der Ebene des jeweiligen Individuums, der Krankenanstalt und des Arbeitsmarkts (siehe beispielsweise Huf 2012). Empirische Analysen beziehen sich überwiegend auf die USA und verfügen über eine breite Datenbasis, wobei ihre Ergebnisse allerdings aufgrund der unterschiedlichen Rahmenbedingungen nur bedingt auf europäische Verhältnisse umgelegt werden können. Für Deutschland ist die Datenlage insgesamt wenig zufriedenstellend (Bundesministerium für Familie, Senioren, Frauen und Jugend 2006), es gibt lediglich eine umfassendere Studie zum vorzeitigen Berufsausstieg von Pflegepersonen (Hasselhorn et al. 2005; Borchart et al. 2011). Diese dokumentiert durch den Wunsch jeder fünften Pflegekraft nach einem Arbeitsplatzwechsel eine große Unzufriedenheit mit den Arbeitsbedingungen innerhalb der Krankenanstalten.

In Österreich besteht im Gegensatz zu Deutschland keine gesetzliche Registrierungspflicht von diplomierten Pflegepersonen (Riess et al. 2007). Da auch die einzelnen Krankenanstalten nicht umfangreich dokumentieren, sind Ausmaß, Ursachen und Auswirkungen von Personalwechsel nur punktuell erfasst (Winkler et al. 2006). Die vorliegende Studie versucht diese Lücke zu schließen. Nach einem umfassenden Literaturüberblick über internationale Studien zu den Ursachen der Fluktuation von Pflegekräften konzentriert sich die anschließende empirische Analyse auf die Fluktuation von Pflegepersonal anhand eines Fallbeispiels in einer ausgewählten österreichischen Krankenanstalt.

Die Studie ist wie folgt aufgebaut: Kapitel 2 bereitet die theoretischen Grundlagen für die Fallstudie auf. In Kapitel 3 werden grundlegende deskriptive Daten der untersuchten Krankenanstalt vorgestellt; Kapitel 4 fasst die wesentlichen Ergebnisse zusammen und überprüft diese mittels statistischer Testverfahren auf ihre Aussagekraft. Kapitel 5 schließt mit den Kernaussagen der Untersuchung und Empfehlungen für künftige Vorgehensweisen.

2 Determinanten der Personalfluktuation

In der Literatur werden fluktuationsbedingende Einflussfaktoren aus unterschiedlichen Perspektiven, beispielsweise juristisch oder organisatorisch, betrachtet (Bröckermann 2012). Die folgende Metastudie über internationale Forschungsergebnisse in Tabelle 1 referenziert auf die Gliederung von Huf (2012):
1. mitarbeiterbezogene
2. unternehmensbezogene und
3. arbeitsmarktbezogene Determinanten der Personalfluktuation.

Tabelle 1: Literaturüberblick über Determinanten der Personalfluktuation

Mitarbeiterbezogene Faktoren	Unternehmensbezogene Faktoren	Arbeitsmarktbezogene Faktoren
Geschlecht (z.B. Gilmartin 2013; Cottingham et al. 2013)	*Unternehmensgröße* (z.B. Tai et al. 1998)	*Wirtschaftslage* (z.B. Krill 2011; Lambert et al. 2001)
Alter (z.B. Currie et al. 2012; Daouk-Öyry et al. 2014)	*Unternehmenskultur* (z.B. Daouk-Öyry et al. 2014; Takase et al. 2009)	*Attraktivität Pflegeberuf* (z.B. Huf 2012)
Ausbildungsstand (z.B. Lu et al. 2002)	*Beschäftigungsverhältnis* (z.B. Neumann et al. 2008)	*Arbeitslosenquote* (z.B. Krill 2011)
Familienstand (z.B. Gilmartin 2013)	*Arbeitsumfeld* (z.B. Borchart et al. 2011)	*Wirtschaftslage* (z.B. Krill 2011; Lambert et al. 2001)
Familiäres Umfeld (Krankheit: Josephson et al. 2008; Umzug: Le Vasseur et al. 2010)	*Arbeitsanforderung* (u.a. Stress: Braun et al. 2005; Arbeitsbelastung: Sellgren et al. 2009; Unterstützung am Arbeitsplatz: O'Brien-Pallas et al. 2006; Arbeitszufriedenheit: De Gieter et al. 2011)	
Soziales Umfeld (z.B. Huf 2012)	*Monetäre Belohnung* (z.B. Coomber et al. 2006; Li et al. 2011; Rambur et al. 2003)	
Kinder (z.B. Jamieson et al. 2009; Sherring et al. 2009)	*Nicht-monetäre Belohnung* (z.B. Chiu et al. 2009; Rhéaume et al. 2011)	
Wunsch nach Familiengründung (z.B. Huf 2012)	*Karriereperspektiven* (z.B. Huf 2012)	

Quelle: Kaufmann (2014)

2.1 Mitarbeiterbezogene Determinanten

Mitarbeiterbezogene Determinanten beziehen sich auf die persönlichen Eigenschaften und das außerberufliche Lebensumfeld von Beschäftigten. Die Ergebnisse der internationalen Studien zeigen meist einen signifikanten, negativen Zusammenhang zwischen Alter und Fluktuationsneigung, wobei das Alter nicht isoliert gesehen werden darf. Es wurde festgestellt, dass Pflegekräfte bis zu ihrem 25. Lebensjahr innerhalb ihres ersten Anstellungsjahres am häufigsten die Krankenanstalt verlassen. Der Wunsch nach einem Wechsel resultiert meist aufgrund von Überforderung des Pflegepersonals kurz nach Ende ihrer Ausbildung. Die Arbeitszufriedenheit des jüngeren Pflegepersonals ist generell geringer als des älteren Pflegepersonals (Currie et al. 2012; Neumann et al. 2008; Tai et al. 1998; Cottingham et al. 2013; Rhéaume et al. 2011; Jamieson et al. 2009). Bezieht man die Variablen Familienstand und Kinder ein, weisen Unverheiratete eine höhere Fluktuation auf (Lu et al. 2002; Tai et al. 1998). Je jünger die Kinder sind, desto eher wird der Arbeitsplatz verändert (BMASK 2012; Daouk-Öyry et al. 2014). Zum Zusammenhang zwischen Ausbildungsstand und Arbeitsplatzwechsel erlauben die vorhandenen Studien keine einheitlichen Aussagen, ebenso in Bezug auf Geschlecht (Coomber et al. 2006; Daouk-Öyry et al. 2014; Le Vasseur et al. 2010).

2.2 Unternehmensbezogene Determinanten

Die unternehmensspezifischen Determinanten liegen im Zuständigkeitsbereich des Unternehmens und sind ein wesentlicher Aufgabenbereich des Personalmanagements. Hauptsächliche Ursache für einen Jobwechsel ist die Arbeitsbelastung (Chen et al. 2008; Sellgren et al. 2009; Coomber et al 2006; Sherring et al. 2009; Borchart et al. 2011), die sich in großem Zeitdruck sowie einer hohen physischen und psychischen Belastung manifestiert (Braun et al. 2005). Stress beeinflusst ebenso wie die Leitung einer Abteilung stark die Arbeitszufriedenheit, welche eine signifikante negative Korrelation mit der Fluktuation aufweist (Currie et al. 2012; Lu et al. 2002; De Gieter et al. 2011; Coomber et al. 2006; O'Brien-Pallas 2006). Wie Unterstützung am Arbeitsplatz empfunden und gelebt wird, korreliert mit Alter, Persönlichkeitstyp und Lebensphase. Aufgrund ihrer Komplexität kann sie daher nicht direkt als Erklärungsvariable für Fluktuation herangezogen werden (Currie et al. 2012).

Möchte man Pflegepersonal in der Krankenanstalt halten, sollte auf jeden Fall Wertschätzung im Sinne von monetärer und nicht-monetärer Belohnung berücksichtigt werden. Nicht-monetäre Belohnung wie beispielsweise die Übertragung von Verantwortung stellt einen entscheidenden Bleibegrund dar (Rhéaume et al. 2011). Korrelierend mit persönlichen Faktoren wie familiäres Umfeld oder Geschlecht tragen hingegen zu geringe monetäre Belohnungen, ausgedrückt beispielsweise durch Grundgehalt, Gehaltssteigerung oder Bonuszahlungen, wesentlich zu Frustration und somit zu erhöhtem Wunsch nach Arbeitsplatzwechsel bei (Coomber et al. 2006; Li et al. 2011; Gilmartin 2013; Rhéaume et al. 2011). Für alle anderen unternehmensbezogenen Faktoren der Untersuchung, vor allem bezüglich Unternehmensgröße, Unternehmenskultur, Beschäftigungsverhältnis und Karriereperspektiven, werden in den internationalen Studien keine eindeutigen Aussagen hinsichtlich ihrer Einflussnahme auf Personalfluktuation getroffen.

2.3 Arbeitsmarktbezogene Faktoren

Arbeitsmarktbezogene Faktoren können weder von den Pflegekräften noch von den Krankenanstalten beeinflusst werden. Klar kann nachgewiesen werden, dass oftmals eine geringe Arbeitslosenquote und somit eine gute Wirtschaftslage zu einer hohen Personalfluktuation beitragen, da für unzufriedenes Pflegepersonal ausreichend attraktivere Arbeitsplätze zur Verfügung stehen (Lambert et al. 2001; Krill 2011; Takase 2009).

Die Forschungsergebnisse aus den internationalen Studien zeigen eindeutig, dass alle Faktoren simultan und nicht isoliert betrachtet werden sollten, um Ursachen für eine hohe Fluktuation von Pflegekräften zu erklären. Neben Persönlichkeitsfaktoren wie Arbeitserfahrung und Familienstand wurden die Unabdingbarkeit einer guten Abteilungsführung, die auf Reduktion von Stress und Arbeitsbelastung fokussiert, Belohnungssysteme mit Schwerpunkt auf nicht-monetärer Anerkennung und Verantwortungsübertragung sowie der Arbeitsmarkt als signifikante Determinanten identifiziert, die vom Personalmanagement einer Krankenanstalt jedenfalls zu berücksichtigen sind.

3 Empirische Fallstudie

Um die internationalen Ergebnisse zur Fluktuation von Pflegepersonal für österreichische Krankenanstalten zu verifizieren, wurde mangels einer bundesweiten Datenbasis eine Krankenanstalt identifiziert, um in enger Zusammenarbeit mit ihrer Pflegeführung eine empirische Fallstudie durchzuführen. Diese Krankenanstalt wurde aufgrund ihrer hohen Fluktuationsrate von durchschnittlich 10% im Beobachtungszeitraum (8% ohne Pensionierungen) als Untersuchungsgegenstand ausgewählt. Während die Zahl der vorzeitigen Austritte stark zwischen den Jahren variierte, blieb die Anzahl der Pensionierungen weitgehend konstant. Die Fluktuation wurde mittels *BDA*-Formel der *B*undesvereinigung der *D*eutschen *A*rbeitgeberverbände ermittelt und errechnet sich als Prozentsatz der Abgänge am durchschnittlichen Personalbestand (Schulte 2011). Aus Datenschutzgründen dürfen die Krankenanstalt, ihre Personalstruktur sowie Details, die zur Identifizierung führen könnten, nicht genannt werden, sind aber der Redaktion gekannt. Die acht für die Analyse näher herangezogenen medizinischen Stationen inklusive Ambulanzen werden im Folgenden mit Station 1 bis Station 8 bezeichnet.

Die empirische Fallstudie basiert auf einer Sekundärdatenanalyse im Zeitraum von 2011 bis 2013. Weiter zurückliegende Jahre konnten aufgrund fehlender Daten und eines Wechsels im Personalmanagement nicht berücksichtigt werden. Es wurden alle schriftlich dokumentierten Informationen einbezogen, wobei nur Grobdaten wie beispielsweise Alter, Austrittsgrund, Abteilung, Dauer der Beschäftigung oder Kinderanzahl zur Verfügung standen. Daher wurden zusätzlich persönliche Interviews mit der Pflegeleitung durchgeführt. Wenn ausreichende quantitative Informationen vorlagen, wurden die Ergebnisse mittels Chi-Quadrat-Test, Kruskal-Wallis-Test oder Median-Test auf ihre Signifikanz überprüft. Die Deskription der allgemeinen Strukturmerkmale des Pflegepersonals zeigt zwischen 2011 und 2013 für das gesamte Krankenhaus 66 Austritte, davon 97% Frauen und 52% kinderlos. 46% aller Austritte betraf Pflegepersonal zwischen 17 und 35 Jahren, 33% zwischen 36 und 55 Jahren und 21% ab 55 Jahren (Pensionierungen). Am häufigsten trat Pflegepersonal mit österreichischer Staatsbürgerschaft aus (77%), gefolgt von deutschen (12%) und ungarischen (6%) Staatsangehörigen. 79% der Pflegekräfte waren Vollzeitarbeitskräfte. Aus den acht näher analysierten medizinischen Stationen inklusive Ambulanzen traten im genannten Zeitraum 50 Personen aus.

Abbildung 2 zeigt für den Beobachtungszeitraum die Austrittsgründe aller 66 Mitglieder des Pflegepersonals, die das Krankenhaus verließen. Es überwiegen Pensionierungen, berufliche Veränderungswünsche innerhalb der Pflege, Kündigungen und Umzüge. Alle weiteren erfassten Motive wie Krankheit, Kinderwunsch oder Arbeitsumfeld traten in ihrer Bedeutung dahinter zurück.

Abbildung 1: Austrittsgründe

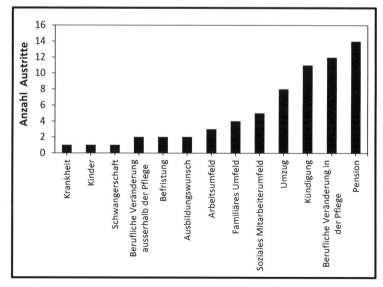

Quelle: Kaufmann (2014)

4 Ergebnisse

Im Zeitraum 2011 bis 2013 werden die Austritte von 50 Personen in acht medizinischen Stationen inklusive Ambulanzen (Stationen 1-8) in einer anonymisierten Krankenanstalt näher analysiert. Dieses Kapitel präsentiert exemplarisch drei Fragestellungen bezüglich Austrittsursachen und deren Ergebnisse.

In der ersten Fragestellung wird auf den Unterschied bei der Fluktuationsrate zwischen den acht medizinischen Stationen und zwischen den Jahren 2011 bis 2013 eingegangen. Wie aus Tabelle 2 ersichtlich, hatten diese Stationen zwischen 14 und 25 Personen als Pflegepersonalstand. Die Anzahl der Austritte variierte zwischen 0 und 6 Personen pro Jahr; die maximale Fluktuationsrate betrug 33% in der Station 7 im Jahr 2011. Der Chi-Quadrat Test nach Pearson ergab, dass es einzig für das Jahr 2011 signifikante Unterschiede ($p = 0,011$) bei der Anzahl der Austritte zwischen den acht Stationen gab. Bei Station 8 konnte ein signifikanter Unterschied in der Fluktuationsrate zwischen den Jahren festgestellt werden ($p = 0,017$), wobei dieser Trend bei Station 7 knapp nicht erzielt wurde ($p = 0,085$).

Tabelle 2: Austritte und Fluktuationsrate in den acht Stationen in den Jahren 2011-2013

Station	Personalstand			Anzahl der Austritte			Fluktuationsrate (%)		
	2011	2012	2013	2011	2012	2013	2011	2012	2013
Nr. 1	25	26	23	2	3	3	8,00	11,54	3,04
Nr. 2	17	14	17	0	2	2	0,00	14,29	1,76
Nr. 3	22	23	20	2	3	4	9,09	13,04	0,00
Nr. 4	21	21	23	1	2	1	4,76	9,52	4,35
Nr. 5	23	20	21	0	2	1	0,00	10,00	4,76
Nr. 6	21	15	18	2	4	1	9,52	26,67	5,56
Nr. 7	18	19	20	6	4	1	33,33	21,05	5,00
Nr. 8	19	19	17	4	0	0	21,05	0,00	0,00
			Summe	17	20	13			

Quelle: Erweiterte Auswertungen basierend auf Kaufmann (2014)

Die zweite Fragestellung betrachtet den Unterschied bei der Beschäftigungsdauer (gemessen in Jahren) des ausgetretenen Pflegepersonals zwischen den acht Stationen (Tabelle 3). Obwohl der Mittelwert der Anstellungsdauer zwischen 0,24 Jahren und 8,24 Jahren schwankte, konnte nur mit dem aufgrund der Datenqualität weniger angemessenen (Pett 1997) Kruskal-Wallis-Test ($p = 0,050$) ein signifikanter Unterschied zwischen den Stationen nachgewiesen werden, jedoch nicht mit dem Median-Test ($p = 0,216$), wobei die mangelnde Signifikanz auch mit der geringen Fallzahl in Zusammenhang stehen kann.

Tabelle 3: Anstellungsdauer der ausgeschiedenen Pflegekräfte in den acht Stationen

Station	Personenanzahl nach Beschäftigungsdauergruppen					Mittelwert Anstellungsdauer in Jahren
	0 bis <5 Jahre	≥ 5 bis < 10 Jahre	≥ 10 bis <15 Jahre	≥ 15 Jahre	Summe	
Nr. 1	5	1	1	1	8	5,75
Nr. 2	4	0	0	0	4	0,24
Nr. 3	6	1	1	1	9	5,67
Nr. 4	3	1	0	0	4	1,70
Nr. 5	1	0	2	0	3	8,24
Nr. 6	5	2	0	0	7	2,38
Nr. 7	6	3	1	1	11	5,98
Nr. 8	4	0	0	0	4	2,76
Summe	34	8	5	3	50	

Quelle: Erweiterte Auswertungen basierend auf Kaufmann (2014)

Bei der dritten Fragestellung wird der Unterschied bei der Kinderanzahl des ausgetretenen Pflegepersonals zwischen den acht medizinischen Stationen untersucht. Tabelle 4 zeigt, dass die minimale Kinderanzahl 0,29 in Station 6 betrug, während Station 1 die maximale Kinderanzahl von 1,38 erzielte.

Tabelle 4: Kinderanzahl der ausgeschiedenen Pflegekräfte in den acht Stationen

Station	Personenanzahl nach Kinder ja/nein			Mittelwert Kinderanzahl
	Keine Kinder	Kinder	Summe	
Nr. 1	3	5	8	1,38
Nr. 2	1	3	4	1,25
Nr. 3	7	2	9	0,44
Nr. 4	3	1	4	0,75
Nr. 5	1	2	3	1,00
Nr. 6	6	1	7	0,29
Nr. 7	5	6	11	0,91
Nr. 8	3	1	4	0,50
Summe	29	21	50	

Quelle: Erweiterte Auswertungen basierend auf Kaufmann (2014)

Weder Kruskal-Wallis-Test ($p = 0{,}394$) noch Median-Test ($p = 0{,}237$) zeigen signifikante Unterschiede bezüglich der Kinderanzahl der ausgeschiedenen Pflegekräfte zwischen den Stationen. Ein Vergleich von Stationspaaren mittels Fisher's-exact-Test mit der dichotomisierten Variablen (keine Kinder versus Kinder) lieferte ebenso keine signifikanten Ergebnisse. Auch konnten keine eindeutigen Trends beim Zusammenhang von Kinderanzahl und Anstellungsdauer der ausgeschiedenen Pflegekräfte zwischen den acht Stationen erkannt werden.

Eine höhere Kinderanzahl spricht somit weder für eine lange noch kurze Anstellungsdauer in einer Station.

5 Schlussbetrachtung und Ausblick

Ein hoher Wechsel des Pflegepersonals stellt Krankenanstalten aus Sicht des Personalmanagements, aber auch der Qualitätssicherung in der Pflege vor große Herausforderungen. Folglich bedarf es einer genauen Analyse der Fluktuationsdeterminanten, um den Entscheidungsträgern Informationen und Instrumente für Personalauswahl und -motivation zur Verfügung zu stellen. Die vorliegende Studie hat anhand eines ausführlichen Literaturüberblicks und anhand der empirischen Analyse einer Referenzanstalt wesentliche Fluktuationsgründe identifiziert, die das Personalmanagement unterstützen.

Die organisationsbezogenen Ergebnisse haben gezeigt, dass vorwiegend junge Mitarbeiterinnen in Vollzeitanstellung nach kurzer Beschäftigungsdauer die Krankenanstalt verlassen. Einzelne Stationen weisen einen signifikant höheren Personalwechsel auf, was einen strukturellen, abteilungsspezifischen Hintergrund vermuten lässt und die Krankenanstalt fordert, vermehrt in diesen Stationen eine attraktivere Arbeitsplatzgestaltung zur Verringerung der Fluktuation einzuführen.

Mitarbeiterbezogene Gründe für ein Verlassen der Krankenanstalt sind neben Pensionierungen überwiegend der Wunsch nach beruflicher Veränderung (vor allem innerhalb des Pflegebereichs) sowie ein Wohnortwechsel. Neben Aspekten einer zu verbessernden Personalauswahl sind regionale Spezifika hinsichtlich künftiger Umzüge zu berücksichtigen.

Die empirischen Ergebnisse dieser Krankenanstalt entsprechen überwiegend den Erkenntnissen aus der Literatur und den subjektiven Erfahrungen des Personalmanagements. Für künftige Forschungsvorhaben sollte jedenfalls die Anzahl der untersuchten Krankenanstalten erweitert werden, um individuelle Aspekte wie beispielsweise Anstaltsgröße und Spezialisierungsgrade herausarbeiten zu können. Darüber hinaus muss in den Krankenanstalten eine valide und umfangreiche Datenbasis geschaffen werden, um überhaupt Determinanten für einen Wechsel identifizieren und folglich gegensteuern zu können.

6 Literatur

Borchart, D., Galatsch, M., Dichter, M., Schmidt, S.G. und Hasselhorn, H.M. (2011): Warum Pflegende ihre Einrichtung verlassen – Gründe von Pflegenden ihre Einrichtung zu verlassen – Ergebnisse der Europäischen NEXT-Studie. URL: http://www.next.uni-wuppertal.de/index.php-?artikel-und-berichte-1 (Zugriff am 08.04.2014).

Braun, B. und Müller, R. (2005): Arbeitsbelastung und Berufsausstieg bei Krankenschwestern. In: Pflege & Gesellschaft 10 (3), S. 131-141.

Bröckermann, R. (2012): Personalwirtschaft: Lehr- und Übungsbuch für Human Resource Management, 6.Aufl., Stuttgart: Schäffer-Poeschel.

Bundesministerium für Arbeit, Soziales und Konsumentenschutz (BMASK) (2014): Image des Pflegeberufes weiter verbessern. Stand: 23.08.2012. URL: http://www.sozialministerium.at/site/-Startseite/ News/Hundstorfer_Image_des_Pflegeberufes_weiter_verbessern. (Zugriff am: 30. Juli 2014).

Bundesministerium für Familie, Senioren, Frauen und Jugend (2006): Erster Bericht über die Situation der Heime und die Betreuung der Bewohnerinnen und Bewohner, Abschnitt Arbeitsbedingungen des Personals, Personalfluktuation. URL: http://www.bmfsfj.de/doku/Publikationen/-heimbericht/3/3-4-Personelle-situation-der-heime/3-4-2-arbeitsbedingungen-des-personals-personalfluktuation,seite%3D2.html (Zugriff am: 01.04.2014).

Chen, H.-C., Chu, C.-I., Wang, Y.-H. und Lin, L.-C. (2008): Turnover factors revisited: A longitudinal study of Taiwan-based staff nurses. In: International Journal of Nursing Studies 45 (2), S. 277-285.

Chiu, Y.-L., Chung, R.-G., Wu, C.-S. und Ho, C.-H. (2009): The effects of job demands, control, and social support on hospital clinical nurses' intention to turn over. In: Applied Nursing Research 22 (4), S. 258-263.

Coomber, B. und Louise Barriball, K. (2006): Impact of job satisfaction components on intent to leave and turnover for hospital-based nurses: A review of the research literature. In: International Journal of Nursing Studies 44 (2), S. 297-314.

Cottingham, M., Erickson, R., Diefendorff, J. und Bromley, G. (2013): The Effect of Manager Exclusion on Nurse Turnover Intention and Care Quality. In: Western Journal of Nursing Research 35 (8), S. 970-985.

Currie, E. und Carr Hill, R. (2012): What are the reasons for high turnover in nursing? A discussion of presumed causal factors and remedies. In: International Journal of Nursing Studies 49 (9), S. 1180-1189.

Daouk-Öyry, L., Anouze, A.-L., Otaki, F., Dumit, N. und Osman, I. (2014): The JOINT model of nurse absenteeism and turnover: A systematic review. In: International Journal of Nursing Studies 51 (1), S. 93-110.

De Gieter, S., Hofmans, J. und Pepermans, R. (2011): Revisiting the impact of job satisfaction and organizational commitment on nurse turnover intention: An individual differences analysis. In: International Journal of Nursing Studies 48 (12), S. 1562-1569.

Gilmartin, M. (2013): Thirty Years of Nursing Turnover Research: Looking Back to Move Forward. In: Medical Care Research and Review 70 (1), S. 3-28.

Hasselhorn, H.M., Tackenberg, P. und Müller, B.H. (2005): Warum will Pflegepersonal in Europa die Pflege verlassen? Übersetzung aus: Working conditions and intent to leave the profession among nursing staff in Europe. NIWL. Stockholm. In: Hasselhorn, H.-M., Müller, B.H., Tackenberg, P., Kümmerling, A. und Simon, M.: Berufsanstieg bei Pflegepersonal, Schriftenreihe der Bundesanstalt für Arbeitsschutz und Arbeitsmedizin. Dortmund, Berlin, Dresden. S. 124-134.

Huf, S. (2012): State of the Art: Fluktuation und Retention – Mitarbeiter im Unternehmen halten. In: Personalquartely 64 (4), S. 46-49.

Jamieson, I. und Taua, C. (2009): Leaving from and returning to nursing practice: Contributing factors. Nursing Praxis in New Zealand. In: Journal of Professional Nursing 25 (2), S. 15-27.

Josephson, M., Lindberg, P., Voss, M., Alfredsson, L. und Vingård, E. (2008): The same factors influence job turnover and long spells of sick leave – a 3-year follow-up of Swedish nurses. In: The European Journal of Public Health 18 (4), S. 380-385.

Kaufmann, S.-M. (2014): Ökonomische Analyse der Personalfluktuation in der Pflege in XXX (aus datenschutzrechtlichen Gründen anonymisiert). Masterarbeit, Universität Wien.

Krill, M. (2011): Mitarbeiterbindung als Umkehrung von Fluktuation: Implikationen der Fluktuationsdeterminantenforschung. In: Zeitschrift für Management 6 (4), S. 401-425.

Lambert, E.G., Hogan, N.L. und Barton, S.M. (2001): The impact of job satisfaction on turnover intent: A test of a structural measurement model using a national sample of workers. In: The Social Science Journal 38 (2), S. 233-250.

Le Vasseur, S., Wang, C., Mathews, B. und Boland, M. (2010): Generational Differences in Registered Nurse Turnover. In: Policy, Politics & Nursing Practice 10 (3), S. 212-223.

Li, J., Galatsch, M., Siegrist, J., Müller, B. und Hasselhorn, H. (2011): Reward frustration at work and intention to leave the nursing profession – Prospective results from the European longitudinal NEXT study. In: International Journal of Nursing Studies 48 (5), S. 628-635.

Lu, K.-Y., Lin, P.-L., Wu, C.-M., Hsieh, Y.-L. und Chang, Y.-Y. (2002): The relationships among turnover intentions, professional commitment, and job satisfaction of hospital nurses. In: Journal of Professional Nursing 18 (4), S. 214-219.

Neumann, P. und Klewer, J. (2008): Pflegepersonalfluktuation und Mitarbeiterorientierung in der Pflege. In: Heilberufe 60 (1), S. 13-17.

O'Brien-Pallas, L., Griffin, P., Shamian, J., Buchan, J., Duffield, C., Hughes, F., Laschinger, H., North, N. und Stone, P. (2006): The Impact of Nurse Turnover on Patient, Nurse, and System Outcomes: A Pilot Study and Focus for a Multicenter International Study. In: Policy, Politics & Nursing Practice 7 (3), S. 169-179.

Pett, M.A. (1997): Nonparametric Statistics in Health Care Research: Statistics for Small Samples and Unusual Distributions. London, Thousand Oaks, New Delhi: Sage.

Rambur, B., Palumbo, M., Melntash, B. und Mangeon, J. (2003): A statewide analysis of RN's decision to leave their position. In: Nursing Outlook 51 (4), S. 182-188.

Rhéaume, A., Clément, L. und LeBel, N. (2011): Understanding intention to leave amongst new graduate Canadian nurses: A repeated cross sectional survey. In: International Journal of Nursing Studies 48 (4), S. 490-500.

Riess, G., Rottenhofer, I., Winkler, P. (2007), Österreichischer Pflegebericht 2007. http://www.goeg.at/cxdata/media/download/berichte/Oesterreichischer_Pflegebericht_2007.pdf (Zugriff am 13.03.2014).

Schulte, C. (2011): Personal-Controlling mit Kennzahlen, 3. Aufl., München: Vahlen.

Sellgren, S., Kajermo, K., Ekvall, G. und Tomson, G. (2009): Nursing staff turnover at a Swedish university hospital: An exploratory study. In: Journal of Clinical Nursing 18 (22), S. 3181-3189.

Sherring, S. und Knight, D. (2009): An exploration of burnout among city mental health nurses. In: British Journal of Nursing 18 (20), S. 1234-1240.

Tai, T.W.C., Bame, S.I. und Robinson, C.D. (1998): Review of nursing turnover research, 1977-1996. In: Social Science & Medicine 47 (12), S. 1905-1924.

Takase, M., Oba, K., Yamashita, N.: Generational differences in factors influencing job turnover among Japanese nurses: An exploratory comparative design. In: International Journal of Nursing Studies 46(7), 2009, S. 957-967.

Winkler, P., Rottenhofer, I. und Pochobradsky, R.G. (2006): Pflegebericht: Endbericht Mai/2006. http://www.goeg.at/cxdata/media/download/berichte/Pflegebericht_Publikation.pdf (Zugriff am: 12.03.2014).

Entgeltdiskriminierung auf Führungsebene – Empirische Befunde zum Gender Pay Gap in Nonprofit-Organisationen

Berit Sandberg

1 Problemstellung

Ziemlich genau vier Wochen vor dem 12. NPO-Forschungscolloquium, am 19. März 2016, war Equal Pay Day. Er symbolisiert den geschlechtsspezifischen Entgeltunterschied, der in Deutschland nach Berechnungen des Statistischen Bundesamtes bei 21,6% liegt.[1]

Der Verdienstunterschied zwischen Frauen und Männern wird durch den Strukturindikator Gender Pay Gap abgebildet. Bei der Analyse der Entgeltlücke zwischen Frauen und Männern sind zwei Sachverhalte zu unterscheiden. Der eine ist eine Einkommensdifferenzierung auf Grund von Unterschieden in personen- oder organisationsbezogenen Merkmalen, wie z.B. Bildungsniveau, Berufserfahrung, Beschäftigungsform, Tätigkeitsprofil oder Branche. Der andere ist die Einkommensdiskriminierung auf Grund des Geschlechts (Allinger 2003; BMFSFJ 2009, S. 7).

Dementsprechend gibt es zwei Varianten des Gender Pay Gap: zum einen den unbereinigten Indikator als einfache Verdienstlücke und zum anderen den Gender Pay Gap als bereinigte Verdienstlücke, die sich aus dem Vergleich der Verdienste von Frauen und Männern mit denselben individuellen Merkmalen ergibt. Der bereinigte Gender Pay Gap bildet also die geschlechtsspezifische Entgeltdiskriminierung ab, die verbleibt, wenn andere potenzielle Einflussfaktoren eliminiert werden (BMFSFJ 2009, S. 6 f.).

Der Gender Pay Gap ist allerdings nicht einheitlich definiert. Unabhängig von der Unterscheidung in bereinigte und unbereinigte Lohnlücke finden sich unterschiedliche Ansätze zur Operationalisierung des Einkommensabstands. In der amtlichen Statistik, die in den EU-Mitgliedsstaaten auf der vierjährlichen Verdienststrukturerhebung basiert, wird der Indikator als Unterschied zwischen dem durchschnittlichen Bruttostundenverdienst von Frauen in Prozent des Männerverdienstes berechnet (BMFSFJ 2009, S. 6; Statistisches Bundesamt o. J.). Die Definition der OECD geht dagegen nicht vom arithmetischen Mittel aus, sondern bezieht sich auf das Medianeinkommen (OECD 2015).[2]

---

[1] Der 19. März ist der 79ste Tag im Jahr (21,6 % von 365 Tagen). Der internationale Aktionstag wird in Deutschland von einem nationalen Bündnis ausgerichtet, das von der deutschen Sektion der Business and Professional Women (BPW) angeführt wird.

[2] Ein weiterer Unterschied in den Berechnungsmethoden besteht darin, dass das Statistische Bundesamt nur Personen berücksichtigt, die mindestens 15 Stunden pro Woche arbeiten. Die

Die Durchsetzung von Geschlechtergerechtigkeit lässt sich als soziale Aufgabe im Rahmen nachhaltiger gesellschaftlicher Entwicklung begreifen. Entgeltgleichheit ist einer von vielen Bausteinen im ebenso analytischen wie normativen Konzept der sozialen Nachhaltigkeit und steht im Kontext von angemessener Arbeit (Littig und Grießler 2005, S. 70-74). Auch wenn der Begriff der sozialen Nachhaltigkeit diffus und theoretisch bislang nicht hinreichend fundiert ist (Littig und Grießler 2005, S. 68), bringt das Konzept das Thema Einkommensgerechtigkeit auf die politische Agenda.

Die Bedeutung des Themas ist nicht zuletzt daran abzulesen, dass die Entgeltdiskriminierung regelmäßig Gegenstand der amtlichen Statistik und wissenschaftlicher Analysen ist. Eine Studie des Deutschen Institutes für Wirtschaftsforschung (DIW Berlin) kommt 2013 mit Daten aus dem Sozio-oekonomischen Panel (SOEP) auf eine unbereinigte geschlechtsspezifische Verdienstlücke unter Führungskräften von 29 %. Der Vergleichswert für Nicht-Führungskräfte beträgt 25 % (Busch und Holst 2013, S. 326).

Der Beitrag versucht die Frage zu beantworten, wie hoch geschlechtsspezifische Gehaltsunterschiede in Führungspositionen von Nonprofit-Organisationen sind. In Abschnitt 2 werden die verfügbaren Datenquellen vorgestellt. In Abschnitt 3 wird der unbereinigte Gender Pay Gap und in Abschnitt 4 der bereinigte Verdienstunterschied ermittelt.

2 Datengrundlage

Die Studie „Verbände und Organisationen 2015", die das Beratungsunternehmen Kienbaum Management Consultants GmbH in Kooperation mit der Deutschen Gesellschaft für Verbandsmanagement e.V. (DGVM) erstellte, enthält keine Daten zu Vergütungsunterschieden in gemeinnützigen Verbänden.[3] Daher kann die Untersuchung geschlechtsspezifischer Vergütungsunterschiede auf der Führungsebene von Nonprofit-Organisationen nur auf Daten aus Stiftungen zurückgreifen. Zur Analyse wird eine eigene Studie der Verfasserin von 2014 herangezogen, die Daten zur Vergütung von hauptamtlichen Mitgliedern von Stiftungsvorständen[4] und Geschäftsführungen aus dem Vorjahr erfasste.

Die Stiftungsstudie war nicht als repräsentative Studie angelegt, sondern beruht auf einer unvollständigen Vollerhebung über insgesamt 5.570 Datensätze aus der Datenbank des Maecenata Institut für Philanthropie und Zivilgesellschaft. Die Online-Umfrage brachte 2014 in zwei Erhebungswellen eine Rücklaufquote

---

Statistiken der OECD basieren auf einer Wochenarbeitszeit von mindestens 35 Stunden (BMFSFJ 2009, S. 6; OECD 2015).

[3] Die Verfasserin dankt der Kienbaum Management Consultants GmbH und namentlich Frau Dr. Julia Zmítko, Leiterin Data-Management, für die Sonderauswertung des Datensatzes zur Vergütung in gemeinnützigen Verbänden.

[4] Im Rahmen der Studie wurde der Begriff Vorstand als der gesetzliche Vertreter i. S. des § 81 Abs. 1 Nr. 5 i. V. m. §§ 26, 86 BGB definiert.

von insgesamt ca. 14 %.[5] Bei der Interpretation der Daten ist zu berücksichtigen, dass Stiftungen mit großen Vermögen überrepräsentiert sind. Die Erhebung lieferte vergütungsbezogene Daten von 71 Männern und 33 Frauen in Vorstandspositionen sowie von 34 Männern und 18 Frauen in der Geschäftsführung. Aus den geringen Fallzahlen ergeben sich Einschränkungen für die Tiefe der Analyse, z.B. in Bezug auf geschlechtsspezifische Unterschiede bei variablen Vergütungskomponenten (insgesamt 30 Fälle).

3 Unbereinigter Verdienstunterschied

Männliche Führungskräfte erhalten höhere Vergütungen als weibliche. Bei den Männern weist die Jahresgesamtvergütung[6] eine um ca. 195.000 Euro größere Spannweite auf. Das höchste dokumentierte Gehalt von 351.500 Euro ist mehr als doppelt so hoch wie der Maximalwert bei Frauen.

Da das arithmetische Mittel aufgrund der starken Streuung der Werte nicht aussagekräftig ist, ist für die Bestimmung des Gender Pay Gap der Median heranzuziehen. Die Hälfte der Männer verdient mehr als 100.000 Euro. Bei den Frauen liegt der Median um ca. 25.000 Euro niedriger. Das entspricht einem unbereinigten Gehaltsgefälle von rund 25 %.

Männliche Vorstandsmitglieder erhalten höhere Vergütungen als weibliche. Bei Männern weist das Jahresgrundgehalt eine um ca. 210.000 Euro größere Spannweite auf. Das höchste dokumentierte Gehalt von 345.000 Euro ist zweieinhalb Mal so hoch wie der Maximalwert bei Frauen. Keine Frau verdient mehr als 140.000 Euro. Mehrere männliche Vorstände erzielen Spitzengehälter über 200.000 Euro p. a.

Tabelle 1: Gesamtvergütung p. a. nach Geschlecht

Gesamtvergütung (VZÄ) in Euro Führungskräfte	Minimum	Maximum	Arithm. Mittel	Median
Männer (n = 105)	22.500	351.500	114.962	100.000
Frauen (n = 51)	24.000	158.000	79.652	75.500
Gesamt (n = 156)	22.500	351.500	103.418	90.000

Die Hälfte der Männer verdient mehr als 100.000 Euro. Bei den Frauen liegt der Median um ca. 25.000 Euro niedriger. Daraus errechnet sich ein unbereinigtes Gehaltsgefälle von rund 25 %. Dass dieser Wert demjenigen für Führungskräfte insgesamt entspricht, ist u. a. auf die verhältnismäßig größere Anzahl von er-

---

[5] Zur Methodik s. Sandberg (2015): Führungskräfte in Stiftungen zwischen Ehrenamt und Spitzengehalt, Die Vergütungsstudie 2014, Essen 2015, S. 55-57.
[6] Das Jahresgrundgehalt von Vorstandsmitgliedern und Geschäftsführern wurde auf Vollzeitäquivalente normiert (40-Stunden-Woche). Zu Gunsten einer aussagekräftigeren Darstellung werden die Werte im Folgenden nicht auf den Bruttostundenverdienst umgerechnet, sondern als Jahresgehalt angegeben.

fassten Vorstandsmitgliedern zurückzuführen (104 Fälle von insgesamt 156). Angesichts der geringen Fallzahlen wurde auf eine Analyse von geschlechtsspezifischen Verdienstunterschieden in der Geschäftsführung verzichtet.

Abbildung 1: Gesamtvergütung p. a. nach Geschlecht

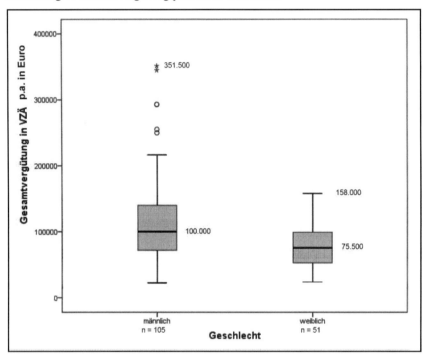

4 Bereinigter Verdienstunterschied

Mit dem Vergleich der jährlichen Gesamtvergütung von Personen, die den Vorsitz im Vorstand oder in der Geschäftsführung haben, wird der *Einfluss der Position* auf den Vergütungsunterschied ausgeblendet.

Tabelle 2: Gesamtvergütung p. a. nach Geschlecht | Vorsitz Vorstand/ Geschäftsführung

Gesamtvergütung (VZÄ) in Euro Führungskräfte Vorsitz	Minimum	Maximum	Arithm. Mittel	Median
Männer (n = 73)	22.500	351.500	115.047	97.436
Frauen (n = 28)	32.000	158.000	78.873	74.750
Gesamt (n = 101)	22.500	351.500	105.019	90.000

Unter den 101 Führungskräften, die den Vorsitz im Vorstand oder in der Geschäftsführung innehaben, verdienen die Männer mehr als die Frauen in gleicher Position. Bezogen auf den Median der Gesamtvergütung beträgt der Unterschied ca. 23.000 Euro, was einer Verdienstlücke von rund 23% entspricht. Das Ausklammern der Position verringert den Verdienstunterschied also nur um 2 Prozentpunkte.

Allerdings zeigt sich dieser Effekt vor allem in der Geschäftsführung von Stiftungen. Dort scheinen die geschlechtsspezifischen Verdienstunterschiede weniger ausgeprägt zu sein. Eine Analyse der Vergütungsunterschiede bei 58 männlichen und weiblichen Vorstandsvorsitzenden ergibt dagegen einen Verdienstunterschied von rund 25%. Das ist der gleiche Wert wie für den unbereinigten Verdienstunterschied. Das hervorgehobene Amt vermag die Lücke also nicht oder nur ansatzweise zu erklären.

Da die Empirie zeigt, dass die *Qualifikation* der Führungskräfte einen maßgeblichen Einfluss auf die Höhe der Jahresgrundvergütung hat (Sandberg 2015, S. 104 f.), ist im nächsten Schritt zu untersuchen, ob die geschlechtsspezifischen Gehaltsunterschiede auf einen unterschiedlichen Ausbildungshintergrund zurückzuführen sind. Unter den weiblichen Führungskräften ist die Akademiker-Quote mit 86,3% um knapp 8 Prozentpunkte geringer als bei den männlichen (94,2%). Unter den Männern trägt mehr als jeder Dritte einen Doktortitel (39,4%), aber nur 16 von 51 Frauen haben promoviert, was nicht ganz einem Drittel entspricht.

Tabelle 3: Gesamtvergütung p. a. nach Geschlecht | Akademiker

Gesamtvergütung (VZÄ) in Euro Führungskräfte Akademiker	Minimum	Maximum	Arithm. Mittel	Median
Männer (n = 98)	22.500	293.000	111.403	98.718
Frauen (n = 44)	24.000	158.000	82.396	76.750
Gesamt (n = 142)	22.500	293.000	102.415	90.000

Unabhängig davon gibt es innerhalb der Gruppe der Führungskräfte mit Universitäts- oder Fachhochschulabschluss einen geschlechtsspezifischen Gehaltsunterschied. Die höchste Gesamtvergütung bei den Männern ist mit 293.000 Euro fast doppelt so hoch wie der Spitzenwert bei den Frauen (158.000 Euro). Der Median bei den Männern liegt mit 99.000 Euro um 22.000 Euro höher als der Wert für die Akademikerinnen. Daraus ergibt sich eine bereinigte Verdienstlücke von 22%. Das sind 3 Prozentpunkte Unterschied zur unbereinigten Verdienstlücke.

Bei Vorstandsmitgliedern mit akademischem Abschluss (94 Fälle) beträgt die um diese beiden Aspekte bereinigte Verdienstlücke 23%. Bei Akademikern in der Position des oder der Vorsitzenden in Vorstand oder Geschäftsführung (91 Fälle) liegt der Median bei den Frauen ebenfalls um 23% niedriger. Dies bestätigt den geringen Einfluss dieses Amtes auf den Vergütungsunterschied. Bei den Geschäftsführern mit Hochschulabschluss zeigen die Daten einen umgekehrten Sachverhalt, nämlich eine Verdienstlücke zu Lasten der Männer in Höhe von 5% in Prozent der Männerverdienste. Dieser Wert beruht allerdings nur auf 48 Fällen, davon 16 Frauen.

Angesichts geringer Fallzahlen von 41 bzw. 16 Personen mit Promotion ist die Beobachtung, dass die Verdienstlücke mit zunehmender Qualifikation sinkt, ebenso vorsichtig zu deuten. Promovierte Frauen verdienen nur um 8% weniger als Männer mit Doktortitel.

Frauen, die hauptamtlich in Führungspositionen arbeiten, werden also bei gleichem Ausbildungshintergrund tendenziell schlechter bezahlt als ihre männlichen Kollegen. Unterschiede in der Qualifikation können die Verdienstlücke nicht hinreichend erklären.

Im Allgemeinen trägt die *Dauer der Berufstätigkeit* bei Führungskräften maßgeblich zur Erklärung geschlechtsspezifischer Verdienstunterschiede bei (Busch und Holst 2013, S. 331). In Stiftungen ist Berufserfahrung nach Position und Leistung nach Angaben der Entscheider das wichtigste Kriterium bei der Gehaltsbemessung (Sandberg 2015, S. 98). Die durchschnittliche Dauer der Berufstätigkeit bis zum Erhebungszeitpunkt liegt bei 25,9 Jahren. Bei Männern beträgt sie 27,1 Jahre, bei Frauen 23,5 Jahre. Männliche Führungskräfte sind im Durchschnitt 55,1 Jahre alt, Frauen 49,3 Jahre.

Tabelle 4: Gesamtvergütung p. a. nach Geschlecht | Berufstätigkeit 21 bis 30 Jahre

Gesamtvergütung (VZÄ) in Euro | Führungskräfte mit Berufstätigkeit 21-30 J.	*Minimum*	*Maximum*	*Arithm. Mittel*	*Median*
Männer (n = 34)	36.000	216.667	131.095	120.000
Frauen (n = 19)	32.000	129.474	75.197	75.500
Gesamt (n = 53)	32.000	216.667	111.055	100.000

Tabelle 5: Unbereinigter und bereinigter Gender Pay Gap

Merkmal	Gender Pay Gap	n
unbereinigt	25 %	156
unbereinigt (Vorstand)	25 %	104
bei gleicher Position (Vorsitz Vorstand/Geschäftsführung)	23 %	101
bei gleicher Position (Vorsitz Vorstand)	25 %	58
bei gleicher Qualifikation (Akademiker)	22 %	142
bei gleicher Qualifikation im Vorstand (Akademiker)	23 %	94
bei gleicher Qualifikation Geschäftsführung (Akademiker)	- 5 %	48
bei gleicher Position und Qualifikation (Vorsitz Vorstand/Geschäftsführung & Akademiker)	23 %	91
bei gleicher Qualifikation (Promotion)	8 %	57
bei gleicher Dauer der Berufstätigkeit (21 – 30 Jahre)	37 %	53

In der Klasse derjenigen Personen, die eine Berufstätigkeit von 21 bis 30 Jahren vorweisen können und in der zugleich Männer und Frauen annähern gleich repräsentiert sind, liegt der Median der Gesamtvergütung bei den Männern bei 120.000 Euro (34 Fälle). Bei den Frauen ergibt sich ein Wert von 75.500 Euro (19 Fälle). Das entspricht einer Verdienstlücke von 37%. Dieser Wert ist allerdings angesichts der geringen Fallzahlen vorsichtig zu deuten. Für eine Prüfung der Hypothese, dass diese Verdienstlücke nicht auf individuelle Unterschiede in der Berufsbiographie zurückzuführen, sondern ein Indiz für eine echte Diskriminierung ist, müsste die Breite der Klasse verringert werden.

In Vorständen scheint die geschlechtsbezogene Gehaltsdiskriminierung ausgeprägter zu sein als in der Geschäftsführung. Werden mögliche Einflussfaktoren ausgeschaltet, wirkt sich das vergleichsweise weniger stark auf den Verdienstunterschied aus. Der Wert für die bereinigte Verdienstlücke bleibt nahe an dem für die unbereinigte.

Die Ergebnisse belegen eine geschlechtsspezifische Entgeltdiskriminierung, die den Verantwortlichen allerdings nicht bewusst zu sein scheint. Die Höhe des Gehalts richtet sich nach Angaben der Entscheider nämlich nach der Führungsposition als solcher sowie nach der individuellen Leistung. Das Geschlecht wird als Bemessungskriterium überhaupt nicht genannt (Sandberg 2015, S. 98 f., 116 f.).

5 Fazit

Die Auswertung des vorliegenden empirischen Materials zum Gender Pay Gap auf der Führungsebene von Nonprofit-Organisationen bzw. Stiftungen hat Folgendes ergeben:
1. Geschlechtsspezifische Gehaltsunterschiede gibt es nicht nur in der freien Wirtschaft und im öffentlichen Sektor. Es gibt sie auch im Hauptamt von Nonprofit-Organisationen, genauer in Stiftungen. Frauen werden in gleicher Position und vergleichbarer Qualifikation schlechter bezahlt als Männer.
2. Die Verdienstunterschiede scheinen in Vorständen deutlicher ausgeprägt zu sein als auf der Ebene der Geschäftsführung.
3. Die Verdienstunterschiede sind geringer als in der freien Wirtschaft. Der unbereinigte Gender Pay Gap beträgt (bei Stiftungen) 25% und liegt damit um 4 Prozentpunkte niedriger als der Vergleichswert (Busch und Holst 2013, S. 326).

Abgesehen von diesen ersten Ergebnissen zeigt der Überblick über die vorliegenden Studien in erster Linie eine erhebliche Forschungslücke. Die Datenlage ist verglichen mit unternehmensbezogenen Gehaltsstatistiken rudimentär, was die Belastbarkeit der Aussagen schmälert.
Die auf Stiftungen bezogene Vergütungsstudie von 2014 liefert nur geringe Fallzahlen. Dies vereitelt eine systematische Analyse der Bedeutung von Faktoren, die den Gender Pay Gap beeinflussen, wie z.B. der Stiftungstyp oder das Budgetvolumen. Aufgrund der geringen Anzahl und der Struktur der vorliegenden Daten lassen sich diese Einflussfaktoren für Nonprofit-Organisationen noch nicht ermitteln.

6 Literatur

Allinger, H.J. (2003): Geschlechtsspezifische Einkommensdifferenzierung und -diskriminierung, Beiträge zur Arbeitsmarkt- und Berufsforschung Nr. 278, Nürnberg.
BMFSFJ (2009): Sinus Sociovision, Entgeltungleichheit - gemeinsam überwinden, Berlin.
Busch, A. und Holst, E. (2013): Geschlechtsspezifische Verdienstunterschiede bei Führungskräften und sonstigen Angestellten in Deutschland, Welche Relevanz hat der Frauenanteil im Beruf? In: Zeitschrift für Soziologie 42 (4), S. 315-336.
Littig, B. und Grießler, E. (2005): Social sustainability, A catchword between political pragmatism and social theory. In: International Journal of Sustainable Development 8 (1/2), S. 65-79.
OECD (2015): Gender wage gap (indicator), DOI: 10.1787/7cee77aa-en. [28.10.2015].
Sandberg, B. (2015): Führungskräfte in Stiftungen zwischen Ehrenamt und Spitzengehalt – Die Vergütungsstudie 2014, Essen.
Statistisches Bundesamt (o. J.): Gender Pay Gap. URL: <https://www.destatis.de/DE/ZahlenFakten/-Indikatoren/QualitaetArbeit/Dimension1/1_5_GenderPayGap.html. (Abgerufen am: 28.10.2015)

Ist die eingetragene Genossenschaft eine geeignete Rechtsform für kleine Initiativen des bürgerschaftlichen Engagements?

Johannes Blome-Drees, Philipp Degens und Clemens Schimmele

1 Hintergrund und Ziele der Studie

Die erhöhte Neugründungsaktivität insbesondere im Bereich der erneuerbaren Energien hat die Rechtsform der Genossenschaft im Allgemeinen und ihre Eignung für Bürgerinitiativen im Besonderen wieder ins Bewusstsein von Öffentlichkeit und Politik gerückt. Dies findet Ausdruck im Koalitionsvertrag der 18. Legislaturperiode, in welchem die Förderung der Genossenschaft an mehreren Stellen genannt wird. Vor diesem Hintergrund hat das Bundesministerium für Wirtschaft und Energie das Seminar für Genossenschaftswesen der Universität zu Köln gemeinsam mit der Kienbaum Management Consultants GmbH damit beauftragt, eine Studie zum Thema „Potenziale und Hemmnisse von unternehmerischen Aktivitäten in der Rechtsform der Genossenschaft" anzufertigen (Blome-Drees et al. 2015).
Im Rahmen der Studie wurde zunächst das Neugründungsgeschehen in den letzten Jahren dokumentiert und analysiert. Dabei lag der Fokus vor allem darauf, die Gründe für den sogenannten Neugründungsboom zu identifizieren und Hemmnisse auszumachen, die einer weiteren Zunahme unternehmerischer Aktivitäten in der Rechtsform der Genossenschaft möglicherweise im Wege stehen. Auch die grundsätzlichen Vor- und Nachteile der Rechtsform wurden herausgearbeitet. Einen weiteren Schwerpunkt der Studie bildete die Novelle des Genossenschaftsgesetzes von 2006, die im Hinblick darauf betrachtet wurde, inwiefern die durch sie eingeführten neuen Regelungen im Gesetz von Genossenschaften genutzt werden. Zusätzlich prüft die Studie empirisch, inwiefern bestimmte Annahmen eines vom Bundesjustizministerium vorgelegten Referentenentwurfs für ein Gesetz zur „Einführung der Kooperationsgesellschaft und zum weiteren Bürokratieabbau bei Genossenschaften" zutreffen. Konkret liegt dem Referentenentwurf die Annahme zugrunde, dass Aufwand und Kosten, die mit der Rechtsform der Genossenschaft und insbesondere mit ihrer verpflichtenden Prüfung einhergehen, für kleinere Projekte des bürgerschaftlichen Engagements zum Teil abschreckend wirken. Darüber hinaus wurde eine Einschätzung darüber abgegeben, welchen Bereichen der genossenschaftlichen Rechtsform in Zukunft besonderes Problemlösungspotenzial zukommt. Um die enorme Heterogenität genossenschaftlichen Wirtschaftens begrifflich zu ordnen, wurden in diesem Zusammenhang fünf Kernbereiche identifiziert: Regionalentwicklung und lokale Daseinsvorsorge, Wohnen, Energie, Gesundheit und Soziales sowie mittelständische Kooperationen, Handwerk und Unternehmensnachfolgen.

2 Methodik und Datengrundlage

Unsere Studie basiert neben einer breit angelegten Literaturauswertung auf eigenen empirischen Erhebungen. Dabei wurde in ausgewählten Bereichen auch ein Vergleich geleistet zwischen (Team-)Gründern, die in der Rechtsform der eG gründen, und solchen, die sich für eine andere Rechtsform entschieden haben. Konkret wurde eine quantitative Befragung unter jungen Genossenschaften (ab Gründungsjahr 2006) sowie kleinen Genossenschaften, die zwischen 2000 und 2005 gegründet wurden, durchgeführt. Darüber hinaus wurden jeweils vergleichend genossenschaftliche und nicht-genossenschaftliche Wohnprojekte sowie Dorfläden untersucht. Ergänzend lieferten vertiefende Interviews mit Experten aus Genossenschaftswissenschaft und -praxis weiterreichende Erkenntnisse. Im Rahmen unserer Studie wurden zudem auf qualitativen Interviews basierende Fallbeispiele von genossenschaftlichen und nichtgenossenschaftlichen Kooperationen in Bereichen wie Energie, Gesundheit und Soziales sowie mittelständische Kooperation und Unternehmensnachfolgen vorgestellt.

3 Zentrale Ergebnisse

3.1 Eignung der Genossenschaft für Unternehmensgründungen

Genossenschaften weisen spezifische Merkmale auf, die sie von anderen Unternehmenstypen abgrenzen. Von ihrem Charakter her sind Genossenschaften Selbsthilfeorganisationen mit eingerichtetem Geschäftsbetrieb. Ihre Mitglieder unterhalten gemeinsam einen demokratisch geführten Geschäftsbetrieb, dem bestimmte betriebliche Funktionen der rechtlich und wirtschaftlich eigenständig bleibenden Mitglieder zur Ausführung übertragen werden. Diese strukturellen Merkmale machen Genossenschaften als Rechts- und Wirtschaftsform einzigartig und verschaffen Wettbewerbsvorteile, wenn es darum geht, angemessene Antworten auf momentane und zukünftige Herausforderungen zu finden. Aufgrund ihres spezifischen Profils eignet sich die Genossenschaft als Unternehmenstyp besonders unter folgenden Voraussetzungen für Unternehmensgründungen:

- wenn der Wille und die Bereitschaft zu gemeinschaftlichem Wirtschaften bestehen (Teamgründungen mit mindestens drei Gründern);

- wenn der Wille und die Bereitschaft zu demokratischem Wirtschaften bestehen (demokratische Unternehmensverfassung);

- wenn die Gründer eine offene Rechtsform wünschen, in der den Eigentümern ein verhältnismäßig problemloser und unbürokratischer Ein- und Austritt ermöglicht wird;

- wenn die Gründer ausgewählte betriebliche Funktionen auf ein gemeinsam zu gründendes Unternehmen auslagern wollen, um die Effektivität bzw. die Effizienz ihrer eigenen Unternehmen zu steigern;

- wenn die direkte leistungswirtschaftliche Förderung der Mitglieder im Vordergrund steht und nicht eine möglichst hohe Rendite;
- wenn die Verteilung von Überschüssen nach der Höhe der Inanspruchnahme des genossenschaftlichen Geschäftsbetriebes gewünscht wird und steuerlich begünstigt sein soll;
- wenn die Gründer ihre persönliche Haftung auf das eingezahlte Kapital begrenzen wollen;
- wenn die Gründer eine Rechtsform mit hoher Stabilität und Solidität bevorzugen.

3.2 Beweggründe für die Rechtsformwahlentscheidung

Die Studie zeigt, dass Rechtsformwahlentscheidungen von Unternehmensgründern durchaus auch auf einer Reflexion der besonderen Merkmale der genossenschaftlichen Rechtsform fußen. Im Fokus der Entscheidung für die Genossenschaft stehen bei genossenschaftlichen Gründern die demokratische Entscheidungsfindung sowie der einfache Ein- und Austritt von Mitgliedern. Darüber hinaus spielen auch die Betreuung durch den genossenschaftlichen Prüfungsverband, das positive Image sowie die geringe Insolvenzquote eine wichtige Rolle, die das Sicherheitsgefühl und die Handlungslegitimation der Genossenschaft gegenüber ihren Mitgliedern erhöhen. In der spezifischen Gruppe der Dorfläden sind Image oder Insolvenzquote dagegen weniger wichtig – wichtigster Aspekt ist hier die Haftungsbeschränkung. Zwar sind jene 90% der befragten genossenschaftlichen Gründer mit ihrer Entscheidung zur Rechtsformwahl zufrieden. Die Zufriedenheit sinkt allerdings in den speziellen untersuchten Formen der Genossenschaftsgründungen. Unter Wohnprojekten sind in der Befragung 8% beispielsweise (eher) nicht zufrieden, unter Dorfläden sind es sogar 20%. Die jeweilige Eignung hängt also stark vom spezifischen Zweck und der Ausrichtung der jeweiligen Neugründung ab. Auf der anderen Seite spielen laut Erhebung für Genossenschaftsgründer Gründungskosten und -aufwand bei der Rechtsformwahl eine eher geringe Rolle. Bei nichtgenossenschaftlichen Gründern stehen hingegen die Kosten tendenziell eher im Mittelpunkt, auch bei ihrer Entscheidung gegen die Rechtsform der Genossenschaft. Diese Befragungsergebnisse decken sich mit Erkenntnissen aus den Fallstudien, nach denen Gründer in genossenschaftlicher und nichtgenossenschaftlicher Rechtsform teilweise unterschiedliche Prioritäten haben und Sachverhalte unterschiedlich bewerten.

3.3 Neugründungen von Genossenschaften

Das deutsche Genossenschaftswesen erlebt seit 2000 eine starke Zunahme der Neugründungsaktivitäten. Von Anfang 2000 bis Ende 2013 wurden deutschlandweit insgesamt 2.308 Genossenschaften gegründet. Das entspricht durchschnittlich 165 Neugründungen pro Kalenderjahr. Dabei ist die Neugründungsrate von 44 im Jahr 2000 auf 332 neugegründete Genossenschaften in 2013 angestiegen. Im Rekordjahr 2011 wurden gar 353 Neugründungen verzeichnet.

Abbildung1: Genossenschaftsneugründungen und prozentuale Veränderung zum Vorjahr

Quelle: eigene Darstellung auf Basis von Daten der DZ BANK

Zwischen 2000 und 2006 ist die Neugründungsrate im Vergleich zum Vorjahr um durchschnittlich 11,6% gestiegen. Ab 2007, ein Jahr nach Inkrafttreten der Reform des Genossenschaftsgesetzes Mitte 2006, kann sogar von einem Neugründungsboom gesprochen werden, mit durchschnittlich 265 Neugründungen pro Kalenderjahr und einem durchschnittlichen Zuwachs der Neugründungsrate um 23,7%. Nach einem starken Zuwachs um 50 Neugründungen bzw. 60% in 2007 ist die Neugründungsrate seither jedoch im Trend wieder gefallen und seit 2012 rückläufig. Die neue Gründungsdynamik spielt sich dabei vor allem im gewerblichen Bereich und hier vor allem bei Energiegenossenschaften ab. In den klassischen Bereichen wie Banken, ländlichen Genossenschaften und Wohnungsgenossenschaften sind hingegen wenige bis gar keine Neugründungen zu verzeichnen.

Dieser Strukturwandel führt auch zu einer Veränderung des Images von Genossenschaften. Während die Rechtsform lange als unmodern galt, wird sie heute als geeignete Organisationsform von bürgergetragenen Bewegungen (zumal in einem so positiv besetzten Kontext wie der Energiewende) wahrgenommen und trifft damit den Nerv der Zeit. Jedoch scheint das Wissen über die Besonderheiten der genossenschaftlichen Rechtsform unter Gründern außerhalb des Energiesektors immer noch lückenhaft zu sein, auch bei denen, die von der Rechtsform als solcher wissen. Das hängt auch damit zusammen, dass die Genossenschaft im Vergleich zu anderen Rechtsformen nicht präsent genug ist, um in der

Gründungsberatung außerhalb des Genossenschaftswesens regelmäßig Berücksichtigung zu finden. Hier könnten die Genossenschaftsverbände und auch die öffentliche Hand die Kooperation mit freien Beratern sowie Handwerks- und Industrie- und Handelskammern intensivieren, um Genossenschaften in der Gründungsberatung fester zu verankern. Es gibt Beispiele, wo die öffentliche Hand direkt zu Genossenschaften berät, etwa durch die Energieagentur NRW. Solche Programme könnten auf ein deutlich breiteres Fundament gestellt werden. Die im Rahmen unserer Studie durchgeführten Befragungen zeigen zudem, dass konkreten Praxisvorbildern bei Genossenschaftsgründungen eine besondere Bedeutung zukommt, daher sollten solche Best-Practice-Beispiele in noch größerem Ausmaß dokumentiert und zugänglich gemacht werden (etwa in Form von Blaupausen).

Abbildung 2: Neugründungen von Genossenschaften nach Bereichen

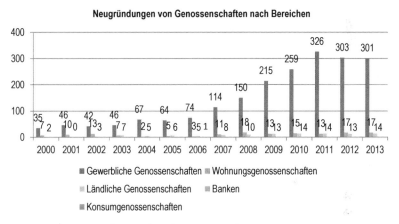

Quelle: eigene Darstellung auf Basis von Daten der DZ BANK

3.4 Positionierung in der öffentlichen Förderlandschaft

Defizite bestehen auch bei der öffentlichen Förderung von Genossenschaftsgründungen. Dabei resultiert die Benachteiligung der Genossenschaft nicht aus einer bewussten Diskriminierung, im Gegenteil sind in den KfW-Richtlinien an einigen Stellen Genossenschaften explizit aufgenommen worden. Leider sind diese Erwähnungen kaum wirksam, weil das fehlende Problembewusstsein in Bezug auf die besonderen genossenschaftlichen Strukturmerkmale nach wie vor fortwirkt. Der bei weitem überwiegende Teil der KfW-Förderung ist auf alleinverantwortliche (Einzel-)Unternehmerpersönlichkeiten zugeschnitten, die es bei der Genossenschaft in dieser Form nicht gibt. Die Förderung sollte bei Genossenschaften nicht auf natürliche Personen abzielen. Hier wäre zu prüfen, wie existierende Programme angepasst bzw. welche neuen geschaffen werden können.

3.5 Auswirkungen der Gesetzesnovellierung von 2006

Im Rahmen der Novellierung des Genossenschaftsgesetzes 2006 zielte eine Reihe konkreter Änderungen darauf ab, die Attraktivität der genossenschaftlichen Rechtsform zu erhöhen, die Rahmenbedingungen für kleine Genossenschaften zu verbessern, deren Gründungen zu erleichtern und die genossenschaftliche Kapitalbeschaffung und -erhaltung zu fördern. In Abweichung zur bisherigen Mindestzahl von sieben wurde die Mindestzahl der Gründer einer eingetragenen Genossenschaft auf drei gesenkt. Ebenfalls eine bedeutsame Änderung für kleinere Genossenschaften ist die Möglichkeit zum Verzicht auf einen Aufsichtsrat und die Möglichkeit eines nur einköpfigen Vorstandes bei weniger als 21 Mitgliedern. Diese Änderungen werden durch Erleichterungen des genossenschaftlichen Prüfungsregimes ergänzt, insbesondere muss der Jahresabschluss nur noch bei Genossenschaften geprüft werden, deren Bilanzsumme eine Million Euro und deren Umsatzerlöse zwei Millionen Euro übersteigen, was für viele kleinere Genossenschaften erhebliche Einsparungen von Kosten und Aufwand bedeuten kann. Zur Stärkung der Eigenkapitalbasis lässt das novellierte Genossenschaftsgesetz eine neue Kategorie von Mitgliedern zu, die als investierende Mitglieder nur Kapital beisteuern und die Leistungen des genossenschaftlichen Geschäftsbetriebes nicht nutzen. Insgesamt betrachtet zeigen die empirischen Ergebnisse unserer Studie, dass Genossenschaften die mit der Novelle eingeführten Regularien in beachtlichem Umfang (und deutlich größerem Umfang als bislang bekannt) nutzen, was darauf hindeutet, dass die Änderungen tatsächlich geeignet sind, die Rahmenbedingungen vor allem für kleinere Genossenschaften zu verbessern und teilweise deren Gründung zu erleichtern. Allerdings lassen die Ergebnisse zur Befreiung von der Jahresabschlussprüfung den Schluss zu, dass diese Möglichkeit noch in erheblich größerem Umfang genutzt würde, wenn mehr Befragte davon wüssten.

3.6 Rechtsformspezifische Implikationen

Was das deutsche System von genossenschaftlicher Pflichtmitgliedschaft, Pflichtprüfung und Gründungsprüfung betrifft, so zeigen die empirischen Ergebnisse, dass sich dieses grundsätzlich bewährt hat. Insgesamt besteht seitens der überwältigenden Mehrheit der Genossenschaften große Zufriedenheit mit dem genossenschaftlichen Prüfungsregime, und das, obwohl dieses für sie mit verpflichtenden Auflagen verbunden ist. Die empirischen Ergebnisse deuten jedoch teilweise auch darauf hin, dass der damit verbundene zeitliche und organisatorische Aufwand sowie Kosten für eine kleine Minderheit der Genossenschaften nach wie vor als hoch einzuschätzen sind. Die Ergebnisse der Befragung der nicht genossenschaftlich verfassten Wohnprojekte und Dorfläden weisen aus, dass ein kleiner Teil von Gründern die genossenschaftlichen Anforderungen als einen der ausschlaggebenden Gründe für die Wahl einer anderen Rechtsform angibt. Daher bleibt für viele kleinere Gründungsvorhaben – trotz der Erleichterungen durch die Novellierung des Genossenschaftsgesetzes 2006 und die geübte Prüfungspraxis der genossenschaftlichen Prüfungsverbände – nur das Ausweichen in andere Rechtsformen wie die Unternehmergesellschaft (still), sehr häufig aber auch in das einfachere Rechtskleid des Vereins, auch wenn dieser für wirtschaftliche Zwecke ausdrücklich nicht geschaffen wurde.

3.7 Entwurf zur Einführung einer Kooperationsgesellschaft

Vor diesem Hintergrund hat das Bundesjustizministerium einen Referentenentwurf für ein Gesetz zur „Einführung einer Kooperationsgesellschaft und zum weiteren Bürokratieabbau bei Genossenschaften" vorgelegt. Kernstück ist die Einführung einer Kooperationsgesellschaft (haftungsbeschränkt) als neue Rechtsformvariante innerhalb des Genossenschaftsgesetzes. Ziel des Entwurfs ist es, die Attraktivität der Genossenschaft als Rechtsform für kleinere Selbsthilfeinitiativen zu stärken, indem er diese unter bestimmten Voraussetzungen von rechtsformspezifischen Pflichten befreit. Kooperationsgesellschaften (haftungsbeschränkt) sollen von der Pflichtmitgliedschaft in einem Prüfungsverband, der regelmäßigen Pflichtprüfung und der Pflicht zur Einholung einer gutachterlichen Stellungnahme durch einen Prüfungsverband im Gründungsprozess befreit sein. Wie bereits angeführt, bestätigen die empirischen Ergebnisse unserer Studie, dass sich das genossenschaftliche Prüfungsregime bewährt hat. Die Zufriedenheit seitens der Genossenschaften mit diesen Rechtsformspezifika ist insgesamt hoch. Gleichwohl existiert eine Minderheit der Genossenschaften, die ein mögliches Entfallen von Gründungsprüfung, regelmäßiger Pflichtprüfung und die Abschaffung der Pflichtmitgliedschaft gutheißen würde. Außerdem wünscht sich die Mehrheit der Genossenschaften eine noch stärkere Anpassung der Pflichtprüfung an die tatsächlichen Verhältnisse der zu prüfenden Genossenschaft sowie geringere Aufwendungen und Kosten der Pflichtprüfung. Indes gibt lediglich jede fünfte Genossenschaft (aber jeder vierte Dorfladen und jedes dritte genossenschaftliche Wohnprojekt) konkret an, dass die Prüfung nicht ihren spezifischen Anforderungen gerecht wird. Gerade die genossenschaftlichen Dorfläden stehen diesen genossenschaftlichen Besonderheiten tendenziell kritischer gegenüber, wenn in ihrer Mehrheit auch immer noch positiv. Aus den Ergebnissen der Befragung der Vergleichsgruppen geht hervor, dass ein kleiner Teil die genossenschaftsspezifischen Anforderungen als einen der ausschlaggebenden Gründe für die Wahl einer anderen Rechtsform angibt. Auch zeigt sich, dass Gründungskosten für Genossenschaften zwar gering, aber höher sind als bei den anderen Rechtsformen. Gleichwohl weisen die empirischen Ergebnisse unserer Studie darauf hin, dass auch ein Großteil der die Bedingungen für eine Befreiung vom genossenschaftlichen Prüfungsregime erfüllenden Genossenschaften – hätten sie die Wahl – die eG mit der durch Prüfung und Betreuung verbundenen Sicherheit vorziehen würden. Lediglich für eine kleine Minderheit scheint die Kooperationsgesellschaft geeignet. Potenzial hätte die Kooperationsgesellschaft vermutlich eher bei solchen Gründungen, die sich momentan nicht in genossenschaftlicher Rechtsform gründen.

4 Handlungsoptionen

Grundsätzlich ist die Genossenschaft die ideale Rechtsform für Unternehmensgründungen im Bereich des bürgerschaftlichen Engagements, die auf kontinuierlich wachsende, gegebenenfalls häufig schwankende Mitgliederzahlen angelegt sind. Die Vorteile der Genossenschaft kommen jedoch nicht zum Tragen, wenn wegen der mit dem Prüfungsregime verbundenen Aufwendungen und Kosten die Rechtsform der Genossenschaft gar nicht erst gewählt wird. Für Initiativen aus dem Bereich des bürgerschaftlichen Engagements, die zwar wirtschaftlich tätig, dabei aber eher umsatzschwach sind und Schwierigkeiten haben, Jahresüberschüsse zu erzielen, scheinen die genossenschaftsspezifischen Anforderungen in der Tat zu hoch. Daher stellt sich die Frage, ob über die Novellierung des Genossenschaftsgesetzes 2006 hinaus weitere Handlungsoptionen bestehen, um einerseits die Rechtsform der eingetragenen Genossenschaft für Gründer noch attraktiver zu machen und andererseits kleineren Initiativen im Bereich des bürgerschaftlichen Engagements unternehmerische Aktivitäten zu erleichtern. Hier bestehen zwei basale Handlungsoptionen: entweder in Form einer weiteren freiwilligen Selbstbindung der genossenschaftlichen Prüfungsverbände oder durch weitere Veränderungen gesetzlicher Rahmenbedingungen.

4.1 Freiwillige Selbstbindung der genossenschaftlichen Prüfungsverbände

Im Rahmen einer freiwilligen Selbstbindung der genossenschaftlichen Prüfungsverbände könnte die Attraktivität der Genossenschaft für Initiativen im Bereich des bürgerschaftlichen Engagements dadurch gesteigert werden, dass die Kosten der genossenschaftlichen Gründungsberatung und -begutachtung für kleine Genossenschaften weiter reduziert und/oder ihre Zahlungen zeitlich gestreckt werden. Womöglich könnten auch die Beiträge für die Pflichtmitgliedschaft in den genossenschaftlichen Prüfungsverbänden gesenkt werden. Schließlich könnten die Anforderungen und damit einhergehend der zeitliche und organisatorische Aufwand und die anfallenden Kosten der Pflichtprüfung kleiner Genossenschaften weiter gesenkt und die Art der Prüfung (noch mehr) an ihre Bedürfnisse angepasst werden. Zwar haben die genossenschaftlichen Prüfungsverbände in den letzten Jahren erhebliche Anstrengungen unternommen, um neu zu gründende und neugegründete kleine Genossenschaften kostenmäßig zu entlasten, unter Umständen jedoch nicht ausreichend und vor allem nicht in allen Branchen und nicht flächendeckend. Eine freiwillige Selbstbindung der genossenschaftlichen Prüfungsverbände müsste daher gewährleisten, dass solche Maßnahmen zukünftig in allen Branchen und flächendeckend ergriffen werden, was angesichts der Heterogenität der genossenschaftlichen Prüfungslandschaft sicher ein voraussetzungsvolles Unterfangen darstellt. Es kommt hinzu, dass die genossenschaftlichen Prüfungsverbände nach eigenem Bekunden die anfallenden Prüfungskosten für kleine Genossenschaften bereits in einem solchen Ausmaß subventionieren, dass weitere Senkungen unter solidarischen Gesichtspunkten gegenüber den anderen Verbandsmitgliedern ihrer Auffassung nach kaum noch zu rechtfertigen sind. Dies gilt vor allem für kleinere Prüfungsverbände, die ohnehin über geringere Möglichkeiten zur Subventionierung verfügen dürften als die großen regionalen Prüfungsverbände.

4.2 Weitere gesetzliche Veränderungen

Überdies kann die angesprochene Problematik auch durch weitere gesetzliche Veränderungen gemildert oder gar gelöst werden. Im Hinblick auf intendierte Einsparungen und Entbürokratisierungen ist an weitere Prüfungserleichterungen für kleine Genossenschaften zu denken. Alternativ könnte die angesprochene Kooperationsgesellschaft als Rechtsformvariante der Genossenschaft oder auch als Variante einer anderen Rechtsform eingeführt werden. Letzteres würde die Besonderheiten des genossenschaftlichen Prüfungswesens in Deutschland in gegenwärtiger Form aufrechterhalten. Weitere Maßnahmen außerhalb des Genossenschaftsgesetzes wären eine offenere Handhabung des wirtschaftlichen Vereins oder Änderungen im Vereinsrecht. Wie groß das Potenzial im Bereich der kleineren Initiativen des bürgerschaftlichen Engagements tatsächlich ist, lässt sich nur schwer vorhersagen, sollte jedoch nicht zu gering geschätzt werden. Viele solcher Initiativen wählen die Rechtsform des Idealvereins, dessen Zweck sich allerdings nicht auf einen wirtschaftlichen Geschäftsbetrieb richten darf (§ 21 BGB). Dieser ist wirtschaftlichen Vereinen (§ 22 BGB) oder Genossenschaften (§ 1 GenG) vorbehalten.

5 Fazit

Im Ergebnis liefert unsere Studie wichtige empirische Ergebnisse zu verschiedenen Diskussionen, die unter den beteiligten Akteuren bereits seit Jahren zum Teil kontrovers geführt werden. Die hier unternommenen Befragungen geben zu diesen Themen erstmals den Gründern selbst eine Stimme. Während sich alle Beteiligten darin einig sind, dass Genossenschaften großes Lösungspotenzial für aktuelle und zukünftige wirtschaftliche und gesellschaftliche Problemstellungen bieten, wird es vom politischen Willen abhängen, welche der hier skizzierten Maßnahmen ergriffen werden, um bestehende Hemmnisse einer verstärkten Neugründungsaktivität abzubauen, sodass diese Potenziale auch ausgeschöpft werden können. Es sollte indes deutlich geworden sein, dass Handlungsbedarf besteht, um sowohl prinzipiell Defizite der Rechtsformarchitektur zu beheben wie auch konkret die Rahmenbedingungen für kleinere Initiativen im Bereich des bürgerschaftlichen Engagements zu verbessern.

6 Literatur

Blome-Drees, J., Bøggild, N., Degens, P., Michels, J., Schimmele, C. und Werner, J. (2015): Potenziale und Hemmnisse von unternehmerischen Aktivitäten in der Rechtsform der Genossenschaft, Studie im Auftrag des Bundesministeriums für Wirtschaft und Energie (BMWi). URL: http://www.genosem.uni-koeln.de/bmwi-genossenschaftsstudie.html.

Nachhaltigkeit und Vernetzung in zukunftsorientierten Schweizer Wohngenossenschaften

Jens Martignoni

1 Einleitung

In der Schweiz sind in den letzten fünfundzwanzig Jahren eine ganze Anzahl neuer Wohngenossenschaften entstanden, die neuartige oder auch wieder neuentdeckte „zukunftsorientierte" Formen des Zusammenlebens und einer nachhaltigen Lebensweise realisieren wollen. Sie werden von einem Umfeld aus konstruktiven Häuserbesetzenden, utopischen Gesellschaftsentwürfen und progressiven Architekten getragen und sind auch gesellschaftspolitisch gut verankert. Dabei wurden Modelle entwickelt, wie umwelt- und klimagerechte Kriterien mit gemeinschaftsfördernden und vielgestaltigen Sozialformen strukturell und baulich umgesetzt werden können. Ein grosser Teil dieser neuen Genossenschaften entstanden in Zürich, das in den letzten Jahren einen Wohnungsbau-Boom erlebte, bei dem auch sehr viele neue Genossenschaftswohnungen gebaut wurden. So entstanden dort nach einer Medienmitteilung des Präsidialdepartements der Stadt Zürich vom 18. September 2014 zwischen 2009 und 2012 z.B. 6.513 neue Wohnungen, davon 36% durch gemeinnützige Träger. Seit im Jahr 1981 die erste Wohngenossenschaften nach neuem Muster gegründet wurden, haben sich die ursprünglichen Vorstellungen differenziert, weiterentwickelt, etabliert und auch in andere Städte verbreitet. Die Schweiz kann damit mit einigen Vorzeigeobjekten für zukunftsorientierte Wohn- und Lebensformen aufwarten.

Der Beitrag bildet eine erste Bestandsaufnahme der utopischen und konzeptionellen Hintergründe dieser Genossenschaften und ihrer nachhaltigen Ausrichtung. Er gibt Einblick in eine laufende multidisziplinäre Forschungsarbeit im Rahmen eines EU-Forschungsprojektes (Horizon 2020), das von einem Konsortium europäischer Universitäten zusammen mit zwei Partnerorganisationen in der Schweiz umgesetzt wird. Untersucht werden dabei gemeinschaftsbasierte Netzwerke und Kommunikationssysteme, soziale Innovation und nachhaltige Entwicklung in urbanen Gebieten.

2 Ziele, Vorgehen

Als erstes wurden die Grundlagen für die Beschreibung von *zukunftsgerichteten* Wohngenossenschaften entwickelt und entsprechende Genossenschaften identifiziert. Anhand einer Analyse wurden Merkmale und Einflüsse untersucht und historische Anknüpfungspunkte sowie neu entstandene Ideen in Anlehnung an die Utopie-Genossenschaftskonzeption von W.W. Engelhardt erfasst. Damit sollen folgende Ziele erreicht werden:

- Begriff, Dimensionen und Merkmale *zukunftsorientierter* Wohngenossenschaften bestimmen
- Utopische und ideelle Hintergründe aufzeigen
- Instrumente, Nachhaltigkeitsansätze und Vernetzungsformen identifizieren
- Stand der Entwicklung und Vergleichsmöglichkeiten aufzeigen

3 Identifikation des Untersuchungsgegenstandes

Für die Identifikation der zu untersuchenden Genossenschaften wurden folgende Merkmale resp. Auswahlkriterien herangezogen. Diese definieren damit auch den hier verwendeten Begriff *zukunftsorientiert* für Wohngenossenschaften, die innerhalb der Genossenschaftsbewegung in Zürich auch als *junge* Genossenschaften bezeichnet werden. Merkmale zukunftsorientierter Wohngenossenschaften (auf Schweiz bezogen) sind:

1. Wohngenossenschaft im rechtlichen Sinne
2. Gründungsdokumente oder Grundlagenpapiere, Leitbild oder Statuten mit eindeutigen utopischen Elementen und der Absicht, diese auch zu verwirklichen.
3. Gründungszeitraum ab 1980 (entfällt für historische Vergleichsfälle)

In einem ersten Schritt wurden mit diesen Auswahlkriterien 10 Genossenschaften identifiziert, genauer untersucht und beschrieben, woher sie ihre ideelle, utopische Grundlage ableiteten und wie diese im Zeitpunkt der Gründung implementiert wurde. Dabei war auch ein historisches Beispiel einer Siedlungsgenossenschaft von 1920 (Tabelle 1). Dieser vorläufige Datensatz enthält die wichtigsten, öffentlich bekannten und größeren Wohngenossenschaften hauptsächlich in der Region Zürich, wo sich diese Formen auch begründet haben. Von diesen Genossenschaften wurden vorerst die Gründungsgeschichte, die Gründungsdokumente und weitere Publikationen untersucht.

4 Utopien und Konzepte

4.1 Bedeutung

Genossenschaften sind im Laufe der Zeit immer wieder auch „auf der Grundlage anregender und stimulierender selektiver Utopien und zumal solchen literarischer Art" (Engelhardt 1998) entstanden. Diese Erkenntnis spielte auch bei den Neugründungen von Wohngenossenschaften in Zürich eine entscheidende Rolle. Engelhardt präzisiert noch weiter: „Die selektiven Utopien gingen den Gründungen entweder voraus oder aber sie liefen als Anregungen parallel. Wobei die utopischen Gedankengebäude oft auch als Ideen, Visionen usw. bezeichnet wurden und – was ihre Wirkungsweise betrifft – bei einigen Utopisten geradezu in das eigentliche soziale bzw. sozialpolitische Handeln von unten her übergingen." (1998, S. 26). Engelhardt betont besonders den Aspekt der „ganzheitlichen Utopie", oder nach Nolte (1998, S. 26) den „Wunsch nach Wiedererlangung der Pantopie". Solche umfassende Utopie-Ansätze sind in der Gegenwart stärker zurückgetreten zugunsten von eher partiellen Ansätzen, die nicht so sehr die hohen Ideale betonen, sondern mit wissenschaftlichen Begründungen untermauerte, pragmatischere Lösungsansätze hervorheben. Auch Engelhardt weist bereits früh darauf hin, dass der Einfluss von wissenschaftlicher Erkenntnis bei der Entstehung von Genossenschaften in der Bedeutung „möglicherweise stark zunehmen wird" (1998, S. 26).

Tabelle 1: Ausgewählte Genossenschaften in chronologischer Reihenfolge

Name	Genaue Bezeichnung	Ort	Gründung
Freidorf	Siedlungsgenossenschaft Freidorf (historischer Vergleich)	Muttenz	1919
Wogeno Zurich	Genossenschaft Wogeno Zürich	Zürich	1981
GESEWO	Gesewo, Genossenschaft für selbstverwaltetes Wohnen	Winterthur	1984
Karthago	Genossenschaft Karthago	Zürich	1991
Kraftwerk1	Bau- und Wohngenossenschaft Kraftwerk1	Zürich	1995
Dreieck	Genossenschaft Dreieck	Zürich	1996
mehr als wohnen	Baugenossenschaft mehr als wohnen	Zürich	2007
Kalkbreite	Genossenschaft Kalkbreite	Zürich	2007
NeNa1	Bau- und Wohngenossenschaft NeNa1	Zürich	2012
LeNa	Bau- und Wohngenossenschaft Lebenswerte Nachbarschaft LeNa	Basel	2015

Als Utopien im engeren Sinne werden in diesem Artikel deshalb Ideen oder Vorstellungen bezeichnet, wie existierende gesellschaftliche Probleme gelöst werden und neue Gesellschaftsformen aufgebaut werden könnten. Charakteristisch für die Bezeichnung utopisch ist dabei auch, dass es sich um wünschbare Zustände handelt, die erst umzusetzen sind und die in ihrer Art, Form oder Umständen so auch anderenorts noch nicht oder nur ansatzweise umgesetzt worden sind. „Utopisch" bedeutet also auf Genossenschaften bezogen eine intentionale Haltung: Etwas Neues, für eine zukünftige Gesellschaft als nützlich und positiv Erachtetes umsetzen zu wollen.

4.2 Utopische Elemente

Eine Utopie als gedanklicher Entwurf und Wunschbild ist in vielen Belangen weit entfernt von der Praxis, ja muss es auch sein, da sie ein Bild der Zukunft zeigen will. Wenn nun eine Verwirklichung einer Utopie angegangen werden soll, müssen aus den utopischen Texten als erstes Konzepte und daraus dann möglichst umsetzbare Pläne entwickelt werden. Dieser Vorgang bringt es mit sich, dass Vereinfachungen und Kompromisse gemacht werden müssen, aber auch vielfach fehlende, ungenau beschriebene oder unmögliche (aus der Sicht der Konzeptmacher) Teile ersetzt oder abgeändert werden. In der Praxis führt das dazu, dass aus der Utopie *utopische Elemente* in realitätsnahe, bereits existierende bekannte Konzepte eingebaut werden. Bei neuen Genossenschaften werden solche Elemente z.b. in die bestehende Rechtsform und bestehende Vorstellungen von Gemeinschaft und Demokratie, in Grundlagenpapieren, Statuten und Regeln eingebaut. Daraus entsteht somit immer eine hybride Wirkung in Verbund mit althergebrachten Strukturen.

In Zürich können etwas vereinfacht vier Quellen von utopischem Gedankengut für Wohngenossenschaften unterschieden werden, die im Weiteren genauer ausgeführt sind:

1. *Genossenschaftlich:* Historische genossenschaftliche Wohn- und Siedlungsutopien
2. *Basisbewegt:* Die Protest- und Basisbewegung der 1980er Jahre
3. *Gemeinschaftsvisionär:* Die Bücher bolo'bolo und Neustart Schweiz
4. *Nachhaltig:* Das Konzept der 2.000-Watt-Gesellschaft

4.3 Historische genossenschaftliche Wohn- und Siedlungsutopien

Genossenschaftliche Wohnutopien können in der Geschichte sehr weit zurückverfolgt werden. Häufig haben Utopisten neben Lebensumständen und Arbeitsformen gerade die Wohnform bis in kleinste architektonische Details hin beschrieben oder auch Pläne und Zeichnungen der Gebäude angefertigt. Johann Valentin Andreae (1981) gibt in seiner Beschreibung von Christianopolis beispielsweise genaue Angaben über Art, Nutzung, Abmaße und Anlage seiner im Quadrat angelegten Stadt. Auch Robert Owen entwarf bereits eine Architektur mit im Viereck angelegten Gebäuden und ein vollständiges Siedlungskonzept (Gartenstadt) in seinen Genossenschaftskonzepten (Elsässer 1984). Charles Fourier legt ebenfalls einen großen Wert auf genaue architektonische Beschreibung seiner Phalanstères und entwarf einen zentralen Mittelbau mit zwei Flügeln (Stumberger 2004). Häufig wurden in dieser Zeit auch Angaben zu der idealen Zahl von Bewohnenden gemacht. Die Werte schwankten dabei von 400 („Es wohnen hierin ungefähr 400 Burger in großer Gottesfurcht und Einigkeit"; Andreae 1981, S. 11f.), vorzugsweise 1.200 (Owen; Elsässer 1984) bis zu 1.600 bzw. im Idealfall 1.620 Menschen (Fourier). Spätere wichtige Ansätze waren beispielsweise auch „die Gartenstadt" von Ebnezer Howard ab 1898, die Bodenreformbewegung von Adolf Damaschke (Freiland), die „socialreformatorische" Siedlungsgenossenschaft Franz Oppenheimers oder die sozialistische Gemeinde von Gustav Landauers (Scherer 1986). In der Schweiz wurde im Gefolge der Konsumgenossenschaftsbewegung durch Karl Munding und Bernhard Jaeggi eine eigene utopische Siedlungskonzeption entwickelt, deren programmatische Grundlage die *Richtlinien* bildete (Jaeggi und Munding 1948) und die um 1920 zum Bau des Freidorfes führte. Die genossenschaftlichen Wohnutopien traten jedoch im Gefolge der beiden Weltkriege und der Besetzung eines Teils des Ideengutes durch die faschistischen und kommunistischen Diktaturen immer mehr in den Hintergrund und wurden quasi vergessen. Neue Wohnformen, die im Gefolge der 68er Bewegung entstanden, basierten häufig auf antistaatlichen, individualistischen Ansätzen (z.B. die Aussteigerbewegung).

4.4 Die Protest- und Basisbewegung der 1980er Jahre

In der Schweiz und besonders in Zürich kam es ab Mai 1980 zu den sogenannten Jugendunruhen, einer Vielzahl von Demonstrationen, Protesten und teils gewaltvollen Aktionen, bei denen Anliegen wie Jugendkultur, Autonomie, Drogen, Überwachung und besonders auch Wohnungsnot und Spekulation thematisiert wurden. In diesem Zusammenhang wurden auch vermehrt Häuserbesetzungen unternommen und zeitweise blühten autonome Wohnexperimente in alten ungenutzten Industriearealen oder Abbruchobjekten. Darin fanden auch viele Vorstellungen von alternativen Wohn- und Lebensformen und Selbstverwaltung ein Experimentierlabor. Thomas Stahel stellt die Entwicklung neuer Wohnformen in seiner Dissertation über diese Bewegungen in Zürich ausführlich dar: „Ein zentrales Anliegen der stadt- und wohnungspolitischen Bewegungen war die Verwirklichung von neuen Formen des Zusammenlebens. Diese richteten sich unter anderem gegen die [...] traditionellen Wohnleitbilder – namentlich gegen die funktionale Trennung, die zunehmende Individualisierung und die bürgerliche Kleinfamilie." (Stahel 2006, S. 61). Aus dieser Basisbewegung entstanden nicht nur temporäre Experimente, sondern viele Inhalte und Anliegen fanden auch Eingang in die aus diesen Kreisen neu gegründeten Genossenschaften Wogeno in Zürich sowie GESEWO in Winterthur und in weitere Gründungen.

4.5 Die Bücher bolo'bolo und Neustart Schweiz

Im Jahr 1983 erschien die auch durch die Eindrücke der Jugendunruhen geprägte anarchistische Utopie *bolo'bolo* vom Zürcher Schriftsteller P.M. (Hans Widmer). Darin werden neue Formen des Zusammenlebens von Menschen in urbanen, aber dorfähnlichen Großhaushalten, sogenannten *bolos* beschrieben. Ein *bolo* besteht aus Wohn- und Gewerbegebäuden in der Stadt sowie einem landwirtschaftlichen Betrieb außerhalb, die miteinander vernetzt die Selbstversorgung garantieren (p.m. 1989). P.M. entwickelt dabei eine eigentliche Mythologie über das „Monster der Planetaren Arbeitsmaschine (PAM)" und schmückte seine Utopie mit vielen neuen Begriffen, für die er gleich eine eigene Sprache entwickelte. *bolo* etwa bedeutet in dieser Sprache „Heimat auf unserem Raumschiff (Erde)", die Verdoppelung bedeutet dann einfach „viele davon". Die *bolos* sollen in bereits vorhandenen Bauten verwirklicht werden, die gemeinschaftstauglich zu einer Art Großhaushalt umgebaut werden und je nach Region, Klima und Interessenslagen der Bewohnenden unterschiedliche Kulturen beherbergen (Stahel 2006). Für eine solche Wohnstatt sollen sich je 500 Menschen zusammenschließen. Alles ist dabei Gemeineigentum, außer einem *taku* pro Individuum und alles wird gemeinsam entschieden. Ein *taku* ist ein transportierbarer, abschließbarer Behälter aus solidem Material mit den Abmaßen 50x50x 100 cm, über den das Individuum als exklusives Eigentum verfügen kann.

P.M.s Buch hatte von Beginn weg einen starken Einfluss auf die Szene der Bewegten, Alternativen und Häuserbesetzer in Zürich und viele seiner Ideen fanden einen Weg in die Praxis. Das Buch ist inzwischen in mehr als zehn Sprachen erschienen und der Autor selber wirkt bis heute auch an der Gründung neuer Wohngenossenschaften aktiv mit. „Das erste *bolo* in Zürich – *Karthago am Stauffacher* – sollte auf dem Geviert Rebgasse, Badener-, Kasernen- und Müllerstrasse verwirklicht werden." (Stahel 2006, S. 66). Das Projekt scheiterte jedoch in der geplanten Form an diesem Ort an internen Streitigkeiten, an mangelndem Kapital und starkem politischem Widerstand. Weder die aktive Gruppe Karthago noch P.M. gaben aber auf. Aus der Gruppe entstand später die Genossenschaft Karthago, die einen Großhaushalt in vereinfachter Form verwirklichte, und P.M. schrieb weitere Utopievarianten und passte die ursprüngliche bolo'bolo-Konzeption immer wieder den Erkenntnissen und der geänderten Problemlage an. Im Jahre 2010 schrieb er das Buch „Neustart Schweiz", das eine erweiterte, diesmal auch mit wissenschaftlichen Daten und Erkenntnissen gestützte utopische Konzeption zum Umbau der Schweiz in sieben Regionen und in „lebendige, multifunktionale Nachbarschaften" à 500 Menschen aufzeigt. Diese sind auf nächsthöherer Ebene als Basisgemeinden mit 5.000 bis 20.000 Einwohnern zusammengefasst. Ein Ziel ist, einen Energieverbrauch von maximal 1.000 Watt pro Bewohner zu erreichen. Gleichzeitig mit dem Erscheinen des Buches gründete der Autor mit weiteren erfahrenen Aktivisten am 24. August 2010 in Olten den Verein „Neustart Schweiz" (http://neustartschweiz.ch), um die neu gefassten Ideen an die Öffentlichkeit zu bringen und deren Umsetzung anzugehen. Der Verein entfaltete vielseitige Aktivitäten und u.a. die Gründung der Genossenschaften NeNa1 in Zürich und LeNa in Basel.

4.6 Das Konzept der 2.000-Watt-Gesellschaft

Das Konzept der sogenannten 2.000-Watt-Gesellschaft ist keine literarische Utopie, sondern ein wissenschaftliches Modell, das 1998 an der Eidgenössischen Technischen Hochschule (ETH) in Zürich im Rahmen des Programmes Novatlantis entwickelt wurde. Die dahinterliegende visionäre Frage lautete, wie gross der Energiebedarf jedes Erdenbewohnenden maximal sein darf, um eine bezüglich Energieverbrauch nachhaltige Gesellschaft zu erhalten. Die proklamierten 2.000-Watt (Dauerleistung Stufe Primärenergie; www.2000watt.ch) entsprechen umgerechnet einem Jahresenergieverbrauch von 17.520 kWh. Dazu soll auch der CO_2-Ausstoß bis 2.050 auf eine Tonne pro Person und Jahr gesenkt werden, d.h. drei Viertel der Energie müssen aus erneuerbaren Quellen stammen (Kesselring und Winter 1995). Das Konzept wurde in der Schweiz sehr erfolgreich vertreten und konnte sich erstaunlicherweise auch politisch durchsetzen: In einer Abstimmung im Jahre 2008 entschieden sich die Stimmberechtigten der Stadt Zürich mit 76,4% Ja-Stimmen für eine nachhaltige Entwicklung und für eine 2.000-Watt-Gesellschaft. Weitere Städte und Gemeinden folgten. Das hatte zur Folge, dass Massnahmen zur Erreichung der Ziele der 2.000-Watt-Gesellschaft von den Behörden unterstützt werden, Fachstellen geschaffen wurden und auch Gelder für Umsetzungsmassnahmen zur Verfügung gestellt werden. Zukunftsgerichtete Wohngenossenschaften konnten hier ab diesem Zeitpunkt für einmal ein bereits gemachtes Feld betreten.

5 Gründungsimpulse: Charakterisierung und Merkmale

Alle genannten Utopien und Konzepte bilden ein zeitlich gestuft entstandenes Reservoir an Ideen und Möglichkeiten, die von den Gründern der neuen Genossenschaften jeweils selektiv aufgenommen und an die Praxis angepasst wurden. Eine Analyse der Gründungsimpulse der ausgewählten Genossenschaften unter Verwendung von Gründungsdokumenten, Statuten und Hintergrundberichten zeigt, dass die Neugründungen grundsätzlich von allen zeitlich bereits verfügbaren Utopien beeinflusst wurden, jedoch die Schwerpunkte häufig auf dem letzten bekanntgewordenen („modernsten") Konzept liegen. Eine erste Zuordnung (Abbildung 1) erfolgte zum Gründungsdatum und beim hauptbeeinflussenden Element. Zur genaueren Charakterisierung wurde danach eine auf 10 Indikatoren erweiterte Analyse je als Netzdiagramm dargestellt.

Abbildung 1: Quellen utopischer Elemente für die Konzeption zukunftsorientierter Wohngenossenschaften in der Schweiz.

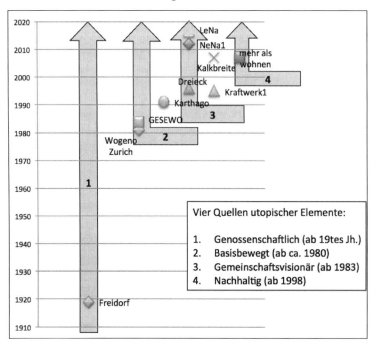

6 Nachhaltigkeit und Vernetzung

Die Kleinräumigkeit der Schweiz und insbesondere auch die begrenzte Personenzahl der „Szene" in Zürich, also der Menschen, die sich intensiv und in verantwortlicher Position mit den Ideen und der Umsetzung von Wohnutopien befassen, ergibt fast zwangsläufig eine enge Vernetzung. Erfolgreiche Elemente oder Teilideen, wie z.b. die Clusterwohnungen (auch Satellitenwohnung: mehrere privat genutzte Bereiche gruppieren sich um gemeinschaftlich genutzte Bereiche, eine Mischform aus klassischer WG und Kleinwohnungen) konnten sich deshalb auch rasch verbreiten.

6.1 Ökologische Nachhaltigkeit

Das Konzept der ökologischen Nachhaltigkeit ist bei allen Genossenschaften (außer Freidorf) als selbstverständliche Voraussetzung angenommen. Meist finden sich sehr vorbildliche Vorgehensweisen oder Vorschriften dazu in den Strukturen verankert. Besonders umfassend sind die Maßnahmen bei Bauplanung und Infrastruktur (z.B. Bürgi et al.). Verwendete Instrumente sind eigene Vorgaben, aber auch bestehende Standards wie:

- SIA 112/1 Empfehlungen Nachhaltiges Bauen (SIA: Schweizerischer Ingenieur und Architektenverband: www.sia.ch)
- Minergie-P-Eco Standard (www.minergie.ch)
- Reduktion des Flächenverbrauches und Verdichtung
- Verkehrskonzepte, autofreie Bewohner, Car-Sharing, Fahrradwerkstatt etc.

6.2 Soziale Nachhaltigkeit, Partizipation

Auch bei der sozialen Nachhaltigkeit sind viele Punkte weitergedacht und integriert, z.b.:

- Neuartige Wohnformen (z.B. Clusterwohnungen, Grosshaushalte), gemeinsame Infrastruktur, Einbezug von Gewerbemöglichkeiten
- Partizipation: Über Standards bei Genossenschaften hinausgehende Massnahmen, spezielle Gefässe und Kommissionen
- Ausgeklügelter Selektionsprozess für den Erstbezug, um eine gewünschte soziale Durchmischung zu erreichen.

6.3 Wirtschaftliche Nachhaltigkeit

In diesem Bereich können noch am wenigsten klare Ziele und Vorgaben gefunden werden. Am weitesten entwickelt sind Überlegungen zur Lebensmittelversorgung und zu Stadt-Land Verbindungen, die aber erst in Ansätzen realisiert sind. Auch die weiteren Überlegungen zu Arbeitsplätzen, zur Produktion und zu wirtschaftlichen Zusammenschlüssen, z.B. aus älteren siedlungsgenossenschaftlichen Ideen oder aus *bolo'bolo*, werden noch wenig aufgenommen.

7 Fazit

Zukunftsorientierte Wohngenossenschaften sind in Zürich entstanden, weil utopische Konzepte und neue Wohnideen über mehr als 20 Jahre hartnäckig verfolgt wurden. Die Wohngenossenschaften konnten anhand dieser identifizierten utopischen Elemente genauer klassiert werden. Auf dieser Grundlage werden die weiteren Schritte des Projektes aufgebaut werden.

Anmerkung: This work has been partially supported by the EU project MAZI, H2020-ICT-2015, no. 687983.

8 Literatur

Andreae, J.V. (1981): Christianopolis. Reise nach der Insel Caphar Salama und Beschreibung der darauf gelegenen Republik Christiansburg. Nachdruck der Ausgabe Esslingen 1741. Hildesheim: Verlag Gerstenberg.

Blome-Drees, J. (2012): Zur Aktualität des genossenschaftlichen Geschäftsmodells. In: Zeitschrift für öffentliche und gemeinwirtschaftliche Unternehmen 35 (4), S. 365-385.

Bürgi, A., Lee, E., Lee, J.S. und Raoseta, T. (2010): Kalkbreite – ein neuer Ansatz von Nachhaltigkeit. Semesterarbeit ETH Zürich.

Elsässer, M. (1984): Soziale Intentionen und Reformen des Robert Owen in der Frühzeit der Industrialisierung. Duncker & Humblot, Berlin.

Engelhardt, W.W. (1990): Die Genossenschaftsidee als Gestaltungsprinzip. In: Laurinkari, J. (Hrsg.): Genossenschaftswesen. Hand- und Lehrbuch. Oldenbourg Verlag, München und Wien, S. 10-26.

Engelhardt, W.W. (1998): Von der Utopie zur Genossenschaft. Zum Verständnis „Utopie-Genossenschaft-Sozialpolitik" seit den Anfängen, am Beispiel der Produktiv- und Siedlungsgenossenschaften dargestellt. In: Rundbrief Alternative Ökonomie 83 (2), S. 25ff.

Faucherre, H. (1925): Umrisse einer genossenschaftlichen Ideengeschichte, Zweiter Teil: Die Schweiz, 24, Verband schweiz. Konsumvereine (V.S.K.), Basel.

Genossenschaft Kalkbreite (2015): Kalkbreite – Ein neues Stück Stadt. Eigenverlag, Zürich.

Jaeggi, B. und Munding, K. (1943): Zusammenfassung der wegweisenden Grundsätze des Genossenschaftlichen Seminars (Stiftung von Bernhard Jaeggi). Selbstverlag, Muttenz.

Kesselring, P. und Winter, C.-J. (1995): World energy scenarios: A two-kilowatt society – plausible future or illusion? In: Energietage 94, Paul Scherrer Institut PSI, Villigen/Schweiz, S. 03-116.

Martignoni, J. (2015): Quartierwährung – Ein Modell zur Ressourcenmobilisierung für Bau- und Wohngenossenschaften. In: Andessner, R., Greiling, D., Gmür, M. und Theuvsen, L. (Hrsg.): Ressourcenmobilisierung durch Nonprofit-Organisationen. Dokumentation des 11. Internationalen NPO-Colloquiums am 03.-04. April 2014 in Linz, Trauner Verlag, Linz.

Martignoni, J., Gröbly, T., Weber, J. und Klöti, M. (2013): Quartierwährung – Vorschlag einer eigenen Komplementärwährung für die Baugenossenschaft mehr als wohnen auf dem Hunziker Areal. Windisch.

P.M. (Hans Widmer) (1989): bolo'bolo, endgültige Ausgabe. Paranoia City Verlag, Zürich.

P.M. (Hans Widmer) (2010): Neustart Schweiz – So geht es weiter. 2. Aufl., edition Zeitpunkt, Solothurn.

P.M. (Hans Widmer) (2015): bolo'bolo, Urfassung mit einer Nachbemerkung. Paranoia City Verlag, Zürich.

Scherer, K.-J. (1986): Siedlungsgemeinschaften und Landkommunen als Gegenmodell zur industriellen Zivilisation. In: Glaeßner, G. und Scherer, K. (Hrsg.): Auszug aus der Gesellschaft – Gemeinschaften zwischen Utopie, Reform und Reaktion. Verlag Europäische Perspektiven, Berlin, S. 87-103.

Stahel, T. (2006): Wo-Wo-Wonige! Stadt- und wohnpolitische Bewegungen in Zürich nach 1968. Paranoia City Verlag, Zürich.

Stumberger, R. (2004): Das Projekt Utopia – Geschichte und Gegenwart des Genossenschafts- und Wohnmodells Familistère Godin. VSA-Verlag, Hamburg.

Verein Neustart Schweiz (2015): Nachbarschaften entwickeln. 3. Aufl., Zürich.

van Wezemael, J.E. und Huber, A. (2004): Neue Wege im genossenschaftlichen Wohnungsbau. Kurzfassung Siedlungsevaluation KraftWerk1 und Regina-Kägi-Hof in Zürich. Bundesamt für Wohnungswesen, Schriftenreihe Wohnungswesen, 74.

Widmer, H.E. (2013): „The Power of Neighbourhood" und die Commons. Verein Neustart Schweiz, Zürich.

# Sozialgenossenschaften als Akteure des sozialen Wandels und genossenschaftliche Beiträge zu einer nachhaltigen Sozial- und Daseinsvorsorge

Ingrid Schmale und Nicole Göler von Ravensburg

1 Einleitung

Seit der Jahrtausendwende wurden in Deutschland viele Genossenschaften neugegründet. Bei einem derzeitigen Bestand von etwas über 7.800 (Stappel 2015) sind über 2.000 Genossenschaften erst nach der Jahrtausendwende entstanden (Blome-Drees et al. 2015). Deren Geschäftsfelder betreffen weniger die der „traditionellen" Genossenschaften, sondern richten sich weit mehrheitlich auf neue Tätigkeitsfelder. Als eher kleine Genossenschaften, die nicht selten von privaten Haushalten gegründet werden, gehen die Gründung sowie die Geschäftsführung der ersten Jahre einher mit sehr starkem ehrenamtlichem oder zivilgesellschaftlichem Engagement. Neben den vielen Energiegenossenschaften und anderen Genossenschaften, die den Bereich der Daseinsvorsorge betreffen, sind es vor allem der Gesundheits- und der Sozialbereich, welche genossenschaftliche Neugründungen aufweisen. Dies kann als ein Zeichen genommen werden, dass sowohl in der Genossenschaftspraxis als auch in der sozialstaatlichen Infrastruktur Pfadabhängigkeiten aufgebrochen wurden und werden, so dass sich das arbeitsteilige Zusammenwirken verschiedener Akteure des sog. Welfare Mix ändert.

Zunehmend gestalten Genossenschaften die Infrastruktur des Wohlfahrtsstaates mit. Der hier zum Zuge kommende Begriff der Sozialgenossenschaften ist relativ neu (als Pionier gilt Flieger 2003) und in Wissenschaft wie auch in der Genossenschaftspraxis nicht unumstritten (Schmale 2017). Neben dem Ausweis der infrastrukturellen Änderungen des Wohlfahrtsstaates geht es im Folgenden um die Präzisierung des Begriffs Sozialgenossenschaft.

2 Infrastrukturelle Änderungen des Wohlfahrtsstaates

In der Terminologie von Bode befindet sich der Wohlfahrtsstaat sowohl in seiner infrastrukturellen Ausprägung (Hardware) als auch in seinen Leistungsprogrammen (Software) in deutlicher Veränderung. Während die Leistungsprogramme eine Zunahme der personenbezogenen Dienstleistungen vorsehen, ändert sich zugleich auch die Adressatenorientierung und -ansprache in eine Akteursorientierung: Im Mittelpunkt steht der Mensch und von ihm ausgehend werden – idealtypischerweise – als notwendig oder hilfreich erachtete Maßnahmen der sozialen und gesundheitlichen Daseinsvorsorge geplant und organisiert. Viele gesetzliche Änderungen im Sozial- und Gesundheitsbereich betreffen die

Aufgabenstellung und das Selbstverständnis sozialer Dienstleister. Die gezielte und kollektive Einwirkung der Gesellschaft auf sich selbst durch den Wohlfahrts- oder auch Sozialstaat, der nach vorherrschenden Vorstellungen die Lebensverhältnisse der Bürger und einzelner Bevölkerungsgruppen (Bode 2013) ändert, zeigt insofern eine neue Qualität, als dass der handelnde und selbstbestimmte Mensch auch in der Sozialpolitik stärkere Beachtung findet (Helms 2017). Die jahrzehntelange Vormachtstellung der Wohlfahrtsverbände als Anbieter und Produzenten von Sozial- und Gesundheitsleistungen sowie als Anwälte der Patienten und Klienten im politischen Raum (Ahles 2017) weicht zunehmend einem „Quasi-Markt" auch im Bereich Sozialer Daseinsvorsorge. Dazu stellt Ingo Bode (2013, S. 18) fest, dass

> „die wohlfahrtsstaatliche Infrastruktur einen neuen kulturellen Kodex erhält, bei dem Wohlfahrtsadministration und Wohlfahrtsproduktion anders als bis dato konnotiert werden: Sie erscheinen weniger als gemeinsame Angelegenheiten der Gesellschaft und gelten vermehrt als Privatsache der Wohlfahrtssubjekte, also der Versicherten, Klienten, Patienten und Adressaten in den verschiedenen Bereichen sozialer Daseinsvorsorge".

Diese Einschätzung passt zur zunehmenden Einrichtung von Quasi-Märkten: Die Klienten/ Nachfrager nach sozialen Dienstleistungen werden staatlicherseits so ausgestattet (z.B. durch Verteilung von Gutscheinen), dass sie als Nachfrager auf den Wohlfahrtsmärkten „quasi" die im Wettbewerb stehenden Anbieter aussuchen können (Maier-Rigaud 2015). Ein Beispiel ist der Bildungsgutschein in Nordrhein-Westfalen, den Kunden der Agentur für Arbeit oder der Jobcenter, aber auch u.U. Berufsrückkehrer, die Kinder oder zu pflegende Angehörige betreut haben, für eine Förderung der beruflichen Weiterbildung erhalten (www.weiterbildungsberatung.nrw/foerderung). Ebenso wurden im Jahr 2010 Bildungsgutscheine für Kinder geplant, die bei Museumsbesuchen u.ä. eingesetzt werden könnten. Diese Entwicklung scheint ein weiterer Schritt auf dem Weg der schon lange beobachtbaren Ökonomisierung der Wohlfahrtsverbände sowie zur stärkeren Betonung von Marktanpassungszwängen in der Sozialpolitik zu sein. Hier wird davon ausgegangen, dass mit zunehmender Ökonomisierung und Marktdurchdringung der Sozialen Dienste neue Potenziale und Chancen zur Entwicklung von Sozialgenossenschaften entstehen.

3 Sozialgenossenschaften: Begriff und Entwicklung

Genossenschaften haben als Unternehmenszweck die Förderung der Mitglieder durch den gemeinschaftlichen Geschäftsbetrieb (§ 1 GenG). Dass Genossenschaftsmitglied hat die zentrale Position innerhalb der Genossenschaft, da es zugleich die Rollen

- als Leistungsabnehmer
- als Kapitalgeber und als
- Eigentümer in einer Person integriert (Identitätsprinzip).

Genossenschaften sind mitgliederorientierte, -getragene und -mitbestimmte Unternehmen. Dabei ist die Stimme personengebunden (one member, one vote) und wird nicht mit der jeweiligen Höhe ihrer Kapitalbeteiligungen gewichtet. Schon bevor die Genossenschaftsrechtnovelle im Jahr 2006 den Zweck der Genossenschaften über die wirtschaftliche Förderung der Mitglieder hinaus auch auf die Unterstützung der kulturellen oder sozialen Belange der Mitglieder ermöglichte, haben sich sog. „Sozialgenossenschaften" gegründet. Seit 2006 bietet das Genossenschaftsgesetz nun Sonderregelungen für kleine Genossenschaften an, um Gründungen zu erleichtern (Blome-Drees et al. 2015). In ihrer Ausrichtung rücken viele der neu gegründeten Genossenschaften in die Nähe zu gemeinwohlorientierten Organisationen, wie es die Organisationen des Sozialwesens, also die Wohlfahrtsverbände und ihre Tochterunternehmen, sind. Obwohl es in der Vergangenheit starke gemeinnützige und gemeinwirtschaftliche Traditionen der Genossenschaften[1] gab (Engelhardt 1983), wird von nicht wenigen Autoren eine gemeinwohlorientierte Ausrichtung der Sozialgenossenschaften als nicht vereinbar mit der „Genossenschaftlichkeit" dieser Organisationen gesehen. Allenfalls als Nebenzweck dürften Genossenschaften – also neben der Mitgliederförderung – auch gemeinwohlorientierten Zwecken gewidmet sein (Münkner 2003; Kluth und Sieker 2016).
Sozialgenossenschaften sind nach der hier vertretenen Auffassung solche Genossenschaften, „die soziale Dienstleistungen für solche Personen erbringen, die aus sozialpolitischer Sicht als wirtschaftlich und/oder als sozial schwach eingeschätzt werden." (Schmale 2017: 23; i. O. kursiv). Um auch die neuen Genossenschaften zu berücksichtigen, die z.B. als Dorfladen die Nahversorgung in ländlichen Räumen sicherstellen, wird der Begriff zum Teil über das engere, herkömmliche sozialpolitische Verständnis hinaus ausgerichtet auf die „Versorgung von Menschen mit besonderen Bedarfs- und Lebenslagen – bedingt beispielsweise durch das Alter, Krankheiten, körperliche/geistige Behinderungen, Arbeitslosigkeit ebenso wie um die nachhaltige Sicherstellung regionaler Sozial- und Daseins- sowie Nahversorgung vor allem in ländlichen Räumen." (Göler von Ravensburg und Schmale 2016, S. 293 f.). Auch Johannes Blome-Drees (2017: 63) argumentiert ähnlich, wenn er schreibt:

---

[1] Interessanterweise gehörten in der Vergangenheit gerade solche Genossenschaften zur gemeinnützigen bzw. gemeinwirtschaftlichen Tradition, in denen private Haushalte ihre wirtschaftliche und soziale Situation durch die Mitgliedschaft in Wohnungs(bau)genossenschaften oder Konsumgenossenschaften verbessern wollten. Die z.T. mit Skandalen und wirtschaftlicher Kriminalität einhergehenden Zusammenbrüche der gemeinnützigen und -wirtschaftlichen Flaggschiffe „Neue Heimat" im gemeinnützigen Wohnungssektor (1982) oder auch der Co op AG Frankfurt Ende der 1980er Jahre (beide Unternehmen waren mehrheitlich in Gewerkschaftshand) sorgten dafür, dass die Genossenschaftspraxis in Deutschland dem Typus gemeinwirtschaftliche Genossenschaften eher distanziert oder sogar ablehnend gegenübersteht. Insofern trifft auch die eher gemeinnützige oder gemeinwohlorientierte Ausrichtung der sog. Sozialgenossenschaften in der Genossenschaftspraxis und Teilen der -wissenschaft auf Skepsis oder Ablehnung. Zumal gerne damit geworben wird, dass die eingetragene Genossenschaft die insolvenzsicherste Rechtsform ist (Blome-Drees 2012, S. 2).

"Namensgebendes Merkmal der Sozialgenossenschaften ist ihre soziale Ausrichtung. Sozialgenossenschaften agieren auf Basis sozialer Bedürfnisse und Problemlagen. Es handelt sich um Genossenschaften, die zuvörderst soziale Belange ihrer Mitglieder, Dritter und womöglich der Allgemeinheit zu fördern trachten. Dies ist das einzige spezifische Merkmal, das auf alle Sozialgenossenschaften zutrifft und diese andererseits eindeutig von Genossenschaften unterscheidet, die primär die wirtschaftlichen Bedürfnisse ihrer Stakeholder zu befriedigen trachten. Soziale Belange umfassen die gesamte daseinsvorsorgende menschliche Lebensführung. Hierzu zählen körperliche, geistige, seelische, aber auch materielle Belange von Menschen, die der Unterstützung und Förderung bedürfen".

Nach Flieger (2003) zielt der Begriff der Sozialgenossenschaft auf ein breites Spektrum von Genossenschaften, deren Mitglieder oder Beschäftigte im sozialen Sektor arbeiten bzw. dort als Anbieter oder Nachfrager zuzuordnen sind. Er unterscheidet Sozialgenossenschaften

- Betroffener,
- solidarische Sozialgenossenschaften, deren Mitglieder für die Förderung Dritter eine Genossenschaft bilden, und
- professionelle Sozialgenossenschaften, deren Mitglieder als Sozialarbeiter oder im Pflege- und Gesundheitsbereich Tätige quasi eine Produktivgenossenschaft für den Erhalt des eigenen Arbeitsplatzes betreiben.

Nach der Statistik, die Michael Stappel in der DZ Bank verantwortlich zur Erfassung der Genossenschaften führt, haben sich von 2005 bis 2015 insgesamt 332 Sozialgenossenschaften gegründet (Tabelle 1). Man kann davon ausgehen, dass 158 Sozialgenossenschaften aus Selbsthilfeinitiativen der Betroffenen heraus gegründet wurden, in 51 Fällen sind es die Leistungsanbieter, die sich zu einer professionellen Sozialgenossenschaft zusammenfinden, und in 116 Fällen werden Sozialgenossenschaften aufgrund von Bürgerengagement gegründet. Dahinter verbergen sich viele Initiativen, die zum Erhalt einer wirtschaftlichen (Dorfladen), sozialen oder kulturellen Infrastruktur (Gaststätten-, Kinogenossenschaften u.ä.) Genossenschaften gründen. Auch sieben Arbeitgeber gründen für ihre Mitarbeiter Genossenschaften, um z.B. die Vereinbarkeit von Familie und Beruf in Form einer Familiengenossenschaft oder Kita zu fördern.

Eine relativ wichtige Unterscheidung der vorhandenen Sozialgenossenschaften ist die Einordnung danach, ob die Sozialleistungen aufgrund gesetzlicher Regelungen erbracht werden, etwa nach dem Sozialgesetzbuch (SGB) III (Arbeitsförderung inkl. Bildungsleistungen), dem SGB VIII (Kinder- und Jugendhilfe), dem SGB IX (Rehabilitation und Teilhabe behinderter Menschen), dem Behindertengleichstellungsgesetz (BGG) und dem SGB XI (Pflege), oder ob die Dienstleistungen sozialer Art nicht gesetzlich definiert sind wie z.B. Nachbarschaftshilfe, Dorfläden, Integrationsunternehmen, Stadtteilgenossenschaften etc. Während die Genossenschaften, die sich um ungeregelten Bereich entwickeln, eher auf Markt- oder Staatsversagen hindeuten, können die Genossenschaften, die sich im gesetzlich geregelten Sozial- und Gesundheitsbereich etablieren, eher als Wettbewerber und Konkurrenten zu den anderen Anbietern in diesen Bereichen aufgefasst werden.

Tabelle 1: Neugründungen von Sozialgenossenschaften 2005-2015

Neugründungen 2005-2015 insgesamt	332
Selbsthilfe	158
Leistungsanbieter	51
Bürgerengagement	116
Arbeitgeber	7
Arbeitsförderung	10
Kinder/ Jugend	12
Reha./Behinderung	12
Seniorenförderung	34
Genossenschaftliche Schulen	14
Nachbar-/Stadtteilgenossenschaften	10
Familiengenossenschaften	6
Erhalt der Infrastruktur	101
fair trade	24
Mikrofinanzgenossenschaften	3
Sonstige	105

Quelle: in Anlehnung an Stappel 2017, S. 153f.

4 Sozialgenossenschaften und Sozialunternehmen

Sozialgenossenschaften rücken stark in die Nähe des Konzeptes, das die EU für sog. Sozialunternehmen protegiert. Unabhängig von den verschiedenen Rechtsformen bieten Sozialunternehmen für schutzbedürftige, marginalisierte, benachteiligte oder ausgegrenzte Personen Sozialdienstleistungen oder stellen Güter bereit (Schmale 2016). Innerhalb des wissenschaftlichen Forschungsnetzwerkes Netzwerkes EMES (emergence of social enterprises in Europe) wurden dazu aufgrund einer empirischen Untersuchung in verschiedenen europäischen Ländern folgende Dimensionen und Kriterien erfasst, um Sozialunternehmen zu identifizieren (Göler von Ravensburg und Schmale 2016) (Tabelle 2).

Tabelle 2: Dimensionen und Kriterien für Sozialunternehmen

Ökonomische und unternehmerische Dimension	Soziale Dimension	Partizipationsdimension
Kontinuierliche Produktion von Gütern oder Dienstleistungen	Bewusstes Ziel, der Gemeinschaft zu dienen	Hoher Grad an Autonomie
Signifikante Übernahme wirtschaftlichen Risikos	Kollektive Initiative von Bürgern oder Organisationen der Zivilgesellschaft	Entscheidungsbefugnisse nicht an Kapital gebunden
Minimum an bezahlter Beschäftigung	Beschränkte Gewinnverteilung	Beteiligung auch betroffener Nichtmitglieder

Quelle: Defourny und Nyssens 2012, S. 12-15

In Sozialunternehmen sorgen gegen Entlohnung angestellte Beschäftigte für die kontinuierliche Produktion von Gütern und Dienstleistungen, wobei die Produktion (z.B. durch Langzeitarbeitslose) und/oder die Güter und Dienstleistungen im Interesse des Gemeinwohls stehen. Dabei trägt das Sozialunternehmen das wirtschaftliche Risiko und wählt zugleich autonom, also unabhängig vom Staat, seine Ziele und Vorgehensweise. Die Entscheidungsbefugnisse der Träger werden nicht auf die Höhe der Kapitalbeteiligung bezogen und es können auch betroffene Nichtmitglieder innerhalb des Sozialunternehmens partizipativ beteiligt sein. Das Ziel, mit dem Unternehmen zugleich der Gemeinschaft zu dienen, wird bewusst angestrebt, denn es handelt sich um eine kollektive Initiative von Bürgern oder Organisationen der Zivilgesellschaft, die am Markt wirtschaftet und zugleich die Gewinnverteilung beschränkt. Anders als in vielen anderen europäischen Ländern gibt es in Deutschland keine gesonderte rechtliche Regelung zu Sozialunternehmen (Europäische Kommission 2014). Auf die auch historisch schon angelegte ideelle Nähe der Genossenschaften zu solchen Unternehmen, die heute von der EU als Sozialunternehmen bezeichnet werden, machen Brazda und Blisse (2014) aufmerksam.

5 Sozialgenossenschaften als Akteure des sozialen Wandels

Viele Sozialgenossenschaften sind Antworten auf den gesellschaftlichen Wandel, der ein neues Verständnis von Geschlechterrollen beinhaltet sowie eine Pluralisierung von Lebensstilen zulässt, aber auch auf die Folgen des demographischen Wandels. Nicht wenige Sozialgenossenschaften sind im Bereich Pflege und Betreuung angesiedelt. Die zunehmende Frauenerwerbstätigkeit hat hier neue Bedarfe an außerhäuslicher Unterstützung der Familiensorge hervorgerufen. Durch die Sicherstellung der Kinder- wie auch Altenbetreuung etwa durch

Sozialgenossenschaften (Familiengenossenschaften, Kita-Genossenschaften, Seniorengenossenschaften, Mehrgenerationenhäuser etc.; vgl. www.genossenschaften.de) kann der gesellschaftliche und soziale Wandel weiter voranschreiten. Die Auswirkungen des demographischen Wandels zeigen sich derzeit insbesondere in ruralen Räumen. Besonders dort sind viele Infrastrukturen aufgrund des Bevölkerungsrückgangs und der Änderung der Bevölkerungszusammensetzung hin zu älteren Menschen gefährdet. Der öffentliche Personennahverkehr, Lebensmittelgeschäfte, Arztpraxen und andere Organisationen der Gesundheitsversorgung, Restaurants, Cafés und Gaststätten, Schwimmbäder, Bank- und Poststellen schränken den Service ein oder schließen ganz, so dass gerade für die dort lebenden Älteren die Versorgung gefährdet erscheint. Auch für die Jungen und jungen Familien wird die ländliche Region als Wohnort durch den Rückgang der Infrastruktur zunehmend unattraktiv.

Viele Sozialgenossenschaften setzen ehrenamtliches oder darüber hinausgehend gar zivilgesellschaftliches, also auf einen Politikwechsel fokussierendes Engagement der Mitglieder voraus und bieten zugleich Raum dafür. So scheint eine Voraussetzung für die Gründung, aber auch für den Betrieb eines Dorfladens das Ausmaß des ehrenamtlichen Engagements in der jeweiligen Gemeinde zu sein. Vielfach ist zu beobachten, dass soziale Gruppen mit gleichgerichteten wirtschaftlichen, sozialen oder kulturellen Interessen durch Genossenschaftsgründungen kulturelle und soziale Infrastrukturen aufrechterhalten (etwa Dorfläden, Gaststätten-, Schwimmbad-, Kinogenossenschaften u.ä., aber auch Ärztegenossenschaften wie z.B. der Gesundheitsverbund Jülicher Land eG; www.gvjl.de; Schmale 2010). Damit entstehen neue Gemeinschaften und Vernetzungen, bestehendes Sozialkapital wird eingesetzt, neues gebildet. Nicht selten sind es die Vertreter der gutbürgerlichen Mittelschicht, Ärzte, Rechtsanwälte, Vorstände von Kreditgenossenschaften, die als Initiatoren und Gründungsmitglieder solche Projekte realisieren (Schmale und Blome-Drees 2014). Diese nutzen neben ihrem Human- und ökonomischen Kapital das von ihnen aktivierbare Sozialkapital im Gründungsprozess. Dabei geht es auch um das sog. „bridging social capital", also das über die enge soziale, homogene Gruppe hinausweisende Beziehungsnetzwerk zu Mitgliedern anderer Gruppen, das als Investition in Sozialbeziehungen unter Einbezug der Partizipation in Organisation und der Zivilgesellschaft eingebracht wird (Boje 2009).

Im günstigen Fall, wenn das Projekt realisiert wird und sich bewährt, erfahren und lernen die handelnden Menschen, dass sie selbst mit anderen zusammen etwas bewegen können. Hier spielt der von Offe und Heinze schon 1990 so bezeichnete Prozessnutzen eine außerordentlich große Rolle. Neben dem Wert des Ergebnisses der Leistungserstellung (Dorfladen: Erhalt der Einkaufsmöglichkeit) geht es um die Erlebnisqualitäten des Prozesses der Gründung und der Sicherstellung des Betriebs, was neue Kommunikationen, Gratifikationen und soziale Beziehungen zur Folge hat (Dorfladen als Ort der Kommunikation, Integration). Der Dorfladen vernetzt die Bevölkerung u.U. in einer neuen Art und Weise dadurch, dass sie Lebensmittelladeneigentümer und Kunden zugleich sind. Das neue Beziehungsnetzwerk kann das Gemeinschaftsgefühl sowie die Identität stärken und dadurch dem Dorfleben eine neue Qualität verleihen. Dies ergaben die Vorträge der Beteiligten auf einem Theorie-Praxis-GenossenschaftsFORUM in der Universität zu Köln, wo der Frische Sistig eG, ein Dorfladen aus der Eifel, der Welberger-Dorfladen sowie „unser Dorfladen" in Leer am 22.10.2015 von Initiatoren und Gründungsmitgliedern vorgestellt wurden. Zu dieser Entwicklung passt das Ergebnis des Freiwilligensurveys 2009, das in der Bevölkerung eine aufgeschlossenere Einstellung zum Engagement feststellte (Gensicke und Geiss 2009).

Auch die Politik auf Landes- wie auch auf Bundesebene interessiert sich wieder für die Neugründungsprozesse im genossenschaftlichen Bereich. So wird gerade auf Bundesebene überprüft, ob die Rechtsform der Genossenschaft für die kleinen Initiativen rund um kulturelle und soziale Infrastrukturen geeignet ist, oder ob der Gesetzgeber einen geeigneten Rahmen für eine kleine Kooperationsgesellschaft schaffen müsste – sei es im Vereinsrecht oder im Genossenschaftsgesetz. Auf Landesebene ist auf die Initiative des Bayerischen Staatsministeriums für Arbeit und Soziales, Familie und Integration hinzuweisen, die mit dem Ratgeber zur erfolgreichen Gründung von Sozialgenossenschaften in Bayern sowie einer finanziellen Unterstützung für Neugründungen in diesem Bereich wirbt (Bayerisches Staatsministerium 2012/13; Haderthausen 2013). Hinzu kommen die schon erwähnten geänderten rechtlichen Rahmenbedingungen im Genossenschaftsgesetz (Rechtsnovelle von 2006) sowie die im Sozialgesetzbuch geregelte Förderung der Selbsthilfe im Bereich Gesundheit und Soziales sowie die seit 1997 durchgeführten Reformmaßnahmen im Gesundheitswesen.

6 Fazit

Die erwähnten gesetzlichen Änderungen im Sozial- und Gesundheitsbereich zeigen den Willen des Gesetzgebers, nach dem im Mittelpunkt der Sozial- und Gesundheitspolitik der bedürftige oder förderungswürdige Mensch steht, auf den die Leistungen der verschiedenen Akteure der Gesundheits- und Sozialversorgung gerichtet sind. Diese sind in ihren Organisationen auf eine zunehmende Ökonomisierung sowie stärkere Marktorientierung ausgerichtet. Viel stärker als noch Ende des 20. Jahrhunderts geht es heute um Aktivierung der klienteneigenen Ressourcen, um Empowerment, um Hilfe zur Selbsthilfe sowie um eine Stärkung der Resilienz (Schmale und Degens 2013). Diese Selbsthilfeaktivitäten als soziales Prozessgeschehen ermöglichen nach Frank Schulz-Nieswandt (2013) Persönlichkeitswachstum und Reifung der menschlichen Person gerade auch angesichts existenzieller Herausforderungen. Je marktnäher die Organisationen der Sozial- und Gesundheitsversorgung agieren, umso mehr Potenziale haben Sozialgenossenschaften als Akteure des Welfare Mix. Im Bereich der (ruralen) Daseinsvorsorge können sie vorhandene endogene Ressourcen aktivieren und neben dem Markt sowie neben dem Staat Infrastrukturen mit Hilfe des bürgerschaftlichen Engagements erhalten. Sofern den jungen Genossenschaften eine solch lange „Lebenszeit" beschieden ist wie es die traditionellen Genossenschaften mit z.t. über 150jährigen Traditionen aufweisen können, kann man allerdings auch sicher sein, dass sie in den noch zu durchlaufenden Lebenszyklen vielfältige Transformationen zeigen werden, die sie hin zum Markt, hin zu verwaltungswirtschaftlichen Organisationen oder deutlicher hinein zum NPO-Sektor sowie zu Reziprozitäts-Wirtschaften der Primärgruppen führen.

7 Literatur

Ahles, L. (2017): Konkurrenz oder Kooperation? Genossenschaften und Perspektiven der Wohlfahrtsverbände. In: Schmale, I. und Blome-Drees, J. (Hrsg.): Genossenschaft innovativ. Genossenschaften als neue Organisationsform in der Sozialwirtschaft. Wiesbaden, S. 111-136.

Bayerisches Staatsministerium für Arbeit und Soziales, Familie und Integration (2012/13): Sozialgenossenschaften in Bayern – Der Ratgeber zur erfolgreichen Gründung. Ein Ratgeber der Zukunftsinitiative Sozialgenossenschaften.

Blome-Drees, J. (2012): Wirtschaftliche Nachhaltigkeit statt Shareholder Value. Das genossenschaftliche Geschäftsmodell. Wiso direkt, FES.

Blome-Drees, J. (2017): Rationales Management von Sozialgenossenschaften. In: Schmale, I. und Blome-Drees, J. (Hrsg.): Genossenschaft innovativ. Genossenschaften als neue Organisationsform in der Sozialwirtschaft. Wiesbaden, S. 47-75.

Blome-Drees J., Bøggild, N., Degens, P., Michels, J., Schimmele, C. und Werner, J. (2015): Potenziale und Hemmnisse von unternehmerischen Aktivitäten in der Rechtsform der Genossenschaft. Studie im Auftrag des Bundesministeriums für Wirtschaft und Energie (BMWi). www.uni-koeln.de/sites/genosem/Sonstiges/Studie_Potenziale-Hemmnisse-Genossenschaften.pdf.

Bode, I. (2013): Die Infrastruktur des postindustriellen Wohlfahrtsstaates. Organisation, Wandel, gesellschaftliche Hintergründe. Wiesbaden.

Brazda J. und Blisse H. (2014): Genossenschaften und Sozialunternehmertum historisch aktuell. In: Brinkmann, V. (Hrsg.): Sozialunternehmertum. Baltmannsweiler, S. 193-204.

Defourny, J. und Nyssens, M. (2012): The EMES Approach of Social Enterprise in a Comparative Perspective, EMES Working Paper 12 (03).

Engelhardt, W.W. (1983): Allgemeine Ideengeschichte des Genossenschaftswesens. Einführung in die Genossenschafts- und Kooperationslehre auf geschichtlicher Basis. Darmstadt.

Europäische Kommission (2014): Ein Überblick über Sozialunternehmen und ihre Ökosysteme in Europa, ein Bericht von ICF Consulting Services. URL: http://ec.europa.eu/social/main.jsp?-langId=de&catId=89&newsId=2149.

Flieger, B. (2013): Sozialgenossenschaften als Perspektive für den sozialen Sektor in Deutschland. In: Flieger, B. (Hrsg.): Sozialgenossenschaften. Wege zu mehr Beschäftigung, bürgerschaftlichem Engagement und Arbeitsformen der Zukunft. Neu-Ulm, S. 11-35.

Gensicke, T. und Geiss, S. (2010): Hauptbericht des Freiwilligensurveys 2009. Zivilgesellschaft, soziales Kapital und freiwilliges Engagement in Deutschland 1999-2004-2009, durchgeführt im Auftrag des Bundesministeriums für Familien, Senioren, Frauen und Jugend, vorgelegt von TNS Infratest Sozialforschung München.

Gmür, M. (2013): Die Krise als Chance. Genossenschaften aus der Perspektive des Freiburger Management-Modells für NPO. In: Brazda, J., Dellinger, M. und Rößl, D. (Hrsg.): Genossenschaften im Fokus einer neuen Wirtschaftspolitik. Bericht der XVII. Internationalen Genossenschaftswissenschaftlichen Tagung 2012 in Wien. Wien und Berlin, S. 133-145.

Göler von Ravensburg, N. (2013): Chancen für die eingetragene Genossenschaft in der Sozialwirtschaft. Zeitschrift für öffentliche und gemeinwirtschaftliche Unternehmen 36 (2-3), S. 89-105.

Göler von Ravensburg, N. (2015): Sozialgenossenschaften in Deutschland – Eine Diskurs-geleitete phänomenologische Annäherung. Zeitschrift für öffentliche und gemeinwirtschaftliche Unternehmen 38 (2), S. 135-154.

Göler von Ravensburg, N., Schmale, I. (2016): Genossenschaftlich/e G/gestalten im wohlfahrtsstaatlichen Umbau; In: Taisch, F., Jungmeister, A., Gernot, H. (Hrsg.): Genossenschaftliche Identität und Wachstum, Bericht der XVIII. Internationalen Genossenschaftswissenschaftlichen Tagung IGT 2016 in Luzern, Verlag Raiffeisen Schweiz, S. 293-305.

Haderthausen C. (2013): Genossenschaften für alle sozialen Bereiche geeignet. Denk-doch mal, online-Magazin 4-13 http://denk-doch-mal.de/wp/im-land-der-genossenschaften-2/.

Helms, U. (2017): Zum Stellenwert gemeinschaftlicher Selbsthilfe in der Sozialgesetzgebung. In: Schmale, I. und Blome-Drees, J. (Hrsg.): Genossenschaft innovativ. Genossenschaften als neue Organisationsform in der Sozialwirtschaft. Wiesbaden, S. 95-109.

Kluth, W. und Sieker, S. (2017): Sozialgenossenschaften aus dem Blickwinkel des Genossenschaftsrechts und des Gemeinnützigkeitsrechts. In: Schmale, I. und Blome-Drees, J. (Hrsg.): Genossenschaft innovativ. Genossenschaften als neue Organisationsform in der Sozialwirtschaft. Wiesbaden, S. 77-94.

Maier-Rigaud, R. (2015): Verbraucherpolitische Herausforderungen bei der Absicherung der Risiken Krankheit, Pflege und Alter in der Sozialversicherung und auf Wohlfahrtsmärkten. In: Mülheims, L., Hummel, K., Peters-Lange, S., Toepler, E. und Schuhmann, I. (Hrsg.): Handbuch Sozialversicherungswissenschaft. Wiesbaden, S. 673-686.

Münkner, H.H. (2003): Wie ist der rechtliche Rahmen für Sozialgenossenschaften zu gestalten? In: Flieger, B. (Hrsg.): Sozialgenossenschaften. Wege zu mehr Beschäftigung, bürgerschaftlichem Engagement und Arbeitsformen der Zukunft. Neu-Ulm, S. 271-299.

Offe, C. und Heinze, R. (1990): Organisierte Eigenarbeit: das Modell Kooperationsring. Frankfurt a.M.

Schmale, I. (2017): Sozialgenossenschaften: Eine wiederentdeckte Rechts- und Organisationsform in der Sozialwirtschaft. In: Schmale, I. und Blome-Drees, J. (Hrsg.): Genossenschaft innovativ. Genossenschaften als neue Organisationsform in der Sozialwirtschaft, Wiesbaden, S. 11-45.

Schmale, I. und Blome-Drees, J. (2014): Genossenschaften als Akteure der regionalen Entwicklung. In: Sozialer Fortschritt 63 (8), S. 186-190.

Schmale, I. und Degens, P. (2013): Selbstbestimmung, Lebenslage und Fähigkeiten: Beiträge von Genossenschaften zur wirtschaftlichen und sozialen Entwicklung. In: Rösner, H.J. und Schulz-Nieswandt, F. (Hrsg.): Kölner Beiträge zum Internationalen Jahr der Genossenschaften 2012. Berlin, S. 147-164.

Schulz-Nieswandt, F. (2013): Die Kommune als vernetzter Sozialraum des gelingenden sozialen Miteinanders. In: Rösner H.J. und Schulz-Nieswandt, F. (Hrsg.): Kölner Beiträge zum Internationalen Jahr der Genossenschaften 2012. Berlin, S. 21-42.

Stappel, M. (2015): Die deutschen Genossenschaften 2015. Entwicklungen – Meinungen – Zahlen. Wiesbaden.

Stappel, M. (2017): Zu genossenschaftlichen Neugründungen mit sozialer Zielsetzung. In: Schmale, I. und Blome-Drees, J. (Hrsg.): Genossenschaft innovativ. Genossenschaften als neue Organisationsform in der Sozialwirtschaft. Wiesbaden, S. 147-159.

Zerche, J., Schmale, I. und Blome-Drees, J. (1998): Einführung in die Genossenschaftslehre: Genossenschaftstheorie und Genossenschaftsmanagement. München und Wien.

Genossenschaftsmanagement und Member Value Optimierung

Peter Suter und Markus Gmür

1 Das Management von Mitgliedernutzen

Die Frage der Bedeutung von Werten für das Genossenschaftsmanagement wird aus drei grundsätzlichen Perspektiven angegangen. Zum einen gibt es eine Vielzahl an theoretischen Abhandlungen und empirischen Studien über die Wesensmerkmale von Genossenschaften und deren normativen Wertbasis (Hill und Doluschitz 2014). So halten etwa Rößl et al. (2015) fest, dass Genossenschaften „oft aus [...] ihnen zugrunde liegenden Werten definierten Idealbild diskutiert" werden. Zum anderen wird die volkswirtschaftliche Bedeutung des Genossenschaftssektors und insbesondere ihr Beitrag zur Nachhaltigkeit diskutiert, z.B. im Sinne einer genossenschaftlichen Antwort auf die Wirtschaftskrise von 2008 (Schediwy et al. 2013). Zwischen diesen beiden Diskussionssträngen gibt es enge Verbindungen, da die wirtschaftliche Nachhaltigkeit oftmals auf die genossenschaftlichen Prinzipien zurückgeführt werden (Mazzarol et al. 2014). Als dritte Perspektive wird der Wert einer Genossenschaft aus mitgliedschaftlicher Nutzenperspektive betrachtet. Im deutschsprachigem Raum orientiert sich diese Forschungsrichtung vor allem an den Konzepten des Förderauftrages und des Member Values (Suter 2013).

Die vorliegende Studie kombiniert den ersten und dritten Forschungsstrang und untersucht, welch ein Nutzen aus den genossenschaftlichen Werten und einem genossenschaftlichen Management für die Genossenschaftsmitglieder entsteht. Untersuchungsfeld für diese Frage ist der Schweizer Wohnbaugenossenschaftssektor, der ein weites Spektrum an unterschiedlichen Ausprägungen der genossenschaftlichen Prinzipien aufweist.

Zur Analyse des Mitgliedernutzens folgt die vorliegende Studie dem Member Value Ansatz des Freiburger Management-Modells (Suter und Gmür 2013). Der Ansatz geht von einer erweiterten Bedürfnistheorie aus und legt den Fokus auf die Übereinstimmung zwischen den Bedürfnissen der Mitglieder mit deren Deckungsgrad seitens der Genossenschaft. Der Member Value Ansatz umfasst insgesamt 12 unterschiedliche Bedürfnisse, von denen in der vorliegenden Studie jedoch nur Nutzendimensionen betrachtet werden, die in einem spezifischen Zusammenhang zum genossenschaftlichen Management stehen: Identität, Wirksamkeit und Zugehörigkeit (Dülfer 1966).

2 Genossenschaftsmanagement aus systemischer Perspektive

Um das Management von Wohnbaugenossenschaften zu erfassen, wurden zwei systemtheoretische Ansätze miteinander verbunden: das strukturfunktionalistische AGIL-Schema von Parsons (1961; 1971) und die Systematik der Managementfunktionen des Freiburger Management-Modells für Nonprofit-Organisationen (FMM) (Lichtsteiner et al. 2015). Das AGIL-Schema differenziert vier essentielle Systemfunktionen, ohne die ein soziales System nicht überlebensfähig wäre (Parsons 1961; 1971):

- Adaption (Anpassung): Interaktion der Organisation mit ihrer Umwelt und ihre Fähigkeit zur Anpassung an sich verändernde Umweltbedingungen und der Beschaffung genügender Ressourcen.

- Goal Attainment (Zielverfolgung): Prozesse der Willensbildung und Willenssicherung beim Fällen von Ziel- und Strategieentscheiden sowie die Fähigkeit, die gesetzten Ziele zu verfolgen.

- Integration (Integration): Regelung der Beziehungen zwischen dem einzelnen Mitglied und der Organisation, wie auch zwischen den Mitgliedern, unter dem Grundgedanken eines kohäsiven Ganzen.

- Latent Pattern Maintenance (Strukturerhaltung): Stabilität der Organisation sowie die Aufrechterhaltung der Strukturen und Wertmuster garantieren.

Das FMM gliedert Managementaufgaben in drei wesentliche Bereiche: System-, Marketing-, und Ressourcen-Management. Das Marketing-Management umfasst im FMM-Verständnis nicht bloß das Absatzmarketing, sondern insgesamt die Aufgabe, die Leistungen und Kommunikation auf die Nutzenstiftung für die Mitglieder auszurichten. Im Kern des Marketings liegen somit sämtliche Aspekte rund um die Leistungserbringung. Hier schließt das Ressourcen-Management an, das die zur Leistungserbringung erforderlichen Mittel zu beschaffen, verwalten und weiterentwickeln hat. Dem System-Management schließlich werden alle übergeordneten und die Organisation als Gesamtsystem betreffenden Aufgaben zugeordnet. Es lässt sich wiederum in drei Teilaspekte unterteilen, nämlich strategische Ziele, normative Werte sowie die zur Leistungserbringung notwendigen Strukturen und Prozesse. Jede mitgliederbasierte Organisation hat Ziele – eine Mission – die sinnstiftend sind und deren Kern ausmachen. Bei Genossenschaften ist dies schon von Gesetzes wegen die Mitgliederförderung (genossenschaftlicher Förderauftrag). Diese Sachzieldominanz ist auch ein Hauptunterscheidungsmerkmal von NPO gegenüber Wirtschaftsunternehmen. Ebenso wichtig wie die Mission der Organisation ist die Frage, wie über die Mission und die Ziele entschieden wird, resp. wer alles am Entscheidungsfindungsprozess teilnehmen kann. Hier kommt insbesondere dem demokratischen Grundprinzip von „one man one vote" eine besondere Bedeutung zu. Somit ergeben sich aus dem FMM fünf wesentliche Managementaufgaben.

Genossenschaftsmanagement und Member Value Optimierung 451

Tabelle 1: Parsons' AGIL-Schema und Freiburger Management-Modell Kreuztabelle

	Ressourcen	Leistungen	Strukturen und Prozesse	Ziele	Werte
Adaption	Wir hinterfragen regelmäßig, ob wir unsere Ressourcen so gewinnen und einsetzen, dass wir den Erwartungen unserer Mitglieder bestmöglich entsprechen.	Wir greifen aktiv die Anliegen unserer Mitglieder auf und passen unser Angebot kontinuierlich dementsprechend an.	Wir optimieren regelmäßig unsere Prozesse und Strukturen und scheuen uns nicht davor, auch über größere Veränderungen nachzudenken z.B. Kooperationen, Fusionen, Outsourcing, etc.	Wir orientieren uns regelmäßig an unserer derzeitigen Lage (z.B. des regionalen Immobilienmarktes oder der politischen Situation) und passen uns laufend an.	Unsere Wohnbaugenossenschaft ist in der Lage sich ändernden Norm- und Wertvorstellungen unserer Mitglieder und der Gesellschaft z.B. abnehmende Mitwirkungsbereitschaft, anzupassen.
Goal Attainment	Unsere Ressourcenplanung ist sehr langfristig ausgelegt und wir haben eine klare Vorstellung, wann in welcher Liegenschaft, was gemacht werden muss.	Wir folgen konsequent unserem Leitbild und Zielen, bei der Festlegung unseres Leistungs-angebotes für unsere Mit-glieder.	In unserer Wohnbaugenossenschaft haben wir Strukturen und Reglements, die es erlauben das Wohl der gesamten Genossenschaft gegenüber Partikularinteressen durchzusetzen und jeder weiß was zu tun ist, um die Genossenschaft voranzubringen.	Uns gelingt es auch in schwierigen Situationen z.B. ein finanzieller Engpass, unsere Ziele nicht aus dem Blick zu verlieren.	Wir haben nicht bloß Ziele bezüglich der Entwicklung unserer Wohnbaugenossenschaft, sondern auch hinsichtlich der Werte, die bei uns gelebt werden sollen.
Integration	Wir haben unsere Mitglieder in die Gewinnung und Verwendung von Ressourcen stark eingebunden, z.B. ehrenamtliches und freiwilliges Engagement, Budgetfestlegung, etc.	Wie bieten unseren Mitgliedern viele Plattformen, wo sie ihre Ideen (und Wünsche) einbringen und sich untereinander austauschen können.	Neue Mitglieder werden bei uns gut eingeführt und wir vermitteln allen ein Verständnis über ihren „Platz" innerhalb der Wohnbaugenossenschaft.	Wir beziehen unsere Mitglieder bei wichtigen Fragen zur Genossenschaft und der Festlegung von Zielen mit ein.	Wir schaffen es bei unseren Mitgliedern eine starke demokratische Haltung und eine Mitwirkungs-Mentalität zu etablieren.
Latent Pattern Maintenance	Wir haben stabile, breit abgestützte Ressourcenquellen und setzen unsere Ressourcen so ein, dass wir eine langfristige Kontinuität unseres Angebots garantieren können.	Unser vielfältiges Angebot (z.B. gemeinsame Freizeitanlässe) zu nutzen, ist bei unseren Mitgliedern eine Selbstverständlichkeit.	Alle Mitglieder wissen über ihre Rechte und Pflichten (Kompetenzverteilung) in der Wohnbaugenossenschaft Bescheid und versuchen unsere „Traditionen" hochzuhalten, z.B. Genossenschafts-fest.	Die Entscheide und Ziele der Wohnbaugenossenschaft sind fest in den Köpfen unserer Mitglieder verankert.	In unserer Wohnbaugenossenschaft pflegen wir eine gemein-same Werthaltung; alle ziehen am gleichen Strick.

Während Parsons mit vier Grundfunktionen Funktionserfordernisse jeglicher sozialer Systeme erfasst, fokussiert sich das FMM auf die Handlungsfelder für das gezielte Management produktiver sozialer Systeme ohne primäres Gewinnerzielungsinteresse. Parsons „Grand Theory" und der praxisorientierte Ansatz des Freiburger Management-Modells unterscheiden sich zwar stark im jeweiligen Abstraktionsniveau, bieten aber günstige Voraussetzungen für eine Kombination: Die Managementfelder des FMM konkretisieren die abstrakten Systemfunktionen im AGIL-Schema und die Funktionen wiederum verdeutlichen, welche unterschiedlichen Ziele mit einer bestimmten Managementaktivität verfolgt werden können. Die beiden gewählten Ansätze wurden für die vorliegende Untersuchung durch die Kreuzung der fünf FMM-Managementaufgaben mit den vier AGIL-Funktionen kombiniert, was es erlaubt, die Dimensionen zu operationalisieren (Tabelle 1). Die so gebildeten Managementitems fokussieren auf die Anstrengungen, die das Management der Wohnbaugenossenschaften unternimmt um das System – die Genossenschaft als Ganzes – aufrecht zu erhalten.

3 Untersuchungsmethodik und Datensatz

Die Studie ist Teil eines größeren Forschungsprojektes in Zusammenarbeit mit dem Schweizer Dachverband für gemeinnützige Wohnbauträger „Wohnbaugenossenschaften Schweiz" (WBG). Der Datensatz basiert auf zwei parallel durchgeführten schriftlichen Befragungen: einer Befragung eines Mitglieds im Management der Wohnbaugenossenschaften für die Erhebung der Organisations- und Managementvariablen und einer Mitgliederbefragung, wobei jeweils eine unterschiedliche Anzahl von Fragebögen durch das Management an die Bewohnerinnen und Bewohner weitergeleitet wurden. Zur Teilnahme an der Untersuchung eingeladen waren sämtliche rund 850 deutschschweizer Mitgliedsgenossenschaften des Verbands Wohnbaugenossenschaft Schweiz. Von den befragten Mitgliedern haben ca. 20% an der Umfrage teilgenommen. Insgesamt beteiligten sich 120 Genossenschaften und 2.865 Bewohnerinnen und Bewohner. Zur Kombination der beiden Datensätze wurden die individuellen Mitgliederdaten aggregiert, wobei für jede Wohnbaugenossenschaft der Mittelwert aller Mitgliederaussagen berechnet wurde. Um größere Verzerrungen des Mittelwertes aufgrund von Ausreißern zu vermeiden, wurden alle Wohnbaugenossenschaften mit weniger als vier Mitgliederfragebogen ausgeschlossen. Am Ende der Datenbereinigung und -aufbereitung verblieben für die statistischen Analysen 52 Fälle (52 Wohnbaugenossenschaften mit insgesamt 1.428 Mitgliedern). Die Stichprobe umfasst die gesamte Bandbreite an Genossenschaften hinsichtlich Größe, Alter und Selbstverwaltungsgrad und kann damit als repräsentativ für den Sektor angesehen werden.

Der Managementfragebogen umfasst die Organisationsmerkmale der Genossenschaft wie Größe (Anzahl Wohnungen), Alter und Selbstverwaltungsgrad sowie Managementfaktoren (quasi-metrisch skaliert von 1 = „stimme gar nicht zu" bis

7 = „stimme voll und ganz zu"). Die Kreuztabelle mit den AGIL- und FMM-Dimensionen diente hierbei zur Aufdeckung der systemrelevanten Managementvariablen (20 Managementitems), die im Rahmen der Datenaufbereitung, basierend auf einer Faktoren- und Reliabilitätsanalyse, zu Faktoren gebündelt wurden. Die Bündelung der theoretisch hergeleiteten Items bot sich hinsichtlich einer empirischen Überprüfung an, da sich durch das Kombinationsverfahren teilweise ähnliche Managementaspekte herauskristallisierten, die in der Praxis nicht scharf voneinander zu trennen sind. Durch die Bündelung konnten sechs reliable und in sich konsistente Managementfaktoren gebildet werden, welche die drei Dimensionen Integration, Steuerung und Werte, mit jeweils einer aktiven und passiven Prägung, umfassen (Tabelle 2). Der Managementfaktor Integration beinhaltet dabei vorwiegend Items der AGIL-Funktion Integration, einerseits hinsichtlich der Mobilisierungsanstrengungen (aktiv) und andererseits hinsichtlich der Ermöglichung und Schaffung von Plattformen (passiv). Der Faktor Steuerung wiederum enthält Items der Adaption-Funktion. Hierbei kann unterschieden werden zwischen einem zukunftsgerichteten, veränderungsorientierten Management (agierend) gegenüber einem reflektierten Management, das stärker gegenwartsbezogen und zurückhaltend handelt (reagierend). Der Werte-Faktor deckt die Funktion Latent Pattern Maintenance ab und lässt sich unterteilen in eine Werte etablierende und Werte erhaltende Ausprägung. Einzig Items der Funktion Goal Attainment verteilen sich über alle drei Faktoren.

Tabelle 2: Reliabilitätsanalyse der sechs Managementfaktoren

Faktor	Beschreibung	α
Aktive Integration (3 Items)	Mitglieder in die Mobilisierung von Ressourcen und Grundfragen der Genossenschaftsziele direkt miteinbeziehen.	0.66
Passive Integration (2 Items)	Plattformen für den gegenseitigen Austausch anbieten und die demokratische und teilnehmende Grundhaltung der Mitglieder fördern.	0.74
Agierende Steuerung (4 Items)	Nachhaltiges Management mit den zur Verfügung stehenden Ressourcen, kontinuierliche Anpassung und Optimierung der Genossenschaft hinsichtlich der aktuellen und zukünftigen Bedingungen.	0.74
Reagierende Steuerung (3 Items)	Die Genossenschaftsziele stets im Auge behalten, die vorherrschenden Managementpraktiken kritisch beleuchten und in der Lage sein, auf Veränderungen zu reagieren.	0.75
Werte etablieren (5 Items)	Einführung neuer Mitglieder in die genossenschaftlichen Strukturen und Werte, Verständnis schaffen über die Rechte und Pflichten eines Mitgliedes und Ziele haben bezüglich der genossenschaftlichen Wertebasis.	0.80
Werte erhalten (3 Items)	Pflege der gemeinsamen Werte und Festhalten an den genossenschaftlichen Zielen.	0.79

Auf der individuellen Ebene wurden das Alter und wie lange das Mitglied bereits in der Wohnbaugenossenschaft lebt offen abgefragt, sowie das Bildungsniveau ordinalskaliert erhoben. Die Fragen zum Member Value wurden in zwei

Sektionen gestellt: Im ersten Teil geben die Mitglieder auf einer 7-stufigen Likertskala an, wie stark sie einer Aussage über ihre Wohnbaugenossenschaft zustimmen (Zufriedenheit), während im zweiten Teil nochmals dieselben Items abgefragt werden, diesmal jedoch mit der Frage, wie wichtig dem Mitglied die Aussage ist (Wichtigkeit). Der Member Value wird jeweils als Minimum aus Wichtigkeit und Zufriedenheit errechnet. Dem liegt die Annahme zugrunde, dass eine Mitgliedschaft am wertvollsten ist, wo ein vorrangiges Bedürfnis in hohem Maße erfüllt wird. Auf der anderen Seite erzeugt ein hoher Erfüllungsgrad kaum Wert, wo ein starkes Bedürfnis fehlt, ebenso wie ein Bedürfnis ins Leere geht, das nicht durch eine Leistung befriedigt wird. Neben den drei erwähnten genossenschaftsspezifischen Member Values wurden im gleichen Verfahren die finanziellen Vorteile erhoben.

4 Ergebnisse

Die Erwartungen der Mitgliederbasis gegenüber ihrer Wohnbaugenossenschaft sind in der Regel divers und können über die verschiedenen Wertedimensionen hinweg auch gegenläufig ausgeprägt sein. Das wird durch die Korrelationsanalyse der vier Nutzendimensionen (Tabelle 3) bestätigt: Die finanziellen Vorteile stehen in einem negativen Zusammenhang mit allen drei genossenschaftsspezifischen Member Values. Diese korrelieren untereinander allerdings stark positiv, wenn auch nicht vollständig, wie die nachfolgenden Analysen der Einflussfaktoren zeigen werden.

Tabelle 3: Pearson-Korrelationsmatrix der vier Nutzendimensionen

	Finanzielle Vorteile	*Wirksamkeit*	*Identität*
Wirksamkeit	-.26		
Identität	-.12	.68**	
Zugehörigkeit	-.40**	.54**	.71**

Signifikanzniveau: ** < 0.01 (2-seitig); * < 0.05 (2-seitig)

Für jede Nutzendimension (Wirksamkeit, Identität, Zugehörigkeit und finanzielle Vorteile) wurden jeweils zwei Regressionsanalysen durchgeführt: einmal nur mit den organisatorischen und individuellen Kontrollvariablen und anschließend ergänzt durch die sechs Managementfaktoren. Alle Regressionsmodelle zeigen solide korrigierte R^2-Werte zwischen 0.24 und 0.44 auf – die Modelle erklären also bis zu 44% der beobachteten Varianz.

Das Regressionsmodell für wahrgenommene „Finanzielle Vorteile" (Tabelle 4) zeigt insbesondere die Bedeutung der Kontrollvariablen des Alters der Wohnbaugenossenschaft und desjenigen ihrer Mitglieder. Je älter die Wohnbaugenossenschaft ist, desto tiefer sind durch eine kontinuierliche Abzahlung der Hypothek in der Regel die Zinsen und dementsprechend die Mieten. Für ältere Mitglieder scheinen solche finanziellen Vorteile aber vergleichsweise weniger wichtig zu sein. Der einzige Managementfaktor, der die wahrgenommenen finanziellen Vorteile tangiert, ist die aktive Integration, wenn auch nicht ausreichend signifikant. Die Einbindung der Mitglieder in die genossenschaftlichen Strukturen erlaubt wohl, Personalkosten zu sparen und damit tiefere Mieten anzubieten.

Tabelle 4: Regressionsmodelle für die Nutzendimensionen

Nutzendimensionen	Wirksamkeit		Identität		Zugehörigkeit		Finanzielle Vorteile	
	β	β	β	β	β	β	β	β
Organisationsmerkmale								
Größe (Anz. Whg.)	-0.23	-0.30	-0.07	-0.09	-0.10	-0.09	0.11	0.15
Selbstverwaltungsgrad	0.01	-0.06	0.10	0.13	0.14	0.22	0.05	0.06
Alter der WBG	-0.26	-0.25	-0.39*	-0.39*	-0.35*	-0.36*	0.40**	0.42**
Mitgliedermerkmale								
Alter	0.04	0.04	-0.01	-0.05	0.27	0.19	-0.33**	-0.31*
Bildungsniveau	0.31	0.15	0.02	-0.09	0.13	0.05	-0.18	-0.16
Jahre in der WBG	0.02	-0.07	0.25	0.14	0.17	0.08	0.23*	0.17
Managementfaktoren								
Aktive Integration		0.17		0.12		0.08		0.24
Passive Integration		0.38		0.28		0.11		-0.03
Agierende Steuerung		0.26		0.24		0.26		0.01
Reagierende Steuerung		-0.19		-0.04		-0.11		0.19
Werte etablieren		-0.04		-0.12		-0.18		-0.14
Werte erhalten		-0.21		0.05		0.34+		-0.05
R^2	0.32	0.52	0.24	0.43	0.38	0.58	0.49	0.57
Korrigiertes R^2	0.23	0.36	0.13	0.24	0.29	0.44	0.42	0.42

Signifikanzniveau: *** < 0.001; ** < 0.01; * < 0.05; + < 0.1

Vergleicht man die drei genossenschaftsspezifischen Member Values fällt auf, dass die Mitgliedermerkmale nur einen geringen Einfluss haben. Das ist erstaunlich, könnte doch z.b. erwartet werden, dass je länger ein Mitglied in der Siedlung wohnt, umso stärker die Identifikation mit der Genossenschaft und die nachbarschaftlichen Beziehungen sind. Ein solcher Zusammenhang bestätigt sich allerdings nicht in den vorliegenden Daten. Hingegen sind bei den Organisationsmerkmalen signifikante Einflüsse festzustellen: Insbesondere das Alter der Wohnbaugenossenschaft hat einen negativen Einfluss auf alle Nutzendimensionen. Hinsichtlich der Wirksamkeit lässt sich der negative Effekt des Alters durch einen höheren Formalisierungsgrad und sich versteifende genossenschaftliche Strukturen erklären, was wiederum die Möglichkeiten, eigene neue Ideen einzubringen, schmälert. Dieser Erklärungsansatz wird gestützt durch den negativen Einfluss der Größe der Wohnbaugenossenschaft auf die Wirksamkeit. Dass das Alter der Wohnbaugenossenschaft einen negativen Einfluss auf die Identität und Zugehörigkeit hat, ist in einem ähnlichen Zusammenhang zu sehen. Während sich die Gründergeneration stark mit der neuen Wohnbaugenossenschaft identifiziert und man gemeinsam versucht, die Siedlung voranzubringen, werden im Verlauf der Zeit durch mehrmalige Umzüge die Beziehungen zwischen den Nachbarn gelockert und die gemeinsame Identität schwindet. Daneben ist der positive Einfluss des Selbstverwaltungsgrades auf die Zugehörigkeit interessant. Offensichtlich macht es einen Unterschied für die Nachbarschaft, ob man sich selber verwaltet oder professionell verwaltet wird. Die Managementfaktoren zeigen insgesamt nur mittlere, teils schwache Effekte. Aktive Steuerung weist einen positiven Einfluss auf alle drei Nutzenbereiche auf, während eine reagierende Steuerung negative Effekte aufweist, allerdings auf einem tiefen Niveau.

Der zweite wichtige Managementfaktor ist die passive Integration. Plattformen für Interaktionen zur Verfügung stellen und eine mitwirkende und demokratische Grundhaltung zu fördern, ist insbesondere für das Wirksamkeitsbedürfnis der Mitglieder ausschlaggebend. Darüber hinaus hat die passive Integration auch einen positiven Effekt auf die Identität. Angesichts des deutlich tieferen Effekts der aktiven Integration ist es naheliegend, dass Mitgliederintegration auf freiwilliger Basis einen Nutzen stiftet, dieser jedoch schwindet beim Versuch, Mitglieder in eine Freiwilligenrolle hineinzudrängen. Bei einer schrittweisen Regression (rückwärts) mit allen Variablen zeigt passive Integration signifikant positive Effekte auf die Wirksamkeit und Identität, dies sogar stärker als die organisatorischen Kontrollvariablen Alter und Größe der Wohnbaugenossenschaft.

Insgesamt betrachtet ist die Bedeutung der untersuchten Managementfunktionen gering (Allerdings ist zu berücksichtigen, dass die Stichprobengröße von 52 Genossenschaften nur starke Zusammenhänge als ausreichend signifikant ausweist). Die Entscheidung für das Parson'sche AGIL-Schema als Grundlage zur Identifikation von erfolgsentscheidenden Merkmalen des Genossenschaftsmanagements hat sich hierfür im Forschungsprozess als erhellend und explorativ nützlich erwiesen, kann für nachfolgende Studien aber nicht weiterempfohlen werden. Ein besonderer Vorteil gegenüber konventionellen Ansätzen zur Erfassung von Managementfunktionen hat sich nicht gezeigt.

5 Schlussfolgerungen für das Genossenschaftsmanagement

Zentral für jede Wohnbaugenossenschaft ist es, sich stärker auf eine agierende, denn auf eine reagierende Steuerung zu konzentrieren. Dabei sollten in erster Linie Bemühungen unternommen werden, Plattformen für Interaktion und Mitwirkung zu gestalten, als Mitglieder aktiv in die Genossenschaftsstrukturen zu integrieren. Bezüglich der gemeinsamen Werte zeigt sich ein ähnliches Muster. Es ist Wohnbaugenossenschaften anzuraten, ihre Werte und Traditionen hoch zu halten, solange diese Teil der gelebten Kultur sind und nicht die Tätigkeitsbestrebungen der Mitglieder einschränken. Der Versuch jedoch neue Werte zu generieren, ist mit Risiken verbunden. Aus der Analyse lässt sich schließen, dass Wohnbaugenossenschaften ihren Mitgliedern große Autonomie gewähren und gleichzeitig Gefäße schaffen sollten, um sich gegenseitig auszutauschen, ohne jedoch ihre Mitglieder zur Mitwirkung zu verpflichten. Diesbezüglich wird heutzutage versucht, bereits vor dem Bau und dem Einzug in eine neue Wohnbaugenossenschaft die zukünftigen Bewohnerinnen und Bewohner im Rahmen von Workshops bei der Gestaltung der genossenschaftlichen Strukturen aktiv miteinzubeziehen.

Größere, ältere und damit in der Regel auch verstärkt professionell verwaltete Wohnbaugenossenschaften haben im Bestreben, ein dynamisches Management zu garantieren, größere Schwierigkeiten, Mitwirkungsplattformen zu verankern und eine offene Kultur gemeinsamer Werte zu leben. Auf der anderen Seite sind genau diese Wohnbaugenossenschaften besser in der Lage, finanzielle Vorteile zu generieren, was seitens der Mitglieder als wichtigste Nutzendimension angegeben wird.

Für die drei Member Value Aspekte zeigt sich aus Managementperspektive ein inkonsistentes Muster. Für die individuelle Wirksamkeitswahrnehmung erweisen sich ein Wertemanagement (etablieren und erhalten von normativen Werten) als negativ. Für die Zugehörigkeit wiederum hat der Werteerhalt einen positiven Effekt, das Etablieren neuer Werte hingegen einen negativen. Die Förderung gemeinsamer Werte wirkt sich somit positiv auf die nachbarschaftlichen Beziehungen aus, gleichzeitig reduziert eine starke Werthaftung Veränderungsmöglichkeiten, was sich wiederum in den negativen Vorzeichen bei der Wirksamkeit ausdrückt. So präsent normative genossenschaftliche Werte einerseits sind, so kritisch sind die Genossenschafter andererseits gegenüber einem aktiven Management zur Werteentwicklung eingestellt.

Dass die übrigen Dimensionen des genossenschaftlichen Member Value in andere Richtungen zeigen, macht schließlich deutlich, dass es gerade ein kulturbildendes Element einer Wohnbaugenossenschaft ist, ausgewählte Nutzenaspekte in den Vordergrund zu stellen und die Managementfunktionen entsprechend auszugestalten.

6 Literatur

Dülfer, E. (1966): Strukturprobleme der Genossenschaft der Gegenwart. In: Forschungsinstitut für Genossenschaftswesen an der Universität Wien (Hrsg.): Neuere Tendenzen im Genossenschaftswesen 1, S. 5-34. Göttingen: Vandenhoeck & Ruprecht.
Hill, S. und Doluschitz, R. (2014): Genossenschaftliche Werte. Kern der genossenschaftlichen Identität? Zeitschrift für das gesamte Genossenschaftswesen 64 (1), S. 19-30.
Lichtsteiner, H., Gmür, M., Giroud, C. und Schauer, R. (2015): Das Freiburger Management-Modell für Nonprofit-Organisationen, 8. Aufl., Bern: Haupt.
Mazzarol, T., Reboud, S., Mamouni Limnios, E. und Clark, D. (Hrsg.) (2014): Research Handbook on Sustainable Co-operative Enterprise. Case Studies of Organisational Resilience in the Co-operative Business Model. Cheltenham: Edward Elgar.
Parsons, T. (1961): General Introduction. Part II: An Outline of the Social System. In: Parsons, T., Shils, E., Naegele, K.D. und Pitts, J.R. (Hrsg.): Theories of Society. Foundations of Modern Sociological Theory, S. 30-79. New York: Free Press of Glencoe.
Parsons, T. (1971): The System of Modern Societies Englewood Cliffs, N.J.: Prentice-Hall.
Rößl, D., Jungmeister, A. und Taisch, F. (2015): Genossenschaftliche Werte in der öffentlichen Wahrnehmung. Empirische Ergebnisse aus Österreich und der Schweiz. Zeitschrift für das gesamte Genossenschaftswesen 65 (4), S. 279-300.
Schediwy, R., Chaves Avila, R., Dellinger, M., Fehr, E., Hofinger, H., Ott, E. und Wurm, K. (2013): Podiumsdiskussion: Genossenschaftliche Antworten auf die Krise. In: Brazda, J., Dellinger, M. und Rößl, D. (Hrsg.): Genossenschaften im Fokus einer neuen Wirtschaftspolitik. Bericht der XVII. Internationalen Genossenschaftswissenschaftlichen Tagung (IGT) 2012 in Wien. Wien: LIT Verlag.
Suter, P. (2013): Member Value in Genossenschaften. Ein multidimensionales Konstrukt. In: Gmür, M., Schauer, R. und Theuvsen, L. (Hrsg.): Performance Management in Nonprofit-Organisationen. Theoretische Grundlagen, empirische Ergebnisse und Anwendungsbeispiele, S. 326-334. Bern: Haupt.

Sozialgenossenschaftliche Unternehmen in Deutschland: Begriff, aktuelle Entwicklungen und Forschungsbedarf

Marleen Thürling

1 Einleitung

Sozialgenossenschaften sind kein gänzlich neues Phänomen. Seit einigen Jahren interessieren sich jedoch zunehmend mehr Akteure aus Politik und Wissenschaft für diese Genossenschaften, so zum Beispiel aktuell im Freistaat Bayern. Seit 2012 unterstützt dort das Staatsministerium für Arbeit und Soziales, Familie und Integration im Rahmen der „Zukunftsinitiative Sozialgenossenschaften" neue Projekte und Initiativen mit bis zu 30.000 Euro Anschubfinanzierung.

Viele neue Genossenschaften gründen sich aktuell in den unterschiedlichsten Bereichen: in der Nahversorgung (Dorfläden), der Infrastruktur (Bürgerbusse, Schwimmbad), im Bereich Bildung und Kultur (Schulgenossenschaften, Programmkinos) oder im Bereich Pflege und Betreuung (Demenz-Wohngemeinschaften, Seniorengenossenschaften, Kindertagesstätten). Ziel des vorliegenden Beitrags ist es, diese Entwicklungen der vergangenen Jahre einzufangen, einen Überblick über die bisherigen Forschungen zum Thema zu geben sowie bestehende Lücken und Forschungsbedarfe aufzuzeigen.

Mit Blick auf die jüngsten Entwicklungen im deutschen Genossenschaftssektor wird im ersten Schritt der Frage nachgegangen, wie es zu erklären ist, dass sich aktuell immer mehr Sozialgenossenschaften gründen und warum sich zunehmend eine breite Öffentlichkeit für diese Genossenschaften interessiert. Damit einher geht die Tatsache, dass zum Teil sehr unterschiedliche Dinge gemeint sind, wenn von „Sozialgenossenschaften" die Rede ist. Deshalb wird in einem zweiten Schritt der Begriff der Sozialgenossenschaft analytisch geschärft und anhand jüngerer Zugänge aus der Social Enterprise-Forschung operationalisiert. Im dritten Schritt werden aktuelle empirische Befunde dargestellt sowie weitere Forschungsbedarfe skizziert.

2 Kontext und Entstehungsbedingungen

Das Jahr 2009 war ein wichtiges Jahr für die Genossenschaften in Deutschland. Nach einer langen Phase des Rückgangs gründeten sich in diesem Jahr erstmals wieder mehr neue Genossenschaften als durch Fusionen oder Auflösungen aus den Registern verschwanden (Stappel 2012). Diese Nachricht ist eine kleine Sensation für die deutsche Genossenschaftsbewegung: klein, weil das Gründungsgeschehen der eingetragenen Genossenschaften (eG) im Vergleich zu anderen Rechtsformen marginal erscheinen mag (vgl. FAZ 2015), und dennoch eine Sensation, weil die Genossenschaft noch bis vor wenigen Jahren als „wirtschaftliches Auslaufmodell" galt (Ringle 2009).

Ihr eher verstaubtes Image und die Tatsache, dass die Gesamtzahlen seit den 1950er Jahren einem stetigen Abwärtstrend folgend, immer weiter gesunken sind (Stappel 2012), führte unter anderem dazu, dass die eG weder in der wissenschaftlichen Literatur und Ausbildung noch in der Beratungs- und Gründungspraxis besondere Beachtung fand (Ringle 2010). Weil die Rechtsform in der Öffentlichkeit eher als rückständig galt, verzichteten einzelne genossenschaftliche Unternehmen in der Vergangenheit darauf, das Kürzel „eG" in ihrem Firmennamen zu verwenden (Greve und Lämmert 2001).

Davon kann jedoch heute keine Rede mehr sein. Ganz im Gegenteil, die Rechtsform „eG" gilt als Aushängeschild, steht sie doch für eine verlässliche und sozial verantwortliche Wirtschaftsweise: „Genossenschaften ... sind insoweit Vorbilder, wenn es darum geht, ökonomische, ökologische und soziale Interessen zu bündeln und an das Morgen zu denken.", so die Bundeskanzlerin anlässlich der Eröffnung des Internationalen Genossenschaftsjahrs 2012 (Merkel 2012). Diese „Trendwende" (Thürling 2013) erscheint zunächst erklärungsbedürftig.

Mit Blick auf die Geschichte der Genossenschaftsbewegung wird deutlich, dass Genossenschaften vor allem in Zeiten wirtschaftlicher Depression gegründet wurden (Mersmann und Novy 1991). Angesicht der Wirtschafts- und Finanzkrise scheint das Comeback von Formen der wirtschaftlichen Selbsthilfe deshalb wenig verwunderlich. Profitgetriebenes Wirtschaften gerät zunehmend in die Kritik, und das Interesse an Formen des Wirtschaftens, die auf Funktionslogiken der Kooperation und Solidarität beruhen, ist groß (vgl. u.a. Deutscher Bundestag 2013; Sudrow 2013; Boddenberg 2012). In Zeiten zunehmender Risiken und gleichzeitig sinkender Absicherung bzw. Individualisierung derselben (Lessenich 2008) können Genossenschaften auch der Versuch sein, Handlungsautonomie und Stabilität zu sichern.

Aktuell gründen sich Genossenschaften unter anderem in Bereichen, in denen bestehende (qualitative) Bedarfe der Daseinsvorsorge weder vom Markt bedient noch vom Staat bereitgestellt werden (Göler von Ravensburg 2010). Insbesondere in ländlichen Räumen, wo der demographische Wandel und Abwanderung in vielen Kommunen zu Versorgungsproblemen führen, entstehen soziale Bedarfslagen und mitunter akuter Handlungsdruck. Vielerorts schließen sich deshalb betroffene Bürgerinnen und Bürger zusammen, häufig unter Beteiligung von Vertretern der kommunalen Verwaltung, Politik, Wohlfahrtsverbänden oder Kirchen, und stellen die benötigten Angebote in Eigenregie bereit. Unterschieden werden kann dabei zwischen genossenschaftlichen Lösungen, die ein Angebot erhalten, was andernfalls wegbrechen würde (zum Beispiel ein von Schließung bedrohtes kommunales Schwimmbad weiterführen), oder neben bestehenden Diensten ein zusätzliches Angebot mit bestimmter Qualität bereitstellen (zum Beispiel ein Kinderladen, der sich von staatlichen Angeboten durch einen bestimmten pädagogischen Ansatz unterscheidet). Viele weitere Beispiele ließen sich hier anführen und in diesem aktuell sehr beweglichen Feld kommen kontinuierlich neue hinzu. So unterschiedlich die Bedarfslagen sind, so vielfältig sind auch die Geschäftsmodelle und Initiativen, die als Antworten darauf entstehen, beispielsweise im Bereich Pflege und Betreuung (Demenz-WG, Palliativ-Genossenschaften, Seniorengenossenschaften), im Bereich Kultur (Programmkinos, Denkmalpflege, Gemeindehäuser), regionale Entwicklung und Infrastruktur (Stadtteilgenossenschaften, Bürgerbusse, Schwimmbäder, Dorfläden). Damit liegen die Genossenschaften im Trend: „Während die Rechtsform lange als unmodern galt, wird sie heute als geeignete Organisationsform von bürgergetragenen Bewegungen [...] wahrgenommen und trifft damit den Nerv der Zeit." (Blome-Drees et al. 2015: 20). Zwar können Sozialgenossenschaften als Formen der „bürgerschaftlichen Selbsthilfe" (StMAS 2013) keine sozialstaatlichen Versorgungsansprüche garantieren (Defourny und Nyssens 2014; Laville 2014). Allerdings stellen sie in vielen Bereichen passgenaue und innovative Lösungs- und Handlungsmöglichkeiten bereit.

Bevor im nächsten Schritt auf die zahlenmäßige Entwicklung dieser Genossenschaften eingegangen wird, soll zunächst der Begriff geschärft werden. Denn so groß das gegenwärtige Interesse am Phänomen ist, so breit ist auch das Verständnis dessen, was unter dem Label „Sozialgenossenschaft" verstanden wird.

3 Sozialgenossenschaft: der Versuch einer Systematisierung

Es gibt mittlerweile eine Vielzahl wissenschaftlicher und praxisnaher Publikationen zum Thema, u.a. zu Genossenschaften in den Bereichen der regionalen Versorgung (DGRV 2014; Blome-Drees et al. 2015), der Sozialwirtschaft (Flieger 2003; Göler von Ravensburg 2010, 2013, 2015; StMAS 2013; Schmale und Blome-Drees 2016), der kommunalen Dienste (Bauer et al. 2014; Schröder und Walk 2014) und im Zusammenhang mit bürgerschaftlichem Engagement (Alscher 2008, 2011). Bei genauerer Betrachtung wird deutlich, dass sehr unterschiedliche Konzepte und Typisierungen sozialgenossenschaftlicher Unternehmen vorliegen. Je nachdem, ob beispielsweise die Art der erbrachten Leistung, die beteiligten Akteure, die Empfänger oder der Entstehungskontext herangezogen wird, lassen sich unterschiedliche Typisierungen entwickeln (Blome-Drees 2016).

Grundsätzlich können ein enger und ein weiter Sozialgenossenschafts-Begriff voneinander unterschieden werden. Ein tendenziell enger Begriff verortet Sozialgenossenschaften im Bereich der Sozialwirtschaft, das heißt, es handelt sich hier um Dienste und Aufgaben, die im sozialen Sektor, beispielsweise Betreuung, Bildung, Erziehung, Pflege, Integration etc., erbracht werden. Die bayerische „Zukunftsinitiative Sozialgenossenschaften" beispielsweise bezieht sich in ihren Ausführungen explizit auf die Potentiale der genossenschaftlichen Rechtsform im Bereich der sozialen Dienste und unterscheidet drei Formen: Sozialgenossenschaften Betroffener, solidarische Genossenschaften zur Förderung Dritter sowie professionelle Genossenschaften von Beschäftigten im Sozialen Sektor (StMAS 2013; siehe dazu grundlegend Flieger 2003).

Im Unterschied dazu setzt ein eher weit gefasster Begriff der Sozialgenossenschaften weniger bei der Art oder den Empfängern der Leistung an, sondern maßgeblich ist die soziale Intention des genossenschaftlichen Projekts. „Sozial" ist die Sozialgenossenschaft in dem Sinne, dass sie darauf abzielt, einen spezifischen gesellschaftlichen Mehrwert zu schaffen bzw. abzusichern. Dieses Kriterium trägt dem Umstand Rechnung, dass viele Sozialgenossenschaften vor dem Hintergrund bestehender Versorgungsprobleme oder Bedarfe in Bereichen entstehen, aus denen sich der Staat mangels finanzieller Ressourcen zurückgezogen hat oder die vom Markt mangels Profitabilität nicht (mehr) bedient werden. Nicole Göler von Ravensburg (2015) spricht in diesem Zusammenhang von gemeinwesenorientierten Genossenschaften. Das inhaltliche Kriterium der sozialen Zielsetzung liegt grundsätzlich quer zu einer sektoralen Einteilung, denn Sozialgenossenschaften kann es dann prinzipiell in jedem Geschäftsbereich geben.

Ein enges Begriffsverständnis von den Sozialgenossenschaften hat zwar den Charme der begrifflichen Schärfe und Eindeutigkeit, auf der anderen Seite ermöglicht es ein weiter Begriff, das aktuelle Gründungsgeschehen in seiner Breite und Vielfalt abzubilden. Hier wird der Fokus stärker auf den Entstehungskontext und damit auch auf die Tatsache gerichtet, dass es sich bei vielen Initiativen um zivilgesellschaftliche Lösungen jenseits von Markt und Staat handelt, in denen Selbstorganisation und bürgerschaftliches Engagement eine zentrale Rolle spielen.

Mit der Verwendung des weiten Begriffsverständnisses steht man jedoch vor der methodischen Herausforderung zu definieren, was unter „sozialer Zielsetzung" zu verstehen ist. Als Reaktion auf bestehende soziale Bedarfe entstanden, geht es um den Aspekt der Gemeinwirtschaftlichkeit, das heißt, inwieweit diese Genossenschaften Aufgaben „im öffentlichen Interesse" übernehmen. Gerhard Weisser (1976) hat dazu festgehalten, dass eine objektive Begründung dessen, was im öffentlichen Interesse ist, nicht möglich ist, denn es würde unterstellen, es gäbe „'wahre', d.h. für alle Menschen gültige Anliegen" (ebd.: 22). Es bleibt demnach immer eine Frage gesellschaftlicher Aushandlungsprozesse, was im öffentlichen Interesse ist und was nicht. Abhängig von der Bedarfslage kann beispielsweise die Förderung des Wohnungsbaus im öffentlichen Interesse sein oder nicht. Gleichzeitig ist es notwendig, diesen Aspekt für den empirischen Zugang weiter zu konkretisieren: „Daß [sic!] der Inhalt des „öffentlichen Interesses" umstritten ist und umstritten bleiben wird, ist kein Einwand, sondern nur eine methodische Herausforderung" (Thiemeyer 1990: 324).

Einen möglichen Zugang bietet das Konzept der genossenschaftlichen Widmungstypen von Werner Wilhelm Engelhardt (1983), die sich analytisch anhand ihrer Intention, ihres Handelns und der tatsächlichen Wirkung differenzieren lassen. Diesem Konzept liegt die Annahme zugrunde, dass sich die inhaltliche Ausrichtung einer Organisation auch in der alltäglichen Praxis widerspiegelt und sich anhand der erzielten Wirkung messen lassen kann.

Aktuelle Forschungskonzepte der Social Enterprise-Forschung wählen einen ähnlichen Zugang. Diese im deutschsprachigen Raum noch recht junge Forschungsrichtung untersucht Wirtschaftsorganisationen mit expliziter sozialer Zielsetzung. Diese Zielsetzung ist über eine spezifische Organisationsstruktur abgesichert (Defourney und Nyssens 2012). Social Enterprises lassen sich demnach im Kontext des Dritten Sektors verorten, denn es handelt sich um Phänomene, die nach einer eigenen Handlungslogik funktionieren, die sich von der des Marktes und des Staates unterscheidet (Zimmer und Priller 2007). Diese Unternehmen erwirtschaften zwar durchaus Gewinne, setzen diese aber gemäß ihren sozialen Zielen ein. Im Unterschied zu klassischen Non-Profits geht es bei diesen sogenannten „Not-for Profit"-Organisationen weniger um die Frage, *ob* Gewinne erwirtschaftet werden, sondern, *wie* diese Gewinne erwirtschaftet und verwendet werden. Im Zentrum stehen dabei Fragen der Organisationsstruktur, des Selbstverständnisses, der Gewinnverwendung sowie der Partizipation und Mitbestimmung.

Das Forschungsnetzwerk EMES (Emerging Social Enterprise) hat entlang der drei Dimensionen „social", „economic" und „governance" ein Set von Indikatoren entwickelt, anhand dessen Social Enterprises identifiziert und im Raum des Dritten Sektor verortet werden können (Defourney und Nyssens 2012). Für sozialgenossenschaftliche Unternehmen hieße das u.a., dass eine soziale Zielsetzung klar definiert sein und sich in der Gewinnverwendung widerspiegeln muss (beispielsweise werden erwirtschaftete Gewinne nicht oder nur beschränkt an Mitglieder ausgeschüttet und gemäß dem Satzungszweck reinvestiert). Weitere Indikatoren, wie die kontinuierliche Erstellung eines Produkts oder einer Dienstleistung, geteiltes wirtschaftliches Risiko oder die demokratische Mitbestimmung und Partizipation, sind ohnehin Merkmale, die für genossenschaftlich wirtschaftende Unternehmen gelten. Genossenschaften wirtschaften im Interesse ihrer Mitglieder und fördern deren ökonomischen, sozial oder kulturelle Belange durch einen gemeinsamen Geschäftsbetrieb (§1 GenG). Sozialgenossenschaften zeichnen sich durch die freiwillige Selbstbindung an eine explizite soziale Zielsetzung aus, die gleichzeitig im öffentlichen Interesse ist.

4 Entwicklungen im Zeitverlauf: Datenlage und weitere Forschungsbedarfe

Die DZ Bank erhebt seit Anfang der 2000er Jahre die Anzahl der neugegründeten Genossenschaften auf der Grundlage des Genossenschaftsregisters und publiziert diese in der jährlich erscheinenden Reihe „Die deutschen Genossenschaften: Zahlen und Fakten" (Stappel 2015). Die Abbildung 1 zeigt den Verlauf des Neugründungsgeschehens in den vergangenen zehn Jahren insgesamt sowie das Gründungsgeschehen in den Bereichen Soziales und kommunale Dienste, zusammengefasst zur Kategorie „SozialG". Der starke Aufwärtstrend der Genossenschaftsgründungen insgesamt seit 2007 dürfte wesentlich von der Novellierung des Genossenschaftsgesetzes (GenG) 2006 beeinflusst sein, mit der deutliche Erleichterungen bei der Gründung und Prüfung einer Genossenschaft eingeführt wurden. So wurden u.a. die Mindestzahl der Gründungsmitglieder von sieben auf drei gesenkt und Kleinstgenossenschaften von der Jahresabschlussprüfung durch den Prüfungsverband befreit. Dass diese Erleichterungen auch tatsächlich genutzt wurden, konnte zuletzt die Studie des Seminars für Genossenschaftswesen der Universität zu Köln und der Kienbaum Consultants GmbH zeigen, die im Auftrag des Bundesministeriums für Wirtschaft und Energie durchgeführt wurde (Blome-Drees et al. 2015). Im weiteren Verlauf hat das Gründungsgeschehen seit 2014 wieder abgenommen. Das liegt vor allem an rückläufigen Gründungszahlen im Bereich der erneuerbaren Energien (Stappel 2015). Diese machen zwar nach wie vor den Großteil der Gründungen aus, seit der Novellierung des Erneuerbare-Energien-Gesetzes (EEG) haben sich die Ausschreibungsmodalitäten allerdings zum Nachteil für kleinere Anbieter verändert, weshalb die Gründung von Bürgerenergiegenossenschaften an Attraktivität verloren hat (vgl. dazu ausführlicher Müller und Holstenkamp 2015).

Abbildung 1: Genossenschaftliche Neugründungen und Sozialgenossenschaften (2005-2015)

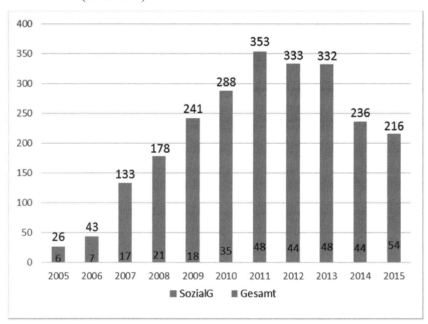

Quelle: Neugründungsstatistik DZ Bank Research und Volkswirtschaft; eigene Berechnungen

Im Unterschied dazu ist die Zahl der neugegründeten Sozialgenossenschaften im Zeitverlauf stabil bzw. leicht gestiegen. Das heißt, auch wenn die Zahlen absolut betrachtet gering ausfallen mögen, scheint sich die oben diskutierte These zu bestätigen: diese Genossenschaften entstehen vor dem Hintergrund von Bedarfslagen, von denen es in der nahen Zukunft nicht weniger, sondern eher mehr geben dürfte. Abzuwarten bleibt, wie sich die Bestandszahlen weiter entwickeln werden. Michael Stappel (2016) hat in seinem jüngsten Beitrag darauf hingewiesen, dass sich knapp 10 Prozent dieser Genossenschaften wieder aufgelöst haben, ein Großteil davon im Verlauf des dritten Geschäftsjahres. Auf der Grundlage der bisherigen Datenlage lassen sich jedoch keine Aussagen über die Ursache dieser Auflösungen treffen, es bleibt also abzuwarten, ob sich diese Entwicklung weiter fortsetzt.

Es ist davon auszugehen, dass die tatsächliche Zahl der existierenden Sozialgenossenschaften in Deutschland noch höher liegen dürfte. Die Kategorisierung der DZ Bank ist relativ eng gefasst (Göler von Ravensburg 2015) und ein großer Teil der Neugründungen konnte keiner eindeutigen Kategorie zugeordnet werden (Thürling 2014). Zudem kann angenommen werden, dass auch vor 2005 Sozialgenossenschaften gegründet wurden.

Zwar sind in den letzten Jahren eine Reihe konzeptioneller (Flieger 2003; Göler von Ravensburg 2013; Blome-Drees 2016) und exemplarischer Beiträge (Göler von Ravensburg 2010a, Ehrlich und Lang 2012; Klemisch und Maron 2010; Schröder und Walk 2014; Schmale und Blome-Drees 2016) zum Thema erschienen, eine systematische Untersuchung des Phänomens steht jedoch noch aus. Bislang lassen sich nur begrenzt empirisch gesicherte Aussagen zu bestehenden Geschäftsmodellen, Größe und Umsatz sowie über die beteiligten Akteure und Governancestrukturen treffen. Hier setzt ein aktuell laufendes Forschungsprojekt des Instituts für Genossenschaftswesen der Humboldt-Universität zu Berlin an, das sozialgenossenschaftliche Unternehmen in Deutschland genauer untersucht. Ziel ist es, auf der Grundlage einer Satzungsanalyse existierende Sozialgenossenschaften zu identifizieren und eine geeignete Typologie zu entwickeln, um das aktuelle Gründungsgeschehen in seiner Breite abzubilden. In einem zweiten Untersuchungsschritt werden anhand vergleichender Fallstudien einzelne Typen sozialgenossenschaftlicher Unternehmen in Bezug auf vorhandene Potentiale und relevante Erfolgskriterien untersucht. Eine genauere Untersuchung, auch im Hinblick auf das Scheitern dieser Projekte, scheint wichtig, wenn es darum geht, zukünftige Relevanz und Handlungsbedarfe zu evaluieren.

5 Zusammenfassung

Es ist davon auszugehen, dass das derzeit beobachtbare Interesse an den Sozialgenossenschaften nicht abnehmen, sondern eher weiter zunehmen dürfte. Diese Genossenschaften haben vor dem Hintergrund bestehender Versorgungsprobleme, insbesondere in ländlichen Gebieten, besondere Relevanz. Weil es sich hierbei um Initiativen handelt, die maßgeblich vom Engagement ihrer Mitglieder getragen werden, gelingt es ihnen dort Lösungswege aufzuzeigen und Handlungsoptionen zu schaffen, wo weder der Staat noch der Markt Angebote bereitstellen (können). Gleichzeitig ist die Tatsache, dass es sich hier um freiwillige Zusammenschlüsse handelt, ein Hinweis auf die begrenzte Reichweite und Übertragbarkeit dieser Ansätze. Es scheint deshalb insbesondere mit Blick auf die Stabilität und Nachhaltigkeit dieser Unternehmen wichtig, die Rolle des bürgerschaftlichen Engagements zu untersuchen. Langfristig könnte es zum Problem werden, wenn professionelle Dienste auf ehrenamtliche Strukturen angewiesen sind. Entlang dieses Spannungsfeldes gilt es die Sozialgenossenschaften genauer in den Blick zu nehmen, auch um bestehende Bedarfe zu identifizieren und dazu korrespondierend geeignete Maßnahmen zu entwickeln, mit denen das aktuelle Gründungsgeschehen gefördert werden kann.

6 Literatur

Alscher, M. (2011): Genossenschaften – Akteure des Marktes und der Zivilgesellschaft, „betrifft: Bürgergesellschaft", Nr. 36, Bonn: Friedrich-Ebert-Stiftung.
Alscher, M. (2008): Genossenschaften und Engagement – Das erfolgreiche Zusammenspiel zweier Konzepte, Saarbrücken: VDM Verlag.
Bauer, H., Büchner, C. und Markmann, F. (2014): Kommunen, Bürger und Wirtschaft im solidarischen Miteinander von Genossenschaften, KWI Schriften Nr. 8, Potsdam: Universitätsverlag.
Blome-Drees, J. (2016): Rationales Management von Sozialgenossenschaften. In: Schmale, I. und Blome-Drees, J. (Hrsg.): Genossenschaften innovativ. Genossenschaften als neue Organisationsform in der Sozialwirtschaft, Springer VS: Wiesbaden, S. 47-76.
Blome-Drees, J., Bøggild, N., Degens, P., Michels, J., Schimmele, C. und Werner, J. (2015): Potenziale und Hemmnisse von unternehmerischen Aktivitäten in der Rechtsform der Genossenschaft, Studie im Auftrag des Bundesministeriums für Wirtschaft und Energie. Internetquelle: www.genosem.uni-koeln.de/bmwi-genossenschaftsstudie.html (Zugriff am 28.06.2016).
Boddenberg, M. (2014): Krise der Solidarität – Solidarität der Krise. Ein soziologischer Blick auf eine gesellschaftliche Kategorie im Wandel der Zeit, Soziologiemagazin 7 (1), S. 20-38.
Defourney, J. und Nyssens, M. (2014): The Breakthrough of Social Enterprise: Conceptual Clarifications. In: Alix, N. und de Nanteuil, M. (Hrsg.): For an Economy of Trust in Europe: The Contribution of the Social and Solidarity Economy, L'Option 33, S. 23-27.
Defourney, J. und Nyssens, M. (2012): The EMES approach of social enterprise in a comparative perspective, EMES Working Paper No. 12/03.
Deutscher Bundestag (2013): Schlussbericht der Enquete-Kommission „Wachstum, Wohlstand, Lebensqualität – Wege zu nachhaltigem Wirtschaften und gesellschaftlichem Fortschritt in der sozialen Marktwirtschaft", Drucksache 17/13300. URL: http://dip21.bundestag.de/dip21/btd/17/-133/1713300.pdf (Zugriff am 28.07.2016).
DGRV (Deutscher Genossenschaften- und Raiffeisenverband) (2014): Gründerfibel „Regionale Entwicklung": Regionale Entwicklung mit Genossenschaften – Bürger, Wirtschaft und Kommunen Hand in Hand. URL: http://www.genossenschaften.de/gr-nderfibel-regionale-entwicklung (Zugriff am 28.07.2016).
Ehrlich, K. und Lang, T. (2012): Soziale Unternehmen und Initiativen in Deutschland – auf dem Weg zu einer neuen sozialen Ökonomie? Leibniz-Institut für Länderkunde, Forum IfL 17.
Engelhardt, W.W. (1983): Gemeinwirtschaftliche Genossenschaften – ein möglicher Widmungstyp unter sechsen. In: Zeitschrift für öffentliche und gemeinwirtschaftliche Unternehmen 6, S. 30-47.
FAZ (Frankfurter Allgemeine Zeitung) (2015): Die beliebtesten Rechtsformen. GmbH weiter hoch im Kurs, 02.04.2015. URL: http://www.faz.net/aktuell/wirtschaft/wirtschaft-in-zahlen/grafik-des-tages-deutschlands-flexibler-arbeitsmarkt-13525512/die-beliebtesten-rechtsformen-13520014.html (Zugriff am 28.07.2016).
Flieger, B. (2003): Sozialgenossenschaften. Wege zu mehr Beschäftigung, bürgerschaftlichem Engagement und Arbeitsformen der Zukunft, Neu-Ulm: AG SPAK Bücher.

Göler von Ravensburg, N. (2015): Sozialgenossenschaften in Deutschland – Eine Diskurs-geleitete phänomenologische Annäherung. In: Zeitschrift für das gesamte Genossenschaftswesen 65 (3), S. 135-154.
Göler von Ravensburg, N. (2013): Chancen für die eingetragenen Genossenschaft in der Sozialwirtschaft, Zeitschrift für öffentliche und gemeinwirtschaftliche Unternehmen 31 (2-3), S.89-105.
Göler von Ravensburg, N. (2010): Gesellschaftlicher Auftrag für Genossenschaften?, Wismarer Diskussionspapiere, H. 4, S. 30-44. URL: https://www.wi.hs-wismar.de/documents/wismarer_-diskussionspapiere/2010/1004_RingleGoelervonRavensburg (Zugriff am 28.06.2016).
Göler von Ravensburg, N. (2010a): Sozialer Betrieb Sulzbach eG: Ein Experiment der lokalen Ökonomie. In: Münkner, H.-H. und Ringle, G. (Hrsg.): Neue Genossenschaften und innovative Aktionsfelder: Grundlagen und Fallstudien. Baden-Baden: Nomos, S. 123-139.
Greve, R. und Lämmert, N. (2001): Quo vadis Genossenschaftsgesetz? – Ein Überblick über aktuelle Diskussionsvorschläge. In: Theurl, T. (Hrsg.): Genossenschaftsrecht in Europa, Münstersche Schriften zur Kooperation 52, S. 7-29.
ICA (International Cooperative Alliance) (2013): Blaupause für eine Dekade der Genossenschaften. URL: http://ica.coop/sites/default/files/attachments/ICA%20Blueprint%20Final%20-%20September%202013%20German.pdf (Zugriff am 28.07.2016).
Klemisch, H. und Maron, H. (2010): Genossenschaftliche Lösungsansätze zur Sicherung der kommunalen Daseinsvorsorge, Zeitschrift für das gesamte Genossenschaftswesen 60 (1), S. 3-13.
Laville, J.-L. (2014): The social and solidarity economy: A theoretical and plural framework. In: Defourney/Hulgård/Pestoff (Hrsg.): Social Enterprises and the Third Sector. Changing European Landscapes in a Comparative Perspective. Routledge: New York, S. 102-113).
Lessenich, S. (2008): Die Neuerfindung des Sozialen. Bielefeld: Transcript-Verlag.
Merkel, A. (2012): Rede von Bundeskanzlerin Angela Merkel beim Internationalen Jahr der Genossenschaften, 25.04.2012, Berlin. URL: https://www.bundesregierung.de/ContentArchiv/DE/-Archiv17/Reden/2012/04/2012-04-26-merkel-genossenschaft.html (Zugriff am 03.08.2016).
Mersmann, A. und Novy, K. (1991): Gewerkschaften – Genossenschaften – Gemeinwirtschaft. Hat eine Ökonomie der Solidarität eine Chance? Köln: Bund-Verlag.
Müller, J.R. und Holstenkamp, L. (2015): Zum Stand von Energiegenossenschaften in Deutschland. Aktualisierter Überblick über Zahlen und Entwicklungen zum 31.12.2014, Arbeitspapierreihe Wirtschaft & Recht Nr. 20. URL: https://www.buendnis-buergerenergie.de/fileadmin/user_upload/downloads/Studien/Studie_Zum_Stand_von_Energiegenossenschaften_in_Deutschland_Leuphana.pdf (Zugriff am 28.06.2016).
Ringle, G. (2010): Neugründungen stärken das Image der eG-Unternehmensform. In: Münkner, H.H. und Ringle, G. (Hrsg.): Neue Genossenschaften und innovative Aktionsfelder: Grundlagen und Fallstudien. Baden-Baden: Nomos, S. 11-22.
Ringle, G. (2009): Belebung der Genossenschaftsidee durch Neugründungen in der eG-Unternehmensform? In: Doluschitz, R. (Hrsg.): Genossenschaften zwischen Innovation und Tradition: Festschrift für Verbandspräsident Erwin Kuhn. Stuttgart-Hohenheim: Forschungsstelle für Genossenschaftswesen, S. 43-68.
Schmale, I. und Blome-Drees, J. (2016): Genossenschaften innovativ. Genossenschaften als neue Organisationsform in der Sozialwirtschaft. Wiesbaden: Springer VS.
Schröder, C. und Walk, H. (Hrsg.) (2014): Genossenschaften und Klimaschutz. Wiesbaden: Springer VS.
Stappel, M. (2016): Sozialgenossenschaften in Deutschland. In: Schmale, I. und Blome-Drees, J. (Hrsg.): Genossenschaften innovativ. Genossenschaften als neue Organisationsform in der Sozialwirtschaft. Wiesbaden: Springer VS, S. 147-160.
Stappel, M. (2015): Die deutschen Genossenschaften 2015. Entwicklungen – Meinungen – Zahlen. Wiesbaden: DG-Verlag.
Stappel, M. (2012): Die deutschen Genossenschaften 2012. Entwicklungen – Meinungen – Zahlen. Sonderthema: „2000er-Genossenschaften": neue Ideen – neue Unternehmen – neues Image? Wiesbaden: DG-Verlag.
StMAS (Bayerisches Staatsministerium für Arbeit und Soziales, Familie und Integration) (2013): Sozialgenossenschaften in Bayern – Der Ratgeber zur erfolgreichen Gründung. URL: www.so-

zialgenossenschaften.bayern.de/imperia/md/content/stmas/stmas_internet/sozialpolitik/sozialgenossenschaften.pdf (Zugriff am 28.07.2016).

Sudrow, A. (2013): Eine Reaktion auf wirtschaftliche und soziale Krisen, Magazin Mitbestimmung, Hans-Böckler-Stiftung, 01-02/2013. URL: http://www.boeckler.de/42171_42217.htm (Zugriff am 28.07.2016).

Thiemeyer, T. (1990): Zur Abgrenzung von Genossenschaften und Gemeinwirtschaft. In: Laurinkari, J.W. und Brazda, J. (Hrsg.): Genossenschaftswesen. Hand- und Lehrbuch. München, Wien: Oldenbourg, S. 324-336.

Thürling, M. (2014): Genossenschaften im Dritten Sektor: Potentiale und Grenzen. Im Spannungsverhältnis zwischen Wirtschaftlichkeit und sozialer Zielsetzung, WZB-Discussion Paper SP V 2014-301, Berlin. Download: http://bibliothek.wzb.eu/pdf/2014/v14-301.pdf (letzter Zugriff: 28.06.2016).

Thürling, M. (2013): Neue Genossenschaften: Problemlösungspotential in Zeiten der Krise? In: Schulz-Nieswandt, F. und Schmale, I. (Hrsg.): Entstehung, Entwicklung und Wandel von Genossenschaften. Berlin: Lit-Verlag, S. 85-109.

Weisser, G. (1976): Einführung in die Lehre von den gemeinwirtschaftlichen Unternehmen, Frankfurt am Main: Europäische Verlagsanstalt.

Zerche, J., Schmale, I. und Blome-Drees, J. (1998): Einführung in die Genossenschaftslehre. Genossenschaftstheorie und Genossenschaftsmanagement, München, Wien: Oldenbourg Verlag.

Zimmer, A. und Priller, E. (2007): Gemeinnützige Organisationen im gesellschaftlichen Wandel. Ergebnisse der Dritte-Sektor-Forschung, Wiesbaden: VS Verlag für Sozialwissenschaften.

Verzeichnis der Autorinnen und Autoren

Remo AESCHBACHER
Universität Freiburg/CH, Verbandsmanagement Institut (VMI)

Jeremias AMSTUTZ
Fachhochschule Nordwestschweiz, Hochschule für Soziale Arbeit (FHNW), Institut Beratung, Coaching und Sozialmanagement

Prof Dr. René ANDEßNER
Johannes Kepler Universität Linz, Institut für Public und Nonprofit Management

Josef BAUMÜLLER
Leiter Corporate Reporting & Consulting/Senior Advisor Mensalia, Controller Institut, Wien

Prof. Dr. Sabine BLASCHKE
Universität Wien, Fakultät für Wirtschaftswissenschaften, Institut für Wirtschaftssoziologie

Dr. Johannes BLOME-DREES
Universität zu Köln, Seminar für Genossenschaftswesen

Martin BODENSTORFER
Geschäftsführer/Managing Direktor, Contrast Ernst & Young Management-Consulting GmbH, Controller Institut, Wien

Dr. Maria Laura BONO
Integrated Consulting Group (ICG), Wien und Graz

Dr. Susanne BRÖTZ
Beschützende Werkstätte für geistig und körperlich Behinderte Heilbronn e. V.

Dr. Philipp DEGENS
Universität zu Köln, Seminar für Genossenschaftswesen

Yvonne DIETIKER
Fachhochschule Nordwestschweiz, Hochschule für Wirtschaft, Institut für Nonprofit- und Public Management

Dr. Hüseyin DOLUCA
Universität Augsburg, Wirtschaftswissenschaftliche Fakultät

Prof. Dr. Christine DULLER
Johannes Kepler Universität Linz, Institut für Angewandte Statistik (IFAS)

Philipp ERPF
Universität Freiburg/CH, Verbandsmanagement Institut (VMI)

Theresa GEHRINGER
Universität Basel, Center of Philanthropy Studies (CEPS)

Prof. Dr. Markus GMÜR
Universität Freiburg/CH, Verbandsmanagement Institut (VMI)

Prof. Dr. Nicole GÖLER VON RAVENSBURG
Humboldt-Universität zu Berlin, Lebenswissenschaftliche Fakultät, Institut für Genossenschaftswesen (ifG)

Prof. Dr. Dorothea GREILING
Johannes Kepler Universität Linz, Institut für Management Accounting

Dr. Stefan Tomas GÜNTERT
Fachhochschule Nordwestschweiz, Hochschule für Wirtschaft, Institut für Nonprofit- und Public Management

Marietta HAINZER
Johannes Kepler Universität Linz, Institut für Public und Non-Profit Management

Prof. Dr. Bernd HALFAR
Katholische Universität Eichstätt-Ingolstadt, xit GmbH, Nürnberg

Richard B. HÄNDEL
Evangelische Hochschule Darmstadt, Institut für Zukunftsfragen der Gesundheits- und Sozialwirtschaft

Katharina HEIDER
xit GmbH, Nürnberg

Michael HERNDLER
Wirtschaftsuniversität Wien, Institut für Soziologie und Empirische Sozialforschung

Dr. Matthias HEUBERGER
Evangelische Hochschule Darmstadt, Institut für Zukunftsfragen der Gesundheits- und Sozialwirtschaft

Dr. Christian HORAK
Partner Contrast Ernst & Young Management-Consulting GmbH, Contrast Management Consulting GmbH Wien, Controller Institut Wien

Prof. Dr. Rüdiger H. JUNG
Hochschule Koblenz, Fachbereich Wirtschafts- und Sozialwissenschaften

Dr. Katharina Anna KALTENBRUNNER
Universität Salzburg, Fachbereich Sozial- und Wirtschaftswissenschaften

Sophie-Marie KAUFMANN
Universität Wien, Managing Consultant Michael Page, Wien

Dr. Andrea KOLLMANN
Johannes Kepler Universität Linz, Energieinstitut

Prof. Dr. Gerhard V. KRÖNES
Hochschule Ravensburg-Weingarten, Fakultät Technologie und Management

Prof. Dr. Hans LICHTSTEINER
Universität Freiburg/CH, Verbandsmanagement Institut (VMI)

Vera LIECHTI
Freie Journalistin bei RadioFR, Bereich Sport

Jens MARTIGNONI
Verein NetHood, Zürich, Universität zu Köln, Seminar für Genossenschaftswesen

Tobias MEYER
Evangelische Hochschule Darmstadt, Institut für Zukunftsfragen der Gesundheits- und Sozialwirtschaft

Wolfgang MEYER
Vorstandssprecher, Sozialwerk St. Georg e.V., Gelsenkirchen

Udo MICHEL
Geschäftsleiter der Region Berner Oberland bei der Gewerkschaft Unia, Bern

Reinhard MILLNER
Wirtschaftsuniversität Wien, NPO-Kompetenzzentrum, Social Entrepreneurship Center

Prof. Dr. Christoph MINNIG
Fachhochschule Nordwestschweiz, Hochschule für Wirtschaft, Institut für Nonprofit- und Public Management

Clara Maria MODER
Wirtschaftsuniversität Wien, NPO-Kompetenzzentrum, Social Entrepreneurship Center

Christian MORZSA
Controller Institut Wien, Junior Programm-Manager

Karin NIEDERWIMMER
Johannes Kepler Universität Linz, Institut für Controlling & Consulting

Franziska PAUL
Westfälische Wilhelms-Universität Münster, Forschungsprojekt FiA

Anton PRETTENHOFER
FH JOANNEUM, Hochschule für Angewandte Wissenschaften, Graz

Dr. Eckhard PRILLER
Westfälische Wilhelms-Universität Münster, Maecenata Institut für Philanthropie und Zivilgesellschaft, Berlin

Prof. Dr. Marion RAUNER
Universität Wien, Institut für Betriebswirtschaftslehre

Dr. Johannes REICHL
Johannes Kepler Universität Linz, Energieinstitut

Nina RESCH
Wirtschaftsuniversität Wien, NPO-Kompetenzzentrum, Social Entrepreneurship Center

Prof. Dr. Berit SANDBERG
Hochschule für Technik und Wirtschaft Berlin, Public und Nonprofit-Management

Prof. Dr. Michaela SCHAFFHAUSER-LINZATTI
Universität Wien, Institut für Betriebswirtschaftslehre

Clemens SCHIMMELE
Universität zu Köln, Seminar für Genossenschaftswesen

Dr. Ingrid SCHMALE
Universität zu Köln, Seminar für Genossenschaftswesen

Prof. Dr. Dr. h.c. mult. Friedrich SCHNEIDER
Johannes Kepler Universität Linz, Institut für Volkswirtschaftslehre

Prof. Dr. Andreas SCHRÖER
Evangelische Hochschule Darmstadt, Institut für Zukunftsfragen der Gesundheits- und Sozialwirtschaft, Management in Nonprofit-Organisationen

Nathaly SCHUMACHER
Universität Freiburg/CH, Verbandsmanagement Institut (VMI)

Julia V. SCHWARZ
Johannes Kepler Universität Linz, Institut für Public und Nonprofit Management

Prof. Dr. Ruth SIMSA
Wirtschaftsuniversität zu Wien, Institut für Soziologie und Empirische Sozialforschung

Prof. Dr. Katharina SPRAUL
Technische Universität Kaiserslautern, Fachbereich Wirtschaftswissenschaften, Lehrstuhl für BWL, insbesondere Sustainability Management

Dr. Sandra STÖTZER
Johannes Kepler Universität Linz, Institut für Public und Nonprofit Management

Peter SUTER
Universität Freiburg/CH, Verbandsmanagement Institut (VMI)

Prof. Emilio SUTTER
Fachhochschule Nordwestschweiz, Hochschule für Wirtschaft, Institut für Nonprofit- und Public Management

Prof. Dr. Ludwig THEUVSEN
Georg-August-Universität Göttingen, Department für Agrarökonomie und Rurale Entwicklung, Abteilung Betriebswirtschaftslehre des Agribusiness

Marleen THÜRLING
Humboldt-Universität zu Berlin, Lebenswissenschaftliche Fakultät, Department für Agrarökonomie

Marion TOTTER
Wirtschaftsuniversität Wien, Institut für Soziologie und Empirische Sozialforschung

Dr. Oliver VIEST
Geschäftsführer em-faktor – Die Social Profit Agentur GmbH, Stuttgart

Prof. Dr. Michael VILAIN
Evangelische Hochschule Darmstadt, Betriebswirtschaftslehre

Prof. Dr. Georg VON SCHNURBEIN
Universität Basel, Center for Philanthropy Studies (CEPS)

Prof. Dr. Marcus WAGNER
Universität Augsburg, Wirtschaftswissenschaftliche Fakultät

Andrea WALTER
Westfälische Wilhelms-Universität Münster, Institut für Politikwissenschaft

Sebastian WEGNER
Evangelische Hochschule Darmstadt, Institut für Zukunftsfragen der Gesundheits- und Sozialwirtschaft

Marie WELLNER
Georg-August-Universität Göttingen, Department für Agrarökonomie und Rurale Entwicklung, Abteilung Betriebswirtschaftslehre des Agribusiness

Prof. Dr. Peter ZÄNGL
Fachhochschule Nordwestschweiz, Hochschule für Soziale Arbeit, Institut Beratung, Coaching und Sozialmanagement

Martina ZIEGERER
Geschäftsleiterin der Stiftung ZEWO, Zürich

Prof. Dr. Annette ZIMMER
Westfälische Wilhelms-Universität Münster, Institut für Politikwissenschaft

Prof. Dr. Daniel ZÖBELI
Fernfachhochschule Schweiz, Institut für Management und Innovation (IMI), Regensdorf/CH

Dokumentation der bisherigen NPO-Forschungscolloquien

1. Colloquium in Freiburg/CH 1994:
SCHAUER Reinbert – ANHEIER Helmut K. – BLÜMLE Ernst-Bernd (Hrsg.)
Nonprofit-Organisationen (NPO) – dritte Kraft zwischen Markt und Staat?
Ergebnisse einer Bestandsaufnahme über den Stand der NPO-Forschung im
deutschsprachigen Raum.
Linz: Universitätsverlag Rudolf Trauner, 1995;
ISBN 3-85320-716-2

2. Colloquium in Linz 1996:
SCHAUER Reinbert – ANHEIER Helmut K. – BLÜMLE Ernst-Bernd (Hrsg.)
Der Nonprofit Sektor im Aufwind – zur wachsenden Bedeutung von Nonprofit-Organisationen auf nationaler und internationaler Ebene.
Linz: Universitätsverlag Rudolf Trauner, 1997;
ISBN 3-85320-832-0

3. Colloquium in Freising-Weihenstephan 1998:
WITT Dieter – BLÜMLE Ernst-Bernd – SCHAUER Reinbert – ANHEIER Helmut K. (Hrsg.)
Ehrenamt und Modernisierungsdruck in Nonprofit-Organisationen.
Wiesbaden: Deutscher Universitäts-Verlag, 1999;
ISBN 3-8244-6937-5

4. Colloquium in Freiburg/CH 2000:
SCHAUER Reinbert – BLÜMLE Ernst-Bernd – WITT Dieter – ANHEIER Helmut K. (Hrsg.)
Nonprofit-Organisationen im Wandel – Herausforderungen, gesellschaftliche
Verantwortung.
Linz: Universitätsverlag Rudolf Trauner, 2000;
ISBN 3-85487-148-1

5. Colloquium in Linz 2002:
SCHAUER Reinbert – PURTSCHERT Robert – WITT Dieter (Hrsg.)
Nonprofit-Organisationen und gesellschaftliche Entwicklung – Spannungsfeld zwischen
Mission und Ökonomie.
Linz: Universitätsverlag Rudolf Trauner, 2002;
ISBN 3-85487-435-9

6. Colloquium in München 2004:
WITT Dieter – PURTSCHERT Robert – SCHAUER Reinberg (Hrsg.)
Funktionen und Leistungen von Nonprofit-Organisationen.
Wiesbaden: Deutscher Universitäts-Verlag, 2004;
ISBN 3-8244-8268-1

7. Colloquium in Freiburg/CH 2006:
HELMIT Bernd – PURTSCHERT Robert – SCHAUER Reinbert – WITT Dieter (Hrsg.)
Nonprofit-Organisationen und Märkte.
Wiesbaden: Deutscher Universitäts-Verlag, 2006;
ISBN 978-3-8350-0551-8

8. Colloquium in Linz 2008:
SCHAUER Reinberg – HELMIG Bernd – PURTSCHERT Robert – WITT Dieter (Hrsg.)
Steuerung und Kontrolle in Nonprofit-Organisationen.
Linz: Universitätsverlag Rudolf Trauner, 2008;
ISBN 978-3-85499-447-3

9. Colloquium in Göttingen 2010:
THEUVSEN Ludwig – SCHAUER Reinbert – GMÜR Markus (Hrsg.)
Stakeholder-Management in Nonprofit-Organisationen – Theoretische Grundlagen, empirische Ergebnisse und praktische Ausgestaltungen.
Linz: Universitätsverlag Rudolf Trauner, 2010;
ISBN 978-3-85499-744-3

10. Colloquium in Freiburg/CH 2012:
GMÜR Markus – SCHAUER Reinbert – THEUVSEN Ludwig (Hrsg.)
Performance Management in Nonprofit-Organisationen – Theoretische Grundlagen, empirische Ergebnisse und Anwendungsbeispiele.
Bern: Haupt Verlag, 2012;
ISBN 978-3-258-07771-0

11. Colloquium in Linz 2014:
ANDEßNER René – GREILING Dorothea – GMÜR Markus – THEUVSEN Ludwig (Hrsg.)
Ressourcenmobilisierung durch Nonprofit-Organisationen.
Linz: Universitätsverlag Rudolf Trauner, 2015;
ISBN 978-3-99033-448-5

Druck:
Customized Business Services GmbH
im Auftrag der KNV-Gruppe
Ferdinand-Jühlke-Str. 7
99095 Erfurt